Manfred Eberhardt, Norbert Egger, Michael Weckbach

Rechnungswesen

Spedition
und Logistikdienstleistung

18. Auflage

Bestellnummer 225143

Die in diesem Produkt gemachten Angaben zu Unternehmen (Namen, Internet- und E-Mail-Adressen, Handelsregistereintragungen, Bankverbindungen, Steuer-, Telefon- und Faxnummern und alle weiteren Angaben) sind i. d. R. fiktiv, d. h., sie stehen in keinem Zusammenhang mit einem real existierenden Unternehmen in der dargestellten oder einer ähnlichen Form. Dies gilt auch für alle Kunden, Lieferanten und sonstigen Geschäftspartner der Unternehmen wie z. B. Kreditinstitute, Versicherungsunternehmen und andere Dienstleistungsunternehmen. Ausschließlich zum Zwecke der Authentizität werden die Namen real existierender Unternehmen und z. B. im Fall von Kreditinstituten auch deren IBANs und BICs verwendet.

Die in diesem Werk aufgeführten Internetadressen sind auf dem Stand zum Zeitpunkt der Drucklegung. Die ständige Aktualität der Adressen kann vonseiten des Verlages nicht gewährleistet werden. Darüber hinaus übernimmt der Verlag keine Verantwortung für die Inhalte dieser Seiten.

Druck: westermann druck GmbH, Braunschweig

service@winklers.de
www.winklers.de

Bildungshaus Schulbuchverlage Westermann Schroedel Diesterweg Schöningh Winklers GmbH, Postfach 33 20, 38023 Braunschweig

ISBN 978-3-14-**225143**-1

westermann GRUPPE

© Copyright 2019: Bildungshaus Schulbuchverlage Westermann Schroedel Diesterweg Schöningh Winklers GmbH, Braunschweig
Das Werk und seine Teile sind urheberrechtlich geschützt. Jede Nutzung in anderen als den gesetzlich zugelassenen Fällen bedarf der vorherigen schriftlichen Einwilligung des Verlages.

Vorwort

Dieses Buch wendet sich an die Auszubildenden im Verkehrsgewerbe, insbesondere an die Auszubildenden des Berufsbildes „Kaufmann/-frau für Spedition und Logistikdienstleistung", aber auch an alle Praktiker, die ihr Wissen – vor allem im Bereich der speditionellen Kostenrechnung und Kalkulation – auffrischen und erweitern möchten.

Das Buch ist hauptsächlich zur Unterrichtsbegleitung und Nachbereitung gedacht, kann aber durch den systematischen Aufbau der einzelnen Kapitel (Einführung – Musteraufgabe – Musterlösung – Zusammenfassung – Aufgaben) auch zum Selbststudium verwendet werden.

Die zunehmende Wettbewerbssituation im Speditionsgewerbe erfordert eine differenzierte Kosten- und Leistungsrechnung. Das Schülerbuch berücksichtigt diese Entwicklung mit einer umfangreichen und leicht verständlichen Darstellung der speditionellen Kosten- und Leistungsrechnung. Die Kapitel „Buchführung" – „Kosten- und Leistungsrechnung" – „Frachtrechnen" sind eng miteinander verknüpft.

Der Inhalt ist in sieben Hauptbereiche gegliedert:

A Geschäftsprozesse dokumentieren und Zahlungsvorgänge bearbeiten
Die gesamte Buchführung wird speditionsbezogen dargestellt. Dies gilt insbesondere für die Kapitel „Betriebsübersicht", „Jahresabschluss" und „Analyse des Jahresabschlusses".

B Geschäftsprozesse erfolgsorientiert steuern
Die Kosten- und Leistungsrechnung wird sehr ausführlich und speditionsbezogen dargestellt. Dabei wird größter Wert auf das leichte Verständnis der komplexen Materie gelegt. Neben der Kostenarten- und Kostenstellenrechnung wird die Kostenträgerrechnung intensiv behandelt. Die Erstellung von kostenorientierten Angeboten wird erläutert. Mithilfe der einstufigen und mehrstufigen Deckungsbeitragsrechnung sowie der Break-even-Analyse werden Preisuntergrenzen berechnet.

C Leasing oder Bankkredit oder doch Miete?

D Einkommensteuererklärung des Arbeitnehmers

E Frachtrechnen
Das praxisbezogen dargestellte Frachtrechnen baut teilweise auf der Vorstruktur der Kosten- und Leistungsrechnung auf. Der Bezug zur Kostenrechnung wird ständig hergestellt.

F Grundlagen des kaufmännischen Rechnens
Die traditionellen Rechengebiete werden speditionsbezogen behandelt. Das Kapitel „Währungsrechnen" wurde gemäß der neuen Notierungen auf die Mengennotierung umgestellt. Im Kapitel „Währungsrechnen" wird auch das Rechnen mit Sonderziehungsrechten (SZR) dargestellt.

G Anhang zur Weiterbildung
Die Kapitel „Zeitliche Abgrenzung" und „Bewertung von Vermögen und Schulden" dienen in erster Linie der Weiterbildung im Anschluss an die Ausbildung.

H Fit für die Prüfung?
Aufgaben zur Prüfungsvorbereitung

Die 18. Auflage enthält die ausführliche, auch grafische Darstellung der Kennzahlen eines Speditionsbetriebs, der in der Rechtsform einer AG firmiert. Die neue Rechtslage 2019 bei den GWG ist eingearbeitet. Weitere komplexe Übungsaufgaben wurden hinzugefügt.

Passend zum Schülerbuch ist das Arbeitsheft „Rechnungswesen Spedition und Logistikdienstleistung", **Bestell-Nr. 6399** erhältlich.

Die mit (AH) gekennzeichneten Aufgaben werden im Arbeitsheft dargestellt.

Für Verbesserungsvorschläge sind wir stets dankbar.

Heilbronn, im Frühjahr 2019 *Die Verfasser*

Inhalt

A Geschäftsprozesse dokumentieren und Zahlungsvorgänge bearbeiten

1 Aufgaben und Gliederung des speditionellen Rechnungswesens 11
1.1 Aufgaben des speditionellen Rechnungswesens 11
1.2 Gliederung des speditionellen Rechnungswesens 11
1.2.1 Buchführung 11
1.2.2 Kosten- und Leistungsrechnung 11
1.2.3 Statistik 12
1.2.4 Planungsrechnung 12

2 Aufgaben und gesetzliche Grundlagen der Buchführung 12
2.1 Aufgaben der Buchführung 12
2.2 Gesetzliche Grundlagen der Buchführung 13
2.2.1 Die Buchführungspflicht 13
2.2.2 Grundsätze ordnungsmäßiger Buchführung 13

3 Inventur – Inventar – Bilanz 14
3.1 Inventur 14
3.2 Inventar 15
3.3 Bilanz 20

4 Wertveränderungen in der Bilanz 23

5 Buchen auf Bestandskonten 27
5.1 Auflösung der Bilanz in Konten 27
5.2 Buchung von Geschäftsfällen auf Bestandskonten 29
5.3 Der Buchungssatz 33
5.3.1 Der einfache Buchungssatz 33
5.3.2 Der zusammengesetzte Buchungssatz 35
5.3.3 Buchung nach Belegen 39

6 Buchen auf Erfolgskonten 44
6.1 Erfolgskonten 44
6.2 Buchung von Aufwendungen und Erträgen auf den Erfolgskonten 46
6.3 Abschluss der Aufwands- und Ertragskonten 47
6.4 Erfolgsermittlung auf dem GuV-Konto 48
6.5 Buchung nach Belegen 52

7 Privatbuchungen 58

8 Organisation der Speditionsbuchführung 60
8.1 Speditionskontenrahmen 60
8.2 Speditionskontenrahmen und Kontenplan 61

9 Sachliche Abgrenzungen 63
9.1 Geschäftsbuchführung und Kosten- und Leistungsrechnung 63
9.2 Aufwendungen und Erträge der Kontenklasse 2 und ihre Behandlung
in der Geschäftsbuchführung sowie in der Kosten- und Leistungsrechnung 65

10 Speditionsaufwand – Speditionsertrag 67
10.1 Speditionsaufwand 67
10.2 Speditionsertrag 68
10.3 Ermittlung des Unternehmenserfolges 68

11 Die Umsatzsteuer 70
11.1 Das System der Umsatzsteuer 70
11.2 Buchung der Vorsteuer und der Umsatzsteuer 74

Inhalt

11.2.1	Buchung von Eingangs- und Ausgangsrechnungen	74
11.2.2	Buchung der Zahllast	75
11.2.3	Buchung der Umsatzsteuer am Jahresende	75
11.3	Buchung der Umsatzsteuer bei unentgeltlicher Wertabgabe (Sachentnahme, Leistungsentnahme)	77

12 Buchungen im Sachanlagebereich ... **78**

12.1	Anschaffung von Anlagegütern	79
12.2	Verkauf von Anlagegütern	82
12.3	Inzahlungnahme von Anlagegütern	84
12.4	Privatentnahme von Anlagegütern	85

13 Abschreibungen auf Anlagen ... **87**

13.1	Wertansätze der Anlagegüter in der Jahresbilanz	87
13.2	Der Abschreibungskreislauf	89
13.3	Methoden der planmäßigen Abschreibung	90
13.3.1	Lineare Abschreibung	90
13.3.2	Degressive Abschreibung	91
13.3.3	Abschreibung nach Leistungseinheiten	94
13.4	Geringwertige Wirtschaftsgüter	95

14 Jahresabschluss bei Kapitalgesellschaften ... **104**

14.1	Bilanz	104
14.2	Gewinn- und Verlustrechnung	105

15 Personalaufwendungen erfassen, zuordnen und verbuchen ... **109**

15.1	Grundlagen der Lohn- und Gehaltsabrechnung	109
15.2	Verbuchung von Lohn- und Gehaltszahlungen	112
15.3	Verbuchung von Lohn- und Gehaltsvorschüssen	117
15.4	Verbuchung von Minijob-Entgelten bei geringfügiger Beschäftigung	118

16 Vorräte in der Spedition ... **122**

16.1	Speditionstypische Vorräte	122
16.1.1	Verbrauch von Vorräten bei der Einzelerfassung	122
16.1.2	Verbrauch von Vorräten bei der Gesamterfassung	125
16.2	Waren im Nebenbetrieb	126

17 Steuern und Versicherungen ... **127**

17.1	Steuern	127
17.2	Versicherungen	130

18 Die Umsatzsteuer im internationalen Handel ... **134**

18.1	Handel mit Drittländern	134
18.2	Innergemeinschaftlicher Erwerb	136

19 Fallstudie: Geschäftsprozesse dokumentieren und Zahlungsvorgänge bearbeiten ... **139**

B Geschäftsprozesse erfolgsorientiert steuern

1 Gliederung des Rechnungswesens ... **142**

2 Grundbegriffe ... **143**

2.1	Ausgaben – Einnahmen	143
2.2	Aufwendungen – Erträge	143
2.2.1	Aufwendungen	143

2.2.2	Erträge	145
2.3	Kosten und Leistungen im Speditionsbetrieb	146

3 Abgrenzungsrechnung – unternehmens- und betriebsbezogene Abgrenzungen ... 147

3.1	Aufgabe der Abgrenzungsrechnung	147
3.2	Unternehmensbezogene Abgrenzungen	147
3.2.1	Abgrenzung der neutralen Aufwendungen und Erträge	147
3.2.2	Übernahme der aufwandsgleichen Kosten	147
3.3	Kostenrechnerische Korrekturen	149
3.3.1	Aufgaben der kostenrechnerischen Korrekturen	149
3.3.2	Kalkulatorische Abschreibungen	150
3.3.3	Kalkulatorische Zinsen	152
3.3.4	Kalkulatorische Wagnisse	154
3.3.5	Kalkulatorische Miete	155
3.3.6	Kalkulatorischer Unternehmerlohn	156
3.4	Erstellung und Auswertung einer Ergebnistabelle	157
3.5	Zusammenfassung der Abgrenzungsrechnung	161

4 Kostenartenrechnung ... 164

4.1	Kosten nach der Art der verbrauchten Kosten	165
4.2	Kosten nach der Zurechenbarkeit auf die Kostenträger im Rahmen der Vollkostenrechnung	165
4.3	Kosten nach dem Verhalten bei Beschäftigungsänderungen im Rahmen der Teilkostenrechnung	166

5 Kostenstellenrechnung ... 166

5.1	Aufgaben der Kostenstellenrechnung	166
5.2	Gliederung des Speditionsbetriebes in Kostenstellen (Hauptkostenstellen)	166
5.3	Betriebsabrechnungsbogen (BAB) als Hilfsmittel der Kostenstellenrechnung	167
5.3.1	Einstufiger Betriebsabrechnungsbogen	167
5.3.2	Mehrstufiger Betriebsabrechnungsbogen	172
5.4	Zusammenfassung der Kostenstellenrechnung	175

6 Kostenträgerrechnung ... 181

6.1	Einführung in die Kostenträgerrechnung	181
6.2	Kalkulation der Fahrzeug-Selbstkosten	181
6.2.1	Aufbereitung der Kapitalwerte	181
6.2.2	Trennung der Fahrzeug-Selbstkosten in Einsatzkosten und anteilige Verwaltungskosten	185
6.2.3	Trennung der Einsatzkosten in fixe und variable Bestandteile	185
6.2.4	Fallstudie: Fahrzeugkosten kalkulieren (mit Excel-Anwendung)	188
6.2.5	Ermittlung der allgemeinen Kosten	193
6.2.6	Auswertung der Fahrzeugkostenkalkulation oder Selbstkostentarif für Fahrzeuge	196
6.3	Kalkulation der Lagerkosten	203
6.3.1	Berechnung der Umschlagkosten pro 100 kg	204
6.3.2	Lagerungskosten	210
6.3.3	Berechnung der Kommissionierungskosten	213
6.3.4	Berechnung der Lagerverwaltungskosten	214
6.3.5	Zusammenfassung der Kalkulation der Lagerkosten	215
6.3.6	Fallstudie: Kalkulation der Lagerkosten	215

7 Deckungsbeitragsrechnung ... 220

7.1	Vergleich Vollkostenrechnung – Deckungsbeitragsrechnung (Teilkostenrechnung)	220
7.2	Abhängigkeit der Kosten von der Beschäftigung	221
7.2.1	Variable Kosten	221
7.2.2	Fixe Kosten	221

Inhalt

7.3	Der Deckungsbeitrag	221
7.4	Deckungsbeitragsrechnung als Mittel der Sortimentgestaltung	224
7.5	Bestimmung der Preisuntergrenze	226
7.6	Lkw-Transportleistung – make or buy?	229
7.7	Zusammenfassung der Deckungsbeitragsrechnung	230
7.8	Mehrstufige Deckungsbeitragsrechnung als Controlling-Instrument	231

8 Break-even-Analyse (kritische Kostenpunkte) als Controlling-Instrument **238**

9 Analyse des Jahresabschlusses als Controlling-Instrument **244**

9.1	Auswertung der Bilanz	244
9.1.1	Kennzahlen der Vermögensstruktur	244
9.1.2	Kennzahlen der Kapitalstruktur (vertikale Kennzahlen)	245
9.1.3	Kennzahlen der Kapital- und Vermögensstruktur	247
9.2	Auswertung der Gewinn- und Verlustrechnung	251
9.2.1	Rentabilität	251
9.2.2	Cashflow-Analyse	253
9.2.3	Weitere Erfolgskennzahlen	257
9.3	Kennzahlen der Spedition Müller – Die lila Logistik AG	260
9.3.1	Bilanzkennzahlen der Spedition Müller – Die lila Logistik AG	260
9.3.2	Erfolgskennzahlen der Spedition Müller – Die lila Logistik AG	261
9.3.3	Weitere Kennzahlen der Spedition Müller – Die lila Logistik AG	262
9.4	Zusammenfassende Grafiken der Spedition Müller – Die lila Logistik AG	263

10 Führen mit Kennzahlen **266**

10.1	Kennzahlenanalyse und Führungsentscheidungen	266
10.2	Fallstudie: Führen mit Kennzahlen	272

C Leasing oder Bankkredit oder doch Miete?

1	Der Bankkredit	274
2	Leasing	279
3	Leasing oder Kreditfinanzierung?	281
4	Miete	286

D Einkommensteuererklärung des Arbeitnehmers

1	Die Antragsveranlagung beim Finanzamt	287
1.1	Wie wird die Antragsveranlagung durchgeführt?	287
1.2	Werbungskosten bei Einkünften aus nichtselbstständiger Tätigkeit	289
1.3	Sonderausgaben	291
1.4	Außergewöhnliche Belastungen	292
1.5	Sonderfreibeträge	292
2	Weitere Einkunftsarten	294
3	Vermögenswirksame Leistungen und Wohnungsbauprämie	295

Inhalt

E Frachtrechnen

1	**Güterkraftverkehr**	297
1.1	Preisermittlung	297
1.2	Grundsätze der Frachtberechnung	297
1.3	Frachtberechnungen – Haustarife	297
1.3.1	Haustarife im Nahbereich	298
1.3.2	Haustarife im Fernbereich – Stückgut	301
1.3.3	Haustarife im Fernbereich – Expressdienste	304
1.3.4	Haustarife im Fernbereich – Komplett- und Teilladungsverkehre	305
2	**Eisenbahnverkehr**	311
2.1	Preisermittlung	311
2.2	Grundlagen der Frachtberechnung im Wagenladungsverkehr	311
2.2.1	Grundsätze der Frachtberechnung	311
2.2.2	Wagenladungen nach Allgemeiner Preisliste	312
2.3	Abrechnung im Kombiverkehr	314
2.3.1	Allgemeine Grundsätze der Frachtberechnung	314
2.3.2	Containerverkehr	315
3	**Sammelgutverkehr**	316
3.1	Preisermittlung	316
3.2	Grundsätze der Frachtberechnung im Spediteursammelgutverkehr	316
3.3	Abrechnung mit den Frachtführern im Güterkraftverkehr	317
3.4	Abrechnung mit den Kunden im Spediteursammelgutverkehr	318
3.5	Vermischte Aufgaben	321
4	**Binnenschifffahrt**	323
4.1	Preisermittlung	323
4.2	Frachtberechnung	323
4.2.1	Kalkulation der Schiffskosten	323
4.2.2	Erfassung von öffentlich-rechtlichen Schifffahrtsabgaben sowie Ufer- und Hafengeldern in der Binnenschifffahrtskalkulation	326
4.2.3	Haustarif für die Massengutverfrachtung	329
4.3	Umschlaggebühren	332
4.3.1	Ufergeld und Hafengeld	332
4.3.2	Umschlag- und Lagergeldsätze, Gebühren für Nebenleistungen	334
5	**Seefrachtverkehr**	341
5.1	Preisermittlung	341
5.2	Frachtberechnung im Stückgutverkehr	341
5.2.1	Reine Gewichtsraten	341
5.2.2	Reine Maßraten	341
5.2.3	Maß-/Gewichtsraten	342
5.2.4	Seefrachtraten mit Wertstaffel	344
5.2.5	Wertraten (Ad Valorem Rates)	344
5.2.6	FAK-Raten (Freight All Kinds)	345
5.2.7	Lumpsum-Raten	346
5.2.8	Zuschläge	346
5.2.9	Treuerabatte	347
5.3	Abrechnung von Seehafenspeditionsleistungen	349
5.3.1	Umschlagsentgelte und Lagergelder	349
5.3.2	Abrechnung von Speditionsleistungen im Versand	355
5.3.3	Abrechnung von Speditionsleistungen im einkommenden Verkehr	359

Inhalt

6	**Luftfrachtverkehr**	**365**
6.1	Preisermittlung	365
6.2	Der TACT der IATA	365
6.2.1	Allgemeines	365
6.2.2	Gewichtsberechnung	365
6.2.3	Volumenberechnung	366
6.2.4	Mindestfrachten	367
6.2.5	Luftfrachtraten	367
6.2.6	Surcharges	380
6.2.7	Zusammenfassung Luftfracht	382
6.3	Preisermittlung ohne TACT	386
6.3.1	Komponenten der Marktrate bzw. „all in" Rate	386
6.3.2	Kalkulation mit der „all in" Rate	386
6.4	Luftfrachtsammelverkehr	389

F Grundlagen des kaufmännischen Rechnens

1	**Prozentrechnung**	**392**
1.1	Berechnung des Prozentwertes	393
1.2	Berechnung des Prozentsatzes	394
1.3	Berechnung des Grundwertes	395
1.4	Prozentrechnung vom vermehrten Grundwert	396
1.5	Prozentrechnung vom verminderten Grundwert	396
2	**Zinsrechnung**	**397**
2.1	Einführung	397
2.2	Berechnung der Zinstage bei der kaufmännischen Zinsrechnung	398
2.3	Berechnung der Zinsen	398
2.4	Berechnung von Kapital, Zeit und Zinssatz	399
2.4.1	Berechnung des Kapitals	399
2.4.2	Berechnung der Zeit	400
2.4.3	Berechnung des Zinssatzes	401
2.5	Effektive Verzinsung	402
2.5.1	Effektivverzinsung bei der Inanspruchnahme von Krediten	402
2.5.2	Effektivverzinsung bei Zahlung mit Skontoabzug	403
3	**Währungsrechnen**	**405**
3.1	Kursnotierungen	405
3.1.1	Preisnotierung und Mengennotierung	405
3.1.2	Geldkurs und Briefkurs	406
3.1.3	Kurstabellen	406
3.2	Umtausch von Währungen zwischen EU-Mitgliedsländern und Nicht-EU-Mitgliedsländern	407
3.2.1	Umtausch von Euro in Auslandswährungen	407
3.2.2	Umtausch von Auslandswährungen in Euro	408
3.3	Sonderziehungsrecht (SZR)	409
4	**Indexzahlen**	**412**
4.1	Preisindex der Lebenshaltung	413
4.2	Indexzahlen für Kraftfahrzeuge	415
4.3	Hamburg-Index für Containerschiffe (Containership Time-Charter-Rates)	416

Inhalt

G Anhang zur Weiterbildung

1 Zeitliche Abgrenzungen 418
1.1 Notwendigkeit der zeitlichen Abgrenzung 418
1.2 Rückstellungen 418
1.2.1 Bildung von Rückstellungen/Arten der Rückstellungen 419
1.2.2 Die Buchung von Rückstellungen 419
1.2.3 Die Auflösung von Rückstellungen 420
1.3 Sonstige Forderungen 423
1.4 Sonstige Verbindlichkeiten 426
1.5 Aktive Rechnungsabgrenzung (ARA) 429
1.6 Passive Rechnungsabgrenzung (PRA) 432

2 Bewertung der Vermögensgegenstände und Schulden am Bilanzstichtag 437
2.1 Notwendigkeit der Bewertung 437
2.2 Bewertungsübersicht nach HGB 438
2.2.1 Bewertung des Anlagevermögens 438
2.2.2 Bewertung des Umlaufvermögens 439
2.2.3 Bewertung der kurzfristigen Schulden 440

H Fit für die Prüfung? Aufgaben zur Prüfungsvorbereitung

1 Abgrenzungsrechnung 443
2 Kostenstellenrechnung/BAB 444
3 Kostenträgerrechnung 447
3.1 Fahrzeugkostenkalkulation 447
3.2 Lagerkalkulation 449
3.3 Äquivalenzziffernkalkulation 450
4 Deckungsbeitragsrechnung 450
5 Break-even-Analyse 451
6 Jahresabschluss und Kennzahlen 453
7 Finanzierung 455
8 Auswahlaufgaben (Multiple Choice) 457
9 Gewichtsermittlung, Lademeter, Ladeplan 458

Sachwortverzeichnis 459

Bildquellenverzeichnis 463

A Geschäftsprozesse dokumentieren und Zahlungsvorgänge bearbeiten

Aufgaben und Gliederung des speditionellen Rechnungswesens — 1

Aufgaben des speditionellen Rechnungswesens — 1.1

Das Rechnungswesen des Speditionsbetriebes hat die **betriebliche Leistungserstellung** (Erbringung von Speditionsleistungen) zu **erfassen**, zu **überwachen** und **auszuwerten**.

- **Dokumentation** aller Geschäftsfälle anhand von Belegen,
- **Ermittlung des Jahresabschlusses** aufgrund gesetzlicher Bestimmungen,
- **Kontrolle** betrieblicher Kennzahlen wie Rentabilität, Wirtschaftlichkeit, Liquidität,
- **Planung** zukünftiger unternehmerischer Entscheidungen auf der Basis der ermittelten Zahlen.

Gliederung des speditionellen Rechnungswesens — 1.2

Bedingt durch die verschiedenen Ansprüche an das speditionelle Rechnungswesen ist eine Aufteilung in vier Bereiche notwendig:

Buchführung — 1.2.1

- Die **Buchführung erfasst**
  - alle Veränderungen des Vermögens und des Kapitals,
  - alle Aufwendungen und Erträge innerhalb eines bestimmten Zeitabschnittes (z. B. Geschäftsjahr).
- Die **Buchführung dokumentiert** alle Geschäftsfälle anhand von Belegen.
- Die **Buchführung legt Rechenschaft ab** über das Geschäftsjahr, indem im Jahresabschluss Gewinn oder Verlust, Veränderungen der Höhe und Zusammensetzung des Vermögens und des Kapitals dokumentiert werden. Große Kapitalgesellschaften müssen ihren Jahresabschluss veröffentlichen.

Kosten- und Leistungsrechnung[1] — 1.2.2

- Die **Kosten- und Leistungsrechnung erfasst** sämtliche Kosten und Speditionsleistungen einer Abrechnungsperiode.
- Die **Kosten- und Leistungsrechnung ermittelt** Preisuntergrenzen (z. B. Selbstkosten).
- Die **Kosten- und Leistungsrechnung überwacht** die Wirtschaftlichkeit.

---

[1] ausführliche Behandlung der Kosten- und Leistungsrechnung ab Seite 142

Geschäftsprozesse dokumentieren und Zahlungsvorgänge bearbeiten

1.2.3 Statistik

- Die **Statistik wertet** die Buchführung und die Kosten- und Leistungsrechnung aus.
- Die **Statistik vergleicht** die aufbereiteten Zahlen mit früheren Rechnungsperioden (Zeitvergleich) oder mit anderen Speditionen (Betriebsvergleich).

1.2.4 Planungsrechnung

- Die **Planungsrechnung berechnet** auf der Basis der Ergebnisse der Buchführung, Kosten- und Leistungsrechnung und Statistik die zukünftige Entwicklung der Spedition.
- Die Planungsrechnung erstellt Pläne (z. B. Investitionspläne, Finanzpläne). Die darin enthaltenen Soll-Zahlen werden mit den Ist-Zahlen verglichen. Dadurch erhält das Speditionsunternehmen ein aussagefähiges Führungs- und Kontrollinstrument.

AUFGABE zum Sachverhalt

a) Welche Aufgaben hat das Rechnungswesen für den Kaufmann zu erfüllen?
b) Welche Aufgaben hat das Rechnungswesen für die Öffentlichkeit zu erfüllen?
c) Weshalb bezeichnet man die Buchführung als Zeitrechnung?

2 Aufgaben und gesetzliche Grundlagen der Buchführung

2.1 Aufgaben der Buchführung

Durch die fortlaufende und lückenlose Aufzeichnung aller Geschäftsfälle einer Rechnungsperiode erfüllt die Buchführung folgende Aufgaben:

- **Dokumentation aller Änderungen des Vermögens** während des Geschäftsjahres
- **Dokumentation aller Änderungen der Schulden** während des Geschäftsjahres
- **Ermittlung des Vermögens** am Jahresende
- **Ermittlung der Schulden** am Jahresende
- **Ermittlung des Jahresabschlusses**
- **Lieferung von aufbereiteten Zahlen** für
  - Kalkulation (Kosten- und Leistungsrechnung)
  - unternehmerische Entscheidungen (Planungsrechnung)
  - Gläubiger (bei Kreditaufnahme)
  - Steuererklärung

Aufgaben und gesetzliche Grundlagen der Buchführung

Gesetzliche Grundlagen der Buchführung — 2.2

Die Buchführungspflicht — 2.2.1

Die **Buchführungspflicht** ist im HGB geregelt, um die Gläubiger und Gesellschafter eines Kaufmanns zu schützen.

§ 238 Abs. 1 HGB	Jeder Kaufmann ist verpflichtet Bücher zu führen und in diesen seine Handelsgeschäfte und die Lage seines Vermögens nach den Grundsätzen ordnungsmäßiger Buchführung ersichtlich zu machen.
§ 241 a HGB	Einzelkaufleute, die an den Abschlussstichtagen von zwei aufeinander folgenden Geschäftsjahren nicht mehr als jeweils 600.000,00 € Umsatzerlöse und jeweils 60.000,00 € Jahresüberschuss aufweisen, brauchen die §§ 238 bis 241 nicht anzuwenden.
§ 141 Abs. 1 AO	Unternehmer unterliegen der **Buchführungspflicht**, wenn der Jahresumsatz mehr als 600.000,00 € beträgt oder der Jahresgewinn mehr als 60.000,00 € beträgt.

Zusätzlich zu den im Handelsrecht erfassten Kaufleuten werden durch die Abgabenordnung (AO) **aus steuerlichen Gründen** (Ermittlung der Bemessungsgrundlage nach gesetzlichen Grundsätzen für eine einheitliche Besteuerung) weitere Unternehmer zur Buchführung verpflichtet.

Die Buchführungsvorschriften der §§ 238 bis 261 HGB sind für alle Kaufleute verbindlich. So muss der Buchführungspflichtige die **Grundsätze ordnungsmäßiger Buchführung** (§ 239 HGB) beachten, zu Beginn der Geschäftstätigkeit und am Ende jeden Geschäftsjahres eine **Inventur** (§ 241 HGB) durchführen, ein **Inventar** (§ 240 HGB) und eine persönlich unterschriebene **Bilanz** (§ 242 ff. HGB) erstellen. Weiterhin hat er sämtliche **Buchführungsunterlagen** nach den im § 257 HGB festgelegten Mindestfristen aufzubewahren.

Grundsätze ordnungsmäßiger Buchführung — 2.2.2

Die Grundsätze ordnungsmäßiger Buchführung sind erfüllt, wenn ein sachverständiger Dritter (z. B. Prüfer des Finanzamtes, Steuerberater) sich in angemessener Zeit einen Überblick verschaffen kann über die gebuchten Geschäftsfälle und die Lage des Unternehmens (§ 145 Abs. 1 AO, § 238 Abs. 1 HGB).

Als wichtigste Grundsätze ordnungsmäßiger Buchführung (**GoB**) gelten:

- **klare und übersichtliche Buchführung** (§ 145 Abs. 1 AO)
- **vollständige, richtige, zeitgerechte und geordnete Buchführung** (§ 146 Abs. 1 AO, § 239 HGB, § 246 HGB)
- **Vollständigkeit** (§ 246 Abs. 1 und 2 HGB)
  - Erfassung aller Geschäftsfälle
  - keine Verrechnung einzelner Geschäftsfälle miteinander
- **Richtigkeit**
  - Buchung entsprechend dem Beleg (z. B. Kontierung, Betrag)
  - keine Buchung ohne Beleg

Geschäftsprozesse dokumentieren und Zahlungsvorgänge bearbeiten

- **Zeitgerechte Buchung**
  - möglichst geringer Zeitraum zwischen Geschäftsvorgang und Buchung (bis zu vier Wochen)
  - Erstellung der Abschlussbilanz binnen zirka sechs Monaten nach Bilanzstichtag
- **Geordnete Buchungen**
  - Buchung nach einem festgelegten und nachvollziehbaren System
  - Aufzeichnung in einer lebenden Sprache (§ 146 Abs. 3 AO, § 239 Abs. 1 HGB)
  - keine Korrekturen der Buchungen in der Art, dass ursprünglicher Inhalt nicht mehr lesbar ist (§ 146 Abs. 4 AO, § 239 Abs. 3 HGB)
- Einhaltung der Aufbewahrungspflichten für Buchführungsunterlagen (§ 147 AO, § 257 HGB)
- **zehn Jahre** für Handelsbücher, Inventare, Bilanzen und Buchungsbelege
- **sechs Jahre** für Geschäftsbriefe und sonstige Unterlagen, soweit sie für die Besteuerung von Bedeutung sind

AUFGABEN zum Sachverhalt 1–6

1. Wozu braucht der Unternehmer eine Buchführung?
2. Welche Bedeutung hat die Buchführung für die anderen Bereiche des Rechnungswesens?
3. Welchen Sinn haben die Grundsätze ordnungsgemäßer Buchführung?
4. Warum ist die Finanzverwaltung an einer ordnungsgemäßen Buchführung interessiert?
5. Welche Interessen an einer ordnungsgemäßen Buchführung haben
   a) die Lieferanten eines Unternehmens?
   b) die Kreditgeber (z. B. Banken)?
6. Ein Gewerbetreibender ist nach Handelsrecht nicht buchführungspflichtig. Nennen Sie die steuerrechtlichen Bedingungen, nach denen er buchführungspflichtig wird.

3 Inventur – Inventar – Bilanz

3.1 Inventur

Jeder Kaufmann hat gemäß § 240 HGB das Vermögen und die Schulden seines Unternehmens festzustellen

- bei der Gründung des Unternehmens,
- am Ende jedes einzelnen Geschäftsjahres,
- bei der Beendigung des Unternehmens (Auflösung, Verkauf).

Dazu ist eine **Inventur** (körperliche und buchmäßige Bestandsaufnahme) durchzuführen.

- **Körperliche Bestandsaufnahme:** Im Unternehmen vorhandene Vermögenswerte wie Grundstücke, Gebäude, Betriebsausstattung, Geschäftsausstattung, Lkws, Lieferwagen, Vorräte und Bargeld werden gezählt, gemessen, gewogen und in Euro **bewertet**.
- **Buchmäßige Bestandsaufnahme:** Das übrige (nichtkörperliche) Vermögen (z. B. Forderungen, Bankguthaben) sowie die Schulden des Unternehmens sind anhand der Buchungsunterlagen zu ermitteln.

Inventur – Inventar – Bilanz

MERKE

Inventur ist die mengen- und wertmäßige Erfassung sämtlicher Vermögens- und Schuldenwerte eines Unternehmens durch Messen, Zählen und Wiegen zu einem bestimmten Stichtag.

Arten der Inventur:

- **Stichtagsinventur** = zeitnahe körperliche Aufnahme:
  Inventur am Ende des Geschäftsjahres zum Bilanzstichtag (häufig 31. Dezember).[1]
- **Permanente Inventur** = laufende Inventur:
  Der am Bilanzstichtag vorliegende buchmäßige Bestand darf als tatsächlicher Bestand angesetzt werden, wenn in den entsprechenden Unterlagen (z. B. Lagerkartei) alle Zu- und Abgänge mengenmäßig erfasst wurden.

Inventar 3.2

GESETZ

§ 240 Abs. 1 HGB	Jeder Kaufmann hat zu Beginn seines Handelsgewerbes seine Grundstücke, seine Forderungen und Schulden, den Betrag seines baren Geldes sowie seine sonstigen Vermögensgegenstände genau zu verzeichnen und dabei den Wert der einzelnen Vermögensgegenstände und Schulden anzugeben.
§ 240 Abs. 2 HGB	Er hat [...] für den Schluss eines jeden Geschäftsjahres ein solches Inventar aufzustellen. [...]

Im **Inventar** werden alle durch die Inventur gewonnenen Vermögens- und Schuldenwerte gegenübergestellt, um das Eigenkapital des Unternehmers zu ermitteln.

```
  Vermögen
- Schulden
  _____
= Eigenkapital (Reinvermögen)
```

Das Inventar (siehe Beispiel Seite 17) besteht demnach aus drei Teilen. Die Gliederung in **Staffelform** erfolgt in Anlehnung an die im § 266 HGB festgelegte Gliederung der Bilanz in Kontoform:

A. **Vermögen:**
    Die Vermögensgegenstände werden zunächst getrennt in Anlagevermögen und Umlaufvermögen und danach innerhalb dieser beiden Gruppierungen nach ihrer **Liquidität**[2] (Flüssigkeit) angeordnet. Die Vermögensgegenstände mit der geringsten Liquidität (Grundstücke) werden zuerst, die Vermögensgegenstände mit der größten Liquidität (Bargeld) zuletzt aufgeführt.

---

[1] In den Speditionen wird üblicherweise die Stichtagsinventur angewandt.
[2] lat. liquidus = flüssig
Liquidität: Eigenschaft des Betriebsvermögens, sich in Zahlungsmittel („flüssige Mittel") umwandeln zu lassen. Die Liquidität wird bestimmt von Zeitspanne und Schwierigkeit dieser Umwandlung.

Geschäftsprozesse dokumentieren und Zahlungsvorgänge bearbeiten

- **Anlagevermögen:**
  Nach § 247 Abs. 2 HGB sind dies alle Vermögensteile, die dem Unternehmen **langfristig** dienen (mehrere Rechnungsperioden),
  z. B.: Grundstücke, Gebäude, Lkws, Lieferwagen, Gabelstapler, Hubwagen, Betriebsausstattung, Büroausstattung
- **Umlaufvermögen:**
  Alle Vermögensteile, die nur **kurzfristig** im Unternehmen bleiben und ständig umgeschlagen werden,
  z. B.: Vorräte (Treibstoffe, Reifen, Ersatzteile, Büromaterial), Forderungen, Bankguthaben, Postbankguthaben, Kassenbestand

B. Schulden (Fremdkapital)
Schulden werden nach ihrer Fälligkeit gegliedert in
- **langfristige Schulden** (Laufzeit mindestens vier Jahre)
  z. B.: Hypothekenschulden, Darlehensschulden
- **kurzfristige Schulden**
  z. B.: Bankschulden, Verbindlichkeiten an Frachtführer und Lieferanten

C. Eigenkapital
Eigenkapital (Reinvermögen) ist die Differenz zwischen Vermögen und Schulden.

```
  Summe des Vermögens (Anlage- und Umlaufvermögen)
− Summe der Schulden (lang- und kurzfristige Schulden)
─────────────────────────────────────────────────────
= Eigenkapital (Reinvermögen)
```

Das Inventar und alle zu seinem Verständnis erforderlichen Unterlagen (alle als Anlagen beigefügten Verzeichnisse, Inventurlisten usw.) sind nach § 257 Abs. 1 HGB und § 147 Abs. 1 und 3 AO zehn Jahre lang aufzubewahren.

FAZIT

Inventur:	Tätigkeit der Bestandsaufnahme
Inventar:	ausführliches Verzeichnis aller Vermögens- und Schuldenwerte zu einem Stichtag
Zweck:	Ermittlung des Eigenkapitals

Termin der Erstellung:
- bei der Gründung des Unternehmens
- am Ende des Geschäftsjahres
- bei Auflösung oder Verkauf des Unternehmens

Gliederung: **Summe des Vermögens** (angeordnet nach der Liquidität)
− **Summe der Schulden** (angeordnet nach der Fristigkeit)
= **Reinvermögen (Eigenkapital)**

Inventur – Inventar – Bilanz

INVENTAR der Spedition Alban Knoll e. Kfm., Kanalstraße 17, 74072 Heilbronn, zum 31. Dezember 20..		
	€	€
A. Vermögen		
I. Anlagevermögen		
1. Lagergrundstück............................		112.000,00
2. Gebäude Bürogebäude	487.400,00	
Lagerhalle	1.208.600,00	
Umschlaglager................	313.700,00	
Tankstelle	56.000,00	2.065.700,00
3. Fuhrpark Lkws lt. Verzeichnis (Anlage 1)....	1.035.600,00	
Hänger lt. Verzeichnis (Anlage 2)..	234.000,00	1.269.600,00
4. Stapler lt. Verzeichnis (Anlage 3)...............		89.700,00
5. Betriebsausstattung lt. Verzeichnis (Anlage 4).....		270.900,00
6. Geschäftsausstattung lt. Verzeichnis (Anlage 5) ...		214.500,00
II. Umlaufvermögen		
1. Vorräte		
Treibstoff lt. Inventurliste (Anlage 6)...............	67.894,00	
Schmierstoffe lt. Inventurliste (Anlage 7)	1.755,00	
Reifen lt. Inventurliste (Anlage 8)..................	26.512,00	
Ersatzteile lt. Inventurliste (Anlage 9).............	33.513,00	
Büromaterial lt. Inventurliste (Anlage 10)	4.326,00	134.000,00
2. Forderungen lt. Saldenliste 1 (Anlage 11).........		312.800,00
3. Kassenbestand lt. Kassenbuch (Anlage 12)		3.436,00
4. Bankguthaben		
Kreissparkasse Heilbronn lt. Kontoauszug (Anlage 13)	23.451,00	
Volksbank Heilbronn lt. Kontoauszug (Anlage 14) ..	45.332,00	
Commerzbank lt. Kontoauszug (Anlage 15)	7.892,00	
Postbank lt. Kontoauszug (Anlage 16)	11.689,00	88.364,00
Summe des Vermögens		**4.561 000,00**
B. Schulden		
I. Langfristige Verbindlichkeiten		
1. Hypotheken		
Kreissparkasse Heilbronn lt. Kontoauszug (Anlage 17)	1.240.000,00	
Deutsche Bank lt. Kontoauszug (Anlage 18).......	285.000,00	1.525.000,00
2. Darlehen		
Volksbank Heilbronn lt. Kontoauszug (Anlage 19) ..	420.000,00	
Spedition Schnell & Zuverlässig, Heidelberg		
lt. Darlehensvertrag (Anlage 20)	58.000,00	478.000,00
II. Kurzfristige Verbindlichkeiten		
1. Verbindlichkeiten aus Speditions-, Transport-		
und Lagerleistungen lt. Saldenliste 2 (Anlage 21) ..		467.223,00
2. Bankschulden		
Landesgirokasse lt. Kontoauszug (Anlage 22)	32.664,00	
Baden-Württembergische Bank lt. Konto-		
auszug (Anlage 23)	17.113,00	49.777,00
Summe der Schulden		**2.520.000,00**
C. Ermittlung des Eigenkapitals		
Summe des Vermögens		4 561.000,00
– Summe der Schulden		2 520.000,00
Eigenkapital (Reinvermögen)		**2.041.000,00**

Geschäftsprozesse dokumentieren und Zahlungsvorgänge bearbeiten

Aufgaben zum Sachverhalt

1
a) Ordnen Sie folgende Vermögensposten dem Anlagevermögen oder dem Umlaufvermögen zu.
1. 3 Möbel-Lkws
2. Kassenbestand
3. 4800 Liter Treibstoffvorrat
4. Umschlaghalle
5. Bankguthaben
6. Grundstücke
7. Lagergebäude
8. Computer
9. Forderungen
10. Bürogebäude
11. Lagerregale
12. 60 Lkw-Reifen
13. 9 Hubwagen
14. 27 Wechselbrücken

b) Ordnen Sie das Anlage- und Umlaufvermögen nach steigender Liquidität.

2
Ordnen Sie folgende Schulden den langfristigen oder den kurzfristigen Schulden zu.
1. Hypothekenschulden
2. Bankschulden
3. Schulden gegenüber den Zollbehörden
4. Verbindlichkeiten gegenüber einem Partnerspediteur
5. Darlehensschulden
6. Verbindlichkeiten gegenüber den Sozialversicherungsträgern

3
Die Spedition Jens Kanninga e. Kfm., Wismar, ermittelt zum 31. Dez. und zum 31. Dez. des Folgejahres durch Inventur folgende Vermögens- und Schuldenwerte.

		Jahr 1 €	Jahr 2
Grundstücke		680.000,00	680.000,00
Fuhrpark	5 Lkws	360.000,00	234.000,00
	2 Anhänger	37.200,00	48.400,00
	4 Lieferwagen	48.500,00	76.300,00
	3 Pkws	16.700,00	44.100,00
Tankstelle		33.100,00	78.200,00
Lagergebäude		1.245.000,00	2.120.500,00
Forderungen aus Speditions-, Transport-, Lager- und Logistikleistungen lt. Anlage		212.400,00	189.300,00
Verbindlichkeiten aus Speditions-, Transport- und Lagerleistungen lt. Anlage		316.800,00	412.400,00
Umschlaglager		234.500,00	196.700,00
Hypothekenschulden	Sparkasse Wismar	480.000,00	790.000,00
	Deutsche Bank	360.000,00	580.000,00
Vorräte lt. Inventurliste	Treibstoffe	65.800,00	12.500,00
	Ersatzteile	4.800,00	7.300,00
	Reifen	6.200,00	1.400,00
	Büromaterial	2.100,00	1.900,00
Bankschulden	Volksbank Wismar	16.300,00	73.900,00
	Deutsche Bank	400,00	51.300,00
Geschäftsausstattung lt. Inventurliste		69.200,00	53.700,00
Bankguthaben	Sparkasse	7.700,00	8.200,00
	Postbank	3.900,00	1.100,00
Verbindlichkeiten an das Finanzamt		12.300,00	33.700,00
Darlehen	Volksbank Wismar	127.000,00	212.800,00
	Postbank	34.000,00	120.000,00
	Spedition Breuel, Dortm.	46.000,00	87.500,00
Kassenbestand lt. Inventurliste		4.800,00	2.100,00
Verwaltungsgebäude		680.300,00	672.400,00
Betriebsausstattung lt. Inventurliste	1 Stapler	23.800,00	11.900,00
	9 Hubwagen	5.600,00	8.700,00

a) Erstellen Sie für das Jahr 1 das Inventar der Spedition Kanninga zum 31. Dez.
b) Erstellen Sie das Inventar der Spedition Kanninga zum 31. Dez. des Folgejahres.
c) Vergleichen Sie die beiden Inventare der Spedition Kanninga. Erklären Sie die Veränderungen im Anlagevermögen, im Umlaufvermögen, im Fremdkapital und im Eigenkapital.

Inventur – Inventar – Bilanz

Zusammenfassende Aufgaben

1 – 9

1. Nennen Sie die vier Bereiche des betrieblichen Rechnungswesens.
2. Nennen Sie die Aufgaben der Buchführung.
3. Nennen Sie die Grundsätze ordnungsmäßiger Buchführung.
4. Nennen Sie Gründe, die zur Schaffung der Grundsätze ordnungsmäßiger Buchführung führten.
5. Erklären Sie den Unterschied zwischen Anlage- und Umlaufvermögen.
6. Erklären Sie den Unterschied zwischen Inventur und Inventar.
7. Erklären Sie den Unterschied zwischen körperlicher Inventur und Buchinventur.
8. Welche Vermögensteile müssen durch eine körperliche Inventur ermittelt werden?
9. Welche Vermögensteile müssen durch eine Buchinventur ermittelt werden?

10

10. Erstellen Sie das Inventar zum 31. Dez. .. unter Beachtung der Grundsätze ordnungsmäßiger Buchführung.

Spedition Hallwachs e. K., Minden, ermittelt zum 31. Dez. .. folgende Vermögens- und Schuldenwerte.

		€
Forderungen lt. Anlage		86.700,00
Hypothekenschulden	Commerzbank Osnabrück	280.000,00
	Sparkasse Bielefeld	270.000,00
	Volksbank Minden	420.000,00
Bürogebäude		756.400,00
Geschäftsausstattung lt. Inventurliste		89.600,00
Fuhrpark	12 Lkws	458.700,00
	5 Hänger	112.700,00
	45 Wechselbrücken	387.200,00
Bankschulden		
	Commerzbank Osnabrück	17.300,00
	Postbank	4.800,00
Vorräte lt. Inventurliste		
	Ersatzteile	7.600,00
	Treibstoff	13.800,00
	Schmierstoffe	500,00
	Reifen	9.300,00
	Büromaterial	2.100,00
	Heizmaterial	6.790,00
Bankguthaben		
	Sparkasse Bielefeld	11.700,00
	Volksbank Minden	9.400,00
Umschlaglager		236.700,00
Kommissionierungslager		212.000,00
Verbindlichkeiten lt. Anlage		306.400,00
Bankdarlehen		
	Sparkasse Bielefeld	106.000,00
	Volksbank Hameln	154.000,00
	Kassenbestand	2.800,00
Zollschulden lt. Zollbescheid		16.300,00
Verbindlichkeiten beim Finanzamt lt. Steuerbescheid		9.700,00
Garagen für Fahrzeuge		35.000,00
Tankstelle		12.500,00
Lagergrundstück		87.200,00

Geschäftsprozesse dokumentieren und Zahlungsvorgänge bearbeiten

3.3 Bilanz

Die **Bilanz**[1] ermittelt der Kaufmann aus dem Inventar, das eine umfangreiche Aufstellung der gesamten Vermögensteile und Schulden ist, durch Zusammenfassung zu einzelnen Positionen.

§ 242 Abs. 1 HGB	Der Kaufmann hat zu Beginn seines Handelsgewerbes und für den Schluss eines jeden Geschäftsjahres einen das Verhältnis seines Vermögens und seiner Schulden darstellenden Abschluss (Eröffnungsbilanz, Bilanz) aufzustellen.
§ 245 HGB	Der Jahresabschluss ist vom Kaufmann unter Angabe des Datums zu unterzeichnen.
§ 247 Abs. 1 HGB	In der Bilanz sind das Anlage- und das Umlaufvermögen, das Eigenkapital, die Schulden sowie die Rechnungsabgrenzungsposten gesondert auszuweisen und hinreichend aufzugliedern.
§ 266 Abs. 1 HGB	Die Bilanz ist in Kontoform aufzustellen. [...]

Die Bilanz ist eine Kurzfassung des Inventars in Kontoform[2]. Die Bilanz enthält auf der linken Seite das Vermögen, unterteilt in Anlagevermögen und Umlaufvermögen, auf der rechten Seite das Kapital, unterteilt in Eigenkapital und Fremdkapital. Die beiden Seiten der Bilanz haben immer die gleiche Summe.

Die Vermögensteile (Anlagevermögen und Umlaufvermögen) heißen *Aktiva*[3]. Sie werden aktiv eingesetzt, um Leistungen des Speditionsbetriebes zu erbringen.

Die Kapitalteile (Fremdkapital und Eigenkapital) heißen *Passiva*[4]. Sie dienen der Finanzierung des betriebsnotwendigen Vermögens.

Aus dem Inventar der Spedition Alban Knoll KG (vgl. Seite 17) ergibt sich folgende Bilanz.

AKTIVA	BILANZ zum 31. Dezember des Vorjahres		PASSIVA
I. **Anlagevermögen**		I. **Eigenkapital**	2.041.000,00
1. Grundstücke	112.000,00		
2. Gebäude	2.065.700,00	II. **Fremdkapital**	
3. Fuhrpark	1.269.600,00	1. Hypotheken	1.525.000,00
4. Stapler	89.700,00	2. Darlehen	478.000,00
5. Betriebsausstattung	270.900,00	3. Verbindlichkeiten	467.223,00
6. Geschäftsausstattung	214.500,00	4. Bankschulden	49.777,00
II. **Umlaufvermögen**			
1. Vorräte	134.000,00		
2. Forderungen	312.800,00		
3. Kasse	3.436,00		
4. Bankguthaben	88.364,00		
	4.561.000,00		4.561.000,00
Heilbronn, 17. Januar ..		Alban Knoll	

---

[1] ital. bilancia = Waage. Begriff in der Buchführung für den Jahresabschluss in Form einer Gegenüberstellung von Vermögen und Kapital zu einem Stichtag.
[2] ital. conto = Rechnung; gleichzeitige Rechnungsführung – Begriff in der Buchführung für eine zur Aufnahme und wertmäßigen Erfassung von Geschäftsfällen bestimmte Rechnung.
[3] lat. für die Summe der Vermögensteile eines Unternehmens, die auf der linken Seite der Bilanz aufgeführt werden.
[4] lat. Sammelbegriff für alle auf der Passivseite der Bilanz ausgewiesenen Positionen.

Inventur – Inventar – Bilanz

MERKE

Bilanz:
- Kurzfassung des umfangreichen Inventars

Gliederung der Bilanz:
- Gegenüberstellung von **Vermögen** (**Aktiva**) und **Kapital** (**Passiva**)
- Gliederung des Vermögens nach Liquiditätsnähe
- Gliederung des Kapitals nach Fälligkeit

Form der Bilanz:
- **Kontenform**
- persönliche Unterschrift des Unternehmers unter Angabe des Datums (§ 245 HGB)
- Der nicht beschriebene Raum im T-Konto wird durch die „Buchhalternase" gesperrt.

AKTIVA		BILANZ zum 31. Dezember ..	PASSIVA	
I. Anlagevermögen	4.022.400,00	II. Eigenkapital	2.041.000,00
II. Umlaufvermögen	538.600,00	II. Fremdkapital	2.520.000,00
= (Gesamt-)Vermögen	4.561.000,00	= (Gesamt-)Kapital	4.561.000,00

Kapitalverwendung (Investierung)
Die **Aktivseite** der Bilanz gibt Antwort auf die Frage: „Wie ist das Kapital verwendet (investiert) worden?"

Kapitalherkunft (Finanzierung)
Die **Passivseite** der Bilanz gibt Antwort auf die Frage: „Wer hat das Kapital zur Verfügung gestellt?"

Die Bilanz zeigt auf der **Aktivseite**, wie das Kapital angelegt (investiert) wurde (= **Kapitalverwendung**).

Die Bilanz zeigt auf der **Passivseite**, woher das Kapital eines Unternehmens stammt (= **Kapitalherkunft**). Daher sind die beiden Seiten der Bilanz immer gleich groß.

Die rechnerische Gleichheit der beiden Bilanzseiten lässt sich in der **Bilanzgleichung** darstellen (siehe unten).

Bilanzgleichung

AKTIVA	=	PASSIVA
VERMÖGEN	=	KAPITAL
VERMÖGEN	=	EIGENKAPITAL + FREMDKAPITAL
VERMÖGEN – FREMDKAPITAL	=	EIGENKAPITAL
VERMÖGEN – EIGENKAPITAL	=	FREMDKAPITAL

A 22 Geschäftsprozesse dokumentieren und Zahlungsvorgänge bearbeiten

FAZIT

Von der Inventur zur Bilanz

Inventur:
- Tätigkeit der Bestandsaufnahme

Inventar:
- ausführliche Darstellung aller Vermögens- und Schuldenwerte in Staffelform
- Bewertung unter Angabe von Menge, Einzelwert und Gesamtwert

Bilanz:
- kurz gefasste Darstellung des Vermögens und des Kapitals in Kontenform

Aufgaben zum Sachverhalt

1 Erstellen Sie die Bilanz der Spedition Möhler KG zum 31. Dez. .. unter Beachtung der gesetzlichen Vorschriften.

	a) €	b)
A Fuhrpark	212.500,00	307.800,00
A Geschäftsausstattung	64.800,00	37.000,00
P Darlehensschulden	180.000,00	215.000,00
A Gebäude	1.265.000,00	890.500,00
A Vorräte	34.100,00	56.400,00
P Hypothekenschulden	379.000,00	280.800,00
A Betriebsausstattung	56.700,00	41.200,00
A Grundstücke	196.300,00	220.000,00
A Kassenbestand	4.100,00	2.300,00
A Bankguthaben	9.500,00	7.900,00
A Forderungen	93.200,00	54.700,00
P Verbindlichkeiten	123.800,00	63.700,00

2 Erstellen Sie die Bilanz der Spedition Knobel e. Kfm. zum 31. Dez. .. unter Beachtung der gesetzlichen Vorschriften.

	a) €	b)
Verbindlichkeiten	212.512,00	307.839,00
Gebäude	641.900,00	436.700,00
Kassenbestand	8.753,00	3.126,00
Bankschulden	12.403,00	9.035,00
Vorräte	34.213,00	45.897,00
Geschäftsausstattung	45.234,00	87.934,00
Forderungen	136.500,00	234.756,00
Fuhrpark	452.100,00	189.700,00
Darlehensschulden	534.000,00	280.000,00
Betriebsausstattung	87.550,00	47.608,00
Grundstücke	180.000,00	328.000,00
Hypothekenschulden	480.000,00	270.000,00
Bankguthaben	12.875,00	19.003,00

3 Erstellen Sie die Bilanz der Spedition Kanninga e. Kfm., Wismar, zum 31. Dez. .. auf der Basis des von Ihnen erstellten Inventars (Kapitel Inventar, Aufgabe 3).

Wertveränderungen in der Bilanz

Die Bilanz stellt die Vermögensteile und Schulden eines Unternehmens zu einem Stichtag dar. Die in der Bilanz aufgelisteten Werte sind während des Geschäftsjahres einer ständigen Änderung unterworfen. Jeder Geschäftsfall innerhalb eines Unternehmens ändert die Bilanz in zwei Positionen.

Musterbilanz der Spedition Graf OHG:

AKTIVA	BILANZ zum 31. Dezember ..		PASSIVA
I. Anlagevermögen		**I. Eigenkapital**	1.880.000,00
1. Gebäude	2.000.000,00		
2. Fuhrpark	400.000,00	**II. Fremdkapital**	
3. Betriebsausstattung	50.000,00	1. Hypotheken	500.000,00
4. Geschäftsausstattung	60.000,00	2. Darlehen	250.000,00
		3. Verbindlichkeiten	120.000,00
II. Umlaufvermögen		4. Bankschulden	80.000,00
1. Vorräte	120.000,00.		
2. Forderungen	110.000,00		
3. Kasse	10.000,00		
4. Bankguthaben	80.000,00		
	2.830.000,00		**2.830.000,00**

Welche Veränderungen verursachen folgende Geschäftsfälle **in der Musterbilanz** der Spedition Graf OHG?

Geschäftsfall 1: Die Spedition Graf OHG kauft ein neues Lieferfahrzeug für 50.000,00 € und bezahlt die Rechnung per Banküberweisung.
Durch diesen Geschäftsfall ändern sich folgende Bilanzpositionen:

Fuhrpark	nimmt zu	um 50.000,00 €	auf 450.000,00 €
Bankguthaben	nimmt ab	um 50.000,00 €	auf 30.000,00 €

AKTIVA	BILANZ zum 31. Dezember ..		PASSIVA
I. Anlagevermögen		**I. Eigenkapital**	1.880.000,00
1. Gebäude	2.000.000,00		
2. **Fuhrpark**	**450.000,00**	**II. Fremdkapital**	
3. Betriebsausstattung	50.000,00	1. Hypotheken	500.000,00
4. Geschäftsausstattung	60.000,00	2. Darlehen	250.000,00
		3. Verbindlichkeiten	120.000,00
II. Umlaufvermögen		4. Bankschulden	80.000,00
1. Vorräte	120.000,00.		
2. Forderungen	110.000,00		
3. Kasse	10.000,00		
4. **Bankguthaben**	**30.000,00**		
	2.830.000,00		**2.830.000,00**

Geschäftsprozesse dokumentieren und Zahlungsvorgänge bearbeiten

Geschäftsfall 1 ist ein **Aktivtausch**

- und betrifft nur die Aktivseite der Bilanz;
- ein Vermögensposten nimmt um 50.000,00 € zu,
- ein anderer Vermögensposten nimmt um 50.000,00 € ab;
- **die Bilanzsumme ändert sich nicht.**

Geschäftsfall 2: Die Spedition Graf OHG schuldet ihrem Partnerspediteur Binder aus erbrachten Speditionsleistungen 50.000,00 €. Die Verbindlichkeiten (kurzfristige Verbindlichkeiten) werden in ein Darlehen (langfristige Verbindlichkeiten) umgewandelt.

Durch diesen Geschäftsfall ändern sich folgende Bilanzpositionen gegenüber der Musterbilanz:

Verbindlichkeiten	nehmen ab	um 50.000,00 €	auf 70.000,00 €
Darlehen	nimmt zu	um 50.000,00 €	auf 300.000,00 €

AKTIVA		BILANZ zum 31. Dezember ..		PASSIVA
I. **Anlagevermögen**		I. **Eigenkapital**		1.880.000,00
1. Gebäude	2.000.000,00			
2. Fuhrpark	400.000,00	II. **Fremdkapital**		
3. Betriebsausstattung	50.000,00	1. Hypotheken		500.000,00
4. Geschäftsausstattung	60.000,00	2. **Darlehen**		**300.000,00**
		3. **Verbindlichkeiten**		**70.000,00**
II. **Umlaufvermögen**		4. Bankschulden		80.000,00
1. Vorräte	120.000,00			
2. Forderungen	110.000,00			
3. Kasse	10.000,00			
4. Bankguthaben	80.000,00			
	2.830.000,00			2.830.000,00

Geschäftsfall 2 ist ein **Passivtausch**

- und betrifft nur die Passivseite der Bilanz;
- ein Kapitalposten nimmt um 50.000,00 € zu,
- ein anderer Kapitalposten nimmt um 50.000,00 € ab;
- **die Bilanzsumme ändert sich nicht.**

Geschäftsfall 3: Die Spedition Graf OHG kauft Vorräte im Wert von 30.000,00 € auf Ziel.[1]

Durch diesen Geschäftsfall ändern sich folgende Bilanzpositionen gegenüber der Musterbilanz:

Vorräte	nehmen zu	um 30.000,00 €	auf 150.000,00 €
Verbindlichkeiten	nehmen zu	um 30.000,00 €	auf 150.000,00 €

---

[1] Begleichung einer Rechnung erfolgt später, nach dem Ablauf des Zahlungsziels (z. B. 30 Tage).

Wertveränderungen in der Bilanz

AKTIVA	BILANZ zum 31. Dezember ..		PASSIVA
I. Anlagevermögen		**I. Eigenkapital**	1.880.000,00
1. Gebäude	2.000.000,00		
2. Fuhrpark	400.000,00	**II. Fremdkapital**	
3. Betriebsausstattung	50.000,00	1. Hypotheken	500.000,00
4. Geschäftsausstattung	60.000,00	2. Darlehen	250.000,00
		3. **Verbindlichkeiten**	**150.000,00**
II. Umlaufvermögen		4. Bankschulden	80.000,00
1. **Vorräte**	**150.000,00**		
2. Forderungen	110.000,00		
3. Kasse	10.000,00		
4. Bankguthaben	80.000,00		
	2.860.000,00		**2.860.000,00**

Geschäftsfall 3 ist eine **Aktiv-Passiv-Mehrung**

- und betrifft die Aktiv- und die Passivseite der Bilanz;
- ein Vermögensposten nimmt um 30.000,00 € zu,
- ein Kapitalposten nimmt um 30.000,00 € zu;
- **die Bilanzsumme steigt** um 30.000,00 €.

Geschäftsfall 4: Die Spedition Graf OHG zahlt ein Darlehen in Höhe von 50.000,00 € durch eine Banküberweisung zurück.

Durch diesen Geschäftsvorfall ändern sich folgende Bilanzpositionen gegenüber der Musterbilanz:

Darlehen	nimmt ab	um 50.000,00 €	auf 200.000,00 €
Bankguthaben	nimmt ab	um 50.000,00 €	auf 30.000,00 €

AKTIVA	BILANZ zum 31. Dezember ..		PASSIVA
I. Anlagevermögen		**I. Eigenkapital**	1.880.000,00
1. Gebäude	2.000.000,00		
2. Fuhrpark	400.000,00	**II. Fremdkapital**	
3. Betriebsausstattung	50.000,00	1. Hypotheken	500.000,00
4. Geschäftsausstattung	60.000,00	2. **Darlehen**	**200.000,00**
		3. Verbindlichkeiten	120.000,00
II. Umlaufvermögen		4. Bankschulden	80.000,00
1. Vorräte	120.000,00		
2. Forderungen	110.000,00		
3. Kasse	10.000,00		
4. **Bankguthaben**	**30.000,00**		
	2.780.000,00		**2.780.000,00**

Geschäftsprozesse dokumentieren und Zahlungsvorgänge bearbeiten

Geschäftsfall 4 ist eine **Aktiv-Passiv-Minderung**

- und betrifft die Aktiv- und die Passivseite der Bilanz;
- ein Vermögensposten nimmt um 50.000,00 € ab,
- ein Kapitalposten nimmt um 50.000,00 € ab;
- **die Bilanzsumme sinkt** um 50.000,00 €.

FAZIT

Bilanzänderungen: hervorgerufen durch jeden Geschäftsfall

Arten der Wertveränderungen:

Aktivtausch:
- Tausch auf der Aktivseite ➡ Bilanzsumme bleibt gleich

Passivtausch:
- Tausch auf der Passivseite ➡ Bilanzsumme bleibt gleich

Aktiv-Passiv-Mehrung:
- Vermehrung auf beiden Bilanzseiten ➡ Bilanzsumme steigt

Aktiv-Passiv-Minderung:
- Verminderung auf beiden Bilanzseiten ➡ Bilanzsumme sinkt

Aufgaben zum Sachverhalt

1–16

Beantworten Sie für jeden Geschäftsfall folgende Fragen.
a) Welche Bilanzposten werden berührt?
b) Handelt es sich bei den betroffenen Bilanzposten um Posten der Aktiv- oder Passivseite der Bilanz?
c) Wie wirkt sich der Geschäftsfall auf die betroffenen Bilanzposten aus?
d) Welche der vier Arten der Bilanzveränderungen liegt vor?

1	Kauf einer EDV-Anlage, sofortige Bezahlung mit der Bankkarte	3.265,00 €
2	Kauf von Treibstoffvorräten auf Ziel	12.819,00 €
3	Rückzahlung einer Hypothekenschuld durch Banküberweisung	25.000,00 €
4	Bezahlung des eingekauften Treibstoffes durch Banküberweisung	12.819,00 €
5	Verkauf eines Lkw auf Ziel	35.200,00 €
6	Einzahlung von Bargeld auf das Bankkonto	10.000,00 €
7	Aufnahme eines Darlehens und Gutschrift auf das Bankkonto	50.000,00 €
8	Barkauf von Büromaterialvorräten	912,00 €
9	Umwandlung einer Verbindlichkeit in ein Darlehen	12.000,00 €
10	Kunde bezahlt seine Schulden an uns durch Banküberweisung	3.578,00 €
11	Verkauf eines gebrauchten Pkw auf Ziel	8.250,00 €
12	Rückzahlung von Verbindlichkeiten durch Aufnahme eines Darlehens	8.900,00 €
13	Kunde zahlt unsere Forderungen bar	1.250,00 €
14	Wir bezahlen unsere Schulden an Frachtführer durch Banküberweisung	1.800,00 €
15	Eingangsrechnung für Lkw-Reifen	4.380,00 €
16	Bezahlung der Reifen durch Barzahlung und Überweisung des Restbetrages	800,00 € 3.580,00 €

Buchen auf Bestandskonten

Buchen auf Bestandskonten 5

Auflösung der Bilanz in Konten 5.1

Da in einer Spedition täglich viele, oftmals mehrere hundert Geschäftsfälle anfallen die jeweils mindestens zwei Posten der Bilanz verändern, ist es ersichtlich, dass diese Veränderungen der Aktiv- und Passivseite nicht fortlaufend in der Bilanz vorgenommen werden können. Deshalb löst man die Bilanz in **Konten** auf. Aus jeder Position der Aktivseite wird ein **Aktivkonto**, aus jeder Position der Passivseite ein **Passivkonto**.

AKTIVA		BILANZ zum 31. Dez. ..		PASSIVA
I. **Anlagevermögen**			I. **Eigenkapital**	460.000,00
1. Fuhrpark	400.000,00			
2. BGA[1]	110.000,00		II. **Fremdkapital**	
			1. Hypotheken	80.000,00
II. **Umlaufvermögen**			2. Darlehen	70.000,00
1. Vorräte	120.000,00.		3. Verbindlichkeiten	120.000,00
2. Forderungen	110.000,00		4. Bankschulden	20.000,00
3. Kasse	10.000,00			
	750.000,00			750.000,00

Aktivseite
jede Bilanzposition wird ein **Aktivkonto**

Passivseite
jede Bilanzposition wird ein **Passivkonto**

Soll	Fuhrpark	Haben	Soll	Eigenkapital	Haben
AB	400.000,00			AB	460.000,00

Soll	BGA[1]	Haben	Soll	Hypotheken	Haben
AB	110.000,00			AB	80.000,00

Soll	Vorräte	Haben	Soll	Darlehen	Haben
AB	120.000,00			AB	70.000,00

Soll	Forderungen a. LL.	Haben	Soll	Verbindlichkeiten a. LL.	Haben
AB	110.000,00			AB	120.000,00

Soll	Kasse	Haben	Soll	Bankschulden	Haben
AB	10.000,00			AB	20.000,00

Soll	Aktivkonto	Haben	Soll	Passivkonto	Haben
Anfangsbestand		– Abgänge	– Abgänge		Anfangsbestand
+ Zugänge		= Saldo	= Saldo		+ Zugänge

Bei den **Aktivkonten** steht der Anfangsbestand immer auf der **Soll-Seite**[2] (linke Seite eines Kontos), weil sie sich auf der linken Seite der Bilanz befinden!

Bei den **Passivkonten** steht der Anfangsbestand immer auf der **Haben-Seite**[3] (rechte Seite des Kontos), weil sie sich auf der rechten Seite der Bilanz befinden!

1 BGA = Betriebs- und Geschäftsausstattung
2 Seitenbezeichnung für linke Seite eines Kontos.
3 Seitenbezeichnung für rechte Seite eines Kontos.

Geschäftsprozesse dokumentieren und Zahlungsvorgänge bearbeiten

MERKE

- Jede Bilanzposition zeigt einen Vermögens- oder Kapitalbestand auf.
- Jede Bilanzposition der Aktivseite wird zu einem **aktiven** Bestandskonto (Aktivkonto).
- Jede Bilanzposition der Passivseite wird zu einem **passiven** Bestandskonto (Passivkonto).
- **Aktivkonten** erfassen die Veränderungen des Vermögens während einer Rechnungsperiode.
- **Passivkonten** erfassen die Veränderungen des Kapitals während einer Rechnungsperiode.
- Die linke Seite eines Kontos wird mit **Soll** (S), die rechte Seite mit **Haben** (H) bezeichnet.
- **Zunahmen** (Mehrungen) werden immer **auf der Seite der Anfangsbestände** (AB) erfasst, weil der Bestand erhöht wird.
- **Abnahmen** (Minderungen) werden immer **auf der anderen Kontoseite** erfasst, weil der Bestand vermindert wird.
- Am Ende jeder Rechnungsperiode werden die Bestandskonten abgeschlossen. Für jedes Bestandskonto wird der Schlussbestand (SB) ermittelt.
Anfangsbestand + Zugänge – Abgänge = Schlussbestand

Aufgaben zum Sachverhalt

1

Beantworten Sie folgende Fragen für die einzelnen Bestandskonten:
a) Um welche Art von Bestandskonto handelt es sich?
b) Auf welcher Seite wird der Anfangsbestand erfasst?
c) Auf welcher Seite werden die Zugänge erfasst?
d) Auf welcher Seite werden die Abgänge erfasst?
e) Auf welcher Seite steht der Schlussbestand?

1. Kasse
2. Darlehen
3. Fuhrpark
4. Bankschulden
5. Forderungen a. LL.
6. Gebäude
7. Bankguthaben
8. Verbindlichkeiten a. LL.
9. Hypotheken
10. Treibstoffvorräte

2

Buchen Sie folgende Geschäftsfälle für den 26. bis 30. Juni .. auf einem Kassenkonto. Schließen Sie das Konto am Monatsende ab und ermitteln Sie den Schlussbestand.

		€
26. Juni	Anfangsbestand	764,00
27. Juni	Kunde zahlt Nachnahmesendung bar	112,00
27. Juni	Kauf von Büromaterial	37,00
27. Juni	Tankbeleg eines Fahrers	235,00
28. Juni	Ein Kunde zahlt eine Rechnung bar	294,00
28. Juni	Kauf von Briefmarken	115,00
28. Juni	Privatentnahme des Inhabers	400,00
29. Juni	Frachtführer erhält bar	120,00
29. Juni	Abhebung von der Bank	2.000,00
30. Juni	Vorschuss an Lagerarbeiter	260,00
30. Juni	Barzahlung für örtliches Nachrichtenblatt	56,00
30. Juni	Einkauf von Ersatzteilen	348,00
30. Juni	Bezahlung eines Zeitungsinserates	395,00
30. Juni	Spende an den Sportverein	100,00

Buchen auf Bestandskonten

Buchen Sie folgende Geschäftsfälle für den 26. bis 30. Juni .. auf einem Verbindlichkeitskonto. Schließen Sie das Konto am Monatsende ab und ermitteln Sie den Schlussbestand.

		€
27. Juni	Anfangsbestand	45.376,00
27. Juni	Eingangsrechnung von dem Frachtführer Müller	2.312,00
28. Juni	Überweisung an den Frachtführer Knörzer & Co.	890,00
28. Juni	Kauf von Büromaterial auf Ziel	2.188,00
28. Juni	Eingangsrechnung unserer Partnerspedition Auberle	6.743,00
29. Juni	Einkauf von Treibstoff gegen Rechnung	12.455,00
29. Juni	Wir überweisen an einen Lieferanten	769,00
30. Juni	Eingangsrechnung des Kurierdienstes „Ruck & Zuck"	1.357,00
30. Juni	Überweisung einer Eingangsrechnung	2.312,00

Buchung von Geschäftsfällen auf Bestandskonten 5.2

Eröffnung der Bestandskonten: Die Schlussbilanz zum 31. Dezember ist gleichzeitig auch die Eröffnungsbilanz des neuen Geschäftsjahres. Am Jahresbeginn werden alle aktiven und passiven Bestandskonten eröffnet und die Anfangsbestände aus der Eröffnungsbilanz übernommen.

Buchung der Geschäftsfälle: Alle Geschäftsfälle des neuen Geschäftsjahres werden aufgrund von Belegen (Eingangsrechnungen, Ausgangsrechnungen, Bankbelege, Quittungen usw.) in den aktiven und passiven Bestandskonten gebucht. Jeder zu buchende Geschäftsfall verursacht zwei Kontenberührungen, je eine im Soll und eine im Haben.

Bei der Buchung der einzelnen Geschäftsfälle sind folgende Schritte zu überlegen.

- 1. Schritt: *Welche Konten werden berührt?*
- 2. Schritt: *Handelt es sich um ein Aktiv- oder Passivkonto?*
- 3. Schritt: *Handelt es sich um einen Zugang oder Abgang?*
- 4. Schritt: *Handelt es sich um eine Soll- oder Haben-Buchung?*
- 5. Schritt: *Buchung auf den betreffenden Bestandskonten*
  - *zuerst immer im Soll*
  - *danach im Haben*

Abschluss der Bestandskonten: Am Ende der Rechnungsperiode wird die **Schlussbilanz** erstellt. Dazu werden die einzelnen Bestandskonten abgeschlossen, indem auf der jeweils „kleineren" Seite der Saldo als Ausgleich eingesetzt wird. Dieser Schlussbestand (Saldo) geht als Endbestand in die Schlussbilanz ein. Der Saldo der Aktivkonten steht auf der Haben-Seite und wird auf die Aktivseite der Schlussbilanz übertragen, der Saldo der Passivkonten steht auf der Soll-Seite und wird auf die Passivseite der Schlussbilanz übertragen.

Die **Schlussbilanz** des laufenden Geschäftsjahres ist zugleich die **Eröffnungsbilanz** des nächsten Geschäftsjahres.

Geschäftsprozesse dokumentieren und Zahlungsvorgänge bearbeiten

Muster-**AUFGABE** mit **LÖSUNG**

Von der Eröffnungsbilanz zur Schlussbilanz

Geschäftsfall 1: Kauf eines Lieferwagens auf Ziel für 40.000,00 €.

	Konto 1	Konto 2
1: Welche Konten werden berührt?	Fuhrpark	Verbindlichkeiten
2: Aktiv- oder Passivkonto?	Aktivkonto	Passivkonto
3: Zugang oder Abgang?	Zugang	Zugang
4: Soll- oder Haben-Buchung?	Soll-Buchung	Haben-Buchung
5: Buchung auf den Bestandskonten		
• zuerst immer im Soll	Fuhrpark	
• danach im Haben		Verbindlichkeiten

Geschäftsfall 2: Wir zahlen Verbindlichkeiten bar, 5.000,00 €.

	Konto 1	Konto 2
1: Welche Konten werden berührt?	Verbindlichkeiten	Kasse
2: Aktiv- oder Passivkonto?	Passivkonto	Aktivkonto
3: Zugang oder Abgang?	Abgang	Abgang
4: Soll- oder Haben-Buchung?	Soll-Buchung	Haben-Buchung
5: Buchung auf den Bestandskonten		
• zuerst immer im Soll	Verbindlichkeiten	
• danach im Haben		Kasse

Geschäftsfall 3: Kunde zahlt seine Schulden bar, 14.000,00 €.

	Konto 1	Konto 2
1: Welche Konten werden berührt?	Kasse	Forderungen
2: Aktiv- oder Passivkonto?	Aktivkonto	Aktivkonto
3: Zugang oder Abgang?	Zugang	Abgang
4: Soll- oder Haben-Buchung?	Soll-Buchung	Haben-Buchung
5: Buchung auf den Bestandskonten		
• zuerst immer im Soll	Kasse	
• danach im Haben		Forderungen

Geschäftsfall 4: Verkauf von gebrauchten Büromöbeln auf Ziel für 2.000,00 €.

	Konto 1	Konto 2
1: Welche Konten werden berührt?	Forderungen	BGA
2: Aktiv- oder Passivkonto?	Aktivkonto	Aktivkonto
3: Zugang oder Abgang?	Zugang	Abgang
4: Soll- oder Haben-Buchung?	Soll-Buchung	Haben-Buchung
5: Buchung auf den Bestandskonten		
• zuerst immer im Soll	Forderungen	
• danach im Haben		BGA

AKTIVA	BILANZ zum 1. Januar ..		PASSIVA
I. Anlagevermögen		I. Eigenkapital	410.000,00
1. Fuhrpark	400.000,00	II. Fremdkapital	
2. BGA	110.000,00	1. Hypotheken	80.000,00
II. Umlaufvermögen		2. Verbindlichkeiten a. LL.	120.000,00
1. Forderungen a. LL.	110.000,00	3. Bankschulden	20.000,00
2. Kasse	10.000,00		
	630.000,00		**630.000,00**

Aktive Bestandskonten
jede Bilanzposition wird ein **Aktivkonto**.

Passive Bestandskonten
jede Bilanzposition wird ein **Passivkonto**.

Buchen auf Bestandskonten

Soll	Fuhrpark		Haben
AB	400.000,00	SB	440.000,00
① Verb.	40.000,00		
	440.000,00		440.000,00

Soll	Eigenkapital		Haben
SB	410.000,00	AB	410.000,00

Soll	BGA		Haben
AB	110.000,00	④ Ford.	2.000,00
		SB	108.000,00
	110.000,00		110.000,00

Soll	Hypotheken		Haben
SB	80.000,00	AB	80.000,00

Soll	Forderungen a. LL.		Haben
AB	110.000,00	③ Kasse	14.000,00
④ Büro	2.000,00	SB	98.000,00
	112.000,00		112.000,00

Soll	Verbindlichkeiten a. LL.		Haben
② Kasse	5.000,00	AB	120.000,00
SB	155.000,00	① FP	40.000,00
	160.000,00		160.000,00

Soll	Kasse		Haben
AB	10.000,00	② Verb.	5.000,00
③ Ford.	14.000,00	SB	19.000,00
	24.000,00		24.000,00

Soll	Bankschulden		Haben
SB	20.000,00	AB	20.000,00

AKTIVA	SCHLUSSBILANZ zum 31. Dezember ..		PASSIVA
I. Anlagevermögen		I. Eigenkapital	410.000,00
1. Fuhrpark	440.000,00	II. Fremdkapital	
2. BGA	108.000,00	1. Hypotheken	80.000,00
II. Umlaufvermögen		3. Verbindlichkeiten a. LL.	155.000,00
1. Forderungen a. LL.	98.000,00	4. Bankschulden	20.000,00
2. Kasse	19.000,00		
	665.000,00		665.000,00

- Jeder Geschäftsfall wird auf zwei verschiedene Konten gebucht,
  - zuerst im Soll,
  - danach im Haben.
- Die Buchungen auf der Soll-Seite müssen wertmäßig den Buchungen auf der Haben-Seite entsprechen.
- Bei der Buchung in den Bestandskonten wird jeweils das Gegenkonto eingetragen.
- Die Schlussbilanz eines Geschäftsjahres ist gleichzeitig die Eröffnungsbilanz für das neue Geschäftsjahr.

MERKE

Von der Eröffnungsbilanz zur Schlussbilanz
1. Eröffnungsbilanz aufstellen
2. Eröffnung der Aktiv- und Passivkonten
3. Übertrag der Anfangsbestände
4. Buchung der Geschäftsfälle
5. Abschluss der Aktiv- und Passivkonten
6. Übertrag der Salden (Schlussbestand) auf die Schlussbilanz

FAZIT

Geschäftsprozesse dokumentieren und Zahlungsvorgänge bearbeiten

Aufgaben zum Sachverhalt

1

a) Erstellen Sie die Eröffnungsbilanz.
b) Eröffnen Sie die Bestandskonten.
c) Buchen Sie die Geschäftsfälle in den Bestandskonten.
d) Schließen Sie die Konten ab.
e) Erstellen Sie die Schlussbilanz. Die Schlussbestände entsprechen den Inventurwerten.

Anfangsbestände (in €):

Fuhrpark	220.000,00	Lagergebäude	420.800,00
Vorräte	16.580,00	Forderungen a. LL.	32.760,00
Verbindlichkeiten a. LL.	87.430,00	Kasse	1.840,00
Bankguthaben	32.190,00	Darlehensschulden	220.800,00
Hypotheken	330.000,00	Betriebsausstattung	56.430,00
Bürogebäude	120.350,00	Eigenkapital	?

Geschäftsfälle (in €):
1. Kunde überweist an uns eine offene Rechnung ... 3.450,00
2. Wir heben bei der Bank ab und zahlen in die Kasse ein ... 2.000,00
3. Kauf eines Kurierfahrzeuges auf Ziel ... 32.000,00
4. Rückzahlung eines Darlehens durch Banküberweisung ... 25.000,00
5. Wir bezahlen eine Lieferantenrechnung bar ... 800,00
6. Verkauf eines gebrauchten Hubwagens bar ... 1.100,00
7. Kunde Steinbrück überweist eine offene Rechnung ... 5.230,00
8. Wir überweisen an Railion AG für Schulden aus Bahntransporten ... 2.780,00

2

a) Erstellen Sie die Eröffnungsbilanz.
b) Eröffnen Sie die Bestandskonten.
c) Buchen Sie die Geschäftsfälle in den Bestandskonten.
d) Schließen Sie die Konten ab.
e) Erstellen Sie die Schlussbilanz. Die Schlussbestände entsprechen den Inventurwerten.

Anfangsbestände (in €):

Bürogebäude	211.680,00	Reifenvorräte	12.305,00
Fuhrpark	312.600,00	Lagergebäude	289.500,00
Treibstoffvorräte	6.560,00	Forderungen a. LL.	56.780,00
Bankguthaben	44.080,00	Darlehensschulden	190.000,00
Verbindlichkeiten a. LL.	76.380,00	Kasse	4.630,00
Hypotheken	382.000,00	BGA	36.290,00
Büromaterialvorrat	6.450,00	Eigenkapital	?

Geschäftsfälle (in €):
1. Wir begleichen eine offene Rechnung per Banküberweisung ... 12.660,00
2. Unsere Bareinzahlung auf unser Bankkonto ... 3.500,00
3. Kauf eines Lieferwagens auf Ziel ... 58.600,00
4. Teilrückzahlung eines Darlehens durch Banküberweisung ... 30.000,00
5. Auftraggeber begleicht Transportkosten bar ... 800,00
6. Verkauf eines gebrauchten Pkw auf Ziel ... 11.200,00
7. Partnerspediteur Mongert überweist offene Rechnung ... 6.830,00
8. Aufnahme einer Hypothek; Gutschrift auf Bankkonto ... 40.000,00
9. Umwandlung einer Verbindlichkeit in ein Darlehen ... 32.000,00
10. Kauf von Büromaterial gegen Barzahlung ... 820,00
11. Eingangsrechnung für gekauften Treibstoff ... 6.500,00
12. Verkauf von einigen Reifen gegen Rechnung ... 2.500,00

Buchen auf Bestandskonten

Der Buchungssatz 5.3

Der Buchungssatz nennt kurz und eindeutig die Konten, auf denen ein Geschäftsfall gebucht wird.

Der einfache Buchungssatz 5.3.1

Bei der Buchung jedes einzelnen Geschäftsfalles sind folgende Schritte zu überlegen.

1. Schritt: Welche Konten werden berührt?
2. Schritt: Handelt es sich um ein Aktiv- oder Passivkonto?
3. Schritt: Handelt es sich um einen Zugang oder Abgang?
4. Schritt: Handelt es sich um eine Soll- oder Haben-Buchung?
5. Schritt: Buchungssatz
   - zuerst Buchung im Soll
   - danach Buchung im Haben

   Zwischen der Soll-Buchung (Konto, auf dem auf der Soll-Seite gebucht wird) und der Haben-Buchung (Konto, auf dem im Haben gebucht wird) steht das Wörtchen „an".

Spedition Baumann kauft Reifen auf Ziel für 4.390,00 €.

	Konto 1	Konto 2
1: Welche Konten werden berührt?	Reifenvorrat	Verbindlichkeiten
2: Aktiv- oder Passivkonto?	Aktivkonto	Passivkonto
3: Zugang oder Abgang?	Zugang	Zugang
4: Soll- oder Haben-Buchung?	Soll-Buchung	Haben-Buchung
5: Buchung auf den Bestandskonten		
• zuerst immer im Soll	Reifenvorrat	
• danach im Haben		Verbindlichkeiten

Durch diesen Geschäftsfall werden lediglich **zwei Konten** berührt (**einfacher Buchungssatz**).

| Reifenvorrat | 4.390,00 € | an Verbindlichkeiten | 4.390,00 € |

1 Muster-AUFGABE — **LÖSUNG**

Kunde überweist auf unser Bankkonto 1.460,00 €.

	Konto 1	Konto 2
1: Welche Konten werden berührt?	Bank	Forderungen
2: Aktiv- oder Passivkonto?	Aktivkonto	Aktivkonto
3: Zugang oder Abgang?	Zugang	Abgang
4: Soll- oder Haben-Buchung?	Soll-Buchung	Haben-Buchung
5: Buchung auf den Bestandskonten		
• zuerst immer im Soll	Bank	
• danach im Haben		Forderungen

Durch diesen Geschäftsfall werden lediglich **zwei Konten** berührt (**einfacher Buchungssatz**).

| Bank | 1.460,00 € | an Forderungen | 1.460,00 € |

2 Muster-AUFGABE — **LÖSUNG**

Geschäftsprozesse dokumentieren und Zahlungsvorgänge bearbeiten

MERKE

- Der einfache Buchungssatz besteht aus zwei Buchungen:
  - eine Buchung im Soll
  - eine Buchung im Haben
- erste Buchung immer im Soll
- zweite Buchung immer im Haben
- Verbindung der beiden betroffenen Konten durch „an"

Aufgaben zum Sachverhalt

1 Nennen Sie den Buchungssatz zu folgenden Geschäftsfällen.

		€
a)	Kauf von Treibstoff auf Ziel	8.750,00
b)	Verkauf eines gebrauchten Schreibtisches bar	500,00
c)	Umwandlung einer Verbindlichkeit in ein Darlehen	12.350,00
d)	Unser Auftraggeber Hock überweist eine offene Rechnung	2.390,00
e)	Kauf von Büromaterial bar	428,00
f)	Umwandlung eines kurzfristigen Darlehens in eine Hypothek	32.000,00
g)	Verkauf von zwei Reifen auf Ziel	220,00
h)	Verkauf eines Grundstückes auf Ziel	240.800,00
i)	Kauf einer Wechselbrücke auf Ziel	24.000,00
j)	Wir überweisen an einen Frachtführer für erbrachte Transporte	1.650,00
k)	Barabhebung vom Bankkonto	600,00
l)	Barverkauf eines gebrauchten Faxgerätes	120,00
m)	Kunde überweist offene Rechnung auf unser Bankkonto	890,00
n)	Eingangsrechnung für Reifen	1.240,00
o)	Barkauf von Schmierstoffen	180,00
p)	Kunde begleicht Rechnung durch Banküberweisung	3.060,00
q)	Kauf einer EDV-Anlage auf Ziel	6.000,00
r)	Aufnahme eines Darlehens bei der Bank; Bankgutschrift	40.000,00
s)	Barverkauf eines gebrauchten Pkw	2.800,00
t)	Tilgung eines Darlehens durch Banküberweisung	8.000,00
u)	Kunde überweist offene Rechnung	2.490,00

2 Nennen Sie den Geschäftsfall zu folgenden Buchungssätzen.

a)	Bank	an	Kasse
b)	Verbindlichkeiten a. LL.	an	Bank
c)	Fuhrpark	an	Verbindlichkeiten a. LL.
d)	Kasse	an	BGA
e)	Treibstoffvorrat	an	Verbindlichkeiten a. LL.
f)	Bank	an	Forderungen a. LL.
g)	Forderungen a. LL.	an	Fuhrpark
h)	Bank	an	Darlehen
i)	Hypotheken	an	Bank
j)	Verbindlichkeiten a. LL.	an	Darlehen
k)	Forderungen a. LL.	an	Reifenvorrat
l)	Bank	an	Forderungen a. LL.
m)	Verbindlichkeiten a. LL.	an	Kasse
n)	Gebäude	an	Verbindlichkeiten a. LL.

Buchen auf Bestandskonten

Der zusammengesetzte Buchungssatz 5.3.2

Werden durch einen Geschäftsfall mehr als zwei Konten betroffen, handelt es sich um einen zusammengesetzten Buchungssatz. Die Buchungen auf der Soll-Seite und die Buchungen auf der Haben-Seite müssen insgesamt wertmäßig übereinstimmen.

1 Muster-AUFGABE

Kauf eines neuen Lkw gegen 10.000,00 € Barzahlung und 100.000,00 € Banküberweisung.

	Konto 1	Konto 2	Konto 3
1: Welche Konten werden berührt?	Fuhrpark	Kasse	Bank
2: Aktiv- oder Passivkonto?	Aktivkonto	Aktivkonto	Aktivkonto
3: Zugang oder Abgang?	Zugang	Abgang	Abgang
4: Soll- oder Haben-Buchung?	Soll-Buchung	Haben-Buch.	Haben-Buch.
5: Buchung auf den Bestandskonten			
• zuerst immer im Soll	Fuhrpark		
• danach im Haben		Kasse	Bank

Durch diesen Geschäftsfall werden **mehr als zwei Konten** berührt (**zusammengesetzter Buchungssatz**).

LÖSUNG

Fuhrpark	110.000,00 €	an Kasse	10.000,00 €
		Bank	100.000,00 €

2 Muster-AUFGABE

Verkauf eines Grundstückes für 300.000,00 €. Der Käufer zahlt 5.000,00 € bar, überweist 20.000,00 € von seinem Bankkonto und möchte den Restbetrag in zwei Monaten bezahlen.

	Konto 1	Konto 2	Konto 3	Konto 4
1: Welche Konten werden berührt?	Kasse	Bank	Ford.	Grundstücke
2: Aktiv- oder Passivkonto?	Aktivkonto	Aktivkonto	Aktivkonto	Aktivkonto
3: Zugang oder Abgang?	Zugang	Zugang	Zugang	Abgang
4: Soll- oder Haben-Buchung?	Soll-Buch.	Soll-Buch.	Soll-Buch.	Haben-Buch.
5: Buchung auf den Konten				
• zuerst immer im Soll	Kasse	Bank	Ford.	
• danach im Haben				Grundstück

Durch diesen Geschäftsfall werden **mehr als zwei Konten** berührt (**zusammengesetzter Buchungssatz**).

LÖSUNG

Kasse	5.000,00 €		
Bank	20.000,00 €		
Forderungen	275.000,00 €	an Grundstücke	300.000,00 €

Geschäftsprozesse dokumentieren und Zahlungsvorgänge bearbeiten

3 Muster-AUFGABE

Wir begleichen 18.000,00 € Schulden bei unserem Partnerspediteur durch Barzahlung 800,00 € und Banküberweisung 2.200,00 €. Der Restbetrag wird in ein Darlehen umgewandelt.

	Konto 1	Konto 2	Konto 3	Konto 4
1: Welche Konten werden berührt?	Verbindlichk.	Kasse	Bank	Darlehen
2: Aktiv- oder Passivkonto?	Passivkonto	Aktivkonto	Aktivkonto	Passivkonto
3: Zugang oder Abgang?	Abgang	Abgang	Abgang	Zugang
4: Soll- oder Haben-Buchung?	Soll-Buch.	Haben-Buch.	Haben-Buch.	Haben-Buch.
5: Buchung auf den Konten				
• zuerst immer im Soll	Verbindlichk.			
• danach im Haben		Kasse	Bank	Darlehen

Durch diesen Geschäftsfall werden **mehr als zwei Konten** berührt (**zusammengesetzter Buchungssatz**).

LÖSUNG

Verbindlichkeiten a. LL.	18.000,00 €	an Kasse	800,00 €
		Bank	2.200,00 €
		Darlehen	15.000,00 €

MERKE

Einfacher Buchungssatz	➡	Zwei Konten werden berührt.
Zusammengesetzter Buchungssatz	➡	Mehr als zwei Konten werden berührt.

Beim zusammengesetzten Buchungssatz gilt immer:
Summe der Soll-Buchungen = Summe der Haben-Buchungen

Aufgaben zum Sachverhalt

1 Nennen Sie den Buchungssatz zu folgenden Geschäftsfällen.

	€
a) Kauf von Treibstoff	
auf Ziel	6.320,00
Zahlung mit der Bankkarte	2.800,00
b) Tilgung einer Verbindlichkeit	
durch Banküberweisung	4.200,00
Umwandlung in ein Darlehen	15.000,00
c) Unser Auftraggeber begleicht Speditionsrechnung	
bar	380,00
per Überweisung	1.900,00
d) Umwandlung einer Verbindlichkeit	
in ein Darlehen	10.000,00
in eine Hypothek	56.000,00
e) Verkauf eines Grundstückes	
gegen bar	5.000,00
gegen Banküberweisung	15.000,00
auf Ziel	210.000,00

22514336

Buchen auf Bestandskonten

		€
f)	Kauf einer Wechselbrücke	
	bar	900,00
	auf Ziel	21.000,00
g)	Kunde zahlt offene Rechnung	
	bar	900,00
	per Banküberweisung	1.830,00
h)	Eingangsrechnung für	
	Schmierstoffe	1.240,00
	Treibstoffe	9.430,00
	Ersatzteile	1.780,00
	Reifen	6.210,00
i)	Kauf einer EDV-Anlage	
	Zahlung mit der Bankkarte	2.000,00
	gegen bar	1.000,00
	auf Ziel	8.600,00
j)	Aufnahme eines Darlehens bei der Volksbank	
	Barauszahlung	5.000,00
	Gutschrift auf Bankkonto	40.000,00
k)	Verkauf eines gebrauchten Pkw	
	gegen bar	500,00
	auf Ziel	1.900,00
l)	Tilgung eines Darlehens	
	durch Banküberweisung	8.000,00
	bar	1.200,00

Nennen Sie den Geschäftsfall zu folgenden Buchungssätzen. **2**

		€			€
a)	Verbindlichkeiten a. LL.	12.000,00	an	Bank	8.000,00
				Kasse	4.000,00
b)	Fuhrpark	180.000,00	an	Verbindlichkeiten a. LL.	140.000,00
				Bank	35.000,00
				Kasse	5.000,00
c)	Kasse	3.200,00	an	BGA	1.800,00
				Reifenvorrat	1.250,00
				Treibstoffvorräte	150,00
d)	Treibstoffvorrat	15.870,00	an	Kasse	370,00
				Bank	12.000,00
				Verbindlichkeiten a. LL.	3.500,00
e)	Bank	1.300,00			
	Kasse	720,00	an	Forderungen a. LL.	2.020,00
f)	Forderungen a. LL.	18.500,00			
	Bank	5.000,00			
	Kasse	300,00	an	Fuhrpark	23.800,00
g)	Bank	18.000,00			
	Verbindlichkeiten a. LL.	12.000,00	an	Darlehen	30.000,00
h)	Hypotheken	60.000,00	an	Bank	57.800,00
				Kasse	2.200,00
i)	Forderungen a. LL.	17.500,00	an	Reifenvorrat	1.500,00
				Fuhrpark	15.800,00
				Treibstoffvorräte	200,00
j)	Gebäude	360.000,00	an	Kasse	8.000,00
				Bank	19.000,00
				Darlehen	250.000,00
				Verbindlichkeiten a. LL.	83.000,00

Geschäftsprozesse dokumentieren und Zahlungsvorgänge bearbeiten

Zusammenfassende Aufgaben

1

a) Erstellen Sie die Eröffnungsbilanz.
b) Eröffnen Sie die Bestandskonten.
c) Buchen Sie die Geschäftsfälle in den Bestandskonten.
d) Schließen Sie die Konten ab.
e) Erstellen Sie die Schlussbilanz.
   Die Schlussbestände auf den Konten entsprechen den Inventurwerten.

Anfangsbestände (in €):

Hypotheken	290.000,00	BGA	56.980,00
Verbindlichkeiten a. LL.	45.670,00	Kasse	7.030,00
Fuhrpark	283.800,00	Lagergebäude	403.600,00
Treibstoffvorräte	14.500,00	Forderungen a. LL.	66.990,00
Bankguthaben	25.180,00	Darlehensschulden	232.000,00
Bürogebäude	312.900,00	Reifenvorräte	2.305,00
Büromaterialvorräte	2.150,00	Eigenkapital	?

Geschäftsfälle (in €):

1. Kauf von Reifen auf Ziel 4.390,00
2. Kunde überweist **ausstehende** Speditionsrechnung 18.900,00
3. Verkauf eines gebrauchten Lkw Zahlung mit der Bankkarte 3.000,00
   gegen bar 1.200,00
   auf Ziel 14.800,00
4. Barkauf von Büromaterial 312,00
5. Kauf eines Kurierfahrzeuges gegen bar 2.200,00
   Zahlung mit der Bankkarte 16.000,00
   auf Ziel 17.800,00
6. Umwandlung einer Verbindlichkeit in ein Darlehen 6.000,00
7. Kauf eines neuen Lagergebäudes und Bezahlung durch
   Banküberweisung 30.000,00
   Aufnahme eines Darlehens 60.000,00
   Aufnahme einer Hypothek 120.000,00
8. Kauf von Treibstoff gegen Rechnung 7.690,00
9. Barverkauf einer gebrauchten Schreibmaschine 135,00

2

Nennen Sie die Buchungssätze zu folgenden Geschäftsfällen.

€

a) Einkauf von Büromaterial 2.820,00
   Treibstoff 15.300,00
   Schmierstoff 350,00
   Reifen 6.340,00
   Das Büromaterial wird sofort per Bankkarte abgebucht, die restlichen Lieferungen laut Zahlungsbedingungen erst später überwiesen.

b) Verkauf eines Grundstückes
   gegen Banküberweisung 30.000,00
   auf Ziel 120.000,00

c) Barverkauf von Treibstoff 180,00
   Reifen 260,00
   gebrauchten Personalcomputern . . 780,00

d) Kauf eines neuen Lkw für 200.000,00
   Wir geben einen gebrauchten Lkw in Zahlung 30.000,00
   Den Restbetrag zahlen wir vertragsgemäß ab nächstem Monat in zwölf Raten.

e) Kauf von sechs gebrauchten Wechselbrücken auf Ziel 32.000,00
f) Barkauf von Büromaterial 1.556,00

Buchen auf Bestandskonten

g) Wir begleichen Rechnungen unseres Partnerspediteurs
   durch Banküberweisung 21.780,00
   bar 670,00
h) Tilgung einer Hypothek durch Banküberweisung 165.000,00
i) Aufnahme eines Darlehens 35.000,00

Nennen Sie die Geschäftsfälle zu folgenden Buchungssätzen.

		€		€
a)	Bank	12.000,00		
	Kasse	3.000,00		
	Fuhrpark	32.000,00	an Darlehen	47.000,00
b)	Forderungen a. LL.	380,00	an BGA	380,00
c)	Verbindlichkeiten a. LL.	21.080,00	an Bank	18.000,00
			Kasse	3.080,00
d)	Bank	3.200,00	an Kasse	3.200,00
e)	Fuhrpark	92.000,00	an Verbindlichkeiten a. LL.	75.800,00
			Bank	15.000,00
			Kasse	1.200,00
f)	Kasse	1.080,00	an Forderungen	1.080,00
g)	Bürogebäude	420.000,00	an Hypothek	200.000,00
			Darlehen	180.000,00
			Bank	36.000,00
			Kasse	4.000,00
h)	Treibstoffvorrat	4.560,00	an Verbindlichkeiten a. LL.	4.560,00
i)	Kasse	2.300,00	an BGA	1.810,00
			Reifenvorrat	400,00
			Treibstoffvorräte	90,00
j)	Kasse	4.500,00	an Bank	4.500,00
k)	Verbindlichkeiten a. LL.	32.800,00	an Bank	8.000,00
			Darlehen	24.000,00
			Kasse	800,00
l)	Forderungen a. LL.	27.500,00		
	Bank	3.800,00		
	Kasse	1.700,00	an Fuhrpark	33.000,00
m)	Darlehen	25.400,00	an Bank	25.400,00
n)	Forderungen a. LL.	6.300,00	an Fuhrpark	3.800,00
			Reifenvorrat	1.750,00
			Treibstoffvorräte	750,00

Buchung nach Belegen 5.3.3

Die Grundsätze ordnungsmäßiger Buchführung schreiben vor, dass eine Buchung nur aufgrund eines Beleges (Eingangsrechnungen, Ausgangsrechnungen, Quittungen, Überweisungen, Gehaltslisten, Verbrauch von Vorräten wie bspw. Treibstoff, Reifen usw.) vorgenommen werden kann. Ohne Beleg ist also keine Buchung möglich. Deshalb werden in den Unternehmen alle Belege gesammelt und aufbewahrt. Denn nur durch sie kann die Rechtmäßigkeit der Buchführung bewiesen werden.

In der Praxis werden zwei Belegarten unterschieden:
- **Fremdbelege:** erstellt durch fremde Unternehmen
  z. B. Eingangsrechnungen, Bankbelege (Gutschriften, Abbuchungen, Überweisungen), Quittungen
- **Eigenbelege:** erstellt durch das eigene Unternehmen
  z. B. Ausgangsrechnungen, Gehaltslisten, Entnahmescheine (Treibstoff-, Reifenverbrauch, ...)

Geschäftsprozesse dokumentieren und Zahlungsvorgänge bearbeiten

Fremdbeleg

Mineralölgroßhandlung Andreas Breuling GmbH

Breuling GmbH, Wörthstr. 128, 76133 Karlsruhe

Spedition
Knoll GmbH
Kanalstraße 17
74080 Heilbronn

Wörthstraße 128 • 76133 Karlsruhe
Tel.: 0721 191287-47
Fax: 0721 191287-49
E-Mail: info@oelbreuling-wvd.de
www.oelbreuling-wvd.de

Rechnung Nr.: 1712-08-03
Rechnungsdatum: 13.08.20..

Menge	Artikel-Nr.	Artikelbezeichnung	Preis je Einheit	Gesamtbetrag
26 000 l	91 212	Dieselkraftstoff	1,05 €/Liter[1]	27.300,00 €

Rechnung zahlbar innerhalb von 21 Tagen.
Bei Zahlung innerhalb von 8 Tagen 3 % Skonto.

Bankverbindungen:
Volksbank Karlsruhe, Konto 1 848 979, BLZ 661 900 00, IBAN DE78 6619 0000 0001 8489 79, BIC GENODE61KA1
Sparkasse Karlsruhe, Konto 4 497 831, BLZ 660 501 01, IBAN DE45 6605 0101 0004 4978 31, BIC KARSDE66XXX
Commerzbank Karlsruhe, Konto 1 211 399, BLZ 660 400 26, IBAN DE19 6604 0026 0001 2113 99, BIC COBADEFF661

Sitz der Gesellschaft: Karlsruhe • Registergericht: Amtsgericht Karlsruhe HRB 4237 • USt-IdNr.: DE 145 795 109

Allen unseren Angeboten, Verträgen und sonstigen Rechtsgeschäften liegen die umseitigen Allgemeinen Geschäftsbedingungen zugrunde.

Bearbeitung des Buchungsbeleges

1. **Prüfung des Beleges** auf rechnerische und sachliche Richtigkeit
   - Hat unsere Spedition 26 000 Liter Treibstoff eingekauft?
   - Entspricht der verrechnete Preis von 1,05 €/Liter dem Preis in der Bestellung/dem Angebot?
   - Stimmt der Grundpreis?

2. **Sortierung der Belege** nach Art (Eingangsrechnung, Ausgangsrechnung, Entnahmescheine für Treibstoff, ...) und Nummerierung der Belege
   - Erfassung des Eingangsdatums durch Stempelaufdruck
     z. B. `Eingegangen am 19.08.20..`
   - Erfassung des Beleges als Eingangsrechnung mit fortlaufender Nummer
     z. B. `ER 03481/..`

---

[1] USt wird nicht berücksichtigt, da noch nicht behandelt.

Buchen auf Bestandskonten

3. Vorkontierung auf dem Beleg. Als Hilfe dient der Aufdruck mit dem Kontierungsstempel, der die notwendigen Spalten für die Buchung enthält.
    - Aufdruck des Kontierungsstempels
    - Vorkontierung auf dem Beleg

z. B.

Konten	Soll	Haben
Dieselvorrat an Verbindl.	27.300,00	27.300,00
Gebucht:	09/24 J IX/16 Gr	

09/24   Buchungsdatum
J IX/16   Eintragung im Grundbuch (Journal) für September auf Seite 16
Gr   Kurzzeichen des Buchhalters

Buchung des Beleges

- Chronologische (in der zeitlichen Reihenfolge) Buchung im Grundbuch
- Jede Buchung im Grundbuch muss Belegart und Belegnummer enthalten.
- spätere Übertragung vom Grundbuch auf die Sachkonten im Hauptbuch
Buchungssatz:

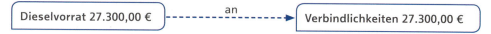

Dieselvorrat 27.300,00 €   an   Verbindlichkeiten 27.300,00 €

Aufbewahrung der Belege

- chronologisch, alphabetisch oder nach Sachgebieten geordnet
- Beachtung der Aufbewahrungsfrist zehn Jahre ab Ende des jeweiligen Kalenderjahres

Aufgaben zur Buchung von Belegen

Beleg 1

Nennen Sie den Geschäftsfall, der dem Beleg zugrunde liegt.
Bilden Sie den Buchungssatz.

Geschäftsprozesse dokumentieren und Zahlungsvorgänge bearbeiten

2

Beleg 2
Nennen Sie den Geschäftsfall, der dem Beleg zugrunde liegt.
Bilden Sie den Buchungssatz.

Autohaus Krause OHG

Liebigstraße 18 – 20
74076 Heilbronn
Tel.: 07131 651777-0
Fax: 07131 651777-12

Krause OHG, Liebigstr. 18 – 20, 74076 Karlsruhe

E-Mail: info@autokrause-wvd.de
www.autokrause-wvd.de

Spedition
Knoll GmbH
Kanalstraße 17
74080 Heilbronn

Auftragsannahme:	
km-Stand:	
Typ/Modell/BJ:	
Fahrzeug Id-Nr.:	

| Rechnungsnummer: | 0308/257 |
| Rechnungsdatum: | 16.08.20.. |

Anzahl	Artikel-Nr.	Bezeichnung	€ je Einheit	€ Gesamt
6	24-212	M-und-S-Reifen	76,00	456,00

Rechnungen sind sofort fällig

Vielen Dank für Ihren Auftrag, wir wünschen Ihnen allzeit gute Fahrt!

Ihr Autohaus Krause

Geschäftsführer: Alfred Krause
St.-Nr.: 58 223 9547 5
HRA 1021 Amtsgericht Heilbronn
Erfüllungsort und Gerichtsstand: Heilbronn

Kreissparkasse Heilbronn • Konto 022 769 841 • BLZ 620 500 00
IBAN DE63 6205 0000 0022 7698 41 • BIC HEISDE66XXX

Volksbank Heilbronn • Konto 241 513 322 • BLZ 620 901 00
IBAN DE03 6209 0100 0241 5133 22 • BIC GENODES1VHN

3

Beleg 3
Nennen Sie den Geschäftsfall, der dem Beleg zugrunde liegt.
Bilden Sie den Buchungssatz.

Kassenbeleg für Bareinzahlungen

Datum	Zweck	Betrag
13.08.20..	Verkauf von 2 M-und-S-Reifen zu Stückpreis von 76,00 €	152,00 €
Gesamtbetrag		152,00 €

Datum: 13.08.20.. Unterschrift: i. V. Marian Kowalski

Betrag bezahlt

Datum: 13.08.20.. Unterschrift: Albin Mayerink

Buchen auf Bestandskonten

Beleg 4
Nennen Sie den Geschäftsfall, der dem Beleg zugrunde liegt.
Bilden Sie den Buchungssatz.

Spedition Knoll GmbH

Kanalstraße 17
74080 Heilbronn

Knoll GmbH • Kanalstr. 17 • 74080 Heilbronn

Telefon: 07131 22251-0
Telefax: 07131 22251-55

Fuhrunternehmen
Maibach GmbH
Siemensstraße 139
71032 Böblingen

E-mail: spedknoll@wvd.de
www.spedknoll-wvd.de

Wir arbeiten ausschließlich auf Basis der Allgemeinen Deutschen Spediteurbedingungen (ADSp 2004)

Rechnung Nr.: 667-08-032   **Datum:** 12.06.20..

..-07-28	1 gebrauchter Lieferwagen, Renault Traffic	3.412,50

Volksbank Heilbronn • 323 232 223 • BLZ 620 901 00 • IBAN DE79 6209 0100 0323 2322 23 • BIC GENODES1VHN
Kreissparkasse Heilbronn • 199 455 631 • BLZ 620 500 00 • IBAN DE90 6205 0000 0199 4556 31 • BIC HEISDE66XXX
Deutsche Bank Heilbronn • 000 334 129 • BLZ 620 700 24 • IBAN DE78 6207 0024 0000 3341 29 • BIC DEUTDEDB620
Commerzbank Heilbronn • 011 997 541 • BLZ 620 400 60 • IBAN DE30 6204 0060 0011 9975 41 • BIC COBADEFF620

Geschäftsführer: Alban Knoll, Viola Bauer • HRB 1429, Amtsgericht Heilbronn
Erfüllungsort und Gerichtsstand: Heilbronn • USt-IdNr.: DE 998 517 317

Beleg 5
Nennen Sie den Geschäftsfall, der dem Beleg zugrunde liegt.
Bilden Sie den Buchungssatz.

```
Konto-Nr. 199 455 631    BLZ 620 500 00                    Kontoauszug   29
Kreissparkasse Heilbronn      UST-ID DE 145789045                Blatt    1
Datum    Erläuterungen                                               Betrag
ANLAGE Nr. 8 zum Auszug 29         LASTSCHRIFTBELEG
    Zahlungsempfänger              Kreissparkasse Heilbronn
    Konto                          9 943 219
    Bankleitzahl                   620 500 00
    Verwendungszweck               Teiltilgung Darlehen 001897600 ..-08-26
    Zahlungspflichtiger            Spedition Knoll GmbH
    Betrag                                        1.045,00 EUR
    Datum                          01.08.20..
    --------------------------------------------------
    Einzugsermächtigung liegt dem Zahlungsempfänger vor.
    --------------------------------------------------

Spedition Knoll GmbH
Kanalstraße 17                                                      IBAN:
74080 Heilbronn                                     DE90 6205 000 0199 4556 31
                                                           BIC: HEISDE66XXX
```

Geschäftsprozesse dokumentieren und Zahlungsvorgänge bearbeiten

6

Beleg 6
Nennen Sie den Geschäftsfall, der dem Beleg zugrunde liegt.
Bilden Sie den Buchungssatz.

```
Deutsche Post AG
7420 Heilbronn
85041961  21.08.20..

8232
Postwertzeichen ohne Zuschlag
*71,00 EUR                    A

Bruttoumsatz              *71,00 EUR
umsatzsteuerbefreit nach  §4 UStG A
Nettoumsatz A             *71,00 EUR

Steuernummer der Deutschen Post AG:
5205/5777/1510

Vielen Dank für Ihren Besuch.
Ihre Deutsche Post AG
```

6 Buchen auf Erfolgskonten

6.1 Erfolgskonten

Alle bisherigen Geschäftsfälle veränderten lediglich die Bestände auf den aktiven und passiven Bestandskonten und waren ohne Einfluss auf den Betriebserfolg (Gewinn/Verlust) des Speditionsunternehmens. In der Speditionspraxis werden laufend betriebliche Leistungen selbst erbracht sowie Speditions- und Frachtführerleistungen von Dritten eingekauft. Selbst erbrachte Speditionsleistungen werden den Auftraggebern mit den Selbstkosten und einem Gewinnzuschlag, Fremdleistungen mit dem Einkaufspreis und einem Gewinnzuschlag in Rechnung gestellt.

Diese Herstellung und der Absatz von Speditions- und Frachtführerleistungen machen den Erfolg eines Speditionsunternehmens aus und bewirken deshalb eine Änderung des Eigenkapitals.

Für die Herstellung von Leistungen werden Anlagegüter genutzt und verlieren an Wert. Löhne und Gehälter fallen an, weiterhin entstehen Kosten für die eigenen Fahrzeuge und für den Einsatz fremder Speditionen und Frachtführer. Diese und alle anderen **Aufwendungen mindern das Eigenkapital** des Speditionsunternehmens.

Zu den **Aufwendungen** zählen vor allem:
- Aufwendungen für den Einsatz von Arbeitskräften
  - **Löhne** für die Arbeiter des Speditionsbetriebes
  - **Gehälter** für die Angestellten des Speditionsbetriebes
  - gesetzliche und freiwillige **Sozialabgaben**
- Fuhrparkkosten
  z. B. **Treibstoffverbrauch, Reifenverbrauch, Kfz-Versicherung, Kfz-Steuer** usw.
- Aufwendungen für **Miete, Verwaltung, betriebliche Steuern, betriebliche Versicherungen, Zinsen** usw.
- Wertminderungen des Anlagevermögens durch Abnutzung (**Abschreibungen**)
- Kosten für **eingekaufte Speditions- und Frachtführerleistungen**

Buchen auf Erfolgskonten

Die Erträge des Speditionsunternehmens (z. B. Entgelte für erbrachte oder vermittelte Speditions- und Frachtführerleistungen, Zinserträge, Mieterträge für vermietete Lagerhallen) **mehren das Eigenkapital.**

Würden alle Aufwendungen und Erträge über das Eigenkapitalkonto gebucht, wäre die Übersichtlichkeit und Klarheit der Buchführung nicht gewährleistet. Deshalb werden die einzelnen Aufwands- und Ertragsarten auf speziellen Erfolgskonten gebucht. Die **Erfolgskonten** sind Unterkonten des Eigenkapitalkontos und werden in **Aufwands- und Ertragskonten** unterschieden.

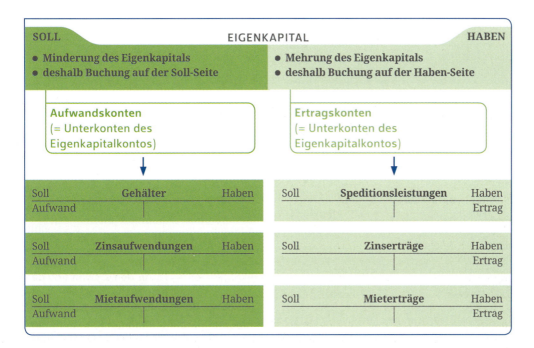

Erfolgskonten zur Ermittlung des Gewinnes oder Verlustes
1. Die Erfolgskonten sind Unterkonten des Eigenkapitalkontos.
2. Die Erfolgskonten werden unterteilt in:

   Aufwandskonten
   - Aufwendungen mindern das Eigenkapital.
   - Buchung im Soll

   Ertragskonten
   - Erträge erhöhen das Eigenkapital.
   - Buchung im Haben

Geschäftsprozesse dokumentieren und Zahlungsvorgänge bearbeiten

6.2 Buchung von Aufwendungen und Erträgen auf den Erfolgskonten

In einer Spedition fallen folgende Geschäftsfälle an.

1. **Banküberweisung** von Löhnen 6.500,00 € und Gehältern 12.300,00 €.

   Buchungssatz **1**
   Löhne.................. 6.500,00 €
   Gehälter................ 12.300,00 €   an Bank .... 18.800,00 €

Soll	Löhne	Haben
Aufwand 6.500,00		

Soll	Gehälter	Haben
Aufwand 12.300,00		

Soll	Bank	Haben
		18.800,00

2. **Bankbelege** für die Überweisung der Gewerbesteuer 6.560,00 € und der Kfz-Steuer für einen betrieblich genutzten Pkw 315,00 €.

   Buchungssatz **2**
   Gewerbesteuer .... 6.560,00 €
   Kfz-Steuer.............. 315,00 €   an Bank .... 6.875,00 €

Soll	Gewerbesteuer	Haben
Aufwand 6.560,00		

Soll	Kfz-Steuer	Haben
Aufwand 315,00		

Soll	Bank	Haben
		6.875,00

3. **Ausgangsrechnungen** an unseren Auftraggeber über erbrachte
   - Lkw-Speditionsleistungen............. 18.340,00 €,
   - Bahn-Speditionsleistungen .... 5.200,00 €,
   - Luftfrachtleistungen................. 6.870,00 €.

   Buchungssatz **3**
   Forderungen a. LL.... 30.410,00 €   an Kraftwagenspeditionsleistungen   18.340,00 €
                                          Bahnspeditionsleistungen ......   5.200,00 €
                                          Luftfrachtspeditionsleistungen .. 6.870,00 €

Soll	Forderungen a. LL.	Haben
30.410,00		

Soll	Kraftwagenspeditionsleist.	Haben
		Ertrag 18.340,00

Soll	Bahnspeditionsleist.	Haben
		Ertrag 5.200,00

Soll	Luftfrachtspeditionsleist.	Haben
		Ertrag 6.870,00

Buchen auf Erfolgskonten

4. **Eingangsrechnung** der Railion AG für Frachtführerleistungen 1.260,00 €.

   Buchungssatz 4

   Bahnspeditionskosten .... 1.260,00 €   an Verbindlichkeiten a. LL. ... 1.260,00 €

Soll	Bahnspeditionskosten	Haben
Aufwand	1.260,00	

Soll	Verbindlichkeiten a. LL.	Haben
		1.260,00

Abschluss der Aufwands- und Ertragskonten 6.3

Am Ende des Geschäftsjahres werden die Erfolgskonten zunächst auf das **Gewinn-und Verlustkonto** abgeschlossen, um den **Gewinn oder Verlust** des Speditionsunternehmens zu ermitteln. Der auf dem Gewinn- und Verlustkonto (GuV-Konto) ermittelte Gewinn oder Verlust wird ins Eigenkapitalkonto übertragen. Ein **Gewinn erhöht das EK**, ein **Verlust mindert das EK**.

Zusammenfassung der Buchungssätze aus Kapitel 6.2

Soll	Löhne	Haben
1 Aufwand 6.500,00	GuV	6.500,00

Soll	Kraftwagenspeditionsleist.	Haben
GuV 18.340,00	3 Ertrag	18.340,00

Soll	Gehälter	Haben
1 Aufwand 12.300,00	GuV	12.300,00

Soll	Bahnspeditionsleist.	Haben
GuV 5.200,00	3 Ertrag	5.200,00

Soll	Gewerbesteuer	Haben
2 Aufwand 6.560,00	GuV	6.560,00

Soll	Luftfrachtspeditionsleist.	Haben
GuV 6.870,00	3 Ertrag	6.870,00

Soll	Kfz-Steuer	Haben
2 Aufwand 315,00	GuV	315,00

Soll	Bahnspeditionskosten	Haben
2 Aufwand 1.260,00	GuV	1.260,00

Abschluss der Erfolgskonten auf das GuV-Konto:

SOLL	GEWINN- UND VERLUSTKONTO		HABEN
Löhne	6.500,00	Kfz-Speditionsleistungen	18.340,00
Gehälter	12.300,00	Bahnspeditionsleistungen	5.200,00
Gewerbesteuer	6.560,00	Luftfrachtspeditionsleist.	6.870,00
Kfz-Steuer	315,00		
Bahnspeditionskosten	1.260,00		
Gewinn (EK)	3.475,00		
	30.410,00		30.410,00

Geschäftsprozesse dokumentieren und Zahlungsvorgänge bearbeiten

Abschluss des GuV-Kontos auf das Eigenkapitalkonto:

SOLL	EIGENKAPITALKONTO		HABEN
Schlussbilanz	1.253.475,00	Eröffnungsbilanz	1.250.000,00
		Gewinn (GuV-Konto)	3.475,00
	1.253.475,00		1.253.475,00

MERKE

Aufwendungen werden immer im Soll gebucht.

Erträge werden immer im Haben gebucht.

Die Erfolgskonten werden auf das GuV-Konto abgeschlossen:
- die Aufwendungen stehen auf der Soll-Seite,
- die Erträge stehen auf der Haben-Seite.

Im GuV-Konto wird der Gewinn oder Verlust ermittelt:
- Gewinn: Erträge > Aufwendungen
- Verlust: Erträge < Aufwendungen

Das GuV-Konto wird auf das Eigenkapitalkonto abgeschlossen:
- ein Gewinn erhöht das Eigenkapital,
- ein Verlust mindert das Eigenkapital.

6.4 Erfolgsermittlung auf dem GuV-Konto

1 Muster-AUFGABE

Die Erträge sind größer als die Aufwendungen.

Soll	Aufwandskonten		Haben
Aufwand	780.000,00	GuV	780.000,00

Soll	Ertragskonten		Haben
GuV	800.000,00	Ertrag	800.000,00

LÖSUNG

SOLL	GEWINN- UND VERLUSTKONTO		HABEN
Aufwand	780.000,00	Ertrag	800.000,00
EK (Gewinn)	20.000,00		
	800.000,00		800.000,00

SOLL	EIGENKAPITALKONTO		HABEN
Schlussbilanz	1.270.000,00	Eröffnungsbilanz	1.250.000,00
		GuV (Gewinn)	20.000,00
	1.270.000,00		1.270.000,00

2 Muster-AUFGABE

Die Erträge sind geringer als die Aufwendungen.

Soll	Aufwandskonten		Haben
Aufwand	800.000,00	GuV	800.000,00

Soll	Ertragskonten		Haben
GuV	780.000,00	Ertrag	780.000,00

Buchen auf Erfolgskonten

LÖSUNG

SOLL	GEWINN- UND VERLUSTKONTO		HABEN
Aufwand	800.000,00	Ertrag	780.000,00
		EK (Verlust)	20.000,00
	800.000,00		800.000,00

SOLL	EIGENKAPITALKONTO		HABEN
GuV (Verlust)	20.000,00	Eröffnungsbilanz	1.250.000,00
Schlussbilanz	1.230.000,00		
	1.250.000,00		1.250.000,00

MERKE

- Abschluss der einzelnen Aufwandskonten:
  GuV . . . . an. . . . . Aufwandskonto
  ➡ alle Aufwendungen stehen im Soll des GuV-Kontos
- Abschluss der einzelnen Ertragskonten:
  Ertragskonto. . . . . an. . . . . GuV
  ➡ alle Erträge stehen im Haben des GuV-Kontos
- Abschluss des GuV-Kontos bei Erwirtschaftung eines Gewinns:
  GuV . . . . an. . . . . EK
  ➡ Buchung im Haben des Eigenkapitalkontos, denn das Eigenkapital des Unternehmens nimmt zu
- Abschluss des GuV-Kontos bei Erwirtschaftung eines Verlustes:
  EK . . . . an. . . . . GuV
  ➡ Buchung im Soll des Eigenkapitalkontos, denn das Eigenkapital des Unternehmens nimmt ab

3
Muster-
AUFGABE

Geschäftsgang mit Bestands- und Erfolgskonten:

AKTIVA	SCHLUSSBILANZ zum 31. Dezember des Vorjahres		PASSIVA
I. Anlagevermögen		I. Eigenkapital	370.000,00
1. Fuhrpark	455.000,00		
2. BGA	110.000,00	II. Fremdkapital	
		1. Darlehen	150.000,00
II. Umlaufvermögen		2. Verbindlichkeiten a. LL.	120.000,00
1. Waren	25.000,00		
2. Bank	50.000,00		
	640.000,00		640.000,00

Geschäftsfälle für das Geschäftsjahr:
1. Barkauf von zwei Personalcomputern — 2.800,00 €
2. Wir erhalten eine Bankgutschrift für Lkw-Speditionsleistungen — 12.900,00 €
3. Banküberweisung von Löhnen — 7.800,00 €
4. Kauf eines Lieferwagens durch Aufnahme eines Darlehens — 47.500,00 €
5. Wir begleichen eine Schuld durch Banküberweisung — 17.300,00 €
6. Wir überweisen die Miete für einen Lagerplatz — 4.250,00 €
7. Die Bank schreibt Zinsen gut — 830,00 €

Geschäftsprozesse dokumentieren und Zahlungsvorgänge bearbeiten

LÖSUNG

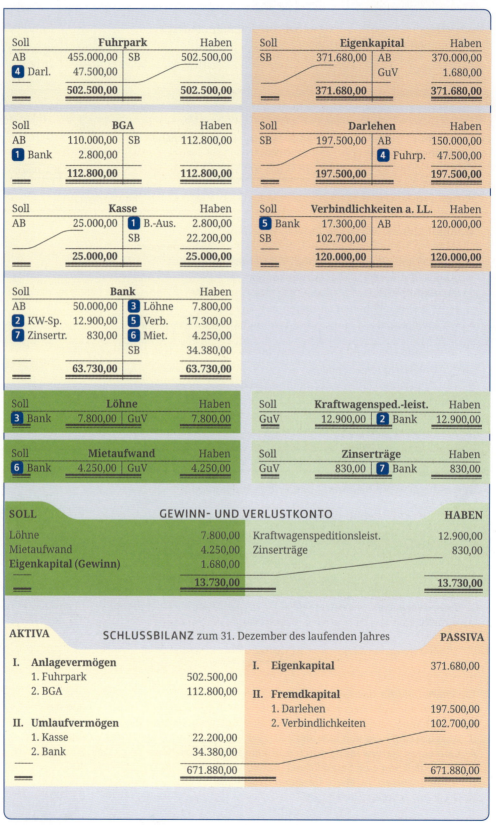

Buchen auf Erfolgskonten

MERKE

Vorgehensweise bei der Buchung eines Geschäftsganges mit Bestands- und Erfolgskonten

1. **Bestandskonten einrichten.**
2. **Anfangsbestände** aus der Schlussbilanz des letzten Jahres (= Eröffnungsbilanz des laufenden Jahres) **übernehmen**.
3. Alle **Geschäftsfälle buchen und Erfolgskonten eröffnen**, sobald für die einzelne Buchung ein neues Erfolgskonto notwendig wird.
4. Erfolgskonten abschließen und Salden auf GuV-Konto übertragen.
5. Im GuV-Konto Gewinn/Verlust des laufenden Geschäftsjahres ermitteln und auf EK-Konto übertragen.
6. Bestandskonten abschließen und Salden auf Schlussbilanzkonto übertragen.
7. Ermittlung des neuen Eigenkapitals:
   (1) aus den Änderungen auf den Bestandskonten:
       Eigenkapital = Anlagevermögen + Umlaufvermögen – Fremdkapital
   (2) aus den Aufwendungen und Erträgen einer Rechnungsperiode:
       Eigenkapital zu Beginn der Rechnungsperiode
   + Gewinn (– Verlust)

   = Eigenkapital zum Ende der Rechnungsperiode

Aufgaben zum Sachverhalt

1 Nennen Sie den Buchungssatz zu folgenden Geschäftsfällen und deren jeweilige Auswirkung auf das Eigenkapital:
a) Wir zahlen per Banküberweisung Miete für unseren Lagerplatz .... 4.800,00 €
b) Ein Fahrer tankte unterwegs und lässt sich den Betrag bar auszahlen .... 265,00 €
c) Für die Kfz-Versicherung überweisen wir .... 5.670,00 €
d) Für ein Darlehen belastet uns die Bank mit Zinsen .... 900,00 €
e) Für ein vermietetes Büro erhalten wir die Miete bar .... 1.500,00 €
f) Zinsgutschrift .... 128,00 €
g) Banküberweisung für Gehälter .... 6.800,00 €
   Löhne .... 8.650,00 €   15.450,00 €
h) Barkauf von Briefmarken .... 70,00 €

2 Nennen Sie den Geschäftsfall zu folgenden Buchungssätzen.
a) Bank .... an Zinserträge
b) Mietkosten .... an Kasse
c) Löhne .... an Kasse
d) Kfz-Steuern .... an Bank
e) Bank .... an Mieterträge
f) Reparaturen .... an Kasse
g) Pacht .... an Bank
h) Betriebshaftpflichtversicherung .... an Bank
i) GuV .... an Zinsaufwand
j) Speditionsleistungen .... an GuV
k) GuV .... an EK
l) EK .... an GuV
m) EK .... an SB

6.5 Buchung nach Belegen

Aufgabe zur Buchung von Belegen

Beleg 1
1. Nennen Sie den Geschäftsfall, der dem Beleg zugrunde liegt.
2. Buchen Sie den Geschäftsfall.
3. Buchen Sie die Zahlung.
   a) Überweisungstermin: 02.10. ..
   b) Überweisungstermin: 20.09. ..

 **Mineralölgroßhandlung Andreas Breuling GmbH**

Breuling GmbH, Wörthstr. 128, 76133 Karlsruhe

Spedition
Knoll GmbH
Kanalstraße 17
74080 Heilbronn

Wörthstraße 128 • 76133 Karlsruhe
Tel.: 0721 191287-47
Fax: 0721 191287-49
E-Mail: info@oelbreuling-wvd.de
www.oelbreuling-wvd.de

Rechnung Nr.: 1712-08-03
Rechnungsdatum: 12.09.20..

Menge	Artikel-Nr.	Artikelbezeichnung	Preis je Einheit	Gesamtbetrag
32 000 l	91 212	Dieselkraftstoff	0,98 €/Liter[1]	31.360,00 €

Rechnung zahlbar innerhalb von 21 Tagen.
Bei Zahlung innerhalb von 8 Tagen 3 % Skonto.

Bankverbindungen:
Volksbank Karlsruhe, Konto 1 848 979, BLZ 661 900 00, IBAN DE78 6619 0000 0001 8489 79, BIC GENODE61KA1
Sparkasse Karlsruhe, Konto 4 497 831, BLZ 660 501 01, IBAN DE45 6605 0101 0004 4978 31, BIC KARSDE66
Commerzbank Karlsruhe, Konto 1 211 399, BLZ 660 400 26, IBAN DE19 6604 0026 0001 2113 99, BIC COBADEFF661

Sitz der Gesellschaft: Karlsruhe • Registergericht: Amtsgericht Karlsruhe HRB 4237 • USt-IdNr.: DE 145 795 109

Allen unseren Angeboten, Verträgen und sonstigen Rechtsgeschäften liegen die umseitigen Allgemeinen Geschäftsbedingungen zugrunde.

---

[1] Begleichung einer Rechnung erfolgt später, nach dem Ablauf des Zahlungsziels (z. B. 30 Tage).

Buchen auf Erfolgskonten

Beleg 2

1. Nennen Sie den Geschäftsfall, der dem Beleg zugrunde liegt.
2. Buchen Sie den Geschäftsfall.
3. Buchen Sie die Zahlung am 30.09. ..

Autohaus Krause OHG

Liebigstraße 18 – 20
74076 Heilbronn
Tel.: 07131 651777-0
Fax: 07131 651777-12

Krause OHG, Liebigstr. 18 – 20, 74076 Karlsruhe

E-Mail: info@autokrause-wvd.de
www.autokrause-wvd.de

Spedition
Knoll GmbH
Kanalstraße 17
74080 Heilbronn

Auftragsannahme:	
km-Stand:	
Typ/Modell/BJ:	
Fahrzeug Id-Nr.:	

Rechnungsnummer:	0308/412
Rechnungsdatum:	16.09.20..

Anzahl	Artikel-Nr.	Bezeichnung	€ je Einheit	€ Gesamt
16	03-439	Wischerblätter	11,95	191,20
02	11-202	TÜV-Abnahme	45,99	91,98
02	11-207	Abgasuntersuchung	40,90	81,80
		Rechnungen sind sofort fällig.		364,98

Vielen Dank für Ihren Auftrag, wir wünschen Ihnen allzeit gute Fahrt!

Geschäftsführer: Alfred Krause
St.-Nr.: 58 223 9547 5
HRA 1021 Amtsgericht Heilbronn
Erfüllungsort und Gerichtsstand:
Heilbronn

Kreissparkasse Heilbronn • Konto 022 769 841 • BLZ 620 500 00
IBAN DE63 6205 0000 0022 7698 41 • BIC HEISDE66XXX

Volksbank Heilbronn • Konto 241 513 322 • BLZ 620 901 00
IBAN DE03 6209 0100 0241 5133 22 • BIC GENODES1VHN

Beleg 3   *Gebrauchte PC Barverkauf.*

1. Nennen Sie den Geschäftsfall, der dem Beleg zugrunde liegt.
2. Buchen Sie den Geschäftsfall.

Kassenbeleg für Bareinzahlungen

 **Spedition Knoll GmbH**

Datum	Zweck	Betrag
17.09.20..	*Verkauf von einem gebrauchten PC*	199,00 €
Gesamtbetrag		199,00 €

Datum: _17.09.20.._   Unterschrift: *i. V. Marian Kowalski*

Betrag bezahlt

Datum: _17.09.20.._   Unterschrift: *Edwin Erlewein*

Geschäftsprozesse dokumentieren und Zahlungsvorgänge bearbeiten

4

Beleg 4
1. Nennen Sie den Geschäftsfall, der dem Beleg zugrunde liegt.
2. Buchen Sie den Geschäftsfall.

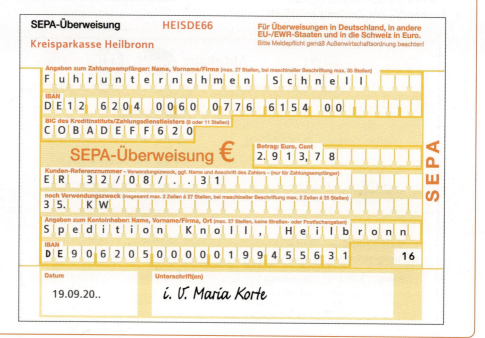

5

Beleg 5
1. Nennen Sie den Geschäftsfall, der dem Beleg zugrunde liegt.
2. Buchen Sie den Geschäftsfall.

Einkaufspreis je Liter Diesel: 0,98 €

Buchen auf Erfolgskonten

Beleg 6

1. Nennen Sie den Geschäftsfall, der dem Beleg zugrunde liegt.
2. Buchen Sie den Geschäftsfall.
3. Buchen Sie die Zahlung am 18.10. ..

Spedition Knoll GmbH

Knoll GmbH · Kanalstr. 17 · 74080 Heilbronn

Maschinenfabrik
Maibach GmbH
Siemensstraße 139
71032 Böblingen

Kanalstraße 17
74080 Heilbronn

Telefon: Telefax:
07131 22251-0   07131 22251-55
E-Mail: spedknoll@wvd.de
www.spedknoll-wvd.de

Wir arbeiten ausschließlich auf Basis der Allgemeinen Deutschen Spediteurbedingungen (ADSp 2004).

Rechnung Nr.: 667-08-032   **Datum:** 20.09.20..

Datum	Leistung/Bezeichnung	Euro
20.09.20..	16,3 t Maschinenteile Bad Friedrichshall – Donauwörth	412,50
	Transportversicherung	113,90
	Nettobetrag	526,40

Volksbank Heilbronn · 323 232 223 · BLZ 620 901 00 · IBAN DE79 6209 0100 0323 2322 23 · BIC GENODES1VHN
Kreissparkasse Heilbronn · 199 455 631 · BLZ 620 500 00 · IBAN DE90 6205 0000 0199 4556 31 · BIC HEISDE66XXX
Deutsche Bank Heilbronn · 000 334 129 · BLZ 620 700 24 · IBAN DE78 6207 0024 0000 3341 29 · BIC DEUTDEDB620
Commerzbank Heilbronn · 011 997 541 · BLZ 620 400 60 · IBAN DE30 6204 0060 0011 9975 41 · BIC COBADEFF620

Geschäftsführer: Alban Knoll, Viola Bauer · HRB 1429, Amtsgericht Heilbronn
Erfüllungsort und Gerichtsstand: Heilbronn · USt-IdNr.: DE 998 517 317

Beleg 7

1. Nennen Sie den Geschäftsfall, der dem Beleg zugrunde liegt.
2. Buchen Sie den Geschäftsfall.

Kassenbeleg für Barauszahlungen   **Spedition Knoll GmbH**

Datum	Zweck	Betrag
22.09.20..	Auslagenersatz für Fotos vom „Tag der offenen Tür"	37,00 €
Gesamtbetrag		37,00 €

Datum: _22.09.20.._   Unterschrift: _i. V. Marian Kowalski_

Betrag erhalten

Datum: _22.09.20.._   Unterschrift: _Alexander Nies_

Geschäftsprozesse dokumentieren und Zahlungsvorgänge bearbeiten

Beleg 8

1. Nennen Sie den Geschäftsfall, der dem Beleg zugrunde liegt.
2. Buchen Sie den Geschäftsfall.
3. Buchen Sie die Zahlung am 17.10. ..

Spedition Knoll GmbH

Kanalstraße 17
74080 Heilbronn

Knoll GmbH • Kanalstr. 17 • 74080 Heilbronn

Landhandel
Maximilian Denninger e. K.
Am Bähnle 3
74613 Öhringen

Telefon: 07131 22251-0
Telefax: 07131 22251-55
E-Mail: spedknoll@wvd.de
www.spedknoll-wvd.de

Wir arbeiten ausschließlich auf Basis der Allgemeinen Deutschen Spediteurbedingungen (ADSp 2004).

Rechnung Nr.: 086-09-119   **Datum:** 24.09.20..

Datum	Leistung/Bezeichnung	Euro
21.08.20..	21,6 t Futtermais Duisburg – Öhringen	389,00
28.08.20..	19,9 t Weizen HKL 1 Öhringen – Amberg	413,90
29.08.20..	9,3 t Mehl Bad Wimpfen – Öhringen	196,40
31.08.20..	19,5 t Futtermais Bremen – Öhringen	490,00
	Nettobetrag	1.489,30

Volksbank Heilbronn • 323 232 223 • BLZ 620 901 00 • IBAN DE79 6209 0100 0323 2322 23 • BIC GENODES1VHN
Kreissparkasse Heilbronn • 199 455 631 • BLZ 620 500 00 • IBAN DE90 6205 0000 0199 4556 31 • BIC HEISDE66XXX
Deutsche Bank Heilbronn • 000 334 129 • BLZ 620 700 24 • IBAN DE78 6207 0024 0000 3341 29 • BIC DEUTDEDB620
Commerzbank Heilbronn • 011 997 541 • BLZ 620 400 60 • IBAN DE30 6204 0060 0011 9975 41 • BIC COBADEFF620

Geschäftsführer: Alban Knoll, Viola Bauer • HRB 1429, Amtsgericht Heilbronn
Erfüllungsort und Gerichtsstand: Heilbronn • USt-IdNr.: DE 998 517 317

Buchen auf Erfolgskonten

Zusammenfassende Aufgaben

1

Buchen Sie folgende Geschäftsfälle auf T-Konten und schließen Sie diese ordnungsgemäß ab.

Bestandskonten mit den jeweiligen Anfangsbeständen:

Fuhrpark	230.000,00 €	BGA	46.000,00 €
Forderungen a. LL.	83.000,00 €	Kasse	17.800,00 €
Bank	33.200,00 €	Darlehen	100.000,00 €
Eigenkapital	?	Verbindlichkeiten a. LL.	10.000,00 €

Erfolgskonten:
Aufwandskonten: Kfz-Steuern, Kommunikationskosten, Kraftwagenspeditionskosten, Gehälter, Zinsaufwendungen
Ertragskonten: Mieterträge, Kraftwagenspeditionserlöse, Zinserträge

a) Eröffnen Sie die Bestandskonten und tragen Sie die Anfangsbestände ein.
b) Eröffnen Sie die Erfolgskonten.
c) Buchen Sie unten stehende Geschäftsfälle auf den Konten.
d) Schließen Sie die Erfolgskonten ab und ermitteln Sie den Gewinn/Verlust.
e) Schließen Sie die Bestandskonten ab.

Geschäftsfälle:
1. Wir zahlen per Banküberweisung Kfz-Steuern ... 5.850,00 €
2. Barkauf von Briefmarken ... 60,00 €
3. Bankgutschrift für vermietete Büroräume ... 2.315,00 €
4. Eingangsrechnung eines Lkw-Frachtführers ... 5.320,00 €
5. Banküberweisung für Gehälter ... 7.310,00 €
6. Ausgangsrechnung für Lkw-Speditionsleistungen ... 8.270,00 €
7. Für ein Darlehen belastet uns die Bank mit Zinsen ... 900,00 €
8. Zinsgutschrift ... 185,00 €

2

Buchen Sie folgende Geschäftsfälle auf T-Konten und schließen Sie diese ordnungsgemäß ab.

AKTIVA	SCHLUSSBILANZ zum 31. Dezember .. des Vorjahres		PASSIVA
I. **Anlagevermögen**		I. **Eigenkapital**	359.000,00
1. Fuhrpark	317.000,00	II. **Fremdkapital**	
2. BGA	96.000,00	1. Darlehen	105.000,00
II. **Umlaufvermögen**		2. Verbindlichkeiten a. LL.	76.000,00
1. Forderungen a. LL.	53.000,00		
2. Treibstoffvorrat	13.000,00		
3. Kasse	19.000,00		
4. Bank	42.000,00		
	540.000,00		540.000,00

a) Eröffnen Sie die Bestandskonten und tragen Sie die Anfangsbestände ein.
b) Eröffnen Sie folgende Erfolgskonten.
Aufwandskonten: Gehälter, Kfz-Steuern, Kfz-Versicherungen, Löhne, Mietaufwand, Zinsaufwand
Ertragskonten: Kraftwagenspeditionsleistungen, Lagerleistungen, Luftfrachtspeditionsleistungen, Mieterträge
c) Buchen Sie unten stehende Geschäftsfälle auf den Konten.
d) Schließen Sie die Erfolgskonten ab und ermitteln Sie den Gewinn/Verlust.
e) Schließen Sie die Bestandskonten ab.

Fortsetzung →

Geschäftsfälle:
1. Wir erhalten Mietzahlung für vermietete Lagerhalle
 per Banküberweisung .... 12.000,00 €
2. Wir zahlen Miete für Flughafenbüro durch
 Banküberweisung .... 4.200,00 €
3. Überweisung der Löhne................... 4.750,00 €
 Gehälter................. 9.430,00 € 14.180,00 €
4. Überweisung der Kfz-Steuer........... 3.250,00 €
 Kfz-Versicherung .... 1.980,00 € 5.230,00 €
5. Kauf von Treibstoff auf Ziel... 8.500,00 €
6. Bankgutschrift für Luftfrachtsp.-Leistung .... 3.840,00 €
 Kraftwagensp.-Leistung...... 7.730,00 €
 Lagerleistungen .... 6.310,00 € 17.880,00 €
7. Kauf eines gebrauchten Lkw
 per Bankscheck............ 4.000,00 €
 auf Ziel..................... 37.000,00 € 41.000,00 €
8. Verkauf gebrauchter Computer auf Ziel .... 1.650,00 €
9. Bankbelastung für Darlehenszinsen .... 360,00 €

7 Privatbuchungen

Immer wieder kommt es vor, dass Unternehmer zu privaten Zwecken Geld oder Leistungen aus dem Betrieb entnehmen. Diese **Privatentnahmen**, die das Eigenkapital des Inhabers mindern, dürfen allerdings den Erfolg (Gewinn/Verlust) der jeweiligen Rechnungsperiode nicht beeinflussen. Daher sind die Privatentnahmen separat auf dem Privatkonto zu erfassen. Das **Privatkonto** ist neben dem Gewinn- und Verlustkonto (Gesamtergebniskonto = GEK) ein weiteres Unterkonto des Eigenkapitalkontos.

Wenn ein Unternehmer Geld oder Sachleistungen in sein Speditionsunternehmen einbringt, erhöht er sein Eigenkapital. Damit der Erfolg der Rechnungsperiode nicht zu hoch ausgewiesen wird, sind **Privateinlagen** ebenfalls separat auf dem **Privatkonto** erfasst.

Spediteur Saarstedt überweist von seinem Geschäftskonto für seine private Unfallversicherung 1.200,00 €.

Buchungssatz ❶:

| Privatkonto | 1.200,00 € | an Bank | 1.200,00 € |

Spediteur Saarstedt entnimmt 144,00 € aus der Kasse, um das Abonnement einer Hobbyzeitschrift bar zu bezahlen.

Buchungssatz ❷:

| Privatkonto | 144,00 € | an Kasse | 144,00 € |

22514358

Privatbuchungen

Spediteur Saarstedt gewinnt beim Lotto 2.750,00 € und bringt diesen Gewinn bar in das Unternehmen ein.

Buchungssatz **3**:

| Kasse | 2.750,00 € | an Privatkonto | 2.750,00 € |

Ermitteln Sie unter Berücksichtigung der Musteraufgabe **1** bis **3** den Jahresgewinn, wenn während der Rechnungsperiode 445.000,00 € Erträge und 432.000,00 € Aufwendungen entstanden sind. Das Eigenkapital betrug zu Beginn der Rechnungsperiode 205.000,00 €.

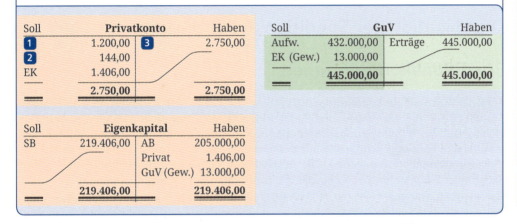

Privatentnahmen
- Inhaber entnimmt für Privatzwecke
  – Geld – Waren – Leistungen
- Minderung des Eigenkapitals
- keine betrieblichen Aufwendungen

➜ deshalb keine Minderung des Gewinns

Privateinlagen
- Inhaber bringt aus Privatbereich ein
  – Geld – Waren
- Erhöhung des Eigenkapitals
- keine betrieblichen Erträge

➜ deshalb keine Mehrung des Gewinns

Privatentkonto
- Privatentnahme
- Privateinlage
- Unterkonto des Eigenkapitalkontos
- Privatentnahmen < Privateinlagen
- Privatentnahmen > Privateinlagen

➜ Buchung im Soll des Privatkontos
➜ Buchung im Haben des Privatkontos
➜ daher Abschluss auf das Eigenkapitalkonto
➜ Eigenkapital-Mehrung
➜ Eigenkapital-Minderung

Aufgaben zum Sachverhalt

1–5

Buchen Sie nachstehende Geschäftsfälle:

1. Ein Spediteur entnimmt der Kasse 250,00 € für private Zwecke.
2. Ein Unternehmer schenkt seiner Tochter zum 18. Geburtstag ein älteres Kurierfahrzeug mit einem Buchwert von 2.800,00 €.
3. Spediteur Frankl bringt einen bisher privat genutzten, neuwertigen Personalcomputer, Buchwert 620,00 €, in das Betriebsvermögen ein.
4. Der Inhaber überweist vom Geschäftskonto für
   Löhne der Mitarbeiter.................... 5.080,00 €
   Gehälter der Mitarbeiter.................. 7.760,00 €
   Einkommensteuer des Inhabers .... 3.370,00 €
   private Lebensversicherung............... 620,00 €   16.830,00 €
5. Spediteur Huber erhält von seiner privaten Krankenversicherung eine Rückzahlung von 215,00 € auf dem betrieblichen Bankkonto gutgeschrieben.

8 Organisation der Speditionsbuchführung

8.1 Speditionskontenrahmen

Anforderungen an ein Kontenordnungssystem. Die Zahlen der Buchführung sind zugleich Grundlage für die Planungen und Entscheidungen der Unternehmensleitung. Wichtige Bilanz-, Aufwands- und Ertragsposten sind durch Vergleich mit den Zahlen früherer Geschäftsjahre (Zeitvergleich) sowie mit branchengleichen Betrieben (Betriebsvergleich) betriebswirtschaftlich auszuwerten. Die Buchführung mit ihren zahlreichen Konten bedarf daher einer bestimmten Ordnung, die die Konten des Speditionsbetriebes und der branchengleichen Betriebe nicht nur systematisch und detailliert sowie EDV-gerecht gliedert, sondern vor allem auch einheitlich benennt.

Der Speditionskontenrahmen, der vom **Deutschen Speditions- und Logistikverband (DSLV)** herausgegeben wurde, ist ein übersichtliches Kontenordnungssystem, das den Speditionsbetrieben zur Anwendung empfohlen wird.[1] Für das Lehrbuch „Rechnungswesen Spedition und Logistikdienstleistung" ist auf der Grundlage des vom DSLV empfohlenen Kontenrahmens ein für Schulzwecke vereinfachter Kontenrahmen erstellt worden. Dieser vereinfachte Kontenrahmen befindet sich im Anhang des Lehrbuches.

Aufbau des Speditionskontenrahmens. Der Speditionskontenrahmen ist wie alle Kontenrahmen nach dem dekadischen System (Zehnersystem) aufgebaut. Die Konten werden zunächst eingeteilt in

> 10 Kontenklassen von 0 bis 9

wobei die Kontenklassen 0,1 und 3 Bestandskonten ausweisen, die Kontenklassen 2, 4, 7 und 8 Erfolgskonten. Die Kontenklasse 9 steht für die Abschlusskonten (Ergebnisrechnung) zur Verfügung. Die Kontenklassen 5 und 6 sind nicht besetzt. Sie stehen für interne Zwecke zur Verfügung.

---

[1] Für Industriebetriebe, den Groß- und Außenhandel, den Einzelhandel und das Handwerk sowie für Banken und Versicherungen gibt es jeweils eigene Kontenrahmen.

Organisation der Speditionsbuchführung

Konten-klasse	Inhalt der Kontenklasse	Kontenart
0	**Anlage- und Kapitalkonten** Anlagevermögen, mittel- und langfristige Schulden	Bestandskonten
1	**Finanz- und Privatkonten** Umlaufvermögen, kurzfristige Schulden	Bestandskonten
2	**Abgrenzungskonten** (Diese Konten müssen für die Kosten- und Leistungsrechnung eventuell umbewertet werden.)	Erfolgskonten
3	Vorräte	Bestandskonten
4	Betriebliche Kosten (Kostenartenkonten)	Erfolgskonten
5	frei	
6	frei	
7	Auftragsgebundene, direkt zurechenbare Speditionskosten	Erfolgskonten
8	Speditionserlöse	Erfolgskonten
9	Ergebnisrechnung	Abschlusskonten

Speditionskontenrahmen und Kontenplan 8.2

Im Kontenrahmen lässt sich jede der **10 Kontenklassen** (einstellige Zahl) in 10 Kontengruppen (zweistellige Zahl), jede Kontengruppe in **10 Kontenarten** (dreistellige Zahl) und jede Kontenart in **10 Kontenunterarten** (vierstellige Zahl) untergliedern.

Beispiel 1:

Aus der Kontennummer 0223 erkennt man die

• Kontenklasse	0		Anlage- und Kapitalkonten	Kontenrahmen
• Kontengruppe	02		Anlagen, Betriebsausstattung	
• Kontenart	022		Fuhrpark	Kontenplan
• Kontenunterart	0220		Lkw DD-X-426	
• Kontenunterart	0221		Lkw DD-Y-911	
• Kontenunterart	0222		Lkw DD-Z-455	
• Kontenunterart	0223		Lkw DD-Z-599	

Beispiel 2:

Aus der Kontennummer 1022 erkennt man die

• Kontenklasse	1	Finanz- und Privatkonten	Kontenrahmen
• Kontengruppe	10	liquide Mittel	
• Kontenart	102	Bank	Kontenplan
• Kontenunterart	1020	Deutsche Bank Konto 45 748 666	
• Kontenunterart	1021	Kreissparkasse Konto 84 522 717	
• Kontenunterart	1022	Volksbank Konto 27 414 900	
• Kontenunterart	1023	Deutsche Verkehrs-Bank	

Geschäftsprozesse dokumentieren und Zahlungsvorgänge bearbeiten

Der Kontenplan bildet die einheitliche Grundordnung für die Aufstellung betriebsindividueller Kontenpläne der Unternehmen einer Wirtschaftsbranche. Aus dem Kontenrahmen entwickelt jedes Unternehmen seinen eigenen Kontenplan, der auf seine besonderen Belange (Speditionsschwerpunkte, Struktur, Größe, Rechtsform) ausgerichtet ist. So lässt sich im Kontenplan eine weitere Untergliederung der Kontenarten in Kontenunterarten entsprechend den Bedürfnissen des Speditionsbetriebes vornehmen. Der Kontenplan enthält somit nur die im Unternehmen geführten Konten.

Der Kontenplan vereinfacht die Buchungen in den Konten, da die Kontenbezeichnungen durch Kontennummern ersetzt werden.

Beispiel: statt: Privat 500,00 € an Kasse 500,00 €
kurz: 18/100 500,00 €

Soll	18 Privat	Haben
100	500,00	

Soll	100 Kasse	Haben
Anfangsb.	9.000,00	18	500,00

Da der Speditionskontenrahmen zugleich auch in der EDV-Buchführung verwendet wird, ist jedes Sachkonto mit einer vierstelligen Kontenzahl zu versehen.

FAZIT

Kontenrahmen + Kontenplan:	• dienen der Vereinheitlichung und Vereinfachung der Buchungen; • ermöglichen Zeit- und Betriebsvergleiche.
Kontenrahmen:	• ist branchenbezogen, z. B. Spedition, Industrie; • wird für alle Unternehmen eines Wirtschaftszweiges gebildet.
Kontenplan:	• ist unternehmensbezogen, • wird auf die speziellen betrieblichen Belange abgestimmt. Elemente aus dem Kontenrahmen werden den betrieblichen Erfordernissen angepasst.

Sachliche Abgrenzungen

9

Geschäftsbuchführung und Kosten- und Leistungsrechnung 9.1

Geschäftsbuchführung einerseits und Kosten- und Leistungsrechnung andererseits haben teilweise unterschiedliche Zielsetzungen. So sind in der Geschäftsbuchführung alle Aufwendungen und Erträge zu erfassen, wobei diese Aufwendungen und Erträge unverändert oder mit einem anderen Wertansatz oder gar nicht in die Kosten- und Leistungsrechnung eingehen.

Die Geschäftsbuchführung nach HGB ist unternehmensbezogen, das heißt, es werden alle Aufwendungen und Erträge erfasst, unabhängig davon, ob sie zum Betriebszweck (= Speditionsbetrieb) gehören oder nicht.

Die Kosten- und Leistungsrechnung ist betriebsbezogen, das heißt, es werden lediglich Vorgänge berücksichtigt, die zum Betriebszweck (Speditionstätigkeit) gehören.

Beispiel: Spedition Zuverlässig spendet zu Weihnachten 5.000,00 € für ein SOS-Kinderdorf. Diese Spende stellt in der Geschäftsbuchführung eine Aufwendung dar. In der Kosten- und Leistungsrechnung werden diese Aufwendungen nicht erfasst, weil sie nicht aus Speditionstätigkeit herrühren, also nicht betrieblich bedingt sind.

Geschäftsbuchführung (unternehmensbezogen)	Kosten- und Leistungsrechnung (betriebsbezogen)
Aufwendungen	**Kosten**
• gesamter Werteverzehr eines Unternehmens	• tatsächlicher Werteverzehr des Betriebes
• Aufwendungen vermindern das Eigenkapital.	• Kosten vermindern das Betriebsergebnis.
• Aufwendungen sind immer mit Ausgaben verbunden.	• Kosten können in gleicher Höhe Aufwendungen und Ausgaben sein.
	• Kosten können in anderer Höhe als Ausgaben anfallen (z. B. kalkulatorische Abschreibungen).
	• Kosten können keinerlei Ausgaben verursachen (z. B. kalkulatorischer Unternehmerlohn).
Erträge	**Leistungen**
• Erträge sind alle erfolgswirksamen Wertzuflüsse in das Unternehmen.	• Leistungen sind alle betriebsbezogenen Wertzuflüsse.
• Erträge erhöhen das Eigenkapital.	• Leistungen erhöhen das Betriebsergebnis.

Die Kosten- und Leistungsrechnung greift auf die bereits in der Geschäftsbuchführung ermittelten Daten zurück. Mit ihrer Hilfe erfolgt die Kalkulation in der Kosten-und Leistungsrechnung. Um die Übernahme der Daten aus der Geschäftsbuchführung so einfach und reibungslos wie möglich zu gestalten, unterscheidet man in der Geschäftsbuchführung zwischen den Aufwandskontenklassen 2, 4 und 7.

Geschäftsprozesse dokumentieren und Zahlungsvorgänge bearbeiten

In den **Kontenklassen 4 und 7** werden Aufwendungen erfasst, die ohne Veränderung in die Kosten- und Leistungsrechnung übernommen werden. Es handelt sich um sogenannte aufwandsgleiche Kosten oder Grundkosten bzw. Zweckaufwendungen. Bei den Kosten in der Kontenklasse 4 handelt es sich um Gemeinkosten, die dem einzelnen Speditionsauftrag nicht zugerechnet werden können. Bei den Kosten der Kontenklasse 7 handelt es sich um Einzelkosten, die dem einzelnen Speditionsauftrag zugerechnet werden können.

In der **Kontenklasse 2** werden einerseits Aufwendungen erfasst, die nicht in die Kosten- und Leistungsrechnung eingehen, weil sie nicht betriebsbezogen sind; wie z. B. Spenden. Andererseits werden in der Kontenklasse 2 Aufwendungen erfasst, die in anderer Höhe in die Kosten- und Leistungsrechnung eingehen als sie in der Geschäftsbuchführung erfasst worden sind (aufwandsungleiche Kosten), z. B.

Geschäftsbuchführung	Bilanzmäßige Abschreibungen	150.000,00 €
Kosten- und Leistungsrechnung	Kalkulatorische Abschreibungen	120.000,00 €

In Kapitel 3 der Kosten- und Leistungsrechnung „Abgrenzungsrechnung — Unternehmens- und betriebsbezogene Abgrenzung" wird dieser Sachverhalt ausführlich besprochen.

FAZIT

Zusammenfassung: Aufwandskontenklassen

Geschäftsbuchführung

Abgrenzungs-aufwendungen	Betriebliche Aufwendungen Betriebskosten (Gemeinkosten)	Auftragsbezogene Speditionskosten (Einzelkosten)
Kontenklasse 2	**Kontenklasse 4**	**Kontenklasse 7**
20 Außerordentliche Aufwendungen 21 Betriebs- u. periodenfremde Aufwendungen 22 Zinsen und ähnliche Aufwendungen 23 Steuern vom Einkommen und vom Ertrag 24 Sonstige Aufwendungen	40 Lohn- und Lohnnebenkosten 41 Gehalts- u. Gehaltsnebenkosten 42 Fuhrparkkosten 43 Kosten gemieteter Räume 44 Verwaltungskosten 45 Betriebliche Steuern 46 Unternehmenskosten 47 Kosten der Nebenbetriebe 48 Kalkulatorische Kosten	70 Internationale Spedition 71 Seehafenspedition 72 Luftfrachtspedition 73 Binnenschifffahrtsspedition 74 Kraftwagenspedition 75 Bahnspedition 76 Lagerei 77 Möbelspedition 78 Logistikprojekte
aufwandsungleiche Kosten	**aufwandsgleiche Kosten**	**aufwandsgleiche Kosten**
• Aufwendungen der Kontenklasse 2 müssen für die Kosten- und Leistungsrechnung umbewertet werden.	• Aufwendungen der Kontenklasse 4 werden unverändert in die Kosten- und Leistungsrechnung übernommen. • Sie können jedoch nicht dem einzelnen Speditionsauftrag zugeordnet werden.	• Aufwendungen der Kontenklasse 7 werden unverändert in die Kosten- und Leistungsrechnung übernommen. • Sie können dem einzelnen Speditionsauftrag zugeordnet werden.

Sachliche Abgrenzungen

Zusammenfassung: Ertragskonten

Geschäftsbuchführung

Abgrenzungserträge	Betriebliche Erträge (Leistungen)
Kontenklasse 2	**Kontenklasse 8**
25 Außerordentliche Erträge 26 Betriebsfremde Erträge 27 Zinserträge 28 Sonstige Erträge	80 Internationale Spedition 81 Seehafenspedition 82 Luftfrachtspedition 83 Binnenschifffahrtsspedition 84 Kraftwagenspedition 85 Bahnspedition 86 Lagerei 87 Möbelspedition 88 Logistikprojekte
• Erträge der **Kontenklasse 2** werden nicht in die Kosten- und Leistungsrechnung übernommen, da diese Erträge nicht vom Speditionsbetrieb verursacht werden.	• Erträge der **Kontenklasse 8** werden unverändert in die Kosten- und Leistungsrechnung übernommen.

9.2 Aufwendungen und Erträge der Kontenklasse 2 und ihre Behandlung in der Geschäftsbuchführung sowie in der Kosten- und Leistungsrechnung

Aufwendungen Kontenklasse 2	Erfassung in der Geschäftsbuchführung?	Erfassung in der Kosten- und Leistungsrechnung?
20 Außerordentliche Aufwendungen	Ja, da Aufwendungen	Nein, da nicht betriebsbezogen
21 210 Betriebsfremde Aufwendungen	Ja, da Aufwendungen	Nein, da nicht betriebsbezogen
211 Periodenfremde Aufwendungen	Ja, da Aufwendungen	Nein, da nicht betriebsbezogen
22 Zinsen und ähnliche Aufwendungen 220 Zinsen 224 Diskont	Ja, in bezahlter Höhe, als tatsächlicher Zinsaufwand	Ja, aber in anderer Höhe (als kalkulatorische Zinsen)

Geschäftsprozesse dokumentieren und Zahlungsvorgänge bearbeiten

Aufwendungen Kontenklasse 2	Erfassung in der Geschäftsbuchführung?	Erfassung in der Kosten- und Leistungsrechnung?
24 Sonstige Aufwendungen		
240 Abgänge aus Anlagevermögen	Ja, mit gebuchtem Aufwand	Nein, da nicht betrieblich bedingt
242 Grundstücks- und Gebäudeaufwendungen	Ja, mit gebuchtem Aufwand	Nein, da nicht betrieblich bedingt
245 Abschreibungen auf Forderungen	Ja, mit gebuchtem Aufwand	Nein, da nicht betrieblich bedingt
247 Bilanzmäßige Abschreibungen	Ja, mit gebuchtem Aufwand	Ja, aber in anderer Höhe als kalkulatorische Abschreibung
Auswirkung	Gebuchter Aufwand mindert den steuerpflichtigen Gewinn der Geschäftsbuchführung	Kosten vermindern das Betriebsereignis

Erträge der Kontenklasse 2	Erfassung in der Geschäftsbuchführung?	Erfassung in der Kosten- und Leistungsrechnung?
25 Außerordentliche Erträge	Ja, da Ertrag	Nein, da nicht betriebsbezogen
26 Betriebs- und periodenfremde Erträge		
260 Betriebsfremde Erträge	Ja, da Ertrag	Nein, da nicht betriebsbezogen
261 Periodenfremde Erträge	Ja, da Ertrag	Nein, da nicht betriebsbezogen
27 Zinserträge	Ja, da Ertrag	Nein, da nicht betriebsbezogen
28 Sonstige Erträge		
280 Grundstückserträge	Ja, da Ertrag	Nein, da nicht betriebsbezogen, d. h. nicht vom Betrieb verursacht.
288 Erträge aus Anlageverkäufen	Ja, da Ertrag	
289 Erträge aus der Auflösung von Rückstellungen	Ja, da Ertrag	
Auswirkung	Der gebuchte Ertrag erhöht den steuerpflichtigen Gewinn der Geschäftsbuchführung.	Diese Erträge gehen nicht in die Kosten- und Leistungsrechnung ein.

Aufgaben zum Sachverhalt

1 Begründen Sie, ob nachstehende Vorgänge in Kontenklasse 2, 4, 7 oder 8 gebucht werden.
a) Lohnzahlung
b) Zinszahlung
c) Eingangsrechnung des Lkw-Frachtführers
d) Bilanzmäßige Abschreibungen auf Fuhrpark
e) Ausgangsrechnung für Lkw-Speditionsleistung
f) Eingangsrechnung des Luftfrachtführers
g) Zinsgutschrift
h) Ausgangsrechnung für Luftfrachtspeditionsleistung

Speditionsaufwand – Spedtitionsertrag

In welcher Kontenklasse werden
a) Aufwendungen erfasst, die in gleicher Höhe in die Kosten- und Leistungsrechnung eingehen und dem einzelnen Speditionsauftrag zugeordnet werden können?
b) Aufwendungen erfasst, die nicht oder in anderer Höhe in die Kosten- und Leistungsrechnung eingehen?
c) Erträge gebucht, die vom Speditionsbetrieb verursacht worden sind?
d) Aufwendungen erfasst, die in gleicher Höhe in die Kosten- und Leistungsrechnung eingehen und dem einzelnen Speditionsauftrag nicht zugeordnet werden können?
e) Erträge gebucht, die nicht vom Speditionsbetrieb verursacht worden sind?

Speditionsaufwand – Speditionsertrag 10

Sämtliche Aufwendungen und Erträge, die während einer Rechnungsperiode entstehen, bestimmen den Erfolg (Gewinn/Verlust) des Speditionsbetriebes.

Speditionsaufwand 10.1

Bei der Besorgung von Speditionsaufträgen entstehen **zwei Arten von Aufwendungen**:

- **Eine Aufwendung ist einem bestimmten Speditionsauftrag direkt zurechenbar.** Die Spedition erhält eine Rechnung eines anderen Unternehmens, da sie zur Besorgung des Speditionsauftrages fremde Leistungen einkauft. Dieser Aufwand entsteht **außerhalb** des Speditionsunternehmens und ist **auftragsgebunden**. Die auftragsgebundenen Speditionskosten werden in der Kontenklasse 7 erfasst.

    Beispiele für auftragsgebundene Speditionskosten:
    - Eingangsrechnung der Deutschen Bahn AG für erbrachten Transport
    - Eindeckung eines Auftrages mit Speditionsversicherung und Abführung der Speditionsversicherungsprämie
    - Ausführung eines Transportes durch fremden Frachtführer
    - Stundung von Zöllen aus einem Importauftrag

- **Eine Aufwendung ist keinem bestimmten Speditionsauftrag zurechenbar.** Die Spedition erbringt mit ihren Mitarbeitern „reine" Speditionsleistungen oder Frachtführerleistungen im Selbsteintritt. Der dabei **innerhalb** des Speditionsunternehmens entstehende Aufwand (z. B. Gehälter) lässt sich nicht einem bestimmten Speditionsauftrag zurechnen. Dieser Aufwand stellt **Betriebskosten** dar. Die Betriebskosten werden in der Kontenklasse 4 erfasst.

    Beispiele für Betriebskosten:
    - Fahrerlöhne
    - Kfz-Versicherungen
    - Kfz-Steuern
    - Mieten

Geschäftsprozesse dokumentieren und Zahlungsvorgänge bearbeiten

10.2 Speditionsertrag

Die Erträge des Speditionsunternehmens bestehen aus allen Ausgangsrechnungen und allen bei den Kunden bar kassierten Beträgen. Die Speditionserträge werden in der Kontenklasse 8 erfasst.

Beispiele für Speditionserträge:
- Ausgangsrechnungen
  - für erbrachte Speditionsleistungen
  - für erbrachte Frachtführerleistungen (Selbsteintritt)
  - für erbrachte Lagerleistungen (Selbsteintritt)
- bar kassierte Frachtbeträge
- Einzug von Nachnahmen
- bar kassierte Hausfrachten
- Bareinzug von verauslagten Beträgen

10.3 Ermittlung des Unternehmenserfolges

Muster-AUFGABE

Spedition Sorgfalt KG besorgt einen Speditionsauftrag für 5.000,00 € netto. Bei der Abwicklung des Speditionsauftrages entstehen auftragsbedingte Speditionskosten in Höhe von 3.000,00 € sowie (ermittelt über den Betriebsabrechnungsbogen[1]) 1.500,00 € Betriebskosten.

Ermitteln Sie den Erfolg dieses Auftrages.

LÖSUNG

	Speditionserträge	5.000,00 €
–	auftragsgebundene Speditionskosten	3.000,00 €
=	**Rohgewinn**	2.000,00 €
–	Betriebskosten	1.500,00 €
=	**Reingewinn**	500,00 €

Übersicht[2]

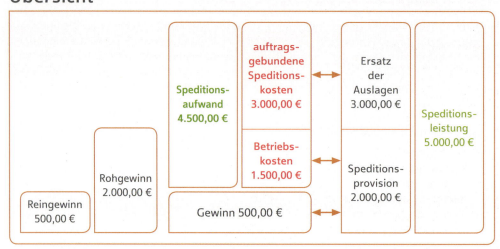

---
[1] vgl. Kostenrechnung S. 167
[2] ohne Kontenklasse 2

Speditionsaufwand – Spedtitionsertrag

Mit den Speditionsleistungen (5.000,00 €) deckt die Spedition zunächst alle auftragsgebundenen Speditionskosten (3.000,00 €) und ermittelt somit den **Rohgewinn** des einzelnen Speditionsauftrages (2.000,00 €). Nach Abzug der anteiligen Betriebskosten für diesen Auftrag (1.500,00 €) erhält die Spedition den Erfolg (**Reingewinn/Reinverlust**) des einzelnen Speditionsauftrages (+500,00 €).

Die **Speditionsprovision** (2.000,00 €) ergibt sich als Differenz zwischen den Speditionsleistungen (5.000,00 €) und den auftragsgebundenen Speditionskosten (3.000,00 €) und dient zur Deckung der Betriebskosten.

Zusammenfassung: Speditionsaufwand – Speditionsleistung

auftragsgebundene Speditionskosten
- sind auftragsgebundene Speditionskosten
- sind dem einzelnen Auftrag direkt zurechenbar
- entstehen außerhalb des Betriebes
- werden den Auftraggebern direkt berechnet
- werden in der Kontenklasse 7 erfasst

Betriebskosten
- sind keinem Auftrag direkt zurechenbar
- entstehen innerhalb des Betriebes
- müssen durch die Speditionsprovision aufgebracht werden
- werden in der Kontenklasse 4 erfasst

Speditionsleistungen
- sind dem einzelnen Speditionsauftrag zurechenbar
- werden in der Kontenklasse 8 erfasst

Speditionsrohgewinn

    Speditionserlöse (Kontenklasse 8)
− auftragsgebundene Kosten (Kontenklasse 7)
─────────────────────────────
= **Rohgewinn**

Speditionsreingewinn

    Speditionserlöse (Kontenklasse 8)
− auftragsgebundene Kosten (Kontenklasse 7)
− Betriebskosten (Kontenklasse 4)
─────────────────────────────
= **Reingewinn**

Unternehmensgewinn

    Speditionserlöse (Kontenklasse 8)
+ neutrale Erträge (Kontenklasse 2)
− auftragsgebundene Kosten (Kontenklasse 7)
− Betriebskosten (Kontenklasse 4)
− neutrale Aufwendungen (Kontenklasse 2)
─────────────────────────────
= **Unternehmensgewinn**

Geschäftsprozesse dokumentieren und Zahlungsvorgänge bearbeiten

AUFGABEN zum Sachverhalt 1–4

1. Erklären Sie den Unterschied zwischen auftragsgebundenen Speditionskosten und Betriebskosten.

2. Beschreiben Sie Maßnahmen, die ein Speditionsbetrieb zur Erhöhung seines Reingewinnes ergreifen kann.

3. Erklären Sie, ob folgende Aufwendungen zu den auftragsgebundenen Aufwendungen oder den Betriebskosten gerechnet werden.

   a) Abbuchungsbeleg der Lagermiete
   b) Waggonmietgebühr der Railion AG
   c) Treibstoffverbrauch
   d) Transportversicherungsprämienabrechnung unseres Versicherungsmaklers
   e) Konsulatsgebühren
   f) Büromaterialverbrauch
   g) Kfz-Steuern
   h) Eingangsrechnung für Lagerleistungen
   i) Liegegeld für Binnenschiff „Elbvogel"
   j) Eingangsrechnung für Frachtführerleistungen
   k) Wiegegeld
   l) Abbuchung von Hafengebühren
   m) Eingangsrechnung für Binnenschifffahrtsfrachten
   n) Zollbescheid für Importauftrag koreanischer Produkte
   o) Containermieten der Reederei „Safety & Fast"
   p) Bescheid über Eingangsabgaben griechischer Produkte
   q) Eingangsrechnung für Seeschiffsfrachten der Reederei „Safety & Fast"

4. Spedition Hasler GmbH hatte im vergangenen Geschäftsjahr folgende Leistungen und Kosten verbucht:

   Miete 72.000,00 €; Lkw-Frachtvorlagen 103.000,00 €; Gehälter 252.000,00 €; Einnahmen aus Hausfrachten 189.000,00 €; verauslagte Bahnfrachten 32.000,00 €; Einnahmen aus Bahnspedition 46.000,00 €; Einnahmen aus internationaler Spedition 267.000,00 €; Zollvorlagen 37.000,00 €

   a) Ermitteln Sie den Gewinn für das Geschäftsjahr rechnerisch.
   b) Ermitteln Sie den Gewinn mithilfe folgender Konten: Bahnspeditionskosten; Bahnspeditionsleistungen; Gehälter, internationale Speditionskosten; internationale Speditionsleistungen; Kraftwagenspeditionsleistungen; Kraftwagenspeditionskosten; Mietaufwand; GuV-Konto.

11 Die Umsatzsteuer

11.1 Das System der Umsatzsteuer

Die Umsatzsteuer ist steuerrechtlich eine Verkehrsteuer, der genau bestimmte wirtschaftliche Vorgänge unterliegen. Alle umsatzsteuerpflichtigen Vorgänge sind im Umsatzsteuergesetz (UStG) geregelt:

§ 1 UStG — Nach **§ 1 UStG** unterliegen folgende Lieferungen der Umsatzsteuer:
- **Lieferungen und sonstige Leistungen**, die ein Unternehmer im Inland gegen Entgelt im Rahmen seines Unternehmens ausführt.
- **Einfuhr** von Gegenständen aus dem Drittlandsgebiet in das Zollgebiet (Einfuhrumsatzsteuer)
- **Innergemeinschaftlicher Erwerb**

Die Umsatzsteuer

§ 3 UStG	Nach § 3 UStG unterliegt eine **unentgeltliche Wertabgabe** der Umsatzsteuer: – **Sachentnahme:** Entnahme eines Gegenstandes für private Zwecke (§ 3 Abs. 1 b UStG) **Beispiele:** Privatentnahme von Treibstoff, Reifen, Büro- und Geschäftsausstattung – **Leistungsentnahme:** Verwendung eines Gegenstandes für private Zwecke (§ 3 Abs. 9 a UStG) **Beispiel:** private Nutzung eines betrieblichen Fahrzeuges

Mehrwert: Die meisten Waren durchlaufen mehrere Produktionsstufen und Dienstleistungsunternehmen, bis sie von der Urerzeugung über Veredelung und Handel zum Letztverbraucher kommen. Auf jeder Stufe dieses Warenweges wird die Ware bearbeitet, manipuliert, transportiert, gelagert und dadurch **mehr wert** (wertvoller). Neben den Unternehmen, die direkt mit der Produktion (Industrie) und Verteilung (Handel) befasst sind, tragen auch die an der Produktion und Distribution beteiligten Verkehrsunternehmen (Frachtführer und Spediteure) zur Wertschöpfung bei. Jede Dienstleistung erzeugt einen **Mehrwert**. Der Mehrwert des einzelnen Unternehmens berechnet sich als die Differenz zwischen dem Verkaufspreis ihrer Dienstleistung und dem Einkaufspreis dieser Dienstleistung. Beispielsweise kauft ein Spediteur häufig Dienstleistungen (Transportleistungen) bei Frachtführern ein. Diese Transportleistungen stellt ihm der Frachtführer in Rechnung. Der Spediteur stellt seinem Auftraggeber genau diese Dienstleistung teurer in Rechnung, da er seine eigene erbrachte Dienstleistung (Speditionsleistung) zusätzlich berechnet.

Mehrwertbesteuerung: Da nach § 1 UStG alle Lieferungen und sonstigen Leistungen eines Unternehmens umsatzsteuerpflichtig sind, unterliegen sowohl Transportleistungen als auch Speditionsleistungen der Umsatzsteuer. Der **allgemeine Steuersatz beträgt 19 %**, der ermäßigte Steuersatz 7 %[1] für die im § 12 des UStG bestimmten Warengruppen.

---

1 Muster-AUFGABE

Spedition Knoll KG erhält von der Mabau AG den Auftrag, den Transport eines zylindrischen Tankes (Länge 12,80 m, Durchmesser 3,50 m) zu besorgen. Da Spedition Knoll keinen geeigneten Lkw besitzt, vergibt sie den Auftrag für 4.200,00 € + 19 % USt an den Schwergutunternehmer Knobel. Mit ihrem Auftraggeber rechnet die Knoll KG 4.800,00 € + 19 % USt ab.

Bestimmen Sie den Mehrwert.

LÖSUNG

	Nettobetrag	+	19 % Umsatzsteuer	=	Bruttobetrag
AR	4.800,00 €	+	912,00 €	=	5.712,00 €
ER	4.200,00 €	+	798,00 €	=	4.998,00 €
Mehrwert	600,00 €	+	114,00 €	=	714,00 €

Der Differenzbetrag zwischen Bruttoeinkaufs- und Bruttoverkaufspreis (714,00 €) setzt sich zusammen aus dem Mehrwert 600,00 € und der darauf entfallenden Umsatzsteuer (19 % von 600,00 € = 114,00 €).

- Mehrwert = Nettoverkaufspreis – Nettoeinkaufspreis.
- Jeder Unternehmer hat den auf seiner Umsatzstufe erwirtschafteten Mehrwert zu versteuern.

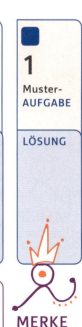

MERKE

---

[1] u. a. Lebensmittel, Bücher, Zeitungen, Originalkunstwerke, Hoteldienstleistungen

A 72 — Geschäftsprozesse dokumentieren und Zahlungsvorgänge bearbeiten

Zahllast: Jeder Unternehmer muss die Umsatzsteuer für seinen erwirtschafteten Mehrwert an den Staat abführen. Dieser Betrag (im Beispiel 114,00 €) ist seine Zahllast. Der Nettoverkaufspreis eines Produktes entspricht der Summe der Mehrwerte aller beteiligten Industrie-, Handels- und Dienstleistungsbetriebe. Die Summe aller auf den einzelnen Umsatzstufen anfallenden Zahllasten ergibt die Umsatzsteuer, die auf den Nettoverkaufspreis entfällt.

2 Muster-AUFGABE

LÖSUNG

Ein Holzgroßhändler kauft bei einem Sägewerk für 100,00 € netto Holz ein und verkauft es für 150,00 € netto an einen Palettenhersteller, der daraus 30 Paletten herstellt. Ein Palettenhändler kauft die Paletten für netto 250,00 € ein und verkauft sie für 10,00 € netto je Palette an einen Spediteur weiter.

Berechnen Sie den Mehrwert auf jeder Stufe.

Unter- nehmen	Holzgroßhändler		Palettenhersteller		Palettenhändler	
	ER	AR	ER	AR	ER	AR
Nettobetrag + 19 % USt	100,00 € 19,00 €	150,00 € 28,50 €	150,00 € 28,50 €	250,00 € 47,50 €	250,00 € 47,50 €	300,00 € 57,00 €
= Bruttobetrag	119,00 €	178,50 €	178,50 €	297,50 €	297,50 €	357,00 €
Mehrwert	150,00 € − 100,00 € = 50,00 €		250,00 € − 150,00 € = 100,00 €		300,00 € − 250,00 € = 50,00 €	
Summe der Mehrwerte	200,00 €					
Zahllast (19 % USt aus den Mehrwerten bzw. USt – VSt)	28,50 € − 19,00 € = 9,50 €		47,50 € − 28,50 € = 19,00 €		57,00 € − 47,50 € = 9,50 €	
USt insges.	19 % von 200,00 € = 38,00 €					

MERKE

- Auf jeder Produktions- und Dienstleistungsstufe entsteht eine Wertschöpfung (Mehrwert).
- Mehrwert = Nettoverkaufspreis − Nettoeinkaufspreis
- Jeder Unternehmer muss die Umsatzsteuer (Zahllast) seiner Umsatzstufe an das Finanzamt abführen.

Vorsteuerabzug: Jeder Unternehmer belastet seinen Kunden mit der von ihm ans Finanzamt abzuführenden Umsatzsteuer. Dies bedeutet, dass beim Einkauf von Waren oder Dienstleistungen der Auftraggeber (z. B. Spediteur) vom Verkäufer der Ware oder einer Dienstleistung (z. B. Frachtführer) mit der vom Frachtführer ans Finanzamt abzuführenden Umsatzsteuer belastet wird. Da auf jeder Produktions- oder Dienstleistungsstufe nur der Mehrwert besteuert wird, muss der jeweilige Unternehmer die in der Ausgangsrechnung ausgewiesene Umsatzsteuer nicht in voller Höhe ans Finanzamt abführen. Er darf die ihm in der Eingangsrechnung von seinem Lieferanten in Rechnung gestellte Umsatzsteuer als Vorsteuer von seiner Steuerschuld abziehen.

Die Umsatzsteuer

3
Muster-AUFGABE

LÖSUNG

Spedition Knoll KG erhält von der Chemo AG den Auftrag, den Transport von 17,35 t kleinförmigem Kunststoffgranulat zu besorgen. Die Knoll KG vergibt den Auftrag für 1.200,00 € + 228,00 € USt an Frachtführer Hahne und stellt der Chemo AG 1.500,00 € + 285,00 € USt in Rechnung.

Berechnen Sie den Mehrwert der Spedition Knoll KG sowie deren Zahllast.

Unternehmen	Frachtführer	Spediteur		Chemo AG
	AR	ER	AR	ER
Nettobetrag	1.200,00 €	1.200,00 €	1.500,00 €	1.500,00 €
+ 19 % USt	228,00 €	228,00 €	285,00 €	285,00 €
= Bruttobetrag	1.428,00 €	1.428,00 €	1.785,00 €	1.785,00 €
Mehrwert der Spedition		1.500,00 € − 1.200,00 € = 300,00 €		
Zahllast der Spedition		19 % von 300,00 € = 57,00 €		

Zahllast: Die Steuerschuld des Steuerpflichtigen, die Zahllast, berechnet sich wie folgt:

     Umsatzsteuer aus dem Verkauf einer Speditionsleistung (AR)   285,00 €
− **Vorsteuer** aus dem Einkauf einer Leistung (ER)   228,00 €
= **Zahllast** der Spedition (USt-Schuld an das Finanzamt)   57,00 €

- Berechnung der Zahllast

    Umsatzsteuer (Verbindlichkeit an das Finanzamt)
 − Vorsteuer (Forderung an das Finanzamt)
   = **Zahllast** (tatsächliche Steuerschuld)

- Die Zahllast entspricht der Besteuerung des Mehrwertes.

MERKE

Durchlaufende Posten: Die Umsatzsteuer, die beim Verkauf einer Speditionsleistung anfällt, wird dem Auftraggeber in Rechnung gestellt und stellt eine Schuld (unseres Auftraggebers) an das Finanzamt dar. Diese Schuld belastet die Spedition nicht. Die vom Spediteur an seinen Lieferanten bezahlte Umsatzsteuer (Vorsteuer aus der Eingangsrechnung) hingegen stellt eine Forderung an das Finanzamt dar und wird vom Finanzamt dem Spediteur „gutgeschrieben". Dadurch wird die Umsatzsteuer für den einzelnen Unternehmer zu einem durchlaufenden Posten, denn sie verursacht ihm keine Kosten. Sie wird vollständig an den Auftraggeber abgewälzt und schließlich trägt der Endverbraucher voll die Umsatzsteuer.

- Der Endverbraucher trägt die gesamte Umsatzsteuer.
- Die Umsatzsteuer ist für die Unternehmen kostenneutral.
- Die Umsatzsteuer ist für die Unternehmen ein durchlaufender Posten.
   - Sie wird gänzlich von den Auftraggebern (Kunden) bezahlt (USt der AR).
   - Gezahlte Vorsteuer wird vom Finanzamt gänzlich erstattet (USt der ER).

MERKE

Geschäftsprozesse dokumentieren und Zahlungsvorgänge bearbeiten

Bemessungsgrundlage für die Berechnung der Umsatzsteuer ist das gezahlte Nettoentgelt. Bei Lieferungen und sonstigen Leistungen umfasst das Entgelt alles, was der Leistungsempfänger (Warenempfänger) aufwendet, um die Leistung zu erhalten abzüglich der Umsatzsteuer, beim Eigenverbrauch der Nettoeinkaufspreis und alle angefallenen Nebenkosten.

Verrechnung der Umsatzsteuer und Vorsteuer: Die Zahllast ist spätestens zehn Tage nach Ablauf des Kalendermonats an das Finanzamt abzuführen. Besteht ein Vorsteuerüberhang (die Vorsteuer eines Monats ist höher als die Umsatzsteuer dieses Monats), erstattet das Finanzamt die überschüssige Vorsteuer.

Ausweis der Umsatzsteuer: Unternehmer müssen
- die Umsatzsteuer bei Rechnungen grundsätzlich ausweisen,
- bei Kleinbetragsrechnungen bis 100,00 € (nur) die Höhe des Steuersatzes angeben,
- bei Rechnungen über 100,00 € die Umsatzsteuer gesondert in der Rechnung ausweisen.

11.2 Buchung der Vorsteuer und der Umsatzsteuer

11.2.1 Buchung von Eingangs- und Ausgangsrechnungen

Muster-AUFGABE

Spedition Knoll KG erhält von den Chemischen Werken Stuttgart AG den Auftrag, den Transport von 12,7 t Gefahrgut in Fässern von Stuttgart nach Dresden zu besorgen. Die Knoll KG vergibt den Auftrag für 1.700,00 € + 323,00 € USt an den Fernverkehrsunternehmer Rabold. Knoll stellt den Chemischen Werken Stuttgart AG 1.900,00 € + 361,00 € USt in Rechnung.

Buchen Sie diese Eingangs- und Ausgangsrechnung bei der Spedition Knoll KG.

LÖSUNG

BUCHUNGEN BEI DER SPEDITION KNOLL KG

Eingangsrechnung

[1] 74 KW-Sped.. 1.700,00 €
   1457 VSt......   323,00 €
      an 1600 Verb. .... 2.023,00 €

Die in der Eingangsrechnung ausgewiesene Umsatzsteuer, die **Vorsteuer**, ist eine Forderung an das Finanzamt und wird deshalb im Soll des Aktivkontos Vorsteuer gebucht.

Ausgangsrechnung

[2] 1400 Ford. a. LL. 2.261,00 €
      an 84 KW-Sped . 1.900,00 €
         1669 USt ......   361,00 €

Die in der Ausgangsrechnung ausgewiesene **Umsatzsteuer** ist eine Verbindlichkeit an das Finanzamt und wird deshalb im Haben des Passivkontos Umsatzsteuer gebucht.

BUCHUNG AUF T-KONTEN

Buchung der Eingangsrechnung

Soll	74 Kraftwagenspedition	Haben
[1] Verb. a. LL. 1.700,00		

Soll	1457 VSt	Haben
[1] Verb. a. LL. 323,00		

Soll	1600 Verb. a. LL.	Haben
	[1] KW-Sp/VSt 2.023,00	

Buchung der Eingangsrechnung

Soll	1400 Ford. a. LL.	Haben
[2] KW-Sp/VSt 2.261,00		

Soll	84 Kraftwagenspedtition	Haben
	[2] Ford. a. LL. 1.900,00	

Soll	1669 USt	Haben
	[2] Ford. a. LL. 361,00	

Die Umsatzsteuer

Buchung der Zahllast   11.2.2

Bedingt durch den Speditionsauftrag der Chemischen Werke Stuttgart AG bucht die Knoll KG aufgrund der Eingangsrechnung (ER) eine Vorsteuer von 323,00 € und aufgrund der Ausgangsrechnung (AR) eine Umsatzsteuer von 361,00 €.

Umsatzsteuer aus der AR (= Verbindlichkeit an das Finanzamt)	361,00 €
− Vorsteuer aus der ER (= Forderung an das Finanzamt)	323,00 €
= Zahllast (= Steuerschuld an das Finanzamt)	38,00 €

Bis zum 10. des Folgemonats hat der Unternehmer seine Zahllast zu ermitteln (durch Verrechnung der Vorsteuer mit der Umsatzsteuer) und seine Steuerschuld an das Finanzamt zu überweisen.

Buchhalterische Ermittlung der Zahllast und Überweisung an das Finanzamt:

Soll	1457 Vorsteuer		Haben
❶ Verb. a. LL.	323,00	❸ USt (Sald.)	323,00
	323,00		323,00

Soll	1669 Umsatzsteuer		Haben
❸ VSt (Sald.)	323,00	❷ Ford. a. LL.	361,00
❹ Ba (Zahll.)	38,00		
	361,00		361,00

Buchhalterische Ermittlung der Zahllast:

❸ 1669 USt .... 323,00 €   an   1457 VSt .... 323,00 €

Banküberweisung der ermittelten Zahllast:

❸ 1669 USt .... 38,00 €   an   102 Bank .... 38,00 €

Hinweis: Beim Monatsabschluss des VSt- und USt-Kontos wird immer der Saldo des umsatzschwächeren Kontos auf das umsatzstärkere Konto gebucht. Bei einer höheren monatlichen Vorsteuer als Umsatzsteuer, z. B. bei Saisonbetrieben, entsteht eine Forderung an das Finanzamt.

Buchung der Umsatzsteuer am Jahresende   11.2.3

Am Ende des Geschäftsjahres ist die Zahllast in der Bilanz auszuweisen.

Ist die im Dezember gebuchte Umsatzsteuer höher als die gebuchte Vorsteuer, stellt der Saldo eine Verbindlichkeit an das Finanzamt dar und wird in der Bilanz passiviert. Ist die gebuchte Umsatzsteuer niedriger als die gebuchte Vorsteuer, stellt der Saldo eine Forderung an das Finanzamt dar und wird in der Bilanz aktiviert.

Aufgaben zum Sachverhalt

1   Eingangsrechnung der Fluggesellschaft AIA für innerdeutsche Transporte: Nettoentgelt 4.000,00 € + 19 % USt.

2   Eingangsrechnung über einen gekauften Schreibtisch.

Nettobetrag	1.490,00 €
+ 19 % USt	283,10 €
Bruttobetrag	1.773,10 €

Geschäftsprozesse dokumentieren und Zahlungsvorgänge bearbeiten

3 Ausgangsrechnung über erbrachte Luftfrachtspeditionsleistungen.

Nettobetrag	4.300,00 €
+ 19 % USt.	817,00 €
Bruttobetrag	5.117,00 €

4 Begleichung der Eingangsrechnung der Fluggesellschaft AIA (Aufgabe 1) per Bankscheck.

5 Bareinkauf von Büromaterial, brutto 116,62 €.

6 Für eine Lkw-Reparatur erhalten wir eine Rechnung:

Nettobetrag	3.800,00 €
+ 19 % USt.	722,00 €
Bruttobetrag	4.522,00 €

7 Ausgangsrechnung an die Chemo KG für erbrachte Speditionsleistungen:
– Lkw-Speditionsleistungen: 7.200,00 € + 1.368,00 € USt
– Lager-Speditionsleistungen: 5.350,00 € + 1.016,50 € USt
– Bahn-Speditionsleistungen: 2.020,00 € + 383,80 € USt

8 Das Konto Vorsteuer weist am Monatsende einen Saldo von 12.345,00 € auf, das Konto Umsatzsteuer einen Saldo von 39.775,00 €.

a) Ermitteln Sie die Zahllast rechnerisch.
b) Ermitteln Sie die Zahllast buchhalterisch.

9 Werbedrucksachen werden bar bezahlt. Bruttobetrag einschließlich 19 % USt 160,65 €.

10 Die Konten Vor- und Umsatzsteuer weisen am Monatsende folgende Beträge aus.

Vorsteuer im Soll . . . . . . 13.568,00 €   Umsatzsteuer im Soll . . . . . 4.676,00 €
Vorsteuer im Haben . . . 2.788,00 €   Umsatzsteuer im Haben . . . 28.913,00 €

a) Ermitteln Sie die Zahllast rechnerisch.
b) Ermitteln Sie die Zahllast buchhalterisch.

11 Eingangsrechnung des Paketdienstes EURO-PARCEL über 2.145,00 € + 19 % USt.

12 Ausgangsrechnung über erbrachte Binnenumschlags-Speditionsleistungen: Nettoentgelt 7.860,00 € + 19 % USt.

13 Irrtümlich wurden einem Kunden Lkw-Leistungen in Höhe von 200,00 € + 19 % USt in Rechnung gestellt.

14 a) Eingangsrechnung über den Kauf von vier gleichen Schreibtischen zu je 1.800,00 € + 19 % USt.

b) Einer der gelieferten Schreibtische weist mehrere Mängel auf, sodass er wieder zurückgeschickt wird. Korrigieren Sie die unter a) gebuchte Eingangsrechnung.

c) Der Restbetrag wird unter Abzug von 2 % Skonto überwiesen.

Die Umsatzsteuer

Buchung der Umsatzsteuer bei unentgeltlicher Wertabgabe (Sachentnahme, Leistungsentnahme)

11.3

§ 1 UStG	Der Umsatzsteuer unterliegen die folgenden Umsätze: die Lieferungen und sonstige Leistungen, die ein Unternehmer im Inland gegen Entgelt im Rahmen seines Unternehmens ausführt.
§ 3 Abs. 1 b UStG	Einer Lieferung gegen Entgelt werden gleichgestellt die Entnahme eines Gegenstandes durch einen Unternehmer aus seinem Unternehmen für Zwecke, die außerhalb des Unternehmens liegen.
§ 3 Abs. 9 a UStG	Einer sonstigen Leistung gegen Entgelt werden gleichgestellt die Verwendung eines dem Unternehmen zugeordneten Gegenstandes, [...], durch einen Unternehmer, für Zwecke, die außerhalb des Unternehmens liegen. [...]

GESETZ

Das Umsatzsteuerrecht unterscheidet bei der unentgeltlichen Wertabgabe in:

- Entnahme von **Gegenständen für private Zwecke (Sachentnahme)**.
  Beispiele: Waren des Nebenbetriebes, Vorräte wie Treibstoff, Reifen, Ersatzteile, Heizöl
- Verwendung eines **Gegenstandes für private Zwecke (Leistungsentnahme)**.
  Beispiele: Nutzung eines betrieblichen Fahrzeuges oder des Betriebscomputers

Die **unentgeltliche Wertabgabe unterliegt** – wie die Lieferung von Gegenständen und Leistungen an Dritte – **der Umsatzsteuer**, denn der Unternehmer ist Endverbraucher. **Unentgeltliche Wertabgaben sind** als **Privatentnahmen** zu behandeln. Der Nettowert wird auf dem Ertragskonto „**891 Entnahme**" gebucht. Soweit in der Praxis erforderlich, kann eine weitere Unterteilung in „(Geld-)Entnahme"[1] sowie in „Unentgeltliche Wertabgabe"[2] erfolgen, wobei die unentgeltlichen Wertabgaben weiter unterteilt werden können in „Sachentnahme (Gegenstände)", „Verwendungsentnahme" und „Leistungsentnahme".

Transport von Baumaterial zur Privatbaustelle des Inhabers mit Betriebsfahrzeugen, insgesamt Nettofracht 1.350,00 €.

Buchungssatz:
18 Privatkonto .... 1.606,50 €   an   891 Entnahmen .... 1.350,00 €
   (Bruttowert = 119 %)   (Nettowert = 100 %)
                                              1669 Umsatzsteuer ...... 256,50 €
                                              (19 %)

Spediteur Fiebig nutzt einen betrieblichen Lieferwagen zu 20 % privat. Die im Geschäftsjahr gebuchten Treibstoffkosten betragen 9.000,00 €.

Buchungssatz:
18 Privatkonto .... 2.142,00 €   an   891 Entnahmen .... 1.800,00 €
   (Bruttowert = 119 %)   (Nettowert = 100 %)
                                              1669 Umsatzsteuer ...... 342,00 €
                                              (19 %)

---

[1] ohne Bewertungsprobleme, da Wert in Euro festgelegt
[2] mit Bewertungsproblemen (z. B. Tageswert, Buchwert)

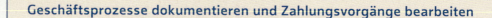

Geschäftsprozesse dokumentieren und Zahlungsvorgänge bearbeiten

MERKE

1. Unentgeltliche Wertabgabe liegt vor
   – bei Entnahme von Gegenständen für Privatzwecke,
   – bei privater Nutzung von Betriebsgegenständen,
   – bei der Inanspruchnahme betrieblicher Dienstleistungen.
2. Die unentgeltliche Wertabgabe unterliegt der Umsatzsteuer.

Aufgaben zum Sachverhalt

1

1 Buchen Sie die Geschäftsfälle.
  a) Banküberweisung der Miete für ein Lagergebäude 4.800,00 €, für die Privatwohnung 1.900,00 €.
  b) Spediteur Kaiser entnimmt für eine Urlaubsreise 2.500,00 € bar.
  c) Einlage des Inhabers auf Bankkonto des Betriebes 5.000,00 €.
  d) Die bereits gebuchten Fuhrparkkosten für einen Geschäftswagen betragen für die letzte Abrechnungsperiode 12.000,00 €. Die private Nutzung beträgt 25 %.
  e) Privatentnahme in bar 800,00 €.

2–4

2 Welcher Zusammenhang besteht zwischen Gewinn und Privatentnahmen?

3 Begründen Sie, weshalb die unentgeltliche Wertabgabe umsatzsteuerpflichtig ist.

4 Stellen Sie die Konten GuV, Privat und Eigenkapital auf und schließen Sie diese Konten ab.

Privatentnahmen in bar 34.000,00 €; Privatentnahme von Treibstoffen 2.000,00 € netto; der Spediteur bringt seinen Privat-Pkw in das Geschäftsvermögen ein: 15.000,00 €; gesamter Aufwand während der Rechnungsperiode 172.000,00 €; Umsatzerlöse 190.000,00 €; Eigenkapital 180.000,00 €.

12 Buchungen im Sachanlagebereich

GESETZ

§ 247 HGB

(1) In der Bilanz sind das Anlage- und das Umlaufvermögen, das Eigenkapital, die Schulden sowie die Rechnungsabgrenzungsposten gesondert auszuweisen und hinreichend aufzugliedern.

(2) Beim Anlagevermögen sind nur die Gegenstände auszuweisen, die bestimmt sind, dauernd dem Geschäftsbetrieb zu dienen.

Das Anlagevermögen eines Speditionsbetriebes umfasst alle Vermögensgegenstände, die dazu bestimmt sind, dauernd (langfristig) dem Geschäftsbetrieb zu dienen. Dazu zählen nach § 266 HGB vor allem die Sachanlagen

- Grundstücke und Gebäude,
- Motorfahrzeuge (Fuhrpark),
- Geschäftsausstattung.
- Transportanlagen und -geräte,
- Anhänger/Container/Wechselbehälter,

22514378

Buchungen im Sachanlagebereich

Anschaffung von Anlagegütern 12.1

vgl. § 253 Abs. 1 HGB	Gegenstände des Anlagevermögens sind zum Zeitpunkt der Beschaffung mit ihren Anschaffungskosten auf dem entsprechenden Anlagekonto zu aktivieren.
§ 255 Abs. 1 HGB	**Anschaffungskosten** sind die Aufwendungen, die geleistet werden, um einen Vermögensgegenstand zu erwerben und ihn in einen betriebsbereiten Zustand zu versetzen. **Anschaffungspreisminderungen** sind abzusetzen.

Die **Anschaffungskosten** sind folgendermaßen zu berechnen:

```
   Anschaffungspreis (ohne Umsatzsteuer)
 + Anschaffungsnebenkosten
 – Anschaffungspreisminderungen
 ─────────────────────────────────────────
 = Anschaffungskosten (Bemessungsgrundlage für die Abschreibungen)
```

Anschaffungspreis
Der Anschaffungspreis ist der Nettopreis des Anlagegutes. Die in Rechnung gestellte Vorsteuer stellt einen durchlaufenden Posten dar (vgl. Kapitel 11) und zählt deshalb nicht zu den Anschaffungskosten. Ebenso wird die Vorsteuer bei den Anschaffungsnebenkosten nicht berücksichtigt.

Anschaffungsnebenkosten
Anschaffungsnebenkosten sind alle Aufwendungen, die bei Anschaffung des Anlagegutes neben dem Anschaffungspreis gleichzeitig oder nachträglich anfallen. Sie sind als wichtiger Bestandteil der Anschaffungskosten zu aktivieren[1]. Typische Anschaffungsnebenkosten sind:

- Überführungskosten, Zulassungskosten und Zölle beim Kauf eines Kraftfahrzeugs,
- Transportkosten für gekaufte Anlagegüter,
- Fundamentierungs- und Montagekosten, Zölle beim Kauf von Maschinen,
- Notargebühren, Maklerprovision und Grunderwerbsteuer beim Erwerb von Grundstücken und Gebäuden,
- Maklerentgelte und Bankprovisionen beim Erwerb von Wertpapieren.

Das Steuerrecht schreibt die Aktivierung der Anschaffungsnebenkosten vor, um sie über die späteren Abschreibungen als Aufwand auf die gesamte Nutzungsdauer des Anlagegutes zu verteilen. Somit werden die Erfolgsrechnungen der einzelnen Nutzungsjahre gleichmäßig belastet.

Anschaffungspreisminderungen
Anschaffungspreisminderungen stellen alle Preisnachlässe dar, die beim Erwerb des Anlagegutes sofort oder nachträglich gewährt werden, wie Rabatte, Boni und Skonti und andere Minderungen (Preisgutschriften).

Bei sofortiger Rabattgewährung, also beispielsweise bereits auf der Eingangsrechnung ausgewiesene Rabatte, wird der Rabatt nicht gebucht (vgl. Musteraufgabe 2).

---

[1] aktivieren = der Aktiva zuführen, beim Vermögen erfassen

Geschäftsprozesse dokumentieren und Zahlungsvorgänge bearbeiten

	Beispiele:
Anschaffungspreis	• Netto-Kaufpreis (ohne Umsatzsteuer)
+ Anschaffungsneben-kosten	• Bezugskosten, Zölle • Maklerprovision • Zulassungskosten • Montage • Grunderwerbsteuer • Sonderlackierung • Notargebühren
+ nachträgliche Anschaffungskosten	• Umbau • Ausbau • Zubehöranteile für Anlagen
− Anschaffungspreis-minderungen	• Skonto • Bonus • Rabatt • Gutschrift
= **Anschaffungskosten**	

Muster-AUFGABE

1 Buchen Sie die Eingangsrechnung für einen Lkw:

Listenpreis, netto	80.000,00 €
Sonderlackierung in Speditionsfarbe und Speditionslogo	8.000,00 €
Überführungskosten	1.800,00 €
Zulassungskosten	200,00 €
	90.000,00 €
+ 19 % Umsatzsteuer	17.100,00 €
= Rechnungspreis	107.100,00 €

2 Rechnungsausgleich unter 2 % Skontoabzug auf den Listenpreis (80.000,00 €) durch Banküberweisung.

LÖSUNG

Buchungssatz: **1**

022	Fuhrpark	90.000,00 €				
1457	Vorsteuer	17.100,00 €	an	1600	Verbindl. a. LL.	107.100,00 €

Buchungssatz: **2**

1600	Verbindl. a. LL.	107.100,00 €	an	102	Bank	105.196,00 €
				022	Fuhrpark	1.600,00 €
				1457	Vorsteuer	304,00 €

1 Überführungs- und Zulassungskosten stellen Anschaffungsnebenkosten dar und sind deshalb zu aktivieren.

2 • Die Verbindlichkeiten nehmen in voller Höhe ab (107.100,00 €).
• Das Bankkonto wird mit 107.100,00 € abzüglich 2 % Skonto vom Listenpreis zuzüglich Umsatzsteuer (1.600,00 € + 304,00 € = 1.904,00 €) belastet; also mit 105.196,00 €.
• Der Skontoabzug beträgt 2 % von 80.000,00 € = 1.600,00 €. Er stellt eine Anschaffungspreisminderung in Höhe von 1.600,00 € dar (2 % von 80.000,00 €).
• Weiterhin wird die ursprüngliche Vorsteuer um 304,00 € vermindert. Diese Steuerberichtigung ist auf der Haben-Seite des Vorsteuerkontos vorzunehmen.

Buchungen im Sachanlagebereich

2 Muster-AUFGABE

Buchen Sie die Eingangsrechnung für einen Gabelstapler:

Listenpreis, netto	35.000,00 €
− 8 % Rabatt	2.800,00 €
	32.200,00 €
+ Überführungskosten	800,00 €
	33.000,00 €
+ 19 % Umsatzsteuer	6.270,00 €
= Rechnungspreis	39.270,00 €

LÖSUNG

020	Transportger.	33.000,00 €				
1457	Vorsteuer	6.270,00 €	an	1600	Verbindl. a. LL.	39.270,00 €

Der bereits auf der Eingangsrechnung ausgewiesene Rabatt wird nicht gebucht. Somit betragen die Anschaffungskosten 32.200,00 € + 800,00 € = 33.000,00 €.

Aufgaben zum Sachverhalt

1–5

1. Kauf einer Verpackungsmaschine (ER 211) zum Nettopreis von 80.000,00 € + USt, Transportkosten 2.000,00 € + USt, Montagekosten 2.600,00 € + USt.
   a) Ermitteln Sie die Anschaffungskosten des Anlagegutes.
   b) Buchen Sie die Anschaffung der Verpackungsmaschine.

2. Kauf eines Gabelstaplers (ER 212) zum Nettopreis von 42.000,00 €.

3. Banküberweisung für ER 212 (Aufgabe 2). Wegen Lackierungsmängeln gewährt uns der Verkäufer 5 % Preisnachlass.

4. Siehe kapitalzusammenfassende Aufgabe auf Seite 427/428.

5.
Kauf einer Lagerhalle am 7. Febr. .. (ER 213); Kaufpreis	500.000,00 €
+ Notargebühren	4.000,00 €
+ 19 % USt auf Notargebühren	760,00 €
+ 3,5 % Grunderwerbsteuer	17.500,00 €
	522.260,00 €

Im Kaufpreis ist der Grundstücksanteil in Höhe von 100.000,00 € enthalten.
   a) Ermitteln Sie die Anschaffungskosten der Lagerhalle.
   b) Buchen Sie die Anschaffung der Lagerhalle.

Geschäftsprozesse dokumentieren und Zahlungsvorgänge bearbeiten

6

Die Lkw-Handelsgesellschaft mbH stellt uns für den Kauf eines Lastkraftwagens in Rechnung (ER 214):

Nettopreis des Lastkraftwagens lt. Preisliste	210.000,00 €
Spezialaufbau	15.000,00 €
Sonderlackierung mit Werbeaufschrift	4.800,00 €
Anhängerkupplung	2.600,00 €
Überführungskosten	1.400,00 €
Tankfüllung	500,00 €
Zulassungskosten	200,00 €
	234.500,00 €
+ 19 % USt	44.555,00 €
Rechnungspreis	279.055,00 €

Die Kraftfahrzeugsteuer über 4.350,00 € und die Haftpflichtversicherung mit 5.260,00 € werden von uns durch Banküberweisung bezahlt.

a) Begründen Sie, welche Posten Anschaffungsnebenkosten bzw. keine Anschaffungsnebenkosten sind.

b) Ermitteln Sie die Anschaffungsnebenkosten des Lastkraftwagens.

c) Buchen Sie die Anschaffung auf den entsprechenden Konten.

7

Die ER 214 (Aufgabe 6) wird unter Abzug von 2 % Skonto auf den Nettopreis des Lastkraftwagens lt. Preisliste durch Banküberweisung beglichen.

Buchen Sie den Rechnungsausgleich.

12.2 Verkauf von Anlagegütern

Der **Verkauf von Anlagegütern** stellt einen steuerpflichtigen Umsatz dar. Grundlage für die Berechnung der Umsatzsteuer ist der Nettoverkaufspreis. Verkäufe von Grundstücken und Gebäuden sind umsatzsteuerfrei, da der Erwerber hierfür bereits eine andere Verkehrsteuer, nämlich die Grunderwerbsteuer (3,5 %[1]), zu zahlen hat.

Der Buchwert des verkauften Anlagegutes stimmt nur selten mit dem erzielten Nettoverkaufspreis überein. In der Regel sind die Nettoverkaufspreise höher oder niedriger als der Buchwert.

Ist der **Nettoverkaufspreis höher als der Buchwert**, wirkt sich der Verkauf **gewinnerhöhend** aus. Der Buchwert ist über Abschreibungen auszubuchen, da ja das verkaufte Anlagegut nicht mehr zum Speditionsbetrieb gehört. Diesem Abgang aus Anlagevermögen ist der (höhere) Nettoverkaufspreis als außerordentlicher Ertrag gegenüberzustellen. Bei höherem Ertrag als Aufwand steigt der Gewinn in der GuV.

Ist der **Nettoverkaufspreis geringer als der Buchwert**, wirkt sich der Verkauf **gewinnmindernd** aus. Der Buchwert ist wieder über Abschreibungen auszubuchen. Diesem Abgang aus Anlagevermögen ist der (geringere) Nettoverkaufspreis als Ertrag gegenüberzustellen. Bei geringerem Ertrag als Aufwand wird der Gewinn in der GuV gemindert.

Hinweis: Wegen der Umsatzsteuerverprobung in der GuV sollte der gesamte Verkaufserlös als Ertrag gebucht werden, der auch umsatzsteuerpflichtig ist. So kann später die Ertragseite der GuV mit der Umsatzsteuererklärung verprobt werden,

---

[1] Unterschiedliche Steuersätze in den einzelnen Bundesländern, z. B. in Berlin und Hessen beträgt der Steuersatz 6 %.

Buchungen im Sachanlagebereich

das heißt, der Summenwert der Erträge in der GuV mit dem Umsatzsteuersatz multipliziert ergibt die Umsatzsteuerschuld. Wird lediglich die Differenz Nettoverkaufspreis – Buchwert als Ertrag gebucht, stimmen Ertrag in der GuV und Umsatzsteuerschuld (19 % aus Ertrag der GuV) nicht überein.

Es ist empfehlenswert, die **finanzielle Transaktion** einerseits und den **Vermögensabgang** andererseits getrennt zu buchen.

Muster-AUFGABE

Ein Gabelstapler wird am 15. August für 3.000,00 € + 570,00 € USt bar verkauft. Der Buchwert beträgt 1.000,00 €.

1 Buchen Sie die finanzielle Transaktion.
2 Buchen Sie den Vermögensabgang.
3 Wie wirkt sich der Verkauf in der GuV aus?

LÖSUNG

1 Finanzielle Transaktion:

100	Kasse		3.570,00 €	
	an 288	Erträge aus Anlageverkäufen		3.000,00 €
	1669	Umsatzsteuer		570,00 €

2 Vermögensabgang:

240	Abgänge aus Anlagevermögen		1.000,00 €	
	an 020	Transportgeräte		1.000,00 €

3
- Der Verkauf ist umsatzsteuerpflichtig. In der Kontenklasse 2 werden 3.000,00 € Ertrag gebucht.
- Der Gabelstapler steht noch mit 1.000,00 € in der Buchführung. Das Fahrzeug ist vollständig auszubuchen. Folglich ist es mit 1.000,00 € abzuschreiben.
- In der GuV werden durch a) 3.000,00 € Ertrag und b) 1.000,00 € Aufwand gebucht. Insgesamt wirkt sich dieser Vorgang um 2.000,00 € gewinnerhöhend aus.

Aufgaben zum Sachverhalt

1

Ein Gabelstapler, der zum Zeitpunkt des Ausscheidens einen Buchwert von 2.500,00 € hat, wird gegen Bankscheck verkauft für

a) 4.000,00 € + USt
b) 2.500,00 € + USt
c) 2.300,00 € + USt
d) 1.500,00 € + USt

1. Ermitteln Sie die Erfolgsauswirkung in den Fällen a) bis d).
2. Bilden Sie die jeweiligen Buchungssätze.

2

Ein nicht mehr benötigter Lkw wird auf Ziel (AR 755) verkauft. Nettopreis 32.000,00 € + USt. Der Buchwert des Lkw beträgt 20.000,00 €.

a) Buchen Sie den Verkauf.
b) Wie wirkt sich der Verkauf in der GuV aus?

12.3 Inzahlungnahme von Anlagegütern

Bei Anschaffung eines neuen Anlagegutes wird oft ein gebrauchtes in Zahlung gegeben. Es ist buchhalterisch klarer, zunächst den Kauf des neuen Anlagegutes als Verbindlichkeit zu buchen. Die Gutschrift über das in Zahlung gegebene Anlagegut wird dann ebenfalls über das Konto Verbindlichkeiten gebucht. Der Saldo des Kontos Verbindlichkeiten weist dann den zu zahlenden Restkaufpreis aus.

Muster-AUFGABE

Kauf eines neuen Lkw: 80.000,00 € + USt

Ein gebrauchter Lkw, der noch mit 5.000,00 € zu Buche steht, wird mit 9.000,00 € + USt in Zahlung gegeben.

1 Buchen Sie die Anschaffung.
2 Buchen Sie die Inzahlungnahme.
3 Buchen Sie den Rechnungsausgleich durch Banküberweisung.
4 Buchen Sie den Vermögensabgang.

LÖSUNG

1 022   Fuhrpark . . . . 80.000,00 €
   1457 Vorsteuer . . . . 15.200,00 €
   an   1600   Verbindlichkeiten a. LL. . . . .   95.200,00 €
   Der Kauf des neuen Anlagegutes wird zunächst als Verbindlichkeit gebucht.

2 1600 Verbindlichkeiten a. LL. . . . . 10.710,00 €
   an   288   Erträge aus Anlagenverk. . . . .   9.000,00 €
         1669   Umsatzsteuer . . . .   1.710,00 €
   Die Inzahlungnahme mindert die ursprüngliche Verbindlichkeit.
   Der Verkauf stellt einen umsatzsteuerpflichtigen Ertrag dar.

3 1600 Verbindlichkeiten a. LL. . . . . 84.490,00 €
   an   102   Bank . . . .   84.490,00 €
   Die Restverbindlichkeit wird durch Banküberweisung beglichen.

4 240   Abgänge aus Anlagevermögen . . . . 5.000,00 €
   an   022   Fuhrpark . . . .   5.000,00 €
   Der Vermögensabgang (alter Lkw) ist zu buchen.

AUFGABEN zum Sachverhalt 1–2

1 Ein Speditionsbetrieb kauft eine neue Telefonanlage zu netto 40.000,00 € + USt. Die alte Telefonanlage wird mit 3.000,00 € + USt in Zahlung gegeben. Restzahlung durch Banküberweisung. Buchwert 1.000,00 €.
   a) Buchen Sie die Anschaffung.
   b) Buchen Sie die Inzahlungnahme.
   c) Buchen Sie den Rechnungsausgleich durch Banküberweisung.
   d) Buchen Sie den Vermögensabgang.

2 Anschaffung und Installation einer neuen EDV-Anlage: 100.000,00 € + USt. Eine gebrauchte EDV-Anlage, die noch mit 1,00 € zu Buche steht, wird mit 12.000,00 € netto + USt in Zahlung genommen. Restzahlung erfolgt durch Banküberweisung.
   a) Buchen Sie die Anschaffung.
   b) Buchen Sie die Inzahlungnahme.
   c) Buchen Sie den Rechnungsausgleich durch Banküberweisung.
   d) Buchen Sie den Vermögensabgang.

Buchungen im Sachanlagebereich

Privatentnahme von Anlagegütern 12.4

Wird ein Anlagegut in das Privatvermögen übernommen, liegt umsatzsteuerpflichtiger Eigenverbrauch vor. Die Entnahme ist zum **Teilwert**[1] anzusetzen und unterliegt mit diesem Wert der Umsatzsteuer. Wie schon beim Verkauf von Anlagegütern ist auch bei der Entnahme von Anlagegütern empfehlenswert, die **finanzielle Transaktion** einerseits und den **Vermögensabgang andererseits** getrennt zu buchen.

Muster-AUFGABE

Ein betriebseigener Pkw wird am 15. Sept. privat entnommen. Der Buchwert beträgt 3.000,00 €, der Teilwert (Marktpreis)[2] 5.000,00 €.
Die USt beträgt 19 % von 5.000,00 € = 950,00 €.
a) Buchen Sie die finanzielle Transaktion.
b) Buchen Sie den Vermögensabgang.
c) Wie wirkt sich die Entnahme in der GuV aus?

LÖSUNG

a) Finanzielle Transaktion:

18	Privat		5.950,00 €	
	an 288	Erträge aus Anlageverk.		5.000,00 €
	1669	Umsatzsteuer		950,00 €

b) Vermögensabgang:

240	Abgänge aus Anlagevermögen		3.000,00 €	
	an 022	Fuhrpark		3.000,00 €

c) In der GuV werden durch a) 5.000,00 € Ertrag und b) 3.000,00 € Aufwand gebucht. Insgesamt wirkt sich dieser Vorgang gewinnerhöhend (2.000,00 €) aus.

- Das Privatkonto ist mit dem Teilwert zuzüglich USt zu belasten, da die Privatentnahme umsatzsteuerpflichtig ist.
- Der Pkw steht noch mit 3.000,00 € in der Buchführung. Das Fahrzeug ist vollständig auszubuchen. Folglich ist es mit 3.000,00 € abzuschreiben.

AUFGABEN zum Sachverhalt 1–3

1 Der Geschäftsinhaber schenkt seinem Sohn einen gebrauchten Pkw, der zum Betriebsvermögen gehört und zum Zeitpunkt der Entnahme mit 2.000,00 € zu Buche steht. Der Tageswert beträgt 5.000,00 €.
   a) Beurteilen Sie, ob die Entnahme umsatzsteuerpflichtig ist.
   b) Buchen Sie die Entnahme.
   c) Wie wirkt sich dieser Vorgang auf die GuV aus?

2 Ein betriebseigener Pkw wird privat entnommen.
Der Buchwert beträgt 6.000,00 €, der Tageswert 4.000,00 €.
   a) Beurteilen Sie, ob die Entnahme umsatzsteuerpflichtig ist.
   b) Buchen Sie die Entnahme.
   c) Wie wirkt sich dieser Vorgang auf die GuV aus?

3 Ein betriebseigener Pkw wird privat entnommen.
Der Buchwert beträgt 5.000,00 €, der Tageswert 5.500,00 €.
   a) Beurteilen Sie, ob die Entnahme umsatzsteuerpflichtig ist.
   b) Buchen Sie die Entnahme.
   c) Wie wirkt sich dieser Vorgang auf die GuV aus?

---

[1] Teilwert = steuerlicher Wert, kann vereinfachend mit dem Marktwert bzw. Marktpreis gleichgesetzt werden. (vgl. § 6 EStG)
[2] Der Teilwert (Marktpreis) für Pkws kann mit Wertlisten (Schwacke-Liste) oder Gutachten ermittelt werden.

Geschäftsprozesse dokumentieren und Zahlungsvorgänge bearbeiten

Zusammenfassende Aufgaben

1 Kauf einer Lagerhalle (ER 253); Kaufpreis .... 800.000,00 €
+ Notargebühren Kaufvertrag .... 10.000,00 €
+ Notargebühren Grundbucheintragung .... 1.000,00 €
+ 19 % USt auf Notargebühren .... 2.090,00 €
                                                    813.090,00 €

2 Steuerbescheid für die neue Lagerhalle. Die Steuerschuld wird durch sofortige Banküberweisung beglichen.
Grunderwerbsteuer .... 28.000,00 €

3 Ein nicht mehr benötigter Lkw wird gegen Bankscheck verkauft.
Nettopreis 25.000,00 € + USt. Der Buchwert des Lkw beträgt 10.000,00 €.

4 Ein betriebseigener Pkw wird privat entnommen.
Der Buchwert beträgt 2.400,00 €, der Tageswert 5.000,00 €.

5 ER 254 für neuen Lkw, zulässiges Gesamtgewicht 40 t.
   Listenpreis netto .... 160.000,00 €
   Sonderaufbau .... 7.500,00 €
   Überführungskosten .... 2.500,00 €
                                                    170.000,00 €
+ 19 % USt .... 32.300,00 €
   Rechnungspreis .... 202.300,00 €

Ein gebrauchter Lkw wird für 40.000,00 € netto in Zahlung gegeben. Der Buchwert beträgt 10.000,00 €. Der Rechnungsausgleich erfolgt durch Banküberweisung.

6 ER 255 für neue Büroeinrichtung, 25.000,00 € + USt

7 ER 255 wird unter Abzug von 10 % Preisnachlass wegen verspäteter Lieferung per Banküberweisung beglichen.

8 Der Geschäftsinhaber schenkt seinem Freund einen Schreibtisch, der zum Betriebsvermögen gehört und mit 1,00 € zu Buche steht. Der Tageswert beträgt 220,00 €.

9 ER 256, Pkw für Akquisiteur,
   Nettopreis lt. Preisliste .... 26.000,00 €
 − Preisnachlass .... 3.000,00 €
 + Sonderlackierung mit Werbeaufschrift .... 1.250,00 €
 + Überführungskosten .... 450,00 €
 + Zulassungskosten .... 50,00 €
                                                     24.750,00 €
+ 19 % USt .... 4.702,50 €
   Rechnungspreis .... 29.452,50 €

Die Kraftfahrzeugsteuer über 110,00 € und die Haftpflichtversicherung mit 510,00 € werden durch Banküberweisung bezahlt. Die erste Tankfüllung wird bar bezahlt; 55,00 € + USt.

10 ER 257, Spezialcontainer für Speditionszwecke aus Kanada,
   vereinbarter Kaufpreis .... 10.000,00 €
 + Transportkosten .... 1.000,00 €
 + Einfuhrzoll .... 600,00 €
   Rechnungspreis .... 11.600,00 €

Abschreibungen auf Anlagen

Abschreibungen auf Anlagen 13

Wertansätze der Anlagegüter in der Jahresbilanz 13.1

Abnutzbare Anlagegüter (z. B. Gebäude, Fuhrpark) sind am Ende des Geschäftsjahres mit den Anschaffungs- oder Herstellungskosten, abzüglich Abschreibungen anzusetzen.

Nicht abnutzbare Anlagegüter (z. B. Grundstücke) dürfen höchstens mit ihren Anschaffungskosten in die Jahresbilanz eingestellt werden. Ist der Wert am Bilanzstichtag jedoch nachhaltig niedriger, so ist das betreffende Anlagegut mit dem niedrigeren Tageswert anzusetzen, indem eine außerplanmäßige Abschreibung vorgenommen wird.

GESETZ

§ 253 Abs. 1 HGB	Vermögensgegenstände sind höchstens mit den Anschaffungs- oder Herstellungskosten, vermindert um Abschreibungen, anzusetzen.
§ 253 Abs. 3 HGB	Bei Vermögensgegenständen des Anlagevermögens, deren Nutzung zeitlich begrenzt ist, sind die Anschaffungs- oder Herstellungskosten um planmäßige Abschreibungen zu vermindern.
§ 253 Abs. 3 HGB	Ohne Rücksicht darauf, ob ihre Nutzung zeitlich begrenzt ist, können bei Vermögensgegenständen des Anlagevermögens außerplanmäßige Abschreibungen vorgenommen werden, um die Vermögensgegenstände mit dem niedrigeren Wert anzusetzen, der ihnen am Abschlussstichtag beizulegen ist; sie sind vorzunehmen bei einer voraussichtlich dauernden Wertminderung.

Abschreibungen sollen die Wertminderung erfassen, die bei Anlagegütern durch Abnutzung, technischen Fortschritt oder wirtschaftliche Entwertung entstehen. Abschreibungen stellen Aufwand dar. Sie vermindern deshalb den Gewinn des Speditionsunternehmens und damit auch die gewinnabhängigen Steuern. Man unterscheidet zwischen planmäßigen und außerplanmäßigen Abschreibungen.

Planmäßige Abschreibungen. Abnutzbare Anlagegüter werden planmäßig, d. h. entsprechend ihrer betriebsgewöhnlichen Nutzungsdauer entweder linear, degressiv[1] oder auch nach Leistungseinheiten abgeschrieben. Amtliche AfA[2]-Tabellen weisen die gewöhnliche[3] Nutzungsdauer nahezu aller Arten von Anlagegütern aus.

Auszug aus der AfA-Tabelle (Stand 2019):

Anlagegut	Allgemeine AfA-Tabelle		AfA-Tabelle Güterverkehr[4]	
	Nutzungsdauer in Jahren	Linearer AfA-Satz in %	Nutzungsdauer in Jahren	Linearer AfA-Satz in %
Pkw	6	16 $\frac{2}{3}$	5	20
Lkw – unter 7,5 t – ab 7,5 t	9 9	11 $\frac{1}{9}$ 11 $\frac{1}{9}$	6 5	16 $\frac{2}{3}$ 20
Anhänger, Auflieger	11	9 $\frac{1}{11}$	6	16 $\frac{2}{3}$
Büromöbel	13	7 $\frac{9}{13}$	13	7 $\frac{9}{13}$
PC	3	33 $\frac{1}{3}$	3	33 $\frac{1}{3}$
DV-Großrechner	7	14 $\frac{2}{7}$	7	14 $\frac{2}{7}$

---

[1] Nur bei beweglichen Wirtschaftsgütern des Anlagevermögens, die vor dem 1. Januar 2011 angeschafft worden sind, darf auch in den Folgejahren degressiv abgeschrieben werden.
[2] AfA = Absetzung für Abnutzung
[3] Bei tatsächlich nachgewiesener kürzerer Nutzungsdauer kann der Abschreibungssatz entsprechend höher sein.
[4] Die branchenspezifische AfA-Tabelle hat Vorrang vor den allgemeinen AfA-Tabellen.

Geschäftsprozesse dokumentieren und Zahlungsvorgänge bearbeiten

Außerplanmäßige Abschreibungen werden im Fall einer außergewöhnlichen Wertminderung vorgenommen, wie bei plötzlich auftretenden Schäden oder bei wirtschaftlicher Entwertung des Anlagegutes.

Übersicht: Abschreibungen der Anlagegüter

Anlagevermögen	Planmäßige Abschreibung (normale Abschreibung) verursacht durch	Abschreibungs-methode der planmäßigen Abschreibung	Außerplanmäßige Abschreibung verursacht durch
Bebaute Grundstücke – Grundstücke	–	–	außergewöhnliche Ereignisse
– Bauten	Nutzung (Gebrauch)	lineare Abschreibung	technischer Fortschritt, außergewöhnliche Ereignisse
Maschinen	Nutzung (Gebrauch)	lineare oder degressive[1] Abschreibung	
BGA	Nutzung (Gebrauch)	lineare oder degressive[1] Abschreibung	
Fuhrpark	Nutzung (Gebrauch)	lineare oder degressive[1] Abschreibung	

Alle Abschreibungen werden zunächst in der Kontenklasse 2 (Abgrenzungskonten) auf dem Konto 247 Bilanzmäßige Abschreibungen erfasst. Für die Kosten- und Leistungsrechnung erfolgt später eine Abgrenzung (Umbewertung), da in der Kosten-und Leistungsrechnung die Abschreibungshöhe nach anderen Kriterien berechnet wird als in der Geschäftsbuchführung. Vgl. Kapitel 3 der Kostenrechnung.

Buchungssatz:

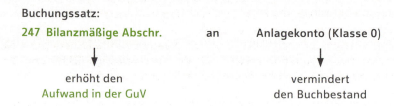

247 Bilanzmäßige Abschr. an Anlagekonto (Klasse 0)

erhöht den Aufwand in der GuV — vermindert den Buchbestand

Muster-AUFGABE

Gegeben sind: Fuhrpark; Anschaffungswert und zugleich Anfangsbestand 300.000,00 €; Abschreibung am Ende des ersten Jahres 60.000,00 €.

Buchen Sie die Abschreibung.

LÖSUNG

1. Zuerst den Anfangsbestand eintragen.
2. Die Abschreibung buchen.
3. Abschreibung (Aufwandskonto) über das GuV-Konto abschließen.
4. Fuhrpark über die Schlussbilanz abschließen.

---

[1] falls vor dem 1. Januar 2011 angeschafft

Abschreibungen auf Anlagen

Soll	022 Fuhrpark	Haben		Soll	247 Bilanzm. Abschr.	Haben
1 AB	300.000,00	**2** 60.000,00		**2** 60.000,00		**3** 60.000,00
		4 240.000,00				

Aktiva	99 Schlussbilanz	Passiva		Aufwand	90 GuV	Ertrag
4 Fuhrp.	240.000,00			**3** 60.000,00		

- mindert den Gewinn in der GuV
- mindert gewinnabhängige Steuern

Buchungssatz der Abschreibung:
247 Bilanzmäßige Abschreibung 60.000,00 €   an   022 Fuhrpark 60.000,00 €

Gründe für Abschreibungen:	Wertminderung erfassen
	• durch Abnutzung
	• technischen Fortschritt
	• wirtschaftliche Entwertung
Wirkung der Abschreibung:	Aufwand in der GuV
	• mindert den Gewinn
	• mindert gewinnabhängige Steuern
Buchung der Abschreibung:	Aufwand in der Kontenklasse 2
	• (247 Bilanzmäßige Abschreibung)

FAZIT

Der Abschreibungskreislauf 13.2

Abschreibungen bewegen sich nahezu in einem **Kreislauf**. Aus dem Anlagevermögen fließen sie über die Umsatzerlöse in das Umlaufvermögen (Bank) und von dort durch Neuanschaffungen in das Anlagevermögen zurück.

In der Kalkulation der Verkaufspreise werden die **Abschreibungen** als Kosten eingesetzt. Über die Umsatzerlöse fließen die einkalkulierten Abschreibungsbeträge in Form von liquiden Mitteln (Geld) in das Unternehmen zurück. Diese Mittel stehen nun wiederum für Anschaffungen (Investitionen) zur Verfügung. Das Unternehmen finanziert somit die Anschaffung von Sachanlagegütern in erster Linie aus **Abschreibungsrückflüssen**. Die Abschreibung stellt deshalb ein bedeutendes Mittel der Finanzierung dar.

Beispiel: Ein Kurierfahrzeug (Pkw) wird für 30.000,00 € angeschafft. Es wird sechs Jahre genutzt. Jährlich werden 16 $\frac{2}{3}$ % = **5.000,00 €** abgeschrieben. Die Wertentwicklung von 30.000,00 € zu Beginn des ersten Jahres bis zum Wert 0,00 € am Ende des sechsten Jahres wird mit dem grünen Kreislauf dargestellt. Der Buchwert des Pkw verringert sich jährlich um 5.000,00 € Abschreibungen. Der zweite, rot **dargestellte Kreislauf** zeigt den **Rückfluss** der in die Umsatzerlöse **einkalkulierten Abschreibungen**. Nach jedem Jahr steigen die zurückgeflossenen Mittel. Nach sechs Jahren reicht der Mittelrückfluss zur Ersatzbeschaffung[1] aus.

---

[1] Im Kapitel 3 der Kosten- und Leistungsrechnung wird die Problematik der kalkulierten Abschreibungen ausführlich dargestellt.

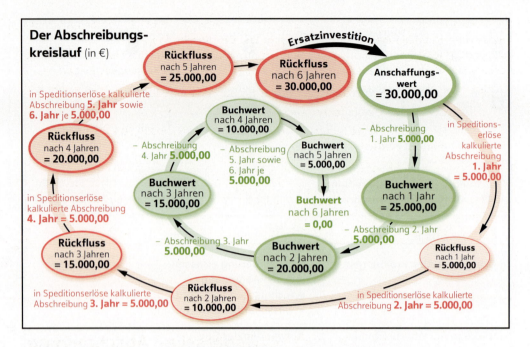

13.3 Methoden der planmäßigen Abschreibung

Die Berechnung der planmäßigen Abschreibung erfolgt gemäß § 7 EStG nach folgenden Methoden:

- lineare Abschreibung
- degressive Abschreibung[1]
- Abschreibung nach Leistungseinheiten

Beginn der planmäßigen Abschreibung. Bei abnutzbaren Anlagegütern beginnt die AfA grundsätzlich im Monat der Anschaffung bzw. Inbetriebnahme (zeitanteilige AfA).

Nach Ablauf der betriebsgewöhnlichen Nutzungsdauer ist das Wirtschaftsgut abgeschrieben. Wird das Wirtschaftsgut nach Ablauf der betriebsgewöhnlichen Nutzungsdauer weiterhin im Unternehmen genutzt, wird es nicht vollständig, sondern bis auf 1,00 € **Erinnerungswert** abgeschrieben. Der Erinnerungswert von 1,00 € sagt aus, dass im Unternehmen bereits abgeschriebene Wirtschaftsgüter noch genutzt werden.

13.3.1 Lineare[2] Abschreibung

§ 7 Abs. 1 Satz 1 EStG

Die lineare Abschreibung ist bei allen beweglichen und unbeweglichen abnutzbaren Anlagegütern erlaubt.

---

[1] bei Anschaffung bis zum 31. Dezember 2007 oder zwischen dem 1. Januar 2009 und dem 31. Dezember 2010
[2] linear = gleichbleibend, geradlinig

Abschreibungen auf Anlagen

Die **lineare Abschreibung** erfolgt in einem gleichbleibenden Prozentsatz von den Anschaffungs- oder Herstellungskosten des Anlagegutes. Die Anschaffungskosten werden somit „planmäßig" in gleichen Beträgen auf die Nutzungsjahre verteilt. Deshalb ist das Anlagegut bei linearer Abschreibung am Ende der geplanten Nutzungsdauer voll abgeschrieben.

Beispiel: Die Anschaffungskosten für einen Lkw betragen 60.000,00 €.

Der Lkw wird zehn Jahre genutzt.

Jährlicher Abschreibungsbetrag: 60.000,00 € : 10 = 6.000,00 €
Jährlicher Abschreibungssatz: 100 % : 10 = 10 %

$$\text{AfA-Betrag} = \frac{\text{Anschaffungskosten}}{\text{Nutzungsdauer}}$$

$$\text{AfA-Prozentsatz} = \frac{100\,\%}{\text{Nutzungsdauer in Jahren}}$$

MERKE

Degressive[1] Abschreibung 13.3.2

vgl. § 7 Abs. 2 EStG

Die **degressive** Abschreibung ist bei beweglichen abnutzbaren Anlagegütern möglich, **die zwischen dem 1. Januar 2009 und dem 31. Dezember 2010 angeschafft wurden**. Der Abschreibungssatz bei degressiver Abschreibung darf das 2,5-Fache des linearen AfA-Satzes betragen, wobei aber **25 % nicht überschritten** werden dürfen.[2]

GESETZ

Die **degressive Abschreibung** wird nur im ersten Jahr von den Anschaffungskosten des Anlagegutes berechnet, in den folgenden Jahren dagegen mit dem gleichbleibenden Prozentsatz vom jeweiligen Restbuchwert. Da der Buchwert von Jahr zu Jahr geringer wird, ergeben sich bei gleichbleibendem Abschreibungsprozentsatz fallende (**degressive**) Abschreibungsbeträge. Am Ende der Nutzungsdauer bleibt ein Restwert.

Beispiel: Die Anschaffungskosten für einen Lkw betragen 60.000,00 €.

Der Lkw wird sechs Jahre genutzt.

Die degressive Abschreibung darf das 2,5-Fache der linearen Abschreibung betragen,

- lineare Abschreibung 100 % : 6 = 16 $\frac{2}{3}$ %
- degressive Abschreibung höchstens aber 25 %   16 $\frac{2}{3}$ % · 2,5 = 41,67 %
- degressiv dürfen also nicht 41,67 %, sondern nur 25 % abgeschrieben werden.

---

[1] degressiv = fallend, sich vermindernd
[2] Bei Anschaffung bis 31. Dezember 2007 max. 30 % bzw. das 3-Fache der linearen Abschreibung.

Geschäftsprozesse dokumentieren und Zahlungsvorgänge bearbeiten

Nutzungsjahr	Buchwert zu Jahresbeginn	25 % degressive Abschreibung vom Buchwert	Buchwert am Jahresende
1. Jahr	60.000,00 €	15.000,00 €	45.000,00 €
2. Jahr	45.000,00 €	11.250,00 €	33.750,00 €
3. Jahr	33.750,00 €	8.437,50 €	25.312,50 €
4. Jahr	25.312,50 €	6.328,13 €	18.984,37 €
5. Jahr	18.984,37 €	4.746,09 €	14.238,28 €
6. Jahr	14.238,28 €	3.559,57 €	10.678,71 €

MERKE

1. Die degressive Abschreibung wird mit einem gleichbleibenden Prozentsatz vom jeweiligen Buchwert vorgenommen.
2. Die Abschreibungsbeträge fallen von Jahr zu Jahr, sind also „degressiv".

Vorteile der degressiven Abschreibung: Die degressive Abschreibung führt in den ersten Nutzungsjahren zu **höheren Abschreibungsbeträgen** als die lineare Abschreibung, wenn die Nutzungsdauer vier Jahre und mehr beträgt. Der höhere Abschreibungsaufwand bewirkt eine **stärkere Minderung des steuerpflichtigen Gewinns**. Die daraus resultierenden geringeren Steuerzahlungen erhöhen die Liquidität des Unternehmens, deshalb wird die degressive Abschreibung in der Praxis bevorzugt.

Vergleich: lineare Abschreibung – degressive Abschreibung

	Lineare Abschreibung	Degressive Abschreibung
Abschreibungsbasis	immer Anschaffungskosten	immer Buchwert
Berechnung des Prozentsatzes der Abschreibung	100 % : Nutzungsdauer	Linearer Abschreibungssatz · 2,5; max. jedoch 25 %
Buchwert am Ende der Nutzungsdauer	0,00 € (vollständige Abschreibung)	Restwert (mit degressiver Abschreibung wird das Anlagegut nie vollständig abgeschrieben)
Gewinnminderung in den ersten Nutzungsjahren	geringer als bei degressiver Abschreibung	höher als bei linearer Abschreibung

GESETZ

§ 7 Abs. 3 EStG Der Wechsel von der degressiven zur linearen AfA ist steuerrechtlich erlaubt, jedoch nicht umgekehrt.

Der Wechsel von der degressiven zur linearen AfA ist aus folgenden Gründen zu empfehlen:
- Mit dem Wechsel zur linearen Abschreibung wird das Anlagegut am Ende der Nutzungsdauer voll abgeschrieben.
- Der lineare Abschreibungsbetrag ist vom Zeitpunkt des Wechsels an höher als bei fortgesetzter degressiver Abschreibung.

22514392

Abschreibungen auf Anlagen

Der günstigste Zeitpunkt des Wechsels ist gegeben, wenn der AfA-Betrag der **linearen Restabschreibung** größer ist als bei fortgeführter **degressiver Abschreibung**. Der Restbuchwert wird dann in gleichen Beträgen auf die restlichen Nutzungsjahre verteilt.

Beispiel: Die Anschaffungskosten für einen Lkw betragen **im Jahr 2009** 60.000,00 €. Der Lkw wird sechs Jahre genutzt. Das Anlagegut kann mit 16 $^2/_3$ % linear oder mit 25 % degressiv abgeschrieben werden.

	Lineare AfA 1.–6. Jahr jeweils 16 $^2/_3$ % von den Anschaffungsk.	Degressive AfA 1.–6. Jahr jeweils 25 % vom Buchwert	Übergang von degressiver zu linearer Abschreibung
Anschaffungskosten AfA 1. Jahr	60.000,00 € 10.000,00 €	60.000,00 € 15.000,00 €	degressive AfA 15.000,00 € ist höher als lineare
Buchwert Beginn 2. Jahr AfA 2. Jahr	50.000,00 € 10.000,00 €	45.000,00 € 11.250,00 €	lineare AfA: 45.000,00 : 5 = 9.000,00 € degressive AfA ist höher (11.250,00 €)
Buchwert Beginn 3. Jahr AfA 3. Jahr	40.000,00 € 10.000,00 €	33.750,00 € 8.437,50 €	lineare AfA: 33.750,00 : 4 = 8.437,50 € lineare Abschreibung ist gleich (8.437,50 €), jetzt erfolgt der Übergang
Buchwert Beginn 4. Jahr AfA 4. Jahr	30.000,00 € 10.000,00 €	25.312,50 € 6.328,13 €	25.312,50 € 8.437,50 €
Buchwert Beginn 5. Jahr AfA 5. Jahr	20.000,00 € 10.000,00 €	18.984,37 € 4.746,09 €	16.875,00 € 8.437,50 €
Buchwert Beginn 6. Jahr AfA 6. Jahr	10.000,00 € 10.000,00 €	14.238,28 € 3.559,57 €	8.437,50 € 8.437,50 €
Buchwert nach 6 Jahren	0,00 €	10.678,71 €	0,00 €

Die lineare Abschreibung erreicht hier nach sechs Jahren den Nullwert. Die degressive Abschreibung endet dagegen nach sechs Jahren mit einem Restwert von 10.678,71 €. Es ist hier empfehlenswert, im dritten Jahr (bzw. im viertletzten Nutzungsjahr) von der degressiven zur linearen Abschreibung zu wechseln, da mit der linearen Abschreibung danach eine höhere Abschreibung erreicht wird.

13.3.3 Abschreibung nach Leistungseinheiten

Die Abschreibung kann bei Anlagegütern auch nach Maßgabe der Inanspruchnahme oder Leistung (km, Stunden u. a.) vorgenommen werden. Diese AfA-Methode kommt der technischen Abnutzung am nächsten. In diesen Fällen sind Fahrzeuge gemäß ihrer jährlichen Kilometerleistung abzuschreiben, wobei eine Gesamtkilometerleistung von 600 000 km zugrunde gelegt wird.

Beispiel: Betragen die Anschaffungskosten für einen Lkw 60.000,00 € und die voraussichtliche Gesamtleistung 600 000,00 km, so ergibt sich daraus ein Abschreibungsbetrag je Leistungseinheit (km) von 60.000,00 € : 600 000 = 0,10 €/km.

Den Jahresabschreibungsbetrag erhält man, indem die jährliche Kilometerleistung mit dem AfA-Betrag von 0,10 € je km multipliziert wird.

1. Jahr:	90 000 · 0,10 €	=	9.000,00 € AfA
2. Jahr:	150 000 · 0,10 €	=	15.000,00 € AfA
3. Jahr:	120 000 · 0,10 €	=	12.000,00 € AfA

Aufgaben zum Sachverhalt

1 Ein Lkw wurde am 1. April 2017 für netto 125.000,00 € angeschafft. Er hat eine Nutzungsdauer von zehn Jahren und wird linear abgeschrieben.
Ermitteln Sie die zeitanteilige Abschreibung für das erste Geschäftsjahr.

2 Ein Gabelstapler wurde am 2. Januar 2010 für netto 40.000,00 € angeschafft. Er hat eine Nutzungsdauer von acht Jahren.
a) Wie viel Euro sind in den ersten drei Geschäftsjahren jährlich linear abzuschreiben?
b) Wie viel Euro sind in den ersten drei Geschäftsjahren jährlich degressiv abzuschreiben?

3 Ein Pkw wurde am 2. Januar 2010 für netto 30.000,00 € angeschafft. Er wird bei einer Nutzungsdauer von sieben Jahren linear oder degressiv abgeschrieben.
Stellen Sie in einer tabellarischen Übersicht
a) die lineare Abschreibung für die gesamte Nutzungsdauer dar.
b) die degressive Abschreibung für die gesamte Nutzungsdauer dar.
c) den günstigsten Übergang von der degressiven zur linearen Abschreibung dar.
d) Welche Gründe sprechen für einen Wechsel von der degressiven zur linearen AfA?

4 Eine EDV-Anlage wurde am 2. Januar 2017 für 3.000,00 € + USt angeschafft. Sie wird vier Jahre genutzt.
Wie viel Euro werden im ersten Jahr abgeschrieben:
a) bei linearer Abschreibung?
b) bei degressiver Abschreibung?

5 Die Anschaffungskosten eines Lkw betragen im Januar 2017 125.000,00 € + USt. Die Gesamtleistung wird auf 1 Mio. km geschätzt. Nutzungsdauer fünf Jahre. Die km-Leistung: 1. Geschäftsjahr: 240 000 km, 2. Jahr: 220 000 km, 3. Jahr: 200 000 km, 4. Jahr: 190 000 km, 5. Jahr: 150 000 km.
a) Ermitteln Sie die AfA nach Leistungseinheiten für jedes Geschäftsjahr.
b) Ermitteln Sie die AfA für das erste Geschäftsjahr bei linearer Abschreibung.
c) Ermitteln Sie die AfA für das erste Geschäftsjahr bei degressiver Abschreibung.
d) Welche Gründe sprechen für bzw. gegen die AfA nach Leistungseinheiten?

Abschreibungen auf Anlagen

Geringwertige Wirtschaftsgüter 13.4

Bei **geringwertigen Wirtschaftsgütern (GWG)** handelt es sich um abnutzbare, bewegliche Wirtschaftsgüter des Anlagevermögens, die selbstständig nutzungsfähig sind und bestimmte Wertgrenzen nicht übersteigen.

Typische Beispiele für selbstständig nutzungsfähige GWG sind: Schreibtische, Schreibtischstühle, Bürocontainer, Telefone, Paletten, elektrische Kleingeräte, Regale, Schränke, Tablets, Laptops, PCs.

Von einer selbstständigen Nutzungsfähigkeit ist nicht auszugehen, wenn ein Wirtschaftsgut nur mit anderen Wirtschaftsgütern gemeinsam genutzt wird.

Typische Beispiele für nicht selbstständig nutzungsfähige GWG sind: Monitor, Drucker, Maus, Tastatur, Ersatzteil, Schreibtischschublade.

Grundsätzlich können auch GWG wie andere Wirtschaftsgüter des Anlagevermögens aktiviert und über die betriebsgewöhnliche Nutzungsdauer planmäßig abgeschrieben werden.

Das Steuerrecht räumt für die einzelnen Gruppen geringwertiger Wirtschaftsgüter jedoch Wahlrechte ein:

- Bei Anschaffungskosten **bis 250,00 €** wird die Anschaffung als Betriebsausgabe gebucht. Es findet also keine Aktivierung des Vermögens statt.
- **Entweder** Sofortabschreibung[1] von GWG mit Anschaffungskosten **über 250,00 € bis 800,00 € (GWG-alt-Methode)**
  oder
- bei Anschaffungskosten **über 250,00 € bis 1.000,00 €** Bildung eines Sammelpostens[1] für GWG (GWG-neu-Methode; Poollösung). Der Sammelposten ist im Jahr seiner Bildung und in den vier Folgejahren mit jeweils 20 % abzuschreiben.

Die Bewertungswahlrechte für GWG leisten einen erheblichen Beitrag zur Vereinfachung in der Buchführung. Die Ausübung der Wahlrechte für GWG führt zu höheren Abschreibungen als die planmäßigen Abschreibungen. In der Folge vermindern sich der zu versteuernde Gewinn und die Belastung mit Ertragssteuern.

Anschaffungs- oder Herstellungskosten die 250,00 € nicht übersteigen, **können** im Jahr der Anschaffung in voller Höhe als Betriebsausgabe abgezogen werden.

- Anschaffungs- oder Herstellungskosten über 250,00 € bis 800,00 € können entweder im Anschaffungsjahr als GWG-alt in voller Höhe abgeschrieben werden
- oder Anschaffungs- oder Herstellungskosten über 250,00 € bis 1.000,00 € können als GWG-neu jährlich mit 20 % abgeschrieben werden.

---

[1] Die Entscheidung entweder Sofortabschreibung von GWG oder Sammelpostenbildung für GWG muss einheitlich für ein Geschäftsjahr getroffen werden.

Geschäftsprozesse dokumentieren und Zahlungsvorgänge bearbeiten

Alternative Buchungsmöglichkeiten für bewegliche, abnutzbare Anlagegüter bis 1.000,00 € Anschaffungskosten (AK)

Geringwertige Wirtschaftsgüter

AK bis 250,00 €	AK 250,01 € bis 800,00 €	AK 250,01 € bis 1.000,00 €	Für alle AK bis 1.000,00 €
Sofortiger Betriebsausgabenabzug *Steuerrechtliches Wahlrecht*	GWG (alt) Steuerrechtliches Wahlrecht	GWG neu (Sammelposten) Steuerrechtliches Wahlrecht	Ohne Ausübung eines steuerrechtlichen Wahlrechts
§ 6 Abs. 2a EStG GWG mit **AK bis 250,00 €**, netto **dürfen** im Jahr der Anschaffung in voller Höhe als Betriebsausgaben abgezogen werden; z. B. Buchung über die Konten 440 Büromaterialverbrauch oder 490 Geräteverbrauch	§ 6 Abs. 2 EStG GWG mit AK **über 250,00 € bis 800,00 €** **dürfen** im Jahr ihrer Anschaffung in voller Höhe abgeschrieben werden. (Sofortabschreibung)	§ 6 Abs. 2a EStG GWG mit AK **über 250,00 € bis 1.000,00 €** **dürfen** im Jahr ihrer Anschaffung zu einem Sammelposten (Pool) zusammengefasst werden. Der Sammelposten ist jährlich mit 20 % abzuschreiben; unabhängig von der tatsächlichen Nutzungsdauer.	Grundsätzlich können GWG wie andere Wirtschaftsgüter des Anlagevermögens aktiviert und über die betriebsgewöhnliche Nutzungsdauer planmäßig abgeschrieben werden. Jedoch räumt das Steuerrecht die links stehenden alternativen Wahlrechte ein.
Wahlrecht **kann** für jedes GWG gesondert ausgeübt werden.	Wahlrecht **kann** für jedes GWG (alt) gesondert ausgeübt werden.	Wahlrecht **muss auf alle GWG (neu)** mit AK größer 250,00 € **einheitlich** angewendet werden.	–

GESETZ

§ 6 Abs. 2 EStG	Die Anschaffungs- oder Herstellungskosten von abnutzbaren beweglichen Wirtschaftsgütern des Anlagevermögens, die einer **selbstständigen** Nutzung fähig sind, **können** im Wirtschaftsjahr der Anschaffung oder Herstellung in voller Höhe als Betriebsausgaben abgezogen werden, wenn die Anschaffungs- oder Herstellungskosten, vermindert um einen darin enthaltenen Vorsteuerbetrag für das einzelne Wirtschaftsgut 800,00 € nicht übersteigen.
§ 6 Abs. 2 a EStG	**Abweichend** von § 6 Abs. 2 **kann** für die abnutzbaren beweglichen Wirtschaftsgüter des Anlagevermögens, die einer selbstständigen Nutzung fähig sind, im Wirtschaftsjahr der Anschaffung oder Herstellung ein Sammelposten gebildet werden, wenn die Anschaffungs- oder Herstellungskosten, vermindert um einen darin enthaltenen Vorsteuerbetrag, für das einzelne Wirtschaftsgut 250,00 €, aber nicht 1.000,00 € übersteigen. Der Sammelposten ist im Wirtschaftsjahr der Bildung und den folgenden vier Wirtschaftsjahren mit jeweils einem Fünftel gewinnmindernd aufzulösen. Scheidet ein Wirtschaftsgut im Sinne des Satzes 1 aus dem Betriebsvermögen aus, wird der Sammelposten nicht vermindert.

Abschreibungen auf Anlagen

Entscheidend für den Ansatz des Wirtschaftsgutes sind die Anschaffungskosten. Anschaffungskosten stellen den Kaufpreis ohne Umsatzsteuer nach Abzug aller Preisnachlässe (auch Skonto!) dar.

Für die schnelle Entscheidung, in welchen Bereich ein Wirtschaftsgut fällt, sind Grenzwerte hilfreich.

Anschaffungskosten (Kaufpreis ohne USt nach Abzug von Preisnachlässen)	19 % Umsatzsteuer	Grenzwert (Maximaler Bruttopreis)	Auswirkung
250,00 €	47,50 €	bis 297,50 €	noch sofortige Betriebsausgabe
800,00 €	152,00 €	bis 952,00 €	noch GWG-alt
1.000,00 €	190,00 €	bis 1.190,00 €	noch GWG-neu; Poollösung

So fällt z. B. ein Kaufpreis von 950,00 € bei der GWG-alt-Methode noch unter die Anschaffungskostengrenze, da die Anschaffungskosten lediglich 798,32 € betragen, also nicht über 800,00 € liegen. Dagegen kann bei einem Kaufpreis von 955,00 € nicht die GWG-alt-Methode angewandt werden, da die Anschaffungskosten 802,52 € betragen, also über 800,00 € liegen.

Geschäftsprozesse dokumentieren und Zahlungsvorgänge bearbeiten

1 Muster-AUFGABE

Eingangsrechnung 277, 18. Jahr 1

Elektr. Entfernungs- und Frachtrechner	netto	139,00 €
+ 19 % Umsatzsteuer		26,41 €
Rechnungspreis		165,41 €

LÖSUNG

490	Geräteverbrauch	139,00 €	
1457	Vorsteuer	26,41 €	
	an 1600 Verbindlichkeiten		165,41 €

2 Muster-AUFGABE

Eingangsrechnung 278, 2. Mai Jahr 1

Schreibtisch, Nutzungsdauer zehn Jahre	netto	750,00 €
+ 19 % Umsatzsteuer		142,50 €
Rechnungspreis		892,50 €

a) Buchen Sie die Anschaffung am 2. Mai und die Abschreibung zum 31.12., wenn für das Geschäftsjahr die „GWG-alt-Methode" gewählt wird.

b) Buchen Sie die Anschaffung am 2. Mai und die Abschreibung zum 31.12., wenn für das Geschäftsjahr die „GWG-neu-Sammelpostenmethode" angewandt wird.

c) Buchen Sie die Anschaffung am 2. Mai und die Abschreibung zum 31.12., wenn für das Geschäftsjahr weder die „GWG-alt-Methode" noch die „GWG-neu-Sammelpostenmethode" gewählt wird.

LÖSUNG

a) Buchung am 2. Mai:

026	GWG alte Regelung	750,00 €	
1457	Vorsteuer	142,50 €	
	an 1600 Verbindlichkeiten		892,50 €

Buchung am 31.12.:

247	Bilanzmäßige Abschreibungen	750,00 €	
	an 026 GWG alte Regelung		750,00 €

b) Buchung am 2. Mai:

0251	Sammelposten GWG Anschaffung Jahr 1	750,00 €	
1457	Vorsteuer	142,50 €	
	an 1600 Verbindlichkeiten		892,50 €

Buchung am 31.12.:

247	Bilanzmäßige Abschreibungen	150,00 €	
	an 0251 Sammelposten GWG Anschaffung Jahr1		150,00 €

c) Buchung am 2. Mai:

024	Betriebs- und Geschäftsausstattung	750,00 €	
1457	Vorsteuer	142,50 €	
	an 1600 Verbindlichkeiten		892,50 €

Buchung am 31.12.:

247	Bilanzmäßige Abschreibungen	50,00 €[1]	
	an 024 Betriebs- und Geschäftsausstattung		50,00 €

3 Muster-AUFGABE

Eingangsrechnung 279, 1. Juli Jahr 1

Aktenschrank, Nutzungsdauer acht Jahre	netto	920,00 €
+ 19 % Umsatzsteuer		174,80 €
Rechnungspreis		1.094,80 €

---

[1] 750,00 € : 10 = 75,00 € jährlich; für acht Monate = 50,00 €

Abschreibungen auf Anlagen

a) Buchen Sie die Anschaffung am 1. Juli und die Abschreibung zum 31.12., wenn im laufenden Wirtschaftjahr die „GWG-alt-Methode" gewählt wird.

b) Buchen Sie die Anschaffung am 1. Juli und die Abschreibung zum 31.12., wenn im laufenden Wirtschaftjahr die „GWG-neu-Sammelpostenmethode" angewandt wird.

c) Buchen Sie die Anschaffung am 1. Juli und die Abschreibung zum 31.12., wenn im laufenden Wirtschaftjahr weder die „GWG-alt-Methode" noch die „GWG-neu-Sammelpostenmethode" gewählt wird.

LÖSUNG

a) Buchung am 1. Juli[1]:
   024   Betriebs- und Geschäftsausstattung .... 920,00 €
   1457 Vorsteuer .... 174,80 €
         an 1600 Verbindlichkeiten .... 1.094,80 €

   Buchung am 31.12.:
   247   Bilanzmäßige Abschreibungen .... 57,50 €[1,2]
         an 024 Betr.- und Geschäftsausstattung .... 57,50 €

b) Buchung am 1. Juli:
   0251 Sammelposten GWG Anschaffung Jahr 1 .... 920,00 €
   1457 Vorsteuer .... 174,80 €
         an 1600 Verbindlichkeiten .... 1.094,80 €

   Buchung am 31.12.:
   247   Bilanzmäßige Abschreibungen .... 184,00 €
         an 0251 Sammelposten GWG Anschaffung Jahr 1 .... 184,00 €

c) siehe Lösung a)

---
[1] Bei AK > 800 € ist die GWG-alt-Methode nicht anwendbar; deshalb „normale" Aktivierung und „normale" Abschreibung)
[2] 920,00 € : 8 = 115,00 € jährlich, für sechs Monate = 57,50 €

Aufgaben zum Sachverhalt

1-3

1 ER 201, 30. April, Kleincontainer, 127,70 € + 19 % USt 24,26 €

2 ER 302, 12. August, Schreibtisch, 405,00 € + 19 % USt 76,95 € (Nutzungsdauer acht Jahre)
   a) Buchen Sie die Anschaffung am 12. August und die Abschreibung zum 31.12., wenn für das Geschäftsjahr die „GWG-alt-Methode" gewählt wird.
   b) Buchen Sie die Anschaffung am 12. August und die Abschreibung zum 31.12., wenn für das Geschäftsjahr die „GWG-neu-Sammelpostenmethode" angewandt wird.
   c) Buchen Sie die Anschaffung am 12. August und die Abschreibung zum 31.12., wenn weder die „GWG-alt-Methode" noch die „GWG-neu-Sammelpostenmethode" gewählt wird.

3 ER 303, 10. Mai, 3 Bürocontainer für insgesamt 1.428,00 € einschließlich 19 % Umsatzsteuer.
   a) Entscheiden Sie, ob die GWG-alt-Methode angewandt werden kann.
   b) Entscheiden Sie, ob die Sammelposten-Methode angewandt werden kann.
   c) Begründen Sie, welche Methode zu wählen ist, wenn der Gewinnausweis gesenkt werden soll.

Geschäftsprozesse dokumentieren und Zahlungsvorgänge bearbeiten

4–6

4 ER 304, 25. Juni, 5 PCs für insgesamt 4.500,00 € zuzüglich 19 % Umsatzsteuer.
 a) Entscheiden Sie, ob die GWG-alt-Methode angewandt werden kann.
 b) Entscheiden Sie, ob die Sammelposten-Methode angewandt werden kann.

5 ER 305, 7. August, 2 Mobiltelefone für insgesamt 2.100,00 € zuzüglich 19 % Umsatzsteuer.
 a) Entscheiden Sie, ob die GWG-alt-Methode angewandt werden kann.
 b) Entscheiden Sie, ob die Sammelposten-Methode angewandt werden kann.

6 ER 303, 1. Dezember, Aktenschrank, 995,00 € + 19 % USt 189,05 € (Nutzungsdauer acht Jahre)
 a) Buchen Sie die Anschaffung am 1. Dez. und die Abschreibung zum 31.12., wenn im laufenden Wirtschaftsjahr die „GWG-alt-Methode" gewählt wird.
 b) Buchen Sie die Anschaffung am 1. Dez. und die Abschreibung zum 31.12., wenn im laufenden Wirtschaftsjahr die „GWG-neu-Sammelpostenmethode" angewandt wird.
 c) Buchen Sie die Anschaffung am 1. Dez. und die Abschreibung zum 31.12., wenn im laufenden Wirtschaftsjahr weder die „GWG-alt-Methode" noch die „GWG-neu-Sammelpostenmethode" gewählt wird

7–14

In der Spedition Kössig GmbH sind die Buchungsfälle 7 bis 17 zu erfassen. Die Spedition Kössig GmbH hat sich für die Anwendung der GWG-alt-Methode entschieden. (Alternativ können Sie alle Fälle auch unter Anwendung der Sammelposten-Methode buchen).

7 ER 288, Anrufbeantworter 99,00 € + 18,81 € USt

8
ER 289, Aktenschrank	415,00 €
+ Transportkosten	35,00 €
	450,00 €
+ 19 % USt	85,50 €
Rechnungspreis	535,50 €

9
ER 290, 10 Schreibtische à 449,00 €	4.490,00 €
+ 19 % USt	853,10 €
Rechnungspreis	5.343,10 €

10 Banküberweisung für ER 288 (Aufgabe 7)

11 ER 291, Diktiergerät, netto 254,00 € + 48,26 USt

12 Banküberweisung für ER 291 (Aufgabe 11) unter Abzug von 5 % Skonto

13 ER 292, Oktober, Bildschirm für PC, 260,00 € + 49,40 € USt, Nutzungsdauer vier Jahre

14 ER 293, März, Schreibtisch 500,00 € + 95,00 € USt, Nutzungsdauer zehn Jahre

Abschreibungen auf Anlagen

15 ER 294, Januar, Büroschrank 1.219,75 € einschl. 19 % USt, Nutzungsdauer zehn Jahre

16 ER 295, Dezember, Telefonanlage 980,00 € + USt, Nutzungsdauer acht Jahre

17 Buchen Sie die Abschreibung am Jahresende für die Aufgben 13 bis 16.

18 Im Jahr 1 wurden auf dem Konto „026 GWG alte Regelung" insgesamt 192.000,00 € erfasst.
Buchen Sie die Abschreibung am Jahresende.

19 Der Unternehmer möchte bei Aufgabe 18 nicht den vollen Betrag als GWG sofort im Anschaffungsjahr abschreiben. Ideal wäre für ihn aus steuerlichen Gründen lediglich 62.000,00 € sofort abzuschreiben und die verbleibenden 130.000,00 € auf die Nutzungsdauer zu verteilen.
a) Begründen Sie, ob die geplante Vorgehensweise rechtlich zulässig ist.
b) Begründen Sie, warum der Unternehmer so taktieren könnte.

20 Alternative zu Aufgabe 18:
Im Jahr 1 wurden auf dem Konto „0251 Sammelposten GWG Anschaffung Jahr 1" 240.000,00 € erfasst.
a) In welcher Höhe muss dafür im Jahr 2 eine Abschreibung vorgenommen werden?
b) Buchen Sie die Abschreibung im Jahr 2.
c) Wie hoch ist der Abschreibungsbetrag im Jahr 3 für die im Jahr 1 angeschafften GWG?
d) Buchen Sie die Abschreibung im Jahr 3 für die in Jahr 1 angeschafften GWG.

Geschäftsprozesse dokumentieren und Zahlungsvorgänge bearbeiten

Zusammenfassende Aufgaben

In der Spedition Winkler sind die Buchungsfälle 1–11 zu bearbeiten. Die Spedition Winkler hat sich für die Anwendung der GWG-alt-Methode entschieden.
(Alternativ können Sie alle Fälle auch unter Anwendung der Sammelposten-Methode buchen).

1 ER 305, Lkw-Kauf am 2. Januar Jahr 1; netto 98.000,00 €. Überführungskosten fielen in Höhe von 2.380,00 € einschl. 19 % USt. an. Der Lkw hat eine Nutzungsdauer von acht Jahren.
  a) Buchen Sie die Anschaffung.
  b) Buchen Sie die Abschreibung am Ende des ersten Nutzungsjahres.

2 ER 306; Rechnungsdatum 4. Januar; Aktenschrank netto 588,00 € + USt

3 ER 307; Schreibtisch; 820,00 € + USt

4 ER 308, Gabelstapler-Kauf am 5. Mai Jahr 1; netto 30.000,00 € + USt, Nutzungsdauer sechs Jahre.
  a) Buchen Sie die Anschaffung.
  b) Buchen Sie die Banküberweisung unter Abzug von 2 % Skonto.
  c) Ermitteln und buchen Sie die Abschreibung im ersten Nutzungsjahr.

5 Banküberweisung für ER 307 (Aufgabe 3) unter Abzug von 3 % Skonto.

6 ER 309, Rechnungsdatum 1. März; bebautes Grundstück (Lagerhalle), 700.000,00 €. Im Kaufpreis ist der Grundstückswert von 200.000,00 € enthalten.
  a) Ermitteln und buchen Sie die lineare Abschreibung in Höhe von 2 % für das erste Nutzungsjahr.
  b) Ermitteln und buchen Sie die lineare Abschreibung in Höhe von 2 % für das zweite Nutzungsjahr.

7 ER 310, Pkw-Kauf am 5. Oktober Jahr 1; netto 25.000,00 € + USt, Nutzungsdauer sechs Jahre.
  a) Buchen Sie die Anschaffung.
  b) Ermitteln und buchen Sie die Abschreibung im ersten Nutzungsjahr.

8 Banküberweisung für ER 310 (Aufgabe 7) unter Abzug von 3 % Skonto.

9
ER 311, Kopiergerät	440,00 €
Papier, usw.	300,00 €
	740,00 €
+ 19 % USt	140,60 €
Rechnungspreis	880,60 €

Abschreibungen auf Anlagen

10 Ausschnitt einer Eingangsrechnung:

Rechnung Nr. 09-05/098   Rechnungsdatum: 18.08.20..

Anzahl	Artikel	Einzelpreis netto	Gesamtpreis netto	Umsatzsteuer 19 %	Gesamtpreis brutto
4	Schreibtischcontainer	375,00 €	1.500,00 €	285,00 €	1.785,00 €
6	Büroschrank	875,00 €	5.250,00 €	997,50 €	6.247,50 €
			6.750,00 €	1.282,50	8.032,50 €

Schreibtischcontainer und Büroschränke haben eine Nutzungsdauer von 12 Jahren.

a) Buchen Sie die Eingangsrechnung und die Abschreibung im Anschaffungsjahr bei Anwendung der GWG-alt-Methode.
b) Buchen Sie die Eingangsrechnung und die Abschreibung am Jahresende bei Anwendung der GWG-Sammelposten-Methode.

11 ER 312, Rechnungsdatum 5. Mai Jahr 1; bebautes Grundstück (Lagerhalle), 1,2 Mio. €. Der anteilige Grundstückswert beträgt 40 %. Die Grunderwerbsteuer beläuft sich auf 3,5 %. Notariats- und sonstige Anschaffungsnebenkosten betragen 24.000,00 € ohne Umsatzsteuer.
  a) Ermitteln und buchen Sie die lineare Abschreibung in Höhe von 2 % für das erste Nutzungsjahr.
  b) Ermitteln und buchen Sie die lineare Abschreibung in Höhe von 2 % für das zweite Nutzungsjahr.

10–11

Geschäftsprozesse dokumentieren und Zahlungsvorgänge bearbeiten

14 Jahresabschluss bei Kapitalgesellschaften

Die meisten Speditionen werden in der Rechtsform der GmbH geführt. Aus diesem Grund ist der hier dargestellte Jahresabschluss auf die GmbH bezogen. Dabei wird die einfachste Darstellungsmöglichkeit für sogenannte „kleine Kapitalgesellschaften" gewählt. Große Kapitalgesellschaften[1] müssen ihren Jahresabschluss ausführlicher gestalten.

Nach § 264 HGB besteht der Jahresabschluss der Kapitalgesellschaften aus

- Bilanz,
- Gewinn- und Verlustrechnung,
- Anhang, der Bilanz und GuV-Positionen erläutert.

Außerdem ist der Jahresabschluss um einen Lagebericht, der den Geschäftsverlauf und die Lage der Kapitalgesellschaft darstellt, zu ergänzen.

14.1 Bilanz

Die exakte Gliederung der Bilanz schreibt das HGB in § 266 vor.

Für die Bilanz ergibt sich folgendes Gliederungsschema:

Verkürzte Gliederung der Bilanz für kleine Kapitalgesellschaften (hier GmbH) gemäß § 266 Abs. 1 Satz 2 HGB

AKTIVA — BILANZ — PASSIVA

AKTIVA	PASSIVA

A. Anlagevermögen
  I. Immaterielle Vermögensgegenstände
  II. Sachanlagen
  III. Finanzanlagen
B. Umlaufvermögen
  I. Vorräte
  II. Forderungen und sonstige Vermögensgegenstände
  III. Wertpapiere
  IV. Schecks, Kassenbestand, Bankguthaben
C. Aktive Rechnungsabgrenzungsposten
	A. Eigenkapital
	  I. Stammkapital
	  II. Kapitalrücklage
	  III. Gewinnrücklage
	  IV. Gewinnvortrag/Verlustvortrag
	  V. Jahresüberschuss/Jahresfehlbetrag
	B. Rückstellungen
	C. Verbindlichkeiten
	D. Passive Rechnungsabgrenzungsposten

---

[1] Je nach Bilanzsumme, Umsatzerlös und Zahl der Arbeitnehmer werden Kapitalgesellschaften in drei Größenklassen eingeteilt, wobei es für die Veröffentlichung des Jahresabschlusses der Gesellschaft unterschiedlich strenge Vorschriften gibt. (vgl. § 267 HGB)

Jahresabschluss bei Kapitalgesellschaften

Muster-AUFGABE

Erstellen Sie die Bilanz aus den zum 31. Dezember des abgelaufenen Geschäftsjahres 03 bewerteten Vermögens- und Schuldwerten der EUROSPED GmbH, Köln.

Vermögenswerte: Verwaltungsgebäude 380.000,00 €, Lagergebäude 240.000,00 €, Bankguthaben 90.200,00 €, Kasse 3.800,00 €, Treibstoffvorrat 61.000,00 €, Heizölvorrat 23.000,00 €, Lagereinrichtung 160.000,00 €, Umlaufkettenanlage 80.000,00 €, Hochregallager 300.000,00 €, Lkws 580.000,00 €, Pkws 80.000,00 €, Beteiligung an der SEC AG 300.000,00 €, Forderungen gegenüber Kunden 542.000,00 €, Betriebs- und Geschäftsausstattung 180.000,00 €

Schuldwerte: Verbindlichkeiten aus Speditionsleistungen 382.000,00 €, Rückstellungen 60.000,00 €, Stammkapital 1.100.000,00 €, Bilanzgewinn 126.000,00 €, Kapitalrücklagen 72.000,00 €, Gewinnrücklagen 120.000,00 €, Darlehensschuld 1.124.000,00 €, sonstige Verbindlichkeiten 36.000,00 €

LÖSUNG

Die einzelnen Vermögens- und Schuldwerte der EUROSPED GmbH werden zu Bilanzpositionen zusammengefasst.

AKTIVA	BILANZ			PASSIVA
A. Anlagevermögen		**A. Eigenkapital**		
I. Sachanlagen		I. Stammkapital		1.100.000,00
1. Grundstücke/Bauten	620.000,00	II. Kapitalrücklag.		72.000,00
2. Techn. Anlagen	540.000,00	III. Gewinnrückl.		120.000,00
3. Fuhrpark	660.000,00	IV. Bilanzgewinn		126.000,00
4. Betriebs- u. Geschäftsausst.	180.000,00			
II. Finanzanlagen	300.000,00	**B. Rückstellungen**		60.000,00
B. Umlaufvermögen		**C. Verbindlichkeiten**		
I. Vorräte	84.000,00	I. Darl.-Schuld		1.124.000,00
II. Forderungen	542.000,00	II. Verbindlichkeiten a. LL.		382.000,00
III. Kasse, Bank	94.000,00	III. Sonst. Verbindl.		36.000,00
	3.020.000,00			3.020.000,00

Gewinn- und Verlustrechnung   14.2

In der Buchführung wird die Gewinn- und Verlustrechnung in T-Kontenform mit den Aufwendungen auf der Soll-Seite und den Erträgen auf der Haben-Seite dargestellt. Im Gegensatz dazu erfolgt die Darstellung der Gewinn- und Verlustrechnung im Jahresabschluss nach § 275 HGB in **Staffelform**.

Die Darstellung der Gewinn- und Verlustrechnung in **Staffelform** erleichtert die Beurteilung der erfolgswirksamen Vorgänge, da mehrere **Zwischenergebnisse** ausgewiesen werden:

- Rohergebnis
- Betriebsergebnis (EBIT, Ausweis wird nicht von § 275 HGB verlangt)
- Ergebnis nach Steuern
- Jahresüberschuss bzw. Jahresfehlbetrag

Das Gliederungsschema nach § 275 HGB ist hauptsächlich für Industriebetriebe gedacht. Das nachfolgend dargestellte Schema orientiert sich an § 275 HGB, ist jedoch vereinfacht und **konsequent auf Speditionsbetriebe** bezogen:

Geschäftsprozesse dokumentieren und Zahlungsvorgänge bearbeiten

Gliederung der Gewinn- und Verlustrechnung der Kapitalgesellschaft gemäß § 275 Abs. 2 HGB für Speditionsbetriebe

	GuV-Position		Erläuterung
+	1. Speditionserlöse 2. sonstige betriebliche Erträge		Summe der betrieblichen Erträge
−	3. Speditionsaufwendungen a) Aufwand für bezogene Leistungen b) Aufwand für bezogene Treibstoffe		Summe der Speditionsaufwendungen
=	4. Rohergebnis	=	Ergebnis nach Abzug der bezogenen Leistungen
− − −	5. Personalaufwand 6. Abschreibungen[1] 7. sonstige betriebliche Aufwendungen		− Summe weiterer betrieblicher Aufwendungen
=	8. Betriebsergebnis (EBIT[2])	=	vom **Betrieb** erwirtschaftetes Ergebnis
+ − −	9. Erträge aus dem Finanzbereich 10. Aufwendungen aus dem Finanzbereich 11. Steuern vom Einkommen und vom Ertrag (gewinnabhängige Steuern)		z. B. Zinserträge z. B. Zinsaufwendungen z. B. Körperschaftsteuer[3]
=	12. Ergebnis nach (gewinnabhängigen) Steuern	=	Gewinn nach Abzug der Ertragsteuern
−	13. Sonstige Steuern		− z. B. Kfz-Steuer, Grundsteuer
=	14. Jahresüberschuss/Jahresfehlbetrag	=	vom **Unternehmen** erwirtschaftetes Ergebnis

Muster-AUFGABE

Erstellen Sie aus den Ergebnissen der Buchhaltung eine Gewinn- und Verlustrechnung in Staffelform nach § 275 HGB.

Aufwand			GEWINN- UND VERLUSTRECHNUNG			Ertrag
22	Zinsaufwendungen	145.000,00	27	Zinserträge		172.000,00
247	Bilanzmäßige Abschreibungen	188.000,00	80	Internat. Speditionsleist.		1.029.000,00
40/41	Löhne/Gehälter	2.060.000,00	81	Seehafensped.-Leistungen		499.500,00
40/41	Soz. Abgaben	560.000,00	84	Kraftwagensped.-Leistungen		2.441.000,00
42	Fuhrparkkosten (Treibstoffverbr.)	744.000,00	85	Bahnspeditionsleistungen		411.500,00
44	Verwalt.-Kost.	520.000,00	88	Logistikprojekte		1.959.000,00
45	Betr.-Steuern	118.000,00	89	Umsatzerlöse Nebenbetrieb		20.000,00
7	Auftragsbed. Sped.-Kosten	2.071.000,00				
	Gewinn	126.000,00				
		6.532.000,00				6.532.000,00

[1] ohne Abschreibungen auf Wertpapiere, die unter 10. erfasst werden
[2] EBIT = Earnings before interest and tax; Gewinn vor Steuern und Zinsen
[3] Aktuell beträgt die Körperschaftssteuer für Kapitalgesellschaften 15 %.

Jahresabschluss bei Kapitalgesellschaften

LÖSUNG

GuV-Position	Rechenweg	Erläuterung
1. Speditionserlöse	6.340.000,00	Summe der betrieblichen Erträge
+ 2. sonstige betriebliche Erträge	20.000,00	

− 3. Speditionsaufwendungen
  a) Aufwand für bezogene Leistungen
  b) Aufwand für bezogene Treibstoffe
	
	2.071.000,00
	744.000,00
		− Summe der Speditionsaufwendungen

= 4. Rohergebnis	3.545.000,00	= Ergebnis nach Abzug der bezogenen Leistungen
− 5. Personalaufwand − 6. Abschreibungen[1] − 7. Sonstige betriebliche Aufwendungen	2.620.000,00 188.000,00 520.000,00	− Summe weiterer betrieblicher Aufwendungen
= 8. Betriebsergebnis (EBIT[2])	217.000,00	= vom **Betrieb** erwirtschaftetes Ergebnis
+ 9. Erträge aus dem Finanzbereich − 10. Aufwendungen aus dem Finanzbereich − 11. Steuern vom Einkommen und vom Ertrag (gewinnabhängige Steuern)	172.000,00 145.000,00 40.000,00	+ z. B. Zinserträge − z. B. Zinsaufw. − z. B. Körperschaftsteuer[3]
= 12. Ergebnis nach (gewinnabhängigen) Steuern	204.000,00	= Gewinn nach Abzug der Ertragsteuern
− 13. Sonstige Steuern	78.000,00	− z. B. Kfz-Steuer
= 14. Jahresüberschuss/Jahresfehlbetrag	126.000,00	= vom **Unternehmen** erwirtschafteter Gewinn

Jahresabschluss der kleinen Kapitalgesellschaft

Bilanz Gegenüberstellung von Vermögen und Schulden zum Abschlussstichtag
Bilanzerstellung in T-Kontenform

GuV Aufstellung von Erträgen und Aufwendungen, wobei verschiedene Zwischenergebnisse ausgewiesen werden müssen.
GuV-Erstellung in Staffelform

Anhang Erläuterung der Positionen der Bilanz und der Gewinn- und Verlustrechnung

FAZIT

---

[1] ohne Abschreibungen auf Wertpapiere, die unter 10. erfasst werden
[2] EBIT = Earnings before interest and tax; Gewinn vor Steuern und Zinsen
[3] Aktuell beträgt die Körperschaftssteuer für Kapitalgesellschaften 15 %.

Aufgaben zum Sachverhalt

1 Bilanzieren Sie nachstehende Vermögens- und Schuldwerte der Albsped GmbH, Ulm.

Vermögenswerte: Verwaltungsgebäude 240.000,00 €, Lagergebäude 120.000,00 €, Bankguthaben 63.100,00 €, Kasse 1.900,00 €, Treibstoffvorrat 30.500,00 €, Heizölvorrat 11.500,00 €, Lagereinrichtung 280.000,00 €, Umlaufkettenanlage 90.000,00 €, Lkws 290.000,00 €, Pkws 40.000,00 €, Forderungen gegenüber Kunden 222.400,00 €, Betriebs- und Geschäftsausstattung 121.200,00 €

Schuldwerte: Verbindlichkeiten aus Lieferung und Leistung 189.000,00 €, Rückstellungen 30.000,00 €, Stammkapital 550.000,00 €, Bilanzgewinn 63.000,00 €, Kapitalrücklagen 36.000,00 €, Gewinnrücklagen 62.400,00 €, Darlehensschuld 562.200,00 €, sonstige Verbindlichkeiten 18.000,00 €

2 Erstellen Sie aus den Ergebnissen der Buchhaltung eine Gewinn- und Verlustrechnung in Staffelform nach § 275 HGB.

GESAMTERGEBNIS (GuV)

Aufwand			Ertrag		
22	Zinsaufwendungen	72.500,00	27	Zinserträge	96.000,00
23	Steuern vom Einkommen und Ertrag	13.000,00	80	Internat. Speditionsleist.	617.000,00
247	Bilanzmäßige Abschreibungen	94.000,00	81	Seehafensped.-Leistungen	933.600,00
40/41	Löhne/Gehälter	1.030.000,00	84	Kraftwagensped.-Leistungen	834.400,00
40/41	Soz. Abgaben	280.000,00	85	Bahnspeditionsleistungen	295.000,00
42	Fuhrparkkosten (Treibstoffverbr.)	372.000,00	88	Logistikprojekte	460.000,00
44	Verwalt.-Kost.	260.000,00	89	Umsatzerlöse Nebenbetrieb	40.000,00
45	Sonstige Steuern	43.000,00			
7	Auftragsbed. Sped.-Kosten	1.045.500,00			
	Jahresüberschuss (Gewinn)	66.000,00			
		3.276.000,00			**3.276.000,00**

Personalaufwendungen erfassen, zuordnen und verbuchen

Personalaufwendungen erfassen, zuordnen und verbuchen 15

Grundlagen der Lohn- und Gehaltsabrechnung 15.1

Als der Auszubildende Christian Eder seine erste Abrechnung der Ausbildungsvergütung zu Hause vorzeigt, meint sein Vater, hier müsse etwas falsch sein. Die Sozialversicherungsabzüge seien in Ordnung, aber man habe offenbar den Steuerabzug vergessen.

Ist die Verdienstabrechnung des 18-jährigen Christian Eder tatsächlich falsch? Diskutieren Sie Ihre Ansicht im Klassenverband.[1]

Logistik-Speditions GmbH

Verdienstabrechnung
bitte sorgfältig aufbewahren, da Verdienstbescheinigung

DA/5000/003290
Christian Eder
Waldstraße 51
90002 Bildstein

Ihr zuständiger Personalsachbearbeiter:
HerrTax,
Tel. 0233 1456-23

Abrechnungs-monat	Steuer-klasse	Kirche	Kinder-freibetrag	Versicherungs-nummer	Bankverbindung	Gehalts-gruppe
Sept. ..	1	20	0,0	2325075X023	23 456 788	LA 01

Bezeichnung	Betrag	Prozent	Betrag
Ausbildungsvergütung			690,00
VWL-AG-Anteil			26,00
Gesamtbrutto			716,00
steuerpfl. Brutto	716,00		
soz.-vers.pfl. Brutto	716,00		
Krankenversicherung allgemeiner Beitragssatz		7,30	52,27
Zusatzbeitragssatz Krankenversicherung		0,5	3,58
Rentenversicherung		9,3	66,59
Arbeitslosenversicherung		1,25	8,95
Pflegeversicherung		1,525	10,92
Netto			573,69
VWL-Abzug			26,00
Überweisung			**547,69**

Personalaufwand

Für die Arbeitsleistung im Unternehmen erhalten Arbeiter **Löhne** und Angestellte **Gehälter**. Löhne und Gehälter sind für die Arbeitnehmer Einkommen. Für das Unternehmen stellen Löhne und Gehälter buchhalterisch **Personalaufwand** und im Sinne der Kosten- und Leistungsrechnung Kosten zur Leistungserstellung (**Personalkosten**) dar.

Bruttoverdienst

Das gesamte Arbeitsentgelt des Arbeitnehmers aufgrund seiner **Arbeitsleistung** und **sonstiger Vereinbarungen** (z. B. Prämien, Überstundenzuschläge, Urlaubsgeld, Weihnachtsgeld, vermögenswirksame Leistungen des Arbeitgebers) ergibt seinen Bruttoverdienst.

Abzüge vom Bruttoverdienst

Der Bruttoverdienst wird durch Abzüge nach steuer- und abgaberechtlichen Vorschriften vermindert. Lohnsteuer, Solidaritätszuschlag und Kirchensteuer werden an das Finanzamt und die anteiligen Sozialversicherungen an die Sozialversicherungsträger überwiesen.

Das Nettoeinkommen wird auf das Girokonto des Arbeitnehmers überwiesen.

---

[1] Lösungshinweis: Bis ca. 1.000,00 € Monatsverdienst fällt keine Lohnsteuer an.

Geschäftsprozesse dokumentieren und Zahlungsvorgänge bearbeiten

> **Bruttolohn/Bruttogehalt** einschließlich Urlaubsgeld, Arbeitgeberanteil VWL
> − Lohnsteuer
> − Solidaritätszuschlag
> − Kirchensteuer
> − Arbeitnehmeranteil zur Sozialversicherung (Versichertenanteil)
> − Überweisung der vermögenswirksamen Leistungen
> = **Nettolohn/Nettogehalt**

Lohnsteuer

Die individuelle Lohnsteuer des Arbeitnehmers wird aus der **Lohnsteuerabzugstabelle** abgelesen. Diese richtet sich nach der Höhe des steuerpflichtigen Lohnes bzw. Gehaltes und der Steuerklasse, in die der Arbeitnehmer nach seiner persönlichen Lebenssituation eingestuft wird. Auf der **Lohnsteuerkarte** des Arbeitnehmers werden alle für den Lohnsteuerabzug wichtigen Daten ausgewiesen. Die Lohnsteuerkarte berücksichtigt in **sechs Steuerklassen** die persönliche Lebenssituation.

> **Steuerklasse I:** ledige, verwitwete, geschiedene sowie verheiratete Arbeitnehmer, die dauernd getrennt leben
> **Steuerklasse II:** Arbeitnehmer der Steuerklasse I mit mindestens einem Kind
> **Steuerklasse III:** verheiratete Arbeitnehmer, die nicht dauernd getrennt leben und deren Ehepartner keinen Arbeitslohn beziehen oder auf gemeinsamen Antrag in der Steuerklasse V eingestuft werden
> **Steuerklasse IV:** Verheiratete, beide sind Arbeitnehmer
> **Steuerklasse V:** Arbeitnehmer der Steuerklasse IV, wenn einer der Ehegatten auf gemeinsamen Antrag in die Steuerklasse III eingestuft wird
> **Steuerklasse VI:** für eine zweite und alle weiteren Lohnsteuerkarten eines Arbeitnehmers, der Arbeitslohn von mehreren Arbeitgebern bezieht

Lohn/Gehalt bis	Steuerklasse	Lohnsteuer	ohne Kinderfreibetrag SolZ 5,5 %	ohne Kinderfreibetrag Kirchensteuer 8 %	ohne Kinderfreibetrag Kirchensteuer 9 %	mit 1,0 Kinderfreibetrag SolZ 5,5 %	mit 1,0 Kinderfreibetrag Kirchensteuer 8 %	mit 1,0 Kinderfreibetrag Kirchensteuer 9 %	mit 2,0 Kinderfreibeträgen SolZ 5,5 %	mit 2,0 Kinderfreibeträgen Kirchensteuer 8 %	mit 2,0 Kinderfreibeträgen Kirchensteuer 9 %
690,00	I/IV										
	II										
	III										
	V	66,08		5,28	5,94						
	VI	78,16		6,25	7,03						
716,00	I/IV										
	II										
	III										
	V	69,00		5,52	6,21						
	VI	81,08		6,48	7,29						
1.000,00	I/IV										
	II										
	III										
	V	101,16	4,03	8,09	9,10						
	VI	113,25	6,22	9,06	10,19						
1.500,00	I/IV	71,33		5,70	6,41						
	II	37,66		3,01	3,38						
	III	–		–	–						
	V	234,41	12,89	18,75	21,09						
	VI	270,66	14,88	21,65	24,35						
2.000,00	I/IV	180,16	9,90	14,41	16,21		2,43	2,73			
	II	140,62	7,73	11,25	12,65		0,38	0,43			
	III	0,50	–	0,04	0,04						
	V	413,33	22,73	33,06	37,19						
	VI	443,16	24,37	35,45	39,88						
2.300,00	I/IV	247,16	13,59	19,77	22,24		6,72	7,56			
	II	205,83	11,32	16,46	18,52	0,60	3,96	4,45			
	III	42,50	–	3,40	3,82						
	V	502,50	27,63	40,20	45,22						
	VI	534,83	29,41	42,78	48,13						
3.000,00	I/IV	416,16	22,88	33,29	37,45	12,85	18,70	21,03		5,78	6,50
	II	370,75	20,37	29,66	33,36	10,62	15,46	17,39		3,19	3,59
	III	172,33	2,06	13,78	15,50		3,22	3,62			
	V	735,83	40,47	58,86	66,22						
	VI	772,08	42,46	61,76	69,48						
4.000,00	I/IV	688,50	37,86	55,08	61,96	26,31	38,28	43,06	15,91	23,14	26,03
	II	637,33	35,05	50,98	57,35	23,77	34,58	38,90	13,64	19,84	22,32
	III	383,00	21,06	30,64	34,47	11,86	17,70	19,91	0,00	6,17	6,94
5.000,00	I/IV	1.013,83	55,76	81,10	91,24	42,62	61,99	69,74	30,62	44,54	50,11
	II	956,41	52,60	76,51	86,07	39,72	57,78	65,00	28,00	40,73	45,82
	III	624,00	34,32	49,92	56,16	24,63	35,82	40,30	15,52	22,18	25,40
7.000,00	I/IV	1.796,33	98,79	143,70	161,66	84,12	122,36	137,66	69,46	101,03	113,66
	II	1.734,25	95,38	138,71	157,55	80,71	117,40	132,08	66,05	96,08	108,09
	III	1.219,33	67,06	96,50	109,73	54,96	79,94	89,93	44,15	64,22	72,25

Personalaufwendungen erfassen, zuordnen und verbuchen

Solidaritätszuschlag

Der Solidaritätszuschlag ist ein zeitlich begrenzter Zuschlag zur Finanzierung des Aufbaus der neuen Bundesländer. Der Solidaritätszuschlag beträgt 5,5 % der gezahlten Lohn- bzw. Einkommensteuer.

Kirchensteuer

Die Kirchensteuer wird ebenfalls in Prozenten der Lohn- bzw. Einkommensteuer bemessen. Der Kirchensteuersatz beträgt in Baden-Württemberg und Bayern 8 %, in allen anderen Bundesländern 9 %.

Sozialversicherungsbeiträge[1]

Die Sozialversicherungsbeiträge werden auf **Basis der Bruttoverdienste** berechnet:

Krankenversicherung:	einheitlich 14,6 % von max. 4.537,50 €[2], wobei der Arbeitnehmer die gesetzliche Krankenkasse frei wählen kann. Weiterhin ist ein Zusatzbeitrag zur Krankenversicherung zu leisten, der von der jeweiligen Krankenversicherung bestimmt wird.
Pflegeversicherung:	3,05 %[3] von max. 4.537,50 €[2] an die Krankenkasse
Rentenversicherung:	18,6 % von max. 6.700,00 €[2] (Ost: 6.150,00 €) an den Rentenversicherungsträger[4]
Arbeitslosenversicherung:	2,5 % von max. 6.700,00 €[2] (Ost: 6.150,00 €) für die Bundesagentur für Arbeit

Die Sozialversicherungsbeiträge werden zu einem Gesamtversicherungsbeitrag zusammengefasst. Der Arbeitgeber bezahlt die **Hälfte des Sozialversicherungsbeitrages** und damit den gleichen Anteil wie der Arbeitnehmer.

Der Arbeitnehmeranteil wird zusammen mit dem Arbeitgeberanteil an den jeweiligen Träger der gesetzlichen Krankenkasse abgeführt.

Versichertenanteil[5] (in €)

Entgelt bis €	KV allgemein (14,6 % : 2)	KV -Zusatz-beitrag; z.B. (1,0% :2)	PV (3,05 % : 2)[6]	RV (18,6 % : 2)	ALV (2,5 % : 2)
690,00	50,37	3,45	10,52	64,17	8,63
716,00	52,27	3,58	10,92	66,59	8,95
1.000,00	73,00	5,00	15,25	93,00	12,50
1.500,00	109,50	7,50	22,88	139,50	18,75
2.000,00	146,00	10,00	30,50	186,00	25,00
2.300,00	167,90	11,50	35,08	213,90	28,75
3.000,00	219,00	15,00	45,75	279,00	37,50
4.000,00	292,00	20,00	61,00	372,00	50,00
5.000,00	331,24[7]	22,69[7]	69,20[7]	465,00	62,50
6.000,00	331,24	22,69	69,20	558,00	75,00
7.000,00	331,24	22,69	69,20	623,10[8]	83,75[8]

---

[1] Die gesetzliche Unfallversicherung ist zu 100 % vom Arbeitgeber zu übernehmen und wird an die Berufsgenossenschaften gezahlt.
[2] Stand 2019
[3] Kinderlose Arbeitnehmer zahlen ab Vollendung des 23. Lebensjahr (beginnend mit dem Ablauf des Monats, in dem sie 23 Jahre alt geworden sind) einen Zuschlag von 0,25 Prozentpunkten.
[4] Die Beiträge für Arbeiter und Angestellte erhält die „Deutsche Rentenversicherung Bund".
[5] Der Versichertenanteil ist der Anteil des Arbeitnehmers (des Versicherten).
[6] In Sachsen zahlen die AN 1,775 % und der AG 0,775 % als PV-Beitragssatz.
[7] Beitragsbemessungsgrenze KV, PV; 2019: 4.537,50 €
[8] Beitragsbemessungsgrenze RV, ALV: 2019: 6.700,00 € (West)

Geschäftsprozesse dokumentieren und Zahlungsvorgänge bearbeiten

- Die Abzüge des Arbeitnehmers werden in der Lohn- und Gehaltsbuchung auf Basis von Lohnabzugstabellen ermittelt.
- Die Sozialversicherungsbeiträge werden vom Arbeitgeber und Arbeitnehmer getragen.
- Die Sozialversicherungsanteile des Arbeitgebers stellen Lohn- und Gehaltsnebenkosten dar.

15.2 Verbuchung von Lohn- und Gehaltszahlungen

Bruttolöhne und Bruttogehälter werden im „Soll" der betrieblichen Aufwandskonten

    401   **Löhne** und **410 Gehälter** erfasst.

Die **Steuerabzüge des Arbeitnehmers** (Lohnsteuer, Solidaritätszuschlag und Kirchensteuer) müssen durch den Arbeitgeber vom Bruttolohn einbehalten und bis zum 10. des Folgemonats an das Finanzamt überwiesen werden. Bis dahin werden die von den Arbeitnehmern einbehaltenen Abzüge als durchlaufende Posten im „Haben" der folgenden Konten erfasst:

    1666   **Verbindlichkeiten gegenüber Finanzbehörden**

Die Sozialversicherungsbeiträge müssen spätestens am drittletzten Bankarbeitstag des Monats an den Träger der jeweiligen Krankenkasse abgeführt werden. Somit kann die Beitragsschuld für den jeweiligen Monat (Arbeitnehmer- und Arbeitgeberanteil) nur vorläufig berechnet werden. Zur Verbuchung muss daher folgendes Verrechnungskonto eingerichtet werden:

    1494   **Sozialversicherungsvorauszahlungen**

Der **einzubehaltende Arbeitnehmeranteil** an der Sozialversicherung sowie der **Arbeitgeberanteil** werden der Krankenkasse vorzeitig gemeldet und von dieser spätestens bis zum drittletzten Bankarbeitstag des laufenden Monats durch Bankeinzug vereinnahmt. Diese Vorauszahlung wird auf Konto „**1494 SV-Vorauszahlung**" erfasst und bei der Buchung der Gehälter/Löhne sowie bei der Buchung des Arbeitgeberanteils jeweils verrechnet.

Der **Arbeitgeberanteil zur SV** ist zusätzlicher Aufwand. Er wird gesondert auf dem Konto „**411 Gesetzliche soziale Abgaben**" gebucht und auf dem Verrechnungskonto „**1494 SV-Vorauszahlung**" gegengebucht.

Personalaufwendungen erfassen, zuordnen und verbuchen

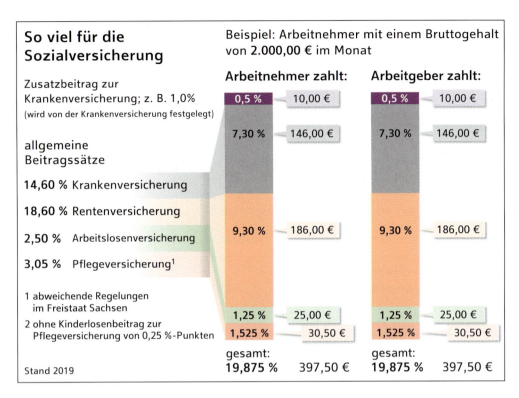

So viel für die Sozialversicherung

Zusatzbeitrag zur Krankenversicherung; z. B. 1,0%
(wird von der Krankenversicherung festgelegt)

allgemeine Beitragssätze

14,60 % Krankenversicherung
18,60 % Rentenversicherung
2,50 % Arbeitslosenversicherung
3,05 % Pflegeversicherung[1]

1 abweichende Regelungen im Freistaat Sachsen
2 ohne Kinderlosenbeitrag zur Pflegeversicherung von 0,25 %-Punkten

Stand 2019

Beispiel: Arbeitnehmer mit einem Bruttogehalt von **2.000,00 €** im Monat

Muster-AUFGABE

Für Hans Muster, 21 J., ev., ledig, Speditionskaufmann bei der Frankenspedition Würzburg GmbH, liegt folgende Gehaltsabrechnung für den abgelaufenen Monat März zur Verbuchung vor:

Hans Muster
Speditionskaufmann
Abt. Sammelgutverkehre

März 20..

Bruttogehalt	2.300,00 €
Abzüge: (nach Tabelle S. 110/111)	
Lohnsteuer, Kl. I/ Ki 0 s. Tabelle S. 110	247,16 €
Solidaritätszuschlag s. Tabelle S. 110	13,59 €
Kirchensteuer, ev. 8 % s. Tabelle S. 110	19,77 €
Krankenkasse (KV) allgem. s. Tabelle S. 111	167,90 €
Krankenkasse (KV) Zusatzbeitrag der Krankenkasse 0,5 %	11,50 €
Rentenversicherung (RV) s. Tabelle S. 111	213,90 €
Arbeitslosenversicherung (ALV) s. Tabelle S. 111	28,75 €
Pflegeversicherung (PV) s. Tabelle S. 111	35,08 €
	– 737,65 €
Nettogehalt	1.562,35 €
(Auszahlung: Postbank, Kto.-Nr. 35421-708, BLZ 50010060)	

Fortsetzung →

Geschäftsprozesse dokumentieren und Zahlungsvorgänge bearbeiten

Arbeitgeberanteil zur Sozialversicherung von Hans Muster[1]:

KV Krankenkassen- beitrag + Zusatzb. (7,3 % + 0,5 %)	DRV-Bund Deutsche Rentenversiche- rung Bund (9,30 %)	ALV Arbeitslosen- versicherung (1,25 %)	PV Pflege- versicherung (1,525 %)
179,40 €	213,90 €	28,75 €	35,08 €

1 Buchen Sie den Bankeinzug der SV-Beiträge des Arbeitgebers und des Arbeitnehmers.

2 Buchen Sie die Gehaltsabrechnung.

3 Buchen Sie den Arbeitgeberanteil zur Sozialversicherung.

4 Buchen Sie die Überweisungen an das Finanzamt

LÖSUNG

1 Buchung des Bankeinzugs der SV-Beiträge[2,3]:

```
1494    SV-Vorauszahlung .................... 914,26 €
  an 102   Bank ..............................         914,26 €
```

2 Buchung der Gehaltszahlung:

```
410     Gehälter ............................ 2.300,00 €
  an 1666  Verbindlichkeiten Finanzamt ......          280,52 €
     1494  SV-Vorauszahlung .................          457,13 €
     102   Bank .............................        1.562,35 €
```

3 Buchung des Arbeitgeberanteils zur Sozialversicherung:

```
411     Gesetzliche soziale Abgaben ......... 457,13 €
  an 1494  SV-Vorauszahlung .................          457,13 €
```

4 Überweisung der lohn- und gehaltsabhängigen Steuern zum 10. des Folgemonats:

```
1666    Verbindlichkeiten Finanzamt ......... 280,52 €
  an 102   Bank .............................          280,52 €
```

Soll	410 Gehälter	Haben
2 2.300,00		

Soll	1494 SV-Vorauszahlung	Haben
1 914,26	**2**	457,13
	3	457,13

Soll	411 ges. soz. Abgaben	Haben
3 457,13		

Soll	1666 Verb.-Finanzamt	Haben
4 280,52	**2**	280,52

Bruttogehalt H. Muster   2.300,00 €
+ Arb.geberanteil zur SV   457,13 €
Personalkosten H. Muster   2.757,13 €

Soll	102 Bank	Haben
	1	914,26
	2	1.562,35
	4	280,52

---

[1] vgl. Tabelle S. 111
[2] am drittletzten Bankarbeitstag des laufenden Monats
[3] Arbeitnehmer- und Arbeitgeberbeiträge zur Sozialversicherung

Personalaufwendungen erfassen, zuordnen und verbuchen

MERKE

Die Einzelabrechnungen aller Arbeitnehmer werden in der Praxis auf Lohn- und Gehaltslisten zusammengefasst und bilden damit den Buchungssammelbeleg.

Aufgaben zum Sachverhalt

1

Für die Angestellte Hanna Hauber, 20 J., Lohnsteuerklasse I/Ki 0, rk, beschäftigt in Hamburg, liegt folgende Gehaltsabrechnung zur Verbuchung vor:

Bruttogehalt	2.000,00 €
Abzüge: Sozialversicherungsanteil Arbeitnehmer	397,50 €
Lohn-/Kirchensteuer, Solidaritätszuschlag	206,27 €
Nettogehalt	1.396,23 €
Sozialversicherungsanteil Arbeitgeber	397,50 €

a) Buchen Sie den Bankeinzug der SV-Beiträge.
b) Buchen Sie die Gehaltsabrechnung.
c) Buchen Sie den Arbeitgeberanteil zur Sozialversicherung.
d) Buchen Sie die Überweisungen an das Finanzamt zum 10. des Folgemonats.

2

Buchen Sie die Lohnabrechnung des 22-jährigen Lagerlogistikers Heiner Renner, Nürnberg, konfessionslos, für den Monat März:

Bruttolohn (200 Stunden zu je 15,00 €). LSt.-Klasse III/Ki 1. Zusatzbeitrag der Krankenkasse 1,0 %.

a) Erstellen Sie zunächst die Gehaltsabrechnung.
b) Buchen Sie den Bankeinzug der SV-Beiträge.
c) Buchen Sie die Lohnabrechnung.
d) Buchen Sie den Arbeitgeberanteil zur Sozialversicherung.
e) Buchen Sie die Überweisungen an das Finanzamt zum 10. des Folgemonats.

3

Buchen Sie die folgenden Daten der Lohnliste der Internationalen Spedition Gerhardt Müller GmbH für den abgelaufenen Monat:

Bruttolöhne	27.754,00 €
Lohn- und Kirchensteuer, einschl. Solidaritätszuschlag	5.327,00 €
Sozialversicherungsanteil der Arbeitnehmer	5.516,11 €
Arbeitgeberanteil zur Sozialversicherung	5.516,11 €
Nettolohnauszahlungen	16.910,89 €

Hinweis: Die Auszahlungsbeträge werden als Einzelüberweisungen auf die Konten der Arbeitnehmer überwiesen.

a) Buchen Sie den Bankeinzug der SV-Beiträge.
b) Buchen Sie die Lohnabrechnung.
c) Buchen Sie den Arbeitgeberanteil zur Sozialversicherung.
d) Buchen Sie die Überweisungen an das Finanzamt zum 10. des Folgemonats.

4

Führen Sie die Gehaltsbuchung der Internationalen Spedition Münch GmbH auf Basis der Gehaltsliste für den abgelaufenen Monat durch:

Bruttogehälter	17.551,00 €
Lohn- und Kirchensteuer, Solidaritätszuschlag	3.866,00 €
ges. Sozialversicherungsbeiträge der Arbeitnehmer	3.488,26 €
ges. Sozialversicherungsbeiträge des Arbeitgebers	3.488,26 €

a) Buchen Sie den Bankeinzug der SV-Beiträge.
b) Buchen Sie die Gehaltsabrechnung.
c) Buchen Sie den Arbeitgeberanteil zur Sozialversicherung.
d) Buchen Sie die Überweisungen an das Finanzamt zum 10. des Folgemonats.

Geschäftsprozesse dokumentieren und Zahlungsvorgänge bearbeiten

5 (AH) Führen Sie die Gehaltsbuchung für den abgelaufenen Monat durch:

Bruttogehälter	234.258,00 €
Lohn- und Kirchensteuer, einschl. Solidaritätszuschlag	44.563,00 €
ges. Sozialversicherungsbeiträge der Arbeitnehmer	46.558,78 €
ges. Sozialversicherungsbeiträge des Arbeitgebers	46.558,78 €

Hinweis: Die Auszahlungsbeträge werden als Einzelüberweisungen auf die Konten der Arbeitnehmer überwiesen.

a) Buchen Sie den Bankeinzug der SV-Beiträge.
b) Buchen Sie die Gehaltsabrechnung.
c) Buchen Sie den Arbeitgeberanteil zur Sozialversicherung.
d) Buchen Sie die Überweisungen an das Finanzamt zum 10. des Folgemonats.

6 (AH) Im Rahmen eines Logistikprojekts wird den gewerblichen Mitarbeitern einheitliche Arbeitskleidung kostenlos zur Verfügung gestellt:

Rechnungsbetrag, netto	1.480,00 €
+ 19 % Umsatzsteuer	281,20 €
Rechnungsbetrag, brutto	1.761,20 €

Hinweis: Die vom Arbeitgeber gestellte Arbeitskleidung wird auf dem Konto 406 Freiwillige Sozialleistungen verbucht.

7 (AH) Lastschrift der Berufsgenossenschaft über den Monatsbeitrag zur gesetzlichen Unfallversicherung: 3.578,80 €. Von den Mitarbeitern sind 60 % Arbeiter und 40 % Angestellte.

Hinweis: Aufgrund gesetzlicher Vorschriften zahlt der Arbeitgeber die Beiträge zur gesetzlichen Unfallversicherung zu 100 %.

8 (AH) Für die Gehaltsabrechnung von Beate Müller liegen folgende Daten vor: Nettogehalt 1.367,55 €, LSt, KSt und SolZ betragen zusammen 700,00 €, Sozialversicherungsanteil Arbeitnehmer 19,875 %, Sozialversicherungsanteil Arbeitgeber 19,875 %.

a) Berechnen Sie den Bruttolohn.
b) Buchen Sie die komplette Gehaltsabrechnung.

9 (AH) Gehaltsabrechnung für den Angestellten Uwe Tammer, 28 J., ev., Osnabrück, LSt-Klasse I, keine Kinder, Zusatzbeitrag KV 1,0%:

Bruttogehalt	3.960,00 €
+ vermögenswirksame Leistungen[1]	40,00 €
steuer- und versicherungspflichtige Bezüge	4.000,00 €
Abzüge:	
Sozialversicherungsanteil Arbeitnehmer (lt. Tab. S. 111)	? €
Lohn-/Kirchensteuer, sonstige Steuern	? €
vermögenswirks. Leistungen (Bausparkasse)	40,00 €
Nettogehalt (Überweisungsbetrag)	? €
Arbeitgeberanteil zur Sozialversicherung	? €

Die Anlage erfolgt auf einem Bausparvertrag.
Die Überweisung erfolgt direkt durch den Arbeitgeber.

a) Buchen Sie den Bankeinzug der SV-Beiträge.
b) Buchen Sie die Gehaltsabrechnung, einschl. der Überweisung des Bausparbetrags.
c) Buchen Sie den Arbeitgeberanteil zur Sozialversicherung.
d) Buchen Sie die Überweisungen an das Finanzamt zum 10. des Folgemonats.

---

[1] Vermögenswirksame Leistungen des Arbeitgebers stellen Bruttogehalt dar.

Personalaufwendungen erfassen, zuordnen und verbuchen

Verbuchung von Lohn- und Gehaltsvorschüssen   15.3

Benötigt ein Mitarbeiter vor **Fälligkeit** der Lohn- und Gehaltszahlung Bargeld, lässt er sich von der Personalabteilung einen **Vorschuss** auszahlen.

Das Unternehmen hat somit eine Forderung an den Mitarbeiter bis zur Lohn- und Gehaltszahlung. Vorschüsse werden daher auf dem Forderungskonto

    1190   Vorschüsse

erfasst und dann mit der Lohn- und Gehaltszahlung am Monatsende verrechnet

---

Muster-AUFGABE

Die Lagerfachkraft Herbert Lutz, 20 J., beschäftigt in Nürnberg, erhält am 12.10. einen Vorschuss von 300,00 € bar, der mit dem Oktoberlohn verrechnet werden soll.

Herbert Lutz arbeitet im Oktober 150 Stunden zu je 10,00 €/Stunde.

Abzüge lt. Tab. S. 110/111

    Arbeitnehmeranteil zur Sozialversicherung: . . . . 298,13 €
    Arbeitgeberanteil zur Sozialversicherung: . . . . 298,13 €
    gesamte Steuerabzüge, LSt I/0; keine KSt: . . . . 71,33 €
    Verrechnung des Oktobervorschusses . . . . 300,00 €

1 Buchen Sie die Vorschusszahlung vom 12.10.
2 Erstellen Sie die Lohnabrechnung „Herbert Lutz" für den Monat Oktober.
3 Buchen Sie den Bankeinzug der SV-Beiträge.
4 Buchen Sie die Lohnabrechnung Oktober.
5 Buchen Sie den Arbeitgeberanteil zur Sozialversicherung.
6 Buchen Sie die Überweisung der Sozialversicherungsbeiträge und die Steuerzahlung der Lagerfachkraft Herbert Lutz.

LÖSUNG

1   1190   Vorschüsse . . . . 300,00 €
    an 100   Kasse . . . . 300,00 €

2   Bruttolohn: 150 Std. · 10,00 €/Std. . . . . 1.500,00 €
    – Steuerabzüge . . . . 71,33 €
    – Sozialversicherungsanteil des AN . . . . 298,13 €
    Nettolohn . . . . 1.130,54 €
    – Vorschusszahlung vom 12.10. . . . . 300,00 €
    Auszahlungsbetrag (Überweisung) . . . . 830,54 €

3   1494   SV-Vorauszahlung . . . . 596,26 €
    an 102   Bank . . . . 596,26 €

4   401   Löhne . . . . 1.500,00 €
    an 1666   Verbindlichkeiten Finanzamt . . . . 71,33 €
          1494   SV-Vorauszahlung . . . . 298,13 €
          1190   Vorschüsse . . . . 300,00 €
          102   Bank . . . . 830,54 €

5   405   gesetzl. soziale Abgaben . . . . 298,13 €
    an 1494   SV-Vorauszahlung . . . . 298,13 €

6   1666   Verbindlichkeiten Finanzamt . . . . 71,33 €
    an 102   Bank . . . . 71,33 €

Fortsetzung →

Geschäftsprozesse dokumentieren und Zahlungsvorgänge bearbeiten

- Vorschusszahlungen sind kurzfristige Forderungen des Unternehmens an den Mitarbeiter.
- Vorschusszahlungen werden mit der Lohn-/Gehaltszahlung an den Mitarbeiter verrechnet: Nettolohn/-gehalt − Vorschusszahlung = Auszahlungsbetrag

15.4 Verbuchung von Minijob-Entgelten bei geringfügiger Beschäftigung

Die Entgeltsgrenze für geringfügig Beschäftigte beträgt 450,00 €[1]. Der Minijobber muss lediglich 3,6 % Rentenversicherungsbeitrag bezahlen. Der gewerbliche Arbeitgeber entrichtet eine **Pauschalabgabe** von 30 % an die Minijobzentrale der Bundesknappschaft in Essen.

Bei 450,00 € fallen 135,00 € (30 %) Pauschalabgaben des Arbeitgebers an:

Die Pauschalabgabe besteht aus folgenden Einzelbeiträgen:

1. 67,50 € an die Rentenkassen (15 % pauschaler Arbeitgeberbeitrag zur Rentenversicherung)
2. 58,50 € an die Krankenkassen (13 % pauschaler Arbeitgeberbeitrag zur Krankenversicherung)
3. 9,00 € Steuern (2 % einheitliche Pauschsteuer)

Der Minijobber ist **rentenversicherungspflichtig**, sein Beitragssatz beträgt 3,6 %.

Elke Maurer arbeitet bei der Spedition Transflex GmbH, Cottbus, als Datenerfasserin im Rahmen eines Minijobs bis 450,00 € Entgelt. Sie erhält 10,00 € pro Arbeitsstunde. Im März arbeitete sie 45 Stunden.

a) Erstellen Sie die Märzabrechnung für Frau Maurer.
b) Berechnen Sie die Höhe der Pauschalabgabe an die Minijobzentrale.
c) Buchen Sie den Bankeinzug der SV-Beiträge.
d) Verbuchen Sie die Lohnzahlung und die Pauschalabgabe.

[1] Stand 2019

Personalaufwendungen erfassen, zuordnen und verbuchen

LÖSUNG

a) Arbeitsentgelt für Elke Maurer, März 20..:
   45 Arbeitsstunden · 10,00 € = 450,00 € abzgl. 3,6 % RV AN (16,20 €) = <u>433,80 €</u>

b) Pauschalabgabe an die Minijobzentrale: 30 % von 450,00 € = <u>135,00 €</u>

c) 1494 SV-Vorauszahlung . . . . 151,20 €   an   102   Bank . . . . 151,20 €

d) Verbuchung der Lohnzahlung an Frau Maurer:
   401   Löhne . . . . 450,00 €   an   1494   SV-Vorauszahlung   16,20 €
                                                       102   Bank . . . . 433,80 €

   Erfassung der Pauschalabgaben des Arbeitgebers:
   405   Gesetzl. soz. Abgaben.   135,00 €   an   1494   SV-Vorauszahlung   135,00 €

MERKE

- Für Minijobs bis 450,00 € pro Monat muss der Arbeitnehmer lediglich 3,6 % Rentenversicherungsbeitrag zahlen.
- Der Arbeitgeber zahlt in diesen Fällen eine Pauschalabgabe von 30 % des Arbeitsentgeltes an die Minijobzentrale der Bundesknappschaft, Essen.

Aufgaben zum Sachverhalt

1 Eine Reinigungskraft im Lager der Spedition Uwe Peters, Magdeburg, erhält im Rahmen eines Minijobs 11,00 € pro Arbeitsstunde. Im Monat Mai wurden 25 Stunden gearbeitet.
   a) Erstellen Sie die Maiabrechnung der Reinigungskraft.
   b) Berechnen Sie die Höhe der Pauschalabgabe an die Minijobzentrale.
   c) Buchen Sie den Bankeinzug der SV-Beiträge.
   d) Verbuchen Sie die Lohnzahlung und die Pauschalabgabe.

2 Bei einem Logistikprojekt setzt die Spedition Translog GmbH, Eisenach, Kommissionierer auf Minijobbasis ein.
   a) Wie viele Stunden darf eine Kommissionierkraft maximal pro Monat arbeiten, wenn 11,25 € pro Arbeitsstunde gezahlt werden?
   b) Erstellen Sie auf Basis der höchstmöglichen Arbeitsstunden die Entgeltabrechnung des Kommissionierers Albert Seib für den Monat Oktober.
   c) Berechnen Sie die Pauschalabgabe für Albert Seib an die Minijobzentrale.
   d) Verbuchen Sie die Lohnzahlung und die Pauschalabgabe.

Geschäftsprozesse dokumentieren und Zahlungsvorgänge bearbeiten

Zusammenfassende Aufgaben

1 (AH)

Für die Angestellte Petra Bayer, konfessionslos, 21 J., Köln, Lohnsteuerklasse IV/Ki 0, liegt folgende Gehaltsabrechnung zur Verbuchung vor, KV-Zusatzbeitragssatz 1,1 %:

Bruttogehalt	2.300,00 €
Abzüge: Sozialversicherungsanteil Arbeitnehmer	? €
Lohnsteuer, Solidaritätszuschlag	? €
Nettogehalt	? €
Sozialversicherungsanteil Arbeitgeber	? €

a) Erstellen Sie die Gehaltsabrechnung.
b) Buchen Sie den Bankeinzug der SV-Beiträge.
c) Buchen Sie die Gehaltsabrechnung.
d) Buchen Sie den Arbeitgeberanteil zur Sozialversicherung.
e) Buchen Sie die Überweisungen an das Finanzamt.

2

Buchen Sie die Lohnabrechnung des Aushilfsfahrers Olaf Haufe für den Monat März:

Bruttolohn (80 Stunden zu je 12,50 €)	1.000,00 €
Abzüge: Sozialversicherungsanteil Arbeitnehmer	198,75 €
Steuerabzüge LSt-Klasse I (Lohn-, Kirchensteuer (8 %), Solidaritätszuschlag)	– 0, – €
Nettolohn	801,25 €
Sozialversicherungsanteil Arbeitgeber	198,75 €

a) Buchen Sie den Bankeinzug der SV-Beiträge.
b) Buchen Sie die Lohnabrechnung.
c) Buchen Sie den Arbeitgeberanteil zur Sozialversicherung.

3

Buchen Sie die folgenden Daten der Lohnliste der Internationalen Spedition Marco Kruse GmbH für den abgelaufenen Monat:

Bruttolöhne	34.500,00 €
Lohn- und Kirchensteuer, einschl. Solidaritätszuschlag	6.520,00 €
Sozialversicherungsanteil der Arbeitnehmer	6.856,88 €
Arbeitgeberanteil zur Sozialversicherung	6.856,88 €
Nettolohnauszahlungen	21.143,12 €

Hinweis: Die Auszahlungsbeträge werden als Einzelüberweisungen auf die Konten der Arbeitnehmer überwiesen.

a) Buchen Sie den Bankeinzug der SV-Beiträge.
b) Buchen Sie die Lohnabrechnung.
c) Buchen Sie den Arbeitgeberanteil zur Sozialversicherung.
d) Buchen Sie die Überweisungen an das Finanzamt.

4

Buchen Sie die Lastschrift der Berufsgenossenschaft über den Monatsbeitrag zur gesetzlichen Unfallversicherung: 4.200,00 €. Davon entfallen 30 % Angestellte und 70 % auf Arbeiter.

Hinweis: Aufgrund gesetzlicher Vorschriften zahlt der Arbeitgeber die Beiträge zur gesetzlichen Unfallversicherung zu 100 %.

Personalaufwendungen erfassen, zuordnen und verbuchen

5

Führen Sie die Gehaltsbuchung der Internationalen Spedition LogSpeed GmbH auf Basis der Gehaltsliste für den abgelaufenen Monat durch:

Bruttogehälter	78.320,00 €
Lohn- und Kirchensteuer, einschl. Solidaritätszuschlag	12.531,00 €
gesamte Sozialversicherungsbeiträge Arbeitnehmer	15.566,10 €
gesamte Sozialversicherungsbeiträge Arbeitgeber	15.566,10 €

a) Buchen Sie den Bankeinzug der SV-Beiträge.
b) Buchen Sie die Gehaltsabrechnung.
c) Buchen Sie den Arbeitgeberanteil zur Sozialversicherung.
d) Buchen Sie die Überweisungen an das Finanzamt.

6

Im Rahmen eines Logistikprojekts wird den gewerblichen Mitarbeitern einheitliche Arbeitskleidung kostenlos zur Verfügung gestellt:

Rechnungsbetrag, netto	1.025,00 €
+ 19 % Umsatzsteuer	194,75 €
Rechnungsbetrag, brutto	1.219,75 €

7

Beate Müller arbeitet als Aushilfe 42 Stunden pro Monat zu je 10,50 €/Stunde. Als geringfügig Beschäftigte hat sie einen Minijob.

Erstellen und buchen Sie die Lohnabrechnung!

8

Gehaltsabrechnung für die Prokuristin Melanie Holly LSt-Klasse III/Ki 1:

Bruttogehalt	5.000,00 €
Abzüge: Sozialversicherungsanteil Arbeitnehmer	? €
Lohn-/Kirchensteuer (9 %), sonstige Steuern	? €
Nettogehalt (Überweisungsbetrag)	? €
Arbeitgeberanteil zur Sozialversicherung	? €

a) Buchen Sie den Bankeinzug der SV-Beiträge.
b) Buchen Sie die Gehaltsabrechnung.
c) Buchen Sie den Arbeitgeberanteil zur Sozialversicherung.
d) Buchen Sie die Überweisungen an das Finanzamt.

9

Erstellen und buchen Sie die komplette Gehaltsabrechnung für den 40-jährigen Geschäftsführer Peter Wagner. Bruttogehalt 7.000,00 €, Steuerklasse III/keine Kinder, Kirchensteuer in Baden-Württemberg. Der Zusatzbeitragssatz der Krankenversicherung beträgt 1,0 %.

Geschäftsprozesse dokumentieren und Zahlungsvorgänge bearbeiten

16 Vorräte in der Spedition

16.1 Speditionstypische Vorräte

Viele Spediteure mit eigenem Fuhrpark halten sich Vorräte an

- Treib- und Schmierstoffen,
- Reifen,
- Ersatzteilen,

um die Beschaffungskosten zu verringern, ihre Unabhängigkeit zu erhöhen und Preisschwankungen auszugleichen.

Die Vorräte werden zuerst angeschafft, dann gelagert und allmählich verbraucht. Die Beschaffungsmengen werden als **Bestände** ins Umlaufvermögen übernommen. Aus diesen Beständen werden im Bedarfsfall bestimmte Mengen entnommen, um die Transportleistungen erbringen zu können. Die Entnahme von Vorräten für betriebliche Zwecke stellt Betriebskosten dar und wird in der Kontenklasse 4 gebucht.

Die Entnahme ist laufend über Belege zu erfassen. Über die Kostenrechnung gehen die verbrauchten Vorräte in die Kalkulation[1] und damit in den Preis für die Speditionsleistung ein.

Der Vorratsverbrauch kann entweder laufend gebucht werden (Einzelerfassung) oder über den Inventurbestand erfasst werden (Gesamterfassung).

16.1.1 Verbrauch von Vorräten bei der Einzelerfassung

Der Vorratsverbrauch ist einzeln zu erfassen. Dies geschieht beispielsweise beim Tanken durch Aufzeichnung der Kraftstoffentnahme in Form von Entnahmescheinen oder Codekarten. Die Entnahmescheine sind interne Belege.

Muster-AUFGABE

a) Buchen Sie folgende Eingangsrechnung.

Mineralöl-großhandel Klenk GmbH Rehpfad 16 – 18 • 04249 Leipzig

Tel.: 0341 6699111-0
Fax: 0341 6699111-52
E-Mail: klenkoele@wvd.de
Internet: www.klenkoele-wvd.de

Klenk GmbH • Rehpfad 16–18 • 04249 Leipzig

Spedition
Schnell
Uferstraße 12
04105 Leipzig

Steuer-Nr: 77 589 2296 6
Bankverbindung:
Commerzbank Leipzig,
Konto-Nr. 2 345 612, BLZ 860 400 00
IBAN DE86 8604 0000 0002 3456 12
BIC COBADEFF860

Rechnung/Rechnungs-Nr. 48 533 ..-09-20
Wir lieferten Ihnen 20 000 l Diesel.

Nettobetrag	27.000,00 €
+ 19 % USt	5.130,00 €
Rechnungsbetrag	32.130,00 €

Der Betrag ist innerhalb von 14 Tagen netto Kasse zu bezahlen.

---

[1] siehe Kapitel „Kosten- und Leistungsrechnung"

Vorräte in der Spedition

b) Buchen Sie den Verbrauch. Der Einkaufspreis beträgt 1,35 € je Liter.

Spedition Schnell
Uferstraße 12 • 04105 Leipzig   **TANKBELEG**

Kraftstoffentnahme aus Betriebstankstelle 1

Kfz-Kennzeichen:	L-NN 36 1	Liter:	600
Fahrer:	Herr Haniel	km-Stand:	74 273
Datum:	10.10.20..	Unterschrift:	Haniel

c) Buchen Sie die Überweisung.

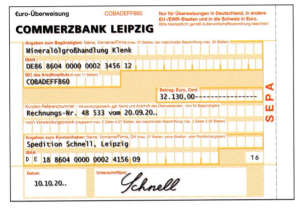

			LÖSUNG
a)	300 Treib- und Schmierstoffe .... 27.000,00 €		mit
	1457 Vorsteuer .... 5.130,00 €		Buchungs-
	an 1600 Verbindlichkeiten	32.130,00 €	sätzen
b)	420 Treib- und Schmierstoffverbrauch .... 810,00 €		
	an 300 Treib- und Schmierstoffe	810,00 €	
c)	1600 Verbindlichkeiten .... 32.130,00 €		
	an 102 Bank	32.130,00 €	

300 Treib- u. Schmierstoffe		1457 Vorsteuer		1600 Verbindlichkeiten		LÖSUNG
Soll	Haben	Soll	Haben	Soll	Haben	auf
a) 27.000,00	b) 810,00	a) 5.130,00		c) 32.130,00	a) 32.130,00	Konten

S	420 Treibstoffverbr. betriebl. Tankstelle	H	S	102 Bank	H
b)	810,00			c)	32.130,00

Geschäftsprozesse dokumentieren und Zahlungsvorgänge bearbeiten

MERKE

1. Bei der Treibstoffentnahme aus der Betriebstankstelle ist bei der Buchung keine Vorsteuer zu berücksichtigen. Die Vorsteuer wird bereits beim Kauf gebucht.
2. Wird ein Lkw an einer fremden Tankstelle betankt, darf die Buchung nicht auf das Konto 420 Treibstoffverbrauch Betriebstankstelle gebucht werden, weil der Treibstoffvorrat nicht beeinflusst wird.
3. Tanken an betriebsfremden Tankstellen wird auf dem Konto 428 Treibstoffverbrauch fremde Tankstellen gebucht. Im Unterschied zum betrieblichen Treibstoffverbrauch ist hier die Vorsteuer zu berücksichtigen.

FAZIT

Buchungen beim Treibstoffverbrauch

1. Treibstoffentnahme an der betrieblichen Tankstelle

    420 Treibstoffverbrauch betriebliche Tankstelle
       an 300 Treib- und Schmierstoffe

2. Kauf von Treibstoff an fremder Tankstelle gegen Barzahlung

    428 Treibstoffverbrauch fremde Tankstelle
    1457 Vorsteuer
       an 100 Kasse

Aufgaben zum Sachverhalt

1–9

1	ER für Diesel, netto .... 58.000,00 €	
	+ 19 % USt .... 11.020,00 €	69.020,00 €
2	Entnahme von Diesel 500 l, Verrechnungspreis 1,38 € je Liter	690,00 €
3	Die ER (Aufgabe 1) wird durch Banküberweisung beglichen.	
4	Ersatzteile für die Elektronik eines Fahrzeugs werden entnommen, netto	211,00 €
5	Tankbeleg der „Tankstelle am Industriepark" .... 320,00 €	
	+ 19 % USt .... 60,80 €	380,80 €
6	Dichtungen werden entnommen, Nettobetrag	70,15 €
7	ER für Diesel .... 7.500,00 €	
	+ 19 % USt .... 1.425,00 €	8.925,00 €
8	Tankbeleg fremde Tankstelle, brutto einschließlich 19 % USt	583,10 €
9	Kraftstoffentnahme des Außendienstmitarbeiters für Betriebs-Pkw	90,00 €

Vorräte in der Spedition

Verbrauch von Vorräten bei der Gesamterfassung 16.1.2

Anstelle der Erfassung des Vorratsverbrauchs aufgrund von Einzelbelegen kann er einfacher erfasst werden. Dabei wird lediglich der gesamte Verbrauch erfasst. Bei der **Gesamterfassung** wird der Inventurbestand ermittelt. Anfangsbestand und Zugänge sind bekannt. Der Jahresverbrauch wird über folgenden Bestandsvergleich ermittelt:

	Anfangsbestand	in Euro
+	Zugänge	in Euro
−	Inventurbestand	in Euro
=	Verbrauch	in Euro

Bei der **Gesamterfassung** wird der Hauptzweck der Bestandsaufnahme, einen Fehlbestand festzustellen, nicht erreicht. Die Kontrollfunktion wird aufgehoben, da die Differenz immer gleich dem Verbrauch ist; d. h. ein etwaiger Fehlbestand verschwindet im Verbrauch.

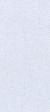

Muster-**AUFGABE**

Im Laufe des Geschäftsjahres ergeben sich beim Treib- und Schmierstoffvorrat folgende Mengen, die zu einem Durchschnittswert von 1,36 € bewertet werden.

Anfangsbestand:	20 000 l	≙	27.200,00 €
Zugänge:	180 000 l	≙	244.800,00 €
Inventurbestand:	44 000 l	≙	59.840,00 €

Ermitteln und buchen Sie den Treibstoffverbrauch.

LÖSUNG

	Anfangsbestand:	20 000 l	≙	27.200,00 €
+	Zugänge:	180 000 l	≙	244.800,00 €
−	Inventurbestand:	44 000 l	≙	59.840,00 €
=	Verbrauch:	156 000 l	≙	212.160,00 €

Buchungssatz:

420 Treibstoffverbrauch Betriebstankstelle .... 212.160,00 €
    an 300 Treib- und Schmierstoffe .... 212.160,00 €

Konten:

S	300 Treib- u. Schmierstoffe	H
AB	27.200,00	Verbr. 212.160,00
Zugänge	244.800,00	Endbest. 59.840,00
	272.000,00	272.000,00

S	420 Treibstoffverbr. Betriebstankst.	H
Treibstoffe 212.160,00		

AUFGABE zum Sachverhalt

Bei der Spedition Rescher GmbH liegen folgende Zahlen zur Ermittlung des Treibstoffverbrauchs vor:

Anfangsbestand:	11 200 l	≙	15.456,00 €
Zugänge:	216 000 l	≙	298.080,00 €
Bestand laut Inventur:	27 200 l	≙	37.536,00 €

Ermitteln und verbuchen Sie den Treibstoffverbrauch.

16.2 Waren im Nebenbetrieb

Manche Speditionsbetriebe betreiben neben der eigentlichen Speditionstätigkeit noch Handel mit verschiedenen Waren, wie Kraftstoffen, Schmierstoffen, Reifen, Verpackungsmaterialien oder Ersatzteilen. Diese Warenbewegungen sind wie in einem Handelsunternehmen zu buchen.

Beim Einkauf werden diese Waren als Vorräte auf dem **Aktivkonto 316 Warenbestand erfasst. Die Veräußerung dieser Waren wird auf dem Ertragskonto 890 Umsatzerlöse** aus Nebenbetrieb gebucht.

Die Bestände werden dem Umlaufvermögen zugerechnet und auf die Bilanz übertragen.

Die Warenbewegungen unterliegen ebenso wie die Speditionsleistungen der Umsatzsteuer. Bei Korrekturbuchungen, die eventuell durch Nachlässe oder Gutschriften notwendig werden, sind die entsprechenden Umsatzsteuerberichtigungen vorzunehmen.

Hinweis: Wird beispielsweise der betriebliche Kraftstoffverbrauch als Gesamterfassung (vgl. Kapitel 16.1.2) gebucht, muss die Differenz aus Anfangsbestand + Zugänge − Endbestand um den Einkaufspreis des verkauften Kraftstoffes vermindert werden, weil der verkaufte Treibstoff keinen betrieblichen Verbrauch darstellt.

Zusammenfassende Aufgaben

1. Eingangsrechnung für Dieselkraftstoff; Nettobetrag 2.340,00 € zuzüglich 19 % USt.

2. Betriebliche Treibstoffentnahme; 800 l; 1.056,00 €.

3. Die ER (Aufgabe 1) wird durch Banküberweisung bezahlt.

4. Barzahlung von Büromaterial; Nettobetrag 180,00 € zuzüglich 19 % USt.

5. Zielkauf von Reifen für das Vorratslager des eigenen Fuhrparks. Nettobetrag 2.800,00 € zuzüglich 19 % USt.

6. Ausgangsrechnung an einen Frachtführer für gelieferte Schmiermittel. Nettobetrag 560,00 € zuzüglich 19 % USt.

7. Die Ausgangsrechnung (Aufgabe 6) wird unter Abzug von 2 % Skonto durch Überweisung bezahlt.

8. ER für Kraftstoffe; 28 000 l; 36.680,00 € zuzüglich USt.

9. Betriebliche Kraftstoffentnahme; 500 l; 655,00 €.

10. Banküberweisung für die Eingangsrechnung (Aufgabe 8).

11. Reifenentnahme für betrieblichen Lkw; 2.800,00 €.

12. Barzahlung eines Mitarbeiters, der Ersatzteile für seinen Pkw gekauft hat. Nettobetrag 80,00 € zuzüglich 19 % USt.

Steuern und Versicherungen

Steuern und Versicherungen 17
Steuern 17.1

§ 3 AO Steuern werden im § 3 der Abgabenordnung als „Geldleistungen, die nicht eine Gegenleistung für eine besondere Leistung darstellen ..." definiert.

Die buchhalterische Behandlung der Steuern richtet sich danach, ob die Steuer **das Unternehmen (= betriebsbezogene Steuer)** oder **den Unternehmer (= private Steuer)** betrifft. Es ist deshalb zu unterscheiden:

- **Betriebliche Steuern**

Betriebliche Steuern (Aufwandsteuern) mindern den Gewinn des Unternehmens, da sie steuerlich als Betriebsausgabe absetzbar sind. Dazu zählen vor allem:

- **Gewerbesteuer**
- **Kfz-Steuer** für alle Kraftfahrzeuge, die zum Betriebsvermögen gehören.
- **Grundsteuer** für bebaute und unbebaute Grundstücke. Die Grundsteuer ist eine laufende (ständige) Steuer, die jährlich zu entrichten ist.

Hinweis: Die Kfz-Steuer wird in der Kontenklasse 4 verbucht, weil sie später unverändert in die Kostenrechnung übernommen wird. Die Grundsteuer und die Gewerbesteuer werden in der Kontenklasse 2 gebucht, weil sie für die Kostenrechnung umzubewerten sind. (vgl. Kapitel B 2.2)

- **Aktivierungspflichtige Steuern**

Aktivierungspflichtige Steuern sind als Anschaffungsnebenkosten den Anschaffungskosten hinzuzurechnen und deshalb auf dem entsprechenden Aktivkonto zu buchen (aktivieren).

Aktivierungspflichtige Steuern sind einmalige Steuern, die im Zusammenhang mit der Anschaffung anfallen. Dazu zählen:

- **Grunderwerbsteuer**, sie beträgt 3,5 % vom Kaufpreis[1] und ist beim Erwerb von Grundstücken und Gebäuden zu entrichten.
- **Zölle**, die bei der Einfuhr von Gütern aus Drittländern[2] anfallen; wobei diese Güter in der Spedition genutzt werden, z. B. Zölle für gekaufte Gabelstapler oder eigene Container aus Übersee.

- **Durchlaufende Posten**

Steuern als durchlaufende Posten, die die Spedition aufgrund gesetzlicher Vorschriften einziehen bzw. einbehalten und an das Finanzamt abführen muss:

- **Umsatzsteuer**
- **Lohnsteuer** der Arbeitnehmer einschließlich Solidaritätszuschlag
- **Kirchensteuer** der Arbeitnehmer
- **Steuern vom Einkommen und Ertrag**

---

[1] In Bayern 3,5%, in Berlin und Hessen beträgt der Steuersatz 6 %, in Baden-Württemberg 5 %, weitere Bundesländer haben bereits eine Erhöhung des Steuersatzes durchgeführt oder angekündigt.
[2] Drittländer sind Staaten, die der EU nicht angehören.

A 128 Geschäftsprozesse dokumentieren und Zahlungsvorgänge bearbeiten

Steuern vom Einkommen und Ertrag stellen keine Betriebsausgabe dar und mindern deshalb nicht den Gewinn. Sie sind vom Unternehmer in Einzelunternehmen, OHG oder KG (Einkommensteuer, Kirchensteuer, Solidaritätszuschlag) persönlich zu tragen, bzw. vom Unternehmen in der Rechtsform GmbH/AG (Körperschaftsteuer, Solidaritätszuschlag, Gewerbesteuer):

- Einkommensteuer[1] des Unternehmers einschließlich Solidaritätszuschlag
- Kirchensteuer des Unternehmers
- Erbschaftsteuer
- Körperschaftsteuer der Kapitalgesellschaft
- Gewerbesteuer

Übersicht: Steuern

Betriebliche Steuern	Aktivierungspflichtige Steuern	Steuern als durchlaufende Posten	Steuern des Unternehmers vom Einkommen und Ertrag	Steuern des Unternehmens (GmbH, AG) vom Einkommen und Ertrag
Betriebsausgabe	Anschaffungsnebenkosten	keine Betriebsausgabe	keine Betriebsausgabe	keine Betriebsausgabe
mindern den Gewinn der Spedition	erhöhen die Aktiva (Vermögen) der Spedition	beeinflussen den Gewinn nicht	beeinflussen den Gewinn nicht	beeinflussen den Gewinn nicht
• Grundsteuer • Kfz-Steuer	• Grunderwerbsteuer[2] • Zölle	• Lohnsteuer der Arbeitnehmer • Kirchensteuer der Arbeitnehmer • Umsatzsteuer • Vorsteuer	• Einkommen- und Kirchensteuer des Unternehmers • Solidaritätszuschlag auf Einkommensteuer • Gewerbesteuer	• Körperschaftsteuer, derzeit 15 % • Solidaritätszuschlag auf Körperschaftsteuer • Gewerbesteuer • Kapitalertragsteuer
Kontenklasse 2, 4	Kontenklasse 0	Kontenklasse 1, 3	Kontenklasse 1	Kontenklasse 2

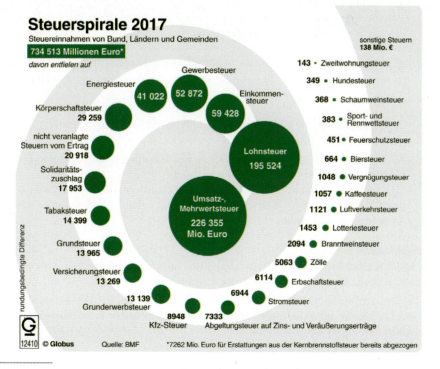

---

[1] Kapitalgesellschaften (AG, GmbH, Genossenschaften) zahlen anstelle von Einkommensteuer Körperschaftsteuer. Die Körperschaftsteuer stellt eine Betriebsausgabe dar, die den Gewinn der Spedition mindert. In Kapitalgesellschaften werden keine Privatkonten geführt.
[2] Die Grunderwerbsteuer beträgt je nach Bundesland zwischen 3,5 % (Bayern) und 6,5 % (z. B. Nordrhein-Westfalen).

Steuern und Versicherungen

Buchen Sie folgende Banküberweisungen für

1. Einkommensteuer des Unternehmers .... 2.500,00 €
2. Grunderwerbsteuer .... 6.000,00 €
3. Lohnsteuer der Arbeitnehmer .... 22.450,00 €
4. Kfz-Steuer für Betriebsfahrzeuge .... 16.300,00 €
5. Grundsteuer .... 500,00 €

Muster-AUFGABE

LÖSUNG

1 Einkommensteuer des Unternehmers = private Steuer (Kto.-Kl. 1)

    18   Privat .... 2.500,00 €
           an 102 Bank .... 2.500,00 €

2 Grunderwerbsteuer = aktivierungspflichtige (Kto.-Kl. 0)

    011   Gebäude .... 6.000,00 €
           an 102 Bank .... 6.000,00 €

3 Lohnsteuer der Arbeitnehmer = durchlaufender Posten (Kto.-Kl. 1)

    1666 Verbindl. gegenüber dem Finanzamt .... 22.450,00 €
           an 102 Bank .... 22.450,00 €

4 Kfz-Steuer = betriebliche Steuer (Kto.-Kl. 4)

    425   Kfz-Steuer .... 16.300,00 €
           an 102 Bank .... 16.300,00 €

5 Grundsteuer = betriebliche Steuer (Kto.-Kl. 2)

    242   Grundstücks- und Gebäudeaufwendungen ...... 500,00 €
           an 102 Bank .... 500,00 €

Aufgaben zum Sachverhalt

1. Banküberweisungen:
   Umsatzsteuer (Zahllast) .... 17.835,00 €
   Einkommensteuer .... 1.860,00 €
   Gewerbesteuer .... 4.500,00 €

2. ER, Kauf einer Lagerhalle .... 140.000,00 €
   + 3,5 % Grunderwerbsteuer .... 4.900,00 €

3. Kfz-Steuer von 14.375,00 € wird von unserem Bankkonto abgebucht.

4. Das Finanzamt bucht für die neue Lagerhalle Grundsteuer von 620,00 € von unserem Bankkonto ab.

5. Einbehaltene Lohn- und Kirchensteuer aus der letzten Lohnabrechnung wird an das Finanzamt überwiesen; 14.582,00 €.

1–5

Aufgaben zum Sachverhalt

6 ER, Gabelstapler für das Speditionslager wird aus Japan importiert:
Gabelstapler . . . . 22.000,00 €
Einfuhrzoll. . . . . 3.000,00 €
Einfuhrumsatzsteuer . . . . 4.750,00 €
                                                                                   29.750,00 €

7 Bankabbuchungen: Kfz-Steuer für Betriebs-Lkw . . . . 8.650,00 €
                     Kirchensteuer des Unternehmers . . . . 412,00 €
                     Grundsteuer . . . . 988,00 €
                     Gewerbesteuer . . . . 3.277,00 €

8 Einfuhrabfertigung für Kunde Roth. Zoll und EUSt werden an die Zollbehörde überwiesen; 18.300,00 €.

9 Bankabbuchungen: Einkommensteuer des Unternehmers. . . . . 12.000,00 €
                     Lohn- und Kirchensteuer für Arbeitn. . . . . . 12.728,00 €
                     Kfz-Steuer. . . . . 4.914,00 €

10 AR an Kunde Roth, Einfuhrabfertigung einschließlich Zollvorlage; (siehe Aufgabe 8) Zollvorlage 18.300,00 €; Provision 400,00 € + 19 % USt 76,00 €.

11 Kfz-Steuer für Privatfahrzeuge des Unternehmers, Bankabbuchung 380,00 €.

17.2 Versicherungen

Durch den Abschluss von Versicherungen und den entsprechenden Prämienzahlungen erwirbt die Spedition einen Entschädigungsanspruch im Schadenfall. Die buchhalterische Behandlung der Versicherungen richtet sich danach, ob der Spediteur die Versicherungsprämien aus seinem Gewinn decken muss (Gemeinkosten) oder ob er sie seinen Kunden weiterbelasten kann (auftragsbezogene Einzelkosten).

- Der Spediteur hat nach Ziffer 29.1 und 29.3 ADSp eine **Haftungsversicherung** einzudecken, wenn er seinen Geschäften die ADSp zugrunde legt.
Die **Prämie für die Haftungsversicherung des Spediteurs** ist an den Speditionsversicherer abzuführen. Sie stellt Gemeinkosten (Kontenklasse 4) dar, da die Prämie für die Haftungsversicherung den einzelnen Aufträgen nicht zurechenbar ist.

- Der Spediteur versichert die Güter, wenn der Auftraggeber ihn vor Übergabe der Güter mit der Besorgung einer Transport- oder Lagerversicherung beauftragt (Ziffer 21.1 ADSp).
Die **Prämie für die Transport- oder Lagerversicherung des Auftraggebers** stellt auftragsbedingte Speditionskosten (Kontenklasse 7) dar, da die Prämie für die Haftungsversicherung den einzelnen Aufträgen **zurechenbar** und **belastbar** ist.
An den Kunden berechnete Prämien für Transport- und Lagerversicherungen stellen Speditionserträge dar (Kontenklasse 8).

- **Selbstbeteiligung des Spediteurs im Schadenfall** (Ziffer 29.2 ADSp)
Die an den Speditionsversicherer zu leistende Selbstbeteiligung des Spediteurs kann zwar einem bestimmten Auftrag zugeordnet, jedoch nicht dem Auftraggeber weiterbelastet werden. Deshalb wird die Selbstbeteiligung in der Kontenklasse 4 als Gemeinkosten erfasst.

Steuern und Versicherungen

A 131

Übersicht: Versicherungen

Betriebliche Versicherung (aufwands-ungleiche Kosten)	Betriebliche Versicherung (aufwands-gleiche Kosten)	Auftragsbedingte Versicherung	Versicherungen des Unternehmers (private Versicherungen)
Betriebsausgabe	Betriebsausgabe	Betriebsausgabe	keine Betriebsausgabe

• Gebäudebrand-versicherung
• Gebäudehaft-pflichtversicherung
	• Kfz-Versicherung
	• Güterschaden-haftpflicht-versicherungen
	  – GüKG-Police
	  – CMR-Police
	• Betriebshaft-pflichtversicherung
	• SpV-Selbstbetei-ligung
	• Haftungs-versicherung des Spediteurs
		• Transport-versicherung für fremde Rechnung
		• Lagerversicherung für fremde Rechnung
			• Kfz-Versicherung für private Fahrzeuge
			• Lebensversicherung des Unternehmers
			• alle anderen privaten Versicherungen

Abgrenzungskonten ↓ Kontenklasse 2	Kostenartenkonten ↓ Kontenklasse 4	Auftragsgebundene Speditionskosten ↓ Kontenklasse 7	Finanz- und Privatkonten ↓ Kontenklasse 1
Übernahme in Kostenrechnung in anderer (abgegrenzter) Höhe	Übernahme in Kostenrechnung in gleicher Höhe	Übernahme in Kostenrechnung in gleicher Höhe	keine Übernahme in Kostenrechnung

Muster-AUFGABE

1 AR an Kunde SANTEX GmbH, Lkw-Sped.-Leist. .... 16.000,00 €
Transportversicherungsprämie . . . . 400,00 €
16.400,00 €
+ USt . . . . 3.116,00 €[1]
19.516,00 €

2 Die Transportversicherungsprämie aus Musteraufgabe 1 wird unter Abzug von 5 % Provision an den Versicherer abgeführt.

3 Bankabbuchungen: GüKG-Police . . . . 2.600,00 €
Gebäudehaftpflichtversicherung . . . . 1.225,00 €
Prämie für Haftungsversicherung . . . . 8.145,00 €
Lebensvers. des Unternehmers . . . . 718,00 €

---

[1] In der Praxis gibt es keine einheitliche Regelung, ob SpV-Prämien umsatzsteuerpflichtig sind oder nicht.

Geschäftsprozesse dokumentieren und Zahlungsvorgänge bearbeiten

LÖSUNG

1 1400 Forderungen .... 19.516,00 €
    an 84 Kraftwagenspedition .... 16.400,00 €
       1669 Umsatzsteuer .... 3.116,00 €

2 Die Transportversicherungsprämie beträgt 400,00 €. Nach Abzug von 5 % Provision überweist der Spediteur 380,00 € an den Versicherer. Direkte Belastung bei einzelnem Auftrag möglich.

   74 Kraftwagenspedition .... 380,00 €
    an 102 Bank .... 380,00 €

3 GüKG-Police = Betriebliche Versicherung (Konto-Klasse 4)
Direkte Belastung bei einzelnem Auftrag nicht möglich.
   452 Güterschadenhaftpflichtversicherung .... 2.600,00 €
    an 102 Bank .... 2.600,00 €

Gebäudehaftpflichtversicherung = Betriebliche Versicherung (Konto-Klasse 2)
Direkte Belastung bei einzelnem Auftrag nicht möglich.
   242 Grundstück- und Gebäudeaufwand .... 1.225,00 €
    an 102 Bank .... 1.225,00 €

Prämie für Haftungsversicherung = Betriebliche Versicherung (Konto-Klasse 4)
Direkte Belastung bei einzelnem Auftrag nicht möglich.
   454 Prämie an Haftungsversicherung .... 8.145,00 €
    an 102 Bank .... 8.145,00 €

Prämie für Lebensversicherung des Unternehmers = private Versicherung (Konto-Klasse 1)
   18 Privat .... 718,00 €
    an 102 Bank .... 718,00 €

AUFGABEN zum Sachverhalt 1–5

1	Bankabbuchungen:	CMR-Police	17.800,00 €
		Gebäudefeuerversicherung	5.645,00 €
		Kfz-Versicherung	7.490,00 €
2	Abführung der Transportversicherungsprämien		6.400,00 €
	abzüglich 5 % Provision		320,00 €
	Überweisungsbetrag		6.080,00 €
3	Anfallende Selbstbeteiligungen, Überweisungsbetrag		1.625,00 €
4	Bankabbuchung:	Lebensversicherungsprämie des Unternehmers	582,00 €
5		AR, Speditionsleistungen Kraftwagenspedition	19.000,00 €
		Transportversicherungsprämie	1.000,00 €
		Nettobetrag	20.000,00 €
		+ 19 % USt	3.800,00 €
			23.800,00 €

Steuern und Versicherungen

Zusammenfassende Aufgaben

1–17

1	Bankabbuchungen:	Kfz-Steuer	8.575,00 €
		Kfz-Versicherung	4.200,00 €
		DSLV-Beitrag.................	1.680,00 €

2	AR, Speditionsleistungen netto	4.248,00 €
	+ Transportversicherungsprämie	152,00 €
		4.400,00 €
	+ 19 % USt	836,00 €
		5.236,00 €

3 Banküberweisung an Versicherer, Transportversicherungsprämie abzüglich 5 % Provision. — 152,00 €

4 Steuerbescheid des Finanzamtes für eine neue Lagerhalle:
Grunderwerbsteuer .... 4.200,00 €
Grundsteuer .... 600,00 €

5 Der Speditionsversicherer belastet uns mit Selbstbeteiligung von 1.245,00 €. Der Betrag wird sofort überwiesen.

6 Banküberweisungen: Lohn- und Kirchensteuer
der Arbeitnehmer .... 8.645,00 €
Einkommenst. des Unternehmers .... 490,00 €
CMR-Police .... 2.938,00 €

7 Banküberweisung für IHK-Beiträge .... 3.825,00 €

8 Bankgutschrift für Einkommensteuerrückzahlung an Unternehmer .... 2.182,00 €

9 Einfuhrabfertigung für Kunden Lang GmbH, Zoll und EUSt werden an die Zollbehörde überwiesen .... 12.695,00 €

10 ADSp-Schadenfall, Selbstbeteiligung, Überweisungsbetrag ..... 3.450,00 €

11 Bankabbuchungen: USt-Zahllast November.............. 38.917,00 €
Gewerbesteuer.................... 8.500,00 €
DSLV-Beitrag .... 1.115,00 €

12 AR an Kunden Lang GmbH, Einfuhrabfertigung einschließlich Zollvorlage: Zollvorlage 12.695,00 €; Provision 350,00 € + 19 % USt (siehe Aufgabe 9)

13 Bankabbuchung für Kfz-Steuer .... 785,00 €

14 Die Kfz-Steuer (Aufgabe 13) betrifft zu 20 % private Zwecke.

15 ER, Hubwagen für das Speditionslager wird aus der Schweiz importiert:
Hubwagen .... 1.200,00 €
Einfuhrzoll .... 100,00 €
Einfuhrumsatzsteuer .... 247,00 €
.... 1.547,00 €

16 Bankabbuchungen: Gebäudefeuerversicherung.............. 915,00 €
Lebensversich. des Unternehmers .... 372,00 €
Grundsteuer .... 955,00 €

17 Müllgebühren werden vom Bankkonto abgebucht; 220,00 € + 41,80 € USt.

Geschäftsprozesse dokumentieren und Zahlungsvorgänge bearbeiten

18 Die Umsatzsteuer im internationalen Handel

Die Berechnung und Erhebung der USt im internationalen Handel ist davon abhängig, ob es sich um einen **Handel mit Drittländern** (Kauf/Verkauf über die Grenzen der EU hinweg) oder um einen **innergemeinschaftlichen Erwerb** (Kauf/Verkauf innerhalb der EU) handelt. Einfuhren aus einem **Drittland** in das Zollgebiet der EU unterliegen der **Einfuhrumsatzsteuer** (EUSt). Einfuhren aus einem **EU-Land** in ein anderes EU-Land unterliegen als innergemeinschaftlicher Erwerb der **USt**.

18.1 Handel mit Drittländern

Bei der **Ausfuhr** in Drittländer bleiben Ware, Transportleistung und Besorgungsleistung **im Ausfuhrland umsatzsteuerfrei**, da im Ausfuhrland kein Verbrauch stattfindet. Bei der **Einfuhr** aus einem Drittland ist die Ware sowie die Beförderungsleistung und alle damit in Zusammenhang stehenden sonstigen Leistungen im Bestimmungsland (z. B. EU-Staat) **einfuhrumsatzsteuerpflichtig**. Der Einfuhrumsatzsteuersatz entspricht den Umsatzsteuersätzen der einzelnen Länder. Die **Bemessungsgrundlage für die Berechnung der EUSt** ist der Warenwert am ersten inländischen Bestimmungsort einschließlich aller bis dahin angefallenen Kosten wie Transport- und Versicherungsentgelte sowie Zoll.

Übersicht: Einfuhr aus einem Drittland/ Ausfuhr in ein Drittland

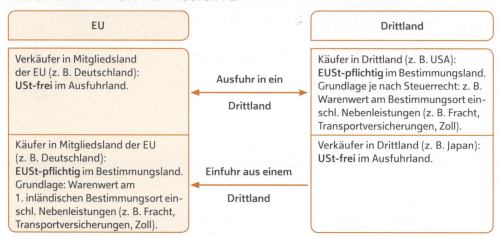

Die Umsatzsteuer im internationalen Handel

1 Muster-AUFGABE

Ausfuhr in ein Drittland: Spedition Hermes & Co. besorgt im Selbsteintritt für die Nester KG, Hersteller von Blechdosen, den Versand von 28 Paletten Weißblechdosen von Göttingen nach Luzern/Schweiz. Das vereinbarte Nettoentgelt beträgt 800,00 €. Buchen Sie die Ausgangsrechnung (Transportkosten).

LÖSUNG

Da es sich hier um einen **grenzüberschreitenden Speditionsauftrag** handelt – die Besorgung und Durchführung eines Lkw-Transportes von Göttingen über die EU-Außengrenze nach Luzern – rechnet Spedition Hermes & Co. ihrem Auftraggeber den Auftrag nach § 4 Nr. 3 Satz 1 UStG steuerfrei ab.

Buchung der Ausgangsrechnung (Transportkosten):

1400	Forderungen	800,00 €
an 85	Lkw-Spedition	800,00 €

2 Muster-AUFGABE

Import aus einem Drittland: Spedition Euro-Fracht AG, transportiert im Selbsteintritt 13,6 t russischen Tabak per Lkw von Moskau nach Kaiserslautern. Das vereinbarte Nettoentgelt beträgt 1.850,00 € für den Transport (850,00 € für die Strecke außerhalb der EU und 1.000,00 € für die Strecke innerhalb der EU) und 150,00 € für die Eingangsabfertigung. Der Warenwert beträgt 28.000,00 € je Tonne, der Zollsatz für Tabak aus der Russischen Föderation (Russland) 18,4 %.

a) Buchen Sie die Eingangsrechnung (Transportkosten).
b) Ermitteln und buchen Sie die Eingangsabgaben.

LÖSUNG

Importe aus Drittländern sind einfuhrumsatzsteuerpflichtig, damit die eingeführte Ware genauso hoch belastet ist wie im Inland hergestellte und besteuerte Ware. Als Basis für die Berechnung der Einfuhrumsatzsteuer dient der Warenwert am ersten Bestimmungsort im Inland. Der Warenwert enthält den Rechnungspreis, alle Transport- und Besorgungskosten bis zum ersten inländischen Bestimmungsort sowie den Zoll.

a) Die **grenzüberschreitende Beförderung** Moskau – Kaiserslautern ist umsatzsteuerfrei. Buchung der Eingangsrechnung (Transportkosten):

70	Internationale Spedition	1.850,00 €
an 1600	Verbindlichkeiten	1.850,00 €

b) Dem Wert der Ware müssen die Beförderungskosten bis Kaiserslautern, die Kosten der Eingangsabfertigung und der Zoll zugerechnet werden. Von diesem Betrag ist die EUSt zu berechnen.

	Warenwert 28.000,00 €/t · 13,6 t =	380.800,00 €
+	18,4 % Zoll vom Cif-Wert an der EU-Grenze	
	Warenwert .... 380.800,00 €	
+	Transportkosten bis EU-Grenze .... 850,00 €	
	Zollwert	381.650,00 €
	18,4 % von 381.650,00 €	70.223,60 €
+	Transportkosten bis zum ersten inländischen Bestimmungsort	1.000,00 €
+	Kosten der Eingangsabfertigung	150,00 €
	EUSt-Wert	453.023,60 €
	19 % EUSt von 453.023,60 €	86.074,48 €

Fortsetzung →

Geschäftsprozesse dokumentieren und Zahlungsvorgänge bearbeiten

1 Buchung beim Spediteur, der am Stundungsverfahren teilnimmt:

70 Internationale Spedition .... 156.298,08 €
   an 1668 Verbindlichkeiten aus Eingangsabg. .... 156.298,08 €

2 AR an Auftraggeber:

1400 Forderungen .... 156.298,08 €
   an 80 Internationale Spedition .... 156.298,08 €

18.2 Innergemeinschaftlicher Erwerb

Beim Warenhandel innerhalb der EU erfolgt die **Besteuerung innergemeinschaftlicher Lieferungen** nach dem **USt-Binnenmarktgesetz**[1]. Innergemeinschaftliche grenzüberschreitende Beförderungsleistungen und alle damit in Zusammenhang stehenden sonstigen Leistungen (z. B. Besorgen von Akkreditiv, Konsulats-, Handels-und Zollfaktura, Kassieren von Nachnahmen, Schreiben von Frachtbriefen, Borderos, ...) unterliegen der USt.

Die **Erhebung** erfolgt wie bei Lieferungen und Leistungen im Inland oder beim Selbstverbrauch (Privatentnahmen von Waren und Leistungen) **durch Selbstanmeldung** (Monats-/Jahresmeldung) beim zuständigen Finanzamt.

Die Besteuerung innergemeinschaftlicher Güterbeförderungen erfolgt seit dem 01.01.2010 gemäß § 3 a Abs. 2 UStG grundsätzlich am Ort des Leistungsempfängers (**Empfängerortprinzip**). Das bisherige Reverse-Charge-Verfahren bei dem sich der Ort der Leistung durch Verwendung der USt-Identifikationsnummer (USt-IdNr.) in den Mitgliedsstaat verlagert, der die USt-IdNr. erteilt hat, ist hinfällig.

Übersicht: Innergemeinschaftliche Lieferung (Versendung)/ Innergemeinschaftlicher Erwerb (Eingang)/ Innergemeinschaftliche Güterbeförderung

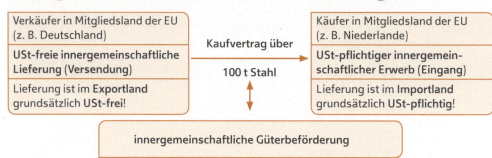

---

[1] Durch das USt-Binnenmarktgesetz wurden die innergemeinschaftliche Leistung (innergemeinschaftliche Lieferung/innergemeinschaftlicher Erwerb) und die innergemeinschaftliche Beförderungsleistung als Übergangslösung in das deutsche Umsatzsteuergesetz eingeführt. Voraussetzung für einen voll funktionsfähigen EU-Binnenmarkt ist die Harmonisierung der USt. Kernpunkte dieser USt-Harmonisierung müssten sein:
 – die Besteuerung erfolgt im Abgangsland,
 – die Umsatzsteuern sind über ein Clearingsystem abzurechnen, das die richtige Zuweisung der vereinnahmten Steuern auf die einzelnen EU-Länder besorgt,
 – die Umsatzsteuersätze der EU-Länder sind anzugleichen.

Die Umsatzsteuer im internationalen Handel

MERKE

Eine innergemeinschaftliche Beförderungsleistung ist grundsätzlich in dem Land umsatzsteuerpflichtig, in dem der Leistungsempfänger seinen Sitz hat.

- Speditionen müssen innergemeinschaftliche Transporte in einer zusammenfassenden Meldung erfassen.

- Deutsches Umsatzsteuerrecht ist bei einem Transport nur anwendbar, wenn dieser
  - von einem Unternehmer,
  - im Inland (d.h., der Ort der Leistung liegt in Deutschland),
  - gegen Entgelt und
  - für unternehmerische Zwecke

  ausgeführt wird.
  Sind alle Bedingungen erfüllt, erstellt das ausführende Unternehmen eine Rechnung mit deutscher USt.

- Findet das deutsche USt-Recht keine Anwendung, erstellt das ausführende Unternehmen eine Rechnung ohne deutsche USt.
  - Liegt der Leistungsort innerhalb der EU, erfolgt die Besteuerung nach dem jeweiligen USt-Gesetz des Mitgliedslandes.
  - Liegt der Leistungsort in einem Drittland, erfolgt die Besteuerung des Transportes im Rahmen der Ermittlung der EUSt.

Übersicht

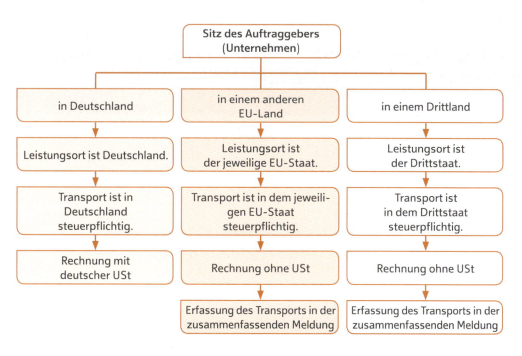

Geschäftsprozesse dokumentieren und Zahlungsvorgänge bearbeiten

Muster-AUFGABE mit LÖSUNG

Prüfen Sie, ob die Rechnungen für folgende Transportleistungen in Deutschland zu versteuern sind.

1. Ein deutscher Frachtführer transportiert für ein deutsches Unternehmen Waren von Stuttgart nach Hamburg.
   Sitz des Auftraggebers: .... Deutschland
   Innergemeinschaftlicher (innerdeutscher) Transport: .... ja
   Leistungsort: .... Deutschland
   Rechnung mit deutscher USt: .... ja
   Zusammenfassende Meldung: .... nein

2. Ein deutscher Frachtführer transportiert für ein französisches Unternehmen Waren von Stuttgart nach Hamburg.
   Sitz des Auftraggebers: .... Frankreich
   Innergemeinschaftlicher (innerdeutscher) Transport: .... ja
   Leistungsort: .... Frankreich
   Rechnung mit deutscher USt: .... nein
   Zusammenfassende Meldung: .... ja

3. Ein deutscher Frachtführer transportiert für ein deutsches Unternehmen Waren von Dänemark nach Belgien.
   Begründen Sie, welches USt-Recht gilt.
   Sitz des Auftraggebers: .... Deutschland
   Innergemeinschaftlicher (innerdeutscher) Transport: .... ja
   Leistungsort: .... Deutschland
   Rechnung mit deutscher USt: .... ja
   Zusammenfassende Meldung: .... nein

4. Ein französischer Frachtführer transportiert für ein deutsches Unternehmen Waren von Italien nach Österreich.
   Sitz des Auftraggebers: .... Deutschland
   Innergemeinschaftlicher (innerdeutscher) Transport: .... ja
   Leistungsort: .... Deutschland
   Rechnung mit deutscher USt: .... ja
   Zusammenfassende Meldung: .... nein

5. Ein deutscher Frachtführer transportiert für ein französisches Unternehmen Waren von Köln nach Amsterdam.
   Sitz des Auftraggebers: .... Frankreich
   Innergemeinschaftlicher (innerdeutscher) Transport: .... ja
   Leistungsort: .... Frankreich
   Rechnung mit deutscher USt: .... nein
   Zusammenfassende Meldung: .... ja

Fallstudie: Geschäftsprozesse dokumentieren und Zahlungsvorgänge bearbeiten

Bei der Spedition Knoll GmbH, Heilbronn,
fallen unter anderem folgende Geschäftsfälle an:

1. Kauf und Verbrauch von Vorräten
1.1 Eingangsrechnung für Kauf von 22 500 Litern Dieseltreibstoff zum Nettopreis von 1,31 €/Liter. Buchen Sie die Eingangsrechnung.
1.2 Ein Fahrzeug der Spedition Knoll tankt an der Betriebstankstelle 680 Liter.
1.2.1 Buchen Sie die Entnahme.
1.2.2 Begründen Sie, warum bei der Entnahme durch ein betriebseigenes Fahrzeug keine Umsatzsteuer gebucht wird.
1.3 Ein Lkw eines Subunternehmens tankt an der Betriebstankstelle 520 Liter.
1.3.1 Buchen Sie den Verbrauch.
1.3.2 Buchen Sie die Ausgangsrechnung an den Subunternehmer, Nettopreis/Liter: 1,40 €.
1.4 Fahrer Moll legt nebenstehenden Tankbeleg vor. Buchen Sie den Geschäftsfall.
1.5 Ermitteln Sie den Bestand an Diesel, wenn bei der Neulieferung von 26 500 Litern noch ein Dieselvorrat von 3 200 Litern vorhanden war.

```
Tank- und Rastanlage
Autohof Oldenburger Land
A1, Abfahrt Vechta Bakun
Tel. 04446 12444
USt-IdNr.: DE 135 566 897

Datum:                    12.07.20..
Kraftstoffart:                 Diesel
Menge in Liter:               432,97
Literpreis, netto:          1,31 EUR
Nettopreis:               567,19 EUR
19 % USt:                 107,77 EUR
Gesamtpreis:              674,96 EUR

Betrag dankend erhalten
              Gute Fahrt
              Ihr Autohof
        ★ Oldenburger Land ★
```

2. Lohn- und Gehaltszahlungen
Lohnzahlung (Sammelüberweisung) an Fahrer der Sped. Knoll GmbH

Bruttolöhne	13.280,00 €
Lohnsteuer	2.921,60 €
Kirchensteuer	233,73 €
Solidaritätszuschlag	160,69 €
Sozialversicherungsbeiträge der Arbeitnehmer	2.679,24 €
Sozialversicherungsbeiträge des Arbeitgebers	2.559,72 €

2.1 Buchung des Bankeinzugs der SV-Beiträge.
2.2 Buchung der Lohnzahlung.
2.3 Buchung des Arbeitgeberanteils zur Sozialversicherung.
2.4 Überweisung der lohn- und gehaltsabhängigen Steuern zum 10. des Folgemonats.
2.5 Die Arbeitskosten je Arbeiterstunde betrugen im Jahr 20.. in Deutschland 29,80 €. Der durchschnittliche Stundenlohn betrug 20,98 €, die restlichen 8,82 € waren Personalzusatzkosten.
2.5.1 Begründen Sie, in welcher Kontenklasse die Personalzusatzkosten gebucht werden.
2.5.2 Beschreiben Sie die Auswirkungen der Personalzusatzkosten auf die Gewinn- und Verlustrechnung eines Speditionsunternehmens.

Geschäftsprozesse dokumentieren und Zahlungsvorgänge bearbeiten

3. Abrechnung mit Auftraggebern und Frachtführern

3.1 Ausgangsrechnung an unseren Auftraggeber „Süddeutsches Handelskontor München GmbH" für erbrachte Kraftwagenspeditionsleistungen, netto 2.189,73 € + 19 % USt 416,05 €

3.1.1 Buchen Sie die Ausgangsrechnung.

3.1.2 Buchen Sie den Zahlungseingang.

3.2 Eingangsrechnung der Norddeutschen Eisenbahn Gesellschaft mbH für erbrachte Eisenbahntransporte von Hamburg nach Köln, netto 32.800,00 € + 19 % USt 6.232,00 €

3.2.1 Buchen Sie die Eingangsrechnung.

3.2.2 Begründen Sie, warum diese Eingangsrechnung in der Kontenklasse 7 gebucht wird.

3.2.3 Buchen Sie die Zahlung.

3.3 Abbuchung der Güterschadenhaftpflichtversicherung für eigene Fahrzeuge, 4.890,00 €.

3.3.1 Buchen Sie die Zahlung.

3.3.2 Begründen Sie, warum die Güterschadenhaftpflichtversicherung in der Kontenklasse 4 gebucht wird.

4. Kauf von Anlagevermögen (Lieferwagen) im Mai 20..

4.1 Buchen Sie die Eingangsrechnung.

4.2 Buchen Sie den Zahlungsausgleich.

4.3 Die betriebsgewöhnliche Nutzungsdauer des Fahrzeuges beträgt acht Jahre. Buchen Sie die lineare Abschreibung des Fahrzeuges am Jahresende des Anschaffungsjahres.

4.4 Abbuchung der Kfz-Versicherung für ein Jahr, 370,26 €

Fallstudie: Geschäftsprozesse dokumentieren und Zahlungsvorgänge bearbeiten

5. Kauf von Anlagevermögen (Büro- und Geschäftsausstattung) 20..

Bürohaus STRAUB GmbH

Bürohaus Straub GmbH, Wiesensteig 17, 74080 Heilbronn

Spedition
Knoll GmbH
Kanalstraße 17
74080 Heilbronn

Wiesensteig 17
74080 Heilbronn
Tel.: 07131 351221
Fax: 07131 351442

E-Mail: buerostraub.heilbronn@wvd.de
www.buerostraub.heilbronn-wvd.de

Rechnung Nr. 09-05/091   **Rechnungsdatum:** 06.09.20..

Anzahl	Best.-Nr.	Artikel	Einzelpreis	Gesamtbetrag
04	29/02	Schreibtisch, Eiche dunkel, 0,90 x 1,80	1.200,00 €	4.800,00 €
04	31/19	Schreibtischsessel, schwarz, Leder, mit Armlehnen, verstellbar	580,00 €	2.320,00 €
15	31/81	Konferenzstühle, grau mit Auflage	198,00 €	2.970,00 €
		netto		10.090,00 €
		+ 19 % USt		1.917,10 €
		brutto		12.007,10 €

Rechnung zahlbar innerhalb von 20 Tagen
Bei Zahlung innerhalb von 8 Tagen 2 % Skonto

Bankverbindungen:
Kreissparkasse Heilbronn • 022 769 841 • BLZ 620 500 00
IBAN DE63 6205 0000 0022 7698 41 • BIC HEISDE66XXX
Volksbank Heilbronn • 241 513 322 • BLZ 620 901 00
IBAN DE63 6205 0000 0022 7698 41 • BIC GENODES1VHN

Steuer-Nr: 65 823 4875 4
Geschäftsführerin: Helga Straub
HRB 1419 Amtsgericht Heilbronn
Erfüllungsort und Gerichtsstand: Heilbronn

5.1 Buchen Sie die Eingangsrechnung.

5.2 Nach eingehender Kontrolle werden zwei der Konferenzstühle nach Rücksprache wegen starken Mängeln an das Bürohaus Straub zurückgegeben. Korrigieren Sie die unter 5.1 vorgenommene Buchung.

5.3 Buchen Sie die Zahlung.

5.3.1 Die Zahlung erfolgt am 26.09.20…

5.3.2 Die Zahlung erfolgt am 14.09.20…

B

Geschäftsprozesse erfolgsorientiert steuern

1 Gliederung des Rechnungswesens

Das speditionelle **Rechnungswesen** gliedert sich in die vier Teilbereiche **Geschäftsbuchführung, Kosten- und Leistungsrechnung, Statistik** und **Planung**. In diesem Kapitel wird die Kosten- und Leistungsrechnung dargestellt.

Aufgaben der Geschäftsbuchführung	Aufgaben der Kosten- und Leistungsrechnung
1. Chronologische Erfassung aller Geschäftsfälle auf Bestands- und Erfolgskonten.	1. Erfassung sämtlicher Kosten.
2. Erstellung des **Jahresabschlusses** am Ende der Abrechnungsperiode.	2. Gegenüberstellung von Kosten und Speditionsleistungen einer Abrechnungsperiode.
3. Rechenschaftslegung und Information für die Bilanzadressaten: • Unternehmer und Gesellschafter • Finanzamt • Kreditgeber • Öffentlichkeit	3. Ermittlung von Preisuntergrenzen für die einzelnen Speditionsleistungen, z. B. Selbstkosten.
	4. Kontrolle der Speditionsabteilungen in ihrer Kostenentwicklung.
	5. Ertragsverbesserungen, z. B. durch Kostensenkungen.
	6. Rechenschaftslegung für den Unternehmer.
interne und externe Adressaten	interner Adressat
Vorschriften für die Darstellung der Geschäftsbuchführung	**Vorschriften für die Darstellung der Kosten- und Leistungsrechnung**
Handelsgesetzbuch HGB Einkommensteuergesetz EStG	**Keine Vorschriften, da lediglich für interne Zwecke.**

| Grundbegriffe | B¹⁴³ |

Grundbegriffe 2

Verschiedene ökonomische Ausdrücke, z. B. Ausgabe, Aufwand, Kosten, werden umgangssprachlich gleichbedeutend verwendet. In den einzelnen Teilbereichen des Rechnungswesens werden die verschiedenen Größen begrifflich streng getrennt. Ihre **Kenntnis und Unterscheidung** ist eine Voraussetzung, um die Probleme zu verstehen, die sich in der Kosten- und Leistungsrechnung ergeben.

Ausgaben – Einnahmen 2.1

Ausgaben stellen **Geldmittelabfluss** dar. Es sind die von dem Unternehmen gezahlten Geldbeträge.

Beispiele: – Lohnzahlungen
– Banküberweisung für Lkw

Einnahmen stellen **Geldmittelzufluss** dar. Es sind die an das Unternehmen gezahlten Geldbeträge.

Beispiele: – Bankgutschrift für erbrachte Speditionsleistung
– Bankgutschrift für zu viel bezahlte Steuern

Ausgaben und Einnahmen werden in der Geschäftsbuchführung erfasst. Sie sind Begriffe der Geldrechnung (Kassenrechnung).

Aufwendungen – Erträge 2.2

Aufwendungen und Erträge sind ebenfalls Begriffe der Geschäftsbuchführung. Alle Aufwendungen und Erträge werden in der Geschäftsbuchführung erfasst. In der Gewinn- und Verlustrechnung wird das Unternehmensergebnis als Saldo zwischen Erträgen und Aufwendungen errechnet.

Aufwendungen 2.2.1

Aufwendungen lassen sich in Zweckaufwendungen und neutrale Aufwendungen einteilen.

Zweckaufwendungen sind betriebsbezogene Aufwendungen. Sie sind zugleich Kosten, weil sie Aufwendungen darstellen, die zur Erreichung des Betriebszwecks notwendig sind. Sie dienen ausschließlich der Erfüllung des Betriebszwecks und sind die Grundlage für die Kosten- und Leistungsrechnung.

Beispiele: – Zahlung von Löhnen und Gehältern
– Verbrauch von Treibstoffen
– Zahlung der Betriebshaftpflichtversicherung

Neutrale Aufwendungen sind unternehmensbezogene Aufwendungen. Sie müssen von den betriebsbezogenen Aufwendungen abgegrenzt werden, da sie entweder für den Betriebsablauf periodenfremd, ungewöhnlich bzw. atypisch sind oder mit der betrieblichen Leistungserstellung nichts zu tun haben.

Neutrale Aufwendungen werden nicht in der Kostenrechnung berücksichtigt. Sie verhalten sich also in Bezug auf die Kalkulation neutral und werden deshalb neutrale Aufwendungen genannt.

225143143

Die **neutralen Aufwendungen** werden unterteilt in:

- **Betriebsfremde Aufwendungen**
  Es besteht kein Zusammenhang mit der betrieblichen Leistungserstellung.

  Beispiel: – Spende für das Rote Kreuz

- **Sonstige Aufwendungen**
  Sie stehen im Zusammenhang mit dem Betriebszweck. Ihre Erfassung als betrieblicher Zweckaufwand würde jedoch wegen ihrer außergewöhnlichen bzw. schwankenden Höhe die Aussagefähigkeit des Betriebsergebnisses beeinträchtigen.

  Beispiele: – Verkauf eines gebrauchten Lkw unter Buchwert
  – Unwetterschäden

- **Periodenfremde Aufwendungen**
  Betriebsbezogene Aufwendungen, die jedoch eine frühere Periode betreffen und deshalb nicht in die Kalkulation der laufenden Periode einbezogen werden dürfen.

  Beispiele: – Nachzahlung der Gewerbesteuer für vergangene Jahre
  – Prozesskosten für einen im vergangenen Jahr abgeschlossenen Prozess sind höher als die gebildete Rückstellung.

Aufwendungen werden nach dem DSLV-Kontenrahmen (siehe Anhang) in den Kontenklassen 2, 4 und 7 dargestellt.

In den Kontenklassen 4 (Betriebskosten) und 7 (auftragsbedingte Einzelkosten) werden die Zweckaufwendungen dargestellt. Es handelt sich um aufwandsgleiche Kosten, die **unverändert** in die Kalkulation eingehen. In der Kontenklasse 2 (Abgrenzungskonten) werden zunächst die neutralen Aufwendungen dargestellt. Neutrale Aufwendungen werden nicht in die Kosten- und Leistungsrechnung übernommen.

Speditionskontenrahmen des DSLV

Kontenklasse 2 (Abgrenzungskonten)	**Kontenklasse 4** (Betriebskosten)
z. B. 21 Betriebs- und periodenfremde Aufwendungen 23 Steuern vom Einkommen und Ertrag 24 Sonstige Aufwendungen	z. B. 40 Lohn- und Lohnnebenkosten 41 Gehalts- und Gehaltsnebenkosten 42 Fuhrparkkosten 43 Raumkosten 44 Verwaltungskosten 45 Steuern, Versicherungen 46 Unternehmenskosten
⬇ **Keine Übernahme in die Kosten- und Leistungsrechnung, da es sich um neutrale Aufwendungen handelt**	**Kontenklasse 7** auftragsgebundene, direkt zurechenbare Speditionskosten
22 Zinsen und ähnliche Aufwendungen	z. B. 70 Internationale Speditionskosten 74 Kraftwagenspeditionskosten 77 Möbelspeditionskosten
⬇ **Übernahme in die Kosten-und Leistungsrechnung nach Umbewertung als kalkulatorische Zinsen**	⬇ **Übernahme in die Kosten- und Leistungsrechnung**

Grundbegriffe

Erträge 2.2.2

Erträge sind alle Vorgänge, die das Eigenkapital vermehren. Sie sind Wertzugänge, die dem Unternehmen innerhalb einer Rechnungsperiode zufließen. Erträge werden in Betriebserträge und neutrale Erträge unterteilt.

Betriebserträge sind Wertezuflüsse, die Ergebnisse der betrieblichen Leistungserstellung im Speditionsbetrieb sind. Sie setzen sich zusammen aus:
- Speditionserlösen, z. B. Verkauf von Speditionsleistungen.
- Warenverkauf im Nebenbetrieb, z. B. Treibstoffverkauf an Betriebsfremde.

Neutrale Erträge werden – analog zu den neutralen Aufwendungen – folgendermaßen unterteilt:

- Betriebsfremde Erträge
  Es besteht kein Zusammenhang mit der Leistungserstellung im Speditionsbetrieb.

  Beispiel: Kursgewinne aus Wertpapierverkäufen

- Sonstige Erträge
  Sie stehen im Zusammenhang mit dem Betriebszweck der Spedition, sind jedoch wegen ihrer Unvorhersehbarkeit nicht kalkulierbar.

  Beispiel: Verkauf eines gebrauchten Lkw über dem Buchwert

- Periodenfremde Erträge
  Sie stellen häufig die Korrektur vorgezogener überhöhter Aufwendungen dar.

  Beispiele: – Rückerstattung von im vergangenen Jahr zu viel bezahlter Kfz-Versicherung

  – Auflösung einer im Vorjahr zu hoch angesetzten Prozesskostenrückstellung

  – Gutschriften von Zeitrabatten (nachträglich gewährten Seefrachtrabatten) für im Vorjahr bezahlte Seefracht

Betriebserträge werden nach dem DSLV-Kontenrahmen in der Kontenklasse 8 (Speditionserlöse) dargestellt. Die neutralen Erträge, gebucht in Kontenklasse 2, werden nicht in die Kosten- und Leistungsrechnung übernommen. Sie verhalten sich also in Bezug auf die Kalkulation neutral und werden deshalb neutrale Erträge genannt.

Speditionskontenrahmen des Deutschen Speditions- und Logistikverbandes (DSLV)

Kontenklasse 2 (Abgrenzungskonten)	Kontenklasse 8 (Speditionserlöse)
z. B. 26 Betriebs- und periodenfremde Erträge 27 Zinserträge 28 Sonstige Erträge	z. B. 80 Internationale Speditionsleistungen 81 Seehafenspeditionsleistungen 84 Kraftwagenspeditionsleistungen 87 Möbelspeditionsleistungen 88 Logistikprojekte 89 Umsatzerlöse im Nebenbetrieb
⬇ Keine Übernahme in die Kosten- und Leistungsrechnung, da es sich um neutrale Aufwendungen handelt	⬇ Übernahme in die Kosten- und Leistungsrechnung

Geschäftsprozesse erfolgsorientiert steuern

2.3 Kosten und Leistungen im Speditionsbetrieb

Kosten und Leistungen sind Begriffe der Kosten- und Leistungsrechnung. Sie sind betriebsbezogen.

Als Kosten bezeichnet man den wertmäßigen Verbrauch an Gütern, Diensten und Abgaben in einer Abrechnungsperiode zur Erstellung und Verwertung von Leistungen.

Von den gesamten Aufwendungen der Geschäftsbuchführung gehen lediglich die betrieblichen Aufwendungen als Grundkosten unmittelbar in die Kosten- und Leistungsrechnung ein. Darüber hinaus weist die Kosten- und Leistungsrechnung Kosten aus, für die in der Geschäftsbuchführung Aufwendungen in anderer Höhe oder keine Aufwendungen gebucht werden. (vgl. Kapitel 3.3)

Leistungen. Betriebliche Erträge sind das Ergebnis der betrieblichen Leistungserstellung und -verwertung. In der Kosten- und Leistungsrechnung werden sie daher als Leistungen bezeichnet.

Zusammenfassende Aufgaben

1 Die Treibstoffrechnungen einer Tankstelle für die letzte Dezemberwoche werden im Januar beglichen.
  a) In welchem Jahr handelt es sich um eine Ausgabe?
  b) In welchem Jahr handelt es sich um einen Aufwand?
  c) In welchem Jahr handelt es sich um Kosten?

2 Einem Kunden wird im Dezember eine erbrachte Frachtleistung in Rechnung gestellt. Der Kunde bezahlt im Januar.
  a) In welchem Jahr handelt es sich um eine Einnahme?
  b) In welchem Jahr handelt es sich um einen Ertrag?
  c) In welchem Jahr handelt es sich um Leistungen?

3 Stellen Sie fest, in welcher Höhe im laufenden Geschäftsjahr neutrale Aufwendungen, Zweckaufwendungen und Grundkosten anfallen.
  a) Lohnzahlung an Lagerarbeiter .... 2.800,00 €
  b) Eingekaufter Treibstoff wird verbraucht .... 1.790,00 €
  c) Spende an das Rote Kreuz .... 500,00 €
  d) Ein gebrauchter Lkw wird für 30.000,00 € netto verkauft. Der Buchwert beträgt 40.000,00 €.
  e) Banküberweisung für Gewerbesteuer .... 5.800,00 €
     Im Vorjahr wurde für die zu erwartende Nachzahlung eine Rückstellung in Höhe von 4.500,00 € gebildet.

4 Handelt es sich bei folgenden Geschäftsfällen um Ausgaben, Aufwendungen, Kosten, Einnahmen, Erträge oder Leistungen? Begründen Sie Ihre Antwort.
  a) Treibstoffverbrauch
  b) Zinsgutschrift der Bank für eine festverzinsliche Anleihe
  c) Treibstoffeinkauf auf Vorrat wird durch Bankscheck bezahlt.
  d) Abschreibung auf Lkw, der vor einigen Jahren angeschafft wurde
  e) unentgeltlicher Möbelumzug für einen Kindergarten
  f) Der Unternehmer leistet eine Kapitaleinlage bar.
  g) Darlehenstilgung
  h) Löhne werden bar bezahlt.

3 Abgrenzungsrechnung – unternehmens- und betriebsbezogene Abgrenzungen

3.1 Aufgabe der Abgrenzungsrechnung

Die **Abgrenzungsrechnung** kann entweder buchhalterisch mit Buchungen in den Kontenklassen 2 und 4 oder außerhalb der Geschäftsbuchführung tabellarisch vorgenommen werden. In der Speditionspraxis wird häufig die tabellarische Abgrenzung gewählt, weil dann außerhalb der Geschäftsbuchführung die Kosten- und Leistungsrechnung erstellt werden kann. (vgl. Kapitel 3.4)

Die **Abgrenzungsrechnung** ist eine notwendige **Vorstufe** der **Kosten- und Leistungsrechnung**. Ihr Zweck besteht darin, aus den in der Geschäftsbuchführung erfassten gesamten Aufwendungen und Erträgen die neutralen abzugrenzen, da in die Betriebsergebnisrechnung nur die betrieblichen Aufwendungen als Kosten und die betrieblichen Erträge als Leistungen eingehen.

3.2 Unternehmensbezogene Abgrenzungen

3.2.1 Abgrenzung der neutralen Aufwendungen und Erträge

Die Abgrenzungsrechnung trennt die neutralen Aufwendungen und Erträge von den gesamten Aufwendungen und Erträgen der Geschäftsbuchführung, um sie von der Kosten- und Leistungsrechnung fern zu halten.

Erster Schritt der Abgrenzungsrechnung

Ermittlung der neutralen Aufwendungen: Welche Aufwendungen stellen keine Kosten dar?		Diese Aufwendungen werden nicht in die Kosten- und Leistungsrechnung übernommen.

3.2.2 Übernahme der aufwandsgleichen Kosten

Aus der Geschäftsbuchhaltung werden Aufwendungen in die Kosten- und Leistungsrechnung übernommen, die in gleicher Höhe Kosten darstellen. Man spricht von aufwandsgleichen Kosten oder Grundkosten.

Aufwandsgleiche Kosten sind die Kontenklassen 4 (Betriebskosten) und 7 (auftragsbedingte Einzelkosten).

Diese **Grundkosten** stellen den betriebsbedingten Werteverzehr dar, dem in der Geschäftsbuchführung in gleicher Höhe Aufwendungen gegenüberstehen. Diese Aufwendungen werden als Zweckaufwendungen bezeichnet. Da Grundkosten und Zweckaufwendungen gleich groß sind, werden die Grundkosten auch als aufwandsgleiche Kosten bezeichnet. Zweckaufwendungen werden in gleicher Höhe in die Kosten- und Leistungsrechnung übernommen.

Beispiele für Grundkosten = aufwandsgleiche Kosten:
- Treibstoffverbrauch
- Löhne
- Gehälter

Derartige Aufwendungen (Zweckaufwendungen, Grundkosten) werden ohne Korrektur aus der Geschäftsbuchführung in die Kosten- und Leistungsrechnung übernommen.

Zweiter Schritt der Abgrenzungsrechnung

| Ermittlung der Grundkosten: Welche Aufwendungen stellen in gleicher Höhe Kosten dar? | | Diese Aufwendungen werden in gleicher Höhe in die Kosten- und Leistungsrechnung übernommen. |

Aufgaben zum Sachverhalt

1

Die Geschäftsbuchführung der Spedition Schnell & Zuverlässig GmbH hat für das erste Quartal folgende Aufwendungen und Erträge (in €) erfasst:

21	Betriebs- und periodenfremde Aufwendungen A	67.000,00
26	Betriebs- und periodenfremde Erträge E	197.000,00
40	Lohn- und Lohnnebenkosten A	120.000,00
41	Gehalts- und Gehaltsnebenkosten A	135.000,00
42	Fuhrparkkosten	222.000,00
44	Verwaltungskosten	43.000,00
45	Sonstige Steuern, Versicherungen	8.500,00
70	Internationale Spedition	74.000,00
74	Kraftwagenspedition	114.000,00
75	Bahnspedition	49.000,00
80	Internationale Spedition E	149.000,00
84	Kraftwagenspedition E	580.000,00
85	Bahnspedition E	85.000,00

a) Ermitteln Sie das Unternehmensergebnis.
b) Ermitteln Sie das neutrale Ergebnis, indem Sie festlegen, welche Aufwendungen und Erträge nicht in die Kosten- und Leistungsrechnung übernommen werden.
c) Ermitteln Sie das Betriebsergebnis, indem Sie festlegen, welche Aufwendungen und Erträge in die Kosten- und Leistungsrechnung übernommen werden.
d) Beurteilen Sie die Erfolgssituation des Unternehmens.

Abgrenzungsrechnung – unternehmens- und betriebsbezogene Abgrenzungen

Die Geschäftsbuchführung der Spedition Max Müller & Co. OHG weist für das erste Quartal folgende Aufwendungen und Erträge (in €) aus:

21	Betriebs- und periodenfremde Aufwendungen	85.000,00
26	Betriebs- und periodenfremde Erträge	20.000,00
40	Lohn- und Lohnnebenkosten	144.000,00
41	Gehalts- und Gehaltsnebenkosten	108.000,00
42	Fuhrparkkosten	142.000,00
44	Verwaltungskosten	15.000,00
45	Sonstige Steuern, Versicherungen	12.500,00
72	Luftfrachtspedition	92.000,00
74	Kraftwagenspedition	129.000,00
76	Lagerei	52.000,00
82	Luftfrachtspedition	166.000,00
84	Kraftwagenspedition	495.000,00
86	Lagerei	92.000,00

a) Ermitteln Sie das Unternehmensergebnis.
b) Ermitteln Sie das neutrale Ergebnis.
c) Ermitteln Sie das Betriebsergebnis.
d) Beurteilen Sie die Erfolgssituation des Unternehmens.

Kostenrechnerische Korrekturen 3.3

Aufgaben der kostenrechnerischen Korrekturen 3.3.1

Anderskosten

Die Aufwendungen der Geschäftsbuchführung entsprechen nicht immer den übernommenen Kosten in der Kosten- und Leistungsrechnung. Bestimmte Aufwendungen müssen in ihrer Höhe erst angepasst werden, bevor sie in die Kostenrechnung eingehen können. Diese **Kosten**, die in der Kosten- und Leistungsrechnung in **anderer Höhe** erfasst werden als in der Geschäftsbuchführung (siehe Kapitel 3.3.2 bis 3.3.6), werden **Anderskosten** genannt. Anderskosten sind **aufwandsungleiche Kosten**, z. B. kalkulatorische Abschreibungen, kalkulatorische Zinsen, kalkulatorische Wagnisse).

Dritter Schritt der Abgrenzungsrechnung

Ermittlung der Anderskosten: Welche Aufwendungen stellen zwar Kosten dar, jedoch in anderer Höhe?		In die Kosten- und Leistungsrechnung wird abweichend von den Aufwendungen der Kontenklasse 2 ausschließlich der betrieblich bedingte Aufwand übernommen.

Buchungssätze bei buchhalterischer Abgrenzungsrechnung:

482	Kalkulatorische Zinsen	an	292	Verrechnete kalkulatorische Zinsen
483	Kalkulatorische Abschr.	an	293	Verrechnete kalkulatorische Abschreibungen
485	Kalkulatorische Wagnisse	an	294	Verrechnete kalkulatorische Wagnisse

Geschäftsprozesse erfolgsorientiert steuern

Zusatzkosten

Bei Einzelunternehmen und Personengesellschaften dürfen beispielsweise für den Unternehmerlohn (= Tätigkeitsvergütung für Unternehmer) keine Aufwendungen gebucht werden. In der Kostenkalkulation wird für die Tätigkeit des Unternehmers in Einzelunternehmen und Personengesellschaften ein kalkulatorischer Unternehmerlohn als Kosten berücksichtigt. Damit wird vermieden, dass die erbrachte Leistung zu billig angeboten wird. Kosten, denen keine Aufwendungen gegenüberstehen, werden als **Zusatzkosten** bezeichnet. Diese **Zusatzkosten** stellen **aufwandslose Kosten** dar.

Vierter Schritt der Abgrenzungsrechnung

| Ermittlung der Zusatzkosten: Welche Kosten sind vorhanden, denen kein Aufwand gegenübersteht? | | Aufwandslose Kosten werden in geplanter Höhe in die Kosten- und Leistungsrechnung übernommen. |

Buchungssätze bei buchhalterischer Abgrenzungsrechnung:

480 Kalkulatorischer Unternehmerlohn   an   290 Verrechneter kalkulatorischer Unternehmerlohn

481 Kalkulatorische Miete   an   291 Verrechnete kalkulatorische Miete

Die kostenrechnerischen Korrekturen werden für kalkulatorische Zwecke vorgenommen. Deshalb werden die ermittelten Anders- und Zusatzkosten als **kalkulatorische Kosten** bezeichnet.

3.3.2 Kalkulatorische Abschreibungen

Bilanzielle Abschreibungen

Die bilanzmäßigen Abschreibungen orientieren sich an steuerlichen Grundsätzen oder gewinnpolitischen Zweckmäßigkeiten. Sie werden hauptsächlich auf der Grundlage des Handelsgesetzbuches und des Einkommensteuergesetzes durchgeführt.

Diese Gesetze schreiben vor:
- Anschaffungs- oder Herstellungskosten des Anlagegutes bilden die Basis für die Abschreibungen.
- Die lineare Abschreibungsmethode[1] ist die „gewöhnliche" Abschreibungsmethode.
- Die degressive Abschreibungsmethode[2] mit sehr hohen Anfangsabschreibungen und fallenden Folgebeträgen kann unter bestimmten Voraussetzungen[3] Anwendung finden.
- Geringwertige Wirtschaftsgüter bei AHK bis 150,00 € müssen im Jahr der Anschaffung in voller Höhe abgeschrieben werden.
- Geringwertige Wirtschaftsjahr mit AHK von 150,01 € bis 1.000,00 € sind mit jährlich 20 % abzuschreiben.

---

[1] Unter linearer Abschreibung versteht man Abschreibungen in gleichen Jahresbeträgen; vgl. § 7 Abs. 1 EStG.
[2] Unter degressiver Abschreibung versteht man Abschreibungen in fallenden Jahresbeträgen; vgl. § 7 Abs. 2 EStG.
[3] bei Anschaffung zwischen dem 01.01.2009 und dem 31.12.2010

Abgrenzungsrechnung – unternehmens- und betriebsbezogene Abgrenzungen

In der **Geschäftsbuchführung** wählt man bei entsprechenden Gewinnsituationen aus steuerlichen Gründen diejenige Abschreibungsmethode, welche zunächst die höheren Abschreibungen ermöglicht.

Kalkulatorische Abschreibungen sollen den wirklichen Werteverzehr der Anlagegüter erfassen. Deshalb spielen steuerliche Überlegungen, wie etwa die Wahl der degressiven Abschreibungsmethode, keine Rolle.

Die **kalkulatorischen Abschreibungen** orientieren sich an
- dem tatsächlichen Werteverzehr der Anlagegüter (z. B. gefahrene km bei Fuhrpark),
- den geschätzten Wiederbeschaffungskosten.

Die **kalkulatorischen Abschreibungen** werden in die Absatzpreise einbezogen (kalkuliert). Kostete ein Lkw mit einer Nutzungsdauer von acht Jahren bei der Anschaffung 160.000,00 €, könnten jährlich 20.000,00 € kalkulatorisch abgeschrieben, d. h. in die Absatzpreise einbezogen werden. Nach den acht Nutzungsjahren sind also über den Verkauf von Speditionsleistungen auch 160.000,00 € für die Neuanschaffung eines Lkw in das Unternehmen zurückgeflossen. Üblicherweise reicht der Rückfluss der früheren Anschaffungskosten nicht für eine gleichartige Ersatzbeschaffung aus, weil die Preise gestiegen sind. Geht man bei der Berechnung der kalkulatorischen Abschreibung von den **Wiederbeschaffungskosten** aus, wird sichergestellt, dass nach Ausscheiden des Anlagegutes ein entsprechender Ersatz beschafft werden kann.

Um eine gleichmäßige Belastung jeder Abrechnungsperiode mit Kosten zu erreichen, wird **kalkulatorisch** in der Regel **linear abgeschrieben**.

Die **kalkulatorischen Abschreibungen** gehen in anderer Höhe als die bilanziellen Abschreibungen in die Kostenrechnung ein. Sie werden deshalb als **Anderskosten** oder **aufwandsungleiche Kosten** bezeichnet.

Muster-AUFGABE

Am 2. Januar 2009 wurde ein Lkw angeschafft. Die Anschaffungskosten beliefen sich auf 180.000,00 €, die betriebsgewöhnliche Nutzungsdauer beträgt acht Jahre. In der Geschäftsbuchführung wird degressiv mit 25 % abgeschrieben.

Der Wiederbeschaffungswert in acht Jahren wird auf 210.000,00 € geschätzt.

Berechnen Sie
a) die bilanziellen Abschreibungen im Anschaffungsjahr.
b) die kalkulatorischen Abschreibungen im Anschaffungsjahr.

LÖSUNG

a) **Bilanzielle Abschreibung:**
Die bilanzielle Abschreibung orientiert sich an den Anschaffungskosten und steuerlichen Abschreibungsmöglichkeiten.

Degressive Abschreibung: 25 % von 180.000,00 € = 45.000,00 €
Lineare Abschreibung: 12,5 % von 180.000,00 € = 22.500,00 €

b) **Kalkulatorische Abschreibung:**
Die kalkulatorische Abschreibung orientiert sich an den Wiederbeschaffungskosten und dem tatsächlichen Werteverzehr.

Abschreibungs-satz	· Wiederbeschaffungs-kosten	= Kalkulatorische Abschreibung
12,5 % (100 % : 8)	· 210.000,00 €	= 26.250,00 €

B 152 Geschäftsprozesse erfolgsorientiert steuern

FAZIT

Zusammenfassung: kalkulatorische Abschreibung

Geschäftsbuchführung	Kosten- und Leistungsrechnung
Bilanzielle Abschreibung verringert das Unternehmensergebnis.	**Kalkulatorische Abschreibung** verringert das Betriebsergebnis.
Zielsetzung: Gewinnausweis und damit Steuerbelastung beeinflussen.	**Zielsetzung:** Tatsächlichen Werteverzehr ermitteln und in die Kalkulation einbeziehen.
Berechnungsweise: • lineare oder degressive Abschreibung von den Anschaffungs- oder Herstellungskosten • orientiert sich an AfA-Tabelle des Finanzamtes	**Berechnungsweise:** • lineare Abschreibung von den Wiederbeschaffungskosten • orientiert sich an der tatsächlichen Nutzungsdauer

Aufgaben zum Sachverhalt

1 Ein im Jahr 2009 angeschaffter Lkw wird aus steuerlichen Gründen mit 25 % degressiv abgeschrieben. Kalkulatorisch wird das Fahrzeug mit 15 % linear abgeschrieben.
Anschaffungskosten .... 120.000,00 €
Wiederbeschaffungswert .... 140.000,00 €
Buchwert Ende 2009 .... 90.000,00 €
Berechnen Sie die kalkulatorische Abschreibung für das Jahr 2009.

2 Auf einen Gabelstapler werden 25 % degressiv bilanzmäßig abgeschrieben. Die betriebsgewöhnliche Nutzungsdauer beträgt zehn Jahre.
Anschaffungswert .... 75.000,00 €
Wiederbeschaffungswert .... 80.000,00 €
Buchwert zu Beginn des zweiten Nutzungsjahres .... 56.250,00 €
Berechnen Sie die kalkulatorische Abschreibung für das zweite Nutzungsjahr.

3 Welcher Wert stellt die Basis zur Berechnung der kalkulatorischen Abschreibung dar?
Begründen Sie Ihre Antwort.

4 Welche Abschreibungsmethode findet bei der Berechnung der kalkulatorischen Abschreibung Anwendung?
Begründen Sie Ihre Aussage.
Bilanziell

3.3.3 Kalkulatorische Zinsen

Zinsen für das aufgenommene Fremdkapital werden in der Geschäftsbuchführung als Aufwand und Ausgaben erfasst. Der Spediteur kann mit Recht erwarten, dass ihm in den Speditionserlösen auch eine angemessene Verzinsung für das eingesetzte Eigenkapital zufließt. Um das zu erreichen, werden in der Kostenrechnung Zinsen für das gesamte bei der Leistungserstellung erforderliche Kapital (**betriebsnotwendiges Kapital**) angesetzt. Dadurch werden alle Speditionsbetriebe in der Kosten- und Leistungsrechnung (Selbstkosten- und Betriebsergebnisrechnung) gleichgestellt, unabhängig von dem Verhältnis der Eigen- und Fremdkapitalausstattung.

Das **betriebsnotwendige Kapital** enthält das gesamte für die speditionelle Leistungserstellung erforderliche Kapital; es enthält somit auch das **Eigenkapital**.

Abgrenzungsrechnung – unternehmens- und betriebsbezogene Abgrenzungen

Das Eigenkapital löst zwar keine Zinszahlung aus, verursacht aber einen Nutzenentgang. Dies ist der Zinsertrag, den der Spediteur bei Kapitalanlage außerhalb seines Betriebes erzielen könnte.

Um eine gleichmäßige Belastung der Abrechnungsperioden mit Zinskosten zu erreichen, wird ein von zufälligen Schwankungen befreiter langfristiger **Zinssatz für langfristige Kapitalanlagen** verrechnet.

Die **kalkulatorischen Zinsen** gehen in anderer Höhe als die Zinsaufwendungen der Geschäftsbuchführung in die Kostenrechnung ein. Sie werden deshalb als **Anderskosten** oder **aufwandsungleiche Kosten** bezeichnet.

Spedition Michelmann verfügt über betriebsnotwendige Vermögenswerte in Höhe von 1.850.000,00 €. Die tatsächlich gezahlten Fremdkapitalzinsen betragen im Geschäftsjahr 134.000,00 €. Der kalkulatorische Zinssatz wird mit 10 % angesetzt.

Berechnen Sie die kalkulatorischen Zinsen.

betriebsnotwendiges Kapital	·	kalkulatorischer Zinssatz	=	kalkulatorische Zinsen
1.850.000,00 €	·	10 %	=	185.000,00 €

Zusammenfassung: kalkulatorische Zinsen

Geschäftsbuchführung	Kosten- und Leistungsrechnung
Zinsaufwendungen verringern das Unternehmensergebnis.	**Kalkulatorische Zinsen** verringern das Betriebsergebnis.
Zielsetzung: Fremdkapitalzinsen mindern als Aufwand den Gewinn.	**Zielsetzung:** In den Speditionserlösen werden die Zinsen, auch für das Eigenkapital, vergütet.
Berechnungsweise: tatsächlich gezahlte Fremdkapitalzinsen	**Berechnungsweise:** langfristiger Zinssatz vom betriebsnotwendigen Kapital

Aufgaben zum Sachverhalt

Spedition Schneider e. K., Erfurt, verfügt über betriebsnotwendige Vermögenswerte in Höhe von 2.480.000,00 €. Für benötigtes Fremdkapital wurden 10,4 % Zinsen, insgesamt 156.000,00 € bezahlt. Der kalkulatorische Zinssatz wird mit 9,5 % angesetzt.

a) Ermitteln Sie die kalkulatorischen Zinsen für das Geschäftsjahr.
b) Welche Ursache kann die unterschiedliche Zinssatzhöhe haben?

Prüfen Sie die folgenden Aussagen auf ihren Wahrheitsgehalt:

a) Der Zinssatz für die Berechnung der kalkulatorischen Zinsen orientiert sich am aktuellen Kapitalmarktzins.
b) Kalkulatorische Zinsen werden vom betriebsnotwendigen Kapital berechnet.
c) Kalkulatorische Zinsen beinhalten auch Zinsen für das Eigenkapital.
d) Zinsaufwendungen beinhalten auch Zinsen für das Eigenkapital.

3.3.4 Kalkulatorische Wagnisse

Jede unternehmerische Entscheidung eröffnet Gewinnchancen, ist aber gleichzeitig mit Wagnissen (Risiken) verbunden. Es wird zwischen dem allgemeinen Unternehmerwagnis und den Einzelwagnissen unterschieden.

Das **allgemeine Unternehmerwagnis** betrifft Verluste, die das Unternehmen als Ganzes gefährden. Dazu zählen Wagnisverluste, die sich insbesondere aus der gesamtwirtschaftlichen Entwicklung ergeben, wie z. B. plötzliche Nachfrageverschiebung, Konjunktureinbrüche, technischer Fortschritt. Das **allgemeine Unternehmerrisiko** ist **kein Kostenbestandteil**. Es wird mit dem Gewinn abgegolten.

Einzelwagnisse stehen dagegen im unmittelbaren Zusammenhang mit der Leistungserstellung im Speditionsbetrieb. Da sie aufgrund von Erfahrungswerten berechenbar sind, haben sie grundsätzlich **Kostencharakter**.

Zu den Einzelwagnissen zählen:
- **Forderungswagnis**: Ausfälle und Währungsverluste bei Kundenforderungen
- **Selbstbeteiligungswagnis**: Selbstbeteiligungen an der Versicherungsleistung der Speditionsversicherung
- **Kaskobeteiligungswagnis**: Selbstbeteiligung bei Kfz-Kaskoschäden

Eingetretene Wagnisverluste werden als Aufwand in der Erfolgsrechnung der Geschäftsbuchführung erfasst. Die tatsächlichen Wagnisverluste fallen zeitlich unregelmäßig und in unterschiedlicher Höhe an und sind somit für die Kostenrechnung nicht geeignet.

Kalkulatorische Wagnisse. Anstelle der tatsächlich eingetretenen Wagnisverluste werden in der Kosten- und Leistungsrechnung kalkulatorische Wagnisse ermittelt und verrechnet. Grundlage für die Berechnung sind die **durchschnittlich** während eines längeren Zeitraumes (meist die letzten fünf Jahre) **eingetretenen Wagnisverluste**. Die Verrechnung von konstanten kalkulatorischen Wagnissen führt zu einer gleichmäßigen Belastung der Abrechnungsperioden mit Wagnisverlusten und beseitigt Zufallseinflüsse.

Fremdversicherungen. Soweit die Einzelwagnisse bereits durch den Abschluss von entsprechenden Versicherungen gedeckt sind, dürfen keine kalkulatorischen Wagnisse verrechnet werden. In diesem Fall sind die Versicherungsprämien als Kosten zu berücksichtigen.

FAZIT

Zusammenfassung: kalkulatorische Wagnisse	
Geschäftsbuchführung	**Kosten- und Leistungsrechnung**
Bilanzielle Wagnisse verringert das Unternehmensergebnis.	**Kalkulatorische Wagnisse** verringern das Betriebsergebnis.
Zielsetzung: periodengerechte Erfolgsermittlung	**Zielsetzung:** Auf lange Sicht soll ein Ausgleich zwischen den Rückflüssen der Wagniskosten im Speditionserlös und dem bei Eintreten des Risikos entstehenden tatsächlichen Werteverzehr geschaffen werden.
Berechnungsweise: Tatsächliche eingetretene Wagnisverluste werden berücksichtigt.	**Berechnungsweise:** Durchschnittlich eingetretene Wagnisverluste werden berücksichtigt.

Abgrenzungsrechnung – unternehmens- und betriebsbezogene Abgrenzungen

Aufgaben zum Sachverhalt

1

Die Währungsverluste bei Kundenforderungen betrugen in den letzten fünf Geschäftsjahren durchschnittlich 1,25 %. Der Forderungsbestand betrug 1.153.000,00 €. Die tatsächlichen Währungsverluste des abgelaufenen Geschäftsjahres belaufen sich auf 18.750,00 €.

a) In welcher Höhe werden die Wagnisse in der Geschäftsbuchführung als Aufwand erfasst?
b) In welcher Höhe werden die kalkulatorischen Wagnisse in der Kosten- und Leistungsrechnung erfasst?

2

	Eingetretene Selbstbeteiligung Speditionsversicherung	Frachtumsatz
1. Jahr	15.000,00 €	900.000,00 €
2. Jahr	30.000,00 €	1.200.000,00 €
3. Jahr	18.000,00 €	1.080.000,00 €
4. Jahr	35.450,00 €	1.400.000,00 €
5. Jahr	22.000,00 €	1.510.000,00 €

Wie hoch sind

a) das jährliche Wagnis in Prozent (tatsächliches Einzelwagnis),
b) der Wagniszuschlag für das sechste Geschäftsjahr aufgrund der eingetretenen Wagnisse der letzten fünf Jahre?
c) Im sechsten Geschäftsjahr beträgt der Frachtumsatz 1.625.000,00 €. Die tatsächliche Selbstbeteiligung beträgt 28.970,00 €.
   - In welcher Höhe werden die Wagnisse in der Geschäftsbuchführung als Aufwand erfasst?
   - In welcher Höhe werden die kalkulatorischen Wagnisse in der Kosten- und Leistungsrechnung erfasst?

Kalkulatorische Miete 3.3.5

Mietwert für betriebseigene Gebäude und Lagerhallen. Anstelle der tatsächlich anfallenden Gebäude- und Grundstücksaufwendungen, wie z.B. Abschreibungen auf Gebäude, Hypothekenzinsen, Grundsteuer, könnte eine kalkulatorische Miete ermittelt werden. In diesem Fall müssten jedoch alle tatsächlich entstandenen Gebäudeaufwendungen dem verrechneten kalkulatorischen Mietwert gegenübergestellt werden. Da aber wesentliche Teile der Gebäude- und Grundstücksaufwendungen durch die kalkulatorische Abschreibung und die kalkulatorischen Zinsen in der Kosten- und Leistungsrechnung bereits berücksichtigt werden, entfällt in den meisten Speditionsbetrieben die Verrechnung einer besonderen kalkulatorischen Miete für die betriebseigenen Gebäude.

Die **kalkulatorische Miete** sollte jedoch als fester Kostenbestandteil verrechnet werden, wenn ein **Einzelunternehmer oder Personengesellschafter** dem Speditionsbetrieb **unentgeltlich Räume** zur Verfügung stellt, die zu seinem **Privatvermögen** gehören. In diesem Fall ist die ortsübliche Miete als kalkulatorische Miete anzusetzen.

Die kalkulatorische Miete für betrieblich genutzte Privaträume stellt **Zusatzkosten** dar, da den Kosten kein Aufwand gegenübersteht.

> Für die Nutzung der betriebseigenen Gebäude und Lagerhallen wird in der Regel kein kalkulatorischer Mietwert verrechnet.

Zusammenfassung: kalkulatorische Miete

Einzelunternehmen und Personengesellschaften (OHG, KG)
⬇
Miete für **betrieblich genutzte Privaträume des Unternehmers**
⬇
kein Aufwand in der Gewinn- und Verlustrechnung der Geschäftsbuchführung
⬇
Ortsübliche Miete wird als **kalkulatorische** Miete angesetzt. (**Zusatzkosten** bzw. aufwandslose Kosten)

Kapitalgesellschaften (AG, GmbH)
⬇
Miete für **betrieblich genutzte Privaträume des Unternehmers**
⬇
Aufwand in der Geschäftsbuchführung
⬇
aufwandsgleiche Kosten in der Kosten- und Leistungsrechnung

3.3.6 Kalkulatorischer Unternehmerlohn

Der **kalkulatorische Unternehmerlohn** ist nur bei **Einzelunternehmen und Personengesellschaften (OHG, KG)** zu berechnen. Bei diesen Rechtsformen steht der in der Geschäftsbuchführung ausgewiesene Gewinn dem Unternehmer als Verzinsung des eingesetzten Eigenkapitals, als Vergütung für seine Mitarbeit (Unternehmerlohn) und als Entgelt für die übernommenen Risiken Verluste zu erleiden, zur Verfügung. In der Geschäftsbuchführung darf für die Mitarbeit des Unternehmers kein Aufwand berechnet werden.

Die Höhe des kalkulatorischen Unternehmerlohns richtet sich nach dem Gehalt eines leitenden Angestellten in vergleichbarer Position. Der kalkulatorische Unternehmerlohn wird in die Kosten- und Leistungsrechnung übernommen und in die Preise für Speditionsleistungen einkalkuliert. Durch die Einrechnung des kalkulatorischen Unternehmerlohns in die Kosten wird erreicht, dass Kapitalgesellschaften einerseits und Personengesellschaften sowie Einzelunternehmen andererseits in der Selbstkosten- und Betriebsergebnisrechnung gleichgestellt sind.

Zusammenfassung: kalkulatorischer Unternehmerlohn

Einzelunternehmen und Personengesellschaften (OHG, KG)
⬇
Unternehmerlohn für mitarbeitenden Unternehmer
⬇
kein Aufwand in der Gewinn- und Verlustrechnung der Geschäftsbuchführung
⬇
kalkulatorischer Unternehmerlohn in der Kosten- und Leistungsrechnung. (**Zusatzkosten** bzw. aufwandslose Kosten)

Kapitalgesellschaften (AG, GmbH)
⬇
Gehalt für mitarbeitenden Unternehmer
⬇
Aufwand in der Geschäftsbuchführung
⬇
aufwandsgleiche Kosten in der Kosten- und Leistungsrechnung

Abgrenzungsrechnung – unternehmens- und betriebsbezogene Abgrenzungen

B 157

Bei **Kapitalgesellschaften** (GmbH, AG) fällt **kein kalkulatorischer Unternehmerlohn** an, da die Vorstandsmitglieder der AG und die Geschäftsführer der GmbH Gehälter erhalten, die selbstverständlich als Aufwand in der Geschäftsbuchführung gebucht werden und somit als Kosten in die Kosten- und Leistungsrechnung eingehen.

Zusatzkosten. Der kalkulatorische Unternehmerlohn wird als Kostenbestandteil in die Kosten- und Leistungsrechnung eingebracht. Er darf aber nicht in der Geschäftsbuchführung gebucht werden, da er nicht zu Aufwendungen und Ausgaben führt. Der **kalkulatorische Unternehmerlohn** stellt also **aufwandslose Kosten** dar, die auch als Zusatzkosten bezeichnet werden.

Erstellung und Auswertung einer Ergebnistabelle

3.4

Wie in Kapitel 3.1 bereits kurz dargestellt, kann die Abgrenzungsrechnung entweder buchhalterisch mit Buchungen in den Kontenklassen 2 und 4 oder außerhalb der Geschäftsbuchführung tabellarisch (Ergebnistabelle) vorgenommen werden. In der Speditionspraxis wird häufig die **tabellarische Abgrenzung** gewählt, weil dann die Kosten- und Leistungsrechnung außerhalb der Geschäftsbuchführung erstellt werden kann. Die Ergebnistabelle enthält **auf einem Blatt in übersichtlicher Form**

- Aufwendungen und Erträge der Geschäftsbuchführung,
- das Unternehmensergebnis,
- Abgrenzungen der neutralen Aufwendungen und Erträge,
- die aufwandsungleichen Kosten (Anderskosten),
- die aufwandslosen Kosten (Zusatzkosten),
- Kosten und Leistungen der Betriebsbuchführung,
- das Betriebsergebnis.

In der **Ergebnistabelle** wird das Betriebsergebnis ermittelt. Ausgehend von der Gewinn- und Verlustrechnung der Geschäftsbuchführung wird folgendermaßen vorgegangen:

- Aufwendungen, denen keine Kosten gegenüberstehen (neutrale Aufwendungen), werden nicht in die Kosten- und Leistungsrechnung übernommen, sie stellen unternehmensbezogene Abgrenzungen dar. Ebenso werden neutrale Erträge behandelt.
- Aufwandsgleiche Kosten und betriebliche Erträge werden unverändert in die Kosten- und Leistungsrechnung übernommen.
- Aufwandsungleiche Kosten werden in der Spalte „Kostenrechnerische Korrekturen" umbewertet und mit anderen Werten in die Kosten- und Leistungsrechnung übernommen.
- Aufwandslose Kosten werden in der Spalte „Kostenrechnerische Korrekturen" in die Kosten- und Leistungsrechnung übernommen.

Die Spalte „Geschäftsbuchführung" weist das Unternehmensergebnis (Gesamtergebnis) durch Gegenüberstellung von Aufwendungen und Erträgen aus.

In der Spalte „Unternehmensbezogene Abgrenzungen" des Abgrenzungsbereichs bleiben betriebsfremde Aufwendungen und betriebsfremde Erträge „hängen".

In der Spalte **„Kostenrechnerische Korrekturen"** des Abgrenzungsbereichs werden **Anderskosten** und **Zusatzkosten** dargestellt. Zunächst passieren diese Aufwendungen der Geschäftsbuchführung den Bereich der unternehmensbezogenen Abgrenzung, da diese Aufwendungen gleichzeitig Kosten darstellen. Jedoch wird in der Kosten- und Leistungsrechnung ein anderer Wert angesetzt. Diese Umbewertung findet in der Spalte „Kostenrechnerische Korrekturen" statt. Auf der linken Seite werden die Aufwendungen laut Geschäftsbuchführung dargestellt, auf der rechten Seite die verrechneten Kosten.

Die Anderskosten erscheinen in der Spalte „Aufwendungen lt. GB" mit dem Aufwendungsbetrag; in der Spalte „verrechnete Kosten" dagegen in Höhe des Kostenansatzes.
Die Zusatzkosten erscheinen nur in den Spalten „verrechnete Kosten" und „Kosten", da ihnen kein Aufwand entspricht.
Nach der durchgeführten Abgrenzung sind die einzelnen Ergebnisse zu ermitteln und abzustimmen.

Abstimmung der Ergebnisse:

Unternehmensergebnis[1] der Geschäftsbuchführung laut GuV:

	Ergebnis aus unternehmensbezogener Abgrenzung (Gewinn oder Verlust)
+/–	Ergebnis aus kostenrechnerischen Korrekturen (+ Aufwendungen laut Geschäftsbuchführung) (– verrechnete Kosten)
+/–	**Betriebsergebnis** (+ Gewinn; – Verlust)
=	Unternehmensergebnis der Geschäftsbuchführung

Muster-AUFGABE

Die Geschäftsbuchführung der Spedition Max Schmidt OHG hat für das Geschäftsjahr folgende Aufwendungen und Erträge (in €) erfasst:

21	Betriebs- und periodenfremde Aufwendungen	134.000,00
22	Zinsaufwendungen	56.000,00
247	Bilanzmäßige Abschreibungen	232.000,00
249	Wagnisse	48.000,00
26	Betriebs- und periodenfremde Erträge	194.000,00
40	Lohn- und Lohnnebenkosten	240.000,00
41	Gehalts- und Gehaltsnebenkosten	270.000,00
42	Fuhrparkkosten	444.000,00
44	Verwaltungskosten	86.000,00
45	Sonstige Steuern, Versicherungen	17.000,00
46	Unternehmenskosten	108.000,00
70	Internationale Spedition	148.000,00
74	Kraftwagenspedition	228.000,00
75	Bahnspedition	98.000,00
80	Internationale Spedition	358.000,00
84	Kraftwagenspedition	1.588.000,00
85	Bahnspedition	274.000,00

Weitere Angaben:

Kalkulatorische Abschreibungen	198.000,00
Kalkulatorische Zinsen	148.000,00
Kalkulatorischer Unternehmerlohn	120.000,00
Kalkulatorische Wagnisse	34.000,00
Kalkulatorische Miete	24.000,00

Erstellen Sie die Ergebnistabelle. Überprüfen Sie die ermittelten Ergebnisse.

---
[1] auch als Gesamtergebnis bezeichnet

Abgrenzungsrechnung –
unternehmens- und betriebsbezogene Abgrenzungen

B 159

LÖSUNG

Ergebnistabelle

	Geschäftsbuchführung		Abgrenzungsbereich				Kosten- und Leistungsrechnung	
	Unternehmensergebnis		**Unternehmens-bezogene Abgrenzungen**		**kostenrechnerische Korrekturen**		**Betriebsergebnis**	
Konto	Aufwen-dungen	Erträge	Betriebs-fremde Aufwen-dungen	Betriebs-fremde Erträge	Aufwen-dungen lt. GB	verrech-nete Kosten	Kosten	Leistungen
21	134.000 **1**		**3** 134.000			**4**		
22	56.000				56.000	148.000	148.000	
247	232.000				232.000	198.000	198.000	
249	48.000				48.000	34.000	34.000	
26		194.000		**5** 194.000			**6**	
40	240.000						240.000	
41	270.000						270.000	
42	444.000						444.000	
44	86.000						86.000	
45	17.000						17.000	
46	108.000						108.000	
70	148.000						148.000	
74	228.000						228.000	
75	98.000						98.000	
80		358.000						358.000 **7**
84		1.588.000						1.588.000
85		274.000						274.000
Kalk. U'lohn	–					120.000	120.000	
Kalk. Miete	–					**8** 24.000	24.000	
	2.109.000	2.414.000	134.000	194.000	336.000	524.000	2.163.000	2.220.000
	2 305.000		**9** 60.000		**9** 188.000		**9** 57.000	
	2.414.000	2.414.000	194.000	194.000	524.000	524.000	2.220.000	2.220.000

Der Unternehmensgewinn beträgt   305.000,00 €.
Der Betriebsgewinn beträgt   57.000,00 €.

LÖSUNGS-WEG

1 Aufwendungen und Erträge der Geschäftsbuchführung werden in die Spalte „Unternehmensergebnis" übernommen.

2 Das **Unternehmensergebnis** wird festgestellt, indem die Summe der **Aufwendungen** und die Summe der **Erträge** saldiert werden.

3 **Betriebs- und periodenfremde** Aufwendungen gehen in die unternehmensbezogenen Abgrenzungen ein. Es handelt sich um **neutrale Aufwendungen**, die nicht in die Kosten- und Leistungsrechnung übernommen werden.

4 Zinsaufwendungen, bilanzmäßige Abschreibungen und Wagnisse „passieren" die unternehmensbezogenen Abgrenzungen. In der linken Spalte der kostenrechnerischen Korrekturen werden z. B. die **Zinsaufwendungen der Geschäftsbuchführung (56.000,00 €)** festgehalten. In der rechten Spalte der kostenrechnerischen Korrekturen werden dann z. B. die **kalkulatorischen Zinsen (148.000,00 €)** gegenübergestellt. Die **kalkulatorischen Zinsen** werden in die Spalte „Kosten" des Betriebsergebnisses übernommen. Ebenso wird bei den bilanzmäßigen Abschreibungen und Wagnissen vorgegangen.

Fortsetzung →

Geschäftsprozesse erfolgsorientiert steuern

5 Betriebs- und periodenfremde Erträge gehen in die unternehmensbezogenen Abgrenzungen ein. Es handelt sich um **neutrale Erträge**, die nicht in die Kosten- und Leistungsrechnung übernommen werden.

6 Die **Konten 40 bis 75** stellen **aufwandsgleiche Kosten** dar, die unverändert in die Betriebsergebnisrechnung als Kosten übernommen werden.

7 Die **Konten 80 bis 87** stellen **betriebliche Erträge** dar, die unverändert in die Betriebsergebnisrechnung als Leistungen übernommen werden.

8 **Kalkulatorischer Unternehmerlohn** und **kalkulatorische Miete** stellen in der Geschäftsbuchführung keinen Aufwand dar. Es handelt sich um **aufwandslose Kosten**. Sie werden in den Spalten kostenrechnerische Korrekturen und Kosten berücksichtigt.

9 Für jede Spalte wird die Summe gebildet. Für
- unternehmensbezogene Abgrenzungen,
- kostenrechnerische Korrekturen,
- das Betriebsergebnis

ist der jeweilige Saldo zu bestimmen.

10 Überprüfung der Ergebnisse:

	Unternehmensergebnis laut GuV-Rechnung.................	305.000,00 €
	Ergebnis aus unternehmensbez. Abgrenzung ......60.000,00 €	
+	Ergebnis aus kostenrechn. Korrekturen ....188.000,00 €	
+	Betriebsergebnis...........................57.000,00 €	
=	Unternehmensergebnis (Gesamtergebnis).................	305.000,00 €

225143160

Abgrenzungsrechnung – unternehmens- und betriebsbezogene Abgrenzungen

Zusammenfassung der Abgrenzungsrechnung 3.5

Datenlieferant für die Kosten- und Leistungsrechnung ist die Gewinn- und Verlustrechnung der Geschäftsbuchführung. Die Gewinn- und Verlustrechnung weist Aufwendungen und Erträge aus. In der Kosten- und Leistungsrechnung werden jedoch Kosten und Leistungen benötigt.

Folglich müssen die Aufwendungen und Erträge der Geschäftsbuchführung für die Kosten- und Leistungsrechnung teilweise umbewertet werden.

Nachstehende Schrittfolge ist bei der Abgrenzungsrechnung hilfreich:

1. Schritt: Welche Aufwendungen stellen keine Kosten dar?

   z. B. Spende für
   das Rote Kreuz

   Keine Übernahme in die Kostenrechnung

2. Schritt: Welche Aufwendungen stellen in gleicher Höhe Kosten dar? (aufwandsgleiche Kosten) *Grundkosten*

   z. B. Personalkosten

   Übernahme in die Kostenrechnung in gleicher Höhe

3. Schritt: Welche Aufwendungen stellen in anderer Höhe Kosten dar? (aufwandsungleiche Kosten oder Anderskosten)

   z. B. Abschreibungen,
   Zinsen, Wagnisse

   Übernahme in die Kostenrechnung in anderer Höhe

4. Schritt: Sind Kosten vorhanden, die keinen Aufwand darstellen? (aufwandslose Kosten oder Zusatzkosten)

   z. B. kalkulatorischer
   Unternehmerlohn,
   kalkulatorische Miete

   vollständige Übernahme in die Kostenrechnung

Nachstehende Übersicht zeigt die Abgrenzung des Aufwandes für die Kosten- und Leistungsrechnung:

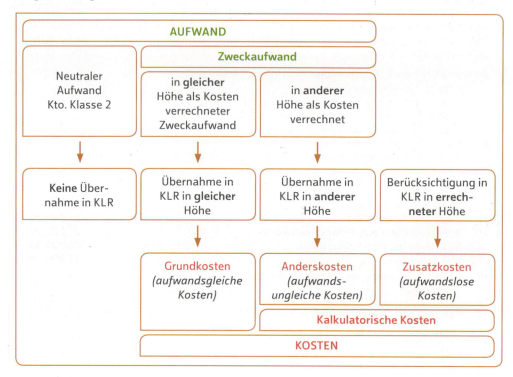

Aufgaben zum Sachverhalt

1

Die Geschäftsbuchführung der Spedition Schnell & Zuverlässig KG hat für das letzte Geschäftsjahr folgende Aufwendungen und Erträge (in €) erfasst:

21	Betriebs- und periodenfremde Aufwendungen	67.000,00
22	Zinsaufwendungen	28.000,00
247	Bilanzmäßige Abschreibungen	116.000,00
249	Wagnisse	24.000,00
26	Betriebs- und periodenfremde Erträge	197.000,00
40	Lohn- und Lohnnebenkosten	120.000,00
41	Gehalts- und Gehaltsnebenkosten	135.000,00
42	Fuhrparkkosten	222.000,00
44	Verwaltungskosten	43.000,00
45	Sonstige Steuern, Versicherungen	8.500,00
46	Unternehmenskosten	54.000,00
70	Internationale Spedition	74.000,00
74	Kraftwagenspedition	114.000,00
75	Bahnspedition	49.000,00
80	Internationale Spedition	279.000,00
84	Kraftwagenspedition	844.000,00
85	Bahnspedition	152.000,00

Abgrenzungsrechnung – unternehmens- und betriebsbezogene Abgrenzungen

Weitere Angaben:

Kalkulatorische Abschreibungen	99.000,00
Kalkulatorische Zinsen	74.000,00
Kalkulatorischer Unternehmerlohn	120.000,00
Kalkulatorische Wagnisse	17.000,00
Kalkulatorische Miete	96.000,00

a) Erstellen Sie die Ergebnistabelle und berechnen Sie
  – das Unternehmensergebnis,
  – das Ergebnis aus unternehmensbezogener Abgrenzung,
  – das Ergebnis aus kostenrechnerischen Korrekturen,
  – das Betriebsergebnis.
b) Überprüfen Sie die ermittelten Ergebnisse.

Die Geschäftsbuchführung der Spedition Max Müller & Co. weist für das letzte Geschäftsjahr folgende Aufwendungen und Erträge (in €) aus:

21	Betriebs- und periodenfremde Aufwendungen	85.000,00
22	Zinsen und ähnliche Aufwendungen	88.000,00
240	Aufwendungen aus Anlagenverkäufen	23.000,00
247	Bilanzmäßige Abschreibungen	200.000,00
249	Wagnisse	25.000,00
26	Betriebs- und periodenfremde Erträge	20.000,00
27	Zinserträge	8.600,00
40	Lohn- und Lohnnebenkosten	144.000,00
41	Gehalts- und Gehaltsnebenkosten	108.000,00
42	Fuhrparkkosten	142.000,00
44	Verwaltungskosten	15.000,00
45	Sonstige Steuern, Versicherungen	12.500,00
46	Unternehmenskosten	84.250,00
72	Luftfrachtspedition	92.000,00
74	Kraftwagenspedition	129.000,00
76	Lagerei	52.000,00
82	Luftfrachtspedition	266.000,00
84	Kraftwagenspedition	712.000,00
86	Lagerei	187.000,00

Weitere Angaben:
– Das betriebsnotwendige Kapital beträgt 1,6 Mio. €, der durchschnittliche Zinssatz 10 %.
– Der kalkulatorische Unternehmerlohn beträgt 220.000,00 €.
– Die betrieblich genutzten Räume sind Privaträume der Gebrüder Müller. Diese Räume haben 900 m². Die ortsübliche Miete beträgt 5,50 € pro m² und Monat.
– Anschaffungswert des Anlagevermögens: 1,0 Mio. €
  Bilanzieller Abschreibungssatz: 20 %
  Wiederbeschaffungswert des Anlagevermögens: 1,3 Mio. €
  Kalkulatorischer Abschreibungssatz: 12 %
– Aufgrund der langfristigen Erfahrung ist mit 34.000,00 € Wagniskosten zu rechnen.

a) Erstellen Sie die Ergebnistabelle und berechnen Sie
  – das Unternehmensergebnis,
  – das Ergebnis aus unternehmensbezogener Abgrenzung,
  – das Ergebnis aus kostenrechnerischen Korrekturen,
  – das Betriebsergebnis.
b) Überprüfen Sie die ermittelten Ergebnisse.

Geschäftsprozesse erfolgsorientiert steuern

3 Analysieren Sie die einzelnen Ergebnisse und beschreiben Sie die wirtschaftliche Situation dieser Spedition. (in €)

Geschäftsbuchführung			Abgrenzungsbereich				Kosten- und Leistungsrechnung	
Unternehmensergebnis			Unternehmensbezogene Abgrenzungen		kostenrechnerische Korrekturen		Betriebsergebnis	
Konto	Aufwendungen	Erträge	Betriebsfremde Aufwendungen	Betriebsfremde Erträge	Aufwendungen lt. GB	verrechnete Kosten	Kosten	Leistungen
21	94.000		94.000					
22	50.000				50.000	130.000	130.000	
247	260.000				260.000	210.000	210.000	
26		99.000		99.000				
40	240.000						240.000	
41	270.000						270.000	
42	444.000						444.000	
44	86.000						86.000	
45	17.000						17.000	
46	108.000						108.000	
70	148.000						148.000	
74	228.000						228.000	
75	98.000						98.000	
80		399.000						399.000
84		1.652.000						1.652.000
85		344.000						344.000
Kalk. U'lohn	–					120.000	120.000	
Kalk. Miete	–					24.000	24.000	
	2.043.000	2.494.000	94.000	99.000	310.000	484.000	2.123.000	2.395.000
	451.000		5.000		174.000		272.000	
	2.494.000	2.494.000	99.000	99.000	484.000	484.000	2.395.000	2.395.000

4 Kostenartenrechnung

Nach durchgeführter Abgrenzungsrechnung (siehe Kapitel 3) sind die genauen Kosten und Leistungen einer Abrechnungsperiode bekannt. Die Kostenartenrechnung bildet nun die **erste Stufe der Kosten- und Leistungsrechnung**.

Die Kostenartenrechnung hat die Aufgabe, die **Kosten** nach verschiedenen Gesichtspunkten **zu gliedern**, z. B. nach der Art der verbrauchten Kostengüter, nach der Zurechenbarkeit auf die einzelnen Kostenträger (Speditionsleistungen) oder nach dem Verhalten bei Beschäftigungsschwankungen.

Kostenartenrechnung

Kosten nach der Art der verbrauchten Kosten   4.1

Die Kontenklassen 4 und 7 enthalten die Kostenarten.

Kontenklasse 4 (Betriebskosten):

z. B.	
Personalkosten	Löhne, Gehälter, Spesen, soziale Abgaben
Fuhrparkkosten	Treibstoffverbrauch, Reifenverbrauch, Reparaturkosten, Abschreibungen für Fuhrpark
Steuern und Abgaben	Körperschaftsteuer Gewerbesteuer Abgaben für IHK und Speditionsverbände
Zusatzkosten	Kalkulatorische Miete Kalkulatorischer Unternehmerlohn

Kontenklasse 7 (auftragsbedingte Einzelkosten):

z. B.	
Seehafenspedition	Import See Export See Transit Sonstige Kosten der Seehafenspedition
Kraftwagenspedition	Spediteursammelgutverkehr Abfertigungsspedition Speditionsnahverkehr Güterfernverkehr Güternahverkehr Kombinierter Verkehr Sonstige Kosten der Kraftwagenspedition

Kosten nach der Zurechenbarkeit auf die   4.2
Kostenträger im Rahmen der Vollkostenrechnung

Aufgabe der Vollkostenrechnung ist es, alle Kosten den Kostenträgern (Speditionsleistungen) zuzurechnen. Nach der Zurechenbarkeit der Kosten auf die Kostenträger werden Einzelkosten und Gemeinkosten unterschieden.

- **Einzelkosten** können für den einzelnen Verkehrsauftrag dem einzelnen Kostenträger (Speditionsleistung) unmittelbar zugerechnet werden. In der **Kontenklasse 7** werden die auftragsbedingten Einzelkosten erfasst.

  Beispiele:
  - (70) Kosten der internationalen Spedition
  - (74) Kraftwagenspedition

- **Gemeinkosten** können dem einzelnen Kostenträger nicht unmittelbar zugerechnet werden, weil sie für mehrere oder alle Kostenträger gemeinsam anfallen. Die Gemeinkosten werden in der **Kontenklasse 4** erfasst.

4.3 Kosten nach dem Verhalten bei Beschäftigungsänderungen im Rahmen der Teilkostenrechnung

Die Deckungsbeitragsrechnung als Teilkostenrechnung (vgl. Kapitel 7) benötigt die Kostenarten fixe und variable Kosten.

Variable Kosten sind beschäftigungsabhängig. Sie verändern sich also mit dem Beschäftigungsgrad.

Fixe Kosten reagieren nicht auf Beschäftigungsänderungen. Fixe Kosten werden auch als zeitabhängige Kosten bezeichnet.

5 Kostenstellenrechnung

5.1 Aufgaben der Kostenstellenrechnung

Die Kostenstellenrechnung ist die **zweite Stufe der Kosten- und Leistungsrechnung**. Sie übernimmt die Kostenarten aus der Kostenartenrechnung und weist diese **verursachungsgerecht** den Stellen im Speditionsbetrieb zu, an denen sie bei der Leistungserstellung und -verwertung entstanden sind. Diese Stellen werden als **Kostenstellen** bezeichnet.

Für jede Kostenstelle werden den entstandenen Einzelkosten die anteiligen Gemeinkosten zugerechnet. Mit diesen Informationen können

- Kostenentwicklungen in den einzelnen Kostenstellen wirksam kontrolliert werden,
- Angebote für Speditionsleistungen kalkuliert werden (Vorkalkulation),
- abgerechnete Speditionsleistungen kostenrechnerisch überprüft werden (Nachkalkulation),
- Abteilungsergebnisse errechnet werden.

5.2 Gliederung des Speditionsbetriebes in Kostenstellen (Hauptkostenstellen)

Kostenstellen sind Orte der Kostenentstehung. Sie können nach verschiedenen Gesichtspunkten gebildet werden. Industriebetriebe werden meist nach Funktionsbereichen – Materialbeschaffung, Fertigung, Verwaltung, Vertrieb – untergliedert. In Speditionsbetrieben ergibt sich aufgrund der andersartigen Aufgabenstellung eine abweichende Einteilung der Kostenstellen. Als Kostenstellen bieten sich hier die einzelnen Verkehrsarten gemäß der Untergliederung der Kontenklasse 7 an.

Beispiele:
- Internationale Spedition
- Kraftwagenspedition
- Luftfrachtspedition

Die nach den **Verkehrsbereichen** gegliederten Kostenstellen werden als **Hauptkostenstellen** bezeichnet.

Kostenstellenrechnung

Betriebsabrechnungsbogen (BAB) als Hilfsmittel der Kostenstellenrechnung — 5.3

Einstufiger Betriebsabrechnungsbogen — 5.3.1

Die Kostenstellenrechnung kann buchhalterisch (Kontenklassen 5 und 6) oder tabellarisch außerhalb der Buchführung durchgeführt werden. In der Praxis überwiegt die **tabellarische Form**, weil sie weniger arbeitsaufwendig und zugleich übersichtlicher ist.

Im BAB werden die Gemeinkosten anteilig und verursachungsgerecht auf die Kostenstellen verteilt.

Die Verteilung der Gemeinkosten auf die Kostenstellen kann durch besondere betriebliche Aufzeichnungen erfolgen oder mithilfe von Verteilungsschlüsseln. Folgende Kriterien können für die Verteilung der Gemeinkosten auf die Kostenstellen herangezogen werden:

Kto.-Nr.	Gemeinkosten Kostenarten-Konten[1]	mögliche Verteilungskriterien
40	Lohn- und Lohnnebenkosten	nach Lohnliste oder Beschäftigtenanzahl
41	Gehalts- und Gehaltsnebenkosten	nach Gehaltsliste oder Beschäftigtenanzahl
42	Fuhrparkkosten	nach Leistungsinanspruchnahme der einzelnen Kostenstellen
43	Raumkosten	aufgeschlüsselt nach m² Fläche je Kostenstelle, Zahl der Heizkörper je Kostenstelle
44	Verwaltungskosten	nach Büromaterialverbrauch, nach EDV-Leistungen für die einzelnen Kostenstellen
45	Steuern, Versicherungen	Budgetierung (nach Absprache)
46	Unternehmenskosten	Budgetierung (nach Absprache)
48	Kalkulatorische Zusatzkosten	Budgetierung (nach Absprache)

Im BAB werden für die Verteilung der Beträge die Kostenarten vertikal und die Kostenstellen horizontal aufgeführt.

---

[1] Hier wurde der BSL-Kontenrahmen verwendet. Andere gebräuchliche Kontenrahmen werden von der IHK, der AKA und DATEV herausgegeben.

Geschäftsprozesse erfolgsorientiert steuern

Muster-AUFGABE

Spedition Max Müller KG, Münster, hat nachstehendes Betriebsergebnis ermittelt:

(in €)		Kosten	Leistungen
40	Lohn- und Lohnnebenkosten	224.000	
41	Gehalts- und Gehaltsnebenkosten	185.000	
42	Fuhrparkkosten	600.000	
44	Verwaltungskosten	77.000	
45	Sonstige Steuern, Versicherungen	45.000	
46	Unternehmenskosten	50.000	
480	Kalkulatorischer Unternehmerlohn	60.000	
481	Kalkulatorische Miete	48.000	
482	Kalkulatorische Zinsen	120.000	
483	Kalkulatorische Abschreibungen	550.000	
485	Kalkulatorische Wagnisse	28.000	
72	Luftfrachtspeditionskosten	400.000	
74	Kraftwagenspeditionskosten	900.000	
75	Bahnspeditionskosten	550.000	
82	Luftfrachtspeditionserlöse		900.000
84	Kraftwagenspeditionserlöse		2.700.000
85	Bahnspeditionserlöse		900.000

Spedition Max Müller & Co. hat folgende Hauptkostenstellen:
Luftfracht, Kraftwagen, Bahnspedition.
Die Gemeinkosten werden nach folgendem Schlüssel verteilt:

Gemeinkosten	Verteilung	Luft-Fracht	Kraft-wagen	Bahn-spedition
Lohn- und Lohnnebenkosten	lt. Lohnliste	43.000	140.000	41.000
Gehalts- und Gehaltsnebenkosten	lt. Gehaltsliste	54.000	96.000	35.000
Fuhrparkkosten	im Verhältnis der eingesetzten Fahrzeuge	2	11	2
Verwaltungskosten	nach EDV-Nutzung, Materialverbrauch usw. im Verhältnis	2	8	1
Steuern, Versich.	im Verhältnis	3	10	2
Unternehmenskosten	nach Abteilungserlösen			
Kalk. Unternehmerlohn	nach zeitlicher Inanspruchnahme	3	5	2
Kalk. Miete	nach m²	108	270	54
Kalk. Zinsen	im Verhältnis des jeweiligen betriebsnotwendigen Kapitals	4	10	1
Kalk. Abschreibungen	lt. Anlagenkartei im Verhältnis	2	8	1
Kalk. Wagnisse	nach Risikoanfall im Verhältnis	2	4	1

1. Verteilen Sie die Gemeinkostenarten auf die Kostenstellen.
2. Addieren Sie die Gemeinkostenarten insgesamt und in den Kostenstellen. Beide Ergebnisse müssen übereinstimmen.
3. Ermitteln Sie die jeweiligen Abteilungskosten für Luftfracht, Kraftwagen, Bahnspedition.
4. Ermitteln Sie die jeweiligen Abteilungsergebnisse.

Kostenstellenrechnung

Ergebnistabelle

Gemeinkosten			Luft-fracht	Kraft-wagen	Bahn-spedition
Gemeinkosten	Betrag	Verteilung			
Lohn- und Lohnnebenkosten	**1** 224.000	lt. Liste	43.000	140.000	41.000
Gehalts- und Gehaltsnebenkosten	185.000	lt. Liste	54.000	96.000	35.000
Fuhrparkkosten	600.000	2 : 11 : 2	80.000	440.000	80.000
Verwaltungskosten	77.000	2 : 8 : 1	14.000	56.000	7.000
Sonstige Steuern, Versicherungen	45.000	3 : 10 : 2	9.000	30.000	6.000
Unternehmenskosten	50.000	1 : 3 : 1	**3** 10.000	**3** 30.000	**3** 10.000
Kalkulatorischer Unternehmerlohn	60.000	3 : 5 : 2	18.000	30.000	12.000
Kalkulatorische Miete	48.000	2 : 5 : 1	12.000	30.000	6.000
Kalkulatorische Zinsen	120.000	4 : 10 : 1	32.000	80.000	8.000
Kalkulatorische Abschreibungen	550.000	2 : 8 : 1	100.000	400.000	50.000
Kalkulatorische Wagnisse	28.000	2 : 4 : 1	8.000	16.000	4.000
Gemeinkosten insgesamt **2** 1.987.000 + Einzelkosten		GK je Abt.	**4** 380.000 **5** 400.000	**4** 1.348.000 **5** 900.000	**4** 259.000 **5** 550.000
= Abteilungskosten Abteilungserlöse Abteilungsergebnisse (Erlöse – Kosten)			**6** 780.000 **7** 900.000 **8** + 120.000	**6** 2.248.000 **7** 2.700.000 **8** + 452.000	**6** 809.000 **7** 900.000 **8** + 91.000

1 Gemeinkosten aus der Kostenartenrechnung in den BAB übertragen.

2 Gemeinkostensumme ermitteln.

3 Die einzelnen Gemeinkosten nach der vorgegebenen Verteilung auf die drei Hauptkostenstellen aufteilen.

4 Die Gemeinkosten je Abteilung (Hauptkostenstelle) ermitteln. Die Summe der Abteilungsgemeinkosten muss mit der bereits unter **2** berechneten Gemeinkostensumme übereinstimmen.

5 Einzelkosten der drei Abteilungen (Kostenstellen) in den BAB übertragen.

6 Abteilungsgemeinkosten und Abteilungseinzelkosten zu **Abteilungskosten** addieren.

7 Abteilungskosten den jeweiligen Abteilungserlösen gegenüberstellen.

8 Abteilungserlöse abzüglich Abteilungskosten ergeben die jeweiligen Abteilungsergebnisse. Ein Abteilungsgewinn wird mit einem Pluszeichen gekennzeichnet, ein Abteilungsverlust mit einem Minuszeichen.

LÖSUNG

LÖSUNGS-WEG

Geschäftsprozesse erfolgsorientiert steuern

Aufgaben zum Sachverhalt

1

Spedition Max Müller KG, Münster, hat nachstehendes Betriebsergebnis ermittelt:

(in €)		Kosten	Leistungen
40	Lohn- und Lohnnebenkosten	200.000	
41	Gehalts- und Gehaltsnebenkosten	168.000	
42	Fuhrparkkosten	600.000	
44	Verwaltungskosten	100.000	
45	Sonstige Steuern, Versicherungen	40.000	
46	Unternehmenskosten	120.000	
480	Kalkulatorischer Unternehmerlohn	66.000	
481	Kalkulatorische Miete	48.000	
482	Kalkulatorische Zinsen	80.000	
483	Kalkulatorische Abschreibungen	600.000	
485	Kalkulatorische Wagnisse	30.000	
71	Seehafenspeditionskosten	411.000	
74	Kraftwagenspeditionskosten	1.250.000	
76	Lagerei	750.000	
81	Seehafenspeditionserlöse		800.000
84	Kraftwagenspeditionserlöse		2.800.000
85	Lagereierlöse		1.200.000

Spedition Karsten Vogt KG hat folgende Hauptkostenstellen:
Seehafenspedition, Kraftwagenspedition, Lagerei
Die Gemeinkosten werden nach folgendem Schlüssel verteilt:

Gemeinkosten	Verteilung	Seehafen-spedition	Kraftwagen-wagen	Lagerei
Lohn- und Lohn-nebenkosten	lt. Lohnliste	48.000	111.000	41.000
Gehalts- und Ge-haltsnebenkosten	lt. Gehaltsliste	55.000	53.000	60.000
Fuhrparkkosten	im Verhältnis der eingesetzten Fahrzeuge	4	13	3
Verwaltungs-kosten	nach EDV-Nutzung, Materialverbrauch usw. im Verhältnis	2	7	1
Steuern, Versich.	im Verhältnis	2	13	5
Unternehmens-kosten	nach Abteilungs-erlösen			
Kalk. Unter-nehmerlohn	nach zeitlicher Inanspruchnahme	2	6	3
Kalk. Miete	nach m²	3	7	2
Kalk. Zinsen	im Verhältnis des jeweiligen betriebs-notwendigen Kapitals	3	4	1
Kalk. Abschreibungen	lt. Anlagenkartei im Verhältnis	1	8	1
Kalk. Wagnisse	nach Risikoanfall im Verhältnis	3	1	1

a) Verteilen Sie die Gemeinkostenarten auf die Kostenstellen.
b) Addieren Sie die Gemeinkostenarten insgesamt und in den Kostenstellen. Beide Ergebnisse müssen übereinstimmen.
c) Ermitteln Sie die jeweiligen Abteilungskosten für Seehafenspedition, Kraftwagenspedition und Lagerei.
d) Ermitteln Sie die jeweiligen Abteilungsergebnisse in Euro und in Prozent des Abteilungsumsatzes.

Kostenstellenrechnung

Die Transport AG, Leipzig, hat für den Monat April nachstehende Daten ermittelt:

(in €)		Kosten	Leistungen
40	Lohn- und Lohnnebenkosten	64.000	
41	Gehalts- und Gehaltsnebenkosten	108.000	
42	Fuhrparkkosten	600.000	
44	Verwaltungskosten	100.000	
45	Sonstige Steuern, Versicherungen	40.000	
46	Unternehmenskosten	87.000	
72	Luftfrachtspeditionskosten	481.000	
74	Kraftwagenspeditionskosten	1.400.000	
77	Möbelspeditionskosten	250.000	
82	Luftfrachtspeditionserlöse		900.000
84	Kraftwagenspeditionserlöse		3.000.000
87	Möbelspeditionserlöse		450.000

Weitere Angaben:

- Das betriebsnotwendige Kapital beträgt 20,0 Mio. €.
  Der durchschnittliche Zinssatz beträgt 9,6 %.
  Das Konto „22 Zinsen und ähnliche Aufwendungen" weist für den Monat April 120.000,00 € aus.

- Anschaffungswert des Anlagevermögens: 25 Mio. €
  Bilanzieller Abschreibungssatz: 20 %
  Wiederbeschaffungswert des Anlagevermögens: 30 Mio. €
  Kalkulatorischer Abschreibungssatz: 15 %

- Auf Konto „249 Wagnisse" werden für den Monat April 6.500,00 € ausgewiesen.
  Aufgrund langfristiger Erfahrungen ist durchschnittlich mit 96.000,00 € Wagnissen jährlich zu rechnen.

Gemeinkosten	Verteilung	Luftfracht-spedition	Kraftwagen-spedition	Möbel-spedition
Lohnnebenkosten	lt. Lohnliste	10.000	41.000	13.000
Gehälter	lt. Gehaltsliste	35.000	38.000	35.000
Fuhrparkkosten	im Verhältnis der ein-gesetzten Fahrzeuge:	4	13	3
Verwaltungs-kosten	nach EDV-Nutzung, Materialverbrauch usw. im Verhältnis	2	7	1
Steuern, Versich.	im Verhältnis	2	13	5
Unternehmens-kosten	nach Abteilungs-erlösen			
Kalk. Zinsen	im Verhältnis des jeweiligen betriebs-notwendigen Kapitals	3	4	1
Kalk. Abschreib.	lt. Anlagenkartei i. V.	1	8	1
Kalk. Wagnisse	nach Risikoanfall i. V.	3	1	1

a) Erstellen Sie einen BAB.

b) Ermitteln Sie die Gemeinkosten.

c) Verteilen Sie die Gemeinkostenarten auf die Kostenstellen.

d) Addieren Sie die Gemeinkostenarten insgesamt und in den Kostenstellen.

e) Ermitteln Sie die jeweiligen Abteilungskosten für Seehafenspedition, Kraftwagen-spedition und Lagerei.

f) Ermitteln Sie die jeweiligen Abteilungsergebnisse in Euro und in Prozent des Abteilungsumsatzes.

g) Warum werden im BAB der Transport AG weder kalkulatorischer Unternehmerlohn noch kalkulatorische Miete angesetzt?

5.3.2 Mehrstufiger Betriebsabrechnungsbogen

Der mehrstufige Betriebsabrechnungsbogen berücksichtigt neben den Hauptkostenstellen auch Hilfskostenstellen, die ihre Leistungen an andere Kostenstellen abgeben. Die Hilfskostenstellen werden in allgemeine Hilfskostenstellen und besondere Hilfskostenstellen unterteilt.

Allgemeine Hilfskostenstellen geben ihre Leistungen an alle übrigen Kostenstellen ab. Typische Beispiele für allgemeine Hilfskostenstellen sind Kantine und Hausmeisterbüro.

Besondere Hilfskostenstellen[1] erbringen ausschließlich Leistungen für ihnen übergeordnete Hauptkostenstellen. Typische Beispiele für besondere Hilfskostenstellen sind Reparaturwerkstatt und Disposition.

Gegenüber dem einstufigen Betriebsabrechnungsbogen ist folglich nach der Verteilung der Gemeinkosten auf die Kostenstellen eine verursachungsgerechte Kostenumlage durchzuführen. **Die allgemeinen Hilfskostenstellen** geben Leistungen an besondere Hilfskostenstellen und Hauptkostenstellen ab. **Die besonderen Hilfskostenstellen** geben jedoch nur an bestimmte Hauptkostenstellen Leistungen ab und nehmen Leistungen der allgemeinen Hilfskostenstellen in Anspruch. Deshalb sind zuerst die allgemeinen Hilfskostenstellen und danach die besonderen Hilfskostenstellen umzulegen. Diese Art der innerbetrieblichen Leistungsverrechnung wird *Stufenumlage- oder Treppenverfahren* genannt.

Schritte für die Erstellung eines **mehrstufigen Betriebsabrechnungsbogens**:

1. **Schritt:** Verteilung sämtlicher Gemeinkosten auf die Kostenstellen.
2. **Schritt:** Umlage der Kostensummen der allgemeinen Hilfskostenstellen auf die übrigen Kostenstellen.
3. **Schritt:** Umlage der Kostensummen der besonderen Hilfskostenstellen auf ihnen übergeordnete Hauptkostenstellen.
4. **Schritt:** Ermittlung der Kostensummen aller Hauptkostenstellen.

Muster-AUFGABE

Spedition Hagen Itzerott KG, Bremen, hat nachstehendes Betriebsergebnis ermittelt:

(in €)		Kosten	Leistungen
40	Lohn- und Lohnnebenkosten	288.000	
41	Gehalts- und Gehaltsnebenkosten	340.000	
42	Fuhrparkkosten	750.000	
44	Verwaltungskosten	140.000	
45	Sonstige Steuern, Versicherungen	80.000	
46	Unternehmenskosten	125.000	
480	Kalkulatorischer Unternehmerlohn	60.000	
481	Kalkulatorische Miete	96.000	
482	Kalkulatorische Zinsen	240.000	
483	Kalkulatorische Abschreibungen	880.000	
485	Kalkulatorische Wagnisse	50.000	
740	Nationale Kraftwagenspedition	533.000	
745	Internationale Kraftwagenspedition	412.000	
76	Lagerei	79.000	
840	Nationale Kraftwagenspedition		2.274.000
845	Internationale Kraftwagenspedition		1.509.000
86	Lagerei		412.000

---

[1] Die besonderen Hilfskostenstellen werden in der Speditionspraxis auch als „speditionelle Hilfskostenstellen" bezeichnet.

Kostenstellenrechnung

Spedition Hagen Itzerott KG hat folgende Kostenstellen:

Hilfskostenstellen:
- Kantine (allgemeine Hilfskostenstelle); erbringt Leistungen für alle anderen Kostenstellen.
- Werkstatt (besondere Hilfskostenstelle); erbringt Leistungen für die nationale und internationale Kraftwagenspedition.

Hauptkostenstellen:
- Nationale Kraftwagenspedition
- Internationale Kraftwagenspedition
- Lagerei

Die Gemeinkosten werden nach folgendem Schlüssel verteilt:

Gemeinkosten	Verteilung				
	Kantine	Werkstatt	Nationale Kraftw.-Spedition	Intern. Kraftw.-Spedition	Lager
Lohn- und Lohn-nebenkosten	1	3	12	4	4
Gehalts- und Ge-haltsnebenkosten	1	2	10	5	2
Fuhrparkkosten	–	–	7	3	–
Verwaltungs-kosten	1	1	6	4	2
Steuern, Versich.	–	1	10	8	1
Untern.-kosten	1	1	9	9	5
Kalk. U'lohn	1	1	3	3	2
Kalk. Miete	1	2	4	3	2
Kalk. Zinsen	3	2	5	10	4
Kalk. Abschreib.	1	1	3	5	1
Kalk. Wagnisse	–	–	3	6	1

Die Gemeinkosten der allgemeinen Kostenstelle „Kantine" werden im Verhältnis 1 : 4 : 2 : 1 auf die nachfolgenden Kostenstellen verteilt. Die Gemeinkosten der besonderen Hilfskostenstelle „Werkstatt" werden im Verhältnis 5 : 3 auf die Hauptkostenstellen nationale Kraftwagenspedition und internationale Kraftwagenspedition verteilt.

1. Verteilen Sie die Gemeinkostenarten auf die Kostenstellen.

2. Addieren Sie die Gemeinkostenarten insgesamt und in den Kostenstellen. Beide Ergebnisse müssen übereinstimmen.

3. Verteilen Sie zunächst die Gemeinkosten der Allgemeinen Hilfskostenstelle „Kantine" auf alle anderen Kostenstellen.

4. Verteilen Sie nun die gesamten Gemeinkosten der besonderen Hilfskostenstelle „Werkstatt" auf die Hauptkostenstellen, welche Leistungen von der besonderen Hilfskostenstelle „Werkstatt" bezogen haben.

5. Ermitteln Sie die jeweiligen Abteilungskosten für die drei Hauptkostenstellen.

6. Ermitteln Sie die jeweiligen Abteilungsergebnisse.

B 174

Geschäftsprozesse erfolgsorientiert steuern

LÖSUNG

Gemeinkosten			Kantine	Werk-statt	Nationale Kraft-wagen-spedition	Internatio-nale Kraft wagen-spedition	Lager
Gemeinkosten	Betrag	Verteilung					
Lohn- und Lohn-nebenkosten	**1** 288.000	1 : 3 : 12 : 4 : 4	12.000	36.000	144.000	48.000	48.000
Gehalts- und Ge-haltsnebenkosten	340.000	1 : 2 : 10 : 5 : 2	17.000	34.000	170.000	85.000	34.000
Fuhrparkkosten	750.000	0 : 0 : 7 : 3 : 0	–	–	525.000	225.000	–
Verwaltungskosten	140.000	1 : 1 : 6 : 4 : 2	10.000	10.000	60.000	40.000	20.000
Sonstige Steuern, Versicherungen	80.000	0 : 1 : 10 : 8 : 1	–	4.000	40.000	32.000	4.000
Unternehmens-kosten	125.000	1 : 1 : 9 : 9 : 5	**3** 5.000	**3** 5.000	**3** 45.000	**3** 45.000	**3** 25.000
Kalkulatorischer Unternehmerlohn	60.000	1 : 1 : 3 : 3 : 2	6.000	6.000	18.000	18.000	12.000
Kalk. Miete	96.000	1 : 2 : 4 : 3 : 2	8.000	16.000	32.000	24.000	16.000
Kalk. Zinsen	240.000	3 : 2 : 5 : 10 : 4	30.000	20.000	50.000	100.000	40.000
Kalk. Abschreib.	880.000	1 : 1 : 3 : 5 : 1	80.000	80.000	240.000	400.000	80.000
Kalk. Wagnisse	50.000	0 : 0 : 3 : 6 : 1	–	–	15.000	30.000	5.000
	2 3.049.000		**4** 168.000	**4** 211.000	**4** 1.339.000	**4** 1.047.000	**4** 284.000
Umlage Kantine		1 : 4 : 2 : 1	**5**	21.000	84.000	42.000	21.000
				232.000	1.423.000	1.089.000	305.000
Umlage Werkstatt		5 : 3 : 0		**6**	145.000	87.000	–
Gemeinkosten je Hauptkostenstelle					**7** 1.568.000	**7** 1.176.000	**7** 305.000
+ Einzelkosten					**8** 533.000	**8** 412.000	**8** 79.000
= Abteilungskosten					**9** 2.101.000	**9** 1.588.000	**9** 384.000
Abteilungserlöse					**10** 2.274.000	**10** 1.509.000	**10** 412.000
Abteilungsergebnisse (Erlöse – Kosten)					**11** + 173.000	**11** – 79.000	**11** + 28.000

LÖSUNGS-WEG

1 Gemeinkosten aus der Kostenartenrechnung in den BAB übertragen.

2 Gemeinkostensumme ermitteln.

3 Die einzelnen Gemeinkosten nach der vorgegebenen Verteilung auf die fünf Haupt-kostenstellen aufteilen.

4 Gemeinkosten je Kostenstelle ermitteln. Die Summe der Kostenstellengemeinkosten muss mit der bereits unter **2** berechneten Gemeinkostensumme übereinstimmen.

5 Gemeinkosten der allgemeinen Kostenstelle „Kantine" auf alle anderen Kostenstellen verteilen. Kantine erbringt für alle anderen Kostenstellen, also auch für die Werkstatt, Leistungen.

6 Gemeinkosten der besonderen Hilfskostenstelle „Werkstatt" auf die leistungsbe-ziehenden Hauptkostenstellen (nationale und internationale Kraftwagenspedition) verteilen.

7 Gemeinkostensummen der drei Hauptkostenstellen ermitteln.

8 Einzelkosten der drei Hauptkostenstellen werden in den BAB übertragen.

9 Abteilungsgemeinkosten und Abteilungseinzelkosten zu Abteilungskosten addieren.

10 Abteilungskosten den jeweiligen Abteilungserlösen gegenüberstellen.

11 Abteilungserlöse abzüglich Abteilungskosten ergeben die jeweiligen Abteilungs-ergebnisse. Ein Abteilungsgewinn wird mit einem Pluszeichen gekennzeichnet, ein Abteilungsverlust mit einem Minuszeichen.

Kostenstellenrechnung

Zusammenfassung der Kostenstellenrechnung 5.4

Kostenstellen = Orte der Kostenentstehung

Kostenstellen

Hauptkostenstellen

In der Regel Speditionsabteilungen, z. B.:
- Luftfrachtspedition
- Kraftwagenspedition
- Lagerei
- Internationale Spedition

Hilfskostenstellen
- **Allgemeine Hilfskostenstellen** erbringen Leistungen für alle anderen Kostenstellen.
- **Besondere Hilfskostenstellen** erbringen nur für bestimmte Hauptkostenstellen Leistungen.

FAZIT

Im Betriebsabrechnungsbogen (BAB) erfolgt die verursachungsgerechte und anteilige Verteilung der Gemeinkosten auf die Kostenstellen in vier Schritten:

1. Schritt: Verteilung sämtlicher Gemeinkosten auf die Kostenstellen.
2. Schritt: Umlage der Kostensummen der allgemeinen Hilfskostenstellen auf die übrigen Kostenstellen.
3. Schritt: Umlage der Kostensummen der besonderen Hilfskostenstellen auf die ihnen übergeordneten Hauptkostenstellen.
4. Schritt: Ermittlung der Kostensummen aller Hauptkostenstellen.

Auswertung des Betriebsabrechnungsbogens:

   Gemeinkosten je Hauptkostenstelle
+ Einzelkosten je Hauptkostenstelle
= Kosten je Hauptkostenstelle

   Erlöse je Hauptkostenstelle
− Kosten je Hauptkostenstelle
= Abteilungsergebnis je Hauptkostenstelle

Aufgaben zum Sachverhalt

Spedition Josef Schwarz KG, Regensburg, hat für das erste Quartal nachstehendes Betriebsergebnis (in €) ermittelt:

		Kosten	Leistungen
40	Lohn- und Lohnnebenkosten	250.000,00	
41	Gehalts- und Gehaltsnebenkosten	168.000,00	
42	Fuhrparkkosten	600.000,00	
44	Verwaltungskosten	150.000,00	
45	Sonstige Steuern, Versicherungen	55.000,00	
46	Unternehmenskosten	125.000,00	
480	Kalkulatorischer Unternehmerlohn	21.000,00	
481	Kalkulatorische Miete	30.000,00	
482	Kalkulatorische Zinsen	125.000,00	
483	Kalkulatorische Abschreibungen	600.000,00	
485	Kalkulatorische Wagnisse	12.000,00	

Fortsetzung

Geschäftsprozesse erfolgsorientiert steuern

		Kosten	Leistungen
72	Luftfrachtspeditionskosten	411.000,00	
74	Kraftwagenspeditionskosten	1.250.000,00	
76	Lagerei	750.000,00	
82	Luftfrachtspeditionserlöse		750.000,00
84	Kraftwagenspeditionserlöse		3.000.000,00
86	Lagereierlöse		1.300.000,00

Spedition Josef Schwarz KG hat folgende Kostenstellen:

- **Allgemeine Verwaltung** (allgemeine Hilfskostenstelle); erbringt Leistungen für alle anderen Kostenstellen.
- **Werkstatt** (besondere Hilfskostenstelle); erbringt Leistungen für die Luftfracht- und Kraftwagenspedition.
- **Luftfrachtspedition** (Hauptkostenstelle)
- **Kraftwagenspedition** (Hauptkostenstelle)
- **Lagerei** (Hauptkostenstelle)

Die Gemeinkosten werden nach folgendem Schlüssel verteilt:

Gemeinkosten	Verteilung				
	Allgem. Verwaltung	Werkstatt	Luftfracht-spedition	Kraft-wagen-spedition	Lagerei
Lohn- und Lohn-nebenkosten	1	3	12	23	11
Gehalts- und Gehaltsnebenkosten	1	0	3	3	1
Fuhrparkkosten	0	0	1	9	0
Verwaltungs-kosten	1	0	0	0	0
Steuern, Versich.	0	1	2	6	1
Untern.-kosten	2	1	2	4	1
Kalk. U'lohn	7	1	4	5	4
Kalk. Miete	5	2	2	3	3
Kalk. Zinsen	5	3	4	10	3
Kalk. Abschreib.	2	1	2	5	2
Kalk. Wagnisse	1	0	2	2	1

Die Gemeinkosten der allgemeinen Kostenstelle „Allgemeine Verwaltung" werden im Verhältnis 1 : 5 : 6 : 3 auf die nachfolgenden Kostenstellen verteilt.

Die Gemeinkosten der besonderen Hilfskostenstelle „Werkstatt" werden im Verhältnis 4 : 1 auf die Hauptkostenstellen Kraftwagenspedition und Luftfrachtspedition verteilt.

a) Erstellen Sie einen BAB.

b) Verteilen Sie die Gemeinkostenarten auf die Kostenstellen.

c) Addieren Sie die Gemeinkostenarten insgesamt und in den Kostenstellen.

d) Verteilen Sie zunächst die Gemeinkosten der Allgemeinen Hilfskostenstelle „Allgemeine Verwaltung" auf alle anderen Kostenstellen.

e) Verteilen Sie nun die gesamten Gemeinkosten der besonderen Hilfskostenstelle „Werkstatt" auf die Hauptkostenstellen, welche Leistungen von der besonderen Hilfskostenstelle „Werkstatt" bezogen haben.

f) Ermitteln Sie die jeweiligen Abteilungskosten für die drei Hauptkostenstellen.

g) Ermitteln Sie die jeweiligen Abteilungsergebnisse.

Kostenstellenrechnung

B 177

2

Die Transport GmbH, Bielefeld, hat folgende Kostenstellen:

- **Allgemeine Verwaltung** (Allgemeine Hilfskostenstelle); erbringt Leistungen für alle anderen Kostenstellen.
- **Werkstatt** (besondere Hilfskostenstelle); erbringt Leistungen für die Kraftwagen- und Möbelspedition.
- **Luftfrachtspedition** (Hauptkostenstelle)
- **Kraftwagenspedition** (Hauptkostenstelle)
- **Möbelspedition** (Hauptkostenstelle)

Für den Monat November wurden nachstehende Daten (in €) ermittelt:

		Kosten	Leistungen
40	Lohn- und Lohnnebenkosten	270.000,00	
41	Gehalts- und Gehaltsnebenkosten	120.000,00	
42	Fuhrparkkosten	810.000,00	
43	Raumkosten	330.000,00	
44	Verwaltungskosten	431.000,00	
45	Sonstige Steuern, Versicherungen	110.000,00	
46	Unternehmenskosten	132.000,00	
72	Luftfrachtspeditionskosten	411.000,00	
74	Kraftwagenspeditionskosten	1.250.000,00	
77	Möbelspeditionskosten	750.000,00	
82	Luftfrachtspeditionserlöse		1.100.000,00
84	Kraftwagenspeditionserlöse		2.800.000,00
87	Möbelspeditionserlöse		1.200.000,00

Weitere Angaben:

- Das betriebsnotwendige Kapital beträgt 24,0 Mio. €. Der durchschnittliche Zinssatz beträgt 11 %.
  Das Konto „22 Zinsen und ähnliche Aufwendungen" weist für den Monat November 131.000,00 € aus.
- Anschaffungswert des Anlagevermögens: 30,0 Mio. €
  Bilanzielle Abschreibungen: 6,5 Mio. €
  Wiederbeschaffungswert des Anlagevermögens: 36,0 Mio. €
  Kalkulatorischer Abschreibungssatz: 15 % linear
- Auf Konto „249 Wagnisse" werden für den Monat November 17.500,00 € ausgewiesen. Aufgrund langfristiger Erfahrungen ist durchschnittlich mit 144.000,00 € Wagnissen jährlich zu rechnen.

Die Gemeinkosten werden nach folgendem Schlüssel verteilt:

Gemeinkosten	Verteilung				
	Allgem. Verwaltung	Werkstatt	Luftfracht-spedition	Kraft-wagen-spedition	Möbel-spedition
Löhne	2	4	6	10	5
Gehälter	3	1	5	5	1
Fuhrparkkosten	0	0	1	5	3
Raumkosten	2	1	2	4	2
Verwaltungs-kosten	1	0	0	0	0
Steuern, Versich.	0	1	3	6	1
Untern.-kosten	2	1	2	4	2
Zinsen	1	2	6	10	3
Abschreibungen	1	1	3	7	3
Wagnisse	1	0	4	5	2

Fortsetzung →

Geschäftsprozesse erfolgsorientiert steuern

Die Gemeinkosten der allgemeinen Kostenstelle „Allgemeine Verwaltung" werden im Verhältnis 1 : 4 : 11 : 4 auf die nachfolgenden Kostenstellen verteilt.

Die Gemeinkosten der besonderen Hilfskostenstelle „Werkstatt" werden im Verhältnis 1 : 12 : 5 auf die Hauptkostenstellen Luftfrachtspedition, Kraftwagenspedition und Möbelspedition verteilt.

a) Erstellen Sie einen BAB.
b) Verteilen Sie die Gemeinkostenarten auf die Kostenstellen.
c) Addieren Sie die Gemeinkostenarten insgesamt und in den Kostenstellen.
d) Ermitteln Sie die jeweiligen Abteilungskosten für die Hauptkostenstellen.
e) Ermitteln Sie die jeweiligen Abteilungsergebnisse in Euro.
f) Ermitteln Sie die jeweiligen Abteilungsergebnisse in Prozent der Abteilungserlöse.
g) Warum werden im BAB der Transport GmbH weder kalkulatorischer Unternehmerlohn noch kalkulatorische Miete angesetzt?

Zusammenfassende Aufgaben

Die Geschäftsbuchführung der Spedition Logsped AG, Rostock, weist für das letzte Geschäftsjahr folgende Aufwendungen und Erträge (in €) aus:

21	Betriebs- und periodenfremde Aufwendungen	574.300,00
22	Zinsen und ähnliche Aufwendungen	945.120,00
240	Aufwendungen aus Anlagenverkäufen	155.880,00
247	Bilanzmäßige Abschreibungen	1.425.000,00
249	Wagnisse	183.925,00
26	Betriebs- und periodenfremde Erträge	520.220,00
27	Zinserträge	72.685,00
288	Erträge aus der Auflösung von Rückstellungen	419.300,00
40	Lohn- und Lohnnebenkosten	1.545.000,00
41	Gehalts- und Gehaltsnebenkosten	909.000,00
42	Fuhrparkkosten	2.400.000,00
43	Raumkosten	440.000,00
44	Verwaltungskosten	960.000,00
45	Sonstige Steuern, Versicherungen	88.000,00
46	Unternehmenskosten	195.000,00
71	Seehafenspedition	2.129.000,00
72	Luftfrachtspedition	1.920.000,00
74	Kraftwagenspedition	5.121.000,00
77	Möbelspedition	852.000,00
81	Seehafenspedition	4.335.195,00
82	Luftfrachtspedition	4.266.000,00
84	Kraftwagenspedition	10.712.000,00
87	Möbelspedition	3.187.000,00

Weitere Angaben:
- Das betriebsnotwendige Kapital beträgt 19,5 Mio. €. Der durchschnittliche Zinssatz beträgt 10 %.
- Anschaffungswert des Anlagevermögens: 11,0 Mio. €
- Wiederbeschaffungswert des Anlagevermögens: 12,0 Mio. €
  Kalkulatorischer Abschreibungssatz: 15 %
- Aufgrund der langfristigen Erfahrung ist mit jährlich 120.000,00 € Wagniskosten zu rechnen.

Kostenstellenrechnung

B 179

a) Erstellen Sie die Ergebnistabelle und berechnen Sie
   - das Unternehmensergebnis,
   - das Ergebnis aus unternehmensbezogener Abgrenzung,
   - das Ergebnis aus kostenrechnerischen Korrekturen,
   - das Betriebsergebnis.

b) Überprüfen Sie die ermittelten Ergebnisse.

Die Logsped AG hat sechs Kostenstellen. Die Kostenstelle „Allgemeine Verwaltung" erbringt Leistungen für alle anderen Kostenstellen, die Kostenstelle „Werkstatt" erbringt für die Kraftwagen- und Möbelspedition Leistungen.

Kostenstellen:
- Allgemeine Verwaltung (allgemeine Hilfskostenstelle)
- Werkstatt (besondere Hilfskostenstelle)
- Seehafenspedition (Hauptkostenstelle)
- Luftfrachtspedition (Hauptkostenstelle)
- Kraftwagenspedition (Hauptkostenstelle)
- Möbelspedition (Hauptkostenstelle)

Die Gemeinkosten werden nach folgendem Schlüssel verteilt:

Gemeinkosten	Verteilung					
	Allgem. Verwaltung	Werk-statt	See-hafen-spedition	Luft-fracht-spedition	Kraft-wagen-spedition	Möbel-spedition
Lohn- und Lohn-nebenkosten	1	2	1	1	6	4
Gehalts- und Ge-haltsnebenkosten	1	0	2	2	3	1
Fuhrparkkosten	0	0	1	1	7	3
Raumkosten	6	1	3	3	6	3
Verwaltungsk.	1	0	0	0	0	0
Steuern, Versich.	0	0	2	2	3	1
Untern.-Kosten	3	1	3	3	3	2
Zinsen	1	1	1	2	6	2
Abschreibungen	3	1	2	2	5	3
Wagnisse	1	0	2	3	4	2

Die Gemeinkosten der allgemeinen Kostenstelle „Allgemeine Verwaltung" werden im Verhältnis 1 : 2 : 4 : 8 : 5 auf die nachfolgenden Kostenstellen verteilt.

Die Gemeinkosten der besonderen Hilfskostenstelle „Werkstatt" werden im Verhältnis 3 : 2 auf die Hauptkostenstellen Kraftwagenspedition und Möbelspedition verteilt.

c) Erstellen Sie einen BAB.

d) Verteilen Sie die Gemeinkostenarten auf die Kostenstellen.

e) Addieren Sie die Gemeinkostenarten insgesamt und in den Kostenstellen.

f) Ermitteln Sie die jeweiligen Abteilungskosten für die Hauptkostenstellen.

g) Ermitteln Sie die jeweiligen Abteilungsergebnisse in Euro.

h) Ermitteln Sie die jeweiligen Abteilungsergebnisse in Prozent der Abteilungserlöse.

Geschäftsprozesse erfolgsorientiert steuern

2

Die Geschäftsbuchführung der Kraftwagenspedition Steffi Kolb e. K. weist auf dem GuV-Konto zum Jahresabschluss folgende Werte (in €) aus:

AUFWENDUNGEN			ERTRÄGE	
2200 Zinsaufwendungen	16.500,00	2700 Zinserträge		6.900,00
2400 Verluste aus Abgang von Anlagevermögen	17.000,00	2890 Erträge aus der Auflösung von Rückstellungen		53.100,00
2450 Abschr. auf Forderungen	22.000,00	8000 Internationale Spedition		820.000,00
2470 Bilanzielle Abschreibungen	148.000,00	8400 Kraftwagenspedition		1.450.000,00
4100 Personalaufwendungen	227.000,00	8600 Lagerei		370.000,00
4200 Fuhrparkkosten	273.000,00			
4300 Mieten	71.000,00			
4400 Verwaltungskosten	46.000,00			
4500 Betriebliche Steuern	36.000,00			
4600 Unternehmenskosten	44.000,00			
7000 Internationale Spedition	392.000,00			
7400 Kraftwagenspedition	918.000,00			
7600 Lagerei	199.500,00			
Unternehmensergebnis	290.000,00			
	2.700.000,00			2.700.000,00

Weitere Angaben:
- Aus der Bilanz ergibt sich ein betriebsnotwendiges Vermögen von 830.000,00 € sowie ein zinsfreies Abzugskapital von 40.000,00 €. Der langfristige Zinssatz beträgt 6 %.
- Die kalkulatorischen Abschreibungen werden mit 140.000,00 € angesetzt.
- Für die Abgeltung der Arbeitskraft der Unternehmerin werden 45.000,00 € verrechnet.

a) Erstellen Sie die Abgrenzungsrechnung.
b) Ermitteln Sie das Neutrale Ergebnis und das Betriebsergebnis.
c) Berechnen Sie das Abteilungsergebnis für die Kraftwagenspedition. Die in der Kosten- und Leistungsrechnung ermittelten Gemeinkosten trägt diese Abteilung zu 60 %.

Kostenträgerrechnung 6

Einführung in die Kostenträgerrechnung 6.1

Die **Kostenträgerrechnung** bildet die nächste Stufe der Kosten- und Leistungsrechnung. Sie verrechnet sämtliche Einzel- und Gemeinkosten des Betriebes auf die Kostenträger.

Die **Kostenträgerrechnung** wird unterteilt in die **Kostenträgerzeitrechnung** und die **Kostenträgerstückrechnung**.

Aufgabe der Kostenträgerzeitrechnung ist es, Einzelkosten und Gemeinkosten einer Abrechnungsperiode insgesamt zu erfassen und unter Einbeziehung der Erlöse eine Ergebnisrechnung zu erstellen. Die Kostenträgerzeitrechnung wurde in Kapitel 5 dargestellt (BAB-Auswertung).

Aufgabe der Kostenträgerstückrechnung ist es, die **Kosten eines Verkehrsauftrages** zu ermitteln. Stellt der Spediteur den ermittelten Kosten das Marktentgelt gegenüber, kann er entscheiden, ob er den jeweiligen Verkehrsauftrag annimmt oder ablehnt. Weiterhin kann er entscheiden, ob eine **Transportleistung im Selbsteintritt** rentabel ist oder ob die **Transportleistung eingekauft** werden soll.

In diesem Abschnitt werden die **Fahrzeugkostenkalkulation** und die **Lagerkalkulation** als typische Kostenträgerstückrechnungen dargestellt. Ähnlich differenzierte Kostenträgerstückrechnungen können für alle übrigen Zweige des Speditionsgewerbes erstellt werden.

Kalkulation der Fahrzeug-Selbstkosten 6.2

Mit der **Fahrzeug-Selbstkostenrechnung** wird die **fortlaufende Kostenkontrolle** jedes einzelnen Fahrzeugs durchgeführt. Die ermittelten Fahrzeugkosten können mit den Kosten anderer (eigener und fremder) Fahrzeuge verglichen werden.

Die **Fahrzeugkosten** sind **Selbstkosten**, die der Marktpreis mindestens abdecken sollte. Der Marktpreis sollte neben den Selbstkosten einen angemessenen Gewinn enthalten. Für jeden Transport kann die Rentabilität festgestellt werden, um die rentablen Transporte herauszufinden und die **Entscheidung über den Einsatz eigener oder fremder Fahrzeuge** zu begründen.

Die dargestellte Kalkulationsmethode wurde weitgehend von der Unternehmensberatung Spedition und Logistik GmbH (USL)[1] übernommen.

Aufbereitung der Kapitalwerte 6.2.1

Beispiel: Anschaffungskosten für einen Hochregalstapler .... 80.000,00 €
Wiederbeschaffungskosten nach fünf Jahren .... 90.000,00 €
Abschreibung .... 20 % linear

In der Kostenrechnung werden für die **kalkulatorische Abschreibung** die geschätzten **Wiederbeschaffungskosten** zugrunde gelegt. Dies ist leicht zu erklären, denn während der Nutzungsdauer muss so viel Geld für die Ersatzbeschaffung zurückfließen, damit diese auch zu den wohl gestiegenen Kosten (90.000,00 €) durchgeführt werden kann. Werden lediglich die Anschaffungskosten (80.000,00 €) abgeschrieben, kann die Ersatzbeschaffung nicht ausschließlich aus Abschreibungsrückflüssen finanziert werden. Es fehlen dann 10.000,00 €.

---

[1] Die USL ist eine Tochtergesellschaft des Deutschen Speditions- und Logistikverbandes (DSLV).

Der voraussichtliche **Wiederverkaufserlös** nach Ablauf der betrieblichen Nutzungszeit wird von den Wiederbeschaffungskosten abgezogen, weil dieser Betrag nicht durch verrechnete Abschreibungen (kalkulatorische Abschreibungen) zurückfließen muss.

Die **Umsatzsteuer** wird bei der Abschreibung, wie in der gesamten Kosten- und Leistungsrechnung, **nicht berücksichtigt**, da sie einen durchlaufenden Posten darstellt.

Die geschätzten Wiederbeschaffungskosten des Fahrzeugs werden neben dem Netto-Wiederverkaufserlös noch um die **Wiederbeschaffungskosten der Bereifung** gekürzt. Dies ist notwendig, weil die Bereifung eine wesentlich geringere Nutzungsdauer hat als der Lkw.

So ist die Bereifung oftmals nach ca. 60 000 km verbraucht, während der Lkw eine Nutzungsdauer von ca. 250 000 km hat.

Die **kalkulatorischen Zinsen** werden von dem **durchschnittlich betriebsnotwendigen Kapital** berechnet, das sich aus dem durchschnittlich gebundenen Anlagevermögen (Lkw) zuzüglich durchschnittlich gebundenem Umlaufvermögen (z.B. Treibstoffvorrat, Reifenvorrat, Geldeingangszeit von der Leistungserstellung bis zum Zahlungseingang) zusammensetzt.

Beispiel: Betragen die Anschaffungskosten für einen Lkw 100.000,00 €, so sind bei linearer Abschreibung während einer 4-jährigen Nutzungsdauer durchschnittlich 50 % der Anschaffungskosten gebunden. Zu Beginn des ersten Nutzungsjahres sind 100.000,00 € gebunden. Die Kapitalbindung beträgt also 100 %. Am Ende des letzten Nutzungsjahres sind alle Abschreibungen zurückgeflossen; die Kapitalbindung beträgt jetzt 0 %. Durchschnittlich sind also

$$\frac{100\,\% + 0\,\%}{2} = 50\,\% \text{ gebunden oder } \frac{87{,}5\,\%^1 + 62{,}5\,\%^2 + 37{,}5\,\% + 12{,}5\,\%}{4} = 50\,\%$$

Bei der Berechnung der **kalkulatorischen Zinsen** werden die **Anschaffungskosten** zugrunde gelegt, da dieses Kapital auch gebunden wird. Die späteren Wiederbeschaffungskosten haben keinen kapitalbindenden Charakter.

FAZIT

Zusammenfassung: Aufbereitung der Kapitalwerte

Abschreibungsbasis für kalkulatorische Abschreibung:

    Geschätzte Wiederbeschaffungskosten Lkw
– Wiederbeschaffungskosten der Bereifung
– geschätzter Wiederverkaufserlös (Restwert), netto
= Abschreibungsbasis für kalkulatorische Abschreibung

Berechnung der kalkulatorischen Zinsen:

    Durchschnittlich gebundenes Anlagevermögen
    (50 % der Anschaffungskosten)
+ durchschnittlich gebundenes Umlaufvermögen
= durchschnittlich gebundenes Vermögen

Kalkulatorische Zinsen:

= durchschnittlich gebundenes Vermögen · kalkulatorischer Zinssatz

---

[1] Zu Beginn des ersten Jahres sind 100 % gebunden, am Ende des ersten Jahres nur noch 75 %, da Abschreibungen in Höhe von 25 % zurückfließen. Durchschnittlich sind also im ersten Nutzungsjahr 87,5 % gebunden.
[2] Zu Beginn des zweiten Jahres sind 75 % gebunden, am Ende des zweiten Jahres nur noch 50 %, da Abschreibungen in Höhe von 25 % zurückfließen. Durchschnittlich sind also im zweiten Nutzungsjahr 62,5 % gebunden.

Kostenträgerrechnung

Muster-AUFGABE

Spedition Kurzweg GmbH, München, kauft einen neuen Lkw. Der Lkw wird wie folgt in Rechnung gestellt:

Lkw	60.000,00 €
+ 19% Umsatzsteuer	11.400,00 €
Rechnungspreis	71.400,00 €

Im Rechnungspreis ist der Neuwert der Bereifung mit 2.200,00 € zuzüglich 19 % Umsatzsteuer enthalten.

Weitere Angaben:
- Geschätzte Wiederbeschaffungskosten ... 75.000,00 €
  Durch den Lkw durchschnittlich gebundenes
  Umlaufvermögen ... 7.500,00 €
- Geschätzte Leistung des Lkw ... 252 000 km
- Geschätzte Leistungsdauer der Reifen ... 60 000 km
- Geschätzter Wiederverkaufserlös nach Ablauf der
  betrieblichen Nutzungsdauer (netto) ... 2.800,00 €

a) Berechnen Sie die Basis für die kalkulatorischen Abschreibungen.
b) Berechnen Sie die kalkulatorischen Zinsen auf das durchschnittlich benötigte Betriebsvermögen. Der kalkulatorische Zinssatz beträgt 9 %.

LÖSUNG

a)	Wiederbeschaffungskosten Lkw	75.000,00 €
	− Wiederbeschaffungskosten Bereifung	2.200,00 €
	− Wiederverkaufserlös (Restwert)	2.800,00 €
	= Abschreibungsbasis für kalk. Abschreibung	70.000,00 €

b) Durchschnittlich gebundenes Anlagevermögen

$$= \frac{\text{Anschaffungskosten}}{2} = \frac{60.000,00\ €}{2} = 30.000,00\ €$$

+ durchschnittlich gebundenes Umlaufvermögen = 7.500,00 €
= durchschnittlich gebundenes Vermögen 37.500,00 €

Kalkulatorische Zinsen: 9 % von 37.500,00 € = 3.375,00 €

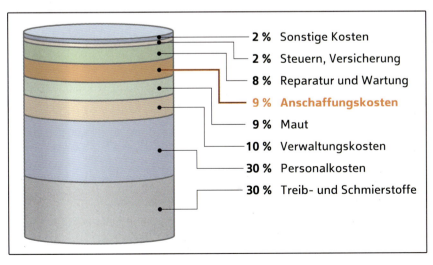

Geschäftsprozesse erfolgsorientiert steuern

Aufgaben zum Sachverhalt

1

Spedition Langhorn e. Kfm., Braunschweig, kauft einen neuen Lkw.
Der Sattelzug wird wie folgt in Rechnung gestellt:

Lkw	90.000,00 €
+ 19 % Umsatzsteuer	17.100,00 €
Rechnungspreis	107.100,00 €

Im Rechnungspreis ist der Neuwert der Bereifung mit 4.100,00 € zuzüglich 19 % Umsatzsteuer enthalten.

Weitere Angaben:
- Geschätzte Wiederbeschaffungskosten .... 108.000,00 €
- Durch den Lkw durchschnittlich gebundenes Umlaufvermögen .... 13.000,00 €
- Geschätzte Leistung des Lkw .... 350 000 km
- Geschätzte Laufleistung der Reifen .... 80 000 km
- Geschätzter Wiederverkaufserlös nach Ablauf der betrieblichen Nutzungsdauer (netto) .... 10.000,00 €

a) Berechnen Sie die Basis für die kalkulatorischen Abschreibungen.

b) Berechnen Sie die kalkulatorischen Zinsen auf das durchschnittlich benötigte Betriebsvermögen. Der kalkulatorische Zinssatz beträgt 8 %.

2

Spedition Langhorn e. Kfm. erwirbt für den Lkw (siehe Aufgabe 1) einen neuen Anhänger. Der Anhänger hat ein zulässiges Gesamtgewicht von 16 t bei einer Nutzlast von 12 t. Der Anhänger kostet 35.000,00 € netto. Die Wiederbeschaffungskosten der Reifen betragen 2.500,00 €. Die Wiederbeschaffungskosten des Anhängers werden auf 42.000,00 € geschätzt. Der Anhänger bindet durchschnittlich 800,00 € Umlaufvermögen. Nach Ablauf der betrieblichen Nutzungsdauer wird der Nettoverkaufserlös für den Anhänger auf 2.000,00 € geschätzt.

a) Berechnen Sie die Basis für die kalkulatorischen Abschreibungen.

b) Berechnen Sie die kalkulatorischen Zinsen auf das durchschnittlich benötigte Betriebsvermögen. Der kalkulatorische Zinssatz beträgt 10 %.

3

Spedition Tilkowski GmbH, Dortmund, erwirbt einen neuen Lkw für Spezialtransporte mit einem zulässigen Gesamtgewicht von 40 t. Der Lkw wird inklusive 19 % Umsatzsteuer mit 208.250,00 € in Rechnung gestellt. Im Rechnungspreis ist der Neuwert der Bereifung mit 8.000,00 € zuzüglich 19 % Umsatzsteuer enthalten.

Weitere Angaben:
- Geschätzte Wiederbeschaffungskosten, netto .... 210.000,00 €
- Durch den Lkw durchschnittlich gebundenes Umlaufvermögen .... 24.000,00 €
- Geschätzte Leistungsdauer des Lkw .... 600 000 km
- Geschätzte Leistungsdauer der Reifen .... 140 000 km
- Geschätzter Wiederverkaufserlös nach Ablauf der betrieblichen Nutzungsdauer (netto) .... 18.000,00 €

a) Berechnen Sie die Basis für die kalkulatorischen Abschreibungen.

b) Berechnen Sie die kalkulatorischen Zinsen auf das durchschnittlich benötigte Betriebsvermögen. Der kalkulatorische Zinssatz beträgt 7,5 %.

Trennung der Fahrzeug-Selbstkosten in Einsatzkosten und anteilige Verwaltungskosten 6.2.2

Die **Fahrzeug-Selbstkosten** werden in **Fahrzeug-Einsatzkosten** und **anteilige Verwaltungskosten** unterteilt. Für die Berechnung der Fahrzeug-Einsatzkosten müssen zwei Fragen beantwortet werden:

1. Wie lange dauert der Auftrag?
   → Zeitverbrauch → zeitabhängige Einsatzkosten
2. Wie viele Kilometer werden zurückgelegt?
   → Leistungsverbrauch → Leistungsabhängige Einsatzkosten

Die vom Fahrzeug verursachten **Verwaltungskosten** werden über einen BAB-Verteilungsschlüssel ermittelt. Die anteiligen Verwaltungskosten werden entweder mit einem prozentualen Zuschlagsatz oder mit einem festen Betrag pro Lkw berücksichtigt.

Fahrzeug-Selbstkosten

   zeitabhängige Einsatzkosten
+ leistungsabhängige Einsatzkosten
+ anteilige Verwaltungskosten
= Fahrzeug-Selbstkosten

Trennung der Einsatzkosten in fixe und variable Bestandteile 6.2.3

Die mit dem **Fahrzeugeinsatz** verbundenen Kosten werden einerseits in **variable** (leistungsabhängige) Kosten und andererseits in **fixe** (leistungsunabhängige bzw. zeitabhängige) **Kosten** unterteilt.

Fixe Einsatzkosten (feste, zeitabhängige, leistungsunabhängige Kosten) sind:

- Kfz-Steuer,
- Kfz-Versicherung,
- Güterschadenhaftpflichtversicherung nach § 7 a GüKG,
- Güterschadenhaftpflichtversicherung für Auslandstransporte,
- kalkulatorische Zinsen für betriebsnotwendiges Vermögen,
- kalkulatorische **Abschreibung**, sofern sie **zeitabhängig** ist, bzw. Leasingkosten
- Löhne und Lohnnebenkosten des Fahrpersonals (Lohnnebenkosten stellen insbesondere der Sozialversicherungsaufwand des Arbeitgebers und die Spesen dar.),
- Autobahngebühren (Vignette),
- Gebäudemietwert für Unterstellung des Fahrzeugs.

In den Musterkalkulationen der Unternehmensberatung Spedition und Logistik (USL) wird die **Abschreibung** zur Hälfte als zeitabhängig, zur anderen Hälfte als **leistungsabhängig** angesehen. Folglich geht die Kfz-Abschreibung in der USL-Musterkalkulation zu jeweils 50 % in die variablen Kosten und fixen Kosten ein. Eine andere Gewichtung kann bei entsprechender Begründung vorgenommen werden.

Die **fixen Einsatzkosten** sind **zeitabhängige Einsatzkosten**. Folglich werden die fixen Einsatzkosten auf die **Einsatzdauer** bezogen. Der durchschnittliche Tagessatz der fixen Einsatzkosten wird folgendermaßen berechnet:

Tagessatz der fixen Einsatzkosten = fixe Einsatzkosten pro Jahr : Einsatztage pro Jahr

Geschäftsprozesse erfolgsorientiert steuern

Variable Einsatzkosten (leistungsabhängig von den gefahrenen km) sind:

- Kraftstoffkosten,
- Schmierstoffkosten,
- Reifenkosten,
- Reparaturkosten,
- Wartungskosten,
- Abschreibung, sofern sie leistungsabhängig ist,
- kilometerabhängige Maut; ab 12 t zulässigem Gesamtgewicht.

Die **kalkulatorische Abschreibung** wird zur **Hälfte** als **leistungsabhängig** angesehen. Folglich werden 50 % der Lkw-Wiederbeschaffungskosten abzüglich Kosten für die Bereifung bei den **variablen Einsatzkosten** berücksichtigt.

Die **variablen Einsatzkosten** sind **leistungsabhängige Einsatzkosten**. Folglich werden die variablen Einsatzkosten auf die **gefahrene Kilometerleistung** bezogen. Der durchschnittliche Kilometersatz der variablen Einsatzkosten wird folgendermaßen berechnet:

km-Satz = km-abhängige Kosten : km-Leistung

Muster-AUFGABE

Spedition Riemann GmbH & Co. KG, Mainz, erwirbt einen neuen Lkw mit einem zulässigen Gesamtgewicht von 40 t. Die Nutzlast beträgt 25 t. Der Lkw wird wie folgt in Rechnung gestellt.

Lkw 40 t	180.000,00 €
+ 19 % Umsatzsteuer	34.200,00 €
Rechnungspreis	214.200,00 €

Im Kaufpreis ist der Neuwert der Bereifung mit 8.000,00 € zuzüglich 19 % Umsatzsteuer enthalten.

Weitere Angaben:
- Die Kosten für die Ersatzbeschaffung in einigen Jahren werden auf 220.000,00 € zuzüglich Umsatzsteuer geschätzt.
- Der Wiederverkaufserlös wird auf 10.000,00 € netto geschätzt.
- Der Lkw bindet durchschnittlich 24.000,00 € Umlaufvermögen.
- Geschätzte Nutzungsdauer in km . . . . 600 000 km
- Jährliche km-Leistung . . . . 120 000 km
- Geschätzte Nutzungsdauer der Reifen in km 140 000 km
- Einsatztage pro Jahr . . . . 240 Tage
- Kraftstoffverbrauch . . . . 36 l/100 km
- Kraftstoffpreis je l . . . . 1,20 € netto
- Schmierstoffkosten . . . . 3 % der Kraftstoffkosten
- Abschreibung ist zu 50 % leistungsabhängig
- Kfz-Steuer . . . . 3.500,00 €   jährlich
- Kfz-Versicherung . . . . 3.000,00 €   jährlich
- Garage/Unterstellung . . . . 50,00 €   monatlich
- Reparaturkosten . . . . 2.000,00 €   monatlich
- Der kalkulatorische Zinssatz beträgt . . . . . . 8 %
- Jährlich werden 30.000,00 € Fahrerlöhne bezahlt.
- Der Sozialversicherungsaufwand für den Arbeitgeber beträgt 24 %.
- Die jährlichen Fahrerspesen belaufen sich auf 5.000,00 €.
- Maut je mautpflichtiger km 0,15 €; 90 % der Strecken sind mautpflichtig.

1. Berechnen Sie die fixen Einsatzkosten pro Jahr.
2. Berechnen Sie die fixen Einsatzkosten pro Einsatztag (Tagessatz).
3. Berechnen Sie die variablen Einsatzkosten pro Jahr.
4. Berechnen Sie den km-Satz.

Kostenträgerrechnung

LÖSUNG

Zunächst werden die Einsatzkosten in fixe und variable Bestandteile getrennt.

1. **Fixe Einsatzkosten pro Jahr:**

   a) Kalkulatorische Abschreibung

   $$\text{Nutzungsdauer:} \quad \frac{\text{Gesamt-km-Leistung}}{\text{jährliche km-Leistung}} = \frac{600\,000\ \text{km}}{120\,000\ \text{km/Jahr}} = 5\ \text{Jahre}$$

   Die Nutzungsdauer ist fünf Jahre. Folglich beträgt der Abschreibungssatz 20 %.

   Abschreibungsbasis: 220.000,00 € – 10.000,00 € – 8.000,00 €,
   also 20 % von 202.000,00 € = 40.400,00 €,
   davon 50 % zeitabhängig . . . . 20.200,00 €

   b) Kalkulatorische Zinsen

   $$\frac{180.000,00\ €}{2} + 24.000,00\ € = 114.000,00\ €$$

   8 % von 114.000,00 € . . . . 9.120,00 €
   c) Kfz-Steuer . . . . 3.500,00 €
   d) Kfz-Versicherung . . . . 3.000,00 €
   e) Garage/Unterstellung (12 · 50,00 €) . . . . 600,00 €
   f) Fahrpersonalkosten   Bruttolöhne . . . . 30.000,00 €
                            24 % Sozialaufw. . . . . . . 7.200,00 €
                            Spesen . . . . 5.000,00 €   42.200,00 €

   Fixe Einsatzkosten pro Jahr . . . . **78.620,00 €**

2. **Fixe Einsatzkosten pro Einsatztag:**

   78.620,00 € : 240 = 327,58 €

3. **Variable Einsatzkosten ohne Maut pro Jahr:**

   a) Kalkulatorische Abschreibung zur Hälfte . . . . 20.200,00 €

   b) Kraftstoffkosten

   $$\frac{120\,000\ ·\ 36\ ·\ 1,20\ €}{100} \quad \ldots\ldots\ldots\ldots\ldots \quad 51.840,00\ €$$

   c) Schmierstoffkosten: 3 % von 51.840,00 € . . . . 1.555,20 €

   d) Reifenkosten

   $$\frac{8.000,00\ €\ ·\ 120\,000}{140\,000} \quad \ldots\ldots\ldots\ldots\ldots \quad 6.857,14\ €$$

   e) Reparaturkosten: 2.000,00 € · 12 . . . . 24.000,00 €

   Variable Einsatzkosten ohne Maut pro Jahr . . . . **104.452,34 €**

4. **Variable Einsatzkosten ohne Maut pro km:**

   104.452,34 € : 120 000 km = 0,8704 €/km

   Variable Einsatzkosten mit Maut pro km:

   0,8704 € + 0,135 € (0,15 € · 0,9) = 1,0054 €

Geschäftsprozesse erfolgsorientiert steuern

6.2.4 Fallstudie: Fahrzeugkosten kalkulieren (mit Excel-Anwendung)

Muster-AUFGABE

Erstellen Sie die Fahrzeugkostenkalkulation für die Musteraufgabe 1 mit Excel-Tabellen. Gehen Sie wie folgt vor:

a) Übernehmen Sie zunächst die angegebenen Daten in eine Excel-Tabelle.
b) Erstellen Sie die Fahrzeugkostenkalkulation in der Excel-Tabelle.
c) Geben Sie die verwendeten Formeln an.

LÖSUNG

 a) Tabelle 1:

	A	B	C	D
1	Fahrzeugkostenkalkulation Lkw 40 t Gesamtgewicht, 25 t Nutzlast			
2				
3	Rahmendaten			
4	Anschaffungskosten (AK)	180.000,00 €		
5	In AK enthaltene Bereifung	8.000,00 €		
6	Kosten der Ersatzbeschaffung	220.000,00 €		
7	Wiederverkaufserlös	10.000,00 €		
8	Gebundenes Umlaufvermögen	24.000,00 €		
9	Jährliche km-Leistung	120000		
10	Gesamte km-Leistung	600000		
11	Nutzungskilometer der Reifen	140000		
12	Einsatztage/Jahr	240		
13	Kraftstoffverbrauch in l auf 100 km	36		
14	Kraftstoffpreis je l, netto	1,20 €		
15	Abschreibung leistungsabhängig	50 %		
16	Abschreibung zeitabhängig	50 %		
17	Kfz-Steuer/Jahr	3.500,00 €		
18	Kfz-Versicherung/Jahr	3.000,00 €		
19	Garage monatlich	50,00 €		
20	Reparaturkosten monatlich	2.000,00 €		
21	Kalkulatorischer Zinssatz	8 %		
22	Fahrerlöhne/Jahr	30.000,00 €		
23	Fahrerspesen/Jahr	5.000,00 €		
24	Sozialvers.-Aufwand Arbeitgeber	24 %		
25	Schmierstoffkosten in % der Kraftstoffkosten	3 %		

Kostenträgerrechnung

b) Tabelle 2:

	A	B	C	D
1	Fahrzeugkostenkalkulation Lkw 40 t Gesamtgewicht, 25 t Nutzlast			
2				
3	Rahmendaten			
4	Anschaffungskosten (AK)	180.000,00 €		
5	In AK enthaltene Bereifung	8.000,00 €		
6	Kosten der Ersatzbeschaffung	220.000,00 €		
7	Wiederverkaufserlös	10.000,00 €		
8	Gebundenes Umlaufvermögen	24.000,00 €		
9	Jährliche km-Leistung	120000		
10	Gesamte km-Leistung	600000		
11	Nutzungskilometer der Reifen	140000		
12	Einsatztage/Jahr	240		
13	Kraftstoffverbrauch in l auf 100 km	36		
14	Kraftstoffpreis je l, netto	1,20 €		
15	Abschreibung leistungsabhängig	50 %		
16	Abschreibung zeitabhängig	50 %		
17	Kfz-Steuer/Jahr	3.500,00 €		
18	Kfz-Versicherung/Jahr	3.000,00 €		
19	Garage monatlich	50,00 €		
20	Reparaturkosten monatlich	2.000,00 €		
21	Kalkulatorischer Zinssatz	8 %		
22	Fahrerlöhne/Jahr	30.000,00 €		
23	Fahrerspesen/Jahr	5.000,00 €		
24	Sozialvers.-Aufwand Arbeitgeber	24 %		
25	Schmierstoffkosten in % der Kraftstoffkosten	3 %		
26	Nutzungsdauer/Jahren	5		
27	Abschreibungssatz/Jahr	20 %		
28				
29	1. Fixe Einsatzkosten/Jahr:			
30	a) Kalkulatorische Abschreibung		20.200,00 €	
31	b) Kalkulatorische Zinsen		9.120,00 €	
32	c) Kfz-Steuer		3.500,00 €	
33	d) Kfz-Versicherung		3.000,00 €	
34	e) Garage		600,00 €	
35	f) Fahrpersonalkosten			
36	Bruttolöhne		30.000,00 €	
37	Sozialaufwand		7.200,00 €	
38	Spesen		5.000,00 €	
39				
40	Fixe Einsatzkosten/Jahr		78.620,00 €	
41				
42				
43	2. Fixe Einsatzkosten/Einsatztag:		327,58 €	
44				
45				
46	3. Variable Einsatzkosten/Jahr, ohne Maut:			
47	a) Kalkulatorische Abschreibung		20.200,00 €	
48	b) Kraftstoffkosten		51.840,00 €	
49	c) Schmierstoffkosten		1.555,20 €	
50	d) Reifenkosten		6.857,14 €	
51	e) Reparaturkosten		24.000,00 €	
52	Variable Einsatzkosten/Jahr, ohne Maut:		104.452,34 €	
53	4. Variable Einsatzkosten/km, ohne Maut:		0,8704 €	
54	Durchschnittliche Maut je gefahrener km		0,1350 €	
55	Variable Einsatzkosten/km einschl. Maut:		1,0054 €	

Fortsetzung

c) Tabelle 3:

	A	B	C
1	Fahrzeugkostenkalkulation Lkw 40 t Gesamtgewicht, 25 t Nutzlast		
2			
3	Rahmendaten		
4	Anschaffungskosten (AK)	180.000,00 €	
5	In AK enthaltene Bereifung	8.000,00 €	
6	Kosten der Ersatzbeschaffung	220.000,00 €	
7	Wiederverkaufserlös	10.000,00 €	
8	Gebundenes Umlaufvermögen	24.000,00 €	
9	Jährliche km-Leistung	120000	
10	Gesamte km-Leistung	600000	
11	Nutzungskilometer der Reifen	140000	
12	Einsatztage/Jahr	240	
13	Kraftstoffverbrauch in l auf 100 km	36	
14	Kraftstoffpreis je l, netto	1,20 €	
15	Abschreibung leistungsabhängig	0,5	
16	Abschreibung zeitabhängig	0,5	
17	Kfz-Steuer/Jahr	3.500,00 €	
18	Kfz-Versicherung/Jahr	3.000,00 €	
19	Garage monatlich	50,00 €	
20	Reparaturkosten monatlich	2.000,00 €	
21	Kalkulatorischer Zinssatz	0,08	
22	Fahrerlöhne/Jahr	30.000,00 €	
23	Fahrerspesen/Jahr	5.000,00 €	
24	Sozialvers.-Aufwand Arbeitgeber	0,24	
25	Schmierstoffkosten in % der Kraftstoffkosten	0,03	
26	Nutzungsdauer/Jahren	=B10/B9	
27	Abschreibungssatz/Jahr	=100%/B26	
28			
29	1. Fixe Einsatzkosten/Jahr:		
30	a) Kalkulatorische Abschreibung		=(B6–B7–B5)*B27*B16
31	b) Kalkulatorische Zinsen		=(B4/2+B8)*B21
32	c) Kfz-Steuer		=B17
33	d) Kfz-Versicherung		=B18
34	e) Garage		=B19*12
35	f) Fahrpersonalkosten		
36	Bruttolöhne		=B22
37	Sozialaufwand		=B22*B24
38	Spesen		=B23
39			
40	Fixe Einsatzkosten/Jahr		=SUMME(C30:C38)
41			
42			
43	2. Fixe Einsatzkosten/Einsatztag:		=C40/B12
44			
45			
46	3. Variable Einsatzkosten/Jahr, ohne Maut:		
47	a) Kalkulatorische Abschreibung		=(B6–B5–B7)*B27*B15
48	b) Kraftstoffkosten		=B9*B13*B14/100
49	c) Schmierstoffkosten		=C48*B25
50	d) Reifenkosten		=B5*B9/B11
51	e) Reparaturkosten		=B20*12
52	Variable Einsatzkosten/Jahr, ohne Maut:		=SUMME(C47:C51)
53	4. Variable Einsatzkosten/km, ohne Maut:		=C52/B9
54	Durchschnittliche Maut je gefahrenem km	0,1350 €	
55	Variable Einsatzkosten/km einschl. Maut:		=C53/B9+B54

Kostenträgerrechnung

B 191

AUFGABEN zum Sachverhalt 1

Spedition Schmidthuber AG, Coburg, erwirbt einen neuen Lkw mit einem zulässigen Gesamtgewicht von 11,9 t[1]. Die Nutzlast beträgt 6,4 t. Der Lkw wird wie folgt in Rechnung gestellt:

Lkw, netto 70.000,00 €; zuzüglich 19 % USt 13.300,00 € = 83.300,00 €

Im Kaufpreis ist der Neuwert der Bereifung mit 1.500,00 € zuzüglich 19 % Umsatzsteuer enthalten.

Weitere Angaben:
- Die Kosten für die Ersatzbeschaffung in einigen Jahren werden auf 90.000,00 € zuzüglich Umsatzsteuer geschätzt.
- Der Wiederverkaufserlös wird auf 5.000,00 € netto geschätzt.
- Der Lkw bindet durchschnittlich 7.000,00 € Umlaufvermögen.
- Geschätzte Nutzungsdauer in km . . . .   585 000 km
- Jährliche km-Leistung . . . .   65 000 km
- Geschätzte Nutzungsdauer der Reifen in km . . . . .   60 000 km
- Einsatztage pro Jahr.   240
- Kraftstoffverbrauch . . . .   20 l/100 km
- Kraftstoffpreis je l . . . .   1,15 € netto
- Schmierstoffkosten   3 % der Kraftstoffkosten
- Abschreibung ist zu 50 % leistungsabhängig.
- Kfz-Steuer. . . . .   979,00 €   jährlich
- Kfz-Versicherung . . . .   1.700,00 €   jährlich
- Garage/Unterstellung . . . .   50,00 €   monatlich
- Reparaturkosten . . . .   3.000,00 €   jährlich
- Der kalkulatorische Zinssatz beträgt   9 %.
- Jährlich werden 25.000,00 € Fahrerlöhne bezahlt.
- Der Sozialversicherungsaufwand für den Arbeitgeber beträgt 24 %.
- Die jährlichen Fahrerspesen belaufen sich auf 2.000,00 €.

a) Berechnen Sie die fixen Einsatzkosten pro Jahr.
b) Berechnen Sie die fixen Einsatzkosten pro Einsatztag (Tagessatz)
c) Berechnen Sie die variablen Einsatzkosten pro Jahr.
d) Berechnen Sie den km-Satz.

2

Für einen Motorwagen mit Anhänger liegen nachstehende Daten vor:

	Motorwagen	Anhänger
Zulässiges Gesamtgewicht	16,0 t	22,0 t
Nutzlast	8,4 t	16,7 t
Geschätzte Nutzungsdauer	9 Jahre	11 Jahre
Kraftstoffverbrauch auf 100 km	39 l	—
Nutzungsdauer in km	900 000 km	1 100 000 km
Nutzungsdauer der Reifen	140 000 km	180 000 km
Wiederbeschaffungskosten der Reifen	2.400,00 €	2.900,00 €
Kraftstoffpreis je l, netto	1,20 €	
Anschaffungskosten	90.000,00 €	42.000,00 €
Geschätzte Wiederbeschaffungskosten	110.000,00 €	56.000,00 €
Gesch. Wiederverkaufserlös, netto	15.000,00 €	4.000,00 €
Gebundenes Umlaufvermögen.	16.000,00 €	1.200,00 €
Zeitabhängige Abschreibung	50 %	50%
Schmierstoffkosten in % der Treibstoffk.	3 %	
Kfz-Steuer jährlich	2.100,00 €	2.750,00 €
Kfz-Haftpflichtversicherung jährlich	1.400,00 €	60,00 €
Kfz-Kaskoversicherung jährlich	900,00 €	280,00 €
Autobahngebühr, jährlich	800,00 €	—
Garage/Unterstellung jährlich	600,00 €	600,00 €

Fortsetzung →

---

[1] Unter 12 t zulässigem Gesamtgewicht fällt in Deutschland keine Maut an; Stand 2017

Maut je mautpflichtiger km 0,15 €; 90 % der gefahrenen km sind mautpflichtig

Reparaturkosten jährlich	9.000,00 €	2.000,00 €
Kalkulatorischer Zinssatz	10 %	10 %
Einsatztage pro Jahr	230	230
Fahrpersonalkosten: Löhne	28.000,00 €	
Sozialaufwand	24 %	
Spesen	5.000,00 €	

a) Berechnen Sie die fixen Einsatzkosten für den Motorwagen mit Anhänger pro Jahr.
b) Berechnen Sie die fixen Einsatzkosten für den Motorwagen mit Anhänger pro Einsatztag (Tagessatz).
c) Berechnen Sie die variablen Einsatzkosten für den Motorwagen mit Anhänger pro Jahr.
d) Berechnen Sie den km-Satz für den Motorwagen mit Anhänger.

3

Erklären Sie Ihren Mitschülern den dargestellten Sachverhalt im Rahmen einer Präsentation.

Volvo FH 16-610 Kraftstoffverbrauch und Fahrleistung

Etappe	Verbrauch in l/100 km	Geschw. in km/h
leichte Autobahn	27,6	81,3
mittelschwere Autobahn	33,0	81,9
schwere Autobahn	45,4	78,0
Autobahn gesamt	35,0	80,6
Gesamt (mit Landstraße)	35,9	75,2
Bergmessung (5 km, max. 8 Prozent)	66,9	62,7

Die Wirtschaftlichkeitsberechnung Volvo FH 16-610 4 x 2 EURO 3

Hubraum in cm³/Leistung in kW/PS	16 000/448/610
Verkehrsart	Gew.-Güter-Fernverkehr
Betriebsart	SZM
Bereifung	315/80 R 22,5
Zulässiges Gesamtgewicht (kg) Solo/Zug	25 000/40 600
Leergewicht fahrfertig (kg)	7 810
Nutzlast (kg)	–

Rahmenbedingungen		Rahmenbedingungen	
Listenpreis netto (€)	ca. 119.900	Leistungsabschreibung (%)	70
Anschaffungspreis netto (€)	111.444	Zeitabschreibung (%)	30
Restwert (€)	0	Einsatztage (Tage/Jahr)	235
Einsatzpreis-Reifen (€)	3.196	Auslastung (%)	80
Kraftstoffverbrauch (l/100 km)	35,90	Nutzungsdauer (Monate)	60
Kraftstoffpreis (€/l)	0,92	Jahreslaufleistung (km/Jahr)	120 000
Kalk. Zins (%)	7,50	Reifenlaufleistung (km)	125 000
Wartungs- und Rep.-kosten (€/Jahr)	12.140		

Variable Kosten		Fixe Kosten	
Leistungsabschreibung (€/100 km)	12,63	Zeitabschreibung (€/Jahr)	6.495
Kraftstoffkosten (€/100 km)	33,03	Kalk. Zins (€/Jahr)	4.179
Schmierstoffkosten (€/100 km)	0,99	Steuern (€/Jahr)	665
Reifenkosten (€/100 km)	2,56	Haftpflichtversicherung (€/Jahr)	6.250
Wartungs- und Rep.-Kost. (€/100 km)	10,12	Kasko-Versicherung (€/Jahr)	2.650
–	–	Sonstige Kosten	767
Variable Kosten (€/100 km)	59,32	Fixe Kosten (€/Jahr)	21.006

Auswertung		Auswertung	
Fixe Kosten (€/Tag)	89,39	Kosten Gesamt (€/Jahr)	92.192
Fixe Kosten (€/100 km)	17,51	Kosten Nutzungsdauer (€)	484.471
Variable Kosten (€/100 km)	59,32		
Fixe und variable Kosten (€/100 km)	76,83		
Tonnenkilometer (€/100 km)	–		

Kostenträgerrechnung

Ermittlung der allgemeinen Kosten 6.2.5

Fixe und variable Einsatzkosten ergeben die gesamten Einsatzkosten eines Fahrzeugs. Hinzu kommen nun noch **allgemeine Kosten**, die sich aus den allgemeinen Verwaltungskosten und gegebenenfalls dem kalkulatorischen Unternehmerlohn und der kalkulatorischen Miete zusammensetzen.

Die Summe aus Einsatzkosten und allgemeinen Kosten wird als Fahrzeugkosten bezeichnet. **Fahrzeugkosten** deshalb, da das Fahrzeug neben den reinen Einsatzkosten auch **allgemeine Verwaltungskosten** verursacht.

Der Zuschlagsatz der allgemeinen Verwaltungskosten kann über die Auswertung des Betriebsabrechnungsbogens (BAB) gewonnen werden. Der Zuschlagsatz für die allgemeinen Verwaltungskosten beträgt üblicherweise zwischen 10 % und 15 % der gesamten Einsatzkosten. Häufig werden die angefallenen allgemeinen Verwaltungskosten nicht prozentual, sondern absolut nach der Anzahl der Fahrzeuge verteilt.

Die **allgemeinen Kosten** haben **Fixkostencharakter**, da sie weitgehend zeitabhängig anfallen. Die bereits bekannten fixen Einsatzkosten und die **allgemeinen Kosten** ergeben die **fixen Fahrzeugkosten**. Dividiert man die fixen Fahrzeugkosten durch die Einsatztage, erhält man die fixen Fahrzeugkosten pro Einsatztag.

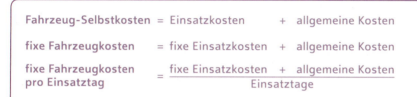

FAZIT

```
                        EINSATZKOSTEN
  variable        fixe Einsatzkosten    allgemeine Kosten
  Einsatzkosten
                   fixe Fahrzeugkosten
                        FAHRZEUGKOSTEN
      ↓                      ↓
     km-Satz               Tagessatz
```

Aufgaben zum Sachverhalt

1. Nennen Sie Beispiele für fixe Einsatzkosten.
2. Nennen Sie Beispiele für variable Einsatzkosten.
3. Wodurch unterscheiden sich Fahrzeug-Selbstkosten von Einsatzkosten?

1–3

Geschäftsprozesse erfolgsorientiert steuern

4

Für einen Lkw mit 24 t zulässigem Gesamtgewicht fallen 72.300,00 € fixe Einsatzkosten an. Die km-abhängigen Kosten betragen einschließlich Maut 42.500,00 €.

Die BAB-Auswertung ergibt, dass für den Lkw 8.000,00 € allgemeine Kosten anfallen.

Die jährliche Fahrleistung beträgt 120 000 km. Das Fahrzeug wird an 240 Tagen eingesetzt.

a) Berechnen Sie die fixen Fahrzeugkosten.
b) Berechnen Sie die fixen Fahrzeugkosten je Einsatztag.
c) Berechnen Sie den km-Satz.
d) Für einen Transport über 1 045 km sind zwei Einsatztage erforderlich. Berechnen Sie die Selbstkosten für diesen Transport.

Aufgabe 5 siehe folgende Seite

FAZIT

Fahrzeug-Selbstkosten

fixe Einsatzkosten	variable Einsatzkosten
zeitabhängige Einsatzkosten	km-abhängige Einsatzkosten
(fixe Einsatzkosten)	(variable Einsatzkosten)

z. B.
- Kfz-Steuer
- Kfz-Versicherung
- Garagenkosten
- Fahrerlohnkosten
- zeitabhängige Abschreibung
- kalkulatorische Zinsen

z. B.
- Kraftstoffkosten
- Schmierstoffkosten
- Reifenkosten
- Reparaturkosten
- km-abhängige Abschreibung
- Maut

+

allgemeine Kosten
- allgemeine Verwaltungskosten
- kalkulatorischer Unternehmerlohn
- kalkulatorische Miete
- kalkulatorische Wagnisse

```
  fixe Einsatzkosten
+ allgemeine Kosten
= fixe Fahrzeugkosten              variable Fahrzeugkosten
```

⬇ ⬇

Bezugsgröße **Einsatztage**   Bezugsgröße **km-Leistung**

⬇ ⬇

Tagessatz der fixen Fahrzeugkosten: km-Satz:

$$\frac{\text{fixe Fahrzeugkosten}}{\text{Einsatztage}}$$ $$\frac{\text{variable Einsatzkosten}}{\text{km-Leistung}}$$

Fahrzeug-Selbstkosten:
```
  fixe Einsatzkosten
+ allgemeine Kosten
+ variable Einsatzkosten
= Fahrzeug-Selbstkosten
```

Kostenträgerrechnung

5

Für ein Rollfuhrfahrzeug mit 7,49 t zulässigem Gesamtgewicht fallen 45.200,00 € fixe Einsatzkosten an. Die km-abhängigen Fahrzeugkosten betragen 9.100,00 €. Der Lkw ist mit 7.200,00 € allgemeinen Kosten zu belasten. Die jährliche Fahrleistung beträgt 38 000 km. Die Nutzungsdauer wird auf sieben Jahre geschätzt. Das Fahrzeug wird jährlich an 240 Tagen eingesetzt.

a) Berechnen Sie die fixen Fahrzeugkosten.
b) Berechnen Sie die fixen Fahrzeugkosten je Einsatztag.
c) Berechnen Sie den km-Satz.
d) Für einen Transport wird ein halber Einsatztag benötigt. Die Entfernung beträgt 93 km. Berechnen Sie die Selbstkosten für diesen Transport.

Zusammenfassende Aufgaben

1

Für einen Lieferwagen liegen folgende Daten vor:

Zulässiges Gesamtgewicht	3 500 kg
Nutzlast	1 685 kg
Geschätzte Nutzungsdauer	7 Jahre
Jährliche km-Leistung	50 000 km
Nutzungsdauer der Reifen	50 000 km
Kraftstoffverbrauch auf 100 km	13 l
Preis pro Liter Kraftstoff	1,25 €
Einsatztage jährlich	240
Kaufpreis inkl. Umsatzsteuer	27.370,00 €
Kaufpreis netto (Anschaffungskosten)	23.000,00 €
Geschätzte Wiederbeschaffungskosten	27.000,00 €
Geschätzter Wiederverkaufserlös, netto	4.000,00 €
Durchschnittlich gebundenes Umlaufvermögen	3.500,00 €
Kalkulatorische Abschreibung zu 50 % zeitabhängig	
Wiederbeschaffungskosten der Reifen	600,00 €
Schmierstoffkosten: 3 % der Treibstoffkosten	
Reparaturkosten jährlich	2.400,00 €
Garage/Unterstellung jährlich	600,00 €
Kfz-Steuer jährlich	413,00 €
Kfz-Versicherung jährlich	800,00 €
Kalkulatorischer Zinssatz	8 %
Fahrpersonalkosten jährlich	
Bruttolöhne	23.800,00 €
Sozialversicherungsaufwand Arbeitgeber	24,5 %
Spesen	2.050,00 €
Allgemeine Verwaltungskosten jährlich	13.200,00 €

a) Berechnen Sie die fixen Einsatzkosten pro Jahr.
b) Berechnen Sie die variablen Einsatzkosten pro Jahr.
c) Berechnen Sie die gesamten Einsatzkosten pro Jahr.
d) Berechnen Sie die fixen Fahrzeugkosten pro Jahr.
e) Berechnen Sie den Tagessatz.
f) Berechnen Sie den km-Satz.

2

Für einen Lkw liegen folgende Daten vor:

Zulässiges Gesamtgewicht	24 000 kg
Nutzlast	14 000 kg
Geschätzte Nutzungsdauer	5 Jahre
Einsatztage jährlich	230
Jährliche km-Leistung	130 000 km
Nutzungsdauer der Reifen	150 000 km

Fortsetzung →

Kraftstoffverbrauch auf 100 km	36 l
Preis pro Liter Kraftstoff	1,20 €
Kaufpreis inkl. Umsatzsteuer	107.100,00 €
Kaufpreis netto (Anschaffungskosten)	90.000,00 €
Geschätzte Wiederbeschaffungskosten	102.000,00 €
Geschätzter Wiederverkaufserlös, netto	15.000,00 €
Durchschnittlich gebundenes Umlaufvermögen	12.500,00 €
Kalkulatorische Abschreibung zu 50 % zeitabhängig	
Wiederbeschaffungskosten der Reifen	3.200,00 €
Schmierstoffkosten: 3 % der Treibstoffkosten	
Reparaturkosten jährlich.	10.400,00 €
Garage/Unterstellung jährlich	600,00 €
Kfz-Steuer jährlich	1.400,00 €
Kfz-Versicherung jährlich	4.200,00 €
Kalkulatorischer Zinssatz	7,5 %
Maut je mautpflichtigem km 0,15 €; 98 % der gefahrenen km sind mautpflichtig	
Fahrpersonalkosten jährlich	
Bruttolöhne	28.300,00 €
Sozialversicherungsaufwand des Arbeitgebers	24,5 %
Spesen	3.900,00 €
Allgemeine Verwaltungskosten jährlich.	8.600,00 €

a) Berechnen Sie die fixen Einsatzkosten pro Jahr.
b) Berechnen Sie die variablen Einsatzkosten pro Jahr.
c) Berechnen Sie die gesamten Einsatzkosten pro Jahr.
d) Berechnen Sie die fixen Fahrzeugkosten pro Jahr.
e) Berechnen Sie den Tagessatz.
f) Berechnen Sie den km-Satz.

6.2.6 Auswertung der Fahrzeugkostenkalkulation oder Selbstkostentarif für Fahrzeuge

Transportaufträge unterscheiden sich hauptsächlich in der unterschiedlichen **Entfernung** und dem zu transportierenden Gewicht. Die variablen Fahrzeugkosten werden mit dem km-Satz berechnet, die fixen Kosten auf der Basis des Tagessatzes. Sowohl die variablen als auch die fixen Fahrkosten werden auf das Transportgewicht bezogen.

So lassen sich Transportsätze (Frachtsätze) auf der Basis von 100 kg für

die variablen Fahrzeugkosten,
die fixen Fahrzeugkosten
und die gesamten Fahrzeugkosten bilden.

Die ermittelten **Transportsätze (Frachtsätze)** stellen **Selbstkosten** dar.

- Ist es möglich, die Transportleistung unter den eigenen Selbstkosten einzukaufen, sollte der Transportauftrag an einen Unternehmer vergeben werden.
- Lohnend ist die eigene Transportleistung (Selbsteintritt), wenn der Transporterlös über den Selbstkosten liegt.

Mithilfe der ermittelten Transportsätze kann eine **Tabelle** mit beliebigen **Entfernungen** und **Gewichtsstufen** erarbeitet werden. Je kleiner dabei die Entfernungs- und Gewichtsstufen sind, desto genauer ist der ausgewiesene Wert.

Aus Vereinfachungsgründen werden in der Musteraufgabe die Entfernungen 200 km bis 600 km bei einer km-Stufe von 200 km dargestellt. Ebenfalls stark vereinfacht ist die Gewichtsstufung. Sie beträgt in der Musteraufgabe 5 000 kg, 15 000 kg und 25 000 kg.

Kostenträgerrechnung

B 197

Muster-
AUFGABE

Ein Lkw verursacht pro Einsatztag fixe Fahrzeugkosten von 290,00 €.
Die km-abhängigen Kosten betragen einschließlich Maut 1,00 €.

a) **Ermitteln Sie den Frachtsatz für die Entfernungen 200 km, 400 km und 600 km,
bei alternativen Gewichten 5 000 kg, 15 000 kg und 25 000 kg. Unterteilen Sie die
jeweiligen Frachtsätze in km-abhängige Kosten, zeitabhängige Kosten und Gesamtkosten.**
b) **Erstellen Sie eine Tabelle.**

**LÖSUNG
ZU a)**

	Frachtsätze je 100 kg bei 200 km Entfernung		
	5 000 kg	15 000 kg	25 000 kg
variable Fahrzeugkosten bei 200 km 200 · 1,00 € = 200,00 € **1**	**2** 4,00 €	1,33 €	**2** 0,80 €
fixe Fahrzeugkosten bei einem Einsatztag = 290,00 € **4**	**4** 5,80 €	1,93 €	**5** 1,16 €
gesamte Fahrzeugkosten bei 200 km = 490,00 € **6**	**6** <u>9,80 €</u>	<u>3,26 €</u>	<u>1,96 €</u>

	Frachtsätze je 100 kg bei 400 km Entfernung		
	5 000 kg	15 000 kg	25 000 kg
variable Fahrzeugkosten bei 400 km 400 · 1,00 € = 400,00 €	8,00 €	2,67 €	1,60 €
fixe Fahrzeugkosten bei einem Einsatztag = 290,00 €	5,80 €	1,93 €	1,16 €
gesamte Fahrzeugkosten bei 400 km = 690,00 €	<u>13,80 €</u>	<u>4,60 €</u>	<u>2,76 €</u>

	Frachtsätze je 100 kg bei 600 km Entfernung		
	5 000 kg	15 000 kg	25 000 kg
variable Fahrzeugkosten bei 600 km 600 · 1,00 € = 600,00 €	12,00 €	4,00 €	2,40 €
fixe Fahrzeugkosten bei einem Einsatztag = 290,00 €	5,80 €	1,93 €	1,16 €
gesamte Fahrzeugkosten bei 600 km = 890,00 €	<u>17,80 €</u>	**7** <u>5,93 €</u>	<u>3,56 €</u>

Fortsetzung →

Geschäftsprozesse erfolgsorientiert steuern

LÖSUNGS-WEG

1 Zunächst werden die variablen (km-abhängigen) Kosten für die Entfernung 200 km ermittelt:
km-Satz · Entfernung ergibt die km-abhängigen Kosten.

2 Die variablen Kosten sind nun auf 100 kg Gewicht (Frachtsatz oder Transportsatz) umzurechnen. Werden auf die Entfernung 200 km beispielsweise **5 000 kg** befördert, beträgt der Frachtsatz für die variablen Kosten 200,00 € : 50 = 4,00 €.

3 Werden auf die Entfernung 200 km beispielsweise **25 000 kg** befördert, beträgt der **Frachtsatz für die variablen Kosten** 200,00 € : 250 = 0,80 €.

4 Die fixen Fahrzeugkosten betragen pro Einsatztag 290,00 €. Auch für die fixen Fahrzeugkosten wird der Frachtsatz (100 kg) ermittelt. Werden 5 000 kg befördert, beträgt der Frachtsatz für die fixen Fahrzeugkosten 290 € : 50 = 5,80 €.

5 Werden **25 000 kg** befördert, beträgt der Frachtsatz für die fixen Fahrzeugkosten 290,00 € : 250 = 1,16 €.

6 Der Frachtsatz für die **gesamten Fahrzeugkosten** ergibt sich aus der Addition von variablem Frachtsatz und Frachtsatz der fixen Fahrzeugkosten. Der Frachtsatz für 5 000 kg bei 200 km Entfernung ergibt sich aus der Addition:

```
        Frachtsatz der variablen Fahrzeugkosten . . . . . . . . . . . . . . .   4,00 €
      + Frachtsatz der fixen Fahrzeugkosten. . . . . . . . . . . . . . . . . . .   5,80 €
      = Frachtsatz 5 000 kg/200 km  . . . . . . . . . . . . . . . . . . . . . . .   9,80 €
```

7 Nun kann jeder Frachtsatz für alle Entfernungen und Transportgewichte dargestellt werden. Hier soll der Frachtsatz für 15 000 kg bei einer Entfernung von 600 km erklärt werden:

```
        Frachtsatz der variablen Fahrzeugkosten . . . . . . . . . . . . . . .   4,00 €
      + Frachtsatz der fixen Fahrzeugkosten. . . . . . . . . . . . . . . . . . .   1,93 €
      = Frachtsatz 15 000 kg/600 km  . . . . . . . . . . . . . . . . . . . . . .   5,93 €
```

LÖSUNG ZU b)

Entfernung		**8** 5 000 kg	15 000 kg	25 000 kg **8**
Frachtsätze je 100 kg				
200 **9** km	variable Fahrzeugk.	4,00 €	1,33 €	0,80 €
	fixe Fahrzeugkosten	5,80 €	1,93 €	1,16 €
	Fahrzeugkosten	9,80 €	3,93 €	1,96 €
400 km	variable Fahrzeugk.	8,00 €	**10** 2,67 €	1,60 €
	fixe Fahrzeugkosten	5,80 €	1,93 €	1,16 €
	Fahrzeugkosten	13,80 €	4,60 €	2,76 €
600 km	variable Fahrzeugk.	12,00 €	4,00 €	2,40 €
	fixe Fahrzeugkosten	5,80 €	1,93 €	1,16 €
	Fahrzeugkosten	17,80 €	5,93 €	3,56 €

LÖSUNGS-WEG

8 In der Tabelle werden die Gewichtsstufen waagerecht abgetragen.

9 Die Entfernungen werden in der Tabelle senkrecht abgetragen.

10 Die bereits ermittelten Frachtsätze werden eingetragen.

Kostenträgerrechnung

Frachtsatz für 100 kg

Frachtsatz der fixen Fahrzeugkosten		Frachtsatz der variablen Fahrzeugkosten
Berechnung: $$\frac{\text{fixe Fahrzeugkosten}}{\text{Gewicht}} \cdot 100$$	**+**	Berechnung: $$\frac{\text{km-Satz} \cdot \text{Entfernung}}{\text{Gewicht}} \cdot 100$$

FAZIT

Aufgaben zum Sachverhalt

Ein Sattelzug verursacht pro Einsatztag fixe Fahrzeugkosten von 276,00 €. Die km-abhängigen Kosten betragen 0,52 €.

a) Ermitteln Sie den Frachtsatz für die Entfernungen 200 km, 400 km und 600 km bei alternativen Gewichten 5 000 kg, 15 000 kg und 25 000 kg. Unterteilen Sie die jeweiligen Frachtsätze in km-abhängige Kosten, zeitabhängige Kosten und Gesamtkosten.
b) Erstellen Sie eine Tabelle.

 1

Ein Lastzug mit einem zulässigen Gesamtgewicht von 40 t verursacht pro Einsatztag fixe Fahrzeugkosten von 254,00 €. Die km-abhängigen Kosten betragen 0,55 €.

a) Ermitteln Sie den Frachtsatz für die Entfernungen 300 km, 350 km, 400 km und 450 km bei alternativen Gewichten 15 000 kg, 17 500 kg und 20 000 kg. Unterteilen Sie die jeweiligen Frachtsätze in km-abhängige Kosten, zeitabhängige Kosten und Gesamtkosten.
b) Erstellen Sie eine Tabelle.

2

Zusammenfassende Aufgaben

Für einen Lkw liegen folgende Daten vor:

Zulässiges Gesamtgewicht	24 000 kg
Nutzlast	15 000 kg
Geschätzte Nutzungsdauer	6 Jahre
Einsatztage jährlich	230
Jährliche km-Leistung	140 000 km
Nutzungsdauer der Reifen in km	130 000 km
Kraftstoffverbrauch auf 100 km	33 l
Preis pro Liter Kraftstoff, netto	1,23 €
Kaufpreis inkl. Umsatzsteuer	107.100,00 €
Kaufpreis, netto (Anschaffungskosten)	90.000,00 €
Geschätzte Wiederbeschaffungskosten (= Nettobetrag)	100.000,00 €
Geschätzter Wiederverkaufserlös, netto	5.000,00 €
Durchschnittlich gebundenes Umlaufvermögen	11.000,00 €
Kalkulatorische Abschreibung zu 50 % zeitabhängig	
Wiederbeschaffungskosten der Reifen (= Nettobetrag)	4.000,00 €
Schmierstoffkosten: 3 % der Treibstoffkosten	
Reparaturkosten jährlich	9.400,00 €
Garage/Unterstellung jährlich	600,00 €
Kfz-Steuer jährlich	2.100,00 €
Kfz-Versicherung jährlich	2.300,00 €

1

Fortsetzung

Geschäftsprozesse erfolgsorientiert steuern

Maut je mautpflichtigem km 0,15 €; 96 % der gefahrenen km sind mautpflichtig
Kalkulatorischer Zinssatz .... 8,5 %
Fahrpersonalkosten jährlich
Bruttolöhne .... 28.500,00 €
Sozialversicherungsaufwand Arbeitgeber .... 24,4 %
Spesen .... 4.200,00 €
Allgemeine Verwaltungskosten jährlich .... 10.300,00 €

a) Berechnen Sie die fixen Einsatzkosten pro Jahr.
b) Berechnen Sie die variablen Einsatzkosten pro Jahr.
c) Berechnen Sie die gesamten Einsatzkosten pro Jahr.
d) Berechnen Sie die fixen Fahrzeugkosten pro Jahr.
e) Berechnen Sie den Tagessatz.
f) Berechnen Sie den km-Satz.
g) Ermitteln Sie den Frachtsatz für die Entfernungen 300 km, 500 km und 700 km bei alternativen Gewichten 5 000 kg, 15 000 kg und 25 000 kg. Unterteilen Sie die jeweiligen Frachtsätze in km-abhängige Kosten, zeitabhängige Kosten und Gesamtkosten.

2

Für einen Motorwagen mit Anhänger liegen nachstehende Daten vor:

	Motorwagen	Anhänger
Zulässiges Gesamtgewicht	38,0 t	
Nutzlast		25,0 t
Geschätzte Nutzungsdauer	6 Jahre	10 Jahre
Jährlicher km-Durchschnitt	100 000 km	100 000 km
Nutzungsdauer in km	600 000 km	1 000 000 km
Nutzungsdauer der Reifen	140 000 km	180 000 km
Wiederbeschaffungskosten der Reifen	2.500,00 €	2.900,00 €
Kraftstoffverbrauch auf 100 km	38 l	–
Kraftstoffpreis je l, netto	1,26 €	
Anschaffungskosten	86.000,00 €	21.000,00 €
Geschätzte Wiederbeschaffungskosten	102.000,00 €	26.000,00 €
Gesch. Wiederverkaufserlös, netto	17.000,00 €	5.000,00 €
Gebundenes Umlaufvermögen	9.000,00 €	1.000,00 €
Leistungsabhängige Abschreibung	50 %	50 %
Zeitabhängige Abschreibung	50 %	50 %
Schmierstoffkosten in % der Treibstoffkosten	3 %	
Kfz-Steuer jährlich	700,00 €	
Kfz-Haftpflichtversicherung jährlich	2.800,00 €	103,00 €
Kfz-Kaskoversicherung jährlich	750,00 €	260,00 €
Garage/Unterstellung jährlich	600,00 €	600,00 €
Reparaturkosten jährlich	8.500,00 €	1.500,00 €

Maut je mautpflichtigem km 0,15 €; 96 % der gefahrenen km sind mautpflichtig
Fahrpersonalkosten jährlich
    Löhne .... 28.000,00 €
       Sozialaufwand .... 24 %
       Spesen .... 5.000,00 €
Allgemeine Verwaltungskosten .... zusammen 10.400,00 €
Kalkulatorischer Zinssatz .... 7 %
Einsatztage 240

a) Berechnen Sie die fixen Fahrzeugkosten für den Motorwagen mit Anhänger pro Jahr.
b) Berechnen Sie die fixen Fahrzeugkosten für den Motorwagen mit Anhänger pro Einsatztag (Tagessatz).
c) Berechnen Sie die variablen Einsatzkosten für den Motorwagen mit Anhänger pro Jahr.
d) Berechnen Sie den km-Satz für den Motorwagen mit Anhänger.
e) Ermitteln Sie den Frachtsatz für die Entfernungen 400 km, 500 km und 600 km bei alternativen Gewichten 15 000 kg, 20 000 kg und 25 000 kg. Unterteilen Sie die jeweiligen Frachtsätze in km-abhängige Kosten, zeitabhängige Kosten und Gesamtkosten.

Kostenträgerrechnung

Für einen Sattelzug liegen folgende Daten vor:

	Motorwagen	Auflieger
Zulässiges Gesamtgewicht	36 000 kg	
Nutzlast	26 000 kg	
Geschätzte Nutzungsdauer	5 Jahre	10 Jahre
Einsatztage jährlich	240	240
Jährliche km-Leistung	120 000 km	120 000 km
Nutzungsdauer der Reifen	140 000 km	150 000 km
Kraftstoffverbrauch auf 100 km	36 l	–
Preis pro Liter Kraftstoff, netto	1,28 €	
Kaufpreis inkl. Umsatzsteuer	119.000,00 €	–
Kaufpreis netto (Anschaffungskosten)	100.000,00 €	25.000,00 €
Geschätzte Wiederbeschaffungskosten	120.000,00 €	30.000,00 €
Gesch. Wiederverkaufserlös, netto	10.000,00 €	3.000,00 €
Durchschn. gebundenes Umlaufvermögen	10.000,00 €	1.800,00 €
Kalkulatorische Abschreibung zeitabhängig	50 %	50 %
Zeitabhängige Abschreibung	50 %	50 %
Wiederbeschaffungskosten der Reifen	3.400,00 €	1.000,00 €
Schmierstoffkosten in % der Treibstoffkosten	3 %	
Reparaturkosten monatlich	1.050,00 €	110,00 €
Garage/Unterstellung jährlich	1.200,00 €	1.200,00 €
Kfz-Steuer jährlich	1.058,00 €	1.738,00 €
Kfz-Versicherung vierteljährlich	700,00 €	35,00 €
Kalkulatorischer Zinssatz	8,0 %	8,0 %

Maut je mautpflichtigem km 0,15 €; 96 % der gefahrenen km sind mautpflichtig
Fahrpersonalkosten jährlich
    Bruttolöhne .... 30.500,00 €
    Sozialversicherungsaufwand Arbeitgeber .... 24,4 %
    Spesen .... 6.000,00 €
Allgemeine Verwaltungskosten jährlich .... 9.270,00 €

a) Berechnen Sie die fixen Einsatzkosten pro Jahr.
b) Berechnen Sie die variablen Einsatzkosten pro Jahr.
c) Berechnen Sie die gesamten Einsatzkosten pro Jahr.
d) Berechnen Sie die fixen Fahrzeugkosten pro Jahr.
e) Berechnen Sie den Tagessatz.
f) Berechnen Sie den km-Satz.
g) Ermitteln Sie den Frachtsatz für die Entfernungen 500 km, 550 km und 600 km bei alternativen Gewichten 15000 kg, 20000 kg und 25000 kg. Unterteilen Sie die jeweiligen Frachtsätze in km-abhängige Kosten, zeitabhängige Kosten und Gesamtkosten.

Geschäftsprozesse erfolgsorientiert steuern

4

In Ihrem Ausbildungsbetrieb müssen 5 abgenutzte Zugmaschinen ersetzt werden. Ihr Unternehmen nimmt ein besonders günstiges Angebot des Modells "FT2402" an. In der Vergangenheit beliefen sich die Fahrzeugkosten je Fahrzeug und Jahr auf 128.500,00 €.

Ausschnitt aus dem Angebot/Rechnung; zahlbar 60 Tage nach Rechnungseingang.

Menge	Artikel	Einzelpreis	Gesamtpreis
5	FT 2404	105.400,00 €	527.000,00 €
5	Führerhaus Zubehör	1.995,00 €	9.975,00 €
5	Sicherheitspaket	7.995,00 €	39.975,00 €
	Nettopreis + 19 % Umsatzsteuer		576.950,00 € 109.620,50 €
	Bruttopreis		**686.570,50 €**

Für das neue Fahrzeug „FT 2404" wurden folgende Daten ermittelt:

Nutzungsdauer:	5 Jahre
Einsatztage:	220
Gesamte Laufleistung:	800.000 km
Laufleistung der Reifen:	120.000 km
Kfz-Steuer/Jahr:	1.000,00 €
Haftpflichtversicherung/Jahr:	3.925,00 €
Vollkaskoversicherung/Jahr:	2.890,00 €
Wartungskosten laut Service-Vertrag:	900,00 €/Quartal zzgl. USt
Ersatzpreis der Bereifung:	4.000,00 € zzgl. USt
Sonstige fixe Kosten/Jahr:	2.000,00 € zzgl. USt
Dieselverbrauch:	24 l/100 km
Dieselpreis einschl. 19 % USt:	1,19 €/l
Schmierstoffe/Adblue:	0,95 €/100 km
Kalkulatorischer Zinssatz:	2 %
Fahrerlohn:	3.000,00 €/Monat
SV-Beiträge AN:	20,35 %
SV-Beiträge AG:	20,1 %
Spesen:	16,00 €/Einsatztag
Erwartete Preissteigerung in 5 Jahren:	8,5 %
Anteil der leistungsabhängigen Abschreibung:	60 %

Geschätzter Restwert am Ende der Nutzungsdauer: 20 % der Anschaffungskosten

a) Buchen Sie die Eingangsrechnung.
b) Die Kalkulationsgrundlagen müssen nach der Neuanschaffung angepasst werden. Ermitteln Sie den Tagessatz in Euro.
c) Ermitteln Sie den Kilometersatz in Euro.
d) Berechnen Sie die jährliche Kostenersparnis bei gleicher jährlicher Laufleistung gegenüber dem Einsatz der bisherigen Fahrzeuge.

Kostenträgerrechnung

B 203

5

LKW-Kalkulation bei Leasing

Für einen geleasten Lkw liegen folgende Daten vor:

Sehr geehrte Damen und Herren,

wir danken für Ihre freundliche Anfrage und bestätigen unsere telefonische Offerte.

Beachten Sie bitte, dass unser Angebot auf der unkündbaren Grundmietzeit von 36 Monaten beruht.

Die monatliche Leasingrate beträgt inkl. 19 % USt   1.904,00 €.

Für den Wartungs- und Reparaturvertrag berechnen wir vierteljährlich   netto 1.050,00 €.

Mit freundlichen Grüßen

Lkw-Leasing GmbH

8-fache Bereifung, Preis/Reifen:	300 € netto
Laufleistung der Reifen:	90.000 km
Dieselverbrauch auf 100 km:	28 Liter zu je 1,20 € netto
Adblue auf 100 km:	5 % vom Dieselverbrauch, je Liter 0,50 € netto
Steuern, Versicherungen und weitere Fixkosten jährlich:	6.000,00 €
Jährliche Laufleistung Lkw:	140.000 km
Durchschnittliche Fahrerbesetzung:	1,4 Personen
Monatlicher Fahrerlohn:	3.300,00 €
SV-Beitrag des Arbeitgebers:	22 %
Fahrerspesen je Einsatztag und Fahrer:	14,00 €
Einsatztage:	225
Verwaltungskosten:	5 % der fixen Einsatzkosten

a) Ermitteln Sie den Tagessatz für den Lkw.
b) Ermitteln Sie den Kilometersatz für den Lkw.

Kalkulation der Lagerkosten   6.3

Mit der **Lagerkostenrechnung** wird die **fortlaufende Kostenkontrolle** der Lageraufträge durchgeführt. Die Lagerkosten sind Selbstkosten, die der Marktpreis mindestens abdecken sollte. Der Marktpreis sollte neben den Selbstkosten einen angemessenen Gewinn enthalten.

Die **Lagerkalkulation** wird unterteilt in:

- Berechnung der Umschlagkosten (Kosten für Ein-, Auslagerung, Umschlaggeräte)
- Berechnung der Lagerungskosten (Kosten der eigentlichen Lagerung)
- Berechnung der Kommissionierkosten

Lagerkosten setzen sich aus den Kosten der Einlagerung, Kosten der Auslagerung, Kosten der Umschlaggeräte, Kosten der eigentlichen Lagerung und gegebenenfalls Kosten der Kommissionierung zusammen.

Üblicherweise werden die **Lagerkosten pro 100 kg** berechnet.

Geschäftsprozesse erfolgsorientiert steuern

6.3.1 Berechnung der Umschlagkosten pro 100 kg

Die **Umschlagkosten** setzen sich aus Kosten der **Einlagerung**, Kosten der **Auslagerung** und Kosten der **Umschlaggeräte** (vgl. Kapitel 6.3.1.3) zusammen. Betrachtet man die Kosten für Umschlaggeräte als separaten Posten, so bestehen die Kosten der Einlagerung und die Kosten der Auslagerung nur noch aus den **Lohnkosten**.

Umschlagkosten		
Lohnkosten der Einlagerung	Kosten der Umschlaggeräte bei Ein- und Auslagerung	Lohnkosten bei Auslagerung

Hinweis:

Es ist nicht in jedem Fall sinnvoll, die gesamten Umschlagkosten mit einem 100-kg-Satz auszudrücken. Insbesondere bei höheren Durchschnittsgewichten der Einlagerung als bei der Auslagerung werden die Umschlagkosten in einen Einlagerungssatz und einen Auslagerungssatz aufgeteilt.

Die Kosten der Umschlaggeräte können dann getrennt für die Einlagerung und die Auslagerung berechnet werden. Man erhält dann einen **Einlagerungssatz/100 kg** (Lohnkosten der Einlagerung und Kosten der Umschlaggeräte bei der Einlagerung) und einen **Auslagerungssatz/100 kg** (Lohnkosten der Auslagerung und Kosten der Umschlaggeräte bei der Auslagerung).

6.3.1.1 Kosten der Einlagerung

Die eingelagerten Güter werden nach ihrer Abpackungsstruktur[1] unterteilt in:

- manuelle Einlagerungen
- teilpalettierte Einlagerungen
- vollpalettierte Einlagerungen

Für jede Einlagerungsart werden der prozentuale Anteil an der gesamten Einlagerung und der durchschnittliche Zeitbedarf für die Einlagerung festgestellt.

Spedition Fink betätigt sich in Leipzig als Lagerhalter. Das durchschnittliche tägliche Einlagerungsgewicht beträgt 15 500 kg. Lohn- und Lohnnebenkosten fallen in Höhe von 29,25 € je Stunde und Lagerarbeiter an.

Die Güter werden vollpalettiert eingelagert. Das durchschnittliche Einlagerungsgewicht pro Palette beträgt 400 kg. Die durchschnittliche Einlagerungszeit je Palette beträgt vier Minuten.

a) Berechnen Sie die Einlagerungskosten je Palette.
b) Berechnen Sie die Einlagerungskosten für 100 kg.

---

[1] Häufig sind die Durchschnittsgewichte je Palette bei der Einlagerung höher als bei der Auslagerung, da durch Kommissionierung die Durchschnittsgewichte je Palette geringer werden.

Kostenträgerrechnung	B 205

	LÖSUNG

a) Einlagerungskosten je Palette:

$\quad$ 60 Minuten $\triangleq$ 29,25 €
$\quad$ 4 Minuten $\triangleq$ $\quad$ x $\quad$ €

$$x = \frac{29,25\ € \cdot 4}{60} = 1,95\ €$$

b) Einlagerungskosten je 100 kg:

$\quad$ 400 kg $\triangleq$ 1,95 €
$\quad$ 100 kg $\triangleq$ $\quad$ x $\quad$ €

$$x = \frac{1,95\ € \cdot 100}{400} = 0,49\ €$$

Aufgaben zum Sachverhalt

1

Spedition Barth & Söhne GmbH betätigt sich als Lagerhalter. Das durchschnittliche tägliche Einlagerungsgewicht beträgt 18 000 kg. Lohn- und Lohnnebenkosten fallen in Höhe von 30,00 € je Stunde und Lagerarbeiter an.
Paletten mit 500 kg werden in 2,5 Minuten eingelagert. Bei Paletten mit 700 kg werden 3 Minuten für die Einlagerung benötigt.

a) Berechnen Sie die Einlagerungskosten der 500-kg-Paletten bezogen auf 100 kg.
b) Berechnen Sie die Einlagerungskosten der 700-kg-Paletten bezogen auf 100 kg.

2

Spedition Hollmann OHG betätigt sich auch als Lagerhalter. Das durchschnittliche tägliche Einlagerungsgewicht beträgt 14 800 kg.
Lohn- und Lohnnebenkosten fallen in Höhe von 31,00 € je Stunde und Lagerarbeiter an. Für die Einlagerung liegen folgende Daten vor:

Abpackungsstruktur	Gewicht	durchschnittliche Einlagerungszeit
unpalettiert	25 kg	3,5 Minuten
teilpalettiert	30 kg	3,0 Minuten
vollpalettiert	300 kg	2,4 Minuten
vollpalettiert	500 kg	2,5 Minuten

a) Berechnen Sie die Einlagerungskosten der unpalettierten Güter für 100 kg.
b) Berechnen Sie die Einlagerungskosten der teilpalettierten Güter für 100 kg.
c) Berechnen Sie die Einlagerungskosten der 300-kg-Paletten für 100 kg.
d) Berechnen Sie die Einlagerungskosten der 500-kg-Paletten für 100 kg.

Kosten der Auslagerung $\quad$ 6.3.1.2

Das Berechnungsschema für die Kosten der **Auslagerung** ist mit der Berechnungsweise der Einlagerungskosten identisch.

Spedition Fink betätigt sich in Leipzig als Lagerhalter. Das durchschnittliche tägliche Auslagerungsgewicht beträgt 14 000 kg. Lohn- und Lohnnebenkosten fallen in Höhe von 28,50 € je Stunde und Lagerarbeiter an. Die Ware wird auf Paletten mit jeweils 400 kg ausgelagert. Für die Auslagerung werden drei Minuten pro Palette benötigt.

a) Berechnen Sie die Auslagerungskosten je Palette.
b) Berechnen Sie die Auslagerungskosten für 100 kg.

Muster-AUFGABE

Geschäftsprozesse erfolgsorientiert steuern

LÖSUNG

a) Auslagerungskosten je Palette:

60 Minuten ≙ 28,50 €
3 Minuten ≙   x   €

$x = \dfrac{28{,}50\ € \cdot 3}{60} = 1{,}425\ €$

b) Auslagerungskosten je 100 kg:

400 kg ≙ 1,425 €
100 kg ≙   x   €

$x = \dfrac{1{,}425\ € \cdot 100}{400} = 0{,}36\ €$

Aufgaben zum Sachverhalt

1 Spedition Barth & Söhne GmbH betätigt sich als Lagerhalter. Das durchschnittliche tägliche Auslagerungsgewicht beträgt 17 000 kg. Lohn- und Lohnnebenkosten fallen in Höhe von 30,00 € je Stunde und Lagerarbeiter an.
Für die Auslagerung liegen folgende Daten vor:

Abpackungsstruktur	Gewicht	durchschnittliche Auslagerungszeit
manuell	10 kg	3,5 Minuten
manuell	25 kg	4,0 Minuten
vollpalettiert	500 kg	2,5 Minuten
vollpalettiert	700 kg	2,5 Minuten

Berechnen Sie die Auslagerungskosten für 100 kg
a) für Ware mit der Abpackungsstruktur „manuell 10 kg".
b) für Ware mit der Abpackungsstruktur „manuell 25 kg".
c) für vollpalettierte Ware, Palettengewicht 500 kg.
d) für vollpalettierte Ware, Palettengewicht 700 kg.

2 Spedition Hollmann OHG betätigt sich auch als Lagerhalter. Das durchschnittliche tägliche Auslagerungsgewicht beträgt 15 000 kg. Lohn- und Lohnnebenkosten fallen in Höhe von 31,00 € je Stunde und Lagerarbeiter an.
Für die Auslagerung liegen folgende Daten vor:

Abpackungsstruktur	Gewicht	durchschnittliche Auslagerungszeit
manuell	5 kg	3,0 Minuten
manuell	10 kg	3,5 Minuten
manuell	25 kg	4,0 Minuten
teilpalettiert	30 kg	3,0 Minuten
vollpalettiert	300 kg	2,5 Minuten
vollpalettiert	500 kg	3,0 Minuten
vollpalettiert	700 kg	3,5 Minuten

Berechnen Sie die Auslagerungskosten für 100 kg
a) für Ware mit der Abpackungsstruktur „manuell 5 kg".
b) für Ware mit der Abpackungsstruktur „manuell 10 kg".
c) für Ware mit der Abpackungsstruktur „manuell 25 kg".
d) für teilpalettierte Ware.
e) für vollpalettierte Ware, Palettengewicht 300 kg.
f) für vollpalettierte Ware, Palettengewicht 500 kg.
g) für vollpalettierte Ware, Palettengewicht 700 kg.

Kostenträgerrechnung

Kosten der Umschlaggeräte (Gabelstaplerkosten-Kalkulation) 6.3.1.3

Kosten der **Umschlaggeräte** (z.B. Gabelstapler, Hubwagen) fallen zusätzlich zu den Lohnkosten bei der Ein- und Auslagerung an. Kosten der Umschlaggeräte sind beispielsweise kalkulatorische Abschreibungen, kalkulatorische Zinsen, Energiekosten und Reparaturen.

Hinweis: Bei der Kalkulation der Gabelstaplerkosten gibt es zwei Methoden.

1. Methode: Die Personalkosten für die Gabelstaplerbedienung werden bereits bei den Kosten der Einlagerung und den Kosten der Auslagerung erfasst. Folglich enthält der Stundensatz für den Gabelstapler keine Personalkosten. Diese Methode wird in diesem Buch dargestellt.

2. Methode: Die Personalkosten für die Gabelstaplerbedienung werden bei der Kalkulation der Gabelstaplerkosten berücksichtigt. Dann enthält der Stundensatz für den Gabelstapler zusätzlich auch die Personalkosten

Muster-AUFGABE

Für die Wareneinlagerung eines Lebensmittelherstellers werden täglich 2,5 Gabelstaplerstunden, für die Warenauslagerung täglich drei Gabelstaplerstunden benötigt. Es werden täglich durchschnittlich jeweils 15 750 kg ein- und ausgelagert.
Über den Gabelstapler liegen folgende Daten vor:

Monatliche Arbeitstage	20
Durchschnittliche tägliche Einsatzzeit	6 Stunden
Anschaffungskosten	40.000,00 €
Geschätzte Wiederbeschaffungskosten	46.000,00 €
Geplante Nutzungsdauer	10 Jahre
Kalkulatorische Zinsen pro Jahr	2.300,00 €
Jährliche Reparaturen	2.500,00 €
Jährlicher Energieverbrauch	1.400,00 €

Berechnen Sie
1. die Kosten für eine Gabelstaplerstunde.
2. die Kosten der Umschlaggeräte (hier: Gabelstaplerkosten) für 100 kg.

LÖSUNG

1. Kosten für eine Gabelstaplerstunde:

Kalkulatorische Abschreibung jährlich	4.600,00 €
Kalkulatorische Zinsen jährlich	2.300,00 €
Reparaturen jährlich	2.500,00 €
Energieverbrauch jährlich	1.400,00 €
Gabelstaplerkosten pro Jahr **[1]**	10.800,00 €

Einsatzstunden pro Jahr: 20 · 12 · 6 = 1 440 **[2]**

$$\text{Kosten für eine Gabelstaplerstunde} = \frac{\text{Gesamtkosten}}{\text{Einsatzstunden}} = \frac{10.800,00\ €}{1\ 440} = 7{,}50\ €\ \text{[3]}$$

2. Gabelstaplerkosten pro 100 kg:

Einsatzkosten/Jahr	10.800,00 €
Einsatzkosten/Tag 10.800,00 € : 240 **[4]**	45,00 €
Einsatzkosten/Stunde 45,00 € : 6	7,50 €

Einsatzkosten/100 kg für Lagerauftrag:

$$= \frac{\text{Einsatzkosten/Stunde} \cdot \text{Einsatzstunden für Lagerauftrag}}{\text{tägliche Einlagerung}} \cdot 100$$

$$= \frac{7{,}50\ €\ \cdot\ 2{,}5\ \text{[5]}}{15\ 750\ \text{[6]}} \cdot 100\ \text{[7]} = 0{,}12\ €/100\ kg\ (\text{Einlagerungssatz})$$

Fortsetzung →

Geschäftsprozesse erfolgsorientiert steuern

LÖSUNGS-WEG

$$= \frac{\text{Einsatzkosten/Stunde} \cdot \text{Einsatzstunden für Lagerauftrag}}{\text{tägliche Auslagerung}} \cdot 100$$

$$= \frac{7{,}50\ € \cdot 3\ \boxed{5}}{15\,750\ \boxed{6}} \cdot 100\ \boxed{7} = 0{,}14\ €/100\ \text{kg (Auslagerungssatz)}$$

① Gabelstaplerkosten pro Jahr ermitteln.
② Jährliche Einsatzstunden ermitteln.
(tägliche Einsatzstunden · monatliche Arbeitstage · 12)
③ Kosten für eine Gabelstaplerstunde ermitteln.
④ Tägliche Einsatzkosten des Gabelstaplers berechnen.
⑤ Tägliche Einsatzstunden des Gabelstaplers für bestimmten Lagerauftrag berechnen.
⑥ Einsatzkosten pro 100 kg für bestimmten Lagerauftrag berechnen.
⑦ Multiplikation mit 100, damit ein Kostensatz auf 100-kg-Basis ausgewiesen werden kann.

Aufgaben zum Sachverhalt

1

Für die Wareneinlagerung eines Sportartikelherstellers werden täglich 1,5 Gabelstaplerstunden, für die Warenauslagerung täglich 3,5 Gabelstaplerstunden benötigt. Es werden täglich durchschnittlich jeweils 12 250 kg ein- und ausgelagert.

Über den Gabelstapler liegen folgende Daten vor:

Monatliche Arbeitstage	20
Durchschnittliche tägliche Einsatzzeit	6,5 Stunden
Anschaffungskosten	32.000,00 €
Geschätzte Wiederbeschaffungskosten	40.000,00 €
Geplante Nutzungsdauer	8 Jahre
Kalkulatorische Zinsen pro Jahr	1.950,00 €
Vierteljährliche Reparaturen	520,00 €
Monatlicher Energieverbrauch	100,00 €

a) Berechnen Sie die Kosten für eine Gabelstaplerstunde.
b) Berechnen Sie die Einsatzkosten der Einlagerung und der Auslagerung je 100 kg.

2

Getrennte Batteriekalkulation für Gabelstapler

Für die Wareneinlagerung eines Spirituosenherstellers werden täglich 1,5 Gabelstaplerstunden, für die Warenauslagerung täglich 2,5 Gabelstaplerstunden benötigt. Es werden täglich durchschnittlich jeweils 10 500 kg ein- und ausgelagert.

Über den Gabelstapler liegen folgende Daten vor:

Monatliche Arbeitstage	20
Durchschnittliche tägliche Einsatzzeit	6 Stunden
Anschaffungskosten ohne Batterie	45.000,00 €
Geschätzte Wiederbeschaffungskosten ohne Batterie	50.000,00 €
Anschaffungskosten Batterie	10.000,00 €
Geschätzte Wiederbeschaffungskosten Batterie	12.500,00 €
Geplante Nutzungsdauer des Gabelstaplers	10 Jahre
Geplante Nutzungsdauer der Batterie	5 Jahre
Kalkulatorische Zinsen pro Jahr	2.500,00 €
Vierteljährliche Reparaturen	800,00 €
Monatlicher Energieverbrauch	100,00 €

a) Berechnen Sie die Kosten für eine Gabelstaplerstunde.
b) Berechnen Sie die Einsatzkosten der Einlagerung und der Auslagerung je 100 kg.

| Kostenträgerrechnung |

Berechnung der Umschlagkosten[1]   6.3.1.4

Die **Umschlagkosten** werden für 100 kg berechnet. Dabei werden die Kosten für die **Einlagerung**, die Kosten für die **Auslagerung** und die Kosten für Umschlaggeräte addiert. Betrachtet man die vorangegangenen Musteraufgaben, so ergeben sich folgende Umschlagkosten:

Kosten für die Einlagerung	0,49 €/100 kg (siehe S. 204)
Kosten für die Auslagerung	0,36 €/100 kg (siehe S. 205)
Kosten für Umschlaggeräte bei Ein- und Auslagerung (0,12 + 0,14)	0,26 €/100 kg (siehe S. 207)
Umschlagkosten	**1,11 €/100 kg**

Hinweis: Gegenüber manchen Kunden wird nicht **ein Umschlagsatz** für Einlagerung, Auslagerung und Umschlaggeräte ermittelt, sondern jeweils **ein Einlagerungssatz inklusive Kosten für Umschlaggeräte** bei der Einlagerung und **ein Auslagerungssatz inklusive Kosten für Umschlaggeräte** bei der Auslagerung. Notwendig ist diese Unterteilung bei getrennter Abrechnung von Ein- und Auslagerung.

Zusammenfassung Umschlagkosten   6.3.1.5

Umschlagkosten/100 kg:

       Einlagerungskosten/100 kg
  + Auslagerungskosten/100 kg
  + Kosten Umschlaggeräte/100 kg
  = Umschlagkosten/100 kg

oder Trennung in:

Einlagerungssatz/100 kg:
(siehe Hinweis)

       Einlagerungskosten/100 kg
  + Kosten Umschlaggeräte/100 kg
  = Einlagerungssatz/100 kg

Auslagerungssatz/100 kg:
(siehe Hinweis)

       Auslagerungskosten/100 kg
  + Kosten Umschlaggeräte/100 kg
  = Auslagerungssatz/100 kg

Kosten der Umschlaggeräte

Tägliche Kosten Umschlaggeräte = Einsatzstunden für Lagerauftrag · Stundensatz

Kosten der Umschlaggeräte/100 kg (Einlagerung) = $\dfrac{\text{Einsatzkosten Umschlaggeräte/Std.} \cdot \text{Einsatzstd.}}{\text{tägliche Einlagerungsmenge}} \cdot 100$

Kosten der Umschlaggeräte/100 kg (Auslagerung) = $\dfrac{\text{Einsatzkosten Umschlaggeräte/Std.} \cdot \text{Einsatzstd.}}{\text{tägliche Auslagerungsmenge}} \cdot 100$

FAZIT

Aufgabe zum Sachverhalt

Spedition Kolb betätigt sich auch als Lagerhalter. Lohn- und Lohnnebenkosten fallen in Höhe von 30,00 € je Stunde und Lagerarbeiter an. Der Stundensatz für die Umschlaggeräte (ohne Personalkosten) beträgt 6,20 €.

Fortsetzung

---

[1] In der Speditionspraxis werden die Umschlagkosten häufig als „Handling-Kosten" bezeichnet.

B 210

Geschäftsprozesse erfolgsorientiert steuern

Für die Einlagerung liegen folgende Daten vor:

Abpackungsstruktur	Gewicht	Ø Einlagerungszeit
manuell	25 kg	2,0 Minuten
vollpalettiert	500 kg	3,5 Minuten

Für die Auslagerung liegen folgende Daten vor:

Abpackungsstruktur	Gewicht	Ø Auslagerungszeit
manuell	25 kg	2,5 Minuten
vollpalettiert	500 kg	4,0 Minuten

a) Berechnen Sie die Einlagerungskosten für 100 kg
   – für Kolli mit 25 kg – für Paletten mit 500 kg.
b) Berechnen Sie die Auslagerungskosten für 100 kg
   – für Kolli mit 25 kg – für Paletten mit 500 kg.
c) Berechnen Sie die Kosten der Umschlaggeräte für 100 kg
   – für Kolli mit 25 kg – für Paletten mit 500 kg.
d) Ermitteln Sie die Umschlagkosten für 100 kg
   – für Kolli mit 25 kg – für Paletten mit 500 kg.

6.3.2 Lagerungskosten

6.3.2.1 Elemente der Lagerungskosten

Zunächst sind die **gesamten Lagerungskosten** zu ermitteln. In der Speditionspraxis werden die Lagerungskosten monatlich berechnet.

Lagerungskosten setzen sich zusammen aus:

- tatsächlich gezahlter Miete bei gemietetem Lagerhaus bzw. kalk. Miete bei eigenem Gebäude
- kalk. Abschreibung für eigenes Gebäude, Lagereinrichtung, Lagergeräte, Förderzeuge (Rollenbahnen, Aufzüge, Hochregalbedienungsgeräte)
- kalkulatorischen Zinsen
- Reparaturen für Lagergebäude, Lagereinrichtung und Förderzeuge
- Lagerversicherungen
- Energiekosten: Wasser, Strom, Heizung
- Reinigungskosten
- allgemeinen Verwaltungskosten

6.3.2.2 Berechnung der Lagerungskosten pro 100 kg

1. Schritt: m²-Kosten pro Monat

Die gesamten monatlichen Lagerungskosten werden auf die durchschnittlich belegte Fläche bezogen. Es lassen sich dann die **m²-Kosten pro Monat** ermitteln.

Beispiel: Die Lagerungskosten für Oktober betrugen 16.000,00 €. Die gesamte Lagerfläche beträgt 2 500 m², die durchschnittlich genutzte beträgt 2 000 m².

$$\text{m}^2\text{-Kosten Oktober} = \frac{16.000,00\ €}{2\ 000\ \text{m}^2} = 8,00\ €/\text{m}^2$$

MERKE

$$\text{m}^2\text{-Kosten pro Monat} = \frac{\text{Lagerungskosten/Monat}}{\text{ø belegte Lagerfläche}}$$

225143210

Kostenträgerrechnung

2. Schritt: ø kg-Auslastung pro m²

Dem Kunden gegenüber benötigt der Spediteur nur selten die Preisangabe auf m²-Basis. Vielmehr möchte die Kundschaft die Preisangabe auf kg-Basis, z. B. per 100 kg. Hierzu ist es erforderlich, die durchschnittliche kg-Auslastung pro m² zu ermitteln.

Beispiel: Der durchschnittliche Lagerbestand betrug im Oktober 2 200 000 kg, die durchschnittlich genutzte Lagerfläche 2 000 m² (siehe Beispiel bei Schritt 1).

$$\text{ø kg-Auslastung pro m}^2 = \frac{2\,200\,000 \text{ kg}}{2\,000 \text{ m}^2} = 1\,100 \text{ kg/m}^2$$

MERKE

$$\text{ø kg-Auslastung pro m}^2 = \frac{\text{ø Lagerbestand in kg}}{\text{ø belegte Lagerfläche}}$$

3. Schritt: Lagerungskosten pro 100 kg/Monat

Beispiel: In den Schritten 1 und 2 sind die monatlichen Lagerungskosten pro m² (8,00 €) und die durchschnittliche kg-Auslastung pro m² (1 100 kg) berechnet worden. Daraus lassen sich die monatlichen Lagerungskosten für 100 kg berechnen:

$$\text{Lagerungskosten pro 100 kg/Monat} = \frac{8,00 \,€}{1\,100} \cdot 100 = 0,73 \,€$$

MERKE

$$\text{Lagerungskosten pro 100 kg/Monat} = \frac{\text{m}^2\text{-Kosten/Monat}}{\text{ø kg-Auslastung pro m}^2} \cdot 100$$

Hinweis: Gelegentlich werden die Lagerungskosten nicht auf 100 kg/Monat bezogen, sondern auf 100 kg für den exakten Lagerungszeitraum (tagegenaue Abrechnung). Hierzu ist die Einbeziehung der Umschlagshäufigkeit notwendig, wenn tagegenau abgerechnet werden soll. Da Speditionsbetriebe aber häufig nur ganze Monate abrechnen, kommt die Kalkulation mit Umschlagshäufigkeiten sehr selten vor.

Muster-AUFGABE

Für ein eigenes Lagerhaus der SLAG – Spedition- und Lagerei AG – Berlin, sind nachstehende Daten bekannt:

Bilanzielle Abschreibung	100.000,00 € jährlich
Kalkulatorische Abschreibung	120.000,00 € jährlich
Tatsächliche gezahlte Zinsen für das Lagergebäude (Zinsaufwand)	44.500,00 € jährlich
Kalkulatorische Verzinsung des eingesetzten Kapitals	72.000,00 € jährlich
Reparaturen am Lagerhaus	1.500,00 € vierteljährlich
Versicherungskosten Lagerhaus	9.000,00 € halbjährlich
Energiekosten	2.700,00 € monatlich
Allgemeine Verwaltungskosten	45.900,00 € jährlich
ø belegte Lagerfläche	4 000 m²
ø Lagerbestand in kg	2 000 000 kg
Monatliche Einlagerungsmenge	800 000 kg

a) Berechnen Sie die Lagerungskosten für 100 kg/Monat.
b) Berechnen Sie die Lagerungskosten für 100 kg, wenn die Ware vom 17. März bis 28. Juni gelagert wird. (Hinweis: angefangene Monate werden üblicherweise als volle Monate berechnet.)

Geschäftsprozesse erfolgsorientiert steuern

LÖSUNG

a) 1. Schritt: m²-Kosten pro Monat:

Monatliche Lagerungskosten:

Kalkulatorische Abschreibung	120.000,00 € : 12 =	10.000,00 €
Kalkulatorische Verzinsung des eingesetzten Kapitals	72.000,00 € : 12 =	6.000,00 €
Reparaturen am Lagerhaus	1.500,00 € : 3 =	500,00 €
Versicherungskosten Lagerhaus	9.000,00 € : 6 =	1.500,00 €
Energiekosten	=	2.700,00 €
Allgemeine Verwaltungskosten	45.900,00 € : 12 =	3.825,00 €
Monatliche Lagerungskosten	❶	24.525,00 €

Die durchschnittlich belegte Lagerfläche beträgt 4 000 m².

$$\frac{\text{m}^2\text{-Kosten}}{\text{pro Monat}} = \frac{\text{Lagerungskosten/Monat}}{\text{ø belegte Lagerfläche}} = \frac{24.525,00 \text{ €}}{4\,000 \text{ m}^2}$$

$$= 6,13 \text{ €/m}^2$$

2. Schritt: ø kg-Auslastung pro m²:

$$\frac{\text{ø kg-Auslastung}}{\text{pro m}^2} = \frac{\text{ø Lagerbestand in kg}}{\text{ø belegte Lagerfläche}} = \frac{2\,000\,000 \text{ kg}}{4\,000 \text{ m}^2} = \text{❷ } 500 \text{ kg/m}^2$$

3. Schritt: Lagerungskosten pro 100 kg/Monat:

$$\frac{\text{Lagerungskosten}}{\text{für 100 kg/Monat}} = \frac{\text{m}^2\text{-Kosten pro Monat}}{\text{ø kg-Auslastung pro m}^2} \cdot 100 = \frac{6,13 \text{ €}}{500} \cdot 100 = 1,23 \text{ €}$$

oder: 24.525,00 € : 2000 = 1,23 €

b) Lagerungskosten/100 kg von 17. März–28. Juni

Lagerungskosten pro 100 kg/Monat	❸	1,23 €
Lagerungskosten pro 100 kg für 4 Monate	❹	4,92 €
(März, April, Mai, Juni)		

LÖSUNGSWEG

❶ 1. Schritt: Monatliche Lagerungskosten berechnen.
Zinsaufwendungen und bilanzielle Abschreibungen werden nicht in die Kostenrechnung übernommen. Vielmehr werden die kalkulatorischen Zinsen und die kalkulatorische Abschreibung berücksichtigt. Alle Lagerungskosten werden auf einen Monat bezogen
❷ 2. Schritt: Berechnung der ø kg-Auslastung pro m².
❸ 3. Schritt: Berechnung der Lagerungskosten pro 100 kg/Monat.
❹ Angefangene Monate (hier März und Juni) werden als volle Monate gezählt.

Aufgaben zum Sachverhalt

1

Für ein gemietetes Lagerhaus werden jährlich 280.000,00 € Miete bezahlt. Die Versicherungskosten betragen 15.000,00 € jährlich. Energiekosten fallen in Höhe von 4.000,00 € monatlich an. Die allgemeinen Verwaltungskosten für das Lager werden im Quartals-BAB mit 14.000,00 € ausgewiesen.

Die gesamte Lagerfläche beträgt 6 250 m², von der durchschnittlich 80 % belegt sind. Der durchschnittliche Lagerbestand beträgt 2 500 t.

Berechnen Sie die Lagerungskosten für 100 kg/Monat.

Kostenträgerrechnung

B 213

2

Für ein eigenes Lagerhaus der Wehrle & Sohn GmbH, Freiburg, sind nachstehende Daten bekannt:

Bilanzielle Abschreibung	80.000,00 € jährlich
Kalkulatorische Abschreibung	90.000,00 € jährlich
Tatsächlich gezahlte Zinsen für das Lagergebäude (Zinsaufwand)	6.000,00 € vierteljährlich
Kalkulatorische Verzinsung des eingesetzten Kapitals	33.000,00 € jährlich
Reparaturen am Lagerhaus	2.500,00 € vierteljährlich
Versicherungskosten Lagerhaus	1.000,00 € monatlich
Energiekosten	10.500,00 € halbjährlich
Allgemeine Verwaltungskosten	32.700,00 € halbjährlich
Vorhandene Lagerfläche	5 800 m²
ø belegte Lagerfläche	5 000 m²
ø Lagerbestand in kg	1 200 000 kg

Berechnen Sie die Lagerungskosten für 100 kg/Monat.

Berechnung der Kommissionierungskosten 6.3.3

Eingelagerte Ware wird vom Spediteur oftmals in einer **anderen Zusammenstellung oder in anderen Einheiten** ausgelagert. Dabei kann die umsortierte Ware auch bezettelt oder beschriftet werden. Diese Umsortierung der Ware, eventuell mit weiteren Dienstleistungen verbunden, bezeichnet man als **Kommissionierung**.

Die Kommissionierkosten werden separat erfasst und auf **100 kg auszulagernde Ware** bezogen. Nachdem ein angemessener Gewinnzuschlag berücksichtigt ist, kann dem Speditionskunden der Marktpreis für die Kommissionierung von 100 kg mitgeteilt werden.

Zur Berechnung der Kommissionierungskosten notwendige Daten sind:
- Gesamtgewicht der kommissionierten Ware,
- Zeitbedarf für einen Kommissionierungsauftrag,
- Zeitbedarf für die Kommissionierung von 100 kg,
- Personalkosten je Stunde.

Muster-AUFGABE

Ein Auftraggeber lagert pro Monat 300 000 kg aus. Die Ware wird auf Paletten mit jeweils 500 kg kommissioniert. Der Zeitbedarf für eine Palette beträgt 20 Minuten. Eine Arbeitsstunde kostet 33,00 €.

a) Berechnen Sie die Kommissionierkosten pro Palette.
b) Berechnen Sie die Kommissionierkosten pro 100 kg.

LÖSUNG

a) Kommissionierkosten pro Palette (500 kg):

1 Arbeitsstunde → 60 Minuten ≙ 33,00 €
1 Palette → 20 Minuten ≙ x €

$$x = \frac{33{,}00\ € \cdot 20}{60} = \underline{\underline{11{,}00\ €}}$$

b) Kommissionierkosten pro 100 kg:

500 kg (1 Palette) ≙ 11,00 €
100 kg ≙ x €
100 kg ≙ 2,20 €

Aufgaben zum Sachverhalt

1
Ein Auftraggeber lagert pro Monat 225 000 kg aus. Die Ware wird auf Paletten mit jeweils 450 kg kommissioniert. Der Zeitbedarf für eine Palette beträgt 25 Minuten. Eine Arbeitsstunde kostet 31,00 €.

a) Berechnen Sie die Kommissionierkosten pro Palette.
b) Berechnen Sie die Kommissionierkosten per 100 kg.

2
Für einen Kunden lagert die Spedition Rhönnfeldt, Fulda, monatlich 160 000 kg aus. Die Ware wird auf Paletten mit jeweils 600 kg kommissioniert. Der Zeitbedarf für eine Palette beträgt 30 Minuten. Die Lagerarbeiter werden mit 12,00 € Stundenlohn bezahlt. Die Lohnnebenkosten betragen 130 % des Stundenlohns.

a) Berechnen Sie die Kommissionierkosten pro Palette.
b) Berechnen Sie die Kommissionierkosten per 100 kg.

6.3.4 Berechnung der Lagerverwaltungskosten

Die anteiligen Kosten der allgemeinen Verwaltung für das Lager sind bereits bei den Lagerungskosten erfasst worden. Nun sind noch die **in der Lagerabteilung aufgetretenen Verwaltungskosten** zu berücksichtigen.

Lagerverwaltungskosten sind hauptsächlich Lohn- bzw. Gehaltskosten für den Lagermeister. Die Lagerverwaltungskosten werden zeitanteilig für die **eingelagerte Ware** erfasst und auf **100 kg** bezogen.

Ein Auftraggeber lagert pro Monat durchschnittlich 300 000 kg ein. Monatlich fallen für diesen Auftrag 60 Stunden Lagerverwaltung an. Der Stundensatz für eine Lagerverwaltungsstunde beträgt 35,00 €.

Berechnen Sie die Lagerverwaltungskosten für 100 kg/Monat.

```
300 000 kg  ≙  2.100,00 €  (35,00 € · 60)
    100 kg  ≙        x €
    100 kg  =      0,70 €
```

Aufgaben zum Sachverhalt

1
Ein Auftraggeber lagert pro Monat durchschnittlich 180 000 kg ein. Monatlich fallen für diesen Auftrag 50 Stunden Lagerverwaltung an. Der Stundensatz für eine Lagerverwaltungsstunde beträgt 32,50 €.

Berechnen Sie die Lagerverwaltungskosten für 100 kg/Monat.

2
Ein Auftraggeber lagert pro Monat durchschnittlich 85 000 kg ein. Monatlich fallen für diesen Auftrag 18 Stunden Lagerverwaltung an. Eine Lagerverwaltungsstunde verursacht Lohn- und Gehaltskosten in Höhe von 13,00 €. Die Lohn- und Gehaltsnebenkosten belaufen sich auf 120 %.

Berechnen Sie die Lagerverwaltungskosten für 100 kg/Monat.

Kostenträgerrechnung

Zusammenfassung der Kalkulation der Lagerkosten 6.3.5

Lagerkosten =   Kosten der Einlagerung
               + Kosten der Auslagerung
               + Kosten für Umschlaggeräte
                 für Ein- und Auslagerung   } Kosten für den Umschlag

               + Lagerungskosten
               + Lagerverwaltungskosten

               + Kommissionierkosten
               = Lagerkosten

FAZIT

Fallstudie: Kalkulation der Lagerkosten 6.3.6

Muster-AUFGABE

Der Suppenhersteller AROMIA AG lagert bei der Spedition Griesinger, Gießen, einen Teil seiner Fertigprodukte ein. Das monatliche Einlagerungsgewicht beträgt 420 000 kg. Die einzulagernde Ware wird auf Paletten mit jeweils 500 kg geliefert.

Das monatliche Auslagerungsgewicht für die AROMIA AG beträgt ebenfalls 420 000 kg. Auch die auszulagernde Ware befindet sich auf Paletten mit 500 kg.

Für die monatliche Einlagerung der 420 000 kg werden täglich 1 ¾ Gabelstaplerstunden, für die Auslagerung täglich 3,5 Gabelstaplerstunden benötigt. Der Gabelstapler verursacht pro Stunde Kosten in Höhe von 10,00 €. Es werden 20 Arbeitstage zugrunde gelegt.

Zur Berechnung der Lagerungskosten stehen folgende Daten zur Verfügung:

Kosten einer Arbeitsstunde	33,00 €
Kalkulatorische Abschreibung	54.000,00 € jährlich
Kalkulatorische Verzinsung des eingesetzten Kapitals	39.000,00 € jährlich
Reparaturen am Lagerhaus	1.500,00 € vierteljährlich
Versicherungskosten Lagerhaus	6.000,00 € halbjährlich
Energiekosten	1.150,00 € monatlich
Allgemeine Verwaltungskosten	20.100,00 € jährlich
ø belegte Lagerfläche	2 500 m²
ø Lagerbestand in kg	1 200 000 kg
ø Lagerbestand der AROMIA AG	210 000 kg

Für die Lageraufträge der AROMIA AG sind monatlich 50 Lagerverwaltungsstunden notwendig. Der Stundensatz für eine Lagerverwaltungsstunde beträgt 36,00 €.

1. Berechnen Sie die Lagerkosten. Ermitteln Sie dabei folgende Zwischenergebnisse:
   a) Kosten der Einlagerung für 100 kg
   b) Kosten der Auslagerung für 100 kg
   c) Kosten der Umschlaggeräte für 100 kg
   d) Umschlagkosten für 100 kg
   e) Lagerungskosten für 100 kg/Monat
   f) Lagerverwaltungskosten für 100 kg/Monat
   g) Lagerkosten für 124 000 kg, wenn die Ware vom 15. Sept. bis 15. Dez. eingelagert war. Angefangene Monate werden als volle Monate gezählt.

2. Im September wurden durchschnittlich 685 000 kg Waren der AROMIA AG gelagert. Das Gewicht der im September eingelagerten Waren betrug 420 000 kg. Ebenfalls 420 000 kg wurden ausgelagert. Spedition Griesinger stellt der AROMIA AG für Lagerleistungen im September 14.750,00 € zuzüglich Umsatzsteuer in Rechnung. **Berechnen Sie den Gewinn bzw. Verlust aus diesem Lagergeschäft.**

B 216

Geschäftsprozesse erfolgsorientiert steuern

LÖSUNG ZU 1.

a) **Kosten der Einlagerung für 100 kg:**

Einlagerungskosten je Palette:

60 Minuten ≙ 33,00 €
2,5 Minuten ≙ x € [420 000 : (500 · 20)] = 42; 105 : 42 = 2,5

$$x = \frac{33,00 \ € \cdot 2,5}{60} = 1,375 \ €$$

Einlagerungskosten je 100 kg:

500 kg ≙ 1,375 €
100 kg ≙ x €
x = 0,275 €

420 000 kg : 500 = 840 Paletten/mtl.
840 Paletten : 20 = 42 Paletten/Tag
105 Min. : 42 = 2,5 Min./Palette

b) **Kosten der Auslagerung für 100 kg:**

Auslagerungskosten je Palette:

60 Minuten ≙ 33,00 €
5 Minuten ≙ x € [420 000 : (500 · 20)] = 42; 210 : 42 = 5,0

$$x = \frac{33,00 \ € \cdot 5}{60} = 2,75 \ €$$

Auslagerungskosten je 100 kg:

500 kg ≙ 2,75 €
100 kg ≙ x €
x = 0,55 €

420 000 kg : 500 = 840 Paletten/mtl.
840 Paletten : 20 = 42 Paletten/Tag
210 Min. : 42 = 5 Min./Palette

c) **Kosten der Umschlaggeräte für 100 kg:**

Einsatzkosten/Monat = Einsatzstunden · Stundensatz · Tage
(Einlagerung)   =   1,75   ·   10,00 €   · 20
                       =   350,00 €

$$\text{Kosten der Umschlaggeräte/100 kg (Einlagerung)} = \frac{\text{Einsatzkosten/Monat}}{\text{monatl. Umschlag}} \cdot 100$$

$$\text{Kosten der Umschlaggeräte/100 kg (Einlagerung)} = \frac{350,00 \ €}{420 000} \cdot 100$$

$$= 0,083 \ €$$

Einsatzkosten/Monat = Einsatzstunden · Stundensatz · Tage
(Auslagerung)   =   3,5   ·   10,00 €   · 20
                       =   700,00 €

$$\text{Kosten der Umschlaggeräte/100 kg (Auslagerung)} = \frac{700,00 \ €}{420 000} \cdot 100$$

$$= 0,166 \ €$$

d) **Umschlagkosten für 100 kg:**

Kosten der Einlagerung	0,275 €/100 kg
+ Kosten der Auslagerung	0,55 €/100 kg
+ Kosten für Umschlaggeräte (0,083 + 0,166)	0,25 €/100 kg
= Umschlagkosten für 100 kg	1,075 €/100 kg

e) **Lagerungskosten für 100 kg/Monat:**

Monatliche Lagerungskosten

Kalkulatorische Abschreibung	54.000,00 € : 12 =	4.500,00 €
Kalkulatorische Zinsen	39.000,00 € : 12 =	3.250,00 €
Reparaturen	1.500,00 € : 3 =	500,00 €
Versicherungen	6.000,00 € : 6 =	1.000,00 €
Energiekosten		1.150,00 €
Allgemeine Verwaltungskosten	20.100,00 € : 12 =	1.675,00 €
Monatliche Lagerungskosten		12.075,00 €

Kostenträgerrechnung

m²-Kosten pro Monat

$$= \frac{\text{Lagerungskosten/Monat}}{\text{ø belegte Lagerfläche}} = \frac{12.075,00\ €}{2\,500\ m^2} = 4,83\ €$$

ø kg-Auslastung pro m²:

$$\text{ø kg-Auslastung pro } m^2 = \frac{\text{ø Lagerbestand in kg}}{\text{ø belegte Lagerfläche}} = \frac{1\,200\,000}{2\,500\ m^2} = 480\ kg/m^2$$

Lagerungskosten pro 100 kg/Monat:

$$\frac{4,83\ €}{480} \cdot 100 = \underline{1,01\ €}$$

oder einfacher:

12.075,00 € ≙	1 200 000 kg	
x € ≙	100 kg	
x ≙	1,01 €	

f) Lagerverwaltungskosten für 100 kg/Monat:

420 000 kg ≙ 50 · 36,00 €
       100 kg ≙ x
x = 0,43 € für 100 kg/Monat

g) Lagerkosten für 124 000 kg für den Zeitraum 15. Sept.–15. Dez.:

	Kosten der Einlagerung	100 kg	0,275 €
+	Kosten der Auslagerung	100 kg	0,55 €
+	Kosten für Umschlaggeräte	100 kg	0,25 €
=	Umschlagkosten	100 kg	1,075 €
+	Lagerungskosten (100 kg/Monat 1,01 €)........ Lagerungskosten vom 15. Sept.–15. Dez. (4 Monate)		4,04 €
+	Lagerverwaltungskosten (100 kg/Monat 0,43 €) Lagerverwaltungskosten für 4 Monate (0,43 · 4) .		1,72 €
=	Lagerkosten .... 100 kg/4 Monate		6,835 €

Lagerkosten für 100 kg/4 Monate = 6,835 €

Lagerkosten für 124 000 kg/4 Monate[1]
(1 240 · 6,835 €) = **8.475,40 €** Ä

Lagerabrechnung und Gewinnermittlung für September:

	Kosten der Einlagerung.......	420 000 kg	(4200 · 0,275)	1.155,00 €
+	Kosten der Auslagerung	420 000 kg	(4200 · 0,55)	2.310,00 €
+	Kosten für Umschlaggeräte.....	420 000 kg	(4200 · 0,25)	1.050,00 €
=	Umschlagkosten			4.515,00 €
+	Lagerungskosten........	685 000 kg/Monat	(6850 · 1,01)	6.918,50 €
+	Lagerverwaltungs-kosten	420 000 kg/Monat	(4200 · 0,43)	1.806,00 €
=	**Lagerkosten für 685 000 kg/September**			**13.239,50 €**

Ergebnisermittlung:

	Einnahmen für Lagerleistung	14.750,00 €
–	Kosten für Lagerleistung	13.239,50 €
=	**Gewinn (September)**	**1.510,50 €**

LÖSUNG ZU 2.

---

[1] Angefangene Monate werden als volle Monate gezählt.

Geschäftsprozesse erfolgsorientiert steuern

Zusammenfassende Aufgaben

1

Ein Markenartikelhersteller lagert bei der Spedition Schröder, Kiel, einen Teil seiner Fertigprodukte ein. Das monatliche Einlagerungsgewicht beträgt 120 000 kg. Die einzulagernde Ware wird auf Paletten mit jeweils 600 kg geliefert.

Das monatliche Auslagerungsgewicht für den Markenartikelhersteller beträgt ebenfalls 120 000 kg. Auch die auszulagernde Ware befindet sich auf Paletten mit 600 kg. Für die Einlagerung der 120 000 kg werden täglich 1 Gabelstaplerstunde, für die Auslagerung täglich 1,5 Gabelstaplerstunden benötigt. Der Gabelstapler verursacht pro Stunde Kosten in Höhe von 9,80 €. Es werden 20 Arbeitstage zugrunde gelegt.

Zur Berechnung der Lagerungskosten stehen folgende Daten zur Verfügung:

Kosten einer Arbeitsstunde	28,50 €
Kalkulatorische Abschreibung Lagergebäude	66.000,00 € jährlich
Kalkulatorische Verzinsung des eingesetzten Kapitals	30.000,00 € jährlich
Reparaturen am Lagerhaus	1.800,00 € vierteljährlich
Versicherungskosten Lagerhaus	9.000,00 € jährlich
Energiekosten	4.800,00 € vierteljährlich
Allgemeine Verwaltungskosten	4.020,00 € vierteljährlich
ø belegte Lagerfläche insgesamt	3 800 m^2
ø Lagerbestand in kg insgesamt	1 200 000 kg
ø Lagerbestand des Markenartikelherstellers	180 000 kg

Für die Lageraufträge des Markenartikelherstellers sind monatlich 38 Lagerverwaltungsstunden notwendig. Der Stundensatz für eine Lagerverwaltungsstunde beträgt 34,50 €.

Berechnen Sie die Lagerkosten. Ermitteln Sie dabei folgende Zwischenergebnisse:

a) Kosten der Einlagerung für 100 kg
b) Kosten der Auslagerung für 100 kg
c) Kosten der Umschlaggeräte für 100 kg
d) Umschlagkosten für 100 kg
e) Lagerungskosten für 100 kg/Monat
f) Lagerverwaltungskosten für 100 kg/Monat
g) Berechnen Sie die Lagerkosten für 34 000 kg Markenartikel, die vom 12. Mai bis 18. Aug. eingelagert waren.

2

Die Läpple Maschinenbau AG lagert bei ihrer Hausspedition Ullmann & Kramer, Stuttgart, Rohstoffe ein. Das monatliche Einlagerungsgewicht beträgt 225 000 kg. Die einzulagernde Ware wird auf Paletten mit jeweils 750 kg geliefert.

Das monatliche Auslagerungsgewicht für die Maschinenbau AG beträgt ebenfalls 225 000 kg. Auch die auszulagernde Ware befindet sich auf Paletten mit 750 kg.

Für die Einlagerung der 225 000 kg werden täglich 1,75 Gabelstaplerstunden, für die Auslagerung täglich 1,25 Gabelstaplerstunden benötigt. Der Gabelstapler verursacht pro Stunde Kosten in Höhe von 5,50 €. Es werden 20 Arbeitstage zugrunde gelegt.

Kostenträgerrechnung

B 219

Zur Berechnung der Lagerungskosten stehen folgende Daten zur Verfügung:

Kosten einer Arbeitsstunde	29,50 €
Bilanzielle Abschreibung für das Lager	97.500,00 € jährlich
Kalkulatorische Abschreibung für das Lager	89.000,00 € jährlich
Zinsaufwand für Lager	14.500,00 € jährlich
Kalkulatorische Verzinsung des eingesetzten Kapitals	36.000,00 € jährlich
Reparaturen am Lagerhaus	2.500,00 € vierteljährlich
Versicherungskosten Lagerhaus	12.000,00 € jährlich
Energiekosten	6.300,00 € vierteljährlich
Allgemeine Verwaltungskosten	5.400,00 € vierteljährlich
ø belegte Lagerfläche insgesamt	4 200 m²
ø Lagerbestand in kg insgesamt	1 095 000 kg
ø Lagerbestand des Maschinenbau AG	450 000 kg

Für die Lageraufträge der Maschinenbau AG sind monatlich 43 Lagerverwaltungsstunden notwendig. Der Stundensatz für eine Lagerverwaltungsstunde beträgt 34,00 €.

Der Kunde ist bereit, für die gesamte Lagerleistung 3,30 € pro 100 kg zu bezahlen.

a) Berechnen Sie die Lagerkosten für 100 kg, wenn die Ware durchschnittlich einen Monat gelagert wird.
b) Berechnen Sie den Gewinn bzw. Verlust je 100 kg Lagerleistung.
c) Wie hoch ist der Gewinnzuschlag in Prozent?

Zusammenfassende Aufgabe einschließlich Kommissionierkosten

3

Der Lebensmittelhersteller Gondolfo AG, Essen, liefert der benachbarten Spedition Pfefferkorn GmbH, Essen, verschiedene Fertigprodukte auf Paletten mit einem durchschnittlichen Palettengewicht von 400 kg. Die Spedition Pfefferkorn kommissioniert die von den jeweiligen Großhändlern gewünschten Fertigprodukte auf Paletten mit einem durchschnittlichen Gewicht von 250 kg. Durchschnittlich werden pro Monat jeweils 360 000 kg ein- und ausgelagert. Für die Einlagerung werden täglich 1,5 Gabelstaplerstunden, für die Auslagerung täglich 3 Gabelstaplerstunden benötigt. Der Gabelstapler verursacht pro Stunde Kosten von 10,80 €. Es werden 20 Arbeitstage zugrunde gelegt.

Folgende Daten sind bekannt:

Einlagerungszeit für 400-kg-Palette:	2 Minuten
Auslagerungszeit für 250-kg-Palette:	2,5 Minuten
Kommissionierzeit für 250-kg-Palette:	20 Minuten

Zur Berechnung der Lagerungskosten stehen folgende Daten zur Verfügung:

Kosten einer Arbeitsstunde	30,00 €
Bilanzielle Abschreibung für das Lager	125.000,00 € jährlich
Kalkulatorische Abschreibung für das Lager	90.000,00 € jährlich
Zinsaufwand für Lager	25.000,00 € jährlich
Kalkulatorische Verzinsung des eingesetzten Kapitals	33.000,00 € jährlich
Reparaturen am Lagerhaus	3.750,00 € vierteljährlich

Fortsetzung ➤

B 220
Geschäftsprozesse erfolgsorientiert steuern

Versicherungskosten Lagerhaus . . . . 12.480,00 € jährlich
Energiekosten . . . . 7.500,00 € vierteljährlich
Allgemeine Verwaltungskosten . . . . 5.100,00 € vierteljährlich
ø belegte Lagerfläche insgesamt . . . . 7 500 m²
ø Lagerbestand in kg insgesamt . . . . 3 850 000 kg
ø Lagerbestand der Gondolfo AG . . . . 450 000 kg

Für die Lageraufträge der Gondolfo AG sind monatlich 28 Lagerverwaltungsstunden notwendig. Der Stundensatz für eine Lagerverwaltungsstunde beträgt 34,70 €.

a) Berechnen Sie die Lagerkosten für 100 kg, wenn die Ware durchschnittlich zwei Monate gelagert wird.

b) Dem Lagerkunden werden die Lagerkosten zuzüglich 20 % Gewinnzuschlag in Rechnung gestellt. Berechnen Sie den Preis für 100 kg Lagerleistung.

7 Deckungsbeitragsrechnung

7.1 Vergleich Vollkostenrechnung – Deckungsbeitragsrechnung (Teilkostenrechnung)

Ziel der **Vollkostenrechnung** ist es, **alle anfallenden Kosten** auf die Kostenträger zu überwälzen. Gemeinkosten werden mithilfe betriebsinterner Verhältniszahlen im BAB verteilt, Einzelkosten werden direkt zugeordnet. Zu den so ermittelten Kosten je Kostenträger wird ein angemessener Gewinn zugeschlagen und damit der Verkaufspreis ermittelt. Die Vollkostenrechnung ist nur anwendbar, wenn der Markt die **errechneten Preise akzeptiert**. Man bezeichnet eine derartige Marktsituation als **Anbietermarkt**.

Bei **starkem Wettbewerb** kann der **einzelne Anbieter den Preis nicht mehr selbst bestimmen**, dieser wird vielmehr vom Markt festgelegt. Ein derartiger **Wettbewerbspreis** wird auch als **Datum**[1] bezeichnet. Diese Marktsituation wird als **Nachfragermarkt** bezeichnet.

Die traditionelle **Vollkostenrechnung** hat folgende **Nachteile**:

- Oftmals kann der Preis nicht durch Kalkulation von Einzelkosten, Gemeinkosten und Gewinn berechnet werden, da der **Marktpreis ein „Datum"** ist und als Wettbewerbspreis vorgegeben ist.
- Das **Verursachungsprinzip** kann nicht streng verfolgt werden. Teilweise werden Gemeinkosten, insbesondere die Budgetierung, „willkürlich" auf die Kostenstellen verteilt.
- Die Zuschlagskalkulation aufgrund des Betriebsabrechnungsbogens unterstellt eine **Proportionalität von Einzel- und Gemeinkosten**, die in der Realität so nicht gegeben ist.

Im Gegensatz zur Vollkostenrechnung steht die **Teilkostenrechnung**, auch **Deckungsbeitragsrechnung** genannt. Hier werden die Kosten in **beschäftigungsunabhängige (fixe)** und **beschäftigungsabhängige (variable)** Kosten unterteilt. Zunächst werden **nur die variablen Kosten** dem Kostenträger zugerechnet.

Der **Deckungsbeitrag** ist der Beitrag, den ein Produkt oder eine Dienstleistung zur **Deckung der fixen Kosten** leistet. Bei der **Deckungsbeitragsrechnung** rechnet man:

       Markterlös
       – variable Kosten
       = Deckungsbeitrag

---

[1] Datum — fest vorgegeben, weil vom einzelnen Anbieter nicht zu verändern

Deckungsbeitragsrechnung

B 221

Auf jeden Fall müssen die variablen Kosten von den Markterlösen gedeckt sein, da ansonsten die ungedeckten variablen Kosten die ohnehin vorhandenen Fixkosten zu einem noch größeren Verlust erhöhen.

Vollkostenrechnung	Teilkostenrechnung
Ausgangspunkt sind die Kosten.	Ausgangspunkt ist der erzielbare Marktpreis.
Marktform: Anbietermarkt	Marktform: Nachfragermarkt
Kostenrechnung ohne Trennung in fixe und variable Kosten	Kostenrechnung mit Trennung in fixe und variable Kosten
Ermöglicht die Feststellung der Selbstkosten	Selbstkosten können nicht ermittelt werden.
Als Mittel zur Gewinnoptimierung ungeeignet	Entscheidungsorientiertes Instrument zur Gewinnoptimierung

Abhängigkeit der Kosten von der Beschäftigung 7.2

Variable Kosten 7.2.1

Variable Kosten werden als leistungsabhängige oder beschäftigungsabhängige Kosten bezeichnet.

Variable Kosten sind beispielsweise:

- Kraftstoffverbrauch
- Reifenverbrauch
- Portokosten
- Kosten des Büromaterials
- Telefon- und Telexkosten

Fixe Kosten 7.2.2

Fixe Kosten werden als leistungsunabhängige oder beschäftigungsunabhängige Kosten bezeichnet.

Fixe Kosten sind beispielsweise:

- Lohn- und Gehaltskosten
- Steuern und Versicherungen
- Kalkulatorische Zinsen
- Kalkulatorischer Unternehmerlohn
- Miete/Kalkulatorische Miete
- Kalkulatorische Abschreibungen[1]

Der Deckungsbeitrag 7.3

Der **Deckungsbeitrag** ist der Beitrag, den ein Produkt oder eine Dienstleistung zur **Deckung der fixen Kosten** leistet. Er zeigt an, in welchem Umfang das Produkt bzw. die Dienstleistung zur Deckung der fixen Kosten und damit zur Gewinnerzielung (eventuell auch Verlustminderung) beiträgt.

---

[1] vgl. Kapitel 6.2.3

Geschäftsprozesse erfolgsorientiert steuern

FAZIT

Der **Deckungsbeitrag** wird errechnet:

	Markterlös der Dienstleistung	(E)
−	direkt zurechenbare variable Kosten der Dienstleistung	(Kv)
=	**Deckungsbeitrag der Dienstleistung**	(DB)
−	anteilige Fixkosten	(Kf)
=	**Erfolg der Dienstleistung**	(G/V)

Deckungsbeitrag > fixe Kosten → Gewinn

Deckungsbeitrag < fixe Kosten → Verlust in Höhe der nicht gedeckten Fixkosten

Muster-AUFGABE

Die Spedition Baier & Schneider OHG, Schwerin, hat die Leistungsbereiche nationale Spedition und internationale Spedition.

Kostenrechnerische Untersuchungen haben für September folgende Durchschnittswerte ergeben:

	Nationale Spedition	Internationale Spedition
Nettoverkaufserlös je Auftrag	685,00 €	822,00 €
Variable Kosten je Auftrag	329,00 €	610,00 €
Anzahl der monatlichen Aufträge im September	415	145

Die fixen Kosten der Spedition Baier & Schneider betragen monatlich 153.000,00 €.

a) Ermitteln Sie den Deckungsbeitrag der einzelnen nationalen Speditionsleistung und den Deckungsbeitrag der einzelnen internationalen Speditionsleistung.
b) Ermitteln Sie den Deckungsbeitrag der nationalen Speditionsleistungen und der internationalen Speditionsleistungen im September.
c) Ermitteln Sie das Monatsergebnis.
d) Auf welchen Betrag verändert sich das Periodenergebnis, wenn die Abteilung „Internationale Spedition" geschlossen würde und die Fixkosten unverändert blieben?

LÖSUNG

a) Deckungsbeitrag der einzelnen Speditionsleistung:

	Nationale Spedition	Internationale Spedition
Nettoverkaufspreis	685,00 €	822,00 €
− Variable Kosten	329,00 €	610,00 €
= Deckungsbeitrag je Auftrag	356,00 €	212,00 €

b) Deckungsbeitrag (DB) der Speditionsabteilungen:

DB nationale Spedition = DB je nat. Sped.-Leist. · Aufträge
                                       = 356,00 € · 415
                                       = 147.740,00 €

DB intern. Spedition = DB je internat. Sped.-Leist. · Aufträge
                                  = 212,00 € · 145
                                  = 30.740,00 €

Deckungsbeitragsrechnung

c) Periodenergebnis:

	Deckungsbeitrag nationale Spedition	147.740,00 €
+	Deckungsbeitrag internationale Spedition	30.740,00 €
=	Gesamter Deckungsbeitrag	178.480,00 €
–	Fixe Gesamtkosten	153.000,00 €
=	Periodenergebnis (Gewinn)	25.480,00 €

d) Nach Schließung der Abteilung „Internationale Spedition" leistet die Nationale Speditionsabteilung einen Deckungsbeitrag wie bisher von 147.740,00 €. Dieser Betrag reicht nicht aus, die unverändert vorhandenen Fixkosten in Höhe von 153.000,00 € zu decken. Der Periodenverlust beträgt also 5.260,00 €.

Aufgaben zum Sachverhalt

Die Spedition Kolb GmbH, Kaiserslautern, hat in ihren Leistungsbereichen nachstehende Durchschnittsdaten für den Monat April erhoben:

	Nationaler Güterkraftwagenverkehr	Internationaler Güterkraftwagenverkehr	Lager
Nettoverkaufserlös je Auftrag	134,00 €	985,00 €	634,00 €
Variable Kosten je Auftrag	98,00 €	612,00 €	399,00 €
Anzahl der Aufträge im April	240	125	84

Die fixen Kosten der Spedition Kolb GmbH betrugen im April 61.000,00 €.
a) Ermitteln Sie den Deckungsbeitrag der einzelnen Speditionsleistungen.
b) Ermitteln Sie den Deckungsbeitrag der einzelnen Abteilungen im April.
c) Ermitteln Sie das Ergebnis (Periodengewinn/Periodenverlust) für den Monat April.
d) Auf welchen Betrag verändert sich das Monatsergebnis, wenn die Abteilung „Lager" geschlossen würde und die Fixkosten unverändert blieben?

Die Spedition Werding, Bochum, hat in ihren Leistungsbereichen nachstehende Durchschnittsdaten für das dritte Quartal erhoben:

	Lkw	Luftfracht	Seefracht
Nettoverkaufserlös je Auftrag	859,00 €	412,00 €	1.322,00 €
Variable Kosten je Auftrag	387,00 €	257,00 €	1.237,00 €
Anzahl der Aufträge im 3. Quartal	560	885	285

Die fixen Kosten der Spedition Werding betrugen im dritten Quartal 447.500,00 €.

Fortsetzung

Geschäftsprozesse erfolgsorientiert steuern

a) Ermitteln Sie den Deckungsbeitrag der einzelnen Speditionsleistungen.
b) Ermitteln Sie den Deckungsbeitrag der einzelnen Abteilungen im dritten Quartal.
c) Ermitteln Sie das Ergebnis (Periodengewinn/Periodenverlust) für das dritte Quartal.
d) Auf welchen Betrag verändert sich das Periodenergebnis, wenn die Abteilung „Seefracht" geschlossen würde und die Fixkosten unverändert blieben?

7.4 Deckungsbeitragsrechnung als Mittel der Sortimentgestaltung

Bei einer möglichen Mengensteigerung der Speditionsleistungen hat die **Speditionsleistung mit dem höchsten einzelnen Deckungsbeitrag** Vorrang. Die Rangfolge der Speditionsleistungen wird also von der Höhe der Deckungsbeiträge je Speditionsleistung bestimmt.

Die Kundenwünsche nach Vollständigkeit des Sortiments können zur Beibehaltung von „Verlustprodukten" zwingen, wenn nur so die Absatzhöhe der „Gewinnprodukte" erhalten werden kann.

Muster-AUFGABE

Die Spedition Bayer OHG, Koblenz, hat in ihren Leistungsbereichen nachstehende Durchschnittswerte für den Monat August erhoben:

Die fixen Kosten der Spedition Bayer OHG betrugen im August 62.500,00 €.

	Nationaler Güterkraftwagenverkehr	Internationaler Güterkraftwagenverkehr	Lager
Nettoverkaufserlös je Auftrag	48,00 €	910,00 €	805,00 €
Variable Kosten je Auftrag	51,00 €	639,00 €	387,00 €
Anzahl der Aufträge im August	258	108	88
Deckungsbeitrag je Speditionsleistung	− 3,00 €	271,00 €	418,00 €
Deckungsbeitrag der Speditionsabteilung	− 774,00 €	29.268,00 €	36.784,00 €

    Deckungsbeitrag der Spedition   65.278,00 €
− Fixe Kosten   − 62.500,00 €
= Periodenergebnis   =   2.778,00 €

a) Angenommen die Spedition Bayer OHG könnte in jedem Leistungsbereich weitere Aufträge erhalten. Begründen Sie, für welche Abteilung zusätzliche Aufträge angenommen bzw. abgelehnt werden sollten.
Legen Sie die Rangfolge der weiteren Aufträge fest.

b) Um das Monatsergebnis zu verbessern wird erwogen, die Abteilung „Nationaler Güterkraftwagenverkehr" zu schließen.
Berechnen Sie das veränderte Monatsergebnis, wenn dadurch die Fixkosten um monatlich 8.000,00 € sinken.

Deckungsbeitragsrechnung

B 225

LÖSUNG

a) Rangfolge für Zusatzaufträge:

	Nat. GKV	Internat. GKV	Lager
Nettoverkaufspreis	48,00 €	910,00 €	805,00 €
– Variable Kosten	51,00 €	639,00 €	387,00 €
= Deckungsbeitrag je Speditionsleistung	– 3,00 €	271,00 €	418,00 €

Vorrang hat die Lagerei, weil jeder zusätzliche Auftrag einen Beitrag zur Deckung der fixen Kosten (bzw. zur Gewinnerhöhung) in Höhe von 418,00 € leistet. An zweiter Stelle ist der internationale Güterkraftwagenverkehr zu fördern, der einen Beitrag zur Deckung der fixen Kosten (oder zur Gewinnerhöhung) in Höhe von 271,00 € je Auftrag leistet.

Die nationale Güterkraftwagenverkehrsleistung wird unter den variablen Kosten verkauft. Eine Steigerung dieser Leistung würde eine Ergebnisverschlechterung in Höhe von 3,00 € je zusätzlicher Leistung bedeuten. Deshalb soll die nationale Güterkraftwagenverkehrsleistung nicht gefördert werden.

Die Rangfolge ist also: 1. Lager; 2. Internat. GKV.

b) Ergebnisermittlung

	mit Abteilung Nat. GKV	ohne Abteilung Nat. GKV
Deckungsbeitrag Nat. GKV	– 774,00 €	–
Deckungsbeitrag Internat. GKV	29.268,00 €	29.268,00 €
Deckungsbeitrag Lager	36.784,00 €	36.784,00 €
= Gesamter Deckungsbeitrag	65.278,00 €	66.052,00 €
– Fixe Gesamtkosten	62.500,00 €	54.500,00 €
= Periodengewinn	2.778,00 €	11.552,00 €
Ergebnisverbesserung:		+ 8.774,00 €

Die Abteilung Nat. GKV erbringt bisher einen negativen Deckungsbeitrag von 774,00 €, da der Marktpreis unter den variablen Kosten liegt. Bei Schließung der Abteilung „Nat. GKV" entfällt dieser negative Deckungsbeitrag. Zusätzlich wird das Ergebnis durch die nun um 8.000,00 € geringeren Fixkosten verbessert.

Aufgaben zum Sachverhalt

1

Die Spedition Nagel & Partner GmbH, Ulm, hat in ihren Leistungsbereichen nachstehende Durchschnittswerte für den Monat Mai erhoben:

	Nahbereich	Fernbereich	Internat. Güterkraftverkehr
Nettoverkaufserlös je Auftrag	44,50 €	712,00 €	1.022,00 €
Variable Kosten je Auftrag	49,50 €	364,00 €	524,00 €
Anzahl der Aufträge im Mai	1 184	404	308

Die fixen Kosten der Spedition Nagel & Partner GmbH betrugen im Mai 330.000,00 €.

a) Ermitteln Sie den Deckungsbeitrag der einzelnen Speditionsleistungen.

b) Ermitteln Sie den Deckungsbeitrag der einzelnen Abteilungen für den Monat Mai.

c) Ermitteln Sie das Ergebnis (Periodengewinn/Periodenverlust) für den Monat Mai.

Fortsetzung

B 226

Geschäftsprozesse erfolgsorientiert steuern

d) Die Spedition Nagel & Partner GmbH könnte in jedem Leistungsbereich weitere Aufträge erhalten. Begründen Sie, für welche Abteilung zusätzliche Aufträge angenommen bzw. abgelehnt werden sollten.
Legen Sie die Rangfolge der weiteren Aufträge fest.

e) Die Geschäftsleitung möchte von Ihnen wissen, wie sich bei Schließung der Abteilung „Nahbereich" das Monatsergebnis verändern würde. Die Fixkosten würden dadurch um 11.000,00 € sinken.
Berechnen Sie das Monatsergebnis, wenn die Abteilung „Nahbereich" geschlossen werden würde.

f) Welche Gründe könnten die Spedition Nagel & Partner GmbH veranlassen, die Abteilung „Nahbereich" nicht zu schließen?

2

Die Spedition Karcher AG, Münster, hat nachstehende Deckungsbeiträge je Speditionsleistung ermittelt:

	Deckungsbeiträge	Freie Kapazität
Regionalbereich	+ 2,50 €	30 Aufträge
Fernbereich	+ 63,00 €	24 Aufträge
Seefracht	+ 89,50 €	19 Aufträge
Luftfracht	+ 45,90 €	36 Aufträge

Ein weltweiter Konjunkturaufschwung erhöht die Nachfrage nach Speditionsleistungen. Die Spedition Karcher AG kann 50 weitere Aufträge erhalten.

a) **Begründen Sie, für welche Abteilungen weitere Aufträge angenommen werden sollten.**

b) **Ermitteln Sie die dadurch eingetretene Ergebnisverbesserung.**

7.5 Bestimmung der Preisuntergrenze

Die **Preisuntergrenze** gibt den Nettoverkaufspreis einer Speditionsleistung an, der gefordert werden muss, um im bestehenden Wettbewerb zu überleben. Es wird zwischen der kurz- und langfristigen Preisuntergrenze unterschieden.

Langfristig sollten die Preise mindestens kostendeckend sein. Die langfristige Preisuntergrenze liegt dort, wo die **Nettoverkaufserlöse alle Kosten**, also variable und fixe, **decken**. Langfristig muss der Nettoverkaufspreis mindestens die Kosten decken, um das Unternehmen und die Beschäftigung zu erhalten.

> **Langfristige Preisuntergrenze:**
>
> **Nettoverkaufspreis = variable + fixe Kosten**

Kurzfristig sollten auf jeden Fall die variablen Kosten gedeckt sein. Es ergibt sich dann zwangsläufig in Höhe der nicht gedeckten fixen Kosten ein betrieblicher Verlust. Ein solcher Verlust kann kurzfristig in Zeiten starken Wettbewerbs hingenommen werden. Auf Dauer würde dieser Verlust aber zur Insolvenz des Speditionsbetriebes führen.

> **Kurzfristige Preisuntergrenze:**
>
> **Nettoverkaufspreis = variable Kosten**

Deckungsbeitragsrechnung

Muster-AUFGABE

In einem Speditionsbetrieb werden nachstehende Durchschnittswerte ermittelt:

	Nahbereich	Fernbereich	International
Anzahl der Aufträge	750	100	80
Nettopreis je Auftrag	20,00 €	400,00 €	525,00 €
Variable Kosten je Auftrag	15,00 €	236,00 €	455,00 €
Fixe Kosten je Abteilung	3.000,00 €	8.000,00 €	10.000,00 €

a) Welcher Nettoverkaufspreis stellt für einen Auftrag im Nahbereich, im Fernbereich und im internationalen Verkehr die kurzfristige Preisuntergrenze dar?
b) Welcher Nettoverkaufspreis stellt für einen Auftrag im Nahbereich, im Fernbereich und im internationalen Verkehr die langfristige Preisuntergrenze dar?
c) Ermitteln Sie das Betriebsergebnis.
d) Die Nettoerlöse je Auftrag aller Abteilungen sind wegen des zunehmenden Wettbewerbs und der schwachen Konjunktur rückläufig. Es müssen Preiseinbußen von 10 % hingenommen werden.
Beurteilen Sie, ob und gegebenenfalls wie lange (kurzfristig/langfristig) die jeweilige Leistung angeboten wird.

LÖSUNG

a) **Kurzfristige Preisuntergrenze** = variable Kosten
   für Nahbereichsleistungen = 15,00 €
   für Fernbereichsleistungen = 236,00 €
   für internationale Speditionsleistungen = 455,00 €

b) **Langfristige Preisuntergrenze** = variable + fixe Kosten je Leistung

   für Nahbereichsleistungen = $15,00 € + \dfrac{3.000,00 €}{750} = 19,00 €$

   für Fernbereichsleistungen = $236,00 € + \dfrac{8.000,00 €}{100} = 316,00 €$

   für internationale Sped.-Leist. = $455,00 € + \dfrac{10.000,00 €}{80} = 580,00 €$

c) **Betriebsergebnisermittlung:**
   Deckungsbeitrag Nahbereich   (20,00 € – 15,00 €) · 750 =   3.750,00 €
   Deckungsbeitrag Fernbereich   (400,00 € – 236,00 €) · 100 = 16.400,00 €
   Deckungsbeitrag internat. Sp. (525,00 € – 455,00 €) · 80 =   5.600,00 €
   = Gesamter Deckungsbeitrag   = 25.750,00 €
   – Fixe Gesamtkosten   = 21.000,00 €
   = Periodenergebnis (Gewinn)   4.750,00 €

d) Bei 10%igen Preiseinbußen betragen:

	Netto-verkaufspreise je Leistung	variable Kosten je Leistung	fixe Kosten je Leistung
Nahbereich	18,00 €	15,00 €	4,00 €
Fernbereich	360,00 €	236,00 €	80,00 €
Internationale Sped.	472,50 €	455,00 €	125,00 €

Fortsetzung →

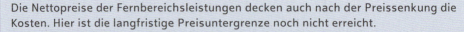

Geschäftsprozesse erfolgsorientiert steuern

Die Nettopreise der Fernbereichsleistungen decken auch nach der Preissenkung die Kosten. Hier ist die langfristige Preisuntergrenze noch nicht erreicht.

Die Nettopreise der Nahbereichsleistungen und der Internationalen Speditionsleistungen liegen über den variablen Kosten, aber unter den Gesamtkosten. Diese Preise sollten nur kurzfristig gehalten werden.

Aufgaben zum Sachverhalt

1 Spedition Ernst & Co. OHG, Wuppertal, ermittelt folgende Durchschnittswerte für den Monat November:

	Nahbereich	Fernbereich	International
Anzahl der Aufträge	2 000	900	200
Nettopreis je Auftrag	45,00 €	920,00 €	1.200,00 €
Variable Kosten je Auftrag	40,00 €	540,00 €	970,00 €
Fixe Kosten je Abteilung	26.000,00 €	270.000,00 €	28.000,00 €

a) Welcher Nettoverkaufspreis stellt für einen Auftrag im Nahbereich, im Fernbereich und im internationalen Verkehr die jeweilige kurzfristige Preisuntergrenze dar?

b) Welcher Nettoverkaufspreis stellt für einen Auftrag im Nahbereich, im Fernbereich und im internationalen Verkehr die jeweilige langfristige Preisuntergrenze dar?

c) Ermitteln Sie das Betriebsergebnis.

d) Die Nettoerlöse je Auftrag aller Abteilungen sind wegen des zunehmenden Wettbewerbs und der schwachen Konjunktur rückläufig. Es müssen Preiseinbußen von 15 % hingenommen werden.
Beurteilen Sie, ob und gegebenenfalls wie lange zu welchem Preis die jeweilige Leistung angeboten wird.

2 Spedition Brunnmayer GmbH, Bamberg, ermittelt nachstehende Durchschnittswerte für den Monat Januar:

	Lkw	Luftfracht	Seefracht
Anzahl der Aufträge	1 500	210	100
Nettopreis je Auftrag	875,00 €	920,00 €	1.980,00 €
Variable Kosten je Auftrag	450,00 €	740,00 €	1.550,00 €
Fixe Kosten je Abteilung	580.000,00 €	32.000,00 €	26.000,00 €

a) Berechnen Sie die jeweilige kurzfristige Preisuntergrenze je Abteilungsauftrag.

b) Berechnen Sie die jeweilige langfristige Preisuntergrenze je Abteilungsauftrag.

c) Ermitteln Sie das Betriebsergebnis.

d) Berechnen Sie die maximal möglichen Preisreduzierungen je Abteilungsauftrag, wenn die langfristige Preisuntergrenze gewahrt werden soll.

e) Berechnen Sie die maximal möglichen Preisreduzierungen je Abteilungsauftrag, wenn die kurzfristige Preisuntergrenze gewahrt werden soll.

Deckungsbeitragsrechnung

Lkw-Transportleistung – make or buy? 7.6

Bei dem Entscheidungsproblem selbst erbrachte Transportleistung oder eingekaufte Transportleistung („Make-or-buy-Problem") ist eine Vielzahl von Gründen abzuwägen, um zur „richtigen" Entscheidung zu kommen. Neben nicht quantifizierbaren Entscheidungskriterien (qualitative Entscheidungskriterien), z. B. Zuverlässigkeit, spielen für die Entscheidungsfindung auch kostenrechnerische Überlegungen (quantitative Entscheidungskriterien) eine wesentliche Rolle; z. B. die Gewinnbeeinflussung.

Qualitative Entscheidungskriterien für den Fremdunternehmer:
- Konzentration auf „Kernaktivitäten". Ziel ist dabei die „schlanke Dienstleistung"[1].
- Regressmöglichkeiten bei Lieferfristüberschreitung und Schadenfällen
- Qualitätsicherung. Oft kann durch Fremdunternehmer eine bessere Qualität erreicht werden, da sich der Fremdunternehmer auf die Transportleistung spezialisiert hat.
- Hoher Verfügbarkeitsgrad der Transportleistung. Ausfälle von eigenen Lastkraftwagen und oder eigenem Personal führen zu Leistungsverzögerungen. Das Marktangebot der Fremdunternehmer kann geschickt genutzt werden.

Qualitative Entscheidungskriterien gegen den Fremdunternehmer:
- Unabhängigkeit von Fremdunternehmen. Der Spediteur ist nicht von der Transportdurchführung und der Preispolitik des Fremdunternehmens abhängig.
- Kapazitätsauslastung. Aus sozialen Gründen (Weiterbeschäftigung von Mitarbeitern) wird auf Fremdtransporte verzichtet.

Auch bei Speditionsdienstleistungen besteht die Tendenz zu geringer Dienstleistungstiefe; der Anteil der Fremdleistungen steigt ständig. Die Speditionen versprechen sich durch starke Einflussnahme auf die Fremdunternehmer (strenge Qualitätsvorgaben, Sanktionen bei Unzuverlässigkeit) eine feste Auftragsbindung an die Versender.

Quantitative Entscheidungskriterien (kostenrechnerische Entscheidung)
Legt man dem „Make-or-buy-Problem" ausschließlich quantitative Entscheidungskriterien zugrunde, wird im Industriebetrieb die Deckungsbeitragsrechnung als Entscheidungshilfe herangezogen.

---

[1] im Industriebetrieb als „lean production" bezeichnet

In Industriebetrieben mag die Deckungsbeiragsrechnung bei bestimmten Kostenstrukturen eine nützliche Entscheidungshilfe sein. Bei der Lkw-Transportleistung dominieren jedoch die Fixkosten. Von Praktikern werden die Fixkostenanteile bei der Fahrzeugkostenkalkulation mit weit über 80 % angegeben. Der Ansatz der Deckungsbeitragsrechnung in Industriebetrieben, bei gedeckten variablen Kosten die Produktion selbst durchzuführen, kann für Speditionen nicht direkt übernommen werden. Bei Transportleistungen sind üblicherweise nur ca. 15 % variable Kosten. Diese Leistungen selbst zu erbringen, wenn nur die (sehr geringen) variablen Kosten gedeckt sind, könnte eine gravierende Fehlentscheidung sein. Deshalb entscheiden Spediteure – im Gegensatz zu Industriebetrieben – häufig mit der Vollkostenrechnung.

Mithilfe der Vollkostenrechnung wird eine Transportleistung selbst erbracht, wenn alle Kosten gedeckt sind. So ist eine entsprechende Gewichts- und Kilometerauslastung gegeben. Kann die Spedition diese vollständige Kostendeckung nicht erreichen, so wird sie die diesbezügliche Transportkapazität abbauen und zukünftig Fremdunternehmer mit der Transportdurchführung beauftragen.

Das Entscheidungsproblem „make or buy" wird oftmals nicht mit ja oder nein, sondern mit sowohl als auch beantwortet. Relationen mit selbstkostendeckender Gewichts- und Kilometerauslastung werden mit eigenen Fahrzeugen und eigenem Personal durchgeführt; Relationen, die nicht vollständig kostendeckend sind, werden an Fremdunternehmer abgegeben. Dank anderer Kostenstrukturen und Transportorganisationen können diese Fremdunternehmer konkurrenzfähig sein.

7.7 Zusammenfassung der Deckungsbeitragsrechnung

FAZIT

Abteilung Lkw-Verkehr	Abteilung Luftfracht	Abteilung Seefracht
Erlöse Lkw-Verkehr	Erlöse Luftfracht	Erlöse Seefracht
− variable Kosten Lkw-Verkehr	− variable Kosten Luftfracht	− variable Kosten Seefracht
= Deckungsbeitrag Lkw-Verkehr	= Deckungsbeitrag Luftfracht	= Deckungsbeitrag Seefracht

    Gesamter Deckungsbeitrag aller Abteilungen
−   fixe Kosten des Speditionsbetriebs
=   Periodenergebnis

Langfristige Preisuntergrenze:

    Nettoverkaufspreis = variable + fixe Kosten
    Angestrebt ist die Deckung aller Kosten.

Kurzfristige Preisuntergrenze:

    Nettoverkaufspreis = variable Kosten
    Angestrebt ist die Deckung der beschäftigungsabhängigen Kosten.

Mehrstufige Deckungsbeitragsrechnung als Controlling-Instrument

7.8

Bei der **mehrstufigen Deckungsbeitragsrechnung** werden zunächst die variablen Kosten in variable Einzelkosten (Speditionskosten) und variable Gemeinkosten unterteilt. Danach wird der Fixkostenblock zerlegt in abteilungsfixe und unternehmensfixe Kosten. Die **abteilungsfixen Kosten** werden von der jeweiligen Abteilung verursacht. Die **unternehmensfixen Kosten** werden zwar von allen Abteilungen verursacht, sind jedoch nicht den einzelnen Abteilungen direkt zuordenbar. Folglich müssen die unternehmensfixen Kosten von allen Abteilungen getragen werden. Da die variablen Kosten gestuft – zunächst die variablen Einzelkosten (Speditionskosten) und dann die variablen Gemeinkosten – abgezogen werden und danach die fixen Kosten ebenfalls gestuft – zunächst die abteilungsfixen Kosten und dann die unternehmensfixen Kosten – abgezogen werden, sind mehrere Zwischenergebnisse möglich. Diese Zwischenergebnisse werden einerseits unter den Abteilungen und andererseits innerhalb einer Abteilung über einen längeren Zeitraum hinweg verglichen. Häufig wird das Erreichen bestimmter Zwischenergebnisse von der Unternehmensführung vorgegeben.

Mithilfe der mehrstufigen Deckungsbeitragsrechnung kann herausgefunden werden, ob eine Abteilung einen Deckungsbeitrag 1 zur Abdeckung der abteilungsfixen Kosten erwirtschaftet. Darüber hinaus sollte ein Deckungsbeitrag 2 zur Abdeckung der unternehmensfixen Kosten erwirtschaftet werden.

> Die mehrstufige Deckungsbeitragsrechnung ist ein Instrument zur Beurteilung,
> - ob eine Abteilung aus Rentabilitätsgründen geschlossen werden soll,
> - an welchem Punkt angesetzt werden soll, um die Abteilung rentabler zu gestalten.

MERKE

Die Stufung erfolgt nach dem Grad der direkten Zuordnung:

variable Einzelkosten (Speditionskosten) →	sehr gut direkt zuordenbar
variable Gemeinkosten →	gut direkt zuordenbar
abteilungsfixe Kosten →	bedingt direkt zuordenbar
unternehmensfixe Kosten →	nicht direkt zuordenbar

Abrechnungsschema der mehrstufigen Deckungsbeitragsrechnung:

	Markterlös	
–	variable Einzelkosten (Speditionskosten)	z. B.: gesamte Kontenklasse 7
=	Rohgewinn	
–	variable Gemeinkosten	z. B.: Personalkosten
=	Deckungsbeitrag 1	
–	abteilungsfixe Kosten	z. B.: anteilige Abschreibungen
=	Deckungsbeitrag 2	
–	unternehmensfixe Kosten	z. B.: Kosten der Unternehmensführung (Management)
=	Betriebsergebnis	

Nachdem vom Markterlös alle variablen Kosten und alle fixen Kosten abgezogen worden sind, verbleibt das Betriebsergebnis (Markterlös – Kosten).

Geschäftsprozesse erfolgsorientiert steuern

Der Deckungsbeitrag 2 muss positiv sein, damit die unternehmensfixen Kosten mit abgedeckt werden können. Ist der Deckungsbeitrag 2 negativ, kann das Betriebsergebnis verbessert werden, indem die Abteilung mit negativem Deckungsbeitrag 2 geschlossen wird. Die abteilungsfixen Kosten der zu schließenden Abteilung entfallen. Die unternehmensfixen Kosten bleiben von der Schließung unberührt, sie bestehen in gleicher Höhe weiter.

Betrachtet man mehr als ein Produkt bzw. Abteilung, weist die mehrstufige Deckungsbeitragsrechnung folgendes Schema auf:

```
  Markterlöse Lkw-Fracht            Markterlöse Luftfracht            Markterlöse Seefracht
– Lkw-Speditionskosten             – Luftfrachtspeditionskosten      – Seefrachtsped.-Kosten
= Rohgewinn Lkw-Fracht             = Rohgewinn Luftfracht            = Rohgewinn Seefracht
– variable Gemeinkosten            – variable Gemeinkosten           – variable Gemeinkosten
= Deckungsbeitrag 1                = Deckungsbeitrag 1               = Deckungsbeitrag 1
– Lkw-abteilungsfixe Kosten        – luftfrachtabt.-fixe Kost.       – seefrachtabt.-fixe Kost.
= Deckungsbeitrag 2 (Lkw)          = Deckungsbeitrag 2 (Luft)        = Deckungsbeitrag 2 (See)
```

    Gesamter Deckungsbeitrag 2 der Spedition
  – unternehmensfixe Kosten
  = Betriebsergebnis

Die unternehmensfixen Kosten werden in der Praxis unterschiedlich verteilt.

Erste Möglichkeit:
Da eine direkte Zuordnung der unternehmensfixen Kosten auf die einzelnen Abteilungen nicht ohne weiteres möglich ist, werden sie nicht auf die einzelnen Abteilungen verteilt. Die unternehmensfixen Kosten sind dann in einem Betrag von dem gesamten Deckungsbeitrag der Spedition abzuziehen.

Zweite Möglichkeit:
Die zweite Variante verteilt auch die unternehmensfixen Kosten auf die einzelnen Abteilungen. Mögliche Schlüssel hierzu können Anzahl der Mitarbeiter, Lohn- und Gehaltssumme oder Speditionserlöse der jeweiligen Abteilung darstellen.

Muster-AUFGABE

Die Spedition Herrhausen GmbH, Suhl, ermittelt in der Kosten- und Leistungsrechnung nachstehende Beträge:

Erlös-/Kostenarten	insgesamt	Lkw-Fracht	Luftfracht	Seefracht
Speditionserlöse	950.000,00 €	450.000,00 €	300.000,00 €	200.000,00 €
Variable Gemeinkosten	48.000,00 €	10.000,00 €	18.000,00 €	20.000,00 €
Unternehmensfixe Kosten	150.000,00 €			
Speditionskosten (variable Einzelkosten)	323.000,00 €	30.000,00 €	175.000,00 €	118.000,00 €
Abteilungsfixe Gemeinkosten	380.000,00 €	252.000,00 €	43.000,00 €	85.000,00 €

Deckungsbeitragsrechnung

B 233

a) Ermitteln Sie für jede Abteilung den Rohgewinn, den Deckungsbeitrag 1 und den Deckungsbeitrag 2.

b) Ermitteln Sie das Betriebsergebnis der Spedition Herrhausen GmbH.

c) Ermitteln Sie das Betriebsergebnis der Spedition Herrhausen GmbH, nachdem die Verlust bringende Abteilung aufgelöst wurde.

d) Angenommen, die Spedition Herrhausen GmbH möchte die Verlust bringende Abteilung nicht schließen, weil ihre Auftraggeber alle Speditionsleistungen von einem einzigen Spediteur angeboten haben möchten. Welche Möglichkeiten bestehen, das Betriebsergebnis über Veränderungen in der Verlust bringenden Abteilung zu verbessern?

LÖSUNG

a)/b)

Erlös-/Kostenarten	insgesamt	Lkw-Fracht	Luftfracht	Seefracht
Speditionserlöse	950.000,00 €	450.000,00 €	300.000,00 €	200.000,00 €
− Speditionskosten (variable Einzelkosten)	323.000,00 €	30.000,00 €	175.000,00 €	118.000,00 €
= Abteilungsrohgewinn	627.000,00 €	420.000,00 €	125.000,00 €	82.000,00 €
− variable Gemeinkosten	48.000,00 €	10.000,00 €	18.000,00 €	20.000,00 €
= Deckungsbeitrag 1	579.000,00 €	410.000,00 €	107.000,00 €	62.000,00 €
− abteilungsfixe Gemeinkosten	380.000,00 €	252.000,00 €	43.000,00 €	85.000,00 €
= Deckungsbeitrag 2	199.000,00 €	158.000,00 €	64.000,00 €	− 23.000,00 €
− unternehmensfixe Kosten	150.000,00 €			
= Betriebsergebnis	49.000,00 €			

$$
\begin{array}{r}
199.000,00 \ \text{€} \\
-\quad 150.000,00 \ \text{€} \\
\hline
=\quad\ \ 49.000,00 \ \text{€}
\end{array}
$$

c) 158.000,00 € + 64.000,00 € − 150.000,00 € = 72.000,00 €

d) Die Abteilung Seefracht hat einen positiven Deckungsbeitrag 1 in Höhe von 62.000,00 €. Die abteilungsfixen Kosten betragen jedoch 85.000,00 € und verursachen somit einen negativen Deckungsbeitrag 2 in Höhe von − 23.000,00 €. Mögliche Ansätze, um den negativen Deckungsbeitrag 2 zu verringern bzw. einen positiven Deckungsbeitrag 2 zu erreichen:

1. Reduzierung der abteilungsfixen Kosten in der Abteilung Seefracht
2. Preiserhöhungen für Seefrachtleistung
3. Reduzierung der variablen Einzelkosten Seefracht
4. Reduzierung der variablen Gemeinkosten Seefracht

Aufgaben zum Sachverhalt

1

Die Spedition Barkensen e. Kfm., Rendsburg, ermittelt in der Kosten- und Leistungsrechnung nachstehende Beträge:

Erlös-/Kostenarten	insgesamt	Lkw-Fracht	Luftfracht	Seefracht
Speditionserlöse	1.200.000,00 €	750.000,00 €	250.000,00 €	200.000,00 €
Variable Gemeinkosten	98.000,00 €	25.000,00 €	40.000,00 €	33.000,00 €
Unternehmensfixe Kosten	210.000,00 €			
Speditionskosten	315.000,00 €	40.000,00 €	155.000,00 €	120.000,00 €
Abteilungsfixe Gemeinkosten	450.000,00 €	355.000,00 €	70.000,00 €	25.000,00 €

a) Ermitteln Sie für jede Abteilung den Rohgewinn, den Deckungsbeitrag 1 und den Deckungsbeitrag 2.
b) Ermitteln Sie das Betriebsergebnis der Spedition Barkensen e. Kfm.
c) Ermitteln Sie das Betriebsergebnis der Spedition Barkensen e. Kfm., nachdem die verlustbringende Abteilung geschlossen wurde.

2

Die Spedition Huber & Trinkner GmbH, Schwerte, ermittelt in der Kosten- und Leistungsrechnung nachstehende Beträge:

Erlös-/Kostenarten	insgesamt	Nationale Verkehre	Internationale Verkehre
Variable Gemeinkosten	90.000,00 €	65.000,00 €	25.000,00 €
Unternehmensfixe Kosten	180.000,00 €		
Speditionskosten	320.000,00 €	100.000,00 €	220.000,00 €
Abteilungsfixe Gemeinkosten	785.000,00 €	590.000,00 €	195.000,00 €
Speditionserlöse	1.500.000,00 €	950.000,00 €	550.000,00 €
Anzahl der Mitarbeiter	15	12	3

a) Ermitteln Sie für jede Abteilung den Rohgewinn, den Deckungsbeitrag 1 und den Deckungsbeitrag 2.
b) Ermitteln Sie das Betriebsergebnis der Spedition Huber & Trinkner GmbH.
c) Ermitteln Sie das Betriebsergebnis je Abteilung, wenn die unternehmensfixen Kosten nach der Anzahl der Mitarbeiter verteilt werden.
d) Welche Gründe können einen Spediteur dazu veranlassen, eine verlustbringende Abteilung nicht zu schließen?

Deckungsbeitragsrechnung

B 235

Die Spedition Tillmann GmbH & Co. KG, Kiel, ermittelt in der Kosten- und Leistungsrechnung nachstehende Beträge:

Erlös-/ Kostenarten	insgesamt	Lkw-Fracht	Luftfracht	Seefracht
Speditionserlöse	1.300.000,00 €	850.000,00 €	250.000,00 €	200.000,00 €
Variable Gemeinkosten	198.000,00 €	120.000,00 €	35.000,00 €	43.000,00 €
Unternehmensfixe Kosten	122.000,00 €			
Speditionskosten	325.000,00 €	165.000,00 €	40.000,00 €	120.000,00 €
Abteilungsfixe Gemeinkosten	480.000,00 €	415.000,00 €	38.000,00 €	27.000,00 €

a) Ermitteln Sie für jede Abteilung den Rohgewinn, den Deckungsbeitrag 1 und den Deckungsbeitrag 2.
b) Ermitteln Sie das Betriebsergebnis der Spedition Tillmann GmbH & Co. KG.
c) Prüfen Sie, ob zur Verbesserung des Betriebsergebnisses eine Abteilung geschlossen werden sollte.

3

Zusammenfassung der mehrstufigen Deckungsbeitragsrechnung

Abteilung Lkw-Fracht	Abteilung Luftfracht	Abteilung Seefracht
Erlöse Lkw-Verkehr	Erlöse Luftfracht	Erlöse Seefracht
− Lkw-Speditionskosten (variable Einzelkosten)	− Luftfrachtspeditionskosten (variable Einzelkosten)	− Seefrachtsped.-Kosten (variable Einzelkosten)
= Rohgewinn Lkw-Fracht	= Rohgewinn Luftfracht	= Rohgewinn Seefracht
− variable Gemeinkosten Lkw	− variable Gemeinkosten Luft	− variable Gem.-Kost. See
= Deckungsbeitrag 1	= Deckungsbeitrag 1	= Deckungsbeitrag 1
− Lkw-abteilungsfixe Kosten	− luftfrachtabt.-fixe Kost.	− seefrachtabt.-fixe Kost.
= Deckungsbeitrag 2 (Lkw)	= Deckungsbeitrag 2 (Luft)	= Deckungsbeitrag 2 (See)

= Gesamter Deckungsbeitrag 2 aller Abteilungen
− unternehmensfixe Kosten
= Betriebsergebnis (Periodenergebnis)

Bei negativem Deckungsbeitrag 2 wird durch Auflösung der verlustbringenden Abteilung das Betriebsergebnis verbessert.

Anstatt die verlustbringende Abteilung aufzulösen, kann versucht werden die Kosten- und Erlösstruktur dieser Abteilung zu verbessern durch:
- Preiserhöhung für Abteilungsleistungen (falls am Markt durchsetzbar)
- Reduzierung der variablen Einzelkosten der Abteilung
- Reduzierung der variablen Gemeinkosten der Abteilung
- Reduzierung der abteilungsfixen Kosten

Mithilfe der mehrstufigen Deckungsbeitragsrechnung kann beurteilt werden, ob eine Speditionsabteilung aus Rentabilitätsgründen geschlossen werden soll bzw. an welchem Punkt angesetzt werden soll, um die Abteilung rentabler zu gestalten.

FAZIT

Geschäftsprozesse erfolgsorientiert steuern

Zusammenfassende Aufgaben

1

Unsere Abteilung Seespedition erhält eine Kundenanfrage, die folgendermaßen kalkuliert wird:

Zusätzliche Aufträge der Seespedition: 220 Sendungen
Seespeditionserlöse pro Sendung: .... 850,00 €
Variable Kosten pro Sendung: .... 440,00 €
Zusätzliche fixe Kosten der Seespedition: .... 12.000,00 €

Die bisherigen Aufträge könnten weiterhin ausgeführt werden. Sie verursachen die folgenden Kosten und Leistungen:

Bisherige Seespeditionserlöse: .... 895.000,00 €
Bisherige Kosten der Seespedition: .... 900.000,00 €

a) Ermitteln Sie den Deckungsbeitrag des neuen Auftrags pro Sendung.
b) Ermitteln Sie die mögliche Ergebnisverbesserung durch den neuen Auftrag.
c) Berechnen Sie das neue Abteilungsergebnis.

2

Die Spedition Schnaars GmbH bietet Lkw-Transportleistungen im Nahbereich, Fernbereich sowie internationale Transporte an. Die Rechnungswesenabteilung hat für den Monat April folgende Daten ermittelt:

Lkw-Bereich	Transporte	Speditionserlöse	Gesamte variable Kosten
Nahbereich	800	200.000,00 €	110.000,00 €
Fernbereich	140	120.400,00 €	55.860,00 €
Internat. Transporte	65	78.000,00 €	26.000,00 €

a) Ermitteln Sie für den Geschäftsbereich Internationale Transporte den Deckungsbeitrag je Transport und insgesamt im April.
b) Im März erwirtschaftete der Geschäftsbereich internationale Transporte einen Gesamtdeckungsbeitrag von 48.000,00 €. Wie viele Transporte wurden bei gleicher Erlös- und Kostensituation im März durchgeführt?
c) Der Lkw-Bereich Nahbereich soll aufgegeben werden. Dafür soll das Geschäftsfeld Fernbereich ausgebaut werden. Wie viele Transporte müssen hier langfristig durchgeführt werden, wenn sich die Gesamtdeckungsbeitragssumme gegenüber April nicht verschlechtern soll? Es ist von einer unveränderten Kosten- und Erlössituation auszugehen.

3

Für das letzte Quartal im laufenden Geschäftsjahr werden in der Kosten- und Leistungsrechnung folgende Daten ermittelt:

	Lkw-Verkehre	Seefracht	Luftfracht
Einzelkosten	360.500 €	195.000 €	122.500 €
Variable Gemeinkosten	395.000 €	120.900 €	186.000 €
Abteilungsfixe Kosten	450.000 €	122.000 €	178.000 €
Anzahl der Aufträge	1.800	500	950
Abteilungserlöse	1.180.000 €	598.000 €	724.000 €

Das Betriebsergebnis beträgt –22.000,00 €.

Deckungsbeitragsrechnung

a) Zeigen Sie mithilfe der mehrstufigen Deckungsbeitragsrechnung auf, wie es zu dem negativen Betriebsergebnis kam.
b) Weisen Sie rechnerisch nach, wie sich die Schließung der Lkw-Abteilung auf das Betriebsergebnis auswirken würde.
c) Führen Sie zwei Gründe an, warum die Lkw-Abteilung nicht geschlossen werden sollte.

Ein Speditionsbetrieb bietet in drei Abteilungen Lagerdienstleistungen an:

	Abteilung I Lose Kleingüter	Abteilung II Paletten	Abteilung III Großgüter
Lagerpreis/m²	5,00 €	1,90 €	1,25 €
Variable Kosten/m²	0,70 €	0,35 €	0,25 €
db pro m²			
belegte m²	320	600	500
DB je Lagerabteilung			

Es entstehen 2.500,00 € fixe Kosten.

a) Berechnen Sie den db pro m².
b) Berechnen Sie den DB je Lagerdienstleistung.
c) Berechnen Sie den Gesamtdeckungsbeitrag.
d) Berechnen Sie das Betriebsergebnis. Erstellen Sie dazu eine Tabelle nach obenstehender Vorlage.

8 Break-even-Analyse (kritische Kostenpunkte) als Controlling-Instrument

Zwischen der Erbringung von Speditionsleistungen und der Höhe der Kosten bestehen Beziehungen. Es gibt Kosten, die unabhängig von der Höhe der Ausbringungsmenge (Frachttonne, Umschlagtonne) anfallen. Das sind die *fixen Kosten*. Andere Kosten verändern sich, wenn sich die Ausbringungsmenge verändert. Diese Kosten werden als *variable Kosten* bezeichnet.

Für die **Break-even-Analyse** werden Gesamtkosten und Erlöse bei unterschiedlichen Ausbringungsmengen (Frachttonnen, Umschlagtonnen) betrachtet. So kann beispielsweise anhand einer Grafik festgestellt werden, ab welcher Ausbringungsmenge (Frachttonnen, Umschlagsleistung) mit Gewinn gearbeitet wird. Weiterhin kann die gewinnmaximale Ausbringungsmenge (Frachttonnen, Umschlagsleistung) ermittelt werden. Der Kurvenverlauf ermöglicht die Bestimmung des Break-even-Point (Gewinnschwelle), der Verlustzone, der Gewinnzone und des Gewinnmaximums.

Erklärung der verwendeten Abkürzungen:

E = Gesamterlös
e = Stückerlös (Tonnenerlös)
K = Gesamtkosten
K_f = Fixkosten insgesamt
K_v = variable Gesamtkosten
k = Stückkosten (Tonnenkosten)
k_v = variable Stückkosten

Beispiel: Eine Spedition erzielt bei einer Frachttonne durchschnittlich 400,00 € Netto-Speditionserlöse. Je Abrechnungsperiode werden durchschnittlich 500 Frachttonnen umgeschlagen. Die variablen Kosten betragen im Abrechnungszeitraum 75.000,00 €. Die fixen Kosten belaufen sich in der Abrechnungsperiode auf 100.000,00 €. Aus technischen und personellen Gründen können pro Abrechnungsperiode maximal 600 Frachttonnen umgeschlagen werden.

Variable Kosten je Frachttonne. Bei einem Umschlag von 500 Frachttonnen entstehen 75.000,00 € variable Kosten. Auf eine Tonne umgerechnet sind das

$$\frac{75.000,00 \text{ €}}{500 \text{ Frachttonnen}} = 150,00 \text{ € variable Kosten je Frachttonne } (k_v).$$

Die **Gesamtkosten** für die im Abrechnungszeitraum umgeschlagenen 500 Frachttonnen belaufen sich dann auf:

variable Kosten (K_v); 500 · 150,00 €	= 75.000,00 €
+ fixe Kosten (K_f)	= 100.000,00 €
= Gesamtkosten (K)	= 175.000,00 €

Kostenfunktion. Die Gesamtkosten können mithilfe der Kostenfunktion $K(x) = K_v + K_f$ ermittelt werden, wobei an die Stelle von x mögliche Frachttonnenumschläge gesetzt werden. Für obiges Beispiel ergibt sich folgende Kostenfunktion:

Gesamtkosten	= variable Kosten + fixe Kosten
$K(x)$	= $K_v + K_f$
$K(x)$	= $k_v \cdot x + K_f$
$K(x)$	= 150,00 € · x + 100.000,00 €

Break-even-Analyse

Hieraus lassen sich die Kosten für den Umschlag von 500 Frachttonnen berechnen:

K(500) = 150,00 € · 500 + 100.000,00 € = 175.000,00 €

Um die Aussagefähigkeit der Rechnung zu erhöhen, sollen die Kostenfunktion K(x) und die Erlösfunktion E(x) grafisch dargestellt werden.

Die **Erlösfunktion** lautet:

Gesamterlös = Tonnenerlös · Menge (Stückzahl)
E(x)   = e · x
E(x)   = 400,00 € · x
E(500)   = 400,00 € · 500 = 200.000,00 €
Die **Kostenfunktion** lautet: **K(x) = 150,00 € · x + 100.000,00 €**.

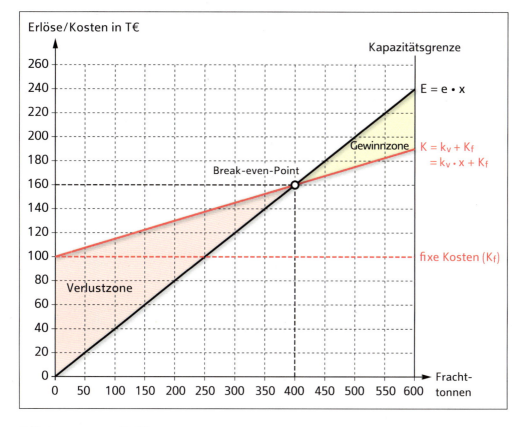

Erläuterungen zur Grafik:
Verlauf der Kostenfunktion. Für den Fall, dass kein Absatz erzielt wird, fallen dennoch die fixen Kosten von 100.000,00 € an. Die Kostenfunktion beginnt also an der Stelle x = 0 mit dem Wert 100.000,00 €. Für jede umgeschlagene Frachttonne beträgt der Kostenzuwachs 150,00 € variable Kosten. Die Kostenfunktion verläuft also linear bis zur Kapazitätsgrenze 600 Frachttonnen. Die fixen Kosten werden als Parallele[1] zur x-Achse eingezeichnet, da sie sich bei unterschiedlichem Frachtumschlag nicht verändern.

---

[1] Die Fixkosten können bei einer bestimmten Auslastung sprunghaft ansteigen. Sie verlaufen dann ebenfalls als Parallele zur x-Achse – allerdings mit einem höheren Wert als bisher (sprungfixe Kosten).

Verlauf der Erlösfunktion. Die Erlösfunktion beginnt bei einer Umschlagsmenge $x = 0$ mit $E = 0$. Jede umgeschlagene Tonne bringt einen Erlöszuwachs von 400,00 €. Die Erlösfunktion verläuft also linear vom Ursprung bis zur Kapazitätsgrenze 600 Frachttonnen.

Break-even-Point (Gewinnschwelle). Der Schnittpunkt von Erlös- und Kostenfunktion markiert diejenige Umschlagsmenge (400 Tonnen), bei der Kosten und Erlöse genau gleich hoch sind. Bei einer geringeren Umschlagsmenge als an der Gewinnschwelle wird mit Verlust gearbeitet, da dort die Kosten größer als die Erlöse sind. Am Break-even-Point wird weder Gewinn noch Verlust erzielt. Bei einer größeren Umschlagsmenge als an der Gewinnschwelle wird mit Gewinn gearbeitet, da jetzt die Erlöse größer als die Kosten sind. Am Schnittpunkt (Übergang von der Verlustzone in die Gewinnzone) sind die Kosten gleich den Erlösen. Der Schnittpunkt stellt die Schwelle zum Gewinn (Gewinnschwelle) dar.

Berechnung des Break-even-Points. Bei der Berechnung des Break-even-Points werden die Gesamtkosten und die Gesamterlöse gleichgesetzt. Vor diesem Schnittpunkt sind die Kosten größer als die Erlöse, nach dem Schnittpunkt sind die Kosten geringer als die Erlöse. Am Schnittpunkt (Übergang von der Verlustzone in die Gewinnzone) sind die Kosten gleich den Erlösen.

$$
\begin{aligned}
\text{Gesamterlöse} &= \text{Gesamtkosten} \\
E(x) &= K(x) \\
E(x) &= K_v + K_f \\
e \cdot x &= k_v \cdot x + K_f \\
400{,}00 \, € \cdot x &= 150{,}00 \, € \cdot x + 100.000{,}00 \, € \\
250{,}00 \, € \cdot x &= 100.000{,}00 \, € \\
x &= 400 \text{ Stück}
\end{aligned}
$$

Bei der Ausbringungsmenge (Frachtumschlag) von 400 Einheiten (Tonnen) sind Kosten und Erlöse genau gleich. Über 400 Tonnen befindet sich der Betrieb in der Gewinnzone, unter 400 Tonnen in der Verlustzone.

Verlustzone. Liegt links vom Schnittpunkt der Erlösfunktion mit der Kostenfunktion (Break-even-Point). In diesem Bereich sind die Kosten höher als die Erlöse, da sich die Fixkosten auf eine relativ geringe Anzahl von Frachttonnen verteilen und die Fixkosten je Frachttonne zusammen mit den variablen Kosten je Frachttonne größer sind als die Erlöse je Frachttonne. Es handelt sich also um die Verlustzone.

Gewinnzone. Liegt rechts vom Schnittpunkt der Erlösfunktion mit der Kostenfunktion (Break-even-Point). In diesem Bereich sind die Erlöse höher als die Kosten, da sich die Fixkosten auf eine relativ große Anzahl von Frachttonnen verteilen und die Fixkosten je Frachttonne zusammen mit den variablen Kosten je Frachttonne kleiner sind als die Erlöse je Frachttonne. Es handelt sich also um die Gewinnzone.

Kapazitätsgrenze. Mit zunehmender Umschlagsmenge verbessert sich das Betriebsergebnis. Das wird aus dem sich vergrößernden Abstand zwischen Erlös- und Kostenfunktion deutlich. An der Kapazitätsgrenze ist der Abstand zwischen Erlös- und Kostenfunktion– und damit der Betriebsgewinn – am größten. Die aus technischen und personellen Gründen vorgegebene Kapazitätsgrenze liegt hier bei 600 Frachttonnen je Abrechnungsperiode.

Gewinnmaximum. An der Kapazitätsgrenze ist der Abstand zwischen Erlös- und Kostenfunktion am größten. Dieser Abstand (Erlöse – Kosten) drückt den Betriebsgewinn aus, der folglich an der Kapazitätsgrenze maximal ist, da der gleichbleibende Fixkostenblock auf immer mehr Frachttonnen verteilt wird, und damit die Fixkosten je Frachttonnen sinken (Fixkostendegression).

Break-even-Analyse

Berechnung des maximal möglichen Gewinns (bei voller Kapazitätsauslastung):

Erlöse an der Kapazitätsgrenze 600 Tonnen (600 · 400,00 €)	E	=	240.000,00 €
− Kosten an der Kapazitätsgrenze 600 Tonnen;			
fixe Kosten	K_f	=	100.000,00 €
variable Kosten für 600 Frachttonnen	K_v	=	90.000,00 €
= maximal möglicher Gewinn	G_{max}	=	50.000,00 €

Berechnung des Gewinns bei 500 Frachttonnen:

Erlöse für 500 Frachttonnen (500 · 400,00 €)	E	=	200.000,00 €
− Kosten für 500 Frachttonnen			
fixe Kosten	K_f	=	100.000,00 €
variable Kosten für 500 Frachttonnen	K_v	=	75.000,00 €
= Gewinn bei 500 Frachttonnen	$G_{(500)}$	=	25.000,00 €

FAZIT

Break-even-Point (Gewinnschwelle)	Schnittpunkt der Speditionserlöse mit den Gesamtkosten
Verlustzone	liegt im Bereich Erlöse < Gesamtkosten
Gewinnzone	liegt im Bereich Erlöse > Gesamtkosten
Gewinnmaximum	liegt an der Kapazitätsgrenze (bei linearem Verlauf der Erlös- und Kostenfunktionen)
Berechnung des Break-even-Points	Kosten = Erlöse $K(x) = E(x)$ $K_v + K_f = E(x)$ $k_v \cdot x + K_f = e \cdot x$

Geschäftsprozesse erfolgsorientiert steuern

Aufgaben

1

Eine Spedition erzielt bei einer Frachttonne durchschnittlich 250,00 € Netto-Speditionserlöse. Je Abrechnungsperiode werden durchschnittlich 800 Frachttonnen umgeschlagen. Die variablen Kosten betragen im Abrechnungszeitraum 60.000,00 €.
Die fixen Kosten belaufen sich auf 122.500,00 € in der Abrechnungsperiode. Aus technischen und personellen Gründen können pro Abrechnungsperiode maximal 1 000 Frachttonnen umgeschlagen werden.

Ermitteln Sie
a) die variablen Kosten je Frachttonne,
b) die Gesamtkosten bei 800 Frachttonnen,
c) die Kostenfunktion,
d) die Erlösfunktion,
e) den Break-even-Point,
f) das Betriebsergebnis (Gewinn bzw. Verlust) bei 800 Frachttonnen.

Zeichnen Sie
g) Kostenfunktion, Erlösfunktion, fixe Kosten und die Kapazitätsgrenze in ein Schaubild ein,
h) den Break-even-Point, die Verlustzone und die Gewinnzone in das Schaubild ein.
Maßstab: x-Achse; 100 t ≙ 1 cm
y-Achse; 25.000,00 € ≙ 1 cm

2

Wie verändert sich der Break-even-Point bei Aufgabe 1, wenn die fixen Kosten um 10 %, die variablen Kosten um 5 % und die Erlöse um 3 % steigen?

3

Ein Spediteur ermittelt für die Lagerhaltung in einem Logistikzentrum nachstehende Daten für die letzte Abrechnungsperiode:

Durchschnittliches Lagergewicht	1 200 t
Maximales Lagergewicht	1 400 t
Durchschnittlicher Lagererlös je t	100,00 €
Fixe Kosten	88.000,00 €
Variable Kosten bei 1 200 t	24.000,00 €

Ermitteln Sie
a) die variablen Kosten je Lagertonne,
b) die Gesamtkosten bei 1 200 Lagertonnen,
c) die Kostenfunktion,
d) die Erlösfunktion,
e) den Break-even-Point,
f) das Betriebsergebnis (Gewinn bzw. Verlust) bei 1 200 Lagertonnen.

Zeichnen Sie
g) Kostenfunktion, Erlösfunktion, fixe Kosten und die Kapazitätsgrenze in ein Schaubild ein,
h) den Break-even-Point, die Verlustzone und die Gewinnzone in das Schaubild ein.
Maßstab: x-Achse; 200 t ≙ 1 cm
y-Achse; 20.000,00 € ≙ 1 cm

4

Wie verändert sich der Break-even-Point bei Aufgabe 3, wenn die fixen Kosten auf 98.000,00 € steigen?

Break-even-Analyse

5

Eine Spedition erzielt bei einer Frachttonne durchschnittlich 320,00 € Netto-Speditionserlöse. Je Abrechnungsperiode werden durchschnittlich 900 Frachttonnen umgeschlagen. Die variablen Kosten betragen im Abrechnungszeitraum 63.000,00 €. Die fixen Kosten belaufen sich auf 130.000,00 € in der Abrechnungsperiode. Aus technischen und personellen Gründen können pro Abrechnungsperiode maximal 1 200 Frachttonnen umgeschlagen werden.

Ermitteln Sie
  - a) die variablen Kosten je Frachttonne,
  - b) die Gesamtkosten bei 900 Frachttonnen,
  - c) die Kostenfunktion,
  - d) die Erlösfunktion,
  - e) den Break-even-Point,
  - f) das Betriebsergebnis (Gewinn bzw. Verlust) bei 900 Frachttonnen,
  - g) das Betriebsergebnis (Gewinn bzw. Verlust) bei 1 050 Frachttonnen.

6

Ein Spediteur ermittelt für die Lagerhaltung in einem Logistikzentrum nachstehende Daten:

Durchschnittliches Lagergewicht:	1 400 t
Maximales Lagergewicht:	1 800 t
Durchschnittlicher Lagererlös je t:	150,00 €
Fixe Kosten:	90.000,00 €
Variable Kosten bei 1 400 t:	35.000,00 €

Ermitteln Sie
  - a) die variablen Kosten je Lagertonne,
  - b) die Gesamtkosten bei 1 400 Lagertonnen,
  - c) die Kostenfunktion,
  - d) die Erlösfunktion,
  - e) den Break-even-Point,
  - f) das Betriebsergebnis (Gewinn bzw. Verlust) bei 1 200 Lagertonnen,
  - g) das Betriebsergebnis (Gewinn bzw. Verlust) bei 1 750 Lagertonnen,
  - h) das Betriebsergebnis (Gewinn bzw. Verlust) bei 600 Lagertonnen.

---

[1] Lösungshinweis: Bis ca. 900,00 € monatliche Einnahmen wird keine Lohnsteuer berechnet.

Geschäftsprozesse erfolgsorientiert steuern

9 Analyse des Jahresabschlusses als Controlling-Instrument

Auf Grundlage des Jahresabschlusses werden auch in der Spedition Kennzahlen aus der Bilanz und der Gewinn- und Verlustrechnung entwickelt, die die Unternehmensführung und -planung unterstützen. Die ermittelten Kennzahlen müssen anschließend analysiert werden, um so betriebswirtschaftliche Vorgänge und Tatbestände ausdrücken und steuern zu können.

9.1 Auswertung der Bilanz

Nachstehende Bilanzen der EUSPED GmbH, Köln, sollen analysiert werden.

AKTIVA	Berichts-jahr	Vorjahr		Berichts-jahr	Vorjahr
Anlagevermögen			**Eigenkapital**	1.418	1.292
1. Sachanlagen	2.000	1.700	**Fremdkapital**		
2. Finanzanlagen	300	450	1. langfristiges	1.154	1.071
Umlaufvermögen			2. kurzfristiges	448	435
1. Vorräte	84	90			
2. Forderungen	542	472			
3. liquide Mittel	94	86			
	3.020	2.798		3.020	2.798

BILANZ DER EUSPED GMBH IN T€ Á — PASSIVA

Die Bilanzanalyse wird unterteilt in:
- Kennzahlen der Vermögensstruktur
- Kennzahlen der Kapitalstruktur
- Kennzahlen der Kapital- und Vermögensstruktur

9.1.1 Kennzahlen der Vermögensstruktur

Das Vermögen steht auf der **Aktivseite der Bilanz**. Die Vermögensstruktur eines Unternehmens ist abhängig von der Branche, in der es tätig ist. So ist die Speditionsbranche mit einem Anteil von 70–80 % Anlagevermögen sehr anlageintensiv, während bei Handelsunternehmen das Umlaufvermögen überwiegt.

Anlageintensität. Bei anlageintensiven Betrieben ist in den Anlagen langfristig Kapital gebunden und verursacht so erhebliche fixe Kosten in Form von Abschreibungen, Zinsen des investierten Kapitals, Instandhaltungskosten, Steuern und Versicherungen. Diese hohen Fixkosten zwingen das Unternehmen einen hohen Auslastungsgrad anzustreben, um erfolgreich arbeiten zu können. In Konjunkturkrisen bzw. bei Absatzrückgang führt eine hohe Fixkostenbelastung zu höheren Stückkosten, die jedoch am Markt meist nicht durchzusetzen sind.

Analyse des Jahresabschlusses

Umlaufintensität. Sie sagt aus, wie viel Prozent des Vermögens als Umlaufvermögen gehalten werden.

Forderungsintensität. Die Forderungsintensität zeigt, welchen prozentualen Anteil die Forderungen am Vermögen haben. Eine hohe Forderungsintensität weist auf „schleppende Forderungseingänge" hin.

$$\text{Anlageintensität} = \frac{\text{Anlagevermögen} \cdot 100}{\text{Gesamtvermögen}}$$

$$\text{Umlaufintensität} = \frac{\text{Umlaufvermögen} \cdot 100}{\text{Gesamtvermögen}}$$

$$\text{Forderungsintensität} = \frac{\text{Forderungen} \cdot 100}{\text{Gesamtvermögen}}$$

MERKE

Berechnung der Kennzahlen der Vermögensstruktur am Beispiel der EUSPED GmbH:

		Berichtsjahr	Vorjahr
Anlageintensität	$\frac{AV \cdot 100}{\text{Vermögen}}$	$\frac{2.300 \cdot 100}{3.020} = 76{,}2\,\%$	$\frac{2.150 \cdot 100}{2.798} = 76{,}8\,\%$
Umlaufintensität	$\frac{UV \cdot 100}{\text{Vermögen}}$	$\frac{720 \cdot 100}{3.020} = 23{,}8\,\%$	$\frac{648 \cdot 100}{2.798} = 23{,}2\,\%$
Forderungs-intensität	$\frac{\text{Ford.} \cdot 100}{\text{Vermögen}}$	$\frac{542 \cdot 100}{3.020} = 18{,}0\,\%$	$\frac{472 \cdot 100}{2.798} = 16{,}9\,\%$

Auswertung: Die Anlageintensität der EUSPED GmbH liegt im Durchschnitt der Speditionsbranche. Die Anlageintensität ist gegenüber dem Vorjahr zwar zurückgegangen, aber dies ist nur auf den Rückgang der Finanzanlagen zurückzuführen. Die hohe Anlageintensität verursacht hohe Fixkosten. Deshalb sollte die EUSPED GmbH auf einen hohen Auslastungsgrad achten.

Die Forderungsintensität ist gegenüber dem Vorjahr leicht gestiegen, was auf „schleppenderen Forderungseingang" zurückgeführt werden kann.

Kennzahlen der Kapitalstruktur (vertikale Kennzahlen)   9.1.2

Die **Passivseite der Bilanz** gibt über die **Finanzierung** (Kapitalherkunft, Kapitalstruktur) Auskunft. Die Finanzierungskennzahlen zeigen auf, inwieweit das Unternehmen mit eigenen oder fremden Mitteln arbeitet.

Das Eigenkapital erfüllt eine Haftungsfunktion gegenüber den Gläubigern und eine Finanzierungsfunktion.

Geschäftsprozesse erfolgsorientiert steuern

MERKE

Eigenkapitalquote (Grad der finanziellen Unabhängigkeit)	=	$\dfrac{\text{Eigenkapital} \cdot 100}{\text{Gesamtkapital (EK + FK)}}$
Fremdkapitalquote (Grad der Verschuldung)	=	$\dfrac{\text{Fremdkapital} \cdot 100}{\text{Gesamtkapital (EK + FK)}}$

Berechnung der Kennzahlen der Kapitalstruktur am Beispiel der EUSPED GmbH:

		Berichtsjahr	Vorjahr
Eigenkapitalquote (Grad der finanziellen Unabhängigkeit)	$\dfrac{\text{EK} \cdot 100}{\text{Gesamtkapital}}$	$\dfrac{1.418 \cdot 100}{3.020} = 46{,}95\,\%$	$\dfrac{1.292 \cdot 100}{2.798} = 46{,}18\,\%$
Fremdkapitalquote (Grad der Verschuldung)	$\dfrac{\text{FK} \cdot 100}{\text{Gesamkapital}}$	$\dfrac{1.602 \cdot 100}{3.020} = 53{,}05\,\%$	$\dfrac{1.506 \cdot 10}{2.798} = 53{,}82\,\%$

Auswertung: Mit ca. 47 % ist der Grad der finanziellen Unabhängigkeit der EUSPED GmbH weit über dem Durchschnitt der Speditionsbranche, der bei ca. 6 % liegt. Damit ist eine überdurchschnittliche Krisenfestigkeit und Kreditwürdigkeit des Unternehmens gegeben.

Der Rückgang des Verschuldungsgrades von 53,82 % auf 53,05 % zeigt, dass weniger Vermögen als bisher mit Fremdkapital finanziert wird.

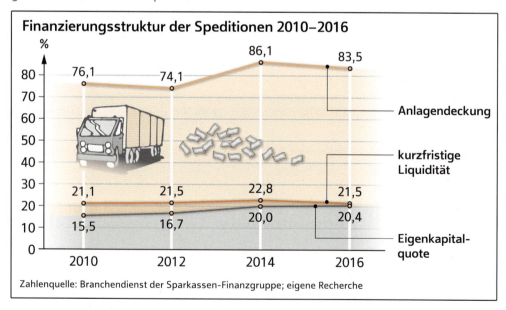

Zahlenquelle: Branchendienst der Sparkassen-Finanzgruppe; eigene Recherche

Analyse des Jahresabschlusses

Kennzahlen der Kapital- und Vermögensstruktur   9.1.3

Bisher wurden Zahlenwerte der Aktivseite (Vermögensseite) einerseits und der Passivseite (Kapital) andererseits in ein Verhältnis zueinander gesetzt. Weiterhin kann man nun Zahlenwerte der Aktivseite mit bestimmten Posten der Passivseite in Beziehung setzen. Solche Kennzahlen werden als **horizontale Kennzahlen** bezeichnet.

Anlagendeckung

Um die finanzielle Stabilität der Finanzierung des Anlagevermögens zu sichern, sollte ein möglichst hoher Anteil des Anlagevermögens mit Eigenkapital finanziert werden. Den prozentualen Anteil des mit Eigenkapital finanzierten Anlagevermögens gibt die Kennzahl **Anlagendeckung I** an.

Den prozentualen Anteil des langfristigen Kapitals im Verhältnis zum Anlagevermögen gibt die Kennzahl **Anlagendeckung II** an. Auf jeden Fall sollte das Anlagevermögen langfristig finanziert werden – entweder mit Eigenkapital oder langfristigem Fremdkapital. Damit wird sichergestellt, dass das Anlagevermögen in einer Krisensituation nicht verkauft werden muss. Als „Goldene Bilanzregel" wird eine Anlagendeckung II gefordert, die größer als 100 % ist.

$$\text{Anlagendeckung I} = \frac{\text{Eigenkapital} \cdot 100}{\text{Anlagevermögen}}$$

$$\text{Anlagendeckung II (Goldene Bilanzregel)} = \frac{(\text{EK + langfr. FK}) \cdot 100}{\text{Anlagevermögen}}$$

MERKE

Berechnung der Kennzahlen der Kapital- und Vermögensstruktur am Beispiel der EUSPED GmbH:

		Berichtsjahr	Vorjahr
Anlagendeckung I	$\frac{\text{EK} \cdot 100}{\text{Anlageverm.}}$	$\frac{1.418 \cdot 100}{2.300} = 61{,}65\,\%$	$\frac{1.292 \cdot 100}{2.150} = 60{,}09\,\%$
Anlagendeckung II (Goldene Bilanzregel)	$\frac{(\text{EK + langfr. FK}) \cdot 100}{\text{Anlageverm.}}$	$\frac{2.572 \cdot 100}{2.300} = 111{,}83\,\%$	$\frac{2.363 \cdot 100}{2.150} = 109{,}91\,\%$

Auswertung: In der anlageintensiven Speditionsbranche ist die **Anlagendeckung I** mit über 60 % zufriedenstellend, zumal der Anteil des mit Eigenkapital finanzierten Anlagevermögens gegenüber dem Vorjahr gesteigert werden konnte.

Die Forderung der **Anlagendeckung II** (Goldene Bilanzregel) nach einer Mindestdeckung von 100 % ist in beiden Berichtsjahren erfüllt. Der Speditionsbetrieb zeigt mit einem Wert von ca. 110 % eine gute Krisenfestigkeit, die durch den Anstieg dieser Kennzahl gegenüber dem Vorjahr unterstrichen wird.

Liquidität

Unter **Liquidität**[1] versteht man die Zahlungsfähigkeit eines Unternehmens. Die Erhaltung der Zahlungsfähigkeit ist für jedes Unternehmen existenznotwendig. Dauerhafte Zahlungsunfähigkeit führt zur Insolvenz des Unternehmens. Zahlungsein- und -ausgänge müssen exakt geplant werden, damit Zahlungsunfähigkeit vermieden wird.

- Die **Liquidität I. Grades** zeigt die **Barliquidität** des Unternehmens an. Sie gibt an, wie viel Prozent der kurzfristigen Verbindlichkeiten mit den Barmitteln (Bank, Kasse) bezahlt werden können. In der Regel reichen 20 % Barliquidität aus, um die Zahlungsfähigkeit zu erhalten.
- Die **Liquidität II. Grades** zeigt die **einzugsbedingte Liquidität** des Unternehmens an. Sie gibt an, wie viel Prozent der kurzfristigen Verbindlichkeiten mit Barmitteln und eingegangenen Forderungen beglichen werden können. Für eine ausreichende Zahlungsbereitschaft sollten bei der einzugsbedingten Liquidität mindestens 100 % erreicht werden.
- Die **Liquidität III. Grades** zeigt die **umsatzbedingte Liquidität** des Unternehmens an. Sie gibt an, wie viel Prozent der kurzfristigen Verbindlichkeiten mit dem Umlaufvermögen (Barmittel, Forderung, Vorräte) beglichen werden können. Die umsatzbedingte Liquidität hat für die Speditionsbranche im Gegensatz zu Handel und Industrie keine Bedeutung, da der Spediteur keine „produzierten Vorräte" hält.

MERKE

$$\text{Liquidität I. Grades (Barliquidität)} = \frac{\text{Flüssige Mittel} \cdot 100}{\text{Kurzfristige Verbindlichkeiten}}$$

$$\text{Liquidität II. Grades (Einzugsbedingte Liquidität)} = \frac{(\text{Flüssige Mittel} + \text{Forderungen}) \cdot 100}{\text{Kurzfristige Verbindlichkeiten}}$$

Berechnung der Kennzahlen der Kapital- und Vermögensstruktur am Beispiel der EUSPED GmbH:

		Berichtsjahr	Vorjahr
Liquidität I. Grades (Barliquidität)	$\dfrac{\text{Fl. Mittel} \cdot 100}{\text{Kurzfr. Verb.}}$	$\dfrac{94 \cdot 100}{448} = 20{,}98\ \%$	$\dfrac{86 \cdot 100}{435} = 19{,}77\ \%$
Liquidität II. Grades (Einzugsbedingte Liquidität)	$\dfrac{(\text{Fl. M.} + \text{Ford.}) \cdot 100}{\text{Kurzfr. Verb.}}$	$\dfrac{636 \cdot 100}{448} = 141{,}96\ \%$	$\dfrac{558 \cdot 100}{435} = 128{,}28\ \%$

Auswertung: Die Liquidität I. Grades hat sich gegenüber dem Vorjahr geringfügig verbessert. Die Liquidität II. Grades hat sich wesentlich verbessert, wobei jedoch bereits das Vorjahr zufriedenstellende Werte ausweist. Generell sollte bei der Liquidität II. Grades beachtet werden, dass die durchschnittliche Forderung erst nach ca. 55 Tagen eingeht. Deshalb sollte in Speditionsbetrieben die Liquidität II. Grades größer als 100 % sein.

---

[1] Liquidität (lat. „Flüssigsein"), die Zahlungsbereitschaft einer Wirtschaftseinheit

Analyse des Jahresabschlusses

Zusammenfassende Übersicht:
Kennzahlen der Bilanzauswertung

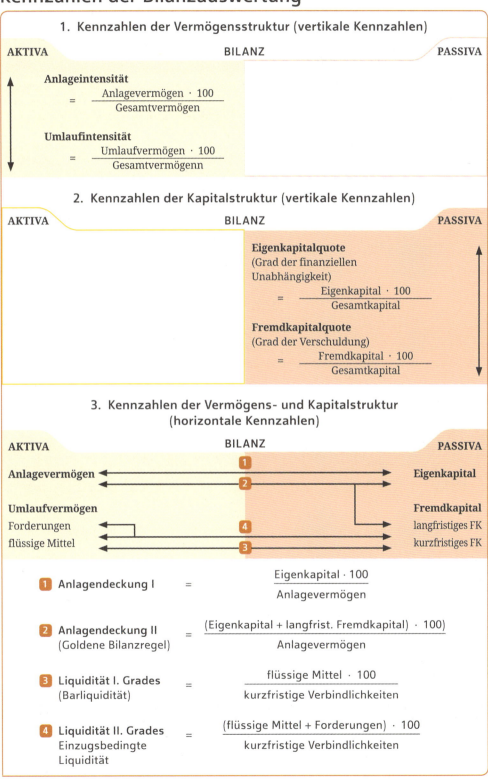

Geschäftsprozesse erfolgsorientiert steuern

Aufgaben

1

Als Assistent der Geschäftsleitung der Spedition Rehn sollen Sie folgende Bilanzkennzahlen ermitteln und analysieren:
- Anlageintensität, Umlaufintensität
- Eigenkapitalquote, Fremdkapitalquote
- Anlagendeckung I und II
- Liquidität I. Grades und II. Grades

Hinweis: Die gesamten Rückstellungen sind langfristig.

BILANZ SPEDITION F. REHN GMBH IN T€

AKTIVA			PASSIVA		
I.	Anlagevermögen		I.	Eigenkapital	
	1. Bebaute Grundstücke	950		1. Stammkapital	1.000
	2. Fuhrpark	1.935		2. Rücklagen	150
	3. BGA	847	II.	Fremdkapital	
II.	Umlaufvermögen			1. Rückstellungen	356
	1. Vorräte	69		2. Darlehensschulden	2.500
	2. Forderungen	633		3. kurzfr. Verbindl.	594
	3. Flüssige Mittel	166			
		4.600			**4.600**

2

Die Allsped GmbH, Dessau, steht zum Verkauf. Zur Beurteilung des Unternehmens steht Ihnen die letzte Bilanz zur Verfügung.

Analysieren Sie die Bilanz der Allsped GmbH bezüglich:
- Anlageintensität, Umlaufintensität
- Eigenkapitalquote, Fremdkapitalquote
- Anlagendeckung I
- Anlagendeckung II
- Liquidität I. Grades
- Liquidität II. Grades

Hinweis: Die Rückstellungen sind zu 50 % langfristig. Der Bilanzgewinn verbleibt im Unternehmen und wird den Rücklagen zugeführt. Die Darlehensschulden sind langfristig

BILANZ ZUM 31. DEZ. .. IN €

AKTIVA			PASSIVA		
I.	Eigenkapital		I.	Eigenkapital	
1.	Grundstücke, Gebäude	360.000,00	1.	Stammkapital	650.000,00
2.	Techn. Anl.	370.000,00	2.	Rücklagen	96.000,00
3.	Fuhrpark	430.000,00	3.	Bilanzgewinn	63.000,00
4.	Betriebs- und Geschäftsausst.	90.000,00	II.	Fremdkapital	
II.	Umlaufvermögen		1.	Rückstellungen	30.000,00
1.	Vorräte	42.000,00	2.	Verbindlichkeiten	
2.	Forderungen	240.000,00		a) Darlehensschulden	562.200,00
3.	Kasse, Bank	78.600,00		b) Verbindlichk. a. LL.	189.000,00
				c) Sonst kurzf. Verbindl.	20.400,00
		1.610.600,00			**1.610.600,00**

Analyse des Jahresabschlusses

Auswertung der Gewinn- und Verlustrechnung 9.2

Als Ergänzung zur Bilanzanalyse werden mithilfe der Gewinn- und Verlustrechnung Kennzahlen zur Rentabilität des Kapitaleinsatzes, zur Produktivität des Faktoreinsatzes und zur Ermittlung des Cashflows entwickelt und bewertet.

Nachstehende Gewinn- und Verlustrechnung der EUSPED GmbH in Staffelform soll ausgewertet werden:

	GuV-Position	Berichtsjahr in €	Vorjahr in €
	1. Speditionserlöse	6.340.000,00	6.056.000,00
+	2. Sonstige betriebliche Erträge	20.000,00	12.000,00

−	3. Speditionsaufwendungen
	   a) Aufwand für bezogene Leistungen
	   b) Aufwand für bezogene Treibstoffe
		2.071.000,00
		744.000,00
			2.102.000,00
			703.000,00

=	4. Rohergebnis	3.545.000,00	3.263.000,00
−	5. Personalaufwand	2.620.000,00	2.577.000,00
−	6. Abschreibungen[1]	188.000,00	165.000,00
−	7. Sonstige betriebliche Aufwendungen	520.000,00	317.000,00
=	8. Betriebsergebnis (EBIT[2])	217.000,00	204.000,00
+	9. Erträge aus dem Finanzbereich	172.000,00	182.000,00
−	10. Aufwendungen aus dem Finanzbereich	145.000,00	163.000,00
−	11. Steuern vom Einkommen und vom Ertrag (gewinnabhängige Steuern)	40.000,00	36.500,00
=	12. Ergebnis nach (gewinnabhängigen) Steuern	204.000,00	186.500,00
−	13. Sonstige Steuern	78.000,00	67.500,00
=	14. Jahresüberschuss/Jahresfehlbetrag	126.000,00	119.000,00

Rentabilität 9.2.1

Hauptziel jeder unternehmerischen Tätigkeit ist die Erzielung eines angemessenen Gewinns. Der erzielte Gewinn kann aber erst dann richtig beurteilt werden, wenn er zu bestimmten Größen ins Verhältnis gesetzt wird. Als Größen dienen hauptsächlich

- das *Eigenkapital*   zur Berechnung der   *Eigenkapitalrentabilität*,
- das *Gesamtkapital*   zur Berechnung der   *Gesamtkapitalrentabilität*,
- der *Umsatz*   zur Berechnung der   *Umsatzrentabilität*.

Die Rentabilität fragt, wie sich der Kapitaleinsatz oder der Umsatz „lohnt". So bedeutet beispielsweise eine Umsatzrentabilität von 4 %, dass 100,00 € Umsatz 4,00 € Gewinn abwerfen.

---

[1] ohne Abschreibungen auf Wertpapiere, die unter 10. erfasst werde
[2] EBIT = Earnings before interest and tax; Gewinn vor Steuern und Zinsen

Geschäftsprozesse erfolgsorientiert steuern

Eigenkapitalrentabilität. Der Gewinn stellt die Verzinsung des durch den Unternehmer eingesetzten Eigenkapitals dar. Die Eigenkapitalrentabilität sollte über dem landesüblichen Zinssatz für langfristige Anleihen liegen, da man dem Unternehmer auch eine Risikoprämie für sein Unternehmerwagnis zugestehen muss.

$$\text{Eigenkapitalrentabilität (Unternehmerrentabilität)} = \frac{\text{Gewinn} \cdot 100}{\text{Eigenkapital}}$$

Gesamtkapitalrentabilität. Bei der Gesamtkapitalrentabilität müssen neben dem Gewinn auch die gezahlten Fremdkapitalzinsen berücksichtigt werden, da das Gesamtkapital neben dem Gewinn auch die gezahlten Zinsen für das Fremdkapital erwirtschaftet hat. Wenn nichts anderes angegeben ist, wird ein Fremdkapitalzinssatz von 7 % unterstellt.

Für die Entscheidung, ob eine Investition fremdfinanziert oder aus Eigenkapital finanziert werden soll, ist der Vergleich von Eigenkapital- und Gesamtkapitalrentabilität notwendig. Solange der Fremdkapitalzinssatz unter dem Gesamtkapitalzinssatz liegt, erhöht sich die Eigenkapitalrentabilität bei einer weiteren Fremdfinanzierung. In diesem Fall wirkt das zusätzliche Fremdkapital als „Hebel" zur Steigerung der Eigenkapitalrentabilität (Leverage-Effekt[1]).

$$\text{Gesamtkapitalrentabilität (Unternehmensrentabilität)} = \frac{(\text{Gewinn} + \text{Zinsaufwand}) \cdot 100}{\text{Gesamtkapital}}$$

Umsatzrentabilität. Die Umsatzrentabilität zeigt, wie viel Prozent der Umsatzerlöse dem Unternehmen als Gewinn zufließen. Dies ist der Anteil am Umsatz, der nicht durch Aufwand gebunden ist und für Gewinnausschüttungen bzw. zu Investitionszwecken zur freien Verfügung steht. In der Bundesrepublik Deutschland beträgt die durchschnittliche Umsatzrentabilität aller Wirtschaftszweige ca. 2,5 %. Dies bedeutet, dass von 100,00 € Umsatz 97,50 € als Aufwand fest gebunden sind und nur 2,50 € zur freien Verfügung des Unternehmens übrig bleiben.

$$\text{Umsatzrentabilität (Gewinnanteil)} = \frac{\text{Gewinn} \cdot 100}{\text{Umsatzerlöse}}$$

Berechnung der Rentabilitätskennzahlen am Beispiel der EUSPED GmbH:[2]

EUSOED GmbH		Berichtsjahr	Vorjahr
Eigenkapital-rentabilität	$\frac{\text{Gewinn} \cdot 100}{\text{Eigenkapital}}$	$\frac{126.000,00 \cdot 100}{1.418.000,00} = 8,89\,\%$	$\frac{119.000,00 \cdot 100}{1.292.000,00} = 9,21\,\%$
Gesamtkapital-rentabilität	$\frac{(\text{Gew.} + \text{Zinsaufw.}) \cdot 100}{\text{Gesamtkap.}}$	$\frac{(126.000,00 + 145.000,00) \cdot 100}{3.020.000,00} = 8,97\,\%$	$\frac{(119.000,00 + 163.000,00) \cdot 100}{2.798.000,00} = 10,07\,\%$
Umsatz-rentabilität	$\frac{\text{Gewinn} \cdot 100}{\text{Umsatz}}$	$\frac{126.000,00 \cdot 100}{6.340.000,00} = 1,99\,\%$	$\frac{119.000,00 \cdot 100}{6.056.000,00} = 1,96\,\%$

---
[1] lever (frz.) = heben, anheben; Leverage-Effekt = Hebeleffekt
[2] Bilanz-Daten siehe S. 244; GuV-Daten siehe S. 251

Analyse des Jahresabschlusses

Die Eigenkapitalrentabilität liegt über dem Kapitalmarktzinssatz und ist deshalb als zufriedenstellend anzusehen. Bei dem angegebenen langfristigen Kapitalmarktzinssatz von 7 % ist bei einer Eigenkapitalrentabilität von 8,9 % eine verbleibende Risikoprämie von 1,9 % (8,9–7 %) ebenfalls als zufriedenstellend anzusehen.

Die Gesamtkapitalrentabilität beträgt ca. 9 %. Können Investitionen zu einem tatsächlichen Zinssatz unter 9 % fremdfinanziert werden, lohnt sich die Aufnahme von Darlehen, da sich dadurch die Eigenkapitalrentabilität verbessern würde. Bei Zinssätzen über 9 % wäre die Finanzierung mit Eigenmitteln (Gewinn bzw. zusätzliches Eigenkapital) sinnvoll, weil sonst die Eigenkapitalrentabilität sinken würde.

Die Umsatzrentabilität der EUSPED GmbH liegt zwar mit 1,99 % unter der allgemeinen Umsatzrentabilität, aber bezogen auf die Speditionsbranche ist diese Umsatzrentabilität noch akzeptabel. Von 100,00 € sind 98,01 € als Aufwand gebunden und 1,99 € stehen zur freien Disposition des Unternehmers. Gegenüber dem Vorjahr hat sich eine geringe Verbesserung der Umsatzrentabilität eingestellt.

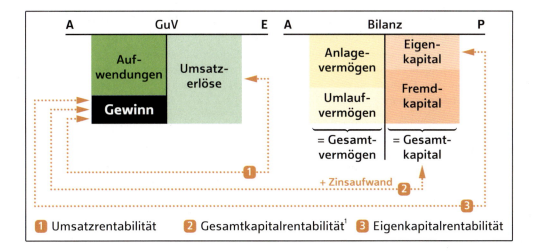

Cashflow-Analyse 9.2.2

Messzahl für die Ertrags- und Selbstfinanzierungskraft des Unternehmens ist der Cashflow. Unter Cashflow versteht man den Finanzüberschuss; vereinfacht ausgedrückt, die Differenz zwischen den Einnahmen und den Ausgaben. Diese Differenz steht dem Unternehmen zur Verfügung für:

- Finanzierung von Investitionen
- Schuldentilgung
- Gewinnausschüttung

Da normalerweise Aufwendungen und Erträge und damit auch der **Jahresüberschuss** (Gewinn) bekannt sind, wird ausgehend vom Jahresüberschuss (Erträge – Aufwendungen) **zum Cashflow** (Einnahmen – Ausgaben) gerechnet.

---

[1] Bei der Gesamtkapitalrentabilität werden die Zinsaufwendungen zum Gewinn dazugerechnet. Vgl. S. 252

Geschäftsprozesse erfolgsorientiert steuern

Der Jahresüberschuss (Gewinn) muss korrigiert werden um

- Aufwendungen, die keine Ausgaben sind (ausgabelose Aufwendungen),
- Erträge, die keine Einnahmen sind (einnahmelose Erträge).

Zum Cashflow zählen deshalb der Jahresüberschuss und alle nicht auszahlungswirksamen Aufwendungen des Geschäftsjahres, wie z. B. Abschreibungen und Einstellungen in Rückstellungen. Nicht auszahlungswirksame Aufwendungen führen zu keiner Ausgabe (Geldabfluss). Somit sind sie neben dem Jahresüberschuss (Gewinn) verfügbar.

Nicht einnahmewirksame Erträge des Geschäftsjahres, wie z. B. Erträge aus der Auflösung von Rückstellungen, werden abgezogen, da diese Erträge nicht in Form von Einnahmen zur Verfügung stehen.

Berechnung des Cashflows nach der vereinfachten „Praktikerformel":

MERKE

Cashflow =	Jahresüberschuss (Gewinn)
	+ Abschreibungen im lfd. Geschäftsjahr
	+ Einstellungen in Rückstellungen im lfd. Geschäftsjahr
	= Cashflow

Aussagefähigkeit. Der Cashflow lässt erkennen, in welchem Umfang sich ein Unternehmen aus eigener Kraft finanziert. Aus Höhe und Entwicklung des Cashflows können Rückschlüsse auf die Ertragskraft, Selbstfinanzierungskraft, Kreditwürdigkeit und Expansionsfähigkeit gezogen werden. Deshalb ist der Cashflow aussagefähiger als die rein gewinnorientierten Rentabilitätskennzahlen.

Cashflow-Kennzahlen. Sehr aussagefähig ist der Cashflow, wenn man ihn zu den Umsatzerlösen in Beziehung setzt. In diesem Fall wird erkennbar, wie viel Prozent der Umsatzerlöse für Investitionszwecke, Kredittilgung und Dividendenausschüttung frei zur Verfügung stehen.

MERKE

$$\text{Cashflow-Umsatzverdienstrate} = \frac{\text{Cashflow} \cdot 100}{\text{Umsatzerlöse}}$$

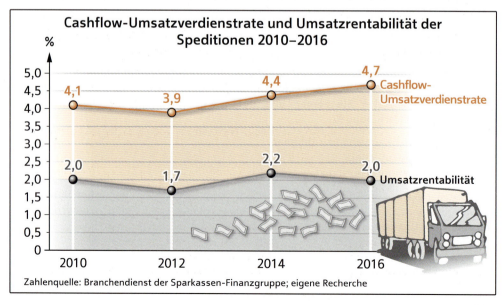

Analyse des Jahresabschlusses

B 255

Berechnung der Cashflow-Werte am Beispiel der EUSPED GmbH:

Beispiel: EUSOED GmbH	Berichtsjahr	Vorjahr
Jahresüberschuss (Gewinn) in € + Abschreibungen lfd. Jahr in € = **Cashflow in €**	126.000,00 + 188.000,00 = 314.000,00	119.000,00 + 165.000,00 = 284.000,00
Cashflow-Umsatzverdienstrate	$\dfrac{314.000,00 \cdot 100}{6.340.000,00} = 4{,}95\,\%$	$\dfrac{284.000,00 \cdot 100}{6.056.000,00} = 4{,}69\,\%$

Auswertung:

Im Berichtsjahr stehen somit der EUSPED GmbH 4,95 % der Umsatzerlöse als selbst erwirtschaftete Finanzierungsmittel frei zur Verfügung. Oder anders ausgedrückt: Je 100,00 € Umsatz stehen 4,95 € als freier Finanzüberschuss zur Verfügung. Gegenüber dem Vorjahr trat eine leichte Steigerung ein, die auf den gestiegenen Gewinn und die höheren Abschreibungen zurückzuführen ist.

Aufgaben zum Sachverhalt

1 ▢ (AH)

Folgende GuV-Daten sind bekannt: Jahresüberschuss 212.000,00 €, Abschreibungen 304.000,00 €, Zinsaufwendungen 104.000,00 €, Zinserträge 16.000,00 €, Speditionserlöse 3.356.000,00 €.

Das Eigenkapital beträgt 1.500.000,00 €, das Fremdkapital 1.300.000,00 €.

Berechnen und interpretieren Sie
a) die Eigenkapitalrentabilität,
b) die Gesamtkapitalrentabilität,
c) die Umsatzrentabilität,
d) den Cashflow,
e) die Cashflow-Umsatzverdienstrate.

2

Begründen Sie, welche nachstehenden GuV-Positionen in den Cashflow – ausgehend vom Jahresüberschuss – einzurechnen sind.
a) Personalaufwand
b) Zinsaufwand
c) Abschreibungen
d) Treibstoffverbrauch
e) Einstellungen in Steuerrückstellungen
f) Allgemeine Verwaltungskosten

Kapitelzusammenfassende Aufgaben

1 ▢ (AH)

Ermitteln und interpretieren Sie aus nachstehenden Angaben (siehe S. 248 Aufgabe 2)
a) die Anlagenintensität,
b) die Umlaufintensität,
c) die Forderungsintensität,
d) die Eigenkapitalquote,
e) die Fremdkapitalquote,
f) die Anlagendeckung I,
g) die Anlagendeckung II,
h) die Liquidität I. Grades,
i) die Liquidität II. Grades,
j) die Eigenkapitalrentabilität,
k) die Gesamtkapitalrentabilität,
l) die Umsatzrentabilität,
m) den Cashflow,
n) die Cashflow-Umsatzverdienstrate.

6403247

Geschäftsprozesse erfolgsorientiert steuern

2

Berechnen Sie zu nachstehenden Angaben die Beträge für das Eigenkapital und die kurzfristigen Verbindlichkeiten, wenn der Bilanzgewinn zu 50 % ausgeschüttet wird und zu 50 % im Unternehmen verbleibt.

BILANZ ZUM 31. DEZ. .. IN €

AKTIVA			PASSIVA	
I. Anlagevermögen		I.	Eigenkapital	
1. Grundstücke Gebäude	550.000,00		1. Stammkapital	1.100.000,00
2. Technische Anlagen	600.000,00		2. Rücklagen	300.000,00
3. Fuhrpark	1.200.000,00		3. Bilanzgewinn	240.000,00
4. Betriebs- und Geschäftsausst.	300.000,00	II.	Fremdkapital	
II. Umlaufvermögen			1. Rückstellungen	60.000,00
1. Vorräte	100.000,00		2. Verbindlichkeiten	
2. Forderungen	500.000,00		a) Darlehensschulden	1.500.000,00
3. Kasse, Bank	150.000,00		b) Verbindlichk. a. LL.	160.000,00
			c) Sonst. kurzf. Verbindl.	40.000,00
	3.400.000,00			**3.400.000,00**

	GuV-Position	Berichtsjahr in €
	1. Speditionserlöse	6.344.000,00
+	2. Sonstige betriebliche Erträge	30.000,00
−	3. Speditionsaufwendungen	
	a) Aufwand für bezogene Leistungen	2.500.000,00
	b) Aufwand für bezogene Treibstoffe	900.000,00
=	4. Rohergebnis	2.974.000,00
−	5. Personalaufwand	1.980.000,00
−	6. Abschreibungen	410.000,00
−	7. Sonstige betriebliche Aufwendungen	205.000,00
=	8. Betriebsergebnis (EBIT)	379.000,00
+	9. Erträge aus dem Finanzbereich	18.000,00
−	10. Aufwendungen aus dem Finanzbereich	64.000,00
−	11. Steuern vom Einkommen und vom Ertrag (gewinnabhängige Steuern)	55.000,00
=	12. Ergebnis nach (gewinnabhängigen) Steuern	278.000,00
−	13. Sonstige Steuern	38.000,00
=	14. Jahresüberschuss/Jahresfehlbetrag	240.000,00

Hinweis: Der Bilanzgewinn verbleibt in voller Höhe im Unternehmen.
          Die Rückstellungen sind zu 80 % langfristig.
          Die Darlehensschulden sind langfristig.

Analyse des Jahresabschlusses

Weitere Erfolgskennzahlen 9.2.3

Mit den Erfolgskennzahlen kann die Spedition die Quellen des Erfolges ermitteln. Die Entwicklung der Umsatzhöhe je Beschäftigten oder der Pro-Kopf-Ertrag zeigen, ob das Unternehmen erfolgreich arbeitet bzw. an welchen Stellen Korrekturen erforderlich sind. Andere Kennzahlen wie beispielsweise die Personalaufwandsquote zeigen den Anteil der Personalkosten und deren Entwicklung an. Je früher der Unternehmer unerwünschte Entwicklungen bemerkt, desto effizienter kann er reagieren.

Personalaufwandsquote

Der Personalaufwand (Löhne, Gehälter, soziale Abgaben) wird in Prozent der Speditionserlöse (Gesamtleistung) ausgedrückt. Die Personalaufwandsquote gibt an, wie viel Prozent der Speditionserlöse auf Personalkosten entfallen. Die durchschnittliche Personalaufwandsquote der Speditionsbranche liegt bei 15 %.[1]

$$\text{Personalaufwandsquote} = \frac{\text{Personalaufwand} \cdot 100}{\text{Speditionserlöse}}$$

Abschreibungsaufwandsquote

Die Jahresabschreibungen werden in Prozent der Speditionserlöse ausgedrückt. Die Abschreibungsaufwandsquote gibt an, wie viel Prozent der Speditionserlöse auf Abschreibungen entfallen. Die durchschnittliche Abschreibungsaufwandsquote der Speditionsbranche beträgt 3 %.[1]

$$\text{Abschreibungsaufwandsquote} = \frac{\text{bilanzielle Abschreibungen} \cdot 100}{\text{Speditionserlöse}}$$

Der erstaunlich niedrige Branchendurchschnitt von 3 % lässt sich mit dem durchschnittlich geringen Anlagevermögen der Spediteure erklären. Häufig wird das bewegliche Anlagevermögen geleast (vgl. Seite 265 ff.). Bei geleastem Anlagevermögen wird beim Leasingnehmer (= Spediteur) keine Abschreibung vorgenommen, da der Spediteur lediglich „mietet" und nicht Eigentümer des geleasten Anlagegutes ist.

Zinsaufwandsquote

Die Zinsaufwendungen werden in Prozent der Speditionserlöse (Gesamtleistung) ausgedrückt. Die Zinsaufwandsquote gibt an, wie viel Prozent der Speditionserlöse auf Zinsaufwendungen entfallen. Die durchschnittliche Zinsaufwandsquote der Speditionsbranche beträgt 1 %.[1]

$$\text{Zinsaufwandsquote} = \frac{\text{Zinsaufwendungen} \cdot 100}{\text{Speditionserlöse}}$$

---

[1] Branchendienst der Sparkassenorganisation, DSGV, Geschäftsstelle Bonn

Umsatz je Beschäftigten

Die Speditionserlöse werden auf die Zahl der Beschäftigten umgelegt. Das Ergebnis zeigt, welcher Umsatz durchschnittlich auf einen Beschäftigten entfällt. Der Umsatz je Beschäftigten beträgt in der Speditionsbranche durchschnittlich 174.000,00 A€. Von diesem Umsatz müssen aber neben den Personalkosten alle anderen Aufwendungen wie beispielsweise Zinsen, Abschreibungen, Aufwand für bezogene Leistungen, Treibstoffverbrauch, Steuern gedeckt werden.

MERKE

$$\text{Umsatz je Beschäftigten} = \frac{\text{Speditionserlöse}}{\text{Zahl der Beschäftigten}}$$

Pro-Kopf-Rohergebnis

Das Pro-Kopf-Rohergebnis wird auf die Zahl der Beschäftigten umgelegt. Dabei werden die Speditionserlöse abzüglich Aufwand für bezogene Leistungen gerechnet. Denn die Speditionsmitarbeiter haben ja nur die Wertschöpfung nach dem Einkauf bis zum Verkauf der Speditionsleistungen erbracht. Das Ergebnis zeigt, welche Wertschöpfung (Wertzugewinn) durchschnittlich auf einen Beschäftigten entfällt. Das Pro-Kopf-Rohergebnis je Beschäftigten beträgt in der Speditionsbranche durchschnittlich 54.000,00 €. Im Vergleich zum Umsatz je Beschäftigten zeigt das Pro-Kopf-Rohergebnis lediglich die vom Mitarbeiter für die Spedition bewirkte Wertschöpfung. Das Pro-Kopf-Rohergebnis ist eine der wichtigsten Kennzahlen für die Erfolgsentwicklung der Spedition.

MERKE

$$\text{Pro-Kopf-Rohergebnis} = \frac{\text{Rohergebnis (Speditionserlöse} - \text{Aufwand für bezogene Leistungen)}}{\text{Zahl der Beschäftigten}}$$

AUFGABE

Die EUSPED GmbH hatte im Jahresdurchschnitt 27 Mitarbeiter.
Berechnen Sie aus der Gewinn- und Verlustrechnung der EUSPED GmbH

a) die Personalaufwandsquote,
b) die Abschreibungsaufwandsquote,
c) die Zinsaufwandsquote,
d) den Umsatz je Beschäftigten,
e) das Pro-Kopf-Rohergebnis.

Kapitelzusammenfassende Aufgaben

1 Ermitteln und interpretieren Sie aus nachstehenden Angaben

a) die Anlagenintensität,
b) die Umlaufintensität,
c) die Forderungsintensität,
d) die Eigenkapitalquote,
e) die Fremdkapitalquote,
f) die Anlagendeckung I,
g) die Anlagendeckung II,
h) die Liquidität I. Grades,
i) die Liquidität II. Grades,
j) die Eigenkapitalrentabilität,
k) die Gesamtkapitalrentabilität,
l) die Umsatzrentabilität,
m) den Cashflow,
n) die Cashflow-Umsatzverdienstrate.

Analyse des Jahresabschlusses

B 259

AKTIVA	BILANZ ZUM 31. DEZ. .. IN €		PASSIVA

AKTIVA		PASSIVA	
I. Anlagevermögen		**I. Eigenkapital**	
1. Grundstücke		1. Stammkapital	2.000.000,00
Gebäude	650.000,00	2. Rücklagen	300.000,00
2. Technische Anlagen	800.000,00	3. Bilanzgewinn	240.000,00
3. Fuhrpark.	1.600.000,00		
4. Betriebs- und Geschäftsausst.	400.000,00	**II. Fremdkapital**	
		1. Rückstellungen	60.000,00
II. Umlaufvermögen		2. Verbindlichkeiten	
1. Vorräte	100.000,00	a) Darlehensschulden	600.000,00
2. Forderungen	600.000,00	b) Verbindlichkeiten a. LL.	350.000,00
3. Kasse	150.000,00	c) Sonst. kurzf. Verbindl.	750.000,00
	4.300.000,00		**4.300.000,00**

GuV-Position	Berichtsjahr in €
1. Speditionserlöse	8.130.000,00
+ 2. Sonstige betriebliche Erträge	40.000,00
– 3. Speditionsaufwendungen	
a) Aufwand für bezogene Leistungen	2.900.000,00
b) Aufwand für bezogene Treibstoffe	910.000,00
= **4. Rohergebnis**	**4.360.000,00**
– 5. Personalaufwand	3.119.000,00
– 6. Abschreibungen	540.000,00
– 7. Sonstige betriebliche Aufwendungen	250.000,00
= **8. Betriebsergebnis (EBIT)**	451.000,00
+ 9. Erträge aus dem Finanzbereich	26.000,00
– 10. Aufwendungen aus dem Finanzbereich	57.000,00
– 11. Steuern vom Einkommen und vom Ertrag (gewinnabhängige Steuern)	120.000,00
= **12. Ergebnis nach (gewinnabhängigen) Steuern**	**300.000,00**
– 13. Sonstige Steuern	60.000,00
= **14. Jahresüberschuss/Jahresfehlbetrag**	**240.000,00**

Hinweis: Der Bilanzgewinn verbleibt in voller Höhe im Unternehmen.
Die Rückstellungen sind zu 80 % langfristig. Die Darlehensschulden sind langfristig. Es werden durchschnittlich 45 Mitarbeiter beschäftigt.

Berechnen Sie zu obiger Aufgabe die Beträge für das Eigenkapital und die kurzfristigen Verbindlichkeiten, wenn der Bilanzgewinn zu 50 % ausgeschüttet wird und zu 50 % im Unternehmen verbleibt.

🟧 (AH)
2

Berechnen Sie zu obiger Aufgabe

a) die Personalaufwandsquote,
b) die Abschreibungsaufwandsquote,
c) die Zinsaufwandsquote,
d) den Umsatz je Beschäftigten,
e) das Pro-Kopf-Rohergebnis.

🟧 (AH)
3

9.3 Kennzahlen der Spedition Müller – Die lila Logistik AG[1]

Müller – Die lila Logistik AG ist einer der führenden Logistikberater in Deutschland. Mit den beiden Geschäftsbereichen Lila Consult und Lila Operating wird die klassische Trennung von Beratung und Umsetzung durchbrochen und ganzheitliche Logistiklösungen für die Felder der Beschaffungslogistik, Produktionslogistik und Distributionslogistik angeboten.
Rund 1 700 Mitarbeitern arbeiten an 21 operativen Standorten in Europa. Die Aktien der Müller – Die lila Logistik AG werden im General Standard der Frankfurter Wertpapierbörse notiert.

9.3.1 Bilanzkennzahlen der Spedition Müller – Die lila Logistik AG

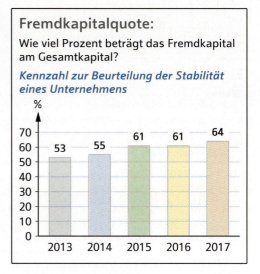

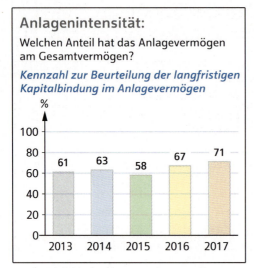

---

[1] Vgl. Geschäftsberichte der Spedition Müller – Die lila Logistik AG

Analyse des Jahresabschlusses

Liquidität 2. Grades:
Wie viel Prozent der kurzfristigen Verbindlichkeiten werden durch vorhandene und durch Forderungen eintreffende Geldmittel gedeckt?

Kennzahl zur Beurteilung der einzugsbedingten Liquidität

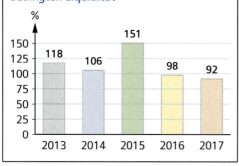

Liquidität 3. Grades:
Wie viel Prozent der kurzfristigen Verbindlichkeiten werden durch kurzfristig verfügbare Geldmittel gedeckt?

Kennzahl zur Beurteilung der umsatzbedingten Liquidität

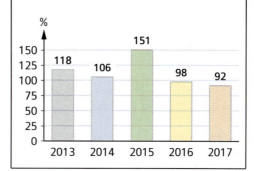

Eigenkapital:

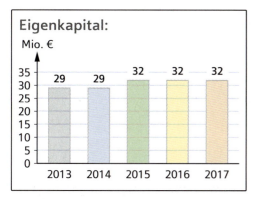

Bilanzsumme:

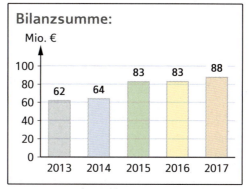

Erfolgskennzahlen der Spedition Müller – Die lila Logistik AG 9.3.2

Umsatzerlöse
Umsätze in € ohne Umsatzsteuer

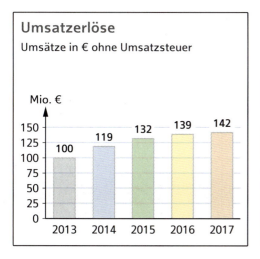

Eigenkapitalrentabilität:
Wie wird das Eigenkapital verzinst?

Kennzahl zur Beurteilung, wie sich der Eigenkapitalanteil lohnt

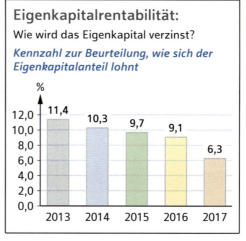

Geschäftsprozesse erfolgsorientiert steuern

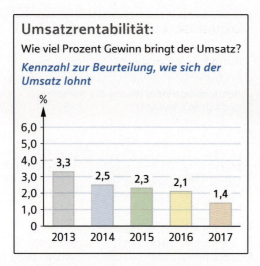

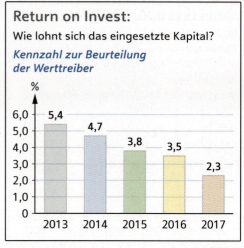

9.3.3 Weitere Kennzahlen der Spedition Müller – Die lila Logistik AG

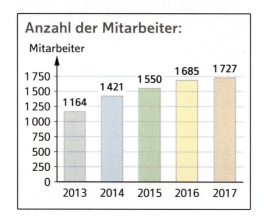

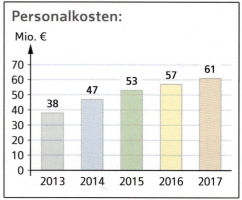

Analyse des Jahresabschlusses

Umsatz pro Mitarbeiter:
Wie viel € Umsatz entfallen auf einen Mitarbeiter?

Kennzahl zur Beurteilung der Arbeitsproduktivität

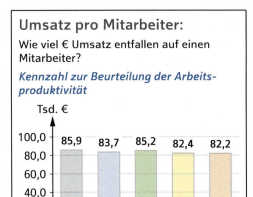

Jahresüberschuss:
Wie hoch ist der Überschuss der Erträge über die Aufwendungen?

Kennzahl zur Beurteilung, wie erfolgreich das Unternehmens ist

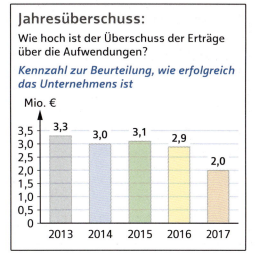

Betriebsergebnis EBIT
(Earnings before Interest and Tax):

Wie hoch ist das Betriebsergebnis ohne (vor) Zins- und Steueraufwand?

Kennzahl für den internationalen Vergleich zwischen Unternehmen

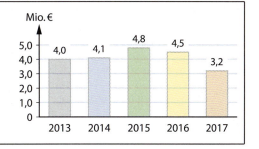

Zusammenfassende Grafiken der Spedition Müller – Die lila Logistik AG 9.4

Grafik 1:
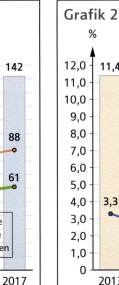

Grafik 2:
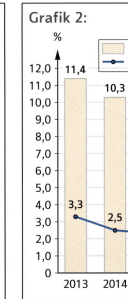

Geschäftsprozesse erfolgsorientiert steuern

Aufgaben zum Sachverhalt

1

a) Ermitteln Sie anhand der dargestellten Grafiken die Personalkosten je Mitarbeiter für die Jahre 2013 – 2017. Übertragen Sie untenstehende Grafik in Ihre Unterlagen und zeichnen Sie die Personalkosten je Mitarbeiter für die Jahre 2013 – 2017 ein.

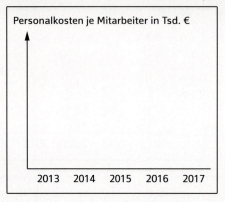

b) Ermitteln Sie anhand der dargestellten Grafiken den Umsatz je Mitarbeiter für die Jahre 2013 – 2017. Übertragen Sie untenstehende Grafik in Ihre Unterlagen und zeichnen Sie den Umsatz je Mitarbeiter für die Jahre 2013 – 2017 ein.

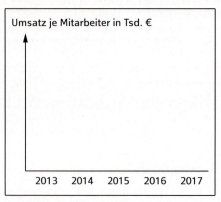

2

a) Ermitteln Sie anhand der dargestellten Grafiken den Gewinn/Jahresüberschuss je Mitarbeiter für die Jahre 2013 – 2017. Übertragen Sie untenstehende Grafik in Ihre Unterlagen und zeichnen Sie den Gewinn/Jahresüberschuss je Mitarbeiter für die Jahre 2013 – 2017 ein.

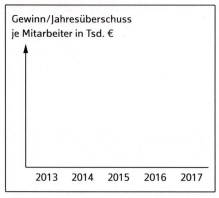

Analyse des Jahresabschlusses

b) Ermitteln Sie anhand der dargestellten Grafiken den Cashflow je Mitarbeiter für die Jahre 2013 – 2017. Übertragen Sie untenstehende Grafik in Ihre Unterlagen und zeichnen Sie den Cashflow je Mitarbeiter für die Jahre 2013 – 2017 ein.

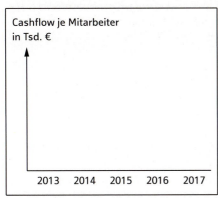

Überprüfen Sie die in der Grafik Eigenkapitalrentabilität angegebenen Werte für die Jahre 2013 bis 2017, indem Sie mithilfe der Formel die Eigenkapitalrentabilität nachrechnen.	3
Überprüfen Sie die in der Grafik Umsatzrentabilität angegebenen Werte für die Jahre 2013 bis 2017, indem Sie mithilfe der Formel die Umsatzrentabilität nachrechnen.	4
Vergleichen Sie die beiden Grafiken Liquidität 2. Grades und Liquidität 3. Grades. Wie ist es zu erklären, dass die Grafiken identisch sind?	5

10 Führen mit Kennzahlen

10.1 Kennzahlenanalyse und Führungsentscheidungen

Auszug aus dem Geschäftsbericht der Spedition Hallmann AG:
„Die Personalaufwendungen sind im Vergleich zum Vorjahr um 242.000,00 € auf 3.011.000,00 €A gestiegen. Im Branchendurchschnitt erhöhte sich der Personalaufwand nur um 1,3 %."

Welche Interpretation lässt die Entwicklung der Personalkosten bei der Spedition Hallmann AG zu?

Der Unternehmer kann mithilfe von Erfolgskennzahlen die Entwicklung des Unternehmens kontrollieren und entsprechend korrigieren.

Geeignete Erfolgskennzahlen werden dabei über einen mehrjährigen Zeitraum verglichen. Meistens werden mehrere Kennzahlen gleichzeitig zusammenhängend analysiert, da eine einzige Kennzahl Fehlinterpretationen zulässt. Eine häufige Fehlinterpretation ist die Ansicht, dass Aufwandsteigerungen, z. B. steigender Personalaufwand, grundsätzlich den Gewinn mindern. Man bedenke dabei: Wird ein neuer Mitarbeiter eingestellt, verursacht er zwar weitere Personalkosten; führt aber seine Arbeitsleistung zu einer deutlichen Umsatzerhöhung, steigt auch die Umsatzrentabilität und der Umsatz je Beschäftigten.

Beispiele für Kennzahlenanalyse und Führungsentscheidungen:

Kennzahl	Entwicklung	Bedeutung/ Führungsentscheidung
Beispiel 1: Umsatzrentabilität Personalaufwandsquote	sinkt steigt	Gestiegene Personalkosten drücken die Umsatzrentabilität. Die Personalkosten müssen geprüft und eventuell reduziert werden.
Beispiel 2: Umsatzrentabilität Personalaufwandsquote	steigt steigt	Steigende Personalkosten haben auch die Umsatzrentabilität erhöht. Mehr Mitarbeiter erzielen aber auch mehr Umsatz und mehr Gewinn. Die eingeschlagene Unternehmensstrategie kann erfolgreich weitergeführt werden.
Beispiel 3: Umsatz je Beschäftigten Pro-Kopf-Rohergebnis	steigt sinkt	Der Umsatz je Beschäftigten steigt. Gleichzeitig nimmt die Wertschöpfung (Pro-Kopf-Rohergebnis) jedoch ab. Pro Mitarbeiter werden demnach mehr Leistungen bezogen; die nachfolgende innerbetriebliche Wertschöpfung nimmt jedoch ab. Dies kann dazu führen, dass der Unternehmer eigenes Personal abbaut und bestimmte Leistungen nicht mehr selbst erstellt, sondern von außen bezieht.

Führen mit Kennzahlen

Muster-AUFGABE

Die Spedition Rapid GmbH legt nachstehendes Zahlenwerk vor:

GuV-Position	Berichtsjahr in €	Vorjahr €
1. Speditionserlöse (Gesamtleistung)	11.350.000,00	10.825.000,00
− 2. Speditionsaufwendungen		
a) Aufwand für bezogene Leistungen	5.220.000,00	5.216.000,00
b) Aufwand für bezogene Treibstoffe	920.000,00	790.000,00
= 3. Rohergebnis	5.210.000,00	4.819.000,00
− 4. Personalaufwand	3.216.000,00	3.276.000,00
− 5. Abschreibungen	452.000,00	448.000,00
− 6. Sonstige betriebliche Aufwendungen	804.000,00	752.000,00
= 7. Betriebsergebnis (EBIT)	738.000,00	343.000,00
+ 8. Erträge aus dem Finanzbereich	14.000,00	13.000,00
− 9. Aufwendungen aus dem Finanzbereich	164.000,00	171.000,00
− 10. Steuern vom Einkommen und Ertrag (gewinnabhängige Steuern)	97.000,00	30.500,00
= 11. Ergebnis nach (gewinnabhängigen) Steuern	491.000,00	154.500,00
− 12. Sonstige Steuern	41.000,00	35.500,00
= 13. Jahresüberschuss/Jahresfehlbetrag	450.000,00	119.000,00
Mitarbeiter	93	97

Teil I:

Berechnen Sie für das Berichtsjahr und das Vorjahr

    a) die Umsatzrentabilität,
    b) die Personalaufwandsquote,
    c) die Abschreibungsaufwandsquote,
    d) den Umsatz je Beschäftigten,
    e) das Pro-Kopf-Rohergebnis.

Beschreiben Sie die Entwicklung der jeweiligen Kennzahl gegenüber dem Vorjahr.

Teil II:

Vergleichen Sie den Umsatz je Beschäftigten und die Personalaufwandsquote im Berichtsjahr und im Vorjahr. Begründen Sie, welche der beiden Kennzahlen für die Unternehmensleitung wichtiger ist.

Teil III:

    a) Übertragen Sie die GuV-Positionen in eine Excel-Tabelle.
    b) Berechnen Sie die Umsatzrentabilität, die Personalaufwandsquote, die Abschreibungsaufwandsquote, den Umsatz je Beschäftigten und den Pro-Kopf-Rohertrag für das Berichtsjahr und das Vorjahr in der übertragenen Excel-Tabelle.
    c) Berechnen Sie in einer weiteren Spalte die prozentuale Veränderung der einzelnen GuV-Positionen gegenüber dem Vorjahr.
    d) Geben Sie die verwendeten Formeln an.

B 268 — Geschäftsprozesse erfolgsorientiert steuern

LÖSUNG

Teil I:

Kennzahl	Berichtsjahr	Vorjahr
Umsatzrentabilität	$\dfrac{450.000,00 \cdot 100}{11.350.000,00} = 3,96\,\%$	$\dfrac{119.000,00 \cdot 100}{10.825.000,00} = 1,10\,\%$
Personal-aufwandsquote	$\dfrac{3.216.000,00 \cdot 100}{11.350.000,00} = 28,33\,\%$	$\dfrac{3.276.000,00 \cdot 100}{10.825.000,00} = 30,26\,\%$
Abschreibungs-aufwandsquote	$\dfrac{452.000,00 \cdot 100}{11.350.000,00} = 3,98\,\%$	$\dfrac{448.000,00 \cdot 100}{10.825.000,00} = 4,14\,\%$
Umsatz je Beschäftigten	$\dfrac{11.350.000,00\ €}{93} = 122.043,01\ €$	$\dfrac{10.825.000,00\ €}{97} = 111.597,94\ €$
Pro-Kopf-Rohergebnis	$\dfrac{5.210.000,00\ €}{93} = 56.021,51\ €$	$\dfrac{4.819.000,00\ €}{97} = 49.680,41\ €$

Umsatzrentabilität

Die Umsatzrentabilität hat sich erfreulicherweise von 1,10 % auf 3,96 % verändert. Von 100,00 € Umsatz beträgt der Gewinn nunmehr 3,96 € gegenüber 1,10 € im Vorjahr.

Personalaufwandsquote

Bei steigenden Umsatzerlösen haben sich die Personalaufwendungen reduziert. Statt bisher 30,26 % beträgt die Personalaufwandsquote nun nur noch 28,33 % der Umsatzerlöse.

Abschreibungsaufwandsquote

Die Abschreibungsaufwandsquote blieb nahezu konstant. Die Spedition hat ihr Anlagevermögen nicht erhöht.

Umsatz je Beschäftigten

Der Umsatz je Beschäftigten ist kräftig gestiegen. Je Mitarbeiter beträgt die Umsatzsteigerung 10.445,07 €. In diesem Betrag ist allerdings auch der Wert der bezogenen Leistungen enthalten.

Pro-Kopf-Rohergebnis

Das Pro-Kopf-Rohergebnis, also die innerbetriebliche Wertschöpfung je Mitarbeiter, ist um 6.341,10 € gestiegen.

Teil II:

Der Umsatz je Beschäftigten umfasst bezogene Leistungen und innerbetriebliche Wertschöpfung. Der Pro-Kopf-Rohertrag stellt dagegen lediglich die innerbetriebliche Wertschöpfung dar. Deshalb muss der Umsatz je Beschäftigten höher sein als der Pro-Kopf-Rohertrag. Zur Beurteilung der eigenen Unternehmensleistung ist der Pro-Kopf-Rohertrag wichtiger, da er die eigene Unternehmensleistung wiedergibt.

Teil III:

Excel-Tabellen

Führen mit Kennzahlen

B 269

Tabelle 1

	A	B	C	D
1		**Erfolgskennzahlen der Spedition Rapid GmbH**		
2				
3	**Nr.**	**GuV-Position**	**Berichtsjahr**	**Vorjahr**
4	1	Speditionserlöse (Gesamtleistung)	11.350.000,00 €	10.825.000,00 €
5	2	Speditionsaufwendungen		
6		a) Aufwand für bezogene Leistungen	5.220.000,00 €	5.216.000,00 €
7		b) Aufwand für Treibstoffe usw.	920.000,00 €	790.000,00 €
8	**3**	**Rohergebnis**	**5.210.000,00 €**	**4.819.000,00 €**
9	4	Personalaufwand	3.216.000,00 €	3.276.000,00 €
10	5	Abschreibungen	452.000,00 €	448.000,00 €
11	6	Sonstige betriebliche Aufwendungen	804.000,00 €	752.000,00 €
12	**7**	**Betriebsergebnis (EBIT)**	**738.000,00 €**	**343.000,00 €**
13	8	Erträge aus Finanzbeteiligungen	14.000,00 €	13.000,00 €
14	9	Aufwendungen aus Finanzbeteiligungen	164.000,00 €	171.000,00 €
15	10	Steuern vom Einkommen und Ertrag	97.000,00 €	30.500,00 €
16	**11**	**Ergebnis nach Steuern**	**491.000,00 €**	**154.500,00 €**
17	12	Sonstige Steuern	41.000,00 €	35.500,00 €
18	**13**	**Jahresüberschuss/Jahresfehlbetrag**	**450.000,00 €**	**119.000,00 €**
19				
20				
21		Mitarbeiter	93	97
22				
23				
24	a)	Umsatzrentabilität		
25	b)	Personalaufwandsquote		
26	c)	Abschreibungsaufwandsquote		
27	d)	Umsatz je Beschäftigten		
28	e)	Pro-Kopf-Rohergebnis		

Tabelle 2

	A	B	C	D
1		**Erfolgskennzahlen der Spedition Rapid GmbH**		
2				
3	**Nr.**	**GuV-Position**	**Berichtsjahr**	**Vorjahr**
4	1	Speditionserlöse (Gesamtleistung)	11.350.000,00 €	10.825.000,00 €
5	2	Speditionsaufwendungen		
6		a) Aufwand für bezogene Leistungen	5.220.000,00 €	5.216.000,00 €
7		b) Aufwand für Treibstoffe usw.	920.000,00 €	790.000,00 €
8	**3**	**Rohergebnis**	**5.210.000,00 €**	**4.819.000,00 €**
9	4	Personalaufwand	3.216.000,00 €	3.276.000,00 €
10	5	Abschreibungen	452.000,00 €	448.000,00 €
11	6	Sonstige betriebliche Aufwendungen	804.000,00 €	752.000,00 €
12	**7**	**Betriebsergebnis (EBIT)**	**738.000,00 €**	**343.000,00 €**
13	8	Erträge aus Finanzbeteiligungen	14.000,00 €	13.000,00 €
14	9	Aufwendungen aus Finanzbeteiligungen	164.000,00 €	171.000,00 €
15	10	Steuern vom Einkommen und Ertrag	97.000,00 €	30.500,00 €
16	**11**	**Ergebnis nach Steuern**	**491.000,00 €**	**154.500,00 €**
17	12	Sonstige Steuern	41.000,00 €	35.500,00 €
18	**13**	**Jahresüberschuss/Jahresfehlbetrag**	**450.000,00 €**	**119.000,00 €**
19				
20				
21		Mitarbeiter	93	97
22				
23				
24	a)	Umsatzrentabilität	3,96 %	1,10 %
25	b)	Personalaufwandsquote	28,33 %	30,26 %
26	c)	Abschreibungsaufwandsquote	3,98 %	4,14 %
27	d)	Umsatz je Beschäftigten	122.043,01 €	111.597,94 €
28	e)	Pro-Kopf-Rohergebnis	56.021,51 €	49.680,41 €

Fortsetzung →

Geschäftsprozesse erfolgsorientiert steuern

Tabelle 3

	A	B	C	D	E
1		Erfolgskennzahlen der Spedition Rapid GmbH			
2					
3	Nr.	GuV-Position	Berichtsjahr	Vorjahr	Prozentuale Veränderung gegenüber Vorjahr
4	1	Speditionserlöse (Gesamtleistung)	11.350.000,00 €	10.825.000,00 €	4,85 %
5	2	Speditionsaufwendungen			
6		a) Aufwand für bezogene Leistungen	5.220.000,00 €	5.216.000,00 €	0,08 %
7		b) Aufwand für Treibstoffe usw.	920.000,00 €	790.000,00 €	16,46 %
8	3	**Rohergebnis**	**5.210.000,00 €**	**4.819.000,00 €**	8,11 %
9	4	Personalaufwand	3.216.000,00 €	3.276.000,00 €	-1,83 %
10	5	Abschreibungen	452.000,00 €	448.000,00 €	0,89 %
11	6	Sonstige betriebliche Aufwendungen	804.000,00 €	752.000,00 €	6,91 %
12	7	**Betriebsergebnis (EBIT)**	**738.000,00 €**	**343.000,00 €**	115,16 %
13	8	Erträge aus Finanzbeteiligungen	14.000,00 €	13.000,00 €	7,69 %
14	9	Aufwendungen aus Finanzbeteiligungen	164.000,00 €	171.000,00 €	-4,09 %
15	10	Steuern vom Einkommen und Ertrag	97.000,00 €	30.500,00 €	218,03 %
16	11	**Ergebnis nach Steuern**	**491.000,00 €**	**154.500,00 €**	217,80 %
17	12	Sonstige Steuern	41.000,00 €	35.500,00 €	15,49 %
18	13	**Jahresüberschuss/Jahresfehlbetrag**	**450.000,00 €**	**119.000,00 €**	278,15 %
19					
20					
21		Mitarbeiter	93	97	-4,12 %
22					
23					
24	a)	Umsatzrentabilität	3,96 %	1,10 %	260,00 %
25	b)	Personalaufwandsquote	28,33 %	30,26 %	-6,37 %
26	c)	Abschreibungsaufwandsquote	3,98 %	4,14 %	-3,86 %
27	d)	Umsatz je Beschäftigten	122.043,01 €	111.597,94 €	9,36 %
28	e)	Pro-Kopf-Rohergebnis	56.021,51 €	49.680,41 €	12,76 %

Tabelle 4

	A	B	C	D	E
1		Erfolgskennzahlen der Spedition Rapid GmbH			
2					
3	Nr.	GuV-Position	Berichtsjahr	Vorjahr	Prozentuale Veränderung gegenüber Vorjahr
4	1	Speditionserlöse (Gesamtleistung)	11350000	10825000	=(C4-D4)/D4
5	2	Speditionsaufwendungen			
6		a) Aufwand für bezogene Leistungen	5220000	5216000	=(C6-D6)/D6
7		b) Aufwand für Treibstoffe usw.	920000	790000	=(C7-D7)/D7
8	3	**Rohergebnis**	C4-C6-C7	D4-D6-D7	=(C8-D8)/D8
9	4	Personalaufwand	3216000	3276000	=(C9-D9)/D9
10	5	Abschreibungen	452000	448000	=(C10-D10)/D10
11	6	Sonstige betriebliche Aufwendungen	804000	752000	=(C11-D11)/D11
12	7	**Betriebsergebnis (EBIT)**	C8-C9-C10-C11	D8-D9-D10-D11	=(C12-D12)/D12
13	8	Erträge aus Finanzbeteiligungen	14000	13000	=(C13-D13)/D13
14	9	Aufwendungen aus Finanzbeteiligungen	164000	171000	=(C14-D14)/D14
15	10	Steuern vom Einkommen und Ertrag	97000	30500	=(C15-D15)/D15
16	11	**Ergebnis nach Steuern**	C12+C13-C14-C15	D12+D13-D14-D15	=(C16-D16)/D16
17	12	Sonstige Steuern	41000	35500	=(C17-D17)/D17
18	13	**Jahresüberschuss/Jahresfehlbetrag**	C16-C17	D16-D17	=(C18-D18)/D18
19					
20					
21		Mitarbeiter	93	97	=(C21-D21)/D21
22					
23					
24	a)	Umsatzrentabilität	=C18/C4	=D18/D4	=(C24-D24)/D24
25	b)	Personalaufwandsquote	=C9/C4	=D9/D4	=(C25-D25)/D25
26	c)	Abschreibungsaufwandsquote	=C10/C4	=D10/D4	=(C26-D26)/D26
27	d)	Umsatz je Beschäftigten	=C4/C21	=D4/D21	=(C27-D27)/D27
28	e)	Pro-Kopf-Rohergebnis	=C8/C21	=D8/D21	=(C28-D28)/D28

Führen mit Kennzahlen

AUFGABEN

1

Die Spedition Rapid GmbH legt nachstehendes Zahlenwerk vor:

GuV-Position	Berichtsjahr in €	Vorjahr in €
1. Speditionserlöse (Gesamtleistung)	3.011.000,00 €	2.930.000,00 €
− 2. Speditionsaufwendungen		
a) Aufwand für bezogene Leistungen	1.377.000,00 €	1.300.000,00 €
b) Aufwand für bezogene Treibstoffe	241.000,00 €	199.000,00 €
= 3. **Rohergebnis**	= 1.393.000,00 €	= 1.431.000,00 €
− 4. Personalaufwand	902.000,00 €	879.000,00 €
− 5. Abschreibungen	115.000,00 €	117.000,00 €
− 6. Sonstige betriebliche Aufwendungen	205.000,00 €	217.000,00 €
= 7. **Betriebsergebnis (EBIT)**	171.000,00 €	218.000,00 €
+ 8. Erträge aus dem Finanzbereich	7.000,00 €	9.000,00 €
− 9. Aufwendungen aus dem Finanzbereich	84.000,00 €	94.000,00 €
− 10. Steuern vom Einkommen und Ertrag (gewinnabhängige Steuern)	16.000,00 €	22.000,00 €
= 11. Ergebnis nach (gewinnabhängigen) Steuern	78.000,00 €	111.000,00 €
− 12. Sonstige Steuern	6.000,00 €	4.000,00 €
= 13. Jahresüberschuss/Jahresfehlbetrag	= 72.000,00 €	= 107.000,00 €
Mitarbeiter	26	24

Teil I:

Berechnen Sie für das Berichtsjahr und das Vorjahr

  a) die Umsatzrentabilität,
  b) die Personalaufwandsquote,
  c) die Abschreibungsaufwandsquote,
  d) den Umsatz je Beschäftigten,
  e) das Pro-Kopf-Rohergebnis.

Beschreiben Sie die Entwicklung der jeweiligen Kennzahl gegenüber dem Vorjahr.

Teil II:

Berechnen Sie die Veränderung bei Ziffer 2 b „Aufwendungen für Treibstoffe".

  a) Wie ist diese Veränderung zu erklären?
  b) Welche Maßnahmen sind geeignet, um dieser Entwicklung gegenzusteuern?

Teil III:

  a) Übertragen Sie die GuV-Positionen in eine Excel-Tabelle.
  b) Berechnen Sie die Umsatzrentabilität, die Personalaufwandsquote, die Abschreibungsaufwandsquote, den Umsatz je Beschäftigten und das Pro-Kopf-Rohergebnis für das Berichtsjahr und das Vorjahr in der übertragenen Excel-Tabelle.
  c) Berechnen Sie in einer weiteren Spalte die prozentuale Veränderung der einzelnen GuV-Positionen gegenüber dem Vorjahr.
  d) Geben Sie die verwendeten Formeln an.

B Geschäftsprozesse erfolgsorientiert steuern

2

Der Branchendienst der Sparkassenorganisation, DSGV, Geschäftsstelle Bonn, hat für die Speditionsunternehmen Branchendurchschnitte ermittelt:

Bezeichnung der Kennzahl	Berichtsjahr	Vorjahr
Umsatzrentabilität	1,4 %	1,1 %
Cashflow-Rate	4,1 %	3,4 %
Personalaufwandsquote	13,2 %	12,8 %
Abschreibungsaufwandsquote	1,8 %	1,5 %
Umsatz je Beschäftigten	174.100,00 €	204.000,00 €
Pro-Kopf-Rohergebnis	53.800,00 €	59.700,00 €
Eigenkapitalquote	6,2 %	5,3 %

a) Analysieren und beschreiben Sie allgemein die Lage der Speditionsbranche im Berichtsjahr.

b) Beurteilen Sie die Entwicklung in der Speditionsbranche, indem Sie die Veränderung vom Vorjahr zum Berichtsjahr berücksichtigen.

10.2 Fallstudie: Führen mit Kennzahlen

Praxis-AUFGABE

Die Spedition Hildenbrand GmbH, Erfurt, legt für das Berichtsjahr und das Vorjahr nachstehende Informationen vor:

GuV-Rechnung der Spedition Hildenbrand GmbH
Beträge in TA€

GuV-Position	Berichtsjahr	Vorjahr
1. Speditionserlöse (Gesamtleistung)	1.320	1.180
− 2. Speditionsaufwendungen		
a) Aufwand für bezogene Leistungen	522	575
b) Aufwand für bezogene Treibstoffe	18	14
= 3. Rohergebnis	= 780	= 591
− 4. Personalaufwand	332	299
− 5. Abschreibungen	39	36
− 6. Sonstige betriebliche Aufwendungen	50	47
= 7. Betriebsergebnis (EBIT)	= 359	= 209
+ 8. Erträge aus dem Finanzbereich	1	1
− 9. Aufwendungen aus dem Finanzbereich	44	35
− 10. Steuern vom Einkommen und Ertrag (gewinnabhängige Steuern)	52	29
= 11. Ergebnis nach (gewinnabhängigen) Steuern	= 264	= 146
− 12. Sonstige Steuern	94	46
= 13. Jahresüberschuss/Jahresfehlbetrag	170	100
Mitarbeiter	11	10

Führen mit Kennzahlen

BILANZ DER SPEDITION HILDENBRAND GMBH
BETRÄGE IN T€

AKTIVA	Berichts-jahr	Vorjahr	PASSIVA	Berichts-jahr	Vorjahr
Anlagevermögen			Eigenkapital	412	388
1. Sachanlagen	1.020	985	Fremdkapital		
2. Finanzanlagen	15	20	1. langfristiges	550	540
Umlaufvermögen			2. kurzfristiges	1.081	885
1. Vorräte	35	50			
2. Forderungen	950	740			
3. Liquide Mittel	23	18			
	2.043	**1.813**		**2.043**	**1.813**

Teil I:

a) Berechnen und beurteilen Sie für das Berichtsjahr und das Vorjahr die Vermögens-struktur anhand einer geeigneten Kennzahl.

b) Berechnen und beurteilen Sie für das Berichtsjahr und das Vorjahr die Kapital-struktur anhand einer geeigneten Kennzahl.

c) Beurteilen Sie die Bilanz für das Berichtsjahr und das Vorjahr anhand von geeig-neten horizontalen Kennzahlen.

d) Ermitteln und beurteilen Sie für das Berichtsjahr und das Vorjahr Rentabilitäts-kennzahlen und Cashflow-Werte.

e) Ermitteln und beurteilen Sie für das Berichtsjahr und das Vorjahr die Personalauf-wandsquote, die Abschreibungsaufwandsquote, den Umsatz je Beschäftigten und das Pro-Kopf-Rohergebnis.

f) Verfassen Sie einen kurzen Geschäftsbericht. Stellen Sie dabei die Situation der Spedition Hildenbrand GmbH im Berichtsjahr und im Vergleich Berichtsjahr zu Vor-jahr dar.

Teil II:

a) Geben Sie die oben stehende Angaben in eine vierspaltige Excel-Tabelle ein. Gliedern Sie Spalte 1 wie folgt: GuV-Positionen; danach Mitarbeiter, danach Bilanz Aktiva und Passiva und schließlich die unterschiedlichen Kennzahlen.

b) Fügen Sie in Spalte 1 die in Teil I verwendeten Kennzahlen hinzu. Berechnen Sie in Spalte 2 (Berichtsjahr), in Spalte 3 (Vorjahr) und in Spalte 4 (prozentuale Abwei-chung) die jeweiligen Werte mithilfe von Formeln.

C

Leasing oder Bankkredit oder doch Miete?

Die Spedition Kramer GmbH, Jena, benötigt zur Ausdehnung der Südeuroparelation dringend einen neuen Lkw mit einem zulässigen Gesamtgewicht von 38 t. Das verfügbare Eigenkapital reicht nicht aus, um die Anschaffungskosten von ca. 200.000,00 € zu decken.

Wer sich mit dem Erwerb hochwertiger Investitionsgüter wie Lastzügen beschäftigen muss, weiß, dass die Frage nach der richtigen Finanzierung eine spannende Angelegenheit ist.

Was tun, wenn der Lkw nicht mit Eigenkapital bezahlt werden kann? Neben dem Bankkredit bieten sich hier Leasing und Miete als Alternative an.

1 Der Bankkredit

Wenn die Bank einen Kredit für die Anschaffung eines Lastkraftwagens gewährt, wird sie in der Regel nur bis zu 60 % der Anschaffungskosten zur Verfügung stellen. Die restlichen 40 % muss der Kreditnehmer üblicherweise in Form von verfügbarem Eigenkapital beisteuern.

Falls der Kreditnehmer kein verfügbares Eigenkapital hat, steigt das Kreditrisiko der Bank. Sie kann auch dann die vollen Anschaffungskosten finanzieren, wenn der Kreditnehmer einen höheren Zinssatz akzeptiert oder den Kredit innerhalb einer Kreditlaufzeit zurückbezahlt, die wesentlich kürzer ist als die Nutzungsdauer des Gutes. Mit dieser Vereinbarung ist gewährleistet, dass die Bank ihr Geld sehr schnell zurückbekommt. Sollte der Kreditnehmer die Bankschulden nicht begleichen können, könnte die Bank den noch relativ neuwertigen Gegenstand verkaufen und sich so schadlos halten.

Für den vereinbarten Kredit wird die Bank Tilgungsleistungen und Zinszahlungen verlangen. Der Spediteur wird in der GuV-Rechnung den Zinsaufwand und die Abschreibungen als Aufwand gewinnmindernd ansetzen. Er muss Zinsen und Tilgung als Geldabfluss (Ausgabe) bezahlen können.

Im Nahbereich wird eine zusätzliche Relation angefahren. Dazu muss ein neuer Lkw angeschafft werden.

Anschaffungskosten	40.000,00 €
+ 19 % Umsatzsteuer	7.600,00 €
= Anschaffungspreis	47.600,00 €

Der Lkw wird acht Jahre lang genutzt. Die Abschreibung erfolgt linear. Die Bank gewährt einen Kredit über fünf Jahre. Die jährliche Tilgung beträgt 20 %, der Zinssatz 6 %. Zins- und Tilgungszahlungen erfolgen jährlich am Jahresende.

Berechnen Sie die fehlenden Werte in nachstehender Tabelle.

Der Bankkredit

Jahr	Darl.-Schuld Jahres-anfang in €	Zinsen in € (Aufwand und Ausgabe)	Tilgung in € (Ausgabe)	Ab-schreibung in € (Aufwand)	Ausgabe (Geldabfluss) in € (Zins und Tilgung)	Aufwand (Gewinn-minderung) in € (Zins und Abschr.)
1						
2						
3						
4						
5						
6						
7						
8						
Summe						

Bitte nicht beschriften.

Hinweis: Da die Umsatzsteuer einen durchlaufenden Posten[1] darstellt, müssen lediglich die Anschaffungskosten[2] (hier also 40.000,00 €) finanziert werden.

Jahr	Darl.-Schuld Jahres-anfang in €	Zinsen ❸ in € (Aufwand und Ausgabe)	Tilgung ❶ in € (Ausgabe)	Ab-schreibung ❻ in € (Aufwand)	Ausgabe (Geldabfluss) ❺ in € (Zins und Tilgung)	Aufwand (Gewinn-minderung) ❼ in € (Zins und Abschr.)
1	40.000,00	2.400,00	8.000,00	5.000,00	10.400,00	7.400,00
2	32.000,00	1.920,00	8.000,00	5.000,00	9.920,00	6.920,00
3	24.000,00	1.440,00	8.000,00	5.000,00	9.440,00	6.440,00
4	16.000,00	960,00	8.000,00	5.000,00	8.960,00	5.960,00
5	8.000,00	480,00	8.000,00	5.000,00	8.480,00	5.480,00
6				5.000,00		5.000,00
7				5.000,00		5.000,00
8				5.000,00		5.000,00
Summe		❹ 7.200,00	❷ 40.000,00	40.000,00	47.200,00	47.200,00

Lösungsweg:

❶ Tilgung innerhalb von fünf Jahren mit jeweils 20 %;
jährlicher Tilgungsbedarf in den ersten fünf Jahren: 40.000,00 € · 20 % = 8.000,00 €;
danach muss keine Tilgung mehr erfolgen

LÖSUNG

Fortsetzung →

---
[1] Siehe Kapitel A11.1, S.70
[2] Siehe Kapitel A12.1, S.79

Leasing oder Bankkredit oder doch Miete?

❷ Tilgung über gesamte Laufzeit =   40.000,00 €
❸ Zinsberechnung im ersten Jahr: 40.000,00 € · 6,0 % = 2.400,00 €
    Zinsberechnung im zweiten Jahr: 32.000,00 € · 6,0 % = 1.920,00 €
❹ Zinszahlungen während Gesamtlaufzeit
❺ Der Geldabfluss setzt sich aus Zins- und Tilgungszahlungen zusammen; Addition von **❶** und **❸**
❻ Der Lkw wird acht Jahre lang genutzt. Bei linearer Abschreibung sind jährlich 40.000,00 € : 8 = 5.000,00 € abzuschreiben.
❼ Der Gesamtaufwand wird durch Addition der Zinsen und Abschreibungen ermittelt. Zinsen und Abschreibungen gehen als Aufwand gewinnmindernd in die GuV-Rechnung ein. Die Tilgung stellt lediglich eine Ausgabe dar, aber keinen Aufwand.

Bei der Bankfinanzierung muss ein wichtiger Vorteil gesehen werden: Mit dem Scheck der Bank lassen sich beim Verkaufsgespräch durchaus Preise erzielen, die weit vom Listenpreis der Hersteller abweichen.

Warum ist die Bankfinanzierung trotz der günstigen Verkaufspreise sehr selten?

Kreditfinanzierte Lastkraftwagen machen nicht einmal 10 % der verkauften Lastkraftwagen aus. Viele Speditionen sind einerseits nicht in der Lage, ca. 40 % Eigenkapitalanteil bei der Finanzierung aufzubringen. Dies wird verständlich, wenn man weiß, dass die durchschnittliche Eigenkapitalquote der deutschen Speditionsbetriebe bei 6 % liegt. Also muss diese Finanzierungsvariante für viele Spediteure ausscheiden.

Finanziert die Bank andererseits 100 % des Anschaffungspreises, so muss der Kreditnehmer entweder sehr schnell – innerhalb der ersten Hälfte der Nutzungsdauer – den Kredit zurückbezahlen oder einen höheren Zinssatz einschließlich Risikozuschlag akzeptieren. Die sich daraus ergebenden hohen Rückzahlungsbeträge führen zu einer extremen Liquiditätsbelastung in den ersten Nutzungsjahren. Dies ist ein weiterer Grund, warum diese Finanzierungsvariante für viele Spediteure ausscheiden muss.

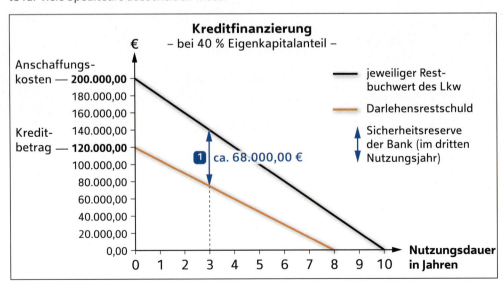

Der Bankkredit

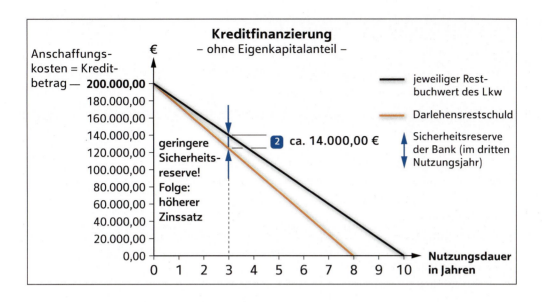

Bei der Kreditfinanzierung mit Eigenkapitalanteil ist die Sicherheitsreserve ❶ der Bank wesentlich höher als bei der Kreditfinanzierung ohne Eigenkapital ❷. Wenn die Bank eine Kreditfinanzierung ohne Eigenkapitalanteil des Kreditnehmers übernimmt, wird sie wegen der geringeren Sicherheitsreserven einen höheren Zinssatz verlangen. Selbst wenn der Spediteur in der Lage ist, den entsprechenden Eigenkapitalanteil aufzubringen, könnte diese Finanzierungsform an den verschärften Kreditbestimmungen nach Basel II[1] scheitern. Denn der Spediteur müsste seine Schulden (Bankkredit!) höher als bisher ausweisen und verschlechtert damit seine Einstufung bei der Kreditvergabe. Dies führt wiederum zu einem höheren Zinssatz für den Bankkredit. Folglich wird der bankfinanzierte Lkw-Kauf durch die verschärften Kreditbestimmungen und teilweise überzogenen Sicherheitsforderungen der Banken immer mehr ins Abseits gerückt.

FAZIT

Bankkredit verursacht Geldabfluss	• Zinsen und Tilgungen
Bankkredit verursacht Aufwand	• Zinsen und Abschreibungen
Bankkredit belastet	• die Liquidität in den ersten Kreditjahren sehr stark.
Bankkredit erfordert	• Eigenkapitalanteil von ca. 40 % • oder vollständige Tilgung innerhalb der ersten Hälfte der Nutzungsdauer bzw.
Bankkredit ermöglicht	• höheren Zinssatz einschließlich Risikozuschlag.

---

[1] Bankenübergreifendes Verfahren zur Bestimmung der Kreditwürdigkeit. Je nach Einstufung muss ein höherer oder geringerer Zinssatz bezahlt werden.

Leasing oder Bankkredit oder doch Miete?

Aufgaben zum Sachverhalt

1

Im Nahbereich wird eine zusätzliche Relation angefahren. Dazu muss ein neuer Lkw angeschafft werden.

	Anschaffungskosten	60.000,00 €
+	19 % Umsatzsteuer	11.400,00 €
=	Anschaffungspreis	71.400,00 €

Der Lkw wird zehn Jahre lang genutzt. Die Abschreibung erfolgt linear. Die Bank gewährt einen Kredit über sechs Jahre. Die jährliche Tilgung beträgt 16 $\frac{2}{3}$ %, der Zinssatz 5 %. Zins- und Tilgungszahlungen erfolgen jährlich am Jahresende.

Berechnen Sie die fehlenden Werte in nachstehender Tabelle.

Jahr	Darl.-Schuld (Jahresanfang) in €	Zinsen in € (Aufwand und Ausgabe)	Tilgung in € (Ausgabe)	Abschreibung in € (Aufwand)	Ausgabe (Geldabfluss) in € (Zins und Tilgung)	Aufwand (Gewinnminderung) in € (Zins und Abschr.)
1						
2						
3						
4						
5						
6						
7						
8						
9						
10						
Summe						

Bitte nicht beschriften.

2

Im Nahbereich wird eine zusätzliche Relation angefahren. Dazu muss ein neuer Lkw angeschafft werden.

	Anschaffungskosten	120.000,00 €
+	19 % Umsatzsteuer	22.800,00 €
=	Anschaffungspreis	142.800,00 €

Der Lkw wird acht Jahre lang genutzt. Die Abschreibung erfolgt linear. Die Bank gewährt einen Kredit über fünf Jahre. Die jährliche Tilgung beträgt 20 %, der Zinssatz 5,5 %. Zins- und Tilgungszahlungen erfolgen jährlich am Jahresende.

Berechnen Sie die fehlenden Werte in nachstehender Tabelle.

Leasing

Jahr	Darl.-Schuld (Jahresanfang) in €	Zinsen in € (Aufwand und Ausgabe)	Tilgung in € (Ausgabe)	Abschreibung in € (Aufwand)	Ausgabe (Geldabfluss) in € (Zins und Tilgung)	Aufwand (Gewinnminderung) in € (Zins und Abschr.)
1						
2						
3						
4						
5						
6						
7						
8						
Summe						

Bitte nicht beschriften.

Leasing[1]

Beim **Leasing** werden Investitionsgüter, in unserem Beispiel der Lkw, für eine gewisse Dauer, üblicherweise mehrere Jahre, angemietet. Während dieser Zeit ist der Leasingvertrag unkündbar, die gleichbleibende Leasingrate ist monatlich zu bezahlen. Nach Ablauf dieser mehrjährigen unkündbaren Grundmietzeit kann der Lkw zum Restkaufpreis übernommen werden oder zu besonders günstigen Leasingraten weiterhin genutzt werden.

Der Leasinggegenstand gehört dem Leasinggeber und wird bei ihm bilanziert. Der Leasingnehmer hat während der Leasingdauer die Leasingrate zu entrichten.

Bei der Berechnung der **Leasingrate** wird der Leasinggeber den Kaufpreis für das Leasinggut, Zinsen, Vertriebs- und Verwaltungskosten, Risikoprämie und Gewinnanteil einrechnen. Wenn der Leasinggeber große Mengen des Leasinggutes erwirbt, kann durch die indirekte Weitergabe der günstigen Einkaufsbedingungen die Leasingrate attraktiv gestaltet werden.

FAZIT

Leasing bedeutet	• Mietvertrag über unkündbare Grundmietzeit.
Leasing verursacht Geldabfluss	• in Höhe der Leasingraten.
Leasing verursacht Aufwand	• in Höhe der Leasingraten.
Leasing erfordert	• kein Eigenkapital.
Leasing befreit	• von der Gewerbesteuerlast für den Leasinggegenstand.[2]
Leasing belastet	• die Liquidität gleichmäßig.

---

[1] to lease = mieten; ein Mietvertrag mit einer unkündbaren Grundmietzeit wird als Leasing, genauer als „Financial Leasing" bezeichnet.
[2] Da der Leasinggegenstand nicht beim Leasingnehmer bilanziert wird, muss dieser auch keine Gewerbesteuer aus dem Leasinggut bezahlen.

280 Leasing oder Bankkredit oder doch Miete?

Ein Lkw soll über mehrere Jahre geleast werden. Die monatliche Leasingrate für die ersten vier Jahre (Grundmietzeit) beträgt 2,0 % der Anschaffungskosten. Bei Vertragsverlängerung wird eine Jahresmiete von 10 % der Anschaffungskosten fällig. Der Lkw wird voraussichtlich sieben Jahre benötigt. Die Anschaffungskosten für den Lkw betragen 60.000,00 €.

Berechnen Sie die fehlenden Positionen in nachstehender Tabelle.

Jahr	Leasingrate	Ausgabe	Aufwand
1			
2			
3			
4			
5			
6			
7			
Summe			

Bitte nicht beschriften.

LÖSUNG

Jahr	Leasingrate	Ausgabe	Aufwand
1	❶ 14.400,00	14.400,00	14.400,00
2	14.400,00	14.400,00	14.400,00
3	14.400,00	14.400,00	14.400,00
4	14.400,00	14.400,00	14.400,00
5	❷ 6.000,00	6.000,00	6.000,00
6	6.000,00	6.000,00	6.000,00
7	6.000,00	6.000,00	6.000,00
Summe	❸ 75.600,00	75.600,00	75.600,00

Lösungsweg:

❶ Jährliche Leasingrate in den ersten fünf Jahren:
60.000,00 € · 2 % · 12 = 14.400,00 €

❷ Jährliche Leasingrate nach dem fünften Jahr:
60.000,00 € · 10 % = 6.000,00 €

❸ Leasingzahlungen während der gesamten Laufzeit

Leasing oder Kreditfinanzierung?

Eine Krananlage soll über mehrere Jahre geleast werden. Die monatliche Leasingrate für die ersten sechs Jahre (Grundmietzeit) beträgt 1,25 % der Anschaffungskosten. Bei Vertragsverlängerung wird eine Jahresmiete von 5 % der Anschaffungskosten fällig. Die Krananlage wird voraussichtlich zehn Jahre benötigt. Die Anschaffungskosten für die Krananlage betragen 120.000,00 €.

Berechnen Sie die fehlenden Positionen in nachstehender Tabelle.

Jahr	Leasingrate	Ausgabe	Aufwand
1			
2			
3			
4			
5			
6			
7			
Summe			

Bitte nicht beschriften.

AUFGABE zum Sachverhalt

Leasing oder Kreditfinanzierung? 3

Eine mittelständische Spedition benötigt einen neuen Lkw. Der Lkw soll während der nächsten acht Jahre ständig eingesetzt werden. Es ist kein verfügbares Eigenkapital vorhanden. Die Geschäftsleitung überlegt, ob Leasing oder Kreditfinanzierung durchgeführt werden soll. Dabei ist zunächst der rechnerische Vergleich durchzuführen. Aber auch weitere betriebswirtschaftliche Sachverhalte sollen berücksichtigt werden.

Der Lkw hat einen Anschaffungspreis ohne Umsatzsteuer von 200.000,00 €. Er soll acht Jahre genutzt werden. Der Lkw wird linear abgeschrieben.

Die **Hausbank** bietet folgende Finanzierungsmöglichkeit:

Darlehen von 200.000,00 €, Ratentilgung innerhalb von vier Jahren mit jeweils 25 % pro Jahr. Da der Spediteur kein verfügbares Eigenkapital hat, verlangt die Bank die vollständige Kredittilgung nach der halben Nutzungsdauer. Zinssatz 6,5 %, Zins- und Tilgungszahlungen erfolgen jährlich am Jahresende.

Muster-AUFGABE

Fortsetzung

282 Leasing oder Bankkredit oder doch Miete?

Alternativ unterbreitet die **Leasing AG** folgendes Angebot:

Monatliche Leasingrate für die ersten fünf Jahre (Grundmietzeit) 1,5 % der Anschaffungskosten. Bei Vertragsverlängerung wird eine Jahresmiete von 10 % des Anschaffungswertes fällig.

a) Vergleichen Sie Kreditfinanzierung und Leasing, indem Sie nachstehende Tabelle ergänzen.

b) Beurteilen Sie die beiden Finanzierungsarten hinsichtlich der Liquiditätsbelastung in den einzelnen Nutzungsjahren und über die gesamte Nutzungsdauer.

Kreditkauf | Leasing

Jahr	Zins (in €)	Tilgung (in €)	Abschreibung (in €)	Ausgabe (Geldabfluss) (in €)	Gesamtaufwand (Gewinnminderung) (in €)	Ausgabe (Geldabfluss) (in €)	Aufwand (Gewinnminderung) (in €)
1							
2							
3							
4							
5							
6							
7							
8							
Summe							

Bitte nicht beschriften.

LÖSUNG

Kreditkauf | Leasing

Jahr	Zins ❸ (in €)	Tilgung ❶ (in €)	Abschreibung ❻ (in €)	Ausgabe (Geldabfluss) (Zins- und Tilgung) ❺ (in €)	Gesamtaufwand (Zins- und Abschreibung) ❼ (in €)	Ausgabe (Geldabfluss) (in €)	Aufwand (Gewinnminderung) (in €)
1	13.000,00	50.000,00	25.000,00	63.000,00	38.000,00	❾ 36.000,00	❾ 36.000,00
2	9.750,00	50.000,00	25.000,00	59.750,00	34.750,00	36.000,00	36.000,00
3	6.500,00	50.000,00	25.000,00	56.500,00	31.500,00	36.000,00	36.000,00
4	3.250,00	50.000,00	25.000,00	53.250,00	28.250,00	36.000,00	36.000,00
5	–	–	25.000,00	–	25.000,00	36.000,00	36.000,00
6	–	–	25.000,00	–	25.000,00	❾ 20.000,00	❾ 20.000,00
7	–	–	25.000,00	–	25.000,00	20.000,00	20.000,00
8	–	–	25.000,00	–	25.000,00	20.000,00	20.000,00
Summe	32.500,00 ❹	200.000,00 ❷	200.000,00	232.500,00 ⓫	232.500,00	240.000,00 ❿	240.000,00

Leasing oder Kreditfinanzierung

LÖSUNGS-WEG

❶ Tilgung innerhalb von vier Jahren mit jeweils 25 %; jährlicher Tilgungsbedarf in den ersten vier Jahren 200.000,00 € · 25 % = 50.000,00 €; danach keine Tilgung mehr

❷ Tilgung über gesamte Laufzeit = 200.000,00 €

❸ Zinsberechnung im ersten Jahr: 200.000,00 € · 6,5 % = 13.000,00 €

Zinsberechnung im zweiten Jahr: 150.000,00 € · 6,5 % = 9.750,00 €

❹ Zinszahlungen während Gesamtlaufzeit

❺ Der Geldabfluss setzt sich aus Zins- und Tilgungszahlungen zusammen; Addition von ❶ und ❸.

❻ Der Lkw wird acht Jahre lang genutzt. Bei linearer Abschreibung sind jährlich 200.000,00 € : 8 = 25.000,00 € abzuschreiben.

❼ Der Gesamtaufwand wird durch Addition der Zinsen und Abschreibungen ermittelt. Zinsen und Abschreibungen gehen als Aufwand gewinnmindernd in die GuV-Rechnung ein. Die Tilgung stellt lediglich eine Ausgabe dar, aber keinen Aufwand.

❽ In den ersten acht Jahren beträgt die monatliche Leasingrate 200.000,00 € · 1,5 % = 3.000,00 €. Jährlich sind dann 3.000,00 € · 12 = 36.000,00 € zu bezahlen.

❾ Nach den ersten fünf Jahren beträgt die jährliche Leasingrate 200.000,00 € · 1,5 % = 20.000,00 €.

Über die gesamte Nutzungsdauer hinweg verursacht Leasing **❿** 240.000,00 € Ausgaben, die Kreditfinanzierung **⓫** lediglich 232.500,00 €.

b) In den ersten vier Nutzungsjahren liegt die Liquiditätsbelastung bei der Kreditfinanzierung deutlich über dem Leasing. So werden im ersten Nutzungsjahr 63.000,00 € bei der Kreditfinanzierung benötigt, dagegen nur 36.000,00 € beim Leasing. Ab dem fünften Jahr erfordert nur Leasing Geldabfluss. Die hohe Liquiditätsbelastung in den ersten vier Jahren kann eine schwere Bürde für den Spediteur sein, also ein weiterer Grund für das Leasing.

Über die gesamte Laufzeit hinweg ist der Geldabfluss beim Leasing etwas höher als bei der Kreditfinanzierung. Trotz der etwas geringeren Liquiditätsbelastung beim Kreditkauf werden viele Spediteure das Leasing vorziehen, da die Ausgabenbelastung sich gleichmäßiger über die gesamte Nutzungsdauer verteilt.

Leasing oder Bankkredit oder doch Miete?

FAZIT

Gegenüber dem Bankkredit hat Leasing folgende

Vorteile

- Beim Leasing ist kein Eigenkapital erforderlich.
- Leasing ist „bilanzneutral",
  d. h., die Kennzahlen werden nicht belastet.
- Beim Leasing fällt keine Gewerbesteuer an.
- Beim Leasing ist die Liquiditätsbelastung gleichmäßiger als beim Bankkredit.

Nachteil

- Leasing ist insgesamt betrachtet teurer als die bankfinanzierte Anschaffung.

Aufgaben zum Sachverhalt

1

Ein Volvo FH 16-660 hat einen Anschaffungspreis ohne Umsatzsteuer von 120.000,00 €. Er soll acht Jahre genutzt werden. Der Lkw wird linear abgeschrieben.

Die **Hausbank** bietet folgende Finanzierungsmöglichkeit:

Darlehen von 120.000,00 €A, Ratentilgung innerhalb von vier Jahren mit jeweils 25 % pro Jahr. Da der Spediteur kein verfügbares Eigenkapital hat, verlangt die Bank die vollständige Kredittilgung nach der halben Nutzungsdauer. Zinssatz 6,5 %, Zins- und Tilgungszahlungen erfolgen jährlich am Jahresende.

Alternativ unterbreitet die **Leasing AG** folgendes Angebot:

Monatliche Leasingrate für die ersten fünf Jahre (Grundmietzeit) 1,5 % des Anschaffungspreises ohne Umsatzsteuer. Bei Vertragsverlängerung wird eine Jahresmiete von 10 % der Anschaffungskosten fällig.

a) Vergleichen Sie Kreditfinanzierung und Leasing, indem Sie nachstehende Tabelle ergänzen.

b) Beurteilen Sie die beiden Finanzierungsarten hinsichtlich der Liquiditätsbelastung in den einzelnen Nutzungsjahren und über die gesamte Nutzungsdauer.

	Kreditkauf					Leasing	
Jahr	Zins (in €)	Tilgung (in €)	Abschreibung (in €)	Ausgabe (Geldabfluss) (in €)	Gesamtaufwand (Gewinnminderung) (in €)	Ausgabe (Geldabfluss) (in €)	Aufwand (Gewinnminderung) (in €)
1							
2							
3							
4							
5							
6							
7							
8							
Summe							

Bitte nicht beschriften.

Leasing oder Kreditfinanzierung?

Ein Iveco Transporter hat einen Anschaffungspreis ohne Umsatzsteuer von 49.000,00 €. Er soll sieben Jahre genutzt werden. Der Lkw wird linear abgeschrieben.

Die **Hausbank** bietet folgende Finanzierungsmöglichkeit:

Darlehen von 48.000,00 €, Ratentilgung innerhalb von fünf Jahren mit jeweils 20 % pro Jahr. Da der Spediteur kein verfügbares Eigenkapital hat, verlangt die Bank die vollständige Kredittilgung nach der halben Nutzungsdauer. Zinssatz 4,5 %, Zins- und Tilgungszahlungen erfolgen jährlich am Jahresende.

Alternativ unterbreitet die **Leasing AG** folgendes Angebot:

Monatliche Leasingrate für die ersten fünf Jahre (Grundmietzeit) 1,5 % des Anschaffungspreises ohne Umsatzsteuer. Bei Vertragsverlängerung wird eine Jahresmiete von 8 % der Anschaffungskosten fällig.

a) Vergleichen Sie Kreditfinanzierung und Leasing, indem Sie nachstehende Tabelle ergänzen.

b) Beurteilen Sie die beiden Finanzierungsarten hinsichtlich der Liquiditätsbelastung in den einzelnen Nutzungsjahren und über die gesamte Nutzungsdauer.

	Kreditkauf					Leasing	
Jahr	Zins (in €)	Tilgung (in €)	Abschreibung (in €)	Ausgabe (Geldabfluss) (in €)	Gesamtaufwand (Gewinnminderung) (in €)	Ausgabe (Geldabfluss) (in €)	Aufwand (Gewinnminderung) (in €)
1							
2							
3							
4							
5							
6							
7							
8							
Summe							

Bitte nicht beschriften.

Leasing oder Bankkredit oder doch Miete?

4 Miete

Beim Mietvertrag[1] entfällt die beim Leasing übliche unkündbare Grundmietzeit. Wird ein zusätzliches Fahrzeug nur kurzzeitig oder immer wieder sporadisch benötigt, bietet sich die sogenannte Kurzzeitmiete an. Die Mietdauer ist flexibel und lässt sich auch in einem laufenden Vertrag kurzfristig anpassen. Fahrzeugwechsel innerhalb eines laufenden Vertrages sind möglich. So hat der Kunde eine **größere Flexibilität** als beim Bankkredit und Leasing. Durch Mietfahrzeuge können Speditionsaufträge flexibel und kurzfristig angenommen werden. Das Mieten von Lastkraftwagen kann daher Spitzenlasten abdecken und kurzfristigen Bedarf überbrücken.

Praxis-AUFGABE

Fallstudie: Finanzierungsentscheidung

Die Spedition Kurt Metz GmbH benötigt drei neue gleichartige Fahrzeuge. Zwei dieser Fahrzeuge werden ständig eingesetzt sein. Das dritte Fahrzeug soll nur sporadisch eingesetzt werden, um die Belastungsspitzen aufzufangen. Geplanter Einsatz:

Fahrzeug 1: ständig, über gesamte Nutzungsdauer von acht Jahren

Fahrzeug 2: ständig, über gesamte Nutzungsdauer von acht Jahren

Fahrzeug 3: sporadisch, über acht Jahre hinweg, monatlich an ca. vier Arbeitstagen

Aus der Preisliste des Fahrzeugs sind bekannt:

Anschaffungskosten, Nettokaufpreis	100.000,00 €
+ 19 % Umsatzsteuer	19.000,00 €
= Anschaffungspreis	119.000,00 €

Für die geplante Investition steht insgesamt verfügbares Eigenkapital in Höhe von 40.000,00 € zur Verfügung. Bei sofortiger Bezahlung gewährt der Lkw-Verkäufer 10 % Rabatt. Die Hausbank erwartet bei der Kreditfinanzierung einen Eigenkapitalanteil von etwa 40 %. Bei diesem Eigenkapitalanteil beträgt der Zinssatz 6 %. Der Kredit ist innerhalb von sechs Jahren durch gleichmäßige Tilgungen zurückzuzahlen.

Bei einer Kreditfinanzierung ohne Eigenkapitalanteil würde die Hausbank 7 % Zinsen verlangen. Der Kredit wäre dann ebenfalls innerhalb von sechs Jahren durch gleichmäßige Tilgungen zurückzubezahlen. Alternativ wird Fahrzeugleasing angeboten. Während der Grundmietzeit (fünf Jahre) beträgt die monatliche Leasinggebühr 1,8 % von den Anschaffungskosten in Höhe von 100.000,00 €, danach 4 % pro Jahr.

1 Stellen Sie auf ein Fahrzeug bezogen

a) die Kreditfinanzierung mit Eigenkapitalanteil,

b) die Kreditfinanzierung ohne Eigenkapitalanteil,

c) die Leasingfinanzierung dar.

2 Beschreiben Sie, wie die Beschaffung finanziert werden sollte. Begründen Sie Ihren Vorschlag.

---

[1] Mietvertrag im Sinne von § 535 BGB, auch als „operatives Leasing" bezeichnet

D Einkommensteuererklärung des Arbeitnehmers

1 Die Antragsveranlagung beim Finanzamt

Das Steuersystem ist so aufgebaut, dass der Arbeitnehmer im Kalenderjahr normalerweise eher zu viel Lohnsteuer bezahlt als zu wenig. Lohnsteuer muss regelmäßig mit der Gehaltszahlung, also monatlich, an das Finanzamt abgeführt werden. Insbesondere unterschiedlich hohe Monatsgehälter können dazu führen, dass die monatlichen Lohnsteuerzahlungen eine höhere Summe ergeben, als auf das Jahresgehalt tatsächlich an Lohnsteuer zu bezahlen ist. Wenn ein Arbeitnehmer ausschließlich Einkünfte aus nichtselbstständiger Tätigkeit hat, muss er keine Steuernachzahlung befürchten; im Gegenteil: Häufig erstattet das Finanzamt zu viel bezahlte Lohnsteuer.

Auf die Einkünfte aus nichtselbstständiger Arbeit (Löhne und Gehälter) wird die sogenannte Lohnsteuer bezahlt. Liegen außer den Einkünften aus nichtselbstständiger Tätigkeit weitere Einkunftsarten vor (z. B. Zinsen als Einkünfte aus Kapitalvermögen oder Mieteinnahmen als Einkünfte aus Vermietung und Verpachtung), wird nicht mehr lediglich eine Antragsveranlagung, sondern eine Einkommensteuererklärung durchgeführt (siehe S. 294). Die Steuersätze sind bei Lohn- und Einkommensteuer identisch.

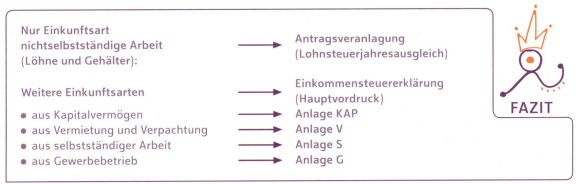

1.1 Wie wird die Antragsveranlagung durchgeführt?

Unbedingt notwendig ist die elektronische Lohnsteuerbescheinigung für das zurückliegende Kalenderjahr. Hier sind als wichtige Angaben enthalten:

- Jahresbruttolohn,
- bezahlte (einbehaltene) Lohnsteuer im Kalenderjahr,
- bezahlter (einbehaltener) Solidaritätszuschlag im Kalenderjahr,
- bezahlte (einbehaltene) Kirchensteuer abzüglich der im Vorjahr vom Finanzamt erstatteten Kirchensteuer,
- Arbeitnehmeranteil an der Rentenversicherung, Krankenversicherung, Arbeitslosenversicherung, Pflegeversicherung,
- Arbeitgeberanteil an der Rentenversicherung.

In den amtlichen Vordruck bzw. in die ELSTER-Datei werden zunächst die persönlichen Daten eingetragen:

- Name, Vorname
- Anschrift
- Geburtstag
- Familienstand
- Steuerklasse
- Bankverbindung (wichtig für die Steuererstattung!)

Einkommensteuererklärung des Arbeitnehmers

Auf der elektronischen Lohnsteuerbescheinigung der ledigen Saskia Michelmann sind für das letzte Kalenderjahr folgende Werte aufgeführt:

Bruttoarbeitslohn	①	38.667,00 €
Lohnsteuer	②	6.398,00 €
Solidaritätszuschlag	③	351,87 €
Kirchensteuer (8 %)	④	511,84 €
(im Vorjahr erstattet: 11,84 €)		
Rentenversicherung Arbeitnehmeranteil		3.654,03 €
Rentenversicherung Arbeitgeberanteil		3.654,03 €
Krankenversicherung Arbeitnehmeranteil		3.170,69 €
Pflegeversicherung Arbeitnehmeranteil		396,34 €

Saskia Michelmann fährt an 193 Tagen mit dem eigenen Pkw zur Arbeit. Die einfache Entfernung beträgt 13 km.

Saskia hat eine private Unfallversicherung mit einen Jahresbeitrag in Höhe von 67,00 € und eine Berufsunfähigkeitsversicherung mit einem monatlichen Betrag von 40,00 €.

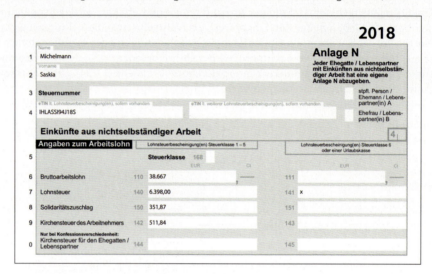

MERKE

Die Antragsveranlagung wird vom Finanzamt folgendermaßen bearbeitet:

    Bruttoarbeitslohn ①
− Werbungskosten ⑤
= Einkünfte aus nichtselbstständiger Arbeit ⑥
− Sonderausgaben ⑦
− außergewöhnliche Belastungen
− Kinderfreibetrag/Betreuungsfreibetrag
= zu versteuerndes Einkommen ⑧

Die Antragsveranlagung wird auf dem Formular des Finanzamtes oder elektronisch über das Internet (ELSTER)[1] durchgeführt.
Wichtig: Der Arbeitnehmer muss aktiv werden!

---

[1] ELSTER: Akronym für Elektronische Steuererklärung

Die Antragsveranlagung beim Finanzamt

Besteuerungsgrundlagen zur Steuerfestsetzung 2018
Berechnung des zu versteuernden Einkommens

	€	Insgesamt €
Einkünfte aus nichtselbstständiger Arbeit:		
Bruttoarbeitslohn	38.667,00 **❶**	
– Werbungskosten	1.000,00[1] **❺**	
= Einkünfte	37.667,00 **❻**	
Gesamtbetrag der Einkünfte	37.667,00	37.667,00
– Sonderausgaben unbeschränkt abzugsfähig		500,00[2]
– Vorsorgeaufwendungen		6.197,93[3] **❼**
= Einkommen/zu versteuerndes Einkommen		30.969,07 **❽**

Berechnung der Einkommensteuer:
zu versteuern nach der Grundtabelle .... 30.969,07 **❽**
tarifliche Einkommensteuer 5.651,00
festzusetzende Einkommensteuer 5.651,00

Auf das so ermittelte zu versteuernde Einkommen **❽** wird anhand der Einkommensteuertabelle (bei Alleinstehenden gilt die Grundtabelle) die Einkommensteuerschuld **❾** ermittelt. Dieser Betrag wird mit der abgeführten Lohnsteuer **❿** verglichen. Zu viel abgeführte Lohnsteuer **⓫** wird dem Steuerpflichtigen erstattet.

Hat der Steuerpflichtige zu viel Lohnsteuer bezahlt, sind automatisch auch zu viel Kirchensteuer und Solidaritätszuschlag bezahlt worden, da diese Größen in Abhängigkeit der Lohn- bzw. Einkommensteuer bezahlt werden. Neben der Erstattung für zu viel bezahlte Lohnsteuer wird das Finanzamt auch zu viel bezahlte Kirchensteuer **⓬** und zu viel bezahlten Solidaritätszuschlag **⓭** erstatten. Zu viel bezahlte Lohn- bzw. Einkommensteuer, Kirchensteuer und Solidaritätszuschlag werden insgesamt **⓮** erstattet.

Jahr	Einkommensteuer in €	Kirchensteuer rk in €	Solidaritätszuschlag in €	Insgesamt in €
festgesetzt werden	**❾** 5.651,00	452,08	310,80	
ab Steuerabzug vom Lohn	**❿** 6.398,00	500,00	351,87	
verbleibende Beträge	– 747,00	– 47,92	– 41,07	– 835,99
Restguthaben des Steuerpflichtigen	**⓫** 747,00	**⓬** 47,92	**⓭** 41,07	**⓮** 835,99

Das Guthaben von insgesamt 835,99 € wird erstattet auf das Bankkonto von Saskia Michelmann.

Werbungskosten bei Einkünften aus nichtselbstständiger Tätigkeit 1.2

Werbungskosten sind Aufwendungen zur Erwerbung, Sicherung und Erhaltung der Einnahmen (§ 9 EStG). Typische Beispiele für Werbungskosten bei den Einkünften aus nichtselbstständiger Arbeit sind Bewerbungskosten und Fahrtkosten zum Arbeitsplatz, Ausgaben für berufstypische Arbeitskleidung, Ausgaben für Fachliteratur, Kontoführungsgebühren und

---

[1] s. S. 289/290
[2] 512,00 € – 12,00 € = 500,00 €
[3] 86 % von (3.654,03 + 3.654,03 = 7.308,06 €) = 6.284,83 € abzgl. RV AG 3.654,03 € = 2.630,90 € + KV AN 3.170,69 € + PV AN 396,34 € = 6.197,93 €. Da die Beträge für KV und PV über 2.800,00 € liegen, können keine weiteren Vorsorgeaufwendungen berücksichtigt werden.

Einkommensteuererklärung des Arbeitnehmers

Beiträge an Gewerkschaften. Die Fahrtkosten für die kürzeste Entfernung zwischen Wohnung und Arbeitsstätte werden mit 0,30 € je Entfernungskilometer (einfache Entfernung) angesetzt.

Jeder Arbeitnehmer kann pauschal[1] 1.000,00 € Werbungskosten ansetzen, die er im Einzelnen nicht nachweisen muss. Ein Einzelnachweis ist nur erforderlich, wenn der Arbeitnehmer mehr als 1.000,00 € jährlich an Werbungskosten ansetzen möchte.

Beispiel:
Die Wohnung der Speditionskauffrau Saskia Michelmann ist 13 Kilometer (einfache Entfernung) von ihrem Arbeitsplatz entfernt. Saskia Michelmann hatte im letzten Kalenderjahr 230 bezahlte Arbeitstage. Sie hatte 25 Tage Urlaub und war an 12 Tagen krank.

	Bezahlte Arbeitstage:	230
–	Urlaubstage	25
–	Krankheitstage	12
=	Anzahl der Fahrten	193 · 13 · 0,30 € = 752,70 € **Fahrtkosten**

Hier darf die günstigere Werbungskostenpauschale in Höhe von 1.000,00 € angesetzt werden.

FAZIT	Typische Werbungskosten des Arbeitnehmers	• Bewerbungskosten • Fahrtkosten zum Arbeitsplatz • berufstypische Arbeitskleidung • Gewerkschaftsbeiträge • Kosten für Fachliteratur • Kontoführungsgebühren (pauschal 16,00 €)
	Werbungskostenpauschale (Arbeitnehmerpauschbetrag)	Jeder Arbeitnehmer kann pauschal (ohne Einzelnachweis) 1.000,00 € Werbungskosten jährlich ansetzen.
	Werbungskostennachweis	Werbungskosten über 1.000,00 € jährlich müssen einzeln in der gesamten Höhe nachgewiesen werden.

Aufgaben zum Sachverhalt

1 Ein Speditionskaufmann wohnt 17 km von seinem Arbeitsplatz entfernt.
Er fährt an 198 Tagen im Jahr zu seiner Spedition.
Für das Abonnement der DVZ zahlt er vierteljährlich 49,00 €.
Berechnen Sie die Werbungskosten für die Antragsveranlagung beim Finanzamt.

2 Die Auszubildende Daniela Klein fährt mit der Stadtbahn zur Arbeit.
Die Monatskarte kostet 35,00 €.
Der halbjährliche Gewerkschaftsbeitrag beträgt 25,00 €.
Berechnen Sie die Werbungskosten für die Antragsveranlagung beim Finanzamt.

3 Der Speditionskaufmann Johannes Wolpert fährt an 190 Arbeitstagen
täglich insgesamt 64 km zur Arbeit und zurück.
Im Berechnungsjahr kaufte er sich für 345,00 € Fachliteratur.
Entsprechende Belege liegen vor.
Berechnen Sie die Werbungskosten für die Antragsveranlagung beim Finanzamt.

---
[1] Arbeitnehmerpauschbetrag

Die Antragsveranlagung beim Finanzamt

Sonderausgaben 1.3

Sonderausgaben sind vom Staat aus sozial-, wirtschafts- und finanzpolitischen Gründen steuerbegünstigte Ausgaben, die im Kalenderjahr bezahlt wurden und weder Betriebsausgaben noch Werbungskosten sind (vgl. § 10 EStG). Der Gesetzgeber fördert diese „privaten" Ausgaben, weil er beispielsweise die Vermögensbildung, etwa zur Altersvorsorge, und die Risikovorsorge für besonders zweckmäßig hält.

Die Sonderausgaben werden unterteilt in **unbeschränkt** und **beschränkt** abzugsfähige Sonderausgaben:

Unbeschränkt abzugsfähige Sonderausgaben und Vorsorgeaufwendungen	Sonstige Vorsorgeaufwendungen	Beschränkt abzugsfähige Sonderausgaben, die keine Vorsorgeaufwendungen sind
• gezahlte Kirchensteuer • gesetzliche Rentenversicherung Arbeitnehmeranteil (88 %)[1] • zertifizierte Rentenverträge (sog. Rürup- oder Basisrentenverträge • Beiträge zur gesetzlichen Krankenversicherung • Beiträge zur gesetzlichen Pflegeversicherung	Beiträge zur • Krankenversicherung über die Basisabsicherung hinaus • Arbeitslosenversicherung • private Unfallversicherung • Haftpflichtversicherung • Lebensversicherung • Berufsunfähigkeitsversicherung	• Aufwendungen für hauswirtschaftlich Beschäftigte • Spenden für mildtätige, kirchliche, religiöse und wissenschaftliche Zwecke • Spenden an politische Parteien • Unterhaltsleistungen • Kosten für Berufsausbildung in einem nicht ausgeübten Beruf
in voller Höhe absetzbar	Sonstige Vorsorgeaufwendungen können bei nicht Selbstständigen bis zu einem Betrag von 1.900,00 €, bzw. im Rahmen des Höchstbetrages von 2.800,00 € geltend gemacht werden, soweit der Höchstbetrag nicht bereits durch Beiträge zu Basisrenten-, Kranken- und Pflegeversicherung ausgeschöpft wurde.	Die jeweiligen Höchstbeträge stehen in § 10 EStG. So dürfen Spenden für mildtätige, kirchliche, religiöse und wissenschaftliche Zwecke max. 5 % des Gesamtbetrages der Einkünfte ausmachen. Für die Aus- und Weiterbildung in einem nicht ausgeübten Beruf dürfen max. 920,00 € am Ort oder 1.227,00 € bei auswärtiger Unterbringung angesetzt werden.

Ausgaben für die Hausrat- und Kaskoversicherungen stellen keine Vorsorgeaufwendungen dar, da es sich um Sachversicherungen handelt.

---

[1] Stand 2019. Dieser Prozentsatz erhöht sich bis zum Jahr 2025 jährlich um zwei Prozentpunkte bis auf 100 %.

Einkommensteuererklärung des Arbeitnehmers

1.4 Außergewöhnliche Belastungen

Außergewöhnliche Belastungen sind dann gegeben, wenn einem Steuerpflichtigen zwangsläufig größere Aufwendungen erwachsen als der überwiegenden Mehrzahl der Steuerpflichtigen gleicher Einkommens- und Vermögensverhältnisse, z. B. bei **Krankheit, Schwerbehinderung, Tod, Beschäftigung einer Haushaltsgehilfin** (vgl. § 33 EStG). Wenn die Aufwendungen die zumutbare Eigenbelastung[1] übersteigen, wird auf Antrag der übersteigende Betrag als außergewöhnliche Belastung vom Gesamtbetrag der Einkünfte abgezogen.

1.5 Sonderfreibeträge

Steuerpflichtigen mit Kindern stehen **Kinderfreibeträge** oder Kindergeld zu. Der Kinderfreibetrag wird vom Einkommen abgezogen, die damit verbundene Steuerersparnis hängt also vom persönlichen Steuersatz der steuerpflichtigen Eltern ab. Das Kindergeld wird vom Arbeitgeber bzw. von der Familienkasse der Arbeitsagentur ausgezahlt. Das Finanzamt berücksichtigt bei der Steuererklärung die für den Steuerpflichtigen jeweils günstigste Alternative (= Günstigerprüfung).

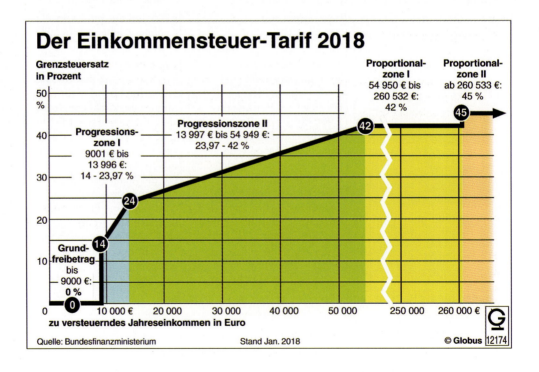

---

[1] Die zumutbare Eigenbelastung wird in Abhängigkeit der Ausgabenhöhe und des Einkommens berechnet.

Die Antragsveranlagung beim Finanzamt

Berechnungsschema zur Ermittlung der Einkommensteuerschuld bei Einkünften aus nichtselbstständiger Arbeit:

    Einnahmen aus nichtselbstständiger Tätigkeit (Jahreslohn/Jahresgehalt)
− Werbungskosten
= **Einkünfte** aus nichtselbstständiger Tätigkeit
= **Summe der Einkünfte/Gesamtbetrag der Einkünfte**
− Sonderausgaben
− außergewöhnliche Belastungen
= **Einkommen**
− Kinderfreibetrag
= **zu versteuerndes Einkommen**
    (Bemessungsgrundlage für die Einkommensteuer)

In der Steuertabelle wird die zu zahlende Einkommensteuer abgelesen. Dieser Betrag wird mit der vorausbezahlten Jahreslohnsteuer verglichen. Zu viel bezahlte Steuer erstattet das Finanzamt auf Antrag.

FAZIT

Zusammenfassende Aufgabe

Die ledige Speditionskauffrau Eva Haufe erstellt einen Lohnsteuerjahresausgleich für das vergangene Jahr. Die Lohnsteuerkarte weist folgende Daten auf:

Bruttoarbeitslohn	23.200,00 €
Einbehaltene Lohnsteuer	4.119,90 €
Kirchensteuer	329,59 €
Solidaritätszuschlag	226,59 €
Rentenversicherungsanteil Arbeitgeber	2.192,40 €
Rentenversicherungsanteil Arbeitnehmer	2.192,40 €
Krankenversicherungsanteil Arbeitnehmer	1.902,40 €
Pflegeversicherungsanteil Arbeitnehmer	237,80 €
Arbeitslosenversicherungsanteil Arbeitnehmer	348,00 €

Persönliche Situation:

Entfernung Arbeitsstätte – Wohnung 17 km
208 Arbeitstage
Ausgaben für Fachliteratur 45,00 €
Kfz-Haftpflichtversicherung 260,00 € jährlich
Berufsunfähigkeitsversicherung 16,00 € monatlich

    a) Berechnen Sie die Werbungskosten.
    b) Berechnen Sie die Einkünfte aus nichtselbstständiger Arbeit.
    c) Berechnen Sie die Sonderausgaben.
    d) Berechnen Sie das zu versteuernde Einkommen.

Einkommensteuererklärung des Arbeitnehmers

2 Weitere Einkunftsarten

Der Einkommensteuer unterliegen die Einkünfte aus den sieben Einkunftsarten nach § 2 Abs. 1 EStG. Eine Einkunftsart haben Sie bereits kennengelernt, das sind die Einkünfte aus nichtselbstständiger Arbeit.

Das EStG unterteilt die Einkünfte in Gewinn- und Überschusseinkünfte, wie die folgende Übersicht zeigt:

Einkunftsarten nach EStG	Einkünfte sind
1. Einkünfte aus Land- und Forstwirtschaft 2. Einkünfte aus Gewerbebetrieb 3. Einkünfte aus selbstständiger (nichtgewerblicher) Arbeit, z. B. Ärzte, Rechtsanwälte	Betriebseinnahmen – Betriebsausgaben = Gewinn (Einkünfte)
4. Einkünfte aus nichtselbstständiger Arbeit 5. Einkünfte aus Kapitalvermögen 6. Einkünfte aus Vermietung und Verpachtung 7. Sonstige Einkünfte, z. B. Spekulationsgewinne	Überschuss der Einnahmen über die Werbungskosten, also: Einnahmen – Werbungskosten = Einkünfte

Die Einnahmen zu den Einkünften 4.–7. können um die Werbungskosten (Aufwendungen zur Erwerbung, Sicherung und Erhaltung der Einnahmen, § 9 EStG) gekürzt werden.
Die Einnahmen können gekürzt werden um:

4. Einnahmen aus nicht- selbstständiger Arbeit	abzüglich Werbungskosten z. B. Fahrtkostenpauschale, berufstypische Arbeitskleidung, Gewerkschaftsbeitrag, Fachliteratur 1.000,00 € pauschal oder Einzelnachweis bei höheren Werbungskosten = Einkünfte aus nichtselbstständiger Arbeit
5. Einnahmen aus Kapitalvermögen	abzüglich Sparerpauschbetrag in Höhe von 801,00 € (Ehepaare 1.602,00 €) z. B. Kontoführungskosten für Wertpapierkonto, Bankspesen 51,00 € pauschal oder Einzelnachweis bei höheren Werbungskosten Der Sparerfreibetrag beträgt 750,00 €. = Einkünfte aus Kapitalvermögen
6. Einnahmen aus Vermietung und Verpachtung	abzüglich Werbungskosten z. B. Zinsen für aufgenommene Darlehen, Abschreibungen auf Gebäude/Wohnung, Reparaturkosten = Einkünfte aus Vermietung und Verpachtung (können auch negativ sein).

Vermögenswirksame Leistungen und Wohnungsbauprämie

Berechnungsschema zur Ermittlung des zu versteuernden Einkommens

Gemäß § 2 EStG kann nach dem folgenden – vereinfachten – Schema das zu versteuernde Einkommen und danach die Einkommensteuer ermittelt werden:

```
  Einkünfte aus Land- und Forstwirtschaft (Gewinn)
+ Einkünfte aus Gewerbebetrieb (Gewinn)
+ Einkünfte aus selbstständiger Arbeit (Gewinn)
+ Einkünfte aus nichtselbstständiger Arbeit (Einnahmen – Werbungskosten)
+ Einkünfte aus Kapitalvermögen (Einnahmen – Werbungskosten)
+ Einkünfte aus Vermietung und Verpachtung (Einnahmen – Werbungskosten)
+ Sonstige Einkünfte im Sinne des § 22 EStG
= Summe der Einkünfte
– Altersentlastungsbetrag (ab dem 64. Lebensjahr)
= Gesamtbetrag der Einkünfte
– Sonderausgaben
– außergewöhnliche Belastungen
= Einkommen
– Kinderfreibetrag/Betreuungsfreibetrag
= zu versteuerndes Einkommen
          ↓
Bemessungsgrundlage für tarifliche Einkommensteuer
          ↓
Anwendung der Steuertabelle     (Grundtabelle bei Ledigen,
                                 Splittingtabelle bei Verheirateten)
          ↓
Einkommensteuer
```

3 Vermögenswirksame Leistungen und Wohnungsbauprämie

Zur Förderung einer zusätzlichen Altersvorsorge und des privaten Wohneigentums werden unter bestimmten Voraussetzungen verschiedene staatliche Sparförderungen gewährt.

Vermögenswirksame Leistungen

Nach dem 5. Vermögensbildungsgesetz fördert der Staat die Vermögensbildung durch die Anlage **vermögenswirksamer Leistungen.** Vermögenswirksame Leistungen sind Geldleistungen, die der Arbeitgeber vom Lohn/Gehalt abzieht und an den Träger der vermögenswirksamen Leistung (z. B. Bausparkasse, Vermögensbeteiligungen) überweist. Oft beteiligen sich die Arbeitgeber an der Vermögensbildung ihres Arbeitnehmers mit einem entsprechenden Arbeitgeberanteil. Die staatliche Förderung besteht in einer Arbeitnehmersparzulage, die für bestimmte Anlageformen (siehe Tabelle Seite 282) vom Finanzamt gewährt wird. Begünstigt sind einmalige oder für die Dauer von sechs Jahren laufende Einzahlungen. Die Sperrfrist beträgt sieben Jahre. Die beiden Anlageformen in Bausparverträge oder andere Vermögensbeteiligungen können nebeneinander in Anspruch genommen werden.

Damit die Arbeitnehmersparzulage gewährt wird, dürfen bestimmte Einkommensgrenzen nicht überschritten werden (siehe Tabelle Seite 282).

Einkommensteuererklärung des Arbeitnehmers

In der Regel wird die Gewährung der Arbeitnehmersparzulage mit der Lohn- bzw. Einkommensteuererklärung beantragt. Das Finanzamt überweist dann die Sparzulage auf das Konto der vermögenswirksamen Anlage.

Wohnungsbauprämie

Der Staat unterstützt die Vermögensbildung neben der Arbeitnehmersparzulage mit der **Wohnungsbauprämie**. Die Wohnungsbauprämie bekommt, wer das 16. Lebensjahr vollendet hat. Es muss kein Arbeitsverhältnis vorliegen. Allerdings darf das zu versteuernde Einkommen bestimmte Grenzen nicht übersteigen (siehe Tabelle unten). Das Unterschreiten dieser steuerlichen Grenzen wird bei Arbeitnehmern mit dem Einkommensteuerbescheid nachgewiesen. Aber auch Personen, die in keinem Arbeitsverhältnis stehen (z. B. Schüler, Rentner), können die Wohnungsbauprämie bekommen.

Die Wohnungsbauprämie wird bei der zuständigen Bausparkasse beantragt. Der Bausparer muss dabei seine Einkommensteuernummer angeben. Das Finanzamt überprüft, ob die Einkommensgrenzen nicht überschritten werden. Wird die Wohnungsbauprämie gewährt, überweist das Finanzamt diese Prämie auf das Konto des Bausparers bei dessen Bausparkasse.

	Staatliche Sparförderungen		
Anlageform	Sparvertrag in Wertpapiere oder andere Vermögensbeteiligungen	Bausparvertrag	Bausparvertrag
Zulagenart	Arbeitnehmersparzulage	Arbeitnehmersparzulage	Wohnungsbauprämie
begünstigter jährlicher Aufwand	400,00 €	470,00 €	512,00 € (Alleinstehende) 1.024,00 € (Verheiratete)
Höhe der Förderung	20 % maximal 80,00 € (Alleinstehende); 160,00 € (Verheiratete)	9 % maximal 43,00 € (Alleinstehende); 86,00 € (Verheiratete)	8,8 % maximal 45,06 € (Alleinstehende); 90,12 € (Verheiratete)
Ansparzeit und Sperrfrist	6 Jahre 7 Jahre (rückwirkend beginnend zum 01.01. der ersten Einzahlung)	7 Jahre ab Vertragsabschluss	7 Jahre ab Vertragsabschluss für Verträge, die vor dem 01.01.2009 abgeschlossen wurden und für Bausparer, die bei Vertragsabschluss unter 25 Jahre alt waren
Voraussetzungen	Arbeitnehmer	Arbeitnehmer	alle Personen, die in Deutschland unbeschränkt einkommensteuerpflichtig sind und das 16. Lebensjahr vollendet haben
Einkommensgrenzen[1]	maximal 20.000,00 € (Alleinstehende) bzw. 40.000,00 € (Verheiratete)	maximal 17.900,00 € (Alleinstehende) bzw. 35.800,00 € (Verheiratete)	maximal 25.600,00 € (Alleinstehende) bzw. 51.200,00 € (Verheiratete)

[1] Maßgeblich ist jeweils das zu versteuernde Einkommen im Jahr der Sparleistung.

Frachtrechnen

Güterkraftverkehr 1

Preisermittlung 1.1

Der freie Verkehrsmarkt in der EU zwingt die Marktteilnehmer, die Preise **kostenrechnerisch** zu ermitteln (siehe Kapitel B – Kosten- und Leistungsrechnung).

Als Hilfsmittel zur Preisfindung werden in der Praxis verwendet:

- Haustarife
- Einzelkalkulationen

Grundsätze der Frachtberechnung 1.2

Bei der Frachtberechnung stehen die Erstellung konkurrenzfähiger Angebotspreise unter Berücksichtigung der Selbstkosten im Mittelpunkt.

Mögliche Einflussfaktoren auf die Preisgestaltung sind:

- Einsatzzeit (Nutzungszeit)
- Wartezeiten beim Absender/Empfänger (Standzeiten)
- Sendungsgewicht, Sendungsvolumen, Lademeter, Palettenstellplätze usw.
- Entfernung
- Besonderheiten der Verkehrsbedingungen (z. B. Staugefahr, Baustellen, Straßenverhältnisse, Nachtfahrverbot)
- Rücklademöglichkeit
- Leerfahrt-Kilometer
- Maut

Frachtberechnungen – Haustarife 1.3

Haustarife dienen einer einheitlichen Preisbildung einzelner Speditionen gegenüber ihren Kunden. Während die Preise von Komplettladungen und Teilladungen in der Regel durch marktorientierte Einzelkalkulationen gebildet werden, arbeiten viele Speditionsunternehmen bei der Abrechnung von Stückgutsendungen mit Haustarifen.

Die meisten Haustarife basieren auf branchenüblichen Tarifstrukturen, wie beispielsweise Gewicht, Volumen, Entfernung, PLZ-Bereiche.

Je nach Kundenstatus (Umsatz, Sendungshäufigkeit usw.) kann der tatsächlich berechnete Preis durch die Gewährung von Rabatten (Margen) vom Haustarifpreis abweichen.

Der Haustarif basiert auf allen Kosten, die bei einem Transport regelmäßig anfallen. Neben- und Zusatzleistungen (z. B. Nachnahmegebühren, Avisgebühren, Lagerkosten) werden gesondert ausgewiesen und in Rechnung gestellt.

Die Kosten der Maut werden entweder direkt in die Preise einkalkuliert oder zusätzlich in Rechnung gestellt.

1.3.1 Haustarife im Nahbereich

Auszüge aus dem Haustarif[1] der EURO Sped GmbH

Bei der Abrechnung nach „Tabelle 1: Gestellung von Fahrzeug und Fahrer" werden die Zurverfügungstellung von Fahrzeug und Fahrer in Stundensätzen und die zurückgelegten Kilometer in km-Sätzen berechnet. Dadurch können auch Standzeiten verrechnet werden.

Tabelle 1: Gestellung von Fahrzeug und Fahrer

Nutzlast bis	km-Satz je angefangener km	Stundensatz je angefangene Stunde
5 t	0,44 €	51,96 €
6 t	0,47 €	52,79 €
7 t	0,49 €	53,36 €
8 t	0,50 €	54,61 €
14 t	0,65 €	58,79 €
15 t	0,68 €	59,48 €
23 t	0,78 €	64,73 €
24 t	0,79 €	65,41 €
25 t	0,80 €	66,04 €
26 t	0,82 €	66,73 €
27 t	0,83 €	67,34 €

Bei der Abrechnung nach „Tabelle 2: Erbrachte Transportleistung" werden das transportierte Gewicht und die Lastkilometer berechnet. Es steht dabei die erbrachte Transportleistung im Vordergrund[2].

Tabelle 2: Erbrachte Transportleistung, Transportsatz in €/t

Entfernung in km bis einschl.	3	4	5	6	7	8	9	10	11
30	55,55	43,50	36,26	31,42	27,94	25,31	23,26	21,60	20,23
35	62,38	48,73	40,54	34,08	31,02	28,10	25,91	23,94	22,39
40	69,05	53,84	44,70	37,50	34,20	30,82	28,31	26,23	24,52
45	75,58	58,84	48,77	40,85	37,24	33,60	30,76	28,48	26,59
50	81,96	63,73	52,78	45,44	40,20	36,24	34,09	30,66	28,62
55	88,21	71,30	56,68	48,77	43,10	38,84	35,50	32,82	30,62
60	94,33	73,20	60,50	52,03	45,95	41,38	37,81	34,93	32,89
80	117,62	91,06	75,10	64,44	56,81	51,07	46,60	43,00	40,04
85	123,17	95,30	78,58	67,40	59,40	53,39	48,70	44,93	41,83
90	128,63	99,49	82,00	70,31	61,96	55,67	50,76	46,82	43,60

Entfernung in km bis einschl.	21	22	23	24	25	26	27	28	29 und mehr
60	20,88	20,24	19,66	19,10	18,59	18,10	17,64	17,21	16,79
65	22,07	21,40	20,77	20,20	19,66	19,13	18,66	18,19	17,76
70	23,24	22,54	21,88	21,26	20,70	20,16	19,66	19,18	18,72

---

[1] Die Struktur der Haustarife kann auch nach PLZ-Bereichen gegliedert werden.
[2] Neben der Abrechnung des tatsächlichen Sendungsgewichts können in der Praxis je nach Vereinbarung auch Rundungen des Gewichts, z. B. auf 100 kg oder auf ganze Tonnen, erfolgen.

Güterkraftverkehr

Musteraufgabe 1 — Lösung

Ein Fahrzeug mit 7,5 t Nutzlast wird zu Erdaushubarbeiten eingesetzt. Die Entfernung zwischen Be- und Entladestelle beträgt 2,4 km. Das Fahrzeug befördert in der Stunde durchschnittlich vier Ladungen und wird am ersten Tag 7,5 Stunden und am zweiten Tag 2,5 Stunden benötigt.

Wie hoch ist das Beförderungsentgelt nach Tabelle 1?

	Stundensätze: insgesamt 10 Stunden · 54,61 €	546,10 €
+	km-Satz: 0,50 · 192	96,00 €
	Nettoentgelt	642,10 €
+	19 % USt	122,00 €
	Bruttoentgelt	764,10 €

Musteraufgabe 2 — Lösung

Ein Großhändler beauftragt den Spediteur Karl Weber, Güter bei verschiedenen Kunden abzuladen. Die gesamte Sendung wiegt 11 000 kg. Die gefahrene Strecke beträgt insgesamt 89 km.

Berechnen Sie das Beförderungsentgelt, wenn Tabelle 2 abzüglich 7,5 % vereinbart ist.

	89 km/11 t: 11 · 43,60 €	479,60 €
−	7,5 % Marge	35,79 €
	Nettoentgelt	443,63 €
+	19 % USt	84,29 €
	Beförderungsentgelt	527,92 €

Aufgaben zum Sachverhalt

1. Ein Landschaftsgärtner benötigt von Frachtführer Wolter einen 7,5-t-Lkw. Die Einsatzzeit beträgt 2 Stunden und 45 Minuten. Insgesamt werden 37 km zurückgelegt.
Berechnen Sie das Beförderungsentgelt nach Tabelle 1.

2. Ein Handwerker benötigt für den Transport verschiedener Maschinen einen Lkw mit Ladebordwand. Die Spedition Nolte stellt ihm ein Fahrzeug mit einer Nutzlast von 5 t. Die Lastentfernung sowie die Rückfahrt betragen jeweils 30,5 km. Das Fahrzeug ist 3 Stunden und 35 Minuten im Einsatz. Nolte berechnet für den Einsatz von Fahrzeugen mit Ladebordwand einen Zuschlag von 5 %.
Nolte gewährt einen Nachlass von 12,5 % auf den Gesamtpreis.
Berechnen Sie das Beförderungsentgelt nach Tabelle 1.

3. In einem Wald sind 6 000 kg Holz an verschiedenen Stellen abzuholen und zum Lagerplatz zu transportieren. Die berechneten Leerkilometer betragen 35 km, die Lastkilometer 38 km, die Einsatzzeit des Fahrzeugs 2 Stunden und 45 Minuten.
Berechnen Sie das Beförderungsentgelt nach Tabelle 1, wenn ein Fahrzeug mit 8 t Nutzlast und Ladekran eingesetzt wurde, für das ein Zuschlag von 10 % berechnet wird.

E 300

Frachtrechnen

4

Zur Installation von Rohrleitungen, wird ein Spezialfahrzeug mit einer Nutzlast von 26 t eingesetzt. Die gesamte Fahrstrecke beträgt 3,8 km, die Einsatzzeit 4 Stunden. Für das Spezialfahrzeug wird ein Zuschlag von 10 % berechnet.
Berechnen Sie das Beförderungsentgelt nach Tabelle 1.

5

Auf einem landwirtschaftlichen Gelände werden schwere Strohballen auf einen Lkw mit Anhänger verladen. Die Nutzlast der Zugmaschine beträgt 9,5 t und die des Anhängers 14,5 t. Es wurden 12,4 km zurückgelegt. Der Lastzug wurde 2 Stunden und 40 Minuten benötigt.
Berechnen Sie das Beförderungsentgelt nach Tabelle 1.

6

Die Kleintransporte GmbH setzt für den Transport von 9 000 kg ein Fahrzeug mit einer Nutzlast von 12 t ein. Die abzurechnende Entfernung beträgt 83 km. Mit dem Auftraggeber wurde ein Preisnachlass von 7 % vereinbart.
Berechnen Sie das Beförderungsentgelt nach Tabelle 2.

7

Spediteur Konz, Magdeburg, erhält von der Verwertungsgesellschaft mbH in Dessau den Auftrag, Sondermüll zur Entsorgungsstelle zu transportieren (Entfernung 33 km, Gewicht 6 080 kg). Wegen der starken Verschmutzung und der Geruchsbelästigung wird ein Zuschlag von 5 % vereinbart.
Berechnen Sie das Beförderungsentgelt nach Tabelle 2.

8

Frachtführer Schick stellt für ein Handelsunternehmen Waren zu. Der Empfänger gibt ihm Leergut mit zurück, das er beim Handelsunternehmen abliefert. Für den Transport des Leergutes erhält er die Hälfte des tariflichen Frachtentgeltes nach Tabelle 2. Erstellen Sie die Abrechnung, wenn der Frachtführer 10 400 kg Handelsware über 88 km transportiert. Das zu transportierende Leergut hat ein Gewicht von 6,2 t.
Berechnen Sie das Beförderungsentgelt bei einem vereinbarten Nachlass von 7,5 %.

9

Spediteur Grün erhält den Auftrag, eine Sendung Konserven über eine Entfernung von 63 km zu transportieren, Gewicht 25 780 kg. Grün rechnet für dieses Gewicht mit 0,53 € variablen Kosten je km und mit einem Fixkostenanteil von 240,48 €. Er rechnet mit einem Gewinnzuschlag von 12 %.
Berechnen Sie, ob der Selbsteintritt oder die Vergabe an Frachtführer Franke für Spediteur Grün günstiger ist, wenn Franke nach der Tabelle 2 abrechnet.

10

Die Spedition Transach GmbH, Dresden, verteilt im Auftrag der Groha AG Sammelgut.
Vereinbarungen: Entgelt je Stopp: 19,20 €
                              Anzahl der Stopps: 23
Berechnen Sie das Entgelt für die Tour.

Güterkraftverkehr

Haustarife im Fernbereich – Stückgut

1.3.2

Stückgut-Haustarife bilden die Grundlage für die Abrechnung von Stückgutbeförderungen. Bei der Preisfestsetzung ist der Kundenstatus (z. B. Umsatz, Sendungshäufigkeit) entscheidend für die Höhe des auf den Haustarif gewährten Rabattes.

Auszug aus dem Stückguthaustarif der Frankenexpress GmbH, Erlangen
(Preise in € pro Sendung, Abholung beim Absender, Transport bis zum Empfänger)

Ent-fernung in km	Sendungsgewicht									
	71 bis 80 kg	81 bis 90 kg	91 bis 100 kg	101 bis 120 kg	121 bis 140 kg	141 bis 160 kg	161 bis 180 kg	181 bis 200 kg	201 bis 220 kg	221 bis 240 kg
101–150	30,49	32,76	37,18	41,41	45,59	46,67	49,82	54,36	58,22	62,09
151–200	31,48	33,74	36,38	41,95	46,20	51,11	55,90	60,80	65,53	70,01
201–250	33,80	36,38	39,38	44,98	50,38	55,84	61,04	66,50	71,78	76,81
251–300	35,46	38,22	41,14	47,36	53,20	58,97	64,55	70,44	76,02	81,36
301–400	38,47	41,53	45,28	51,84	58,54	64,98	71,11	77,74	84,00	89,95
401–500	40,01	43,26	47,18	54,18	61,18	67,92	74,42	81,36	87,98	97,25
501–600	41,72	45,28	49,45	56,82	64,24	71,35	78,23	85,66	92,58	99,28
...	...	...	...	...	...	...	...	...	...	...

Ent-fernung in km	Sendungsgewicht									
	bis 1 600 kg	bis 1 700 kg	bis 1 800 kg	bis 1 900 kg	bis 2 000 kg	bis 2 100 kg	bis 2 200 kg	bis 2 300 kg	bis 2 400 kg	bis 2 500 kg
251–300	308,25	323,88	336,84	350,64	364,56	378,12	391,68	405,00	418,32	431,28
301–400	321,00	335,88	350,52	364,80	379,32	393,36	407,52	421,44	435,12	448,56
401–500	334,80	350,28	365,64	380,64	395,52	410,40	425,04	439,68	454,08	468,00
501–600	351,12	367,44	383,52	399,12	414,96	430,44	445,80	461,16	476,16	490,80
...	...	...	...	...	...	...	...	...	...	...

Mindestabrechnung bei Sperrigkeit: 200 kg je Palette (stapelbar)
400 kg je Palette (nicht stapelbar)
300 kg je Gitterbox

Mautgebühren für Sendungen von 1 bis 3 000 kg

Gewicht in kg	Entfernung in km										
	1–100	101–200	201–300	301–400	401–500	501–600	601–700	701–800	801–900	901–1 000	1 001–1 100
1–50	1,00	1,00	1,00	1,00	1,00	1,00	1,00	1,00	1,00	1,00	1,00
51–100	1,00	1,00	1,00	1,00	1,00	1,00	1,13	1,31	1,48	1,66	1,83
101–200	1,00	1,00	1,00	1,22	1,57	1,92	2,27	2,62	2,96	3,31	3,66
201–300	1,00	1,00	1,45	2,04	2,62	3,20	3,78	4,36	4,94	5,52	6,10
...	...	...	...	...	...	...	...	...	...	...	...
1 001–1 250	1,31	3,93	6,54	9,16	11,77	14,39	17,00	19,62	22,23	24,85	27,46
1 251–1 500	1,60	4,80	7,99	11,19	14,38	17,59	20,78	23,98	27,17	30,37	33,56
1 501–2 000	2,03	6,11	10,17	14,25	18,31	22,38	26,44	30,52	34,58	38,66	42,72
2 001–2 500	2,61	7,85	13,07	18,32	23,54	28,78	34,00	39,24	44,46	49,70	54,92
2 501–3 000	3,19	9,60	15,98	22,39	28,77	35,17	41,55	47,96	54,34	60,75	67,13

Frachtrechnen

Auszug aus den Nebengebühren

1. Versendernachnahme, 2 % .... mindestens 15,40 €
2. Avisgebühren .... pro Sendung 6,20 €
3. Fixtagzustellung nach Ablauf der Regellaufzeit .... 15,40 €
4. Wiegen/Aufmessen .... pro Sendung mindestens 4,00 €
5. Lagergeld je 100 kg/Tag .... 1,25 €
6. Rechnungserstellung bei unfreien Sendungen .... 8,50 €
7. Ablieferungnachweis .... 8,50 €
8. Palettentausch .... Euro-Flachpalette 2,60 €
   Gitterbox 10,30 €
9. Stand-/Wartezeiten von mehr als einer halben Std. ...... je halbe Std. 20,50 €
10. Gefahrgut-Handling-Zuschlag, pro Sendung .... bis 300 kg 10,20 €
    301–1 000 kg 15,40 €
    über 1 000 kg 20,50 €

Muster-AUFGABE

Ein Kunde der Frankenexpress GmbH verschickt folgende Sendung über 482 km nach Dortmund:

3 Euro-Paletten – nicht stapelbar .... je 450 kg
1 Euro-Gitterbox   230 kg

Der Kunde wünscht einen Ablieferungsnachweis. Der Versender ist Stammkunde der Frankenexpress GmbH und erhält er einen Rabatt von 10 % auf das Frachtentgelt.
Erstellen Sie die Abrechnung inklusive Maut nach dem Haustarif der Frankenexpress GmbH.

LÖSUNG

Frachtpflichtiges Sendungsgewicht:
Euro-Paletten: 3 · 450 kg .... 1 350 kg
Euro-Gitterbox: Mindestgewicht .... 300 kg
Abrechnungsgewicht   1 650 kg

    Transport (bis 1 700 kg) .... 350,28 €
+ Ablieferungsnachweis .... 8,50 €
+ Palettentauschgebühren   Euro-Paletten: 3 · 2,60 € .... 7,80 €
                              Gitterbox-Palette: 1 · 10,30 € ..... 10,30 €
  Grundpreis .... 376,88 €
− 10 % Rabatt vom Frachtentgelt .... 35,03 €
  Rechnungspreis, netto .... 341,85 €
+ Maut von. 1 580 kg .... 18,31 €
  Rechnungspreis, netto inkl. Maut .... 360,16 €
+ 19 % USt .... 68,43 €
  Rechnungspreis, brutto .... 428,59 €

Güterkraftverkehr

Aufgaben zum Sachverhalt

1 | AH

Die Frankenexpress GmbH, Erlangen, erhält folgenden Auftrag:

Frei-Haus-Sendung nach Köln über 395 km:

4 Euro-Paletten, stapelbar .... je 250 kg
2 Euro-Gitterboxen .... je 230 kg

Der Versender wünscht einen Ablieferachweis. Die Frankenexpress GmbH gewährt dem Versender einen Rabatt in Höhe von 10 % auf das reine Frachtentgelt.

Erstellen Sie die Abrechnung ohne Maut.

2 | AH

Die Frankenexpress GmbH transportiert folgende Sendung über 265 km nach Chemnitz:

2 Euro-Paletten, nicht stapelbar .... je 480 kg
3 Euro-Gitterboxen .... je 180 kg

Der Kunde wünscht die Avisierung der Sendung.

Erstellen Sie die Abrechnung ohne Maut.

3 | AH

Drei Alukisten mit jeweils 65 kg Bruttogewicht werden über die Frankenexpress GmbH unfrei nach Berlin (440 km) als Nachnahmesendung verschickt. Der Einzugsbetrag der Sendung beträgt 2.784,00 €.

a) Erstellen Sie auf Basis des Haustarifs die Rechnung an den Empfänger in Berlin.
b) Erstellen Sie auf Basis des Haustarifs die Abrechnung an den Absender.

4

Ein Industriebetrieb beliefert einen Kunden in Freiburg/Br. täglich mit einer Gitterbox Montageteile. Das Durchschnittsgewicht beträgt 235 kg je Gitterbox, die Entfernung nach Freiburg 410 km.

Im März werden 21 Gitterboxen ausgeliefert. Eine Konkurrenzspedition führte diesen Auftrag aus und berechnete netto 1.920,00 € ohne Mautkosten.

a) Welchen Transportpreis bietet die Konkurrenzspedition je Versandbox?
b) Wie hoch müsste der Rabatt der Frankenexpress GmbH sein, wenn der Preis der Konkurrenzspedition um 15 % unterboten werden müsste?

5

Eine Gefahrgut-Sendung aus 6 Euro-Paletten soll 585 km befördert werden. Die Euro-Paletten sind nicht stapelbar und wiegen jeweils 286 kg. Der Auftraggeber wünscht einen Ablieferachweis.

Aufgrund der Konkurrenzsituation müssen 20 % Rabatt auf den reinen Transportpreis gewährt werden.

Erstellen Sie die Abrechnung der Frankenexpress GmbH auf Basis des Haustarifs inklusive Maut.

1.3.3 Haustarife im Fernbereich – Expressdienste

Für besonders eilige oder zeitgenaue Gütertransporte bieten viele Speditionen Spezialverkehre mit Ablieferungsgarantien an.

Die Express-Angebote werden in „Overnight-Dienste" (12–24 Stunden Haus-Haus-Lieferung) und „Sameday"- bzw. „Innight-Dienste" (unter 12 Stunden Haus-Haus-Lieferung) unterschieden, für die dann aufgrund der besonderen Kostenstruktur auch unterschiedliche Haustarife gelten.

Preisliste: Express (in €)

km \ kg	bis 40	bis 75	bis 100	bis 150	bis 200	bis 250	bis 300	bis 350
bis 150	57,60	64,20	69,00	75,00	81,48	86,88	90,48	94,32
bis 175	61,08	68,40	73,80	80,52	87,72	93,72	97,92	102,12
bis 200	64,32	72,84	78,96	86,88	95,28	102,12	107,04	111,96
bis 225	73,44	83,16	90,12	99,00	108,36	116,40	121,92	127,44
bis 250	76,92	87,36	94,92	104,52	114,60	123,24	129,00	135,00
bis 275	80,28	91,56	99,60	109,80	120,72	129,96	136,20	142,56
bis 300	85,56	97,92	106,68	117,84	129,60	139,68	146,52	153,48
bis 325	91,56	104,76	114,24	126,38	139,08	149,88	157,20	164,76
bis 350	94,56	108,60	117,84	131,04	144,36	155,76	163,44	171,24

Preisliste: Express-Plus (in €)

km \ kg	bis 100	bis 200	bis 300
bis 10	54,00	58,80	61,20
bis 20	56,40	60,00	63,60
bis 30	58,80	62,40	66,00
bis 40	63,60	67,20	70,80
bis 50	66,00	69,60	74,40
bis 75	76,80	81,60	86,40
bis 100	87,60	92,40	98,40
bis 125	99,60	110,40	117,60
bis 150	104,40	116,40	126,00

Muster-AUFGABE

Die Frankenexpress GmbH bietet ihren Kunden Express-Verkehre an. Für „Overnight-Transporte" gilt die Preisliste Express, für „Sameday-" bzw. „Innight-Transporte" die Preisliste Express-Plus.

a) Eine Palette mit Montageteilen im Gewicht von 298 kg soll bis 08:00 Uhr am nächsten Morgen beim Empfänger in Ulm (189 km) sein.
Welcher Rechnungsbetrag wird dem Auftraggeber für diese „frei Haus-Lieferung" in Rechnung gestellt?

b) Eine Maschinensteuerung (52 kg) im Wert von 10.000,00 € soll innerhalb von 8 Stunden über 234 km zum Kunden transportiert werden.
Über welchen Betrag lautet die Rechnung?

		E 305

Güterkraftverkehr

LÖSUNG

a) Preisliste Express, da „Overnight-Dienst":

Haus-Haus-Express, bis 300 kg/bis 200 km	129,60 €
+ Maut	1,00 €
Rechnungsbetrag, netto inkl. Maut	130,60 €
+ 19 % USt	24,81 €
Rechnungspreis, brutto	155,41 €

b) Preisliste Express-Plus, da „Innight-Dienst":

Haus-Haus-Express Plus, bis 75 kg/bis 300 km	86,40 €
+ Maut	1,00 €
Rechnungsbetrag, netto inkl. Maut	87,40 €
+ 19 % USt	16,61 €
Rechnungspreis, brutto	104,01 €

Aufgaben zum Sachverhalt

1 Eine Euro-Palette mit Formteilen im Gewicht von 248 kg soll bis 10:00 Uhr am nächsten Morgen beim Empfänger in Altenberg (278 km) sein.

Welcher Rechnungsbetrag wird dem Versender in Rechnung gestellt?

2 Ein Ersatzteil (76 kg) wird um 11:00 Uhr beim Absender übernommen und über 194 km zum Kunden unfrei transportiert. Die Sendung muss bis spätestens 18:00 Uhr eintreffen.

Über welchen Betrag lautet die Rechnung?

3 Ein Austauschmotor (130 kg) soll als „Innight-Express" über 264 km nach Friedberg transportiert werden.

Wie hoch ist der Einzugsbetrag beim Empfänger?

4 Eine Palette (240 kg) muss bis 09:00 Uhr am nächsten Morgen im GVZ Dessau (336 km) sein.

Wie hoch ist der Frachtbetrag, der dem Auftraggeber in Rechnung gestellt wird?

Haustarife im Fernbereich – Komplett- und Teilladungsverkehre
1.3.4

Die Preise für Komplettladungen und Teilladungen werden in der Praxis marktorientiert nach Angebot und Nachfrage, gebildet. Dabei ist die Preisbildungsbasis die individuelle Fahrzeugkostenrechnung oder ein universeller Haustarif für Ladungsgüter.

Je nach Marktlage können die kalkulierten Preise durchgesetzt werden oder es müssen Kürzungen akzeptiert werden.

Frachtrechnen

Muster-AUFGABE

Die Spedition Gruner GmbH, Bad Homburg, erbringt Güterfernverkehrsleistungen im Selbsteintritt. Die Gruner GmbH bildet die Preise für Transportleistungen im Güterkraftverkehr auf Basis der eigenen Kostenrechnung.

Eine Stahlkonstruktion (11 m x 2,30 m x 2,20 m) im Gewicht von 16 200 kg soll von Frankfurt/Main nach Chemnitz transportiert werden. In Chemnitz kann eine Rückladung nach Würzburg zum Pauschalpreis von 740,00 € übernommen werden. Das Fahrzeug ist je einen Tag für die Hin- und die Rückfahrt im Einsatz.

Der eingesetzte Sattelzug weist folgende Kostenstruktur auf:

variable Kosten	0,60 €/km
fixe Kosten	342,00 €/Tag
Gemeinkostenzuschlag auf die Fahrzeugkosten	30 %
Gewinnzuschlag	11 %

Transportentfernungen:
Frankfurt/Main – Chemnitz	415 km
Chemnitz – Würzburg	324 km
Würzburg – Bad Homburg	128 km
Frankfurt/Main – Bad Homburg	19 km

a) Berechnen Sie den Angebotspreis, netto ohne Maut, für die Stahlkonstruktion als 100-kg-Satz und als Lademeter-Satz.
b) Wie viel Prozent Preisnachlass auf den Haustarif „Ladungsgut" entspricht der Angebotspreis des 100-kg-Satzes?

Auszug aus dem Haustarif „Ladungsgüter" der Spedition Gruner GmbH:

Ladungsgüter in €/100 kg

Entfernung	bis 5 t	bis 10 t	bis 15 t	bis 20 t	bis 23 t	bis 25 t
401–420 km	9,26	7,28	6,59	6,10	5,89	5,84
421–440 km	7,93	7,49	6,77	6,20	6,06	6,00
441–460 km	9,78	7,70	6,96	6,43	6,23	6,17

c) Wie hoch ist der Erfolg des Rundlaufs, wenn der Kunde den Auftrag auf Basis des Angebotspreises erteilt hat?

LÖSUNG

a) km-Einsatz:
Bad Homburg – Frankfurt/M. (leer)	19 km
Frankfurt/Main – Chemnitz (Last)	415 km
insgesamt	434 km

Transportkosten:
variable Kosten 434 km · 0,60 €/km	260,40 €
+ fixe Kosten für 1 Einsatztag	342,00 €
Fahrzeugkosten	602,40 €
+ Gemeinkostenzuschlag 30 %	180,72 €
Selbstkosten	783,12 €
+ Gewinnzuschlag 11 %	86,14 €
Angebotspreis, netto	869,26 €

100-kg-Satz:
16 200 kg ≙ 869,26 €
100 kg ≙ x

$$x = \frac{869{,}26 \cdot 100}{16\,200} = \underline{\underline{5{,}37\ €}}$$

Lademeter-Satz:
11 Lademeter ≙ 869,26 €
1 Lademeter ≙ x

$$x = \frac{869{,}26}{11} = \underline{\underline{79{,}02\ €}}$$

Güterkraftverkehr

b) Haustarif .... 6,20 €/100 kg
   − Angebotspreis .... 5,37 €/100 kg
   Preisdifferenz .... 0,83 €/100 kg

6,20 €/100 kg ≙ 100 % $x = \dfrac{100 \cdot 0{,}83}{6{,}20} = \underline{\underline{13{,}39\ \%}}$
0,83 €/100 kg ≙ x

c) **Kosten des Rundlaufs:**
Rückfahrt = 324 km (Last) + 128 km (leer) = 452 km

Rückfahrtkosten:
variable Kosten 452 km · 0,60 €/km	271,20 €
+ fixe Kosten für 1 Einsatztag	342,00 €
= Fahrzeugkosten	613,20 €
+ Gemeinkostenzuschlag 30 %	183,96 €
= Selbstkosten	797,16 €

Gesamtkosten:
Selbstkosten – Hinfahrt	783,12 €
+ Selbstkosten – Rückfahrt	797,16 €
= Selbstkosten, insgesamt	1580,28 €

Erlöse:
Hinfahrt	869,26 €
+ Rückfahrt	740,00 €
= Gesamterlös, netto	1.609,26 €

Erfolg:
Gesamterlös des Rundlaufs	1.609,26 €
− Selbstkosten des Rundlaufs	1.580,28 €
= Erfolg des Rundlaufs	28,98 €

Aufgaben zum Sachverhalt

1

9,4 t Druckerzeugnisse werden mit einem Motorwagen der Spedition Gruner GmbH von Bad Homburg nach Hamburg (488 km) transportiert.
Als Preisgrundlage wird der 10-t-Satz des Haustarifs abzüglich 20 % vereinbart. Auszug aus dem Haustarif:

	in €/100 kg			
	bis 5 t	bis 10 t	bis 15 t	bis 20 t
461–480 km	11,26	9,12	8,35	7,81
481–500 km	11,52	9,34	8,56	7,99
501–520 km	11,81	9,56	8,76	8,18

a) Erstellen Sie die Abrechnung dieses Transports.
b) Wie hoch ist der Erfolg dieses Transports ohne Maut, wenn das Fahrzeug mit Gesamtkosten von 1,44 €/km kalkuliert wird?

E 308 Frachtrechnen

2

Im Rahmen eines Logistikprojekts werden zweimal wöchentlich 32 Paletten zu jeweils 380 kg, von Nürnberg nach Wuppertal (458 km) befördert. Die Maut je Transport beträgt 83,70 €.

Zu welchem Preis bietet die Spedition Frank KG, Nürnberg, den Palettenstellplatz inklusive Maut auf dieser Strecke an, wenn der Haustarif zugrunde gelegt wird?

Auszug aus dem Haustarif der Spedition Frank KG, Nürnberg:

	in €/100 kg			
	bis 10 t	bis 12 t	bis 14 t	bis 16 t
441–550 km	7,55	6,82	6,01	5,58
551–560 km	7,85	7,12	6,32	5,89
561–570 km	8,16	7,43	6,62	6,19

3

Die Spedition K. Steiner, Schwieberdingen, versendet eine Wechselbrücke mit 8 630 kg Autozubehör im kombinierten Ladungsverkehr von Ludwigsburg nach Hamburg.

Kosten:

1 Wechselbrücke (Halbsendung)	480,00 €
(Festpreis der Kombiverkehrs KG)	
Vorlaufkosten	12 km zu je 1,34 €/km
Nachlaufkosten	23 km zu je 1,60 €/km

Zu welchem 100-kg-Satz könnte der Transport angeboten werden, wenn die Spedition Steiner 18 % Gemeinkostenzuschlag und 10 % Gewinn einrechnet?

4

Im kombinierten Ladungsverkehr zwischen Freiburg und Mailand kostet ein Sattelauflieger je Strecke 628,00 €. Bei einem paarigen Verkehr mit durchschnittlich 11 800 kg Fracht entstehen insgesamt 233,00 € Vor- und Nachlaufkosten.

Erstellen Sie einen Kostenvergleich mit einem LKW-Transport auf dieser Strecke (einfache Entfernung: 420 km) bei zwei Einsatztagen, 480,00 € Fixkosten pro Tag und variablen Kosten von 0,58 €/km sowie 242,00 € Maut (Deutschland, Schweiz und Italien).

5

Der Frachtführer Karl Mayer, München, führt internationale Transporte durch. Für den Transport von Elektrogeräten nach Spanien soll Mayer ein Angebot abgeben.

Auftragsdaten:

Hinfahrt:	18 240 kg Fracht nach Madrid	(2 030 km) – 2,5 Einsatztage
Rückfahrt:	14 620 kg Barcelona – München	(1 410 km) – 2 Einsatztage
Leerfahrt:		630 km – 1 Einsatztag

Kalkulationsdaten:

variable Kosten	0,60 €/km
fixe Kosten	492,00 €/Tag
Einsatzkosten (Maut usw.)	8 % der Fahrzeugkosten
Verwaltungsgemeinkosten	15 % der Fahrzeugkosten
Gewinnzuschlag	12 %

a) Erstellen Sie das Angebot für den Transport nach Madrid, ohne Berücksichtigung der Leerfahrt nach Barcelona.
b) Wie hoch müsste der Preis für die Rückfracht von Barcelona nach München mindestens sein, um die Gesamtkosten Mayers abzudecken?

Güterkraftverkehr

Die Spedition Kunze GmbH, Magdeburg, führt ihre Aufträge, soweit möglich, im Selbsteintritt durch. Der Fuhrpark baut auf vier Fahrzeugtypen auf, die folgende Kostenstrukturen aufweisen:

Fahrzeugtyp	7,5-t-Nahverk.-Lkw	14-t-Hebebühne-Lkw	40-t-Wechselbrücken-Zug	Sattelzug
variable Kosten/km	0,36 €/km	0,55 €/km	0,63 €/km	0,62 €/km
Fixkostenstruktur/Tag				
1. Personalkosten	201,60 €/Tag	224,00 €/Tag	257,60 €/Tag	257,60 €/Tag
2. Kapitalkosten (Zins, AfA)	63,60 €/Tag	91,20 €/Tag	126,00 €/Tag	128,40 €/Tag
3. Fahrzeugbereit.-Kosten (Vers.-Steuer)	48,00 €/Tag	82,80 €/Tag	97,20 €/Tag	110,40 €/Tag
4. WAB*-Kosten (7 Stück)			75,60 €/Tag	
gesamte Fixkosten	313,20 €/Tag	398,00 €/Tag	556,40 €/Tag	496,40 €/Tag
Ø km/Monat	5 000 km	6 000 km	10 000 km	12 500 km

*WAB = Wechselaufbau

6.1 Erstellen Sie für den Sattelzug einen Haustarif (100-kg-Sätze) mit 50-km-Stufen und 2-t-Abständen für den Bereich 16 t–20 t und 400 km–500 km.
Kalkulieren Sie die 100-kg-Sätze des Haustarifs mit einem Gemeinkostenzuschlag von 26 % sowie einem Gewinnzuschlag von 10 %.

6.2 Welchen Monatserlös müssen die einzelnen Fahrzeugtypen bei 22 Arbeitstagen erwirtschaften, um ihre Kosten einschließlich 26 % Gemeinkosten abzudecken?

6.3
a) Welcher km-Preis für 100 kg müsste für den Sattelzug verlangt werden, wenn das Fahrzeug an 22 Einsatztagen durchschnittlich mit 15,5 t ausgelastet ist und durch den Erlös 26 % Gemeinkosten und 10 % Gewinn erwirtschaftet werden sollen?
b) 30 Paletten mit Batterien im Gewicht von je 520 kg sollen von Magdeburg nach Regensburg (446 km) transportiert werden. Zu welchem 100-kg-Satz kann diese Sendung angeboten werden, wenn der kalkulierte Preis von a) zugrunde gelegt wird?
c) Zu welchem Preis pro Palettenstellplatz könnte der Auftrag bei sonst gleichen Bedingungen angeboten werden?

6.4 Ein 14-t-Hebebühnen-Lkw könnte im Rahmen von regelmäßigen Frischdienstlieferungen in den Großraum Hannover eingesetzt werden. Der Auftraggeber bietet eine km-Pauschale von 2,65 € bei 22 Einsatztagen und einer Fahrleistung von durchschnittlich 270 km pro Tag.
Kalkulieren Sie diesen Auftrag.

Frachtrechnen

6.5

Im Rahmen eines Exportauftrags werden 3 420 kg Maschinenteile in einer Kiste (3,90 cm x 210 cm x 120 cm) nach Hamburg befördert.

Auf der Rückfahrt können erst in Hannover 3,4 t Druckerzeugnisse zu 7,12 €/100 kg nach Magdeburg übernommen werden. Das Fahrzeug ist ganztägig unterwegs.

Entfernungen: Magdeburg – Hamburg   286 km
Magdeburg – Hannover   147 km
Leerfahrt   142 km

a) Begründen Sie, welches Fahrzeug aus dem Fuhrpark der Spedition Kunze GmbH für diesen Transport am besten geeignet ist.
b) Wie viel Euro werden dem Auftraggeber der Rückfracht in Rechnung gestellt?
c) Welcher Pauschalpreis müsste für die Kiste nach Hamburg verlangt werden, wenn das Fahrzeug an diesem Tag neben den eigenen Kosten auch einen Gemeinkostenzuschlag von 26 % sowie einen Gewinnzuschlag von 10 % erwirtschaften soll?

6.6

12 400 kg Alu-Formteile sollen von Magdeburg nach Calais/Frankreich (1 084 km) transportiert werden. Der Auftraggeber zahlt 2.250,00 € für diesen Transport an die Kunze GmbH. Bis zur Rückkunft ist der Wechselbrücken-Zug vier Tage im Einsatz. Der Tagessatz je Wechselbrücke beträgt 9,00 €.

a) Welchem 100-kg-Satz entspricht der gezahlte Transportpreis?.
b) Inwieweit deckt der vereinbarte Preis von 2.250,00 € die Fahrzeugkosten (einschließlich 26 % Gemeinkostenzuschlag) bis Calais bei zwei Einsatztagen?
c) Wie viel Euro müssten bei einer Rückfracht aus Calais erlöst werden, um neben den Gesamtkosten des Umlaufs auch noch 10 % Gewinn zu erwirtschaften?

Eisenbahnverkehr

E 311

Eisenbahnverkehr   2

Preisermittlung   2.1

Die Preisbildung beim Eisenbahnverkehr ist abhängig von der Konkurrenz anderer Verkehrsträger. Grundlage für die Abrechnung mit der DB Cargo AG bleiben weiterhin die unverbindlichen Frachtentafeln.

Mit Großkunden vereinbaren die Kundenberater unternehmensspezifische, besondere Preislisten, die nicht veröffentlicht werden.

Grundlagen der Frachtberechnung im Wagenladungsverkehr   2.2

Die Preisfindung der DB Cargo AG basiert bei aller Flexibilität in der kostenorientierten Preisfindung auf den folgenden Grundlagen:

Grundlagen der Frachtberechnung		
Entfernung	**Gewicht**	**Nebenleistungen**
• kürzester Schienenweg • Entfernungsdegression • relationsabhängige Preise	• diverse Rundungsvorschriften zum frachtpflichtigen Gewicht • 13,499 t Mindestgewicht je Achsenwagen • 34,499 t Mindestgewicht je Drehgestellwagen	• Locofrachten (Beförderungen innerhalb eines Güterbahnhofs) • Serviceleistungen (z. B. Standgeld)

Grundsätze der Frachtberechnung   2.2.1

Wagenladungen		
Gewicht der Sendung	Rundung der tatsächlichen Gewichte auf volle Tonnen, d. h. bis 499 kg abrunden, ab 500 kg aufrunden	
Allgemeine Preisliste (APL)	ausgerechnetes branchenunabhängiges Standardangebot	
Frachten des Wagenladungsverkehrs	Preistafel 1 für Frachten des Wagenladungsverkehrs	– Transporte in einem Wagen mit zwei Achsen – Transporte in einem Wagen mit mehr als zwei Achsen
Entgelte für Serviceleistungen	z. B.: Wiegegeld: Wagenstandgeld für geschlossene Güterwagen:	pro Einzelwagen 56,00 € 1.–3. Tag, je Tag 34,00 € 4.–6. Tag, je Tag 43,00 € ab dem 7. Tag, je Tag 77,00 €
Privatwagen	Fracht wird um einen Mindestabschlag gekürzt: je nach Güterart zwischen 8 % und 15 % Leerlauffrachten: Abrechnung nach Preistafeln 2 und 3	
Ganzzüge	marktorientierte Frachtpreise auf Basis vereinbarter Preise	

2.2.2 Wagenladungen nach Allgemeiner Preisliste

Für Transporte in einem Wagen mit zwei Achsen						
Sendungs-gewicht in kg	bis 13 499	13 500 – 17 499	17 500 – 21 499	21 500 – 25 499	25 500 – 30 499 ②	jede weitere Tonne kostet
Entfernung bis km	Wagenpreise in € – ohne Umsatzsteuer						
220	926	1.030	1.167	1.304	1.458	54
240	948	1.090	1.236	1.380	1.545	56
260	998	1.153	1.307	1.458	1.636	60
280	1.053	1.217	1.375	1.538	1.720	67
300	1.107	1.277	1.445	1.615	1.806	69
320	1.154	1.335	1.512	1.690	1.889	70
340	1.202	1.389	1.576	1.759	1.969	73
360	1.253	1.443	1.636	1.829	2.046	74
380	1.299	1.500	1.697	1.894	2.123	77
400	1.345	1.552	1.761	1.963	2.202	78
450	1.416	1.636	1.849	2.066	2.316	84
500	1.512	1.744	1.977	2.208	2.472	93
550	1.602	1.847	2.095	2.339	2.620	96
① 600	1.687	1.944	2.203	2.461	2.754	101
650	1.764	2.039	2.308	2.574	2.888	106
700	1.843	2.131	2.412	2.695	3.017	109
750	1.908	2.201	2.489	2.782	3.115	114
800	1.949	2.249	2.546	2.845	3.188	120
850	1.995	2.298	2.605	2.910	3.258	121
900	2.037	2.348	2.663	2.973	3.329	122
950	2.081	2.400	2.718	3.037	3.401	126
1 000	2.123	2.451	2.776	3.099	3.475	128
1 100	2.190	2.527	2.861	3.196	3.582	132
1 200	2.275	2.628	2.975	3.326	3.723	136
1 300	2.363	2.730	3.092	3.452	3.870	140
1 400	2.451	2.830	3.205	3.582	4.009	148
1 500	2.540	2.931	3.320	3.711	4.150	151

Quelle: DB Cargo AG: Preise und Leistungen der DB Cargo AG. In: www.dbcargo.com. 1. Januar 2018. Seite 8.
https://www.dbcargo.com/resource/blob/1434488/cc6020f9cc20126dbad2b67e354e0bfd/dbcargo_preise_leistungen_2018-data.pdf [3.12.2018].

Muster-AUFGABE

Eine Wagenladung Druckfarbe im Gewicht von 27 620 kg soll von Ludwigshafen nach Hamburg (588 km) in einem Wagen der Gattung „H" unfrei transportiert werden.
Mit welchem Frachtbetrag wird der Empfänger in Hamburg belastet?

LÖSUNG

27 620 kg	=	28 000 kg frachtpflichtiges Gewicht	
Frachtbetrag	=	Entfernung 600 km – Gewichtsspalte 25 500 bis 30 499 t	
	=	① 2.754,00 € ③ ②	
Frachtbetrag, netto			2.754,00 €
+ 19 % USt			523,26 €
Frachtbetrag, brutto			3.277,26 €

Eisenbahnverkehr

313

LÖSUNGSWEG

1. Aufgerundete Transportentfernung ermitteln.
2. Gerundete Gewichtsspalte ermitteln.
3. Frachtbetrag: Schnittpunkt der Entfernungszeile mit der Gewichtsstufenspalte ablesen.

Aufgaben zum Sachverhalt

1 21,4 t Kühlgüter werden von Köln über 368 km nach Stuttgart in einem zweiachsigen Kühlwagen der Gattung „I" unfrei befördert.
Wie hoch ist der Transportpreis?

2 28,5 t Gussteile werden frei Haus von Chemnitz nach Wolfsburg (343 km) in einem Achsenwagen transportiert.
Wie hoch ist das Frachtentgelt, wenn ein Nachlass von 25 % auf die Fracht vereinbart und der Wagen von der DB Cargo Deutschland AG verwogen wurde?

3 Ein Achsenwagen mit 22 360 kg Granulat wird von Ludwigshafen nach Flensburg über 792 km frei Haus transportiert.
Wie hoch ist das Frachtentgelt, wenn der Absender 20 % Preisnachlass auf die Fracht vereinbart hat?

4 Ein Zulieferer der Automobilindustrie könnte jeden Werktag drei Achsenwagen mit je 20,6 t von Bochum frei Haus nach Stuttgart-Zuffenhausen (432 km) versenden.
Wie viel Prozent Preisnachlass müsste die DB Cargo Deutschland AG dem Kunden gewähren, wenn dieser für den Straßentransport bisher 8,48 €/100 kg bezahlt hat und sie den Kunden durch einen niedrigeren Preis gewinnen kann?

5
a) Versandboxen im Gesamtgewicht von 31 820 kg werden in einem privaten Achsenwagen 265 km transportiert. Der Wagen wird erst am dritten Tag nach seiner Ankunft in Fulda vom Eigentümer übernommen, sodass zwei Standtage in Rechnung gestellt werden. Der Auftraggeber erhält einen Privatwagenabschlag von 15 % sowie einen Rabatt von 18 % auf das Frachtentgelt.
Mit welchem Betrag belastet die DB Cargo Deutschland AG das Konto des Kunden?
b) Der Rücktransport der leeren Versandboxen erfolgt ebenfalls mit einem privaten Achsenwagen.
Wie hoch ist das Frachtentgelt, wenn die leeren Versandboxen 7,854 t wiegen?

6 Für den Bau einer Neubaustrecke setzt ein privates Bauunternehmen sechs Achsenwagen über 323 km ein.
Die Wagen sind mit Schienen- und Baumaterial mit folgenden Gewichten beladen:
33,4 t   32,8 t   27,3 t   31,7 t   26,6 t   28,5 t
Mit welchem Frachtbetrag belastet die DB Cargo Deutschland AG das Bauunternehmen, wenn ein Rabatt von 35 % vereinbart wurde?

225143313

2.3 Abrechnung im Kombiverkehr

2.3.1 Allgemeine Grundsätze der Frachtberechnung

Kombiverkehr	
Leistungsangebote im kombinierten Verkehr	• Ganzzüge • Stellplätze
Operateure im Kombinierten Verkehr	• Kombiverkehr GmbH (europäischer Marktführer im Kombinierten Verkehr Schiene – Straße) • TFG Transfracht GmbH & Co. KG (überwiegend Containerverkehre zu den deutschen Seehäfen) • Polzug Intermodal GmbH (Kombinierte Verkehre zwischen den Nordseehäfen und Osteuropa bis Zentralasien) • Hupac SA (Kombinierte Verkehre im Alpentransit sowie Seehafenverkehre) • Ökombi GmbH (Kombinierte Verkehre im Alpentransit, größter europäischer Anbieter der Rollenden Landstraße)
Leistungsumfang	Die Operateure bilden meist eigenständige Ganzzüge und bieten ihren Kunden • Stellplätze im Haus-Haus-Verkehr • Stellplätze im Terminal-Terminal-Verkehr
Frachtpreise	Freie Preisbildung auf Basis von Stellplätzen (Ladeeinheiten) nach Angebot und Nachfrage
Nebenleistungen gegen Einzelberechnung	z. B. – Terminalumschlag – Depot-Serviceleistungen – Zwischenlagerung von Containern
Angebote im Containerverkehr	• Binnencontainer (20 ft/40 ft) • ISO-Container (20 ft/40 ft)
Angebote z. B. Kombiverkehrs KG	• Rollende Landstraße • Auflieger (SAnh = Sattelanhänger) • Wechselbehälter (Wechselbrücken, Container)
Preisberechnung z. B. Kombiverkehrs KG	Die Fracht wird pro LE (Ladungseinheit) berechnet, indem der Grundpreis mit dem jeweiligen Koeffizienten, der sich aus Länge und Gesamtgewicht der LE ergibt, multipliziert wird. Es gilt folgendes Koeffizientenraster: **Ladeeinheit nach Länge und Gesamtgewicht** | t \ m	≤ 6,15	6,16–7,82	7,83–9,15	9,16–13,75	SAnh
---	---	---	---	---	---
≤ 8	0,48	0,50	0,75	0,96	1,00
> 8–≤ 16,5	0,48	0,50	0,75	0,96	1,00
> 16,5–≤ 22	0,75	0,75	0,90	1,00	1,00
> 22–≤ 34	0,75	0,75	0,96	1,00	1,00
> 34	0,85	0,85	1,00	1,00	1,00	 Pro Sendung gilt als Mindestfaktor 1,00.

Eisenbahnverkehr

Containerverkehr   2.3.2

Muster-AUFGABE

Ein Spediteur schickt Ventilatoren von Reutlingen wöchentlich in zwei 20-Fuß-Containern mit je 12,2 t Gesamtgewicht und je 1 230 Ventilatoren im Haus-Haus-Verkehr über den Container-Terminal Nagold nach Braunschweig (564 km). Mit der Kombiverkehr KG wird je Container ein Grundpreis von 1.720,00 € für den Haus-Haus-Verkehr ausgehandelt.

a) Mit welchem Frachtbetrag wird das Konto des Absenders wöchentlich belastet?
b) Wie hoch ist der Frachtkostenanteil eines Ventilators im Containerverkehr?

LÖSUNG

a) 20-Fuß-Container = 20 · 30,48 cm = 6,096 m (Länge)
   Ermittlung des Koeffizienten:
   12,2 t/6,096 m: 0,48 · 2 LE = 0,96
   aber: Mindestfaktor pro Sendung 1,0
       1 Sendung (1.720,00 € · 2) . . . .   3.440,00 € €
   + 19 % USt . . . .   653,60 €
       Frachtbetrag, brutto . . . .   <u>4.093,60 €</u>

b) 1 230 Ventilatoren · 2 Container = 2 460 Ventilatoren
   2 460 Ventilatoren =   3.440,00 €
   1 Ventilator   =   1,40 €

Aufgaben zum Sachverhalt

Die Spedition Stein GmbH, Bremen, verschickt in einer Sendung folgende Wechselbehälter nach München: 1 Wechselbehälter mit 7,4 t und 6,10 m, 1 Wechselbehälter mit 15,6 t und 7,30 m. Der Grundpreis der Sendung beträgt 2.720,00 €. **Mit welchem Preis belastet die Kombiverkehr KG das Stundungskonto der Spedition Stein GmbH?**	1
Die Winzergenossenschaft Freiburg/Br. versendet zwei 20-Fuß-Container mit Wein in Kartons auf jeweils 15 Paletten nach Oldenburg (683 km). Für den Transport sind 1.720,00 € Fracht je Container vereinbart. Pro Palette sind 120 Kartons zu je 6 Flaschen gepackt und mit Folie verschweißt. Das Gesamtgewicht je Container beträgt 15 200 kg. a) Wie hoch sind die Transportkosten pro Palette? b) Wie hoch sind die Transportkosten pro Weinflasche?	2
Die Metallbau Reimer GmbH in Osnabrück produziert Gehäuseteile direkt in 40-Fuß-Container. 12-mal pro Monat werden zwei 40-Fuß-Container mit je 14 870 kg über die Spedition Müller zum Kunden nach Nürnberg (484 km) verschickt. Die Kombiverkehr KG verlangt einen Grundpreis von 1.580,00 €. a) Wie hoch sind die Nettofrachtkosten eines Containers nach Nürnberg? b) Welchem Frachtpreis für 100 kg entsprechen diese Frachtkosten? c) Wie hoch ist der monatliche Transportpreis inklusive Umsatzsteuer? d) Im gewerblichen Güterfernverkehr werden auf dieser Strecke 4,65 €/100 kg verlangt. Um wie viel Prozent müsste der Grundpreis der Kombiverkehr KG mindestens gesenkt werden, um einen wettbewerbsfähigen Preis verlangen zu können?	3

Frachtrechnen

3 Sammelgutverkehr

3.1 Preisermittlung

Im **Speditionssammelgutverkehr** erbringen Sammelladungsspediteure als **Versandspediteure** folgende Leistungen. Übernahme von Einzelsendungen, deren Zusammenfassung zu größeren Sendungseinheiten sowie die Besorgung der Beförderung zum Empfangsspediteur. Dieser **übernimmt** die Ladung und **verteilt** die Einzelsendungen nach Anweisung des Versandspediteurs an die Empfänger auf Basis des der Sendung beigefügten Borderos. Diese Leistungen im Sammelgutverkehr werden grundsätzlich nach frei vereinbarten Preisen abgerechnet, wobei gegenüber den Kunden häufig die unverbindliche Preisempfehlung „**Tarif für den Spediteursammelgutverkehr**" und gegenüber den Frachtführern grundsätzlich der Marktpreis zugrunde gelegt wird.

3.2 Grundsätze der Frachtberechnung im Spediteursammelgutverkehr

Die Abrechnung des Sammelladungsspediteurs erfolgt einerseits gegenüber den Leistungserstellern (Frachtführern und Empfangsspediteuren) und zum anderen gegenüber den Kunden (Auftraggebern bzw. Empfängern).

Abrechnung im Sammelgutverkehr ...	
I ... mit den Leistungserstellern	**II ... mit den Kunden**
Abrechnung mit den Frachtführern	**1. Haus-Haus-Entgelte nach den vereinbarten Haustarifen**
1. Vorlauf: Nahverkehrsunternehmer nach vereinbarten **Haustarifen**	Haus-Haus-Entgelte enthalten
2. Hauptlauf:	a) die Beförderung von Haus zu Haus
a) **Mit der Bahn als Wagenladung:** Allgemeine Preisliste	b) die büromäßige Bearbeitung durch Versand- und Empfangsspediteur
b) **Mit dem Lkw:** Haustarif	**Sperrgut/Mindestabrechnung, z. B.:**
Abrechnung mit den Empfangsspediteuren	• Gewicht unter 200 kg/m³: 2 kg je angefangene 10 dm³
1. E+V-Provision (E+V = entladen und verteilen) für die Übernahme und den Umschlag nach Einzelvereinbarung bzw. Monatspauschalen	• Palettenstellplatz mind. 400 kg
	• stapelbare Gitterbox 250 kg
	• stapelbare Europalette 200 kg
2. Nachlauf: Haustarif	**2. Nebengebühren für zusätzliche Leistungen, z. B.:**
	• Versendernachnahme
	• Avisgebühren
	• Rechnungserstellung
	• Ablieferungsnachweis
	• Palettentauschgebühr für – Flachpaletten – Gitterboxpaletten

Sammelgutverkehr

Abrechnung mit den Frachtführern im Güterkraftverkehr

3.3

Muster-AUFGABE

Die Eurosped GmbH, Hanau, beauftragt als Sammelladungsspediteur den Frachtführer W. Seib e. K., folgende Sammelladung im Hauptlauf von Hanau nach Freiburg/Br. über 291 km zu transportieren:

 8 Gitterboxen[1] Drehteile à 874 kg
 3 Kisten Ersatzteile, insgesamt 639 kg (Maße je Kiste: 280 cm x 90 cm x 60 cm)
 12 Euro-Paletten[2] Werkzeuge, insgesamt 6 756 kg

Es gelten folgende Vereinbarungen: Frachtsatz inklusive Maut 4,74 €/100 kg frachtpflichtiges Gewicht, Sperrgut: 300 kg pro m³, Palettentauschgebühren für Europaletten 2,60 € und für Gitterboxpaletten 10,20 €,
pro Palette mind. 200 kg, pro Gitterbox mind. 300 kg Abrechnung.
Welchen Transportpreis muss die Eurosped GmbH incl. Palettentauschgebühren zahlen?

LÖSUNG

Abrechnungsgewicht:	
8 Gitterboxen à 874 kg	6 992 kg
3 Kisten (1,512 m³ · 300 kg · 3)	1 361 kg
12 Euro-Paletten	6 756 kg
frachtpflichtiges Gewicht	15 109 kg
Beförderungsentgelt (4,74 € · 15 109 kg : 100 kg)[3]	716,17 €
Palettentauschgebühr	
– Flachpaletten (12 · 2,60 €)	31,20 €
– Gitterboxpaletten (8 · 10,20 €)	81,60 €
Transportpreis, netto	828,97 €
+ 19 % USt	157,50 €
Transportpreis, brutto	986,47 €

Aufgaben zum Sachverhalt

1

Frachtführer Seib kann in Freiburg folgende Sammelladung als Rückfracht nach Darmstadt (244 km) übernehmen:
 – 18 Paletten à 625 kg im Durchschnitt
 – 6 Gitterboxen im Gesamtgewicht von 4 920 kg
Es werden 3,90 €/100 kg inklusive Maut als Frachtsatz für diese Strecke vereinbart.

a) Berechnen Sie das Beförderungsentgelt für den Hauptlauf nach Darmstadt.
b) Bei der Abwicklung der beiden Transporte (vgl. Musteraufgabe und Aufgabe 1) entstehen zusätzlich 68 km Leerfahrt. Wie hoch ist der Rohertrag des Frachtführers Seib, wenn er beide Fahrten am selben Tag abwickeln konnte und er mit 487,20 € Fixkosten pro Einsatztag und mit 0,45 €/km variablen Kosten kalkuliert?

2

Im Hauptlauf von München nach Karlsruhe (296 km) werden 28 Paletten im Gesamtgewicht von 16 268 kg transportiert.
Mit dem Frachtführer wurden 23,22 € pro Palette inklusive Maut vereinbart.

a) Erstellen Sie die Rechnung des Frachtführers.
b) Welchem vergleichbaren 100-kg-Satz entspricht dieser Erlös auf der Strecke München – Karlsruhe?

---

[1] Innenmaß: 120 cm x 80 cm – Außenmaß: 124 cm x 83,5 cm
[2] Maß: 120 cm x 80 cm
[3] vgl. Auszug Haus-Haus-Entgelte S. 318
225143317

Frachtrechnen

3 Unternehmer Raisch erhält von der Spedition Wiebel KG den Auftrag, 20 Euro-Paletten und 6 Industriepaletten (Maß je Palette: 1,20 m x 1,00 m) im Gesamtgewicht von 14 296 kg von Bremen nach Gotha/Thüringen zu transportieren. Pro Lademeter wurden 80,40 € inklusive Maut vereinbart.
a) Welchen Betrag stellt Raisch der Spedition Wiebel KG in Rechnung?
b) Welchem 100-kg-Satz entspricht dieser Transportpreis?

4 Spedition Wiebel KG erhält folgende Sammelgutsendungen für die Relation Stuttgart: 1 Werkzeugmaschine 5,20 m · 2,33 m · 1,79 m, 6 379 kg; 6 Kolli Ersatzteile, insgesamt 3,00 m · 2,35 m · 1,75 m, 5 158 kg; 35 Euro-Paletten (nicht stapelbar) mit je 500 Packungen Kaffee zu je 500 g.
a) Ermitteln Sie, wie viele Paletten des 3. Auftrags zugeladen werden können, wenn der Frachtführer Ulmer einen Lastzug mit zwei 7-m-Wechselbrücken einsetzt.
b) Wie hoch ist der Transportpreis des Hauptlaufs nach Stuttgart (633 km), wenn die Kapazität des Lkw voll ausgelastet wurde und ein 100-kg-Satz von 6,96 € vereinbart wurde?

3.4 Abrechnung mit den Kunden im Spediteursammelgutverkehr

Haustarif für Haus-Haus-Entgelte (Auszug), Preise in €

Entfernung in km	Gewicht in kg				
	1–50	51–100	101–200	201–300	301–400
1– 100	37,80	64,08	90,72	131,52	168,60
101– 200	40,92	70,80	104,28	153,96	199,92
201– 300	41,64	72,12	106,32	157,68	205,20
301– 400	41,76	72,60	107,28	159,72	207,84
401– 500	42,00	73,20	108,60	161,52	210,48
501– 600	42,84	74,28	110,64	165,00	215,52
601– 700	43,56	76,56	115,08	172,44	226,20
701– 800	44,28	77,64	117,36	176,28	231,12
801–1 000	45,00	79,80	121,80	183,84	242,02

Entfernung in km	Gewicht in kg				
	401–500	501–600	601–700	701–800	801–900
1– 100	201,48	234,72	274,80	314,52	327,48
101– 200	242,04	283,92	332,88	381,60	403,20
201– 300	248,80	292,20	342,36	392,88	415,80
301– 400	251,52	296,16	347,40	398,52	422,64
401– 500	255,12	300,24	351,96	403,80	428,64
501– 600	262,20	308,52	361,80	415,20	441,24
601– 700	275,28	324,96	381,36	437,76	466,58
701– 800	281,88	333,24	390,84	448,56	479,28
801–1 000	295,44	349,44	410,40	471,12	504,84

Sammelgutverkehr

Entfernung in km	Gewicht in kg					
	901–1 000	1 001–1 250	1 251–1 500	1 501–2 000	2 001–2 500	2 501–3 000
1– 100	364,08	396,96	430,44	442,80	443,88	444,72
101– 200	449,04	497,64	545,64	567,24	591,96	614,16
201– 300	463,20	514,56	565,20	588,00	616,56	642,24
301– 400	470,40	522,84	575,04	598,20	628,68	656,52
401– 500	477,36	531,48	584,64	608,25	641,28	670,56
501– 600	491,52	548,16	604,08	629,40	665,88	698,88
601– 700	519,84	581,64	642,48	670,68	715,08	755,28
701– 800	533,76	598,20	661,80	691,44	740,04	783,48
801–1 000	562,08	631,80	700,44	733,20	789,24	839,76

Haustarif für Nebengebühren (Auszug), Preise in €

1. Für zusätzliche Leistungen werden zum Haus-Haus-Entgelt berechnet:
   a) Gebühr für Versendernachnahmen .... 2 %, mindestens 15,30 €
   b) Avisgebühren .... pro Sendung 6,10 €
   c) Zustellung an einem vorgeschriebenen Tag (Fixtag) nach Ablauf der Regellaufzeit .... 17,50 €
   d) Wiegen von Gütern sowie Aufmessen von Sperrgütern nach Zeit und Aufwand .... pro Sendung mindestens 4,50 €
   e) Lagergeld für Güter normalen Umfangs .... pro Tag und 100 kg 1,20 €
      mindestens 2,50 €
   f) Rechnungserstellung für Unfrei-Empfänger, die nicht zur sofortigen Zahlung bereit sind, sowie für Dritte .... 7,50 €
   g) Nachträgliche Verfügungen des Versenders (z. B. Änderungen der Frankatur) und Anweisungen des Empfängers .... pro Sendung mindestens 6,10 €
   h) Beschaffung eines Ablieferungsnachweises .... mindestens 7,50 €
   i) Palettentauschgebühr für – genormte Flachpaletten .... je Palette 2,60 €
      – genormte Gitterboxpaletten .... je Palette 10,20 €
   j) Stand- und Wartezeiten von mehr als einer halben Stunde je halbe Stunde 24,00 €

2. Die bei der Versendung gefährlicher Güter erforderlichen zusätzlichen Leistungen werden mit einem angemessenen Betrag, mindestens aber in folgender Höhe abgerechnet:

   pro Sendung bis 300 kg .... mindestens 12,50 €
   301 kg bis 1 000 kg .... mindestens 18,00 €
   über 1 000 kg .... mindestens 24,60 €

Muster-AUFGABE

Die Ventrax GmbH, Hanau, verschickt über die Spedition Eurosped GmbH an einen Kunden in Freiburg 3 Gitterboxen mit jeweils 874 kg über 291 km „frei Haus".

a) Welchen Frachtbetrag berechnet die Eurosped GmbH ihrem Kunden, wenn ein Nachlass von 20 % auf das Haus-Haus-Entgelt vereinbart wurde und Palettentauschgebühren laut Nebengebührentarif berechnet wurden?
b) Über welchen Betrag lautet die Rückrechnung des Empfangsspediteurs in Freiburg, wenn der Nachlauf mit 66,00 € in Rechnung gestellt wird und für E+V 1,55 € je angefangene 100 kg vereinbart sind?
c) Wie viel Euro verbleiben der Eurosped GmbH bei diesem Sammelguttransport zur Deckung ihrer Restkosten?

Frachtrechnen

LÖSUNG

a) Frachtgewicht: 3 · 874 kg = 2 622 kg/291 km
   Rechnung an die Ventrax GmbH:

Haus-Haus-Entgelt	642,24 €
− 20 % Preisnachlass	128,45 €
angepasster KS	513,79 €
+ Palettentauschgebühr 3 · 10,20 €	30,60 €
Frachtbetrag, netto	544,39 €
+ 19 % USt	103,43 €
Frachtbetrag, brutto	647,82 €

b) Rückrechnung des Empfangsspediteurs:

E+V für 2 700 kg: 1,55 · 27	41,85 €
+ Nachlaufentgelt	66,00 €
+ Palettentauschgebühr	30,60 €
Rechnungsbetrag, netto	138,45 €
+ 19 % USt	26,31 €
Rechnungsbetrag, brutto	164,76 €

c) Erlös aus dem Sammelguttransport für die Ventrax GmbH:

netto	544,39 €
− Rückrechnung des Empfangsspediteurs, netto	138,45 €
Deckungsbetrag zur Abdeckung der Restkosten	405,94 €

Aufgaben zum Sachverhalt

1 Aus dem Raum Hanau geht eine Euro-Palette mit Sägeblättern (485 kg) „unfrei" zum Sägewerk Faller nach Denzlingen bei Freiburg (284 km). Die Maut beträgt 2,61 €.
Welcher Rechnungsbetrag wird dem Sägewerk Faller incl. Maut und Palettentauschgebühr durch den Empfangsspediteur in Rechnung gestellt?

2 Zwei Gitterboxen mit je 874 kg werden unfrei an einen Kunden in Freiburg (291 km) versandt. Je Gitterbox ist eine Versendernachnahme in Höhe von 952,00 € beim Empfänger einzuziehen.
a) Wie viel Euro hat der Empfänger in Freiburg bei Auslieferung der Sendung an den Empfangsspediteur incl. Maut und Palettentauschgebühr zu zahlen?
b) Welchen Betrag schuldet der Empfangsspediteur dem Versandspediteur Eurosped GmbH, wenn für die Zustellung 54,80 € und für E+V 1,85 € je angefangene 100 kg berechnet werden?

3 Ebenfalls nach Freiburg wurden 3 Kisten (Maße je Kiste: 280 x 90 x 60 cm) als Sammelgut der Eurosped GmbH, Hanau, über 306 km transportiert. Aufgrund der Sperrigkeit der Sendung werden 300 kg pro m³ berechnet. Die Sendung geht „frei Haus" an den Empfänger in Freiburg. Der Absender wünscht einen Ablieferungsnachweis.
a) Ermitteln Sie das frachtpflichtige Gewicht der Sendung.
b) Erstellen Sie die Abrechnung des Empfangsspediteurs an den Empfänger der Sendung, wenn für die Zustellung 56,25 € belastet werden.
c) Erstellen Sie die Abrechnung des Versandspediteurs an den Absender. Mit der Eurosped GmbH wurde ein Nachlass von 25 % auf das Haus-Haus-Entgelt vereinbart.
d) Erstellen Sie die Abrechnung des Empfangsspediteurs an den Versandspediteur in Hanau, wenn für E+V 1,75 € je angefangene 100 kg frachtpflichtigem Gewicht anfallen.

Sammelgutverkehr

E 321

Aus der Sammelgutsendung der Eurosped GmbH, Hanau, nach Freiburg sind 5 Paletten mit insgesamt 2 355 kg Schneidwerkzeuge für die MEBA AG, Breisach (278 km), „frei Haus" bestimmt.

Für die gesamte Sammelgutsendung nach Freiburg kalkuliert die Eurosped GmbH mit 1.403,35 € Gesamtkosten ohne Maut.

Wie viel Euro Preisnachlass könnte die Eurosped GmbH der MEBA AG auf den Haus-Haus-Satz gewähren, wenn mindestens 10 % Gewinn erwirtschaftet werden sollen und der Erlös der restlichen Sendungsteile bei 995,00 € liegt?

4

Vermischte Aufgaben 3.5

Im Rahmen eines Sammelguttransports von München nach Bremen im Gesamtgewicht von 17 380 kg werden auch Druck-Erzeugnisse im Gewicht von 375 kg auf einer Einweg-Palette über 782 km „frei Haus" befördert.

Mit dem Kunden ist ein Haus-Haus-Entgelt nach dem Tarif für den Spediteursammelgutverkehr abzüglich 20 % vereinbart. Der Empfangsspediteur verrechnet für E+V 1,60 € je angefangene 100 kg Sendungsgewicht.

a) Wie hoch sind die anteiligen Frachtkosten der Druck-Erzeugnisse im Hauptlauf, wenn der Frachtführer pauschal 945,00 € für den Transport erhält?
b) Erstellen Sie die Abrechnung für den Versender der Druck-Erzeugnisse inklusive 4,07 € Maut.
c) Über welchen Betrag lautet die Rückrechnung des Empfangsspediteurs in Bremen, wenn für den Nachlauf 32,50 € berechnet werden?
d) An Vorlaufkosten fallen für die Druck-Erzeugnisse 30,65 € an. Der Versandspediteur rechnet für seine eigenen Kosten (Hallenumschlag, büromäßige Bearbeitung, Gemeinkostenanteil usw.) für diese Sendung 69,50 €.

Wie hoch ist der rechnerische Gewinn dieser Sendung?

1

Die Zentralgenossenschaft e. G. Württemberg, Möglingen, erteilt der Spedition Ganzel GmbH in Stuttgart den Speditionsauftrag, 200 Kisten Wein zu je 15 Flaschen (2 750 kg) im Sammelgutverkehr „frei Haus" nach Gotha zu transportieren. Die Vorlaufkosten der Sendung belaufen sich auf 27,90 €, die Maut beträgt 22,39 €. Die Ganzel GmbH beauftragt den Frachtführer Pfaff mit dem Transport. Die Sendung wird von Empfangsspediteur Gehr GmbH, Erfurt, übernommen.
Die Spedition Ganzel GmbH hat folgende Vereinbarungen getroffen:
– mit dem Absender: Haus-Haus-Entgelt nach BSL-Empfehlung
– mit dem Empfangsspediteur: E+V 1,55 € je angefangene 100 kg
  Nachlauf bis 30 km: 1,65 € je 100 kg

Entfernungen: Stuttgart – Möglingen   17 km
               Stuttgart – Gotha   396 km
               Stuttgart – Erfurt   417 km
               Möglingen – Gotha   381 km
               Erfurt – Gotha   27 km

a) Erstellen Sie die Abrechnung mit der Zentralgenossenschaft in Möglingen.
b) In welcher Höhe erfolgt die Rückrechnung des Empfangsspediteurs?
c) Wie hoch ist der Rohertrag der Sendung für die Spedition Ganzel GmbH, wenn der Hauptlaufanteil der Sendung 358,36 € beträgt?

2

Frachtrechnen

3

Die Spedition Franz Rüdinger OHG, Lörrach, erhält von einem Kunden aus Freiburg den Auftrag, 3 Industriepaletten Steingut im Gesamtgewicht von 580 kg nach Hof unfrei zu transportieren.

Es wird der Haus-Haus-Tarif abzüglich 15 % vereinbart, wobei als Mindestgewicht pro Palette 350 kg berechnet werden sollen, weil die Paletten nicht gestapelt werden können.

Die Vorlaufkosten betragen laut Haustarif 0,13 € pro km und 100 kg tatsächliches Gewicht.

Für den Hauptlauf werden mit dem Unternehmer für 15 840 kg 1.031,25 € inklusive Maut vereinbart.

Der Empfangsspediteur berechnet für E+V 1,63 € je angefangene 100 kg effektives Gewicht und die Hausfracht mit 50,20 € inklusive Maut.

Entfernungsangaben: Freiburg – Hof 490 km
Lörrach – Hof 548 km
Freiburg – Lörrach 58 km

a) Welcher Rechnungsbetrag wird dem Empfänger in Hof in Rechnung gestellt?
b) Wie hoch sind die anteiligen Frachtkosten der 3 Paletten, wenn das Effektivgewicht zum Ansatz kommt?
c) Erstellen Sie die Rückrechnung des Empfangsspediteurs an die Spedition Franz Rüdinger.
d) Wie hoch ist der Bruttoerfolg dieses Sendungsteils für die Spedition Rüdinger?

4

Spedition Gellert KG, Wangen/Allgäu, übergibt im Rahmen ihres Sammelladungsverkehrs in das östliche Ruhrgebiet folgende Sendungen (verschiedene Molkereiprodukte) auf Euro-Paletten (EU) an das Fuhrunternehmen Mila Ostertag e. K.:

1. 13 EU 2 270 kg von Wangen nach Unna „frei Haus"
2. 7 EU 2 350 kg von Lindau nach Dortmund „unfrei"
3. 8 EU 1 320 kg von Wangen nach Lünen „frei Haus"
4. 6 EU 2 150 kg von Wangen nach Gütersloh „unfrei"

Entfernungen: Wangen – Lindau 28 km
– Dortmund 610 km
– Unna 635 km
– Lünen 622 km
– Gütersloh 693 km
Dortmund – Unna 14 km
– Lünen 12 km
– Gütersloh 88 km
– Lindau 620 km

Ostertag berechnet für den Hauptlauf 0,20 € pro t/km sowie 85,68 € Maut.

Der Empfangsspediteur in Dortmund verlangt für E+V 1,75 € pro angefangene 100 kg für Zustellungen in Dortmund 25,40 € pauschal je Sendung, für den Nachlauf 0,12 € pro km und 100 kg. Mit den Auftraggebern wurde der Haustarif für Haus-Haus-Entgelte abzüglich 20 % vereinbart.

a) Erstellen Sie die Abrechnung mit dem Absender/Empfänger für die Sendungen 1. bis 4. gemäß der vorgegebenen Frankatur einschließlich der Palettentauschgebühr und der Maut. Die Maut wird gewichtsanteilig verteilt.
b) Wie hoch sind die Frachtkosten des Hauptlaufs nach Dortmund?
c) Erstellen Sie die Rückrechnung des Empfangsspediteurs für den gesamten Auftrag.
d) Ermitteln Sie den Bruttospeditionserfolg dieser Sammelgutsendung, wenn die Vorlaufkosten insgesamt 123,50 € betragen.

Binnenschifffahrt

Binnenschifffahrt 4

Preisermittlung 4.1

Das Entgelt für Binnenschifftransporte ist frei vereinbar. Jeder Frachtführer muss anhand seiner Kosten ermitteln, welchen Preis er benötigt. Den Preis berechnet er in der Regel mithilfe seines Haustarifs. Arbeitet der Frachtführer allerdings nach dem Referenztarif FTB (Frachten- und Tarifanzeiger der Binnenschifffahrt), muss er anhand einer Kalkulation ermitteln, ob er seinem Auftraggeber einen Rabatt (Marge) gewähren kann.

Frachtberechnung 4.2

Kalkulation der Schiffskosten 4.2.1

Zielsetzung des Binnenschiffers sollte die Kostendeckung als Entgeltuntergrenze sein. Für den Frachtführer ist es also wichtig zu wissen, welche Kosten für sein Schiff entstehen.

Bei der **Kalkulation der Fracht** müssen folgende **Kostenarten** berücksichtigt werden:

- Personalkosten
  (Gehälter, Löhne und Nebenkosten)
- Materialkosten
  (hauptsächlich Treib- und Schmierstoffkosten)
- Reparaturkosten
- Versicherungskosten
- Steuern
- Betriebsgemeinkosten
- Verwaltungskosten
- kalkulatorischer Unternehmerlohn
  (ersetzt bei Partikulierschiffen – teilweise – die Personalkosten)
- kalkulatorische Abschreibungen
- kalkulatorische Zinsen
- kalkulatorische Wagnisse
  (Frachtausfall durch Eisgang, Hoch- oder Niedrigwasser, unvorhergesehene Werftaufenthalte)

Zusätzlich sind je nach Vertrag weitere Kostenbestandteile in das Entgelt einzurechnen:

- Ufer- und Hafengelder
- öffentlich-rechtliche Schifffahrtsabgaben
- Umschlaggelder

Zunächst werden die Gesamtschiffskosten pro Jahr ermittelt. Der Kostensatz je Betriebstag wird durch die Verteilung der Gesamtschiffskosten auf die Betriebstage berechnet.

$$\text{Kosten je Betriebstag} = \frac{\text{Gesamtschiffskosten je Jahr}}{\text{Betriebstage}}$$

Die Betriebstage werden ermittelt, indem von den Kalendertagen die Ruhetage (Urlaub, Sonn- und Feiertage, an denen nicht gefahren wird) und die voraussichtlichen Stillliegezeiten (z. B. geplante Werftaufenthalte) abgezogen werden.

Frachtrechnen

Schiffe, die „Rund um die Uhr" fahren (z.B. Reederei-Schiffe auf dem Rhein), haben eine höhere Anzahl von Betriebstagen als Schiffe, die entweder aufgrund äußerer Bedingungen (z.B. Schleusenzeiten) oder aufgrund der Personalsituation (oft Partikulierschiffe) in der Regel nur tagsüber fahren. Dadurch haben die Partikulierschiffe häufig einen höheren Kostensatz je Betriebstag. Um dennoch konkurrenzfähig zu sein, wird häufig die eigene Arbeitszeit und die der mitarbeitenden Familienangehörigen sehr niedrig oder gar nicht in die Gesamtschiffskosten eingerechnet.

Muster-AUFGABE

Der Partikulier Egon Schmecker, Halle, kauft ein gebrauchtes Binnenschiff, Tragfähigkeit 840 t, für 500.000,00 €. Sein Eigenkapital beträgt 100.000,00 €, den Rest finanziert er auf zehn Jahre mit einem Existenzgründungskredit zu 6 %. Das durchschnittlich gebundene Kapital beträgt 250.000,00 €. An Unternehmerlohn kalkuliert er für ein Geschäftsjahr insgesamt 87.500,00 €, für Treibstoff und Schmierstoff 60.000,00 €, Reparaturkosten 25.000,00 €, Versicherungen und Steuern 28.000,00 € sowie 4.500,00 € Verwaltungskosten. Schmecker rechnet mit einer Nutzungsdauer von zehn Jahren und einem Wiederbeschaffungswert von 560.000,00 €. Weiterhin kalkuliert er anhand langjähriger Erfahrungswerte mit 12 Tagen Frachtausfall wegen Eisgangs, Hoch- und Niedrigwassers. Als Wagniskosten kalkuliert er 750,00 € je Tag. Schmecker fährt generell sonntags sowie an jedem zweiten Samstag nicht. Weiterhin rechnet er zusätzlich mit 14 Tagen Urlaub.

Berechnen Sie

a) die Gesamtschiffskosten je Jahr,
b) die Anzahl der Betriebstage,
c) den Kostensatz je Betriebstag.
d) Welchen Preis muss Frachtführer Schmecker für einen viertägigen Transportauftrag verlangen, wenn er mit einem Gewinnzuschlag von 7,5 % rechnet?

LÖSUNG

a) Materialkosten (Treibstoff- und Schmierkosten) .... 60.000,00 €
    Reparatur- und Wartungskosten .... 25.000,00 €
    Steuern und Versicherungen .... 28.000,00 €
    Verwaltungskosten .... 4.500,00 €
    kalkulatorischer Unternehmerlohn .... 87.500,00 €
    kalkulatorische Abschreibungen
    (10 % von 560.000,00 €) .... 56.000,00 €
    kalkulatorische Zinsen (6 % von 250.000,00 €) .... 15.000,00 €
    kalkulatorische Wagnisse (750,00 € · 12) .... 9.000,00 €
    Gesamtschiffskosten pro Jahr .... 285.000,00 €

b) Anzahl der möglichen Betriebstage .... 365 Tage
    – Ruhetage
        Sonntage .... 52 Tage
        Samstage .... 26 Tage
        Urlaub .... 14 Tage – 92 Tage
                                                                    273 Tage

c) $\dfrac{285.000,00\ €}{273\ Tage} = \underline{1.043,96\ €/Tag}$

d) Kostensatz je Betriebstag (Selbstkosten) .... 1.043,96 €
    + 7,5 % Gewinnzuschlag .... 78,30 €
    = Tagessatz .... 1.122,26 €

    1.122,26 €/Tag · 4 Tage = $\underline{4.489,04\ €}$

Binnenschifffahrt

Aufgaben zum Sachverhalt

1

Reederei Lahnstein, Münster, kalkuliert ihr 1 500-t-Motorschiff „Bernhard" mit 160.000,00 € Lohnkosten, 95.000,00 € Treibstoff- und Schmierstoffkosten, 40.000,00 € Reparatur- und Wartungskosten, 35.000,00 € Versicherungen, 24.000,00 € Steuern und 90.000,00 € Betriebsgemein- und Verwaltungskosten. An kalkulatorischen Kosten werden berücksichtigt: 76.000,00 € Abschreibungen, 8,5 % Zinsen des durchschnittlich gebundenen Kapitals von 570.000,00 € sowie 20.000,00 € Wagnisse.

Das Schiff soll an 325 Tagen im Jahr eingesetzt werden.

Der Reederei Lahnstein, Münster, liegt ein Angebot von 9,38 €/t für einen viertägigen Transport von 1 200 t Importkoks von Rotterdam nach Basel vor.

Einen Anschlussauftrag könnte die Reederei Lahnstein zwei Tage nach geplanter Löschung des Schiffes in Straßburg übernehmen.

a) Berechnen Sie die Einnahmen des Kokstransports.
b) Ermitteln Sie die Gesamtschiffskosten je Jahr.
c) Berechnen Sie den Tagessatz.
d) Berechnen Sie die Kosten der Reise bis zum Anschlussauftrag in Straßburg.
e) Berechnen Sie den Gewinn/Verlust der Schiffsreise.
f) Welche Möglichkeiten gibt es für den Partikulier, seinen Tagessatz zu senken?

2

Ein Partikulier erhält für einen Transport von 970 t Düngemitteln von Antwerpen nach Ludwigshafen ein Angebot von 8.730,00 €. Der reine Transport dauert 60 Stunden. Die Beladung ist zusätzlich mit 1 Tag, die Löschung mit 1,5 Tagen anzusetzen. Der Partikulier rechnet mit folgenden jährlichen Kosten für sein 1 300-t-Schiff:

Personalkosten 58.000,00 €, kalkulatorischer Unternehmerlohn 70.000,00 €, Treibstoff- und Schmierstoffkosten 74.000,00 €, Reparaturkosten 20.000,00 €, Versicherungen und Steuern 25.000,00 €, Betriebs- und Verwaltungskosten 24.500,00 €, 6 $\frac{2}{3}$ % kalkulatorische Abschreibungen des Wiederbeschaffungswertes 1.250.000,00 €, 8,75 % kalkulatorische Zinsen vom durchschnittlich gebundenen Kapital 500.000,00 €, kalkulatorische Wagnisse 12.000,00 €.

Durchschnittlich fährt der Partikulier nur an der Hälfte der Samstage und Sonntage, zusätzlich pausiert er noch an 4 Feiertagen und 12 Urlaubstagen.

a) Ermitteln Sie die Gesamtschiffskosten je Jahr.
b) Berechnen Sie den Tagessatz.
c) Bei der Ausführung des Auftrags fallen zusätzlich folgende Kosten an:

	Laden in Antwerpen	Löschen in Ludwigshafen
Ufergeld	0,50 €/t Ladung	0,45 €/t Ladung
Hafengeld	0,10 €/t Tragfähigkeit	0,12 €/t Tragfähigkeit

Berechnen Sie den Gewinn/Verlust der Schiffsreise.

3

Die Reederei Blohm soll den Transport von 1 120 t Rohstahl von Stuttgart nach Antwerpen besorgen. Sie beauftragt mit der Transportdurchführung den Partikulier Waldemar Günthert. Dieser soll einen Tonnensatz von 9,20 € erhalten.
Die jährlichen Schiffskosten des Partikuliers setzen sich folgendermaßen zusammen: kalkulatorischer Unternehmerlohn 62.500,00 €, Personalkosten 52.000,00 €, Treibstoff- und Schmierstoffkosten 78.000,00 €, Reparatur- und Wartungskosten 24.000,00 €, Versicherungen, Steuern und Verwaltungskosten 37.500,00 €, kalkulatorische Abschreibungen 5 % von 1.200.000,00 € Wiederbeschaffungswert des Schiffskörpers und 10 % von 300.000,00 € Wiederbeschaffungswert der maschinellen Ausrüstung, 7,5 % kalkulatorische Zinsen vom durchschnittlich gebundenen Kapital 600.000,00 €, kalkulatorische Wagnisse jeweils 980,00 € für 15 Tage.
Günthert kalkuliert mit 305 Einsatztagen.
Die Fahrtzeit von Stuttgart nach Antwerpen beträgt 5 Arbeitstage, für Be- und Entladung kalkuliert Günthert jeweils 0,75 Tage.
Günthert kann in Antwerpen eine Rückladung nach Duisburg-Ruhrort übernehmen.

a) Berechnen Sie die Gesamtschiffskosten je Jahr.
b) Berechnen Sie den Tagessatz des Partikuliers Günthert.
c) Günthert kalkuliert nach langjähriger Erfahrung Ufer- und Hafengelder mit 5,25 % des Transporterlöses. Zusätzlich fallen für die 187 km Fahrstrecke auf dem Neckar je Tonne und Kilometer 0,619 Cent Neckarkanalabgaben an.
Ermitteln Sie die Kosten Günherts für den Transport von Stuttgart nach Antwerpen.
d) Berechnen Sie den Gewinn Güntherts aus diesem Transport.

4.2.2 Erfassung von öffentlich-rechtlichen Schifffahrtsabgaben sowie Ufer- und Hafengeldern in der Binnenschifffahrtskalkulation

Zu den öffentlich-rechtlichen Schifffahrtsabgaben zählen Kanal- und Schleusengebühren, die dem Frachtführer berechnet werden. Dieser belastet die Gebühren entweder dem Frachtzahler zusätzlich zum vereinbarten Frachtentgelt oder er rechnet die Schifffahrtsabgaben bereits bei der Offertabgabe in seinen Tonnensatz ein. Die Vorgehensweise ist abhängig von den Vereinbarungen im Frachtvertrag.
Die Schifffahrtsabgaben werden häufig mit Tausendstelcent pro Tonne je Tarifkilometer angegeben (z.B. 0,383 Cent/t je Tarifkilometer). Deshalb ermitteln manche Reeder und Partikuliere ihre eigenen Tonnensätze auf Zehntelcent genau.

Partikulier Emil Landsinger transportiert mit seinem 1 250-t-Schiff 980 t Getreide von Antwerpen nach Stuttgart. Insgesamt benötigt er für die Abwicklung dieses Auftrags fünf Tage.
Seine Gesamtschiffskosten pro Jahr betragen 435.000,00 €. Landsinger rechnet mit insgesamt 68 Ruhetagen.

a) Berechnen Sie den Tonnensatz für den Auftrag.
b) Berechnen Sie den Tonnensatz unter zusätzlicher Berücksichtigung von 1,412 € Neckarkanalabgaben je Tonne Getreide.
c) Berechnen Sie den Tonnensatz, wenn für den Transport Ufergeld in Höhe von 0,58 €/t Ladung sowie Hafengeld von 0,15 €/t Tragfähigkeit entstehen.

Binnenschifffahrt

LÖSUNG

a) Betriebstage: 365 Tage − 68 Ruhetage = 297 Tage

Tagessatz: $\dfrac{435.000,00\ €}{297\ Tage}$ = 1.464,65 €

Kosten des fünftägigen Transports: 1.464,65 €/Tag · 5 Tage = 7.323,25 €

Berechnung des Frachtsatzes (Tonnensatzes): $\dfrac{7.323,25\ €}{980\ t}$ = 7,473 €/t

b)   Frachtsatz .... 7,473 €/t
    + Schifffahrtsabgaben .... 1,412 €/t
    Tonnensatz inkl. Abgaben .... 8,885 €/t

c)   Kosten inkl. Kanalabgaben: 8,885 €/t ·   980 t .... 8.707,30 €
    + Ufergeld: 0,580 €/t ·   980 t ....   568,40 €
    + Hafengeld: 0,150 €/t · 1 250 t ....   187,50 €
    Gesamtkosten des Transportes .... 9.463,20 €
    Tonnensatz inkl. aller Abgaben: 9.463,20 € : 980 t = **9,656 €/t**

Aufgaben zum Sachverhalt

1   Partikulier Landsinger transportiert 1 130 t Schrott von Stuttgart nach Rotterdam. Er rechnet mit insgesamt 6,5 Tagen für die Ausführung des gesamten Auftrags. Die Neckarkanalabgaben für Schrott betragen 0,776 €/t, das Ufergeld in Stuttgart 0,35 €/t Ladung und in Rotterdam 0,38 €/t Ladung. An Hafengeld fällt in Stuttgart 0,08 €/t Tragfähigkeit an, in Rotterdam 8,85 € je 100 t Tragfähigkeit. (Restliche Angaben vgl. Musteraufgabe.)

a) Berechnen Sie die Gesamtkosten für den Transport.
b) Berechnen Sie den Tonnensatz, den er seinem Auftraggeber mindestens in Rechnung stellen muss, damit er keinen Verlust einfährt.

2   Die Schifffahrtsabgaben für den Transport von Kies auf einer kanalisierten Binnenwasserstraße betragen 0,313 Cent/t je Tarifkilometer.

Berechnen Sie den Tonnensatz der Schifffahrtsabgaben
(auf drei Nachkommastellen gerundet) für
a) 98 Tarifkilometer,   b) 164 Tarifkilometer,   c) 201 Tarifkilometer.

3   Berechnen Sie mit den Ergebnissen der Aufgaben 2a), 2b) und 2c) die Schifffahrtsabgaben beim Transport von 1 327 t Kies.

Frachtrechnen

4

Kanalabgaben für Containertransporte auf abgabenpflichtigen Wasserstraßen in Deutschland:

beladene 20'-Container	0,025 €/km
beladene 40'-Container	0,050 €/km
leere Container	abgabenfrei

a) Ein 72-TEU-Binnenschiff transportiert 16 beladene 20'-Container, 21 beladene 40'-Container und 3 leere 20'-Container über 63 km.

Berechnen Sie die Kanalabgaben.

b) Auf einer 213 km langen Fahrt werden 60 % der Stellplätze eines 80-TEU-Binnenschiffes genutzt, wobei 7 der transportierten 20'-Container unbeladen sind.

Berechnen Sie die Kanalabgaben.

c) Ein 70-TEU-Binnenschiff transportiert 3 leere 20'-Container, 3 leere 40'-Container, 19 beladene 20'-Container sowie 16 beladene 40'-Container.

Berechnen Sie die abgabenpflichtige Entfernung, wenn für den Transport 206,55 € Kanalabgaben zu bezahlen sind.

5

Tarif über Hafen- und Ufergeld (Auszug)

Das Ufergeld beträgt für
- leere Container je Ladeeinheit .... 0,85 €
- in Containern umgeschlagene Güter
  ohne Rücksicht auf Güterart und Gewicht je Ladeeinheit
  (20'- oder 40'-Container) .... 6,25 €

Das Hafengeld beträgt für
- Containerschiffe mit Güterumschlag je t Tragfähigkeit .... 0,50 €
  mindestens jedoch .... 15,00 €

a) Ein 75-TEU-Binnenschiff schlägt im Hafen 17 beladene 20'-Container, 17 beladene 40'-Container sowie 6 leere 40'-Container um. Die Tragfähigkeit des Schiffes beträgt 1 320 t.

Berechnen Sie das Hafen- und Ufergeld.

b) Bei der Beladung am Containerterminal werden 60 % der Stellplätze eines 70-TEU-Binnenschiffes mit 20'-Containern beladen, wobei 8 der transportierten 20'-Container leer sind. Die Tragfähigkeit des Schiffes beträgt 1 265 t.

Berechnen Sie das Hafen- und Ufergeld.

c) Ein 70-TEU-Binnenschiff löscht 11 leere 20'-Container, 3 leere 40'-Container, 19 beladene 20'-Container sowie 8 beladene 40'-Container. Anschließend lädt das leere Binnenschiff 25 beladene 20'-Container sowie 17 beladene 40'-Container. Die Tragfähigkeit des Schiffes beträgt 1 050 t.

Berechnen Sie das Hafen- und Ufergeld.

Binnenschifffahrt

E 329

Haustarif für die Massengutverfrachtung

4.2.3

Das Entgelt ist abhängig von der Entfernung, vom Transportweg (Berg- oder Talfahrt) sowie von Gewicht und Sperrigkeit der Sendung.

Zusätzlich können Zuschläge für Niedrigwasser (Kleinwasserzuschläge) und Liegegelder für das Überschreiten von Lade- und Löschzeiten berechnet werden. Weiterhin müssen die Frachtführer für die Benutzung von Kanälen und vielen Flüssen öffentlich-rechtliche Schifffahrtsabgaben (Schleusen- und Kanalgebühren) abführen, die sie in ihren Preis einrechnen müssen.

Güterart:	Schüttgut
Verkehrsbereich:	von Rhein-Ruhr-Häfen, Krefeld-Uerdingen und Kanalstationen, Neuss, Köln nach Mosel-, Saar-, Rhein-, Main- und Neckarstationen
I. Grundfracht:	ab frei gestaut Schiff Ladehafen bis frei Ankunftsschiff Löschhafen

---

nach	Grundfracht in €/t	nach	Grundfracht in €/t
Moselstationen		**Mainstationen**	
Wellen	6,07	Rüsselsheim	5,59
Saarstationen		Frankfurt	5,90
Dillingen	6,34	Aschaffenburg	6,68
Rheinstationen		Würzburg	7,56
Worms/Ludwigshafen/Mannheim	6,10	Bamberg	9,01
Speyer	6,61	Erlangen	9,56
Karlsruhe	6,99	**Neckarstationen**	
Kehl	8,43	Heidelberg	6,45
Weil	10,76	Heilbronn	7,65
Grenzach	11,31	Stuttgart	9,18

II. Kleinwasserzuschläge

a) Bei einem Kauber Pegel unter 0,96 m:

0,95 m bis 0,91 m	60 %
0,90 m bis 0,81 m	70 %
0,80 m bis 0,71 m	80 %
0,70 m bis 0,61 m	100 %

b) Für Verladungen nach den Mosel- und Saarhäfen:

1,40 m bis 1,31 m	10 %
1,30 m bis 1,21 m	20 %
1,20 m bis 1,11 m	30 %
1,10 m bis 1,01 m	45 %
1,00 m bis 0,91 m	60 %
0,90 m bis 0,81 m	70 %

III. Laden und Löschen/Liegegeld

nach der Lade- und Löschzeitenverordnung (**Bin SchLV**)

a) Die Ladezeit beginnt nach Ablauf des Tages, an dem die Ladebereitschaft angezeigt wird.

b) Bei Voranmeldung der Ladebereitschaft beginnt die Ladezeit **zwei Stunden nach** dem in der **Voranmeldung** genannten Zeitpunkt.
Voraussetzung ist jedoch, dass der Frachtführer **zum angemeldeten Zeitpunkt ladebereit** ist.

c) Die Ladezeit beträgt **eine Stunde für jeweils 45 Tonnen.**

d) Auf die Ladezeit angerechnet werden Werktage zwischen 06:00 Uhr und 20:00 Uhr.

e) Das dem Frachtführer geschuldete **Standgeld (Liegegeld)** beträgt bei einem Schiff mit einer **Tragfähigkeit bis zu 1 500 Tonnen für jede angefangene Stunde,** während der Frachtführer nach Ablauf der Lade- und/oder Löschzeit wartet, **0,05 € je Tonne Tragfähigkeit.**
Bei einem Schiff mit einer **Tragfähigkeit über 1 500 Tonnen** beträgt das für jede angefangene Stunde anzusetzende Liegegeld **75,00 € zuzüglich 0,02 € für jede über 1 500 Tonnen liegende Tonne.**

Frachtrechnen

1 Muster-AUFGABE

Ein Partikulier transportiert mit seinem Motorschiff „Elbvogel", Tragfähigkeit 1 500 t, 1 250 t Steinkohle von Köln-Niehl nach Mannheim/Rheinau.

a) Ermitteln Sie den Tonnensatz.
b) Berechnen Sie die Nettogrundfracht für die gesamte Sendung.
c) Berechnen Sie den abzurechnenden Tonnensatz bei einem Kauber Pegel von 0,92 m.
d) Das Binnenschiff kann aufgrund des Niedrigwassers (vgl. c) nur zu 50 % beladen werden.
   Welches Nettofrachtentgelt wird dem Frachtschuldner in Rechnung gestellt?

LÖSUNG

a) Grundfracht: 6,10 €/t
b) Grundfracht der Gesamtsendung: 6,10 €/t · 1 250 t = 7.625,00 €
c) KWZ: 60 %. Um KWZ erhöhte Grundfracht: 6,10 €/t · 1,6 = 9,76 €/t
d) Gewicht der Ladung: 1 500 t · 0,5 = 750 t
   Fracht der Gesamtsendung: 9,76 €/t · 750 t = 7.320,00 €

2 Muster-AUFGABE

Von Krefeld-Uerdingen sollen 800 t Koks mit dem Binnenschiff „Moseltal", Tragfähigkeit 1 120 t, nach Dillingen/Saar transportiert werden. Der Kauber Pegel beträgt 1,13 m.

Berechnen Sie

a) den abzurechnenden Tonnensatz,
b) das Nettofrachtentgelt,
c) die Ladezeit,
d) das Liegegeld, wenn die Ladezeit 25 Stunden beträgt.

LÖSUNG

a) Grundfracht: 6,34 €/t
   Um KWZ erhöhte Grundfracht: 6,34 €/t · 1,3 = 8,24 €/t
b) Nettofracht: 8,24 €/t · 800 t = 6.592,00 €
c) 800 t : 45 t/Std. = 17,78 Std. => 18 Std.
d) 1 120 t · 0,05 €/t · 7 Std. = 392,00 €

Aufgaben zum Sachverhalt

1

Von Krefeld-Uerdingen sollen 1 600 t Koks mit dem Binnenschiff „Bingen", Tragfähigkeit 1 600 t, nach Grenzach transportiert werden. Der Kauber Pegel beträgt 1,17 m.

a) Wie hoch ist der Tonnensatz und das Nettofrachtentgelt?
b) Wie hoch ist das Liegegeld, wenn die Löschung 32 Stunden in Anspruch nimmt?

2

Von Dortmund-Stadthafen werden 950 t Koks nach Erlangen transportiert. Der Kauber Pegel beträgt 1,26 m.

Wie hoch ist der Tonnensatz, das Nettofrachtentgelt[1] und die jeweils maximal mögliche Lade- und Löschzeit?

---

[1] Mosel-, Saar-, Main- und Neckarkanalabgaben sind in den Grundfrachten nicht enthalten.
Sie sind dem Frachtzahler separat zu berechnen.

Binnenschifffahrt

3 (AH)

Der Partikulier Niklas übernimmt in Neuss 1 620 t Steinkohle nach Wellen/Mosel. Das Schiff hat eine Tragfähigkeit von 2 050 t. Niklas vereinbart 11,5 % Rabatt auf die um den KWZ erhöhte Grundfracht. Der Kauber Pegel beträgt 1,17 m.
Die Beladung erfolgt am Montag von 08:00 Uhr bis 20:00 Uhr, am Dienstag von 06:00 Uhr bis 20:00 Uhr und am Mittwoch von 06:00 Uhr bis 19:00 Uhr.
Berechnen Sie den Tonnensatz, die Nettofracht und das Liegegeld.

4

Die Rederei: Rheingau transportiert für das Stahlwerk Flöckner AG 650 t Koks von Duisburg-Ruhrort nach Weil. Vereinbart wurde ein Rabatt von 9,5 % auf die um den KWZ erhöhte Grundfracht.
Berechnen Sie den Tonnensatz bei einem Kauber Pegel von
a) 0,65 m,
b) 0,75 m und
c) 0,85 m.

5

Partikulier Römmele transportiert mit seinem Binnenschiff Schüttgut von Köln nach Stuttgart. Mit dem Absender hat Römmele eine Minusmarge von 20 % vereinbart.
Berechnen Sie, wie viele Tonnen Römmele transportiert, wenn das Nettoentgelt 7.197,12 € beträgt.

6

Das Binnenschiff „Baden IV" der Mannheimer Reederei Badenia AG lädt in Duisburg 1 890 t Düngemittel für einen Empfänger in Weil. Die Nutzlast des eingesetzten Binnenschiffes beträgt 2 480 t.
a) Wie viele Stunden darf die Beladung maximal dauern, damit kein Liegegeld anfällt?
b) Durch Schäden am Förderband verzögert sich die Beladung und dauert insgesamt 47 Stunden.
   Berechnen Sie das Liegegeld für das Binnenschiff.
c) Berechnen Sie die Nettogrundfracht für die gesamte Sendung.
d) Ermitteln Sie den abzurechnenden Tonnensatz bei einem Kauber Pegel von 0,76 m.

7

Das Nettoentgelt für einen Transport von 870 t Schüttgut von Duisburg nach Bamberg beträgt inklusive KWZ 11.181,24 €.
Ermitteln Sie den KWZ in Prozent.

4.3 Umschlaggebühren

Zu den Umschlaggebühren zählen Hafengeld, Ufergeld, Umschlag- und Lagergeldsätze, Gebühren für Zollabfertigungen und Gebühren für Nebenleistungen.

4.3.1 Ufergeld und Hafengeld

Die einzelnen Hafenverwaltungen legen für ihren Binnenhafen **Ufer- und Hafengeldordnungen** fest.

Die Berechnung von Ufer- und Hafengeldern soll am Beispiel der Karlsruher Rheinhäfen dargestellt werden.

Ufer- und Hafengeldordnung der KVVH GmbH
– Karlsruher Versorgungs-, Verkehrs- und Hafen GmbH –
Geschäftsbereich Rheinhäfen (Auszug)

---

1 Allgemeine Bestimmungen
1.6 Die Rechnungsbeträge werden jeweils auf 0,10 € aufgerundet.
1.7 Ufer- und Hafengeld sind Nettosätze, denen die Umsatzsteuer zugeschlagen wird.

2 Ufergeld
2.1 Ufergeld ist für alle Güter zu entrichten, die über das Ufer oder von Schiff zu Schiff umgeschlagen bzw. verladen werden.
2.2 Ufergeld wird nach der Art und dem Bruttogewicht der umgeschlagenen Güter berechnet. Das Gewicht wird auf volle Tonnen (t) aufgerundet, bei Containerumschlag für jeden Container im Einzelfall.
2.4 Bei Mischladungen von Gütern verschiedener Klassen wird für die gesamte Ladung der Ufergeldsatz für das Gut der höchsten Güterklasse angewendet, sofern nicht das Gewicht der Güter getrennt nach Güterklassen nachgewiesen wird.
Bei Containern gilt dagegen folgende Regelung:
Beladene Container werden in der Güterklasse I, leere Container in Güterklasse III eingestuft.
2.5 Die Höhe des Ufergeldes regelt der Hafentarif.

3 Hafengeld
3.2 Hafengeld wird bei Wasserfahrzeugen zur Güterbeförderung nach deren Tragfähigkeit berechnet.
3.5 Die Höhe des Hafengeldes regelt der Hafentarif.

Quelle: Die Geschäftsführung der KVVH GmbH: UFER- UND HAFENGELDORDNUNG – Rheinhäfen Karlsruhe. Auszug. In: www.rheinhafen.de. 08.05.2014. http://www.rheinhafen.de/fileadmin/downloads/Rheinhaefen_Karlsruhe_2018/Ufer-und-Hafengeldordnung_RH2014.pdf [3.12.2018].

Hafentarif für die Rheinhäfen Karlsruhe (Auszug)

---

1 Ufergeld
1.1 Das Ufergeld beträgt für Güter der Güterklassen I und II .... 0,58 € je Tonne
für Güter der Güterklassen III und IV .... 0,52 € je Tonne
für Güter der Güterklasse V............ 0,36 € je Tonne
für Güter der Güterklasse VI .... 0,33 € je Tonne
1.2 Das Ufergeld für Sand und Kies (sämtlich unbearbeitet) beträgt 0,17 € je Tonne
1.3 Das Ufergeld für Flüssiggas beträgt...................... 0,58 € je Tonne
1.4 Das Ufergeld für Schrott von nicht rostenden Stählen beträgt . 0,52 € je Tonne

2 Hafengeld
2.1 Das Hafengeld beträgt für
Wasserfahrzeuge zur Güterbeförderung je Tonne Tragfähigkeit   0,10 €
jedoch mindestens .... 50,00 €

Quelle: Die Geschäftsführung der KVVH GmbH: Hafentarife. In: www.rheinhafen.de. Dezember 2015. http://www.rheinhafen.de/rheinhaefen-karlsruhe/die-schifffahrt/ [3.12.2018].

Binnenschifffahrt

E 333

Muster-AUFGABE

Das Motorgüterschiff „Paul Krieger", 1 465 t Tragfähigkeit, liegt zwei Tage im Karlsruher Rheinhafen.

Berechnen Sie jeweils Hafengeld und Ufergeld, wenn

a) kein Güterumschlag stattfindet,

b) 1 200 t Glasscherben (Güterklasse VI) an Land umgeschlagen werden,

c) 650 t Filz und Pappe (Güterklasse III) vom Motorgüterschiff auf einen Schubleichter umgeschlagen werden.

LÖSUNG

a) Hafengeld: je t Tragfähigkeit 0,10 €
1 465 t · 0,10 €/t = 146,50 €

Ufergeld fällt nicht an, da kein Umschlag getätigt wird.

b) Hafengeld: je t Tragfähigkeit 0,10 €
1 465 t · 0,10 €/t = 146,50 €

Ufergeld: je t Ladungsgewicht 0,29 €
1 200 t · 0,33 €/t = 396,00 €

c) Hafengeld: je t Tragfähigkeit 0,10 €
1 465 · 0,10 €/t = 146,50 €

Ufergeld: je t Ladungsgewicht 0,47 €
650 t · 0,52 €/t = 338,00 €

Aufgaben zum Sachverhalt

Berechnen Sie jeweils Hafengeld und Ufergeld nach der Karlsruher „Ufer- und Hafengeldordnung" und dem Karlsruher „Hafentarif".

■ 1

MS „Werra", Tragfähigkeit 870 t, löscht in 1,5 Tagen 740 t Hohlblocksteine (Güterklasse V) auf das Kai.

■ 2

a) MS „Haveltal", Tragfähigkeit 980 t, übernimmt binnen 36 Stunden aus mehreren Schubleichtern 427 t Pflastersteine (Güterklasse V), 128 t Bergbaumaschinenteile (Güterklasse I) und 286 t Braunkohlenkoks (Güterklasse VI).

b) MS „Haveltal" übernimmt die in Aufgabe a) genannte Ladung, ohne dass die genauen Einzelgewichte bekannt sind.

■ 3

MS „Neptun", 1 250 t Tragfähigkeit, lädt binnen 20 Stunden 2 Eisenbahntriebwagen mit jeweils 78 t sowie 2 Beiwagen mit jeweils 48 t vom Schwergutkai.

Das Ladungsgut gehört zur Güterklasse I.

■ 4

MS „Calypso", Tragfähigkeit 1 850 t, entlädt in 2 Tagen 1 680 t Glasscherben (Güterklasse VI) an Land und übernimmt binnen weiterer 48 Stunden von einem Leichter 12 Traktoren mit jeweils 7,2 t Gewicht (Güterklasse I) und vom Kai 817 t Kies (Güterklasse VI).

■ 5

MS „Saxonia", Tragfähigkeit 2 140 t, liegt 1,5 Tage im Karlsruher Bunkerhafen und schlägt dabei 64 beladene 20'-Container (Güterklasse I) mit einem Gesamtgewicht von jeweils 16,78 t und 17 leere 20'-Container (Güterklasse III) um.

Das Eigengewicht eines 20'-Containers beträgt 2 030 kg.

4.3.2 Umschlag- und Lagergeldsätze, Gebühren für Nebenleistungen

Der Tarif der Umschlagsspedition Hallstein GmbH für ihren Hauptsitz und verschiedene Niederlassungen in Deutschland, Belgien und den Niederlanden ist ein Referenztarif und nennt Richtpreise (Empfehlungspreise) für Umschlag, Lagerung und Nebenleistungen.

Haustarif der Binnenumschlagsspedition Hallstein GmbH (Auszug):

Entgelte/Tarife (in €)

Allgemeine Kranleistungssätze
Für die Kranleistungen werden Entgelte erhoben:
- Das Entgelt setzt sich zusammen aus einem Stundensatz, einem Tonnensatz und dem Stundenlohn.
- Bei Containerumschlag setzt sich das Entgelt zusammen aus einem Stundensatz, einem Entgelt je Container und dem Stundenlohn.

Allgemeine Entgelte in A

Leistungsangebot (Kräne)	Stundensatz ohne Arbeitskraft	Tonnen- bzw. Container- bzw. Palettensatz
Bereich bis 1 500 t:		
Greifergut/Hakengut	120,00	0,32/t
Bereich über 1 500 t:		
Greifergut/Hakengut	110,00	0,32/t
Containerumschlag	120,00	4,00/C
Paletten/Big Bags:		
bis 1 000 kg	120,00	3,50/P
über 1 000 kg	120,00	3,70/P

Bahnentgelte
Für die Zustellung von Bahnwaggons werden von der Hafenbahn Zustellungsgebühren berechnet; diese betragen:
20,00 € für 4-achsige Wagen
12,50 € für 2-achsige Wagen

Lagergeld in A je 1 000 kg und je angefangenen Monat

	gedecktes Lager	ungedecktes Lager
Greifergut	–	0,48
Hakengut:		
Einzelgewicht bis 4 000 kg	2,15	1,85
Einzelgewicht über 4 000 kg	2,15	1,35
Paletten, Big Bags:		
bis 1 000 kg	2,40	1,35
über 1 000 kg	2,00	0,80

Binnenschifffahrt 335

Nebenleistungen – Arbeitsleistungen

1. **Entfernung von Herkunftszeichen** . . . . je Kollo 1,15 €
2. **Signieren** (Bezetteln) . . . . minimal je Kollo 1,20 €
3. **Verkeilen** (Verzurren, Stauen, Trimmen) . . . . je Arbeitnehmer und Stunde 35,00 €
4. **Sortieren** . . . . je Arbeitnehmer und Stunde 35,00 €
5. **Verwiegen** in Verbindung mit Verladeleistungen
   in fertigen Hubs bis 1 000 kg . . . . je 1 000 kg 5,25 €
   in fertigen Hubs über 1 000 kg . . . . je 1 000 kg 4,75 €
   minimal . . . . pauschal 6,35 €
6. **Extraarbeiten**
   a) je Arbeitnehmer . . . . je Stunde 35,00 €
   b) Stapler . . . . je Stunde 25,00 €
   c) Frontlader . . . . je Stunde 45,00 €
   d) Kran . . . . je Stunde 120,00 €
7. **Frachtbriefe, Begleitpapiere,** minimal . . . . je Sendung 12,50 €
8. **Gebühr für die Ausstellung von**
   a) Lagerscheinen . . . . je Schein 25,00 €
   b) Orderlagerscheinen . . . . je Schein 36,00 €
   c) Lagerempfangsscheinen . . . . je Schein 12,50 €

Nebenleistungen – Geldliche Leistungen

1. **Nachnahmeprovision** für verauslagte Frachten und Spesen . . . . 2 %
2. **Vorlageprovision** . . . . 2 %
3. **Inkassoprovision** bis 100,00 € = 2,0 % . . . . minimal 1,00 €
   bis 500,00 € = 1,0 % . . . . minimal 2,00 €
   bis 2.000,00 € = 0,5 % . . . . minimal 4,00 €
   bis 5.000,00 € = 4,0 ‰ . . . . minimal 5,00 €
   über 5.000,00 € = 2,0 ‰ . . . . minimal 10,00 €

Auf die genannten Entgelte wird die Mehrwertsteuer in ihrer jeweiligen Höhe verrechnet.

1 Muster-AUFGABE

LÖSUNG

Das Motorschiff „Neuenstein" löscht in Kelheim 1 200 t Großkoks durch zwei Greifer. Der Greifereinsatz beträgt jeweils fünf Stunden.

Berechnen Sie die Kosten des Umschlags ohne USt bei Vereinbarung der Richtsätze

Umschlagsatz je Stunde bis 1 500 t:	120,00 €/Std.
Umschlagsatz je t:	0,32 €/t
Arbeitskraft je Stunde:	35,00 €/Std.
2 · 5 Std. · 120,00 €/Std. = ...	1.200,00 €
2 · 5 Std. · 35,00 € = ...	350,00 €
1 200 t · 0,32 €/t = ...	384,00 €
	__1.934,00 €__

Frachtrechnen

2 Muster-AUFGABE

Aus dem Motorschiff „Gnadental" werden mit einem Kran in 12 Arbeitsstunden 672 t Stabstahl entladen und 14 Tage in einem Kaischuppen eingelagert. Der Stahl ist in Bunde zu je 7 t zusammengefasst.

Bei der Entladung wird die Sendung Bandstahl auf Wunsch des Empfängers verwogen. Für das Wiegen wird ein Preis von 3,55 €/Bund vereinbart. Weiterhin wird dem anliefernden Frachtführer ein Lager-Empfangsschein ausgestellt. Bei der Abwicklung des Auftrags entstehen zusätzlich 29 Arbeitsstunden.

Berechnen Sie die Umschlag- und Lagerkosten des Empfängers bei der Vereinbarung „frei gestaut Empfangsschiff".

LÖSUNG

Bei der Vereinbarung „frei gestaut Empfangsschiff" muss der Empfänger die Umschlag- und Lagerkosten bezahlen.

Umschlagsatz je Stunde bis 1 500 t			120,00 €/Std.
Umschlagsatz je t			0,32 €/Std.
Arbeitskraft je Stunde			35,00 €/Std.
Umschlag:	12 Std. ·	35,00 €/Std. =	420,00 €
	12 Std. ·	120,00 €/Std. =	1.440,00 €
	672 t ·	0,32 €/t =	215,04 €
Arbeitskosten:	29 Std. ·	35,00 €/Std. =	1.015,00 €
Lagerkosten:	672 t ·	2,15 €/t =	1.444,80 €
Kosten der Verwiegung:	3,55 €/t ·	672 t/7 t =	340,80 €
Kosten des Lagerempfangsscheins			12,50 €
Kosten des Empfängers ohne USt			4.888,14 €

Aufgaben zum Sachverhalt

1 2 400 t Kohlen werden nach einer Freilagerung von 6 Wochen durch 2 Greifer innerhalb von 14,5 Stunden in Schubleichter verladen. Zusätzlich fallen 12 Arbeitsstunden an. Vereinbart sind die Sätze des Haustarifs. Für alle Leistungen außer den Personalkosten erhält der Auftraggeber 22,5 % Rabatt.
Ermitteln Sie den dem Auftraggeber in Rechnung gestellten Nettobetrag.

2 Das Motorschiff „Gelsenkirchen" wird mit Filz und Pappe beladen, verpackt in 35 Big Bags, Gewicht je Bag 3 150 kg, Maße je Big Bag 2,25 m x 1,80 m x 1,70 m, und 87 Big Bags, Gewicht je Bag 2 090 kg, Maße je Big Bag 2,60 m x 2,20 m x 1,85 m. Bei der Beladung des Binnenschiffes werden die angelieferten Big Bags vom Umschlagbetrieb jeweils verwogen und signiert. Insgesamt fallen 21 Kranstunden an. Je Kranstunde werden zusätzlich 3 Mitarbeiter für die anfallenden Nebenleistungen eingesetzt.
Berechnen Sie die Umschlagkosten bei einem Rabatt von 15 % auf die vom Umschlagbetrieb erbrachten Leistungen mit Ausnahme der Personalkosten.

3 Aus einem Motorschiff, Tragfähigkeit 1 570 t, werden innerhalb von 8 Stunden durch 2 Kräne 1 035 t Schredder-Schrott (Güterklasse VI) entladen und 3 Wochen zwischengelagert. Der Einlagerer lässt sich vom Lagerhalter einen Orderlagerschein ausstellen. Bei der Löschung fallen 7 Stunden Extraarbeiten sowie 5 Frontladerstunden an.
Berechnen Sie die Umschlag- und Lagerkosten. Es sind keine Rabatte vereinbart worden.

Binnenschifffahrt

Zusammenfassende Aufgaben zu den Umschlaggebühren

MS „Vera", Tragfähigkeit 950 t, lädt binnen 24 Stunden durch den Einsatz von 2 Greifern 860 t Steinkohle (Güterklasse VI), die zuvor sieben Wochen am Hafenkai gelagert wurden. Zusätzlich fallen 8 Arbeitsstunden an.
a) Berechnen Sie das Hafengeld.
b) Berechnen Sie das Ufergeld.
c) Berechnen Sie das Umschlaggeld bei einer vereinbarten Marge von 16 ⅔ % auf die Kranleistungen.
d) Berechnen Sie das Lagergeld bei einer Marge von 24 %.

1

MS „Goliath", Tragfähigkeit 1 880 t, übernimmt aus mehreren Schubleichtern

847 t Steinkohle (Güterklasse VI),
435 t Großkoks (Güterklasse VI) und
384 t Steinsplitt, Körnung 55 mm (Güterklasse III).

Insgesamt fallen 38 Stunden Greifereinsatz und 49 Stunden Extraarbeit an.
a) Berechnen Sie das Hafengeld.
b) Berechnen Sie das Ufergeld.
c) Berechnen Sie das Umschlaggeld bei einer vereinbarten Minusmarge von 20 %.

2

MS „Loreley", 1 630 t Tragfähigkeit, lädt binnen 22 Stunden zwei Industrie-Diesellokomotiven (Güterklasse I) mit jeweils 85 t sowie acht Güterwaggons (Güterklasse I) mit jeweils 14,5 t vom Schwergutkai.

Bei der Ladetätigkeit werden zwei Kräne eingesetzt.

Zusätzlich fallen bei der Verladung insgesamt 85 Stunden für Verkeilen und Verzurren und sonstige Arbeiten, 7,5 Staplerstunden sowie 13,5 Kranstunden extra an.
a) Berechnen Sie das Hafengeld.
b) Berechnen Sie das Ufergeld.
c) Berechnen Sie das Umschlaggeld bei einem vereinbarten Umschlagsatz von 2,40 €/t für Güter bis 20 t und 2,00 €/t für Güter zwischen 80 t und 100 t.

3

MS „Rhein-Express I", Tragfähigkeit 1 740 t, entlädt in neun Stunden 1 530 t Kies an Land und übernimmt binnen weiterer 16 Arbeitsstunden von einem Leichter vier Maschinen mit jeweils 34,8 t Gewicht (Güterklasse I) und vom Kai 803 t Steinsplitt, Körnung 70 mm (Güterklasse VI), der dort seit 15 Tagen für die Versendung lagert.

Bei der Löschung und der Beladung kommen jeweils zwei Kräne zum Einsatz.

Zusätzlich fallen beim Löschen und Beladen des Schiffes 61 Stunden Arbeitsleistungen an.
a) Berechnen Sie das Hafengeld.
b) Berechnen Sie das Ufergeld.
c) Für die Maschinen wurde ein Umschlagentgelt von 252,80 € je Stück vereinbart. Berechnen Sie das Umschlaggeld bei einer Minusmarge von 6,75 % auf den Gesamtbetrag.
d) Berechnen Sie das Lagergeld. Es wurde kein Rabatt vereinbart.

4

Frachtrechnen

5

MS „Eilfracht 13", Tragfähigkeit 1 725 t, löscht mittels eines Krans binnen 2,5 Arbeitstagen zu jeweils 12 Stunden 1 057 Big Bags Pappe (Güterklasse III) zu je 0,325 t (Maß je Big Bag: 1,2 m x 1,2 m x 1,25 m) auf Schubleichter.

Anschließend werden binnen 6 Stunden 1 268 t nicht magnetfähiger Schrott (Güterklasse VI) vom Kai geladen. Bei der Beladung werden zwei Greifer eingesetzt. Der Schrott wird seit sieben Wochen am Kai gelagert. Zusätzlich fallen beim Löschen und Beladen des Schiffes 49 Stunden Arbeitsleistungen an.

a) Berechnen Sie das Hafengeld.
b) Berechnen Sie das Ufergeld.
c) Berechnen Sie das Umschlaggeld bei einer vereinbarten Minusmarge von 32 %.
d) Berechnen Sie das Lagergeld. Es wurde ein Rabatt von 12,5 % vereinbart.

Zusammenfassende Aufgaben zur Binnenschifffahrt[1]

1

Die Chemischen Werke Leuna bieten der Reederei Stolzenburg, Wittenberge, für die Anmietung (Gestellung) eines Schubleichters, Tragfähigkeit 280 t, für 120 Tage als zusätzlichen Lagerraum 24.000,00 € netto.

Reederei Stolzenburg müsste, da ihre eigenen Leichter im Moment ausgelastet sind, diesen Leichter in Hamburg mieten, Tagessatz 169,00 € abzüglich 23 % Rabatt, und nach dem Ablauf der Mietzeit wieder nach Hamburg zurückbringen. Für den Transport von und nach Hamburg kalkuliert Stolzenburg jeweils zwei Tage.

Für die Gestellung und Abholung des Schubleichters kalkuliert Stolzenburg den Einsatz des Schubschiffes mit folgenden Kosten:

Personalaufwand für Gestellung und Abholung des Schubleichters jeweils 1.220,00 €, Treibstoff- und Schmiermittelverbrauch jeweils 425,00 €, anteilige Reparaturkosten insgesamt 250,00 €, anteilige Versicherungskosten und Steuern insgesamt 325,00 €, anteilige Gemeinkosten und Verwaltungskosten insgesamt 1.250,00 €, kalkulatorische Abschreibungen: 10 % von 900.000,00 € für insgesamt acht Tage, kalkulatorische Zinsen 9 % des durchschnittlich gebundenen Kapitals 375.000,00 € für acht Tage, anteilige kalkulatorische Wagnisse insgesamt 325,00 €.

Berechnen Sie

a) die Kosten des Schubschiffeinsatzes,
b) den Tagessatz für das Schubschiff,
c) den Tagessatz des Schubleichters,
d) die Kosten des Schubleichters für Stolzenburg während der Mietzeit,
e) die Gesamtkosten,
f) den Gewinn/Verlust der Reederei Stolzenburg.
g) Die Chemischen Werke Leuna möchten den Mietvertrag um 70 Tage verlängern. Welchen Betrag muss die Reederei Stolzenburg mindestens verlangen, damit sie in diesen zusätzlichen 70 Tagen einen Gewinn von 5 % erwirtschaftet?

---

[1] Bei den zusammenfassenden Aufgaben werden verschiedene Häfen und Binnenschifffahrtsunternehmen berücksichtigt. Aus Platzgründen wird im Buch jeweils nur ein Tarif eines Hafens oder eines Binnenschifffahrtsunternehmens abgedruckt. Bei der Lösung findet der jeweilige „passende" Tarif Anwendung.

Binnenschifffahrt

Partikulier Landry transportiert mit seinem MS „Karla", Tragfähigkeit 1 690 t, 1 240 t nicht magnetischen Schrott (Güterklasse VI) von Stuttgart nach Duisburg-Parallelhafen. Er rechnet mit insgesamt 1 Tag Beladung, 3,5 Tagen Fahrtzeit und mit 1,5 Arbeitstagen zu je 12 Stunden Löschung mittels Greifern auf das Kai. Die Neckarkanalabgaben für Schrott betragen 0,781 €/t, das Ufergeld je t Ladung in Stuttgart 0,285 € und in Duisburg 0,300 €, das Hafengeld in Stuttgart und Duisburg je t Tragfähigkeit jeweils 0,075 €.

a) Landry kalkuliert sein Schiff mit folgenden jährlichen Kosten:
99.000,00 € Lohnkosten, 90.000,00 € Treib- und Schmierstoffkosten, 27.000,00 € Reparaturkosten, 21.500,00 € Versicherungen, 17.750,00 € Steuern und 12.500,00 € Betriebsgemein- und Verwaltungskosten.
An kalkulatorischen Kosten werden berücksichtigt: 57.900,00 € Abschreibungen, 9,5 % Zinsen des durchschnittlich gebundenen Kapitals von 0,625 Mio. € sowie 11.500,00 € Wagnisse.
Das Schiff soll an 318 Tagen im Jahr eingesetzt werden.
Berechnen Sie den Tonnensatz (inkl. Neckarkanalabgaben), den Landry seinem Auftraggeber mindestens in Rechnung stellen muss, damit er keinen Verlust einfährt.

b) **Berechnen Sie den Nettotransportpreis, wenn Landry auf den unter a) berechneten Tonnensatz einen Gewinnzuschlag von 5 % kalkuliert.**

c) Der Empfänger erhält 16 % Rabatt auf das Umschlaggeld und 21 % Rabatt auf die siebenwöchige Lagerung des Schrotts in einem ungedeckten Lager am Kai. Bei der Lagerung fallen insgesamt 12 Frontladerstunden und 5 Kranstunden an, für die jeweils ein Rabatt von 17,5 % gewährt wird.
Ermitteln Sie die Kosten des Empfängers bei der Vereinbarung „frei gestaut Abgangsschiff Stuttgart".

 2

Tansport von 967 t Schrott (Güterklasse VI) von Kehl nach Duisburg-Ruhrort mit dem Binnenschiff „Spreeperle", Tragfähigkeit 1 100 t. Der Frachtführer übernimmt in Duisburg 289,75 t Dämmstoffe (Güterklasse II) in Big Bags (1,20 m x 1,10 m x 0,90 m) zu je 250 kg nach Kehl.

a) **Ermitteln Sie die Binnenschiffsfracht für den Schrotttransport, wenn ein Tonnensatz von 5,10 € vereinbart wurde.**

b) Beim Schrottumschlag wird ein Kran eingesetzt.
Berechnen Sie die Umschlagskosten für die 16-stündige Löschung des Schrotts sowie der Für den Umschlag wurde eine Minusmarge von 6,5 % vereinbart.

c) **Berechnen Sie das Ufergeld für die Löschung des Schrotts.**

d) Der Umschlag der Dämmstoffe erfolgt binnen zwei Arbeitstagen zu je 10 Arbeitsstunden. Eingesetzt werden zwei Kräne. Zusätzlich fallen beim Umschlag an: 62 Arbeitsstunden zu je 28,00 €/Std. und 19 Frontladerstunden. Für die Kranstunden und die Frontladerstunden wurde mit Ausnahme der Personalkosten ein Rabatt von 21 % vereinbart.
Berechnen Sie das Ufergeld und die Umschlagkosten der 289,75 t Dämmstoffe vom Kai auf das Binnenschiff.

e) **Berechnen Sie das Hafengeld. Duisburg berechnet je 100 t Tragfähigkeit 8,25 €; Kehl berechnet je t Tragfähigkeit 0,075 €.**

 3

Fortsetzung →

Frachtrechnen

f) Die Ausführung der beiden Transporte nimmt insgesamt 8 Tage in Anspruch. Für den Transport der Dämmstoffsendung erhält der Frachtführer ein Nettoentgelt von 8.428,89 €.

Der Frachtführer kalkuliert folgende jährliche Schiffskosten bei 320 Betriebstagen: Personalaufwand 97.500,00 €, Treibstoff- und Schmierstoffkosten 71.500,00 €, Reparaturkosten 16.000,00 €, Versicherungen und Steuern 18.500,00 €, Gemein- und Verwaltungskosten 21.500,00 €, 5 % kalkulatorische Abschreibungen vom Wiederbeschaffungswert 1.000.000,00 € des Schiffkörpers und 10 % kalkulatorische Abschreibungen vom Wiederbeschaffungswert 250.000,00 € der Maschinenanlage, 8 % kalkulatorische Zinsen der durchschnittlich gebundenen 625.000,00 € sowie 6.250,00 € Wagniskosten.

Berechnen Sie den Gewinn/Verlust des Frachtführers aus der „Rundreise".

4

Das Binnenschiff „Mannheim" des Partikuliers Schmittle hat eine Tragfähigkeit von 1 450 t.

Partikulier Schmittle soll für einen Transport von 1 030 t Kohle von Duisburg nach Stuttgart 8,20 €/t erhalten. Schmittle rechnet mit einer Transportzeit von 3 Tagen. Für die Beladung und das Löschen setzt er zusätzlich jeweils ein Tag an. Nach § 1 der „Verordnung über Lade- und Löschzeiten sowie das Liegegeld in der Binnenschifffahrt (Lade- und Löschzeitenverordnung BinSchLV)" vereinbart Schmittle, die Lade- und Entladebereitschaft rechtzeitig voranzumelden, sodass zwei Stunden nach Erreichen des Schiffes die Lade- und Löschtätigkeit begonnen werden kann.

Schmittle rechnet mit folgenden jährlichen Kosten:

Personalkosten 112.000,00 €, Treibstoff- und Schmierstoffkosten 90.000,00 €, Reparaturkosten 19.500,00 €, Versicherungen und Steuern 21.500,00 €, Betriebs- und Verwaltungskosten 20.500,00 €, 5 % kalkulatorische Abschreibungen des Wiederbeschaffungswertes 1.300.000,00 €, 7,5 % kalkulatorische Zinsen vom durchschnittlich gebundenen Kapital 650.000,00 €, kalkulatorische Wagnisse 6.000,00 €.

Durchschnittlich fährt der Partikulier nur an der Hälfte der Samstage und Sonntage, zusätzlich pausiert er noch an acht Urlaubstagen.

a) Schmittle kalkuliert die Hafen- und Ufergelder mit 2,2 % auf die Gesamtschiffskosten.

   Ermitteln Sie die Gesamtschiffskosten je Jahr inklusive der Hafen- und Ufergelder.

b) **Berechnen Sie den Tagessatz.**

c) Zusätzlich fallen für den Transport auf dem Neckar Abgaben von 0,763 €/t an.

   Berechnen Sie den Gewinn/Verlust der Schiffsreise.

d) Tatsächlich muss Schmittle für den Transport je t Ladung 0,46 € Ufergeld sowie je t Tragfähigkeit 0,08 € Hafengeld abführen.

   Ermitteln Sie den korrigierten Gewinn/Verlust der Schiffsreise.

Seefrachtverkehr 5

Preisermittlung 5.1

Für die Seeschifffahrt gibt es keine international verbindlich vorgeschriebenen Tarife. Die Seefrachtberechnung im für den Spediteur wichtigen Linienverkehr erfolgt anhand der Frachttarife der einzelnen Reedereien, Schifffahrtskonferenzen oder Pools. Reedereien, die keiner Konferenz oder keinem Pool angeschlossen sind, bieten im Wettbewerb um die Befrachter bis zu 20 % günstigere Frachtsätze an. Um nicht zu viel Frachtaufkommen an diese Outsider zu verlieren, räumen Konferenzen und Pools ihren Befrachtern Konferenzrabatte (Sofortrabatt, Zeitrabatt) ein.

Frachtberechnung im Stückgutverkehr 5.2

Reine Gewichtsraten 5.2.1

Die Fracht wird für eine Gewichtseinheit angegeben, z. B. für 1 000 kg, unabhängig vom Raummaß der Ladung.

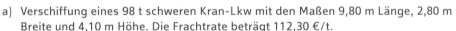

Verschiffung einer Drehmaschine, Bruttogewicht 12,68 t, von Bremen nach Montevideo/Uruguay. Die vereinbarte Frachtrate beträgt 198,78 USD/t bei einem Kurs von 1,25 USD/EUR.

Berechnen Sie die Fracht für die Verschiffung in Euro.

Fracht in USD (12,68 t · 198,78 USD/t)	2.520,53 USD
Umrechnung in Euro (2.520,53 USD : 1,25 USD/EUR)	__2.016,42 EUR__

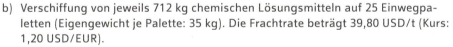

Berechnen Sie die Fracht in Euro:

a) Verschiffung eines 98 t schweren Kran-Lkw mit den Maßen 9,80 m Länge, 2,80 m Breite und 4,10 m Höhe. Die Frachtrate beträgt 112,30 €/t.
b) Verschiffung von jeweils 712 kg chemischen Lösungsmitteln auf 25 Einwegpaletten (Eigengewicht je Palette: 35 kg). Die Frachtrate beträgt 39,80 USD/t (Kurs: 1,20 USD/EUR).
c) Ein 46,3 t schwerer Tank für ein Chemiewerk in China wird von Antwerpen aus verschifft. Der Tank ist 23 m lang und hat einen Durchmesser von 6,80 m. Die vereinbarte Frachtrate beträgt 213,85 USD/t (Kurs: 1,20 USD/EUR).

Reine Maßraten 5.2.2

Die Fracht wird für eine Raumeinheit angegeben, z. B. für 1 m³ oder für 1 Container, unabhängig vom Gewicht der Sendung.

Verschiffung einer Druckmaschine von Rostock nach Belem/Brasilien. Die verpackte Maschine hat ein Maß von 4,2 m x 2,6 m x 2,1 m. Die vereinbarte Frachtrate beträgt 95,97 USD/m³ bei einem Kurs von 1,25 USD/EUR.

Berechnen Sie die Fracht für die Verschiffung in Euro.

Benötigte Raumeinheiten (4,2 m x 2,6 m x 2,1 m).	22,932 m³
Fracht in USD (22,932 m³ · 95,97 USD/m³)	2.200,78 USD
Umrechnung in Euro (2.200,78 USD : 1,25 USD/EUR)	__1.760,62 EUR__

Frachtrechnen

AUFGABE zum Sachverhalt

Berechnen Sie die Fracht in Euro:

a) Ein 98 t schwerer Kran-Lkw mit den Maßen 9,80 m Länge, 2,80 m Breite und 4,10 m Höhe wird von Hamburg nach Westafrika verschifft. Die vereinbarte Frachtrate je m³ beträgt 155,00 €.

b) Eine 96 t schwere Presse, verpackt in eine Überseekiste (8,92 m x 2,35 m x 2,98 m), wird nach Australien verschifft. Als Rate wird mit der englischen Reederei 142,15 GBP/m³ vereinbart (Kurs: 0,63 GBP/EUR).

c) Verschiffung eines zylinderförmigen Brauereikessels für eine Brauerei in Brasilien. Der Kessel, der 46,8 t wiegt, ist 29,8 m lang und hat einen Durchmesser von 7,12 m. Die vereinbarte Frachtrate beträgt 7,20 USD/m³ (Kurs: 1,20 USD/EUR).

5.2.3 Maß-/Gewichtsraten

Maß-/Gewichtsraten enthalten zusätzlich zum angegebenen Frachtentgelt einen der folgenden Zusätze:

- M/G = Maß/Gewicht
- W/M = Weight/Measurement
- per Frachttonne (frt)
- in Schiffswahl
- in Reeders Wahl

Zur Abrechnung kommt das Maß **oder** das Gewicht, je nachdem, welches Abrechnungskriterium dem Verfrachter **die höheren Einnahmen** erbringt.

Bei der Anwendung der Maß-/Gewichtsraten wird von einem Maß-Gewichts-Verhältnis von 1 : 1 ausgegangen. Dies bedeutet:

- **Abrechnung nach Maß, wenn 1m³ leichter ist als 1 t (m³ > t → m³).**

Beispiel: Eine Kiste mit den Maßen 2,0 m x 1,5 m x 1,6 m wiegt 3,8 t.
Berechnen Sie das Maß-/Gewichtsverhältnis (Sperrigkeit) und geben Sie die Grundlage für die Frachtberechnung an.
Benötigte Raumeinheiten: 2,0 m x 1,5 m x 1,6 m = 4,8 m³

Maß-/Gewichtsverhältnis: $\frac{4,8}{3,8}$ = 1,263-mal

Abrechnung nach **Raummaß**, da die Kiste **mehr als 1-mal messend** ist.

- **Abrechnung nach Gewicht, wenn 1 m³ schwerer ist als 1 t (m³ < t → t).**

Beispiel: Eine Kiste mit den Maßen 2,5 m x 1,5 m x 1,2 m wiegt 6,25 t.
Berechnen Sie das Maß-/Gewichtsverhältnis (Sperrigkeit) und geben Sie die Grundlage für die Frachtberechnung an.
Benötigte Raumeinheiten: 2,5 m x 1,5 m x 1,2 m = 4,5 m³

Maß-/Gewichtsverhältnis: $\frac{4,5}{6,25}$ = 0,72-mal

Abrechnung nach **Gewicht**, da die Kiste **weniger als 1-mal messend** ist.

- Bei der Abrechnung nach Maß-/Gewichtsraten wird die gewählte Abrechnungsgrundlage als frt (Frachttonne) bezeichnet.

Beispiel 1: Sendungsgewicht: 13,876 t
Maß: 15,208 m³ } 15,208 frt

Beispiel 2: Sendungsgewicht: 18,212 t
Maß: 16,173 m³ } 18,212 frt

Seefrachtverkehr

Musteraufgabe 1

Verschiffung einer Industriepresse von Emden nach Maracaibo/Venezuela. Die verpackte Presse, Bruttogewicht 24,786 t, hat ein Maß von 6,2 m x 2,7 m x 1,9 m. Die vereinbarte Frachtrate beträgt 112,33 USD M/G bei einem Kurs von 1,25 USD/EUR.
Berechnen Sie die Fracht für die Verschiffung in Euro.

Lösung

Benötigte Raumeinheiten (6,2 m x 2,7 m x 1,9 m)	31,806 m³
Maß-/Gewichtsverhältnis (Sperrigkeit) $\frac{31,806}{24,786}$	1,283-mal

Abrechnung nach **Raummaß**, da die Kiste **mehr als 1-mal messend** ist.

Fracht in USD (31,806 frt · 112,33 USD/frt)	3.572,77 USD
Umrechnung in Euro (3.572,77 USD : 1,25 USD/EUR)	2.858,22 EUR

Musteraufgabe 2

Verschiffung einer Karosseriepresse von Hamburg nach Madras/Indien. Die zerlegte und verpackte Presse, Bruttogewicht 24,6 t, hat ein Maß von 4,6 m x 2,5 m x 2,0 m. Die vereinbarte Frachtrate beträgt 102,85 USD per frt bei einem Kurs von 1,25 USD/EUR.
Berechnen Sie die Fracht für die Verschiffung in Euro.

Lösung

Benötigte Raumeinheiten (4,6 m x 2,5 m x 2,0 m)	23,0 m³
Maß-/Gewichtsverhältnis (Sperrigkeit) $\frac{23,0}{24,6}$	0,935-mal

Abrechnung nach **Gewicht**, da die Kiste **weniger als 1-mal messend** ist.

Fracht in USD (24,6 t · 102,85 USD)	2.530,11 USD
Umrechnung in Euro (2.530,11 USD : 1,25 USD/EUR)	2.024,09 EUR

Aufgaben zum Sachverhalt

1
Eine 12,8 t schwere Maschine mit den Maßen 3,1 m x 1,6 m x 2,4 m wird nach St. Petersburg verschifft. Als Frachtrate werden 161,05 € M/G vereinbart.
Berechnen Sie die Frachtkosten.

2
Ein Baukran, zerlegt in einzelne Segmente mit folgenden Maßen und Gewichten, wird als *eine Sendung*[1] auf die Philippinen verschifft:

- Segment 1: 28,00 m x 2,30 m x 2,30 m, 36,25 t
- Segment 2: 16,85 m x 2,30 m x 2,30 m, 21,75 t
- Segment 3: 32,30 m x 2,10 m x 1,60 m, 27,70 t
- Segment 4: 16,15 m x 2,10 m x 1,60 m, 13,85 t
- Segment 5: verpackt in einer Seekiste
  2,80 m x 2,15 m x 2,35 m, 17,85 t

Auf Anfrage verlangt die Rotterdamer Reederei Van der Kerk für eine Verschiffung von Bremerhaven nach Manila 72,50 € M/G, die Londoner Reederei Simon Little Ltd 46,75 GBP M/G (Kurs: 0,65 GBP/EUR).
Ermitteln Sie das günstigste Angebot und berechnen Sie den Transportpreis in Euro.

3
Ein Schweizer Hersteller von Niederflur-Elektrotriebwagen nimmt an einer Ausschreibung in den USA teil. Deshalb verschifft er einen 52 t schweren Triebwagen mit 37,60 m Länge, 3,05 m Breite und 3,89 m Gesamthöhe.
Berechnen Sie die Frachtkosten in Euro, wenn 9,80 USD M/G abgerechnet werden (Kurs: 1,28 USD/EUR).

---

[1] Üblicherweise wird das Maß-/Gewichtsverhältnis (Sperrigkeit) auf die Gesamtsendung bezogen.

5.2.4 Seefrachtraten mit Wertstaffel

Wertstaffeln sind bei reinen Gewichts- oder reinen Maßraten sowie bei Maß-/Gewichtsraten möglich.

Beispiel: bis 1.500,00 € per frt 175,00 €
über 1.500,00 € per frt 215,00 €   über 2.500,00 € per frt 240,00 €

Muster-AUFGABE

Verschiffung einer mit Maschinenteilen beladenen 4,2 m x 1,7 m x 1,5 m messenden Seekiste, Bruttogewicht 13,85 t, Wert 24.736,10 €, von Bremerhaven nach Karatschi/Pakistan.

LÖSUNG

Benötigte Raumeinheiten (4,2 m x 1,7 m x 1,5 m)	10,71 m³
Maß-/Gewichtsverhältnis $\frac{10,71}{13,85}$	0,773-mal
Abrechnung nach **Gewicht**, da die Kiste **weniger als 1-mal messend** ist.	
Wert je t: $\frac{24.736,10 \text{ €}}{13,85 \text{ t}}$	1.786,00 €/t
Abrechnung von 215,00 € je Frachttonne.	
Fracht in Euro (13,85 t · 215,00 €)	2.977,75 €

AUFGABE zum Sachverhalt

Reederei Popinga AG, Wismar, verschifft zwischen Wismar und Helsinki nach folgendem Haustarif:

bis 800,00 €/frt	60,00 €	über 1.100,00 €/frt	95,00 €
über 800,00 €/frt	80,00 €	über 1.350,00 €/frt	105,00 €

Berechnen Sie die Frachtkosten für folgende Aufträge:

a) 178 Holzplatten mit den Maßen 1,40 m x 2,10 m x 0,025 m und dem jeweiligen Gewicht von 46,3 kg. Der Auftraggeber gibt als FOB-Wert je Platte 112,50 € an. Die Reederei gibt dem Auftraggeber einen Rabatt von 12 %.

b) Seekisten verschiedener Versender:

	Maße	Gewicht	Wert in €
Seekiste 1:	4,20 m x 1,95 m x 2,12 m	16,850 t	6.780,00 €
Seekiste 2:	4,05 m x 1,19 m x 1,60 m	9,035 t	8.880,00 €
Seekiste 3:	2,67 m x 1,84 m x 1,05 m	2,693 t	8.795,00 €

c) 12 960 Dosen verschiedene Lackfarben in 1-kg-Dosen, verpackt in Kartons (40 cm x 32 cm x 13 cm) mit jeweils 12 Dosen (Bruttogewicht je Karton: 13,8 kg). Die Kartons werden 10-lagig ohne Überstände auf Industriepaletten (1,20 m x 1,00 m x 0,20 m, Eigengewicht: 32 kg) gestapelt. Der FOB-Wert je Karton beträgt 150,00 €.

5.2.5 Wertraten (Ad Valorem Rates)

Die Seefracht wird als Prozentsatz des FOB-Wertes ermittelt.

Muster-AUFGABE

Verschiffung von 16,2 t Pkw-Ersatzteilen, FOB-Wert 123.432,85 €, verpackt in 5 Seekisten mit den jeweiligen Ausmaßen 2,1 m x 1,8 m x 1,8 m. Berechnen Sie die Seefracht, wenn eine Wertrate von 3,15 % vereinbart wurde.

LÖSUNG

Fracht in Euro (3,15 % von 123.432,85 €) .... 3.888,13 €

Seefrachtverkehr

AUFGABE zum Sachverhalt

Auf Anfrage erhält die MABAU AG Hannover für die Versendung von Baumaschinen nach Südamerika die Wertrate „3,1 % des FOB-Wertes, mindestens 3.200,00 € je Maschine".

FOB-Wert eines Baukrans	1.200.000,00 €
FOB-Wert eines Geraders	724.000,00 €
FOB-Wert eines Kleinbaggers	139.800,00 €
FOB-Wert eines gebrauchten Kleinbaggers	26.800,00 €

Berechnen Sie den Verschiffungspreis für die einzelnen Baumaschinen.

FAK-Raten (Freight All Kinds) 5.2.6

FAK-Raten sind artikelunabhängige Pauschalfrachten, z. B. für Containerladungen.

Muster-AUFGABE

Verschiffung von drei 20-Fuß-Containern von Bremen nach Savannah/USA, vereinbarte Box-Rate 780,00 USD (Kurs: 1,25 USD/EUR)

- Container 1: 17,5 t Wein, Wert 131.250,00 €
- Container 2: Prototyp einer Lackieranlage, Gewicht 12,57 t, Wert 280.000,00 €
- Container 3: 1 gebrauchter Pkw und Ersatzteile, Gewicht 4,2 t, Wert 35.000,00 €

Berechnen Sie die Fracht für die drei Container in Euro.

LÖSUNG

Fracht in USD (780,00 USD · 3)	2.340,00 USD

Die Fracht für jeden Container ist gleich, unabhängig von Gewicht und Wert des Containerinhalts.

Umrechnung in Euro (2.340,00 USD : 1,25 USD/EUR)	1.872,00 EUR

Aufgaben zum Sachverhalt

1

Für den Feederverkehr mit Norwegen, Schweden und Finnland rechnet die Lübecker Reederei Kanzler GmbH ab Bremen und Hamburg mit folgenden Preisen:

20'-Vollcontainer	300,00 €	Für 40'-Container jeweils 65 % Zuschlag	
20'-Open-top-Container	375,00 €	Umschlag je 20'-Container	
20'-Kühlcontainer	490,00 €	je Hafen	105,00 €
20'-Flüssigkeitscontainer	525,00 €	Umschlag je 40'-Container	135,00 €

Berechnen Sie das Entgelt für die Verschiffung inklusive Umschlag.

a) Drei 20'-Vollcontainer, zwei 40'-Kühlcontainer sowie jeweils einen 20'- und einen 40'-Flüssigkeitscontainer von Bremen nach Helsinki.

b) Fünf 40'-Open-top-Container, drei 40'-Kühlcontainer sowie acht 20'-Flüssigkeitscontainer von Stockholm nach Hamburg. Der Versender erhält einen Rabatt von 12,75 %.

2

Ein norwegischer Fischexporteur beabsichtigt den Versand von vier 20'-Kühlcontainern sowie von drei 40'-Kühlcontainern von Bergen nach Bremen. Er ist bereit für den Containertransport inkl. Umschlägen max. 6.000,00 € zu bezahlen. **Kann die Reederei auf dieses Angebot eingehen, wenn sie in ihrem Haustarif 5 % Gewinnzuschlag eingerechnet hat?**

Frachtrechnen

5.2.7 Lumpsum-Raten

Lumpsum-Raten sind Pauschalfrachten für benannte Artikel, z. B. pro Pkw bei Pkw-Verschiffung oder pro Tier bei der Verschiffung lebender Tiere.

5.2.8 Zuschläge

Auf die Seefrachtrate werden häufig in Abhängigkeit von Gut oder Fahrtgebiet Zuschläge berechnet, um unvorhersehbare, unwägbare und befristete Risiken zu kompensieren.[1] Die Zuschläge werden, je nach Tarif, entweder auf die Grundfracht oder auf die bereits durch Zuschläge erhöhte Grundfracht bezogen.

- Längenzuschläge (Long Length Additionals) und
- Schwergutzuschläge (Heavy Lift Additionals)

Für lange Frachtstücke wird ein Längenzuschlag berechnet, der von den einzelnen Reedereien separat festgelegt wird (meist ab 12 m). Viele Reedereien und Konferenzen berechnen für Schwerkolli (in den meisten Tarifen ab 5 Tonnen) einen Schwergewichtszuschlag je t Gesamtgewicht.

Muster-AUFGABE

Verschiffung eines Tanks für die chemische Industrie mit den Maßen 18,5 m x 3,3 m x 3,3 m, Gewicht 67,85 t, mit einem Schwergutschiff von Kiel nach Turku/Finnland. Der vereinbarte Seefrachttarif beträgt 56,34 € W/M. Die Reederei berechnet für Frachtstücke ab 15 m Länge einen Längenzuschlag von 9,50 €/t und zusätzlichen m und ab 8 t einen Schwergutzuschlag von 7,85 €/t für das Effektivgewicht.

Berechnen Sie

a) die Grundfracht (reine Tariffracht),   c) den Schwergutzuschlag,
b) den Längenzuschlag,   d) die Gesamtfracht.

LÖSUNG

a) Benötigte Raumeinheiten (18,5 m x 3,3 m x 3,3 m) .... 201,465 m³

Maß-/Gewichtsverhältnis: $\dfrac{201,465 \text{ m}^3}{67,85}$ 2,969-mal

Abrechnung nach **Raummaß**, da der Tank **mehr als 1-mal messend** ist.

Grundfracht (201,465 frt · 56,34 €/frt) .... 11.350,54 €

b) Längenzuschlag (9,50 €/t · 67,85 t · 3,5) .... 2.256,01 €

c) Schwergutzuschlag (7,85 €/frt · 67,85 t) .... 532,62 €

d) Gesamtfracht .... 14.139,17 €

Hinweis: Längenzuschläge und Schwergutzuschläge können sowohl vom Effektivgewicht als auch vom frachtpflichtigen Gewicht (= frt) berechnet werden.

- Gefährdungszuschläge (War Risk Surcharges)

Die Reedereien berechnen bei der Verschiffung in kriegsgefährdete Gebiete zur Abdeckung des erhöhten Risikos häufig Gefährdungszuschläge.

Beispiel: Verschiedene Reedereien berechnen für Freetown (Sierra Leone) einen War Risk Surcharge:

je 20'-Container	je 40'-Container
555,00 EUR	990,00 EUR
320,00 GBP	576,00 GBP
500,00 USD	900,00 USD

---

[1] Die europäische Seeverladerorganisation European Shippers' Councils (ESC) möchte die Zuschläge abschaffen, da die Reeder die zusätzlichen Kosten häufig nicht nachweisen können. Somit dienen diese Zuschläge offensichtlich nur zur Verbesserung der Einnahmen, ohne dass eine tatsächliche Mehrbelastung besteht.

Seefrachtverkehr

- **Bunkerölzuschlag (BAF = Bunker Adjustment Factor/Bunker Surcharge)**

Der Bunkerölzuschlag ist ein Zuschlag zur vereinbarten Seefrachtrate bei einer Erhöhung der Treibstoffpreise.

Beispiele: Für Containertransporte zwischen Europa und Madagaskar südgehend 74,00 € per TEU und 61,00 € per TEU nordgehend.

- **Währungszu- und Währungsabschläge**
  (CAF = Currency Adjustment Factor)[1]

Währungszu- und -abschläge sollen die durch das Floaten[2] entstehenden Risiken der Wechselkursschwankungen der Abrechnungswährung abmildern. Die meisten Konferenzen rechnen auf der Basis des USD ab.

Beispiele[3]: 1. Für Transporte von der Hamburg/Bayonne Range nach den USA wurde am 1. April 2006 der CAF auf minus 7 % festgesetzt.

2. Zum 1. April 2006 hat die „Europe to Australia and New Zealand Conference" ihren CAF ausgesetzt.

- **Verstopfungszuschläge (Congestion Surcharges)**

Verstopfungszuschläge sind Zuschläge für die Inkaufnahme längerer Wartezeiten in bestimmten Häfen, in denen die Schiffe wegen Überfüllung nur schleppend abgefertigt werden.

Beispiel: Zum 1. August 2006 wurde für Containertransporte von Europa nach Malabo (Äquatorial-Guinea) ein Congestion Surcharge von 200,00 € je TEU eingeführt.

Treuerabatte 5.2.9

Konferenztarife gewähren den Befrachtern bei einem vorbestimmten Ladungsaufkommen Treuerabatte, um dadurch die Preisvorteile der Outsider zu egalisieren, die in der Regel um 10 % günstigere Frachtraten anbieten.

- **Sofortrabatt (Immediate Rebate)**

Befrachter, die sich verpflichten in einem festgelegten Zeitraum ausschließlich auf Konferenzschiffen zu verladen, erhalten einen Sofortrabatt. Er wird sofort bei der Rechnungserstellung abgezogen und beträgt meist 9,5 % der Tariffracht.

- **Zeitrabatt (Deferred Rebate)**

Spediteure/Befrachter, die keinen Kontrakt mit einer Konferenz eingehen, können nach Ablauf eines festgelegten Zeitraums (meist ein halbes Jahr) einen Zeitrabatt beantragen, wenn sie nachweislich sämtliche Ladungen auf der von der Konferenz bedienten Relation auf Konferenzschiffen verladen haben. Der Zeitrabatt beträgt üblicherweise 10 % der bereits bezahlten Tariffracht.

---

[1] Einige Konferenzen bezeichnen den Währungszuschlag auch als CAC (Currency Adjustment Charge).
[2] Gebräuchliche Bezeichnung für das freie Schwanken der Wechselkurse ohne vorgegebene Bandbreiten.
[3] Sämtliche Beispiele dieser Seite sind der DVZ entnommen (Ratenänderungen in der Linienfahrt).

Vermischte Aufgaben zur Frachtberechnung im Stückgutverkehr

1 Berechnen Sie die Seefracht in Euro für folgende konventionelle Stückgutpartie, bestehend aus 4 Kolli zu je 8,457 t Gewicht. Der FOB-Wert der Sendung beträgt 74.259,00 €. Die einzelnen Kolli haben die Maße 2,04 m x 1,98 m x 1,12 m. (Kurs: 1,26 USD/EUR)

Tarifauszug:

Frachtrate lt. Tarif:	112,80 USD M/G oder 1,5 % ad valorem in Schiffswahl
Schwergewichtszuschlag:	für Kolli ab 5 t Gesamtgewicht in Höhe von 3,75 USD je t Gesamtgewicht
CAF:	7 % auf die Grundfracht
Immediate Rebate:	9,5 % auf die Gesamtfracht (Grundfracht + Zuschläge)

2 Berechnen Sie die Seefracht in Euro für einen 20'-Container, beladen mit 21,6 m³ Sportartikeln, Gewicht der Sendung 4 893 kg, von Bremerhaven nach Durban/Südafrika. Der Wert der Sendung beträgt 126.450,00 €. (Kurs: 1,26 USD/EUR)

Tarifauszug:

minimale Containerauslastung:	17 m³/17 t	
maximale Containerauslastung:	31,6 m³/21,8 t	
Frachtrate lt. Tarif:	bis 3-mal messend	254,00 USD W/M
	bis 5-mal messend	228,50 USD W/M
	über 5-mal messend	119,00 USD W/M
CAF:	minus 5 % auf die Grundfracht	
THC je Umschlag:	142,00 USD je 20'-Container	
Immediate Rebate:	9,5 % auf die Gesamtfracht (Grundfracht + Zuschläge – Abschläge)	

3 Versendung von 35 Kolben für Schiffsdieselmotoren von Emden nach Pusan/Südkorea.

Maß je verpackter Kolben:	1,20 m Höhe x 0,70 m Breite x 0,70 m Tiefe, stapelbar
Gewicht je verpackter Kolben:	287 kg
Wert je Kolben:	6.250,00 €

Berechnen Sie die Seefracht in Euro alternativ für Stückgutversand mit einer Konferenz und Containerversand mit einem Outsider.
(Kurs: 1,26 USD/EUR)

Auszug aus den Tarifen:

Stückguttarif einer Konferenz	
Frachtrate laut Tarif:	152,50 USD W/M
CAF:	6 % auf die Grundfracht
Immediate Rebate:	9,5 % auf die Gesamtfracht

Containertarif eines Outsiders	20'	40'
Frachtrate laut Tarif	135,00 USD M/G	115,00 USD M/G
minimale Containerauslastung		
– bei Maßratengütern	17 m³	34 m³
– bei Gewichtsratengütern	17 t	17 t
maximale Containerauslastung		
– bei Maßratengütern	31,6 m³	68,8 m³
– bei Gewichtsratengütern	21,8 t	27 t
Congestion Surcharge für Containerumschlag	180,00 USD je Container	
CAF	7,5 % auf die Grundfracht	

Seefrachtverkehr

Verschiffung einer 86,85 t schweren Diesellokomotive, FOB-Wert 1,6 Mio. €, vom Schwergutkai Hamburg nach Bergen/Norwegen mit einem schwedischen RoRo-Schiff. Die Lokomotive hat eine Länge über Puffer von 16,85 m. Benötigter Stauraum für den Versand der Diesellokomotive: 126,375 m^3.

Tarifauszug:
Abrechnung nach Reeders Wahl

bis	50.000,00 SEK Wert/t	= per frt 305,00 SEK
über	50.000,00 SEK Wert/t	= per frt 370,00 SEK
über	100.000,00 SEK Wert/t	= per frt 415,00 SEK

Schwergutzuschlag: ab 8 t 52,00 SEK je t Gesamtgewicht
Längenzuschlag: ab 14 m 898,75 SEK je zusätzliches m Gesamtlänge
CAF: plus 4,6 % auf die Grundfracht
BAF: 4,8 % auf die Grundfracht
Sofortrabatt: 9,5 % auf die Gesamtfracht

Berechnen Sie die Seefracht in Euro. (Kurs: 8,85 SEK/EUR)

Abrechnung von Seehafenspeditionsleistungen 5.3

Umschlagsentgelte und Lagergelder 5.3.1

Zusätzlich zur Seefracht fallen in den Häfen Kosten für Umschlagsleistungen (Kaigeld, Lagergeld) an. Für die Abrechnung gibt es in der Regel eine **örtliche Preisempfehlung (Referenztarif)**.

In Wilhelmshaven erfolgt die Abrechnung von öffentlich-rechtlichem Hafengeld und den Kaileistungen nach dem „Tarif für den Hafen Wilhelmshaven (Niedersächsisches Hafengebiet)".

Hafentarif für den Hafen Wilhelmshaven (Auszug)

§ 1 Geltungsbereich, Hafenentgelte
  [...]
  (2) [...] Die Niedersachsen Ports GmbH u. Co. KG erhebt:
    – Hafengeld §§ 2 – 8
    – Kaigeld §§ 9 – 11
    – Lagergeld § 14 [...]
  (3) Für die Bemessung der Höhe der Entgelte werden Fahrtgebiete festgelegt. Sie bestimmen sich nach dem Hafen, aus dem das Schiff Ladung löscht oder für den es Ladung übernimmt. Folgende Fahrtgebiete werden festgelegt:
    a) Übersee; [...]
    b) Europa; [...]
    c) Binnen; [...]

§ 2 Hafengeld
  (1) Für jedes Einlaufen [...] sowie für die Benutzung von Liegeplätzen und Wasserflächen ist Hafengeld zu zahlen. [...]

Frachtrechnen

Tarif für den Hafen Wilhelmshaven (Niedersächsisches Hafengebiet) (Auszug)

§ 3 Hafengeld für Seeschiffe

(1) Das Hafengeld für Seeschiffe bemisst sich nach der Bruttoraumzahl (BRZ), dem Schiffstyp und dem Fahrtgebiet. [...]

(2) Das Hafengeld beträgt für den Tag des Einlaufens und die folgenden fünf Tage zusammen:

Schiffstyp	Übersee	Europa	Binnen
	€ je BRZ	€ je BRZ	€ je BRZ
RoRo-Frachtschiffe bis 7 000 BRZ	0,1148	0,0689	0,0460
RoRo-Frachtschiffe über 7 000 BRZ	0,1947	0,1148	0,0689
Sonstige Schiffe bis 3 900 BRZ	0,2180	0,1263	0,0803
Sonstige Schiffe über 3 900 BRZ	0,4359	0,2294	0,1376

Für jeden folgenden Tag des Aufenthalts im Hafen beträgt das Hafengeld 20 % dieser Beträge. [...]

§ 4 Hafengeld für Binnenschiffe

(1) Das Hafengeld für Binnenschiffe bemisst sich nach der Tragfähigkeit des Schiffes. Für den Tag des Einlaufens und die sechs folgenden Tage wird kein Hafengeld erhoben. Für jeweils weitere 7 Tage beträgt das Hafengeld 0,1263 € je Tonne Tragfähigkeit. [...]

§ 9 Kajegeld (Kaigeld)

Für die unmittelbare oder mittelbare Benutzung der Kaianlagen, Landungsbrücken oder anderen Hafenanlagen durch Wasserfahrzeuge zu Umschlagzwecken ist ein Kajegeld zu zahlen. [...]

§ 10 Kajegeld für den Güterumschlag

(1) Maßgebend für die Berechnung des Kajegeldes für den Güterumschlag sind:
a) Das Fahrtgebiet. [...]
b) Die Güterart. [...]
Beim Umschlag von Containern und im RoRo-Verkehr wird [...] nicht nach Güterarten unterschieden.
c) Das Gütergewicht.
Das Gütergewicht wird nach Tonnen (t) berechnet. Beim Umschlag von Containern und im RoRo-Verkehr wird das Kajegeld [...] nach Einheiten berechnet.
(2) Die Höhe des Kajegeldes ergibt sich aus der Anlage 1.

§ 12 Entgelt für Bord/Bord-Umschlag

Für Güter, die Bord/Bord umgeschlagen werden, wird ein Umschlagentgelt in Höhe von 50 % des Kajegeldes gemäß § 10 erhoben.

Seefrachtverkehr

E 351

Anlage zum Preisverzeichnis NPorts für den Hafen Wilhelmshaven (§ 10)
Kajegeld

Umschlaggut	Fahrtgebiet Übersee	Fahrtgebiet Europa	Fahrtgebiet Binnen
I. Kajegeld nach Einheiten	€ je Einheit	€ je Einheit	€ je Einheit
Container:			
– Container 20'	15,7975	15,7975	3,7860
– Container 40'	22,1187	22,1187	6,3098
– Container (leer)	2,8337	2,8337	1,2619
RoRo-Verkehre:			
– Units, beladen*	12,6196	12,6196	4,4284
– Units, leer**	2,8337	2,8337	2,8337
– Sattelzugmaschinen, Lkw (leer)	6,9638	6,9638	6,9638

* Units, beladen = Trailer, Container, Lkw, Lkw-Anhänger und Rolltrailer
** Units, leer = Trailer, Container und Lkw-Anhänger

Umschlaggut	Fahrtgebiet Übersee	Fahrtgebiet Europa	Fahrtgebiet Binnen
II. Kajegeld nach Gewicht	€ je Tonne	€ je Tonne	€ je Tonne
– Stückgüter	2,9598	2,1109	0,1951
– Massenstückgüter	1,9618	0,7801	0,1376
– Lose Massengüter	0,4704	0,4704	0,1376
– Güter des IMDG-Codes			
a) Klassen 1, 5.2, LSA-I Stoffe der Kl. 7	13,8931	13,8931	13,8931
b) Klasse 7, ausgenommen LSA-I Stoffe der Kl. 7	23,9887	23,9887	23,9887
c) alle anderen Klassen	4,9560	4,9560	4,9560
– Metalle, Schrott	0,9523	0,4130	0,1376
– Forstprodukte	1,1472	0,6426	0,1376
– Getreide, Futtermittel	0,3327	0,1722	0,1376
– pflanzliche Öle und Fette	0,6883	0,5737	0,4590
– Düngemittel	0,4246	0,3901	0,1376
– Sand, Steine, Erden, Baumaterialien, Schlacke	0,4704	0,3670	0,1376
– Kohle, Koks	0,3730	0,3730	0,2245

*Quelle: Niedersachsen Ports GmbH & Co. KG, Niederlassung Wilhelmshaven (NPorts): Hafentarif Preis-
und Konditionsverzeichnis. 1. Januar 2018. In: www.nports.de. https://www.nports.de/fileadmin/user_
upload/101_2139855105412619943_Hafentarif_Wilhelmshaven_2018.pdf [3.12.2018].*

Haustarif des Kaibetriebes Cornelsen GmbH, Wilhelmshaven (Auszug)	
A. Umschlagsentgelte	**€ je 1 000 kg**
Holz in Stämmen und Blöcken	
– Einzelgewichte über 5 000 kg	12,10
– Einzelgewichte von 1 501 kg bis 5 000 kg	13,75
– Einzelgewichte bis 1 500 kg	17,15
Sperrholz, Furnier, Spanplatten in Bündeln, Verschlägen, Paletten	
– Stückgewichte über 300 kg	11,90
– Stückgewichte bis 300 kg	14,55
Langmaterialien (Stab-, Formstahl, Rohre)	
– in Längen bis 8 m	4,30
– in Längen von 8 m bis 15 m	5,35
– in Längen über 15 m	5,90
Walzerzeugnisse	
– in Packstücken über 1 000 kg	4,35
– in Packstücken bis 1 000 kg	4,80

Frachtrechnen

A. Umschlagsentgelte	€ je 1 000 kg
Ballengut	
– in Packstücken über 100 kg	12,95
– in Packstücken bis 100 kg	14,40
Sackgut	
– in Packstücken über 50 kg	13,20
– in Packstücken von 25 kg bis 50 kg	14,15
– in Packstücken bis 25 kg	15,20
Allgemeines Stückgut	
– in Packstücken über 20 kg	13,75
– in Packstücken bis 20 kg	16,45
Container	€ je Container
– 20'	80,00
– 40'	110,00
Ermäßigungen für durchpalettierte Ladungen	
– Gesamtgewicht bis 10 t	5 %
– Gesamtgewicht über 10 t bis 25 t	20 %
– Gesamtgewicht über 25 t	30 %

B. Lagergeld

(1) Entgeltfreie Kailagerung für Import-, Export- und Seedurchfuhrgüter:
vier Kalendertage

(2) Lagergeld nach Ablauf der entgeltfreien Tage je 1 000 kg
im gedeckten Lager: 1,75 €/Tag
im Freilager: 8,90 €/Monat

C. Entgelte für besondere Leistungen

(1) Überlassung von **Kranen und Gabelstaplern** mit Arbeitskräften des Kaibetriebes in €:

a) **Krane** (mit Führer)	je Stunde
bis 8 t Tragfähigkeit	95,00
bis 15 t Tragfähigkeit	145,00
bis 25 t Tragfähigkeit	224,00
bis 40 t Tragfähigkeit	307,50
über 40 t Tragfähigkeit	412,50

b) **Gabelstapler** (mit Führer)	je Stunde
	63,00

Die Stundensätze gelten je angefangene Stunde.

(2) Bereitstellung eines **Schwimmkrans** bis zu 200 t für den Umschlag:
– je Hebevorgang das jeweilige Umschlagsentgelt
– zusätzlich ein Bereitstellungsentgelt für jede angefangene halbe Stunde

für Stückgewichte		
bis 100 000 kg		157,50
über 100 000 kg bis 200 000 kg		196,00

Seefrachtverkehr

 353

Löschung von 7 Teakstämmen und 342 Teakholzblöcken aus Südamerika von dem Frachtschiff „Esmaralda" (6 380 BRZ) auf offene Eisenbahnwagen. Die einzelnen Stämme wiegen 8 980 kg, 7 598 kg, 7 541 kg, 6 498 kg, 5 267 kg, 4 892 kg und 4 734 kg. Die Teakholzblöcke wiegen im Schnitt 2 413 kg.

a) Berechnen Sie das Hafengeld.
b) Berechnen Sie das Kaigeld.
c) Berechnen Sie das Umschlagsentgelt.

Vereinbart wurde Abrechnung nach Tarif abzüglich 14,5 % Rabatt.

Muster-AUFGABE

LÖSUNG

a) 6 380 BRZ · 0,4359 €/BRZ. . . . . 2781,04 €
b) Stammholz: 45,510 t · 1,1472 €/t . . . . 50,78 €
    Holzblöcke: 2,413 t · 342 · 1,1157 €/t . . . . 920,73 €
                                                                                                       3.628,78 €

c)

Gewicht	Umschlagsentgelt/ 1 000 kg	Umschlagsentgelt	
Stämme über 5 000 kg 35,884 t	12,10 €	35,884 t · 12,10 €/t =	434,20 €
von 1 501 kg bis 5 000 kg 9,626 t	13,75 €	9,626 t · 13,75 €/t =	132,36 €
Holzblöcke 342 · 2,413 t = 825,246 t	13,75 €	825,246 t · 13,75 €/t =	11.347,13 €
		Summe:	11.913,69 €
		– 14,5 % Rabatt	1.727,49 €
			10.186,20 €

Aufgaben zum Sachverhalt

Das Küstenmotorschiff „Kap Arcona" (BRZ: 3 850) löscht folgende in Polen geladene Güter:

 1

Güter Art der Entladung	Maße/Packstücke	Menge
Metallrohre direkt auf Satteltrailer	zwischen 10 m und 14 m Länge	263,590 t
Düngemittel direkt in Bahnwaggon	in Säcken zu je 40 kg	435,840 t
Stückgut indirekt	auf Paletten (Durchschnittsgewicht: 450 kg)	56,753 t
beladene Container direkt auf Bahnwaggon	20'-Container 40'-Container	8 Stück 5 Stück

a) Berechnen Sie das Hafengeld. b) Berechnen Sie das Kaigeld.
c) Berechnen Sie das Umschlagsentgelt bei einer Rabattvereinbarung von 7 %.

Verschiffung von 17,85 t Stückgut in Kisten zu je 25 kg von Wilhelmshaven nach Ancona/Italien. Die Kisten messen 0,60 m x 0,40 m x 0,30 m. Der Vorlauf erfolgt per Lkw. Die Sendung wird bis zur Verladung zwölf Tage im Kaischuppen eingelagert.

 2

a) Berechnen Sie das Lagergeld. b) Berechnen Sie das Umschlagsentgelt.
c) Berechnen Sie die Fracht bei einer Rate von 76,40 € M/G.

Frachtrechnen

3

Spedition Emert liefert mit geschlossenen Lastkraftwagen folgende Güter an den Kai zur direkten Verladung auf das im Afrikaverkehr eingesetzte Stückgutschiff „Natal" (BRZ: 6 800).

Gutart	Anzahl der Packstücke	Gewicht je Packstück
Allgemeines Stückgut	570	18 kg
	390	27 kg
	180	57 kg
	210	103 kg
	30	650 kg
Sackgut (Getreide)	120	60 kg
	4 480	35 kg
	6 130	20 kg
Container	20'-Container	25 Stück
	40'-Container	9 Stück

Emert hat mit dem Kaiumschlagsunternehmen folgende Rabattregelung vereinbart:

  bis   5.000,00 €   Umschlagsentgelt .... 5,0 %
  über   5.000,00 €   bis 10.000,00 € Umschlagsentgelt zusätzlich
                       für den 5.000,00 € überschreitenden Betrag   8,0 %
  über   10.000,00 €   bis 20.000,00 € Umschlagsentgelt zusätzlich
                       für den 10.000,00 € überschreitenden Betrag   10,5 %

a) Berechnen Sie das Hafengeld.   b) Berechnen Sie das Kaigeld.
c) Berechnen Sie das Umschlagsentgelt.

4

Das Seeschiff „Vaasa" (BRZ: 9 350) löscht Güter aus Ostseeanliegerstaaten.

  1 354,700 t Spanplatten, verpackt in Verschlägen zu jeweils 1,9 t,
    242,785 t Sperrholz in Bündeln zu je 295 kg,
    406,400 t Sperrholz in Bündeln zu je 254 kg,
         36   Paletten Furniere zu je 390 kg.

Das Gut wird im Kaischuppen acht Tage eingelagert, bevor es der Empfänger per Bahn weitertransportieren lässt.

a) Berechnen Sie das Hafengeld.
b) Berechnen Sie das Kaigeld.
c) Berechnen Sie das Umschlagsentgelt.
   Das Kaiumschlagsunternehmen gewährt folgende Rabatte:
   15 % auf Güter in Verschlägen
   13 % auf Güter in Bündeln
   10,5 % auf palettierte Güter
d) Berechnen Sie das Lagergeld. Es wurde ein Rabatt von 12,5 % vereinbart.

5

Durch einen 50-t-Schwimmkran werden binnen 42 ¼ Stunden 756 Metallröhren eines Herstellers aus dem Ruhrgebiet für Erdgasleitungen im Nahen Osten von Schuten (Leichtern) auf das Schwergutschiff „Klaipeda" verladen. Die Röhren sind jeweils 18,50 m lang und wiegen 11,35 t je Stück.

a) Berechnen Sie das Kaigeld bei einem Umschlag als Massenstückgut.
b) Berechnen Sie das Umschlagsentgelt für die Röhren, wenn ein Rabatt von 28 % vereinbart wurde.
c) Berechnen Sie das Bereitstellungsentgelt des Schwimmkrans.

Seefrachtverkehr

Ein Stückgutschiff (BRZ: 2 880) löscht folgende Güter, die es in Kiel geladen hat. Die Güter werden in einem Lagerschuppen 19 Tage eingelagert.

Gutart	Anzahl der Packstücke	Gewicht je Packstück
Allgemeines Stückgut in Packstücken bis 20 kg über 20 kg	273 134	19,5 kg 52,1 kg
Stückgut in Säcken über 50 kg von 25 kg bis 50 kg bis 25 kg	112 156 233	80,0 kg 40,0 kg 15,0 kg
Stückgut in Ballen über 100 kg bis 100 kg	58 180	658,5 kg 85,3 kg

a) Berechnen Sie das Hafengeld.
b) Berechnen Sie das Kaigeld.
c) Berechnen Sie die Umschlagsentgelte bei einem Rabatt von 9,8 %.
d) Zur Einlagerung der Güter sind zwei Gabelstapler (bis 4 t Tragfähigkeit) jeweils 5 Stunden 35 Minuten im Einsatz. Berechnen Sie das Lagergeld.

Abrechnung von Speditionsleistungen im Versand 5.3.2

Zusätzlich zum Hafen- und Lagergeld sowie dem Umschlagsentgelt der Seehafenspediteure fallen weitere Entgelte für die Abrechnung von Speditionsleistungen an. Die Abrechnung der Nebenleistungen wie FOB-Lieferung, Verschiffung oder Verzollung erfolgt nach Haustarifen der Seehafenspediteure.

Haustarif des Kaibetriebes Cornelsen GmbH, Wilhelmshaven

Abrechnung von Speditionsleistungen im Versand (Auszug)
A. Abrechnung: Abrechnung in Euro nach dem Bruttogewicht.
B. Güterverzeichnis und Provisionssätze in €

			FOB-Provision je 1 000 kg	FOB-Provision m/m[1]	Verschiffungsprovision je 1 000 kg	Verschiffungsprovision m/m
Langmaterialien (Stab-, Formstahl, Rohre)	bis ab ab ab ab	50 000 kg 50 001 kg 100 001 kg 250 001 kg 500 001 kg	1,95 1,70 1,50 1,35 1,15	40,00 103,75 170,00 375,00 662,50	1,95 1,70 1,50 1,35 1,15	40,00 103,75 170,00 375,00 662,50
Gefahrgut (außer in Vollcontainern)	ab ab ab ab	10 001 kg 15 001 kg 25 001 kg 50 001 kg	11,25 9,75 8,25 6,75	150,00 168,75 243,75 412,50	11,25 9,75 8,25 6,75	150,00 168,75 243,75 412,50
Stückgut allgemein (außer in Vollcontainern)	ab ab ab ab	15 001 kg 25 001 kg 50 001 kg 100 001 kg	4,90 4,15 3,40 3,00	84,50 122,00 206,25 337,50	4,90 4,15 3,40 3,00	84,50 122,00 206,25 337,50

[1] Minimalsätze, die mindestens je Sendung berechnet werden

Frachtrechnen

Vollcontainer/Flats	Stückzahl je Sendung	FOB-Provision		Verschiffungs-provision	
		je 1 000 kg	m/m	je 1 000 kg	m/m
20'-Container	1–2	31,75	56,25	31,75	56,25
	ab 3	23,45		23,45	
	ab 10	20,35	211,00	20,35	211,00
35'-/40'-/45'-Container	1–2	43,75	56,25	43,75	56,25
	ab 3	32,85		32,85	
	ab 10	28,45	295,50	28,45	295,50

Zuschläge für
 – Open-top-Container, Flats, Out-of-gauge-Container[1] + 25 %
 – Flüssigkeits- und temperaturkontrollierte Container + 50 %
 – Gefahrgut-Container (GGV-See) + 100 %

C. Entgelte für besondere Leistungen

(1) **Ausfuhrzollabfertigung**
Erledigung der Ausfuhrerklärung

	je 1 000 kg	m/m je Sendung

1. Für im Inland zur Ausfuhr zollvorabgefertigte Sendungen

	je 1 000 kg	m/m je Sendung
ab 10 001 kg	1,40	18,25
ab 50 001 kg	0,80	50,00
ab 100 001 kg	0,75	82,50
ab 250 001 kg	0,65	187,50
ab 500 001 kg	0,55	325,00

2. Für im Inland zur Ausfuhr nicht zollvorabgefertigte Sendungen

	je 1 000 kg	m/m je Sendung
ab 10 001 kg	1,95	25,75
ab 50 001 kg	1,20	71,25
ab 100 001 kg	1,05	117,50
ab 250 001 kg	0,90	262,50
ab 500 001 kg	0,75	450,00

3. Besorgung des Exemplars Nr. 3 der Ausfuhranmeldung von der Ausgangs-zollstelle und Rücksendung an den Ausführer 17,50

(2) **Abfertigung im innergemeinschaftlichen Güterverkehr**
1. Beschaffung oder Kontrolle der Umsatzsteuer-Identifikationsnummer (ID-Nr.) 17,50
2. Meldung zur Intrahandelsstatistik (Intrastat-Meldung)
inklusive zwei Tarifpositionen 17,50
für jede weitere Tarifposition 2,75
3. zusammenfassende Meldungen über steuerbefreite innergemeinschaftliche Lieferungen
inklusive zwei Tarifpositionen 17,50
für jede weitere Tarifposition 2,75

(3) **Für Konsulatsfakturen, Handelsfakturen, Zollfakturen, Ursprungs-, Gesundheits- und sonstige Zeugnisse, amtliche Beglaubigungen aller Art**
1. Aufmachung und Besorgung der amtlichen Beglaubigung je Satz Fakturen:
für das erste Blatt 37,50
für jedes weitere Blatt 22,50
Ursprungs-, Gesundheits- und/oder sonstige Zeugnisse:
für das erste Blatt 26,50
für jedes weitere Blatt 19,50
Besorgung der amtlichen Beglaubigungen je Satz und Beglaubigungsstelle:
a) Fakturen, Ursprungs-, Gesundheits- und/oder andere Zeugnisse 20,50
b) Konnossemente 20,50
c) Spediteurrechnungen 20,50
d) Warenverkehrsbescheinigungen 5,00

---

[1] Container, bei dem die Ladung die äußeren Abmessungen des Containers überschreitet

Seefrachtverkehr

2. Mehrere Urkunden für die gleiche Sendung:
Werden für eine Sendung mehrere Urkunden benötigt, wird für die höchsttarifierte Urkunde der volle Tarifsatz und für jede weitere Urkunde der halbe Tarifsatz berechnet.
(4) **Konnossemente, Mate's Receipt, Spediteur-Übernahmebescheinigung, Porti und sonstige Kosten**
1. Konnossement-Aufmachung . . . . je Konnossement 22,00
2. Spediteur-Übernahmebescheinigung, FCR . . . . je Dokument 13,00
3. Porti und sonstige Kosten . . . . je Auftrag 7,00
bis 19,00
(5) **Vorlageprovision** für verauslagte Beträge
(Frachten, Zölle, Gebühren) je Auftrag . . . . 1,50 %, mindestens 2,50
(6) **Nachnahmen, Einzug von Wechseln**
bis zum Betrag von 2.500,00 € . . . . 1,00 %, mindestens 5,00
ab 2.501,00 € . . . . 0,75 %, mindestens 25,00
ab 5.001,00 € . . . . 0,50 %, mindestens 37,50
ab 10.000,00 € . . . . 0,25 %, mindestens 62,50

■ 1 Muster-AUFGABE

Berechnen Sie die FOB-Provision für den Export von 270 t Stabstahl bei einem Rabatt von 12 %.

LÖSUNG

270 t · 1,35 €/t	364,50 €
Mindestabrechnung	
nach Haustarif	375,00 €
– 12 % Rabatt	45,00 €
FOB-Provision, netto	<u>330,00 €</u>

■ 2 Muster-AUFGABE

Berechnen Sie die Verschiffungsprovision für drei 20'-Container mit Gefahrgut.

LÖSUNG

23,45 €/t · 3 St.	70,35 €
+ 100 % Zuschlag	70,35 €
Verschiffungsprovision, netto	<u>140,70 €</u>

■ 3 Muster-AUFGABE

Berechnen Sie die Kosten einer Ausfuhrverzollung von 336,75 t Stückgut nach Brasilien. Die Sendung wurde im Inland nicht zollvorabgefertigt. Bei der Abwicklung des Auftrags entstanden 5.245,87 € Vorauslagen für Vorlauffrachten und Gebühren. Für die Ausfuhrzollabfertigung wurde mit dem Auftraggeber ein Rabatt von 4 % vereinbart.

LÖSUNG

Ausfuhrverzollung	
336,8 t · 0,90 €/t	303,12 €
+ 1,5 % Vorlageprovision	78,69 €
Summe	381,81 €
– 4 % Rabatt aus 381,81 €	15,27 €
Speditionsentgelt	366,54 €
+ Vorlage	5.245,87 €
Gesamtentgelt	<u>5.612,41 €</u>

Aufgaben zum Sachverhalt

1 Berechnen Sie die FOB-Provision für folgende Exporte. Es wurde jeweils 5 % Rabatt auf den Haustarif vereinbart.

a) 16,5 t palettiertes Gefahrgut
b) neun 20'-Container
c) vier 35'-Open-top-Container
d) ein 40'-Gefahrgut-Container
e) 68,5 t Stückgut, verpackt in Fässern und Kisten

2 Berechnen Sie für folgende Exporte die Gesamtprovision (FOB-Provision und Verschiffungsprovision) bei 8 % Rabatt.

a) 35 Stahlrohre zu je 11,5 t
b) 26,8 t Gefahrgut in Kisten
c) fünfzehn 40'-Flüssigkeitscontainer
d) 123,6 t Stückgut in Kisten, Fässern und Bündeln
e) sechs 20'-Flats

3 Berechnen Sie die Spediteurprovision für die Ausfuhrverzollung von 42,3 t Stückgut nach Kolumbien.

a) Sendung wurde im Inland bereits zollvorabgefertigt.
b) Sendung wurde nicht zollvorabgefertigt.

4 Berechnen Sie das Entgelt für die Ausfuhrverzollung von 69,7 t Stückgut per Küstenmotorschiff nach Spanien. Der Spediteur überprüft die ID-Nr. des spanischen Kunden, besorgt die Intrastat-Meldung (neun Positionen) und erstellt die Meldung über steuerbefreite innergemeinschaftliche Lieferung.

Vereinbart wurde Abrechnung nach Haustarif abzüglich 6 ⅔ % Rabatt.

5 Seehafenspediteur Cornelsen zieht für einen Verlader einen Wechsel über 8.763,97 € und einen Wechsel über 1.980,05 € ein. Es entstehen Barauslagen von 57,80 €.

Erstellen Sie die Abrechnung des Spediteurs.

6 Spedition Cornelsen besorgt für einen Auftraggeber Exporte nach Haustarif abzüglich 6 % Rabatt.

Erstellen Sie die Abrechnungen für folgende Speditionsleistungen.

a) Cornelsen besorgt die FOB-Lieferung und Verschiffung von 46 t Gefahrgut auf Paletten nach Indien. Bei der Verzollung der nicht zollvorabgefertigten Sendung entstehen Spesen von 187,50 €. Brühl lässt auftragsgemäß die Handelsfaktura und die Warenverkehrsbescheinigung beglaubigen. Weiterhin besorgt er die Konnossementserstellung. Hierbei entstehen Spesen von 65,00 €. Weiterhin legt Cornelsen für Frachten und Lagergeld 4.873,00 € vor.

b) Besorgung der Verschiffung und FOB-Lieferung von 160 Paletten Stückgut zu je 760 kg nach Neuseeland. Für Porti und sonstige Kosten für FOB-Lieferung und Verschiffung berechnet der Spediteur 212,84 €. Die Ware wurde bereits zollvorabgefertigt. Insgesamt wurden 12.865,23 € vorausgelegt. Auftragsgemäß wurde ein FCR erstellt und die Beglaubigung des Konnossements, der Warenverkehrsbescheinigung und des Ursprungszeugnisses (vier Blätter) besorgt. Für die Besorgung von steuerlichen Nachweisen stellt er 18,00 € in Rechnung.

Seefrachtverkehr

Abrechnung von Speditionsleistungen im einkommenden Verkehr

5.3.3

Die Abrechnung von Speditionsleistungen im einkommenden Verkehr erfolgt nach Haustarifen der Seehafen-Spedition.

Haustarif des Kaibetriebes Cornelsen GmbH, Wilhelmshaven (Auszug)

Abrechnung von Speditionsleistungen im einkommenden Verkehr

A. Abrechnung:
Abrechnung in Euro nach dem Bruttogewicht.

B. Güterverzeichnis und Provisionssätze in A€ je 1 000 kg für Empfangnahme und Abfertigung

Sendungen	Massengut Holz, Steine, ...	Eisen und Stahl Langmaterialien Walzerzeugnisse	Gefahrgut (außer als Vollcontainer-Ladungen)	Stückgut (außer als Vollcontainer-Ladungen)
bis 50 000 kg	4,45	6,20	24,75	12,40
ab 50 001 kg	4,05	5,10	20,25	10,15
ab 100 001 kg	3,60	4,50	18,00	9,00
ab 250 001 kg	3,15	3,95		
ab 500 001 kg	2,70	3,40		

Vollcontainer/ Flats	Stückzahl je Sendung	€ je Stück	m/m	
20'-Container	1–2	62,50	112,50	
	ab 3	46,90		
	ab 10	40,65		
30'-/40'-/45'-Container	1–2	87,50	112,50	
	ab 3	65,65		
	ab 10	56,90		

Zuschläge für
Open-top-Container, Flats, Out-of-gauge-Container   + 25 %
Flüssigkeits- und temperaturkontrollierte Container   + 25 %
Gefahrgut-Container (GGV-See)   +100 %

C. Zollbehandlung

(1) Abfertigung zum freien Verkehr

	Gewicht	€ je 1 000 kg
1. Ausstellung der Einfuhranmeldung und des Zollantrags, Zollanmeldung einschl. Abfertigung, Errechnung und Deklarierung des Zollwertes	ab 10 001 kg	11,65
	ab 15 001 kg	10,10
	ab 25 001 kg	8,55
	ab 50 001 kg	7,00
	ab 100 001 kg	6,20
	ab 250 001 kg	5,40
	ab 500 001 kg	4,65
2. Zusätzlich für die zweite und jede weitere Zolltarifposition		12,50
3. Ausstellen und Besorgen der Einfuhrerklärung oder Einfuhrgenehmigung je Antrag		27,50
4. Öffnen und wieder schließen von Packstücken auf Verlangen des Zolls		nach Arbeitszeit
5. Ausstellen und Beschaffen des Ersatzbelegs für Zwecke des Vorsteuerabzugs je Beleg		15,00
6. Nachreichen von Unterlagen zur endgültigen Zollabfertigung		20,00

Frachtrechnen

(2) Abfertigung zum freien Verkehr	Gewicht	je 1 000 kg
Ausstellen des Zollgutversandscheins	ab 10 001 kg	11,65
und Abfertigung	ab 15 001 kg	10,10
	ab 25 001 kg	8,55
	ab 50 001 kg	7,00
	ab 100 001 kg	6,20

(3) Entgelte für besondere Leistungen
  1. Ladescheine, Namenslagerscheine,
     Lagerempfangsscheine .... je Schein 12,50
  2. Orderlagerscheine .... je Schein 22,50
  3. Porti und sonstige Kosten .... je Auftrag 7,00
                                                      bis 19,00
  4. Kontrollen, Musterziehen, Besichtigen,
     Marken, Zählen, Reparieren, Sortieren,
     Stapeln .... je Stunde 35,00

(4) Vorlageprovision
    für verauslagte Beträge (Frachten, Zölle,
    Gebühren) je Auftrag .... 1,5 %, mindestens 2,50

(5) Nachnahmen, Einzug von Wechseln
    bis zum Betrag
    von 2.500,00 € .... 1,00 % mindestens 5,00
    ab 2.501,00 € .... 0,75 % mindestens 25,00
    ab 5.001,00 € .... 0,50 % mindestens 37,50
    ab 10.000,00 € .... 0,25 % mindestens 62,50

1 Muster-AUFGABE

Seehafenspediteur Cornelsen fertigt 43,6 t einkommendes Stückgut ab.
Berechnen Sie die Provision für Empfangnahme und Abfertigung nach Haustarif abzüglich 4,5 % Rabatt.

LÖSUNG

Provision je t	12,40 €
Provision für 43,6 t (12,40 €/t · 43,6 t)	540,64 €
– 4,5 % Rabatt	24,33 €
Entgelt, netto	__516,31 €__

2 Muster-AUFGABE

Berechnen Sie die Provision für die Abfertigung von vier 40'-Open-top-Containern bei einer Minusmarge von 6 ⅔ %.

LÖSUNG

Provision je 40'-Container (ab 3 Stück)	65,65 €
+ 25 % Zuschlag für Open-top-Container	16,41 €
Provision je 40'-Open-top-Container	82,06 €
Provision für 4 Container	
82,06 €/Cont. · 4 Container	328,24 €
– 6 ⅔ % Rabatt	21,88 €
Nettoentgelt	__306,36 €__

3 Muster-AUFGABE

Seehafenspediteur Cornelsen fertigt 37,852 t Stückgüter aus einer einkommenden Sendung zum freien Verkehr ab. Die Sendung enthält 23 verschiedene Zolltarifpositionen. Im Zuge der Zollbehandlung hat der Spediteur drei Einfuhrerklärungen sowie eine Einfuhrgenehmigung zu erbringen. Weiterhin muss er zur endgültigen Zollabfertigung in zwei Fällen Einfuhrunterlagen nachreichen.
Berechnen Sie das Entgelt, das der Spediteur dem Auftraggeber in Rechnung stellt.

Seefrachtverkehr

Empfangnahme und Abfertigung (37,852 t · 12,40 €/t)	469,36 €
Abfertigung zum freien Verkehr (37,852 t · 8,55 €/t)	323,63 €
Entgelt für 22 Zolltarifpositionen (22 · 12,50 €/t)	275,00 €
Erstellen von	
3 Einfuhrerklärungen (3 · 27,50 €)	165,00 €
1 Einfuhrgenehmigung (1 · 27,50 €)	27,50 €
Nachreichen von Unterlagen (2 · 20,00 €)	40,00 €
Entgelt, netto	1.300,49 €

LÖSUNG

3 Muster-AUFGABE

Berechnen Sie das Nettoentgelt, das Spedition Cornelsen bei einer Minusmarge von 7,8 % in Rechnung stellt.
- Erstellen von drei Ladescheinen, sechs Orderlagerscheinen, vier Lagerempfangsscheinen
- Porti und sonstige Kosten für sieben Aufträge
  Abrechnung laut Vereinbarung: Mindestbetrag + 50 %
- Transportversicherungsprämien: 1.245,00 €
- Vorlage von

	Lagergeld	6.540,00 €
	Frachten	8.296,98 €
	Zoll	12.157,93 €
	ESt	7.651,77 €
	Kaiumschlagsgebühren fremder	
	Kaiumschlagsunternehmen	2.345,72 €

Erstellen von Ladescheinen (12,50 € · 3)	37,50 €
Erstellen von Orderlagerscheinen (22,50 € · 6)	135,00 €
Erstellen von Lagerempfangsscheinen (12,50 € · 4)	50,00 €
Porti und sonstige Kosten (7,00 € · 1,5 · 7)	73,50 €
Transportversicherungsprämien	1.245,00 €
Vorlageprovision (36.992,40 € · 0,015)	554,89 €
Speditionsentgelt, netto	2.095,89 €
− 7,8 % Rabatt	163,48 €
Speditionsentgelt, netto	1.932,41 €
+ Vorlagen	36.992,40 €
Rechnungsbetrag, netto	38.924,81 €

LÖSUNG

Aufgaben zum Sachverhalt

Berechnen Sie die Provision der Spedition Cornelsen für Empfangnahme und Abfertigung folgender einkommenden Seefracht abzüglich 4,5 % Rabatt.

a) 4,762 t palettiertes Gefahrgut
b) vier 20'-Gefahrgutcontainer
c) 273,45 t Stabstahl
d) sieben 20'-Out-of-gauge-Container und drei 45'-Open-top-Container
e) 66,954 t Edelhölzer in Stämmen und Blöcken und 23,188 t Schnittholz

1

Frachtrechnen

2 (AH)

Berechnen Sie für folgende Importe die Empfangs- und Abfertigungsprovision bei 8 % Rabatt.

   a) 37 Stahlrohre zu je 9,8 t
   b) 32,782 t Gefahrgut in Kisten
   c) 13 temperaturkontrollierte 40'-Container
   d) 97,6 t Stückgut in Kisten, Fässern und Ballen
   e) zwölf 20'-Container, davon vier Flats, drei Open-top-Container und zwei Out-of-gauge-Container sowie ein Gefahrgutcontainer

3 (AH)

Berechnen Sie die Spediteurprovision für die Einfuhrverzollung einer Sammelladung Stückgut von 47,459 t aus Kanada bei einem Rabatt von 8 ⅓ %.

Die Sendung besteht aus insgesamt 13 Zolltarifpositionen.

   a) **Abfertigung zum freien Verkehr.** Ausstellen der Einfuhranmeldung und des Zollantrags, Zollanmeldung einschließlich Abfertigung, Errechnung und Deklarierung des Zollwertes, Besorgung der Einfuhrgenehmigung, für Öffnen und Schließen der Packstücke Berechnung von 134,80 €, weiterhin müssen einmalig verschiedene Einfuhrunterlagen für die endgültige Zollabfertigung nachgereicht werden.
   b) **Abfertigung zum Zollgutversand.** Ausstellen des Zollgutversandscheins; für die Nämlichkeitssicherung und Vorführung der Waren fallen insgesamt 213,65 € an.

4

Spedition Cornelsen organisiert den Import von 820 t Granitpflastersteinen aus einem Drittland. Cornelsen erstellt zwei Lagerempfangsscheine sowie einen Orderlagerschein für eine Teilpartie von 160 t.

Berechnen Sie das Entgelt für die Empfangnahme und Abfertigung sowie die Einfuhrverzollung zum freien Verkehr bei einem Rabatt von 6 ⅔ %.

5

Eine Spedition besorgt für einen japanischen Auftraggeber die Abfertigung einer Stückgutsendung, Gewicht 117,3 t, 19 Tarifpositionen zum freien Verkehr. Für Kontrollen, Markieren und Stapeln fallen 17 Arbeitsstunden an.

Die Spedition erstellt die Einfuhrerklärung und beschafft für Zwecke des Vorsteuerabzugs vier Ersatzbelege. Außerdem müssen zweimal Einfuhrunterlagen nachgereicht werden.

Berechnen Sie das Entgelt, das der Spediteur seinem Auftraggeber in Rechnung stellt.

6

Spedition Cornelsen nimmt 27,6 t Gefahrgut in Kisten in Empfang und fertigt die insgesamt vier Zolltarifpositionen zum freien Verkehr ab.

Für Fracht, Zoll und EUSt legt sie 17.452,90 € und 658,65 US-$ vor. Weiterhin zieht sie für den Auftraggeber einen Wechsel über 18.503,97 € und einen Wechsel über 3.467,05 € ein. Dabei entstehen Barauslagen von 149,80 €.

Berechnen Sie die Schuld des Auftraggebers, wenn die Abrechnung nach Haustarif abzüglich 4 % Rabatt erfolgt (Kurs: 1,20 USD/EUR).

Seefrachtverkehr

Zusammenfassende Aufgaben

1

Spedition Havelgönne besorgt die Verschiffung von 24,785 m³ Pkw-Ersatzteilen, Gewicht 19,3 t, in einem 20'-Open-top-Container von Mokpo/Südkorea nach Hamburg. Die Ersatzteile haben einen FOB-Wert von 125.600,00 €.

Die Reederei, Mitglied der West India Trans Pacific Conference, berechnet die Box-Rate nach folgender Tarifstaffel:

bis	1-mal messend	35,00 USD W/M,	mindestens 700,00 USD
bis	2-mal messend	30,00 USD W/M,	mindestens 600,00 USD
bis	3-mal messend	26,00 USD W/M,	mindestens 520,00 USD
über	3-mal messend	23,50 USD W/M,	mindestens 470,00 USD

Zusätzlich berechnet sie einen CAF von + 3 % und gewährt dem Verlader einen Sofortrabatt von 9,5 % auf die Grundfracht.

Weiterhin besorgt Havelgönne den Umschlag und die landseitige Behandlung des FCL-Containers, wofür er pauschal 144,25 € berechnet, sowie die Abfertigung zum freien Verkehr. Die Terminal Handling Charges (THC)[1] und die Container Service Charges (CSC)[2] der West India Trans Atlantic Conference betragen zusammen 295,00 € pro Container. Für Abfertigung zum freien Verkehr besorgt Havelgönne die Einfuhrerklärung. Er legt dem Auftraggeber die Fracht, THC und CSC voraus.

a) Berechnen Sie die Seefracht in Euro, inklusive THC und CSC (Kurs: 1,20 USD/EUR)
b) Erstellen Sie die Abrechnung für die Abfertigung zum freien Verkehr. Vereinbarungsgemäß gewährt der Spediteur für Speditionsleistungen einen Rabatt von 7,5 %.

2

Spedition Scholl soll die FOB-Lieferung und Verschiffung von 78 Rohren von Wilhelmshaven nach St. Petersburg/GUS besorgen. Sie werden direkt aus Eisenbahnwagen auf das Schwergutschiff „Baltica" (BRZ: 12 800) verladen. Die Rohre wiegen jeweils 14,8 t und sind 12,75 m lang.

Die vereinbarte Fracht je t beträgt 34,90 €. Die Reederei berechnet ab 12 m Ladelänge einen Längenzuschlag von 4,50 €/frt je zusätzl. m Frachtlänge und ab 6,5 t einen Gewichtszuschlag von 6,50 € je t Zusatzgewicht.

a) Berechnen Sie das Hafengeld.
b) Wie hoch ist das Kaigeld bei einer Abrechnung als Massenstückgut?
c) Berechnen Sie die Seefracht.
d) Berechnen Sie das Umschlagsentgelt abzüglich 9 % Rabatt.
e) Spedition Scholl besorgt die FOB-Lieferung, Verschiffung und die Ausfuhrverzollung der im Inland nicht zollvorabgefertigten Sendung. Scholl besorgt das Konnossement sowie die Beglaubigung des Konnossements, der Handelsfaktura, der Spediteurrechnung und der Warenverkehrsbescheinigung. Dabei fallen 312,80 € Barauslagen an.
Erstellen Sie die Abrechnung für die Ausfuhrabfertigung und Verzollung.

---

[1] THC sind Gebühren beim Import von FCL-Containern für Entgegennahme vom Schiff sowie Lagerung und Auslieferung vom Terminal. Die THC zahlt der Empfänger bzw. Empfangsspediteur.
[2] CSC sind die bei FOB-Lieferung anfallenden Kosten für die landseitige Behandlung von FCL-Containern.

Frachtrechnen

3

Das Seeschiff „Halifax" (BRZ: 32 850) löscht im Wilhelmshaven kanadische Hölzer:

112 Paletten Furnierholz zu je 250 kg; 69 Paletten Sperrholz zu je 190 kg; 340,29 t Sperrholz in Bündeln zu je 285 kg; 439,45 t Spanplatten, verpackt in Verschlägen zu je 2,35 t.

Das Gut wird sieben Tage im Kaischuppen zwischengelagert, bevor es vom Empfangsspediteur Stelzig zum freien Verkehr abgefertigt wird.

a) Wie hoch ist das Hafengeld?
b) Ermitteln Sie die Höhe des Kaigeldes.
c) Berechnen Sie die Umschlagskosten.

   Das Kaiumschlagsunternehmen gewährt neben dem im Tarif angeführten Palettenrabatt zusätzlich 5 % Rabatt auf Güter in Verschlägen und 1,5 % Rabatt auf Güter in Bündeln.

d) Berechnen Sie das Lagergeld. Es wurde ein Rabatt von 10,5 % auf den Haustarif vereinbart.

e) Der Speditionsauftrag umfasst drei Zolltarifpositionen. Stelzig erledigt die Einfuhrerklärung und erstellt einen Ersatzbeleg für den VSt-Abzug, weiterhin muss er zweimal Einfuhrunterlagen für die endgültige Zollabfertigung nachreichen.

   Erstellen Sie die Abrechnung für Empfangnahme und Abfertigung sowie die Verzollung zum freien Verkehr bei einem Rabatt von 12,5 %.

4

Seehafenspediteur Holz KG soll die FOB-Lieferung und Verschiffung von fünf 40'-Containern (darunter ein Flüssigkeitscontainer, ein Open-top-Container, ein temperaturkontrollierter Container) von Wilhelmshaven nach Veracruz/Mexico besorgen. Die Box-Rate der Trans Atlantic Conference beträgt für 20'-Container 820,00 USD-$. Für 40'-Container wird ein Frachtzuschlag von 60 % berechnet. Die Terminal Handling Charges/Container Service Charges der Trans Atlantic Conference betragen 338,00 € je Container (Kurs: 1,25 USD/EUR).

a) Berechnen Sie die Seefracht einschließlich THC/CSC in Euro.
b) Wie hoch ist das Kaigeld?
c) Berechnen Sie die Provision der Holz KG für FOB-Lieferung und Verschiffung nach Haustarif abzüglich 6 % Rabatt.
d) Die Sendung, insgesamt 77,379 t, wurde im Inland nicht zollvorabgefertigt. Bei der Abwicklung des Auftrags entstanden insgesamt Vorauslagen von 4.598,43 €. Die Holz KG lässt die Handelsfaktura, das von ihr besorgte Konnossement und die Spediteurrechnung beglaubigen. Für Porti und sonstige Kosten berechnet die Holz KG pauschal 70,00 €.

   Ermitteln Sie die Kosten der Ausfuhrverzollung und die anfallenden Nebenkosten abzüglich 4,8 % Rabatt.

Luftfrachtverkehr 6

Preisermittlung 6.1

Die Fluggesellschaften veröffentlichen in ihren Tarifhandbüchern die gültigen Tarife. Der bedeutendste Tarif, an dessen Herausgabe ca. 200 Fluggesellschaften beteiligt sind, ist **„The Air Cargo Tariff"** (TACT) der IATA.

Andere Tarife sind ähnlich aufgebaut. Ebenso orientieren sich Charter-Fluggesellschaften und Non-IATA-Fluggesellschaften mit ihren Tarifen an dem IATA-Tarifsystem. Die Darstellung der Luftfrachtberechnung kann sich deshalb auf das Tarifgefüge der IATA beschränken.

Nicht immer werden die IATA-Raten auch tatsächlich abgerechnet. Häufig werden zwischen IATA-Agent und Airline Preise („Marktraten") ausgehandelt und individuell festgelegt.

Zwischen **IATA-Rate** und **Marktrate** ergibt sich deshalb bisweilen eine Spanne, da die **Marktraten meist erheblich niedriger** sind als die veröffentlichten IATA-Raten. Trotz dieser Entwicklung muss man das **IATA-Tarifgefüge** genau kennen, denn

- häufig orientiert sich die Marktrate an der IATA-Rate, es wird ein prozentualer Abschlag von der IATA-Rate berechnet,
- die Abrechnung zwischen Spediteur als IATA-Agent und der IATA-Fluggesellschaft erfolgt häufig nach den veröffentlichten Raten. Marktraten entstehen durch Rückvergütungen (kick-backs),
- IATA-Raten haben nach wie vor uneingeschränkte Gültigkeit, z. B. innerhalb bestimmter Verkehrsgebiete und bei Kapazitätsengpässen.

Der TACT der IATA 6.2

Allgemeines 6.2.1

Der **TACT** ist ein **richtungsgebundener Stationentarif**, er gilt also nicht gleichzeitig für die Gegenrichtung. Die **Raten** sind immer in der **Währung des Abgangslandes** angegeben. Mit der Angabe **„local curr."** ist local currency = Währung des Abgangslandes gemeint. Die Angabe „USD" im TACT bedeutet US-$.

Gewichtsberechnung 6.2.2

Das frachtpflichtige Gewicht wird ermittelt, indem das tatsächliche Gewicht auf das nächste halbe oder volle Kilogramm aufgerundet wird (lbs werden auf volle lbs aufgerundet).

Beispiele:

tatsächliches Gewicht: (actual weight)	frachtpflichtiges Gewicht: (chargeable weight)
50,4 kg →	50,5 kg
50,1 kg →	50,5 kg
50,7 kg →	51,0 kg

1 Geben Sie das frachtpflichtige Gewicht für folgende Luftfrachtsendungen an:
   a) 49,7 kg   b) 60,4 kg   c) 65,5 kg   d) 70,0 kg   e) 66,1 kg

2 Geben Sie das frachtpflichtige Gewicht für folgende Luftfrachtsendungen an:
   a) 59,6 lbs   b) 63,2 lbs   c) 75,4 lbs   d) 84,5 lbs

6.2.3 Volumenberechnung

Sendungen, deren Rauminhalt im Verhältnis zum Bruttogewicht außergewöhnlich hoch ist („**sperrige Sendungen**"), werden nach dem Volumen berechnet. Der Rauminhalt berechnet sich aus den größten rechtwinkligen Ausmessungen eines Packstücks, wobei auf **volle cm gerundet** wird.

Im Luftfrachtverkehr werden 6 dm³ bzw. 6 000 cm³ einem Kilogramm gleichgesetzt. Hat ein Kilogramm Luftfracht mehr als 6 dm³, so ist die Frachtberechnung aufgrund der errechneten Volumeneinheiten vorzunehmen.[1]

MERKE

Für die Berechnung des Volumengewichts gilt folgende Formel:

$$\frac{\text{größte Länge} \cdot \text{größte Breite} \cdot \text{größte Höhe in cm}}{6\,000^1} = \text{Volumengewicht in kg}$$

Das berechnete Volumengewicht ist auf das nächsthöhere halbe oder volle Kilogramm aufzurunden.

Die Entscheidung, ob Volumenfracht oder Gewichtfracht anzuwenden ist, bezieht sich immer auf die Gesamtsendung und nicht auf die einzelnen Packstücke.

Muster-AUFGABE

Eine Luftfrachtsendung besteht aus zwei Kisten:
1. Kiste: 115,3 cm x 55,2 cm x 45,7 cm; Gewicht: 50,4 kg
2. Kiste: 130,7 cm x 55,6 cm x 75,2 cm; Gewicht: 79,8 kg

Berechnen Sie das frachtpflichtige Gewicht der Luftfrachtsendung.

LÖSUNG

Berechnung des tatsächlichen Gewichts:
1. Packstück .... 50,4 kg
2. Packstück .... 79,8 kg
Sendungsgewicht .... 130,2 kg ❶

Berechnung der Volumen-kg:

1. Packstück: $\frac{115 \cdot 55 \cdot 46}{6\,000}$ ❷ = 48,49 Volumen-kg

2. Packstück: $\frac{131 \cdot 56 \cdot 75}{6\,000}$ ❷ = 91,70 Volumen-kg

} 140,19 Volumen-kg ❸

Tatsächliches Gewicht (Effektivgewicht) .... 130,20 kg
Volumengewicht (Raumgewicht) .... 140,19 kg ❹
Abrechnung nach Volumengewicht .... 140,50 Volumen-kg ❺

LÖSUNGS-WEG

❶ Effektives (tatsächliches) Sendungsgewicht ermitteln.
❷ Für die Berechnung der Volumen-kg die Ausmessungen auf volle cm runden.
❸ Volumen-kg für die gesamte Sendung ermitteln.
❹ Vergleich Effektivgewicht – Volumengewicht. Das Volumengewicht der Luftfrachtsendung (140,19 Vol.-kg) ist höher als das tatsächliche (effektive) Sendungsgewicht (130,2 kg). Für die Frachtberechnung wird deshalb das Volumengewicht herangezogen.
❺ Das für die Frachtberechnung maßgebliche Gewicht (hier: Volumengewicht) auf das nächste halbe oder volle Kilogramm aufrunden.

---

[1] Manche Unternehmen berechnen die Sperrigkeit mit dem Teiler 5 000, also entsprechen 5 dm³ einem Volumen Kilogramm.

Luftfrachtverkehr

Aufgaben zum Sachverhalt

1-6

1. Eine Luftfrachtsendung besteht aus einem Paket.
   Gewicht: 48,2 kg, Maße: 120 cm x 100 cm x 30 cm.
   Berechnen Sie das frachtpflichtige Gewicht.

2. Eine Luftfrachtsendung besteht aus einem Paket.
   Gewicht: 45,9 kg, Maße: 90 cm x 70 cm x 25 cm.
   Berechnen Sie das frachtpflichtige Gewicht.

3. Eine Luftfrachtsendung besteht aus einem Paket.
   Gewicht: 18,6 kg, Maße: 60,2 cm x 54,6 cm x 30,3 cm.
   Berechnen Sie das frachtpflichtige Gewicht.

4. Eine Luftfrachtsendung besteht aus einem Paket.
   Gewicht: 17,2 kg, Maße: 79,3 cm x 74,8 cm x 26,5 cm.
   Berechnen Sie das frachtpflichtige Gewicht.

5. Eine Luftfrachtsendung besteht aus drei Packstücken.
   1. Packstück   Gewicht: 65,7 kg   Maße: 105 cm x 81 cm x 58 cm
   2. Packstück   Gewicht: 74,3 kg   Maße: 130 cm x 95 cm x 50 cm
   3. Packstück   Gewicht: 33,5 kg   Maße: 98 cm x 42 cm x 25 cm
   Berechnen Sie das frachtpflichtige Gewicht.

6. Eine Luftfrachtsendung besteht aus drei Packstücken.
   1. Packstück   Gewicht: 27,4 kg   Maße: 71 cm x 59 cm x 15 cm
   2. Packstück   Gewicht: 13,6 kg   Maße: 88 cm x 88 cm x 24 cm
   3. Packstück   Gewicht: 21,9 kg   Maße: 98 cm x 42 cm x 25 cm
   Berechnen Sie das frachtpflichtige Gewicht.

Mindestfrachten 6.2.4

Für Luftfrachtsendungen sind **Mindestfrachtbeträge** festgesetzt, die grundsätzlich nicht unterschritten werden dürfen. Die Mindestfrachtbeträge werden im TACT mit der Abkürzung „M" (Minimum Charges) ausgewiesen.

Mindestfracht	Sendungen von Deutschland
48,00 €	nach anderen deutschen Flughäfen
56,24 €	in das Tarifgebiet IATA-Europa
76,69 €	nach Flughäfen in IATA-Afrika, nach Flughäfen in IATA-Fernost, nach Flughäfen in Nord-, Mittel- und Südamerika
84,36 €	nach Flughäfen in das IATA-Gebiet Australien/Südwest-Pazifik

Luftfrachtraten 6.2.5

Die im TACT angegebenen **Luftfrachtraten** stellen Transportpreise je kg dar. Beachten Sie, dass die Abkürzung „M" für Mindestfrachtbetrag steht und keine Rate per kg darstellt.

6.2.5.1 General Cargo Rates (GCR) – Allgemeine Raten

Die **Allgemeinen Raten** (GCR) werden in **Normalraten** und **Mengenrabattraten** (Quantity-Rates) unterteilt.

Unter **Normalraten** versteht man die Raten für Sendungen mit einem Gewicht **unter 45 frachtpflichtigen kg**. Normalraten werden im TACT mit „N" abgekürzt. Da die Normalrate für Sendungen von einem Gewicht unter 45 frachtpflichtigen kg gilt, wird sie auch als „**Minus-45-kg-Rate**" (–45-kg-Rate) bezeichnet.

Mengenrabattraten (Quantity-Rates) gelten ab einem bestimmten frachtpflichtigen Mindestgewicht. Sie bieten **günstigere Frachtraten** pro kg als die Normalrate. Die Gewichtsstaffelung der Mengenraten (z. B. 45, 100, 300, 500, 800) nennt man „**breakpoints**". Liegt das Sendungsgewicht unter dem Breakpoint einer Mengenrabattrate, ist sie trotzdem anzuwenden, wenn sich trotz des höheren frachtpflichtigen Gewichts wegen der niedrigeren Frachtrate insgesamt geringere Frachtkosten ergeben („Higher Breakpoint-weight").

Muster-AUFGABE

Aus dem TACT ergibt sich Folgendes:

date/type	note	item	min weight	local curr.
DÜSSELDORF EURO BEIJING		EUR CN	DE M N 45 100 300 500	DUS KGS 76.69 11.22 7.39 4.00 3.34 3.24

1. Berechnen Sie die Luftfracht für eine nicht sperrige Luftfrachtsendung von Düsseldorf nach Beijing (Peking) im Gewicht von 41,2 kg.
2. Berechnen Sie die Luftfracht für eine nicht sperrige Luftfrachtsendung von Düsseldorf nach Beijing (Peking) im Gewicht von 244,7 kg.

LÖSUNG

1. 41,2 kg Luftfracht
   N-Rate: 41,2 kg → 41,5 frachtpfl. kg;
   41,5 · 11,22 € . . . . 465,63 €

   oder alternativ

   Q-45-Rate: Abrechnungsmindestgewicht beträgt 45 kg
   45 · 7,39 € . . . . 332,55 €

   Die Q-45-Rate ist abzurechnen, da sie eine geringere Luftfracht ergibt.

2. 244,7 kg Luftfracht
   Q-100-Rate: 244,7 kg → 245,0 frachtpfl. kg
   245 · 4,00 € . . . . 980,00 €

   oder alternativ

   Q-300-Rate: Abrechnungsmindestgewicht beträgt 300 kg
   300 · 3,34 € . . . . 1.002,00 €

   Die Q-100-Rate ist abzurechnen, da sie eine geringere Luftfracht ergibt.

Luftfrachtverkehr

Aufgaben zum Sachverhalt

1

Luftfracht Dresden – Nairobi. Auszug aus dem TACT:

date/type	note	item	min weight	local curr.
DRESDEN EURO NAIROBI		EUR KE	DE M N 100 300 500	DRS KGS 76.69 6.21 4.27 3.66 3.14

a) Berechnen Sie die Luftfracht für ein Paket im Gewicht von 5,2 kg.
b) Berechnen Sie die Luftfracht für ein Paket im Gewicht von 17,1 kg.
c) Berechnen Sie die Luftfracht für ein Packstück im Gewicht von 39,6 kg.
d) Berechnen Sie die Luftfracht für ein Packstück im Gewicht von 63,4 kg.
e) Berechnen Sie die Luftfracht für ein Packstück im Gewicht von 58,3 kg und den Maßen 125 cm x 110 cm x 40 cm.
f) Berechnen Sie die Luftfracht für eine nicht sperrige Sendung mit dem Gewicht 387,3 kg.
   Zeigen Sie die Berechnung des frachtpflichtigen Gewichts.

2

Luftfracht Frankfurt – Mombasa. Auszug aus dem TACT:

date/type	note	item	min weight	local curr.
FRANKFURT EURO MOMBASA		EUR KE	DE M N 45	FRA KGS 76.69 14.14 10.66

a) Berechnen Sie die Luftfracht für ein Paket im Gewicht von 25,2 kg.
b) Berechnen Sie die Luftfracht für ein Paket im Gewicht von 7,1 kg.
c) Berechnen Sie die Luftfracht für ein Packstück im Gewicht von 45,4 kg.
d) Berechnen Sie die Luftfracht für ein Packstück im Gewicht von 78,3 kg und den Maßen 115 cm x 80 cm x 20 cm.
e) Eine Luftfrachtsendung besteht aus zwei Packstücken.
   1. Packstück   Gewicht: 24,1 kg   82 cm x 82 cm x 40 cm
   2. Packstück   Gewicht: 15,2 kg   60 cm x 55 cm x 45 cm
   Berechnen Sie die Luftfracht.

Frachtrechnen

Luftfracht Köln – Melbourne. Auszug aus dem TACT:

date/ type	note	item	min weight	local curr.
COLOGNE EURO MELBOURNE		EUR VI AU[1]	DE M N 45 100 300 500 800	CGN KGS 84,36 15.74 11.37 7.32 6.17 5.57 5.07

a) Berechnen Sie die Luftfracht für ein Paket im Gewicht von 45,2 kg.
b) Berechnen Sie die Luftfracht für ein Paket im Gewicht von 33,4 kg.
c) Berechnen Sie die Luftfracht für ein Packstück im Gewicht von 5,4 kg.
d) Berechnen Sie die Luftfracht für ein Packstück im Gewicht von 228,5 kg.
e) Berechnen Sie die Luftfracht für ein Packstück im Gewicht von 30,4 kg und den Maßen 108 cm x 94 cm x 24 cm.
f) Berechnen Sie die Luftfracht für eine nicht sperrige Sendung mit dem Gewicht 337,6 kg.
g) Eine Luftfrachtsendung besteht aus drei Packstücken.
   1. Packstück   Gewicht: 29,1 kg   82 cm x 62 cm x 40 cm
   2. Packstück   Gewicht: 17,2 kg   65 cm x 45 cm x 45 cm
   3. Packstück   Gewicht: 18,4 kg   80 cm x 40 cm x 40 cm
   Berechnen Sie die Luftfracht.
h) Ab welchem tatsächlichen Gewicht ist die Q-800-Rate günstiger als die Q-500-Rate?

6.2.5.2 Specific Commodity Rates – Spezialraten

Spezialraten (**Co**mmodity **Ra**te oder CORA) sind gegenüber den Normalraten um bis zu 80 % ermäßigt. Sie gelten nur für die Beförderung exakt beschriebener Waren oder Warengruppen, für die eine vierstellige Itemnummer angegeben sein muss. Spezialraten gelten stets nur zwischen zwei genau bestimmten Flughäfen.
Der TACT unterscheidet bei den Spezialraten nach **zehn Warengruppen** mit Warenbeschreibungen (Commodity Descriptions) und Warennummern von 0001 bis 9999.
Spezialraten haben nach IATA-Vorschrift Vorrang[2] vor allen anderen Tarifarten. Wie bei den Mengenraten sind auch bei den Spezialraten Mindestfrachtberechnungsgewichte zu berücksichtigen.

---

[1] VI AU bedeutet: Victoria Australien
[2] Bei kleinen Gewichten muss allerdings eine alternative Frachtberechnung erfolgen, da die Anwendung der allgemeinen Raten zu einer günstigeren Fracht führen kann.

Luftfrachtverkehr

Muster-AUFGABE

Luftfracht Berlin – Ndola. Auszug aus dem TACT:

date/type	note	item	min weight	local curr.
BERLIN EURO		EUR	DE	BER KGS
NDOLA		ZM	M	76.69
			N	15.42
			45	11.61
		6495	500	5.91

6495 = PHARMACEUTICALS, DRUGS, MEDICINE …

1. Berechnen Sie die Luftfracht für Medikamente im Gewicht von 224 kg.
2. Berechnen Sie die Luftfracht für Medikamente im Gewicht von 412 kg.

LÖSUNG

1. Medikamente, 224 kg
   Rate Q-45: 224 · 11,61 € = 2.600,64 €
   oder alternativ
   Spezialrate 6495   500:   500 · 5,91 € = 2.955,00 €
   Die Q-45-Rate ergibt die günstigere Luftfracht.

2. Medikamente, 412 kg
   Rate Q-45: 412 · 11,61 € = 4.783,32 €
   oder alternativ
   Spezialrate 6495   500:   500 · 5,91 € = 2.955,00 €
   Die Spezialrate (CORA) 6495 500 ergibt die günstigere Luftfracht.

Aufgaben zum Sachverhalt

1

Luftfracht Leipzig – Osaka. Auszug aus dem TACT:

date/type	note	item	min weight	local curr.
LEIPZIG EURO		EUR	DE	LEJ KGS
OSAKA		JP	M	76.69
			N	15.18
			45	10.96
			100	7.62
			200	5.54
			300	4.48
		1024	100	6.25
		7109	100	3.90
		9998	45	4.64

1024 = FISH (LIVE, INEDIBLE), CORAL, WEED, FISH FOOD
7109 = NEWSPAPERS
9998 = HOUSEHOLD GOODS, …

Berechnen Sie die Luftfracht für

a) 123,3 kg Zierfische,
b) 55,7 kg Zierfische,
c) 63,5 kg Zierfische,
d) 203,9 kg Zierfische,
e) 21,8 kg Zeitungen,
f) 62,2 kg Zeitungen,
g) 185,3 kg Zeitungen,
h) 67,4 kg Haushaltswaren,
i) 290,0 kg Haushaltswaren,
j) 312,9 kg Haushaltswaren.

Frachtrechnen

2

Luftfracht München – Lusaka. Auszug aus dem TACT:

date/ type	note	item	min weight	local curr.
MUNICH EURO			DE	MUC
		EUR		KGS
LUSAKA		ZM	M	76.69
			N	14.36
			45	10.81
		4235	100	7.18
		4235	500	5.93
		4235	1000	4.80
		4700	500	6.19
		6495	500	5.77
		8400	250	6.66

4235 = MOTORSCOOTERS; MOTORCYCLES, CYCLES, …
4700 = MEDICAL TOOLS …
6495 = PHARMACEUTICALS, DRUGS, MEDICINE …
8400 = PHOTOGRAPHIC INSTRUMENTS

a) Berechnen Sie die Luftfracht für 40,0 kg Fahrräder.
b) Berechnen Sie die Luftfracht für 95,3 kg Fahrräder.
c) Berechnen Sie die Luftfracht für 324,9 kg Fahrräder.
d) Berechnen Sie die Luftfracht für 817,1 kg Fahrräder.
e) Ab welchem tatsächlichen Gewicht ist die Q-1000-Spezialrate 4235 günstiger als die Q-500-Spezialrate 4235?
f) Berechnen Sie die Luftfracht für 122,5 kg Blitzgeräte.
g) Berechnen Sie die Luftfracht für 389,1 kg Medikamente.

6.2.5.3 Class-Rates – Warenklassenraten

Warenklassenraten sind Tarife für speziell bezeichnete Warengruppen. Sie haben in der Anwendung stets **Vorrang vor allgemeinen Frachtraten** (GCR)[1], kommen aber erst zur Anwendung, wenn keine Spezialrate existiert. Die Berechnung der Warenklassenraten basiert je nach Fluggebiet auf der Normalrate (N) oder der anwendbaren allgemeinen Rate.

Warenklassenraten werden entweder durch **Zuschläge** (Surcharges) oder durch **Abschläge** (Reduction) gebildet. Grundlage für Zu- und Abschläge ist je nach Fluggebiet die Normalrate (N) oder die anwendbare allgemeine Rate.

Beispiele für **Warenklassenraten**, die durch **Zuschläge** gebildet werden, sind:
- lebende Tiere
- Tierställe
- sterbliche Überreste
- Wertfracht wie Gold, Diamanten, …

Beispiele für **Warenklassenraten**, die durch **Abschläge** gebildet werden, sind:
- Zeitungen, Zeitschriften, Magazine
- Bücher, Kataloge, Blindenschriftausrüstungen
- unbegleitetes Reisegepäck

---

[1] Ausnahme: GCR ist günstiger als die ermäßigte Warenklassenrate.

Luftfrachtverkehr

 373

Muster-AUFGABE

Auszug aus dem TACT

date/type	note	item	min weight	local curr.
HANOVER EURO		EUR	DE	HAJ KGS
TOKYO		JP	M	76.69
			N	15.18
			45	10.96
			100	7.62
			200	5.54
			300	4.48
		1024	100	6.25
		7109	100	3.90
		9998	45	4.64

1024 = FISH (LIVE, INEDIBLE), CORAL, WEED, FISH FOOD
7109 = NEWSPAPERS
9998 = HOUSEHOLD GOODS, …

a) Eine Kiste mit Edelmetallen ist von Hannover nach Tokio zu befördern. Das Gesamtgewicht beträgt 64,7 kg. Die Class-Rate beträgt 200 % von N.
b) Eine Büchersendung im Gewicht von 23,4 kg ist von Hannover nach Tokio zu befördern. Die Class-Rate beträgt 50 % von N.
c) Eine Büchersendung im Gewicht von 203,6 kg ist von Hannover nach Tokio zu befördern. Die Class-Rate beträgt 50 % von N.
d) Zeitungen im Gewicht von 89,7 kg sind von Hannover nach Tokio zu befördern. Die Class-Rate beträgt 50 % von N.

LÖSUNG

a) Normalrate (N) · 200 % = Class-Rate 15,18 · 200 %   =   30,36 €
   64,7 kg → 65 frachtpfl. kg; → 65 · 30,36 €   =   1.973,40 €

b) Normalrate (N) · 50 % = Class-Rate 15,18 · 50 %   =   7,59 €
   23,4 kg → 23,5 frachtpfl. kg; → 23,5 · 7,59 €   =   178,37 €

c) Normalrate (N) · 50 % = Class-Rate 15,18 · 50 %   =   7,59 €
   203,6 kg → 204 frachtpfl. kg; → 204 · 7,59 €   =   1.548,36 €
   oder alternativ Q-200-Rate:
   203,6 kg → 204 frachtpfl. kg; → 204 · 5,54 €   =   <u>1.130,16 €</u>
   Die Q-200-Rate ergibt die günstigere Fracht und ist deshalb anzuwenden.

d) Normalrate (N) · 50 % = Class-Rate 15,18 · 50 %   =   7,59 €
   89,7 kg → 90,0 frachtpfl. kg; → 90 · 7,59 €   =   683,10 €
   oder alternativ Spezialrate 7109:
   Mindestgewicht 100 kg → 100 · 3,90 €   =   <u>390,00 €</u>
   Die Spezialrate ergibt die günstigere Fracht und ist deshalb anzuwenden.

Aufgaben zum Sachverhalt

 1–2

Berechnen Sie jeweils die Luftfracht.

1. Ein Hund in einem Transportmittelbehälter ist von Hannover nach Tokio zu befördern. Das Gesamtgewicht beträgt 38,3 kg. Die Class-Rate beträgt 170 % von N.

2. Eine Büchersendung im Gewicht von 52,8 kg ist von Hannover nach Tokio zu befördern. Die Class-Rate beträgt 50 % von N.

225143373

Frachtrechnen

3. Ein Hund in einem Transportmittelbehälter ist von Hannover nach Tokio zu befördern. Das Gesamtgewicht beträgt 46,1 kg. Die Class-Rate beträgt 170 % von N.

4. Eine Büchersendung im Gewicht von 12,3 kg ist von Hannover nach Tokio zu befördern. Die Class-Rate beträgt 50 % von N.

5. Ein Goldbarren, 2,0 kg, ist von Hannover nach Tokio zu befördern. Die Class-Rate beträgt 200 % von N.

6.2.5.4 Bulk Unitization Charges – Container- bzw. Palettenfrachten (ULD-Programm)

Für **Container und Paletten** gibt es das „Bulk Unitization Program", auch „ULD-Programm" (Unit Load Device Program) genannt. Güter werden auf Paletten oder in Containern verladen. Die Container sind oft den Konturen der Frachträume von Flugzeugen angepasst.

Die Raten für Container- und Palettenverladungen beziehen sich nicht auf die Warenart, sondern auf das zu verladende Gewicht. Die Container-/Palettenrate ist also eine **FAK-Rate** (Freight All Kind).

Container und Paletten werden mit den Ziffern 1 bis 9 gekennzeichnet. Je nach Ladeeinheit und Fluggebiet wird ein **frachtpflichtiges Mindestgewicht** vorgeschrieben. Das frachtpflichtige Mindestgewicht wird als „Pivot Weight" bezeichnet.

Im TACT ist die Fracht für das PIVOT WEIGHT mit /B angegeben. Wird ein Container über das Mindestgewicht (Pivot Weight) hinaus beladen, wird für das **Gewicht über dem Mindestgewicht** die OVER PIVOT RATE (im TACT = /C) berechnet.

   PIVOT WEIGHT   /B = Mindestfrachtbetrag
   OVER PIVOT WEIGHT /C = Rate für Gewicht über Mindestgewicht

Luftfracht Hamburg – Brisbane. Auszug aus dem TACT:

date/type	note	item	min weight	local curr.
HAMBURG EURO		EUR	DE	HAM KGS
BRISBANE		AU	M	84.36
			N	15.74
			45	11.37
			100	7.32
			300	6.17
			500	5.57
			800	5.07
	/C			4.47
20	/B		3000	14.564.15
5	/B		2000	9.709.43
8	/B		1000	4.854.72

1. Berechnen Sie die Luftfracht für einen Container der Klasse 8. Das Sendungsgewicht beträgt 1 187 kg.
2. Berechnen Sie die Luftfracht für einen Container der Klasse 5 mit einem Sendungsgewicht von 1 923 kg.
3. Berechnen Sie die Luftfracht für einen Container der Klasse 5 mit einem Sendungsgewicht von 2 385 kg.

Luftfrachtverkehr

LÖSUNG

1. Fracht für PIVOT WEIGHT, Klasse 8 .... 4.854,72 €
   + 187 kg OVER PIVOT (187 · 4,47 €) .... 835,89 €
                                                           5.690,61 €

2. Fracht für PIVOT WEIGHT, Klasse 5 .... 9.709,43 €
   (Mindestfrachtbetrag)
   Kein OVER PIVOT WEIGHT.

3. Fracht für PIVOT WEIGHT, Klasse 5 .... 9.709,43 €
   + 385 kg OVER PIVOT (385 · 4,47 €) .... 1.720,95 €
                                                           11.430,38 €

AUFGABE zum Sachverhalt

Luftfracht Berlin – Christchurch. Auszug aus dem TACT:

date/type	note	item	min weight	local curr.
BERLIN			DE	BER
EURO		EUR		KGS
CHRISTCHURCH		NZ	M	84.36
			N	16.40
			45	12.02
			100	7.97
			300	6.83
			500	6.22
			800	5.73
	/C			5.13
5	/B		2000	11.022.43
8	/B		1000	5.511.22

a) Berechnen Sie die Luftfracht für eine Palette Klasse 5, Nettogewicht 1 624 kg.
b) Berechnen Sie die Luftfracht für eine Palette Klasse 5, Nettogewicht 2 078 kg.
c) Berechnen Sie die Luftfracht für einen Container Klasse 8, Nettogewicht 966 kg.
d) Berechnen Sie die Luftfracht für einen Container Klasse 8, Nettogewicht 1 261 kg.

Contract Rates – Kontraktraten 6.2.5.5

Bei den **Kontraktraten** für Spediteure/Sammellader handelt es sich um nicht veröffentlichte **Fest-Tonnage-Raten**, die auf Monatsbasis abgeschlossen werden.

Kontraktraten werden von den Fluggesellschaften direkt und individuell mit Verladern und Luftfrachtspediteuren für einzelne Relationen ausgehandelt.

Kontraktraten bilden in der Regel die Grundlage für hauseigene Speditionstarife. Für den Spediteur ist die **Netto-Rate** bedeutsam.

MERKE

Ermittlung der Netto-Kontraktrate:

      Monatskontraktrate für z. B. 50 t FRA – LAX
  – z. B. Belade-Entgelt bei Verladung in Containern
  – Kommission, z. B. 6 %
  – Bonus (bei höherem Aufkommen)
  = Netto-Kontraktrate

Frachtrechnen

Muster-AUFGABE

Spedition Holtermann OHG hat mit einer Fluggesellschaft für die Relation Düsseldorf – New York eine Kontraktrate mit folgenden Bedingungen vereinbart:

- Mindesttonnage monatlich 40 t
- Rate 2,40 €
- Vergütung bei Auflieferung in Containern, 0,13 € per kg (Belade-Entgelt)
- 6 % Kommission auf die Rate abzüglich Belade-Entgelt
- Bonus pro weitere 10 t 0,06 €

Berechnen Sie die Netto-Rate der Spedition Holtermann OHG, wenn im Mai 41,6 t Luftfracht nach New York aufgegeben worden sind. Es sind ausschließlich Container aufgeliefert worden.

LÖSUNG

	Kontraktrate	2,40 € per kg
–	Belade-Entgelt	0,13 € per kg
		2,27 € per kg
–	6 % Kommission	0,14 € per kg
=	Netto-Rate	2,13 € per kg

Aufgaben zum Sachverhalt

Die Spedition Reitmaier GmbH hat mit einer Fluggesellschaft für die Relation München – San Francisco eine Kontraktrate mit folgenden Bedingungen vereinbart:
- Mindesttonnage monatlich 50 t
- Rate 3,00 €
- Vergütung bei Auflieferung in Containern, 0,10 € per kg (Belade-Entgelt)
- 5,5 % Kommission auf die Rate abzüglich Belade-Entgelt, Bonus
- Bonus pro weitere 10 t, 0,08 € per kg

1 Berechnen Sie die Netto-Rate der Spedition Reitmaier GmbH, wenn im September 51,6 t Luftfracht nach San Francisco aufgegeben worden sind. Es sind ausschließlich Container aufgeliefert worden.

2 Berechnen Sie die Netto-Rate der Spedition Reitmaier GmbH, wenn im Juni 74,2 t Luftfracht nach San Francisco aufgegeben worden sind. Es sind ausschließlich Container aufgeliefert worden.

6.2.5.6 Konstruktionsraten

Für viele Flugverbindungen findet man im TACT eine Direktrate von Flughafen zu Flughafen (Durchrate). Jedoch können im TACT nicht für alle Verbindungen zwischen zwei Flughäfen auf der Welt Raten veröffentlicht sein. Immer dann, wenn im **TACT keine Raten** veröffentlicht sind, werden **Konstruktionsraten** benutzt.

Konstruktionsraten können für General Cargo Rates und Spezialraten gebildet werden. Sie dürfen nur bei **grenzüberschreitenden Verkehren** Anwendung finden.

Luftfrachtverkehr

Im TACT sind in den Bänden 2 und 3 (gelbe Seiten) die Flughäfen veröffentlicht, über die Konstruktionsraten (Construction Rates) gebildet werden können.

Über den angegebenen **Ratenkonstruktionspunkt (RCP)** werden Direktrate und Anschlussrate gebildet. Die Anschlussrate ist in der Landeswährung und in USD angegeben. Sie wird gegebenenfalls in Euro umgerechnet.

Für die Umrechnung werden verbindliche Umrechnungskurse (Construction Exchange Rates) und Rundungsregeln vorgegeben.

Muster-AUFGABE

21,9 kg Luftfracht sollen von Frankfurt nach Rock Sound auf den Bahamas transportiert werden. Im TACT ist keine Durchrate von Frankfurt nach Rock Sound veröffentlicht.

Auszug aus dem TACT:

Konstruktionsraten Band 2 (gelbe Seiten) ❷				Direktraten Band 1 ❶			
ROCK SOUND		BS	RSD	FRANKFURT		DE	FRA
BAHAMIAN $	BSD	KGS	KGS	EURO	EUR		
CONST. OVER	NAS	NASSAU	BS	NASSAU	BS	M	79.69
AREA 2						N	4.94
❸ GCR	N	0.18	0.18			100	3.95
GCR	45	0.10	0.10			300	3.41
GCR	500	0.09	0.09			500	3.30

Der IATA-Umrechnungskurs für 1,00 BSD beträgt derzeit 1,07459 EUR.
Berechnen Sie die N-Rate für 21,9 kg Luftfracht von Frankfurt nach Rock Sound.
Ermitteln Sie die Luftfracht.

LÖSUNG

Ermittlung der Konstruktionsrate FRA – RSD:	
Durchrate, FRA – NAS	4,94 €
+ Anschlussrate, NAS – RSD (0,18 · 1,07459 €) ❹	0,19 €
= Konstruktionsrate FRA – RSD . . . . ❺	5,13 €

LÖSUNGSWEG

❶ Ist eine Durchrate (Direktrate) von Frankfurt nach Rock Sound veröffentlicht?
❷ Da keine Direktrate FRA – RSD veröffentlicht ist, muss geprüft werden, ob es für Rock Sound einen Ratenkonstruktionspunkt (RCP) gibt.
Für Rock Sound kann über Nassau eine Konstruktionsrate gebildet werden.
❸ Nun ist zu prüfen, ob die Ratenkonstruktion für die Flugverbindung FRA – RSD gilt. Im TACT heißt es bei Rock Sound: „AREA 2"; das bedeutet, dass für europäische Flugverbindungen eine Rate konstruiert werden darf.
❹ Die Anschlussrate unter Zugrundelegung der IATA-Kurse auf local currency (Währung des Abgangslandes) umrechnen.
❺ Konstruktionsrate durch Addition von Direktrate und Anschlussrate ermitteln.

Frachtrechnen

AUFGABE zum Sachverhalt

42,2 kg Luftfracht sollen von Stuttgart nach Padang in Indonesien transportiert werden. Im TACT ist keine Durchrate Stuttgart – Padang veröffentlicht.

Auszug aus dem TACT:

Konstruktionsraten Band 2 (gelbe Seiten)				Direktraten Band 1			
PADANG		ID	PDG	STUTTGART		DE	STR
U.S. DOLLAR	USD	KGS	KGS	EURO	EUR		
CONST. OVER AREA 2	JKT	JAKARTA	ID	JAKARTA	ID	M	76.69
						N	4.49
	GCR	N	0.60	0.60		100	3.24
						300	3.07
						500	2.91

Der IATA-Umrechnungskurs für den USD beträgt derzeit 1,07459 EUR.
Berechnen Sie die N-Rate für 42,2 kg Luftfracht von Frankfurt nach Padang/Indonesien. Ermitteln Sie die Luftfracht.

6.2.5.7 Ratenkombination

Für bestimmte Flugstrecken gibt es zwischen Abgangs- und Zielflughafen weder eine Durchrate noch lässt sich eine Durchrate konstruieren. Dann ist es möglich, eine Rate durch Kombination von zwei Direktraten zu bilden. Dabei ist stets die Richtungsgebundenheit der Raten zu beachten.

Muster-AUFGABE

17,8 kg Luftfracht sollen von Nürnberg nach Morombe (MXM) in Madagaskar transportiert werden.
Ermitteln Sie die Rate für die Strecke NUE – MXM.

LÖSUNG

Der TACT weist weder eine Direktrate NUE – MXM noch eine Konstruktionsmöglichkeit aus. Es sind nun zwei Raten zu kombinieren. Infrage kommen die Raten Nürnberg – Antananarivo (NUE – TNR) und Antananarivo – Morombe (TNR – MXM).

Auszug aus dem TACT:

Rate NUE – TNR		GCR	N	17,17 EUR
Rate TNR – MXM ❶		GCR	N	1,50 USD

Ermittlung der Rate TNR – MXM in EUR: ❷
Umrechnung von 1,50 USD in EUR: 1,50 · 1,07459 ❸
(IATA-Umrechnungskurs 1,00 USD = 1,07459 EUR)

Rate NUE – TNR		GCR		N	17,17 EUR
Rate TNR – MXM		GCR		N	1,61 EUR
Rate NUE – MXM		GCR		N	18,78 EUR

Luftfrachtverkehr

LÖSUNGSWEG

1. Raten NUE – TNR und TNR – MXM ermitteln.
2. RATE TNR – MXM in EUR umrechnen, dabei
3. IATA-Umrechnungskurs für USD in EUR verwenden.
4. Beide Raten addieren.

AUFGABE zum Sachverhalt

Eine Kiste mit den Abmessungen 90 cm x 80 cm x 70 cm und 121 kg ist von Stuttgart nach Zhanjiang (ZHA) per Luftfracht zu transportieren. **Berechnen Sie die Luftfracht.** Im TACT werden weder Direktrate noch Ratenkonstruktionspunkt ausgewiesen. Nachstehende Raten werden im TACT genannt:

STR – BJS (Peking) Q 100 4,00 EUR
BJS – ZHA (Zhanjiang) Q 45 7,20 CNY

Umrechnung der CNY in EUR = $\dfrac{CNY \cdot 1{,}71694}{8{,}27956}$

Besonderheiten des TACT 6.2.5.8

Notes

Manche Raten im TACT sind mit Anmerkungen („NOTES") versehen, die sich aus Zahlen oder Buchstaben zusammensetzen. Hier einige Beispiele:

Notes	Bedeutung
G 155	APPLICABLE ON THE SERVICES OF AF, LH, UT, AZ. (Nur anwendbar bei Verladung mit Air France, Lufthansa usw.)
G 075	ONLY COMBINABLE WITH CANADIAN DOMESTIC RATES (Nur mit kanadischen Inlandsraten zu kombinieren)
0014	RATES APPLICABLE TO IMPORT CARGO ONLY (Rate gilt nur für Importfracht)
SK01	Flug mit SAS
FM	Gilt für FEDEX

Intermediate Point Rule

Specific Commodity Rates gelten grundsätzlich nur für die angegebene Relation. Unter bestimmten Voraussetzungen dürfen „Intermediate Points" benutzt werden, was zu einer Frachtkostenersparnis führt, weil die Spezialraten dann auch für nicht ausgewiesene Zielflughäfen gelten.

Anwendungsvoraussetzungen:

- Zielflughafen liegt im selben Land wie der Flughafen, nach welchem eine Spezialrate veröffentlicht ist.
- Die N-Rate für den „dazwischenliegenden Flughafen" ist nicht höher als die N-Rate zum Zielflughafen.
- Es darf keine anwendbare Spezialrate zum Zielflughafen veröffentlicht sein, die sonst angewendet werden muss.

Frachtrechnen

6.2.6 Surcharges

In den letzten Jahren haben die Airlines (Carrier) Aufschläge (surcharges) auf die Luftfrachten erhoben. Diese Aufschläge sollen insbesondere die sich verändernden Kerosinpreise (Fuel Surcharge) berücksichtigen und dem höheren Sicherheitsaufwand bei der Frachtprüfung (Security Surcharge) gerecht werden.

6.2.6.1 Fuel Price Index[1]

Bei sich verändernden Kerosinpreisen wird der Carrier den Kerosinzuschlag erhöhen oder senken. Die Veränderung der Fuel Surcharge (Kerosinaufschlag) basiert auf dem Fuel Price Index. Dieser bildet den Durchschnitt der Kerosinpreise ab, die an den fünf[2] weltweit wichtigsten Spotmärkten[3] bezahlt werden. Sobald dieser Index für zwei aufeinander folgende Wochen über dem Schwellenwert liegt, löst dies eine Anpassung der Fuel Surcharge aus.

Der **Treibstoffaufschlag** wird weltweit auf Grundlage des **Actual Weight** berechnet[4].

Methodik

Fuel Price Index **überschreitet** für einen Zeitraum von mehr als zwei aufeinanderfolgenden Wochen	Fuel Surcharge **wird erhoben** in € je kg
115	0,05
135	0,10
165	0,15
190	0,20
215	0,25
240	0,30
265	0,35
290	0,40
315	0,45
340	0,50
365	0,55
390	0,60
415	0,65
440	0,70

---

[1] Fuel Price Index, Basis: 53,35 US-Cent je Galone Kerosin (3,785 Liter) = 100
 Der aktuelle Wert und weitere Informationen zur Methodik werden im Internet unter www.iata.org/whatwedo/economics/fueltmonitor/index.htm veröffentlicht.
[2] Rotterdam, Mediterranean, Far East Singapore, US-Golf, US-Westcoast
[3] Handelsplätze für Kerosin und Rohöl
[4] Ausnahmen:
 Treibstoffaufschlag basiert auf Chargeable Weight, wenn dies durch das Gesetz des betreffenden Landes vorgeschrieben ist;
 Treibstoffaufschlag basiert auf Chargeable Weight, wenn in ausgewählten Ländern der National Carrier den Aufschlag auf Chargeable Weight Basis berechnet.

Luftfrachtverkehr

E 381

Fuel Price Index **unterschreitet** für einen Zeitraum von mehr als zwei aufeinanderfolgenden Wochen	Fuel Surcharge **wird reduziert** auf ein Level von
420	0,65 €/kg
395	0,60 €/kg
370	0,55 €/kg
345	0,50 €/kg
320	0,45 €/kg
295	0,40 €/kg
270	0,35 €/kg
245	0,30 €/kg
220	0,25 €/kg
195	0,20 €/kg
170	0,15 €/kg
145	0,10 €/kg
120	0,05 €/kg
100	Fuel Surcharge wird aus dem Markt genommen

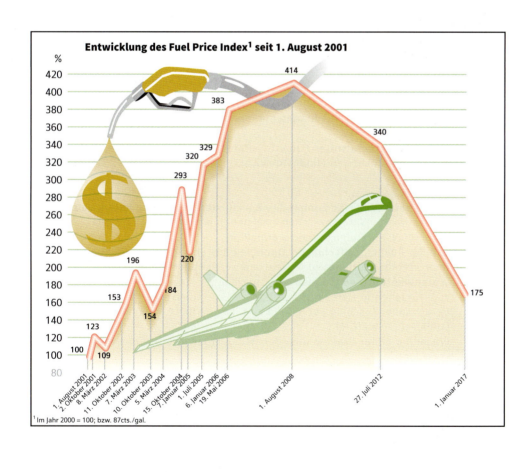

Entwicklung des Fuel Price Index[1] seit 1. August 2001

[1] Im Jahr 2000 = 100; bzw. 87cts./gal.

6.2.6.2 Security Surcharge

Um die Sicherheit im Luftverkehr zu erhöhen, werden die Luftfrachtgüter vor der Verladung in das Flugzeug intensiv untersucht. Dieser erhöhte Aufwand wird von den Airlines über den Sicherheitszuschlag weitergegeben. Der Sicherheitszuschlag ist im TACT festgelegt. Er beträgt zurzeit 0,15 € je kg tatsächliches Gewicht (actual weight).

6.2.7 Zusammenfassung Luftfracht

TACT
- richtungsgebundener Stationentarif
- Raten beziehen sich auf ein kg bzw. lb.
- Raten sind in der Währung des Abgangslandes angegeben (local currency).

Gewichtsberechnung: Das tatsächliche Gewicht wird auf das nächste halbe oder volle Kilogramm aufgerundet.

Volumenberechnung: $\frac{\text{Länge} \cdot \text{Breite} \cdot \text{Höhe in cm}}{6\,000}$ = Volumen-kg

Sperrigkeit bezieht sich auf Luftfrachtsendung, nicht auf einzelnes Packstück.

M	**Mindestfracht**, darf nicht unterschritten werden.
N	**Normalrate**, gilt für Sendungen mit frachtpflichtigem Gewicht unter 45 kg.
Q 45 Q 100 Q 300 Q 500	**Mengenrabattraten** (Quantity-Rates), gelten ab einem bestimmten frachtpflichtigen Mindestgewicht.
CORA	auch SCR genannt, **Spezialraten** (Specific Commodity Rates), stark ermäßigte Raten, gelten nur für bestimmte Waren zwischen zwei genau bestimmten Flughäfen.
R	**Warenklassenraten** (**reduced** = ermäßigt), z. B. für Bücher, Zeitschriften, unbegleitetes Reisegepäck, Blindenschriften. Berechnung: Abschlag auf N-Rate bzw. anwendbare allgemeine Rate
S	**Warenklassenraten** (**Surcharge** = Zuschlag), z. B. für lebende Tiere, Wertfracht, sterbliche Überreste. Berechnung: Zuschlag auf N-Rate bzw. anwendbare allgemeine Rate
/C	**OVER PIVOT WEIGHT** Fracht per kg für Gewicht über dem Mindestgewicht bei Container/Palettenverladung
/B	**PIVOT WEIGHT** frachtpflichtiges Mindestgewicht mit Angabe der Mindestfracht (Unterschiedliche Mindestgewichte und Mindestfrachten je nach Containertyp)
RCP	**Ratenkonstruktionspunkt (Konstruktionsrate)** Immer dann zu bilden, wenn keine Direktrate angegeben und die Bildung einer Konstruktionsrate erlaubt ist.
Ratenkombination	**Kombination von zwei veröffentlichten Direktraten** Nur anwendbar, wenn weder eine Durchrate vom Abgangsflughafen zum Zielflughafen angegeben ist noch eine Durchrate konstruiert werden kann.

Luftfrachtverkehr

E 383

TACT-Auszug mit Erläuterungen:

date/ type	note	**1** item	min weight	local curr. **3**
4 FRANKFURT			**5** DE	FRA **6**
7 EURO		**8** EUR		KGS **9**
				3
10 OSAKA		**11** JP	M	76.69
			N	15.18
			2 45	10.96
			100	7.62
			200	5.54
		15	300	4.48
		1024	100	6.25
		7109	100	3.90
		9998	45	4.64
	12 /C			...
13 5/B		**14** 1051	. . . .	10.668,11 **15**
8/B		1051	. . . .	12.856,43

16 1024 = Fish (live, inedible), coral, weed, fish food
7109 = Newspapers
9998 = Household goods etc.

1 item = Warennummer der Spezialrate

2 min weight = frachtpflichtiges Mindestgewicht

3 local currency = Währung des Abgangslandes ⟶ hier EUR **8**

4 Abgangsflughafen

5 Abgangsstaat

6 Abkürzung für Abgangsflughafen

7 Währung des Abgangslandes

8 Währung des Abgangslandes (3-Buchstaben-Code)

9 Ratenangabe per Kilogramm (KGS = kg)

10 Zielflughafen

11 Staat des Zielflughafens

12 Over Pivot Rate

13 Containerart

14 Frachtpflichtiges Mindestgewicht des Containers

15 Mindestfrachtbetrag

16 Warenbeschreibung für Spezialraten

TACT-Auszüge zu den Übungsaufgaben auf S. 385:

date/ type	note	item	min. weight	local curr.
FRANKFURT EURO		EUR	DE	FRA KGS
OSAKA		JP	M	76.69
			N	15.18
			45	10.96
			100	7.62
			200	5.54
			300	4.48
		1024	100	6.25
		7109	100	3.90
		9998	45	4.64

1024 = Fish (live, inedible), coral, weed, fish food
7109 = Newspapers
9998 = Household goods etc.

date/ type	note	item	min weight	local curr.
BREMEN EURO		EUR	DE	BRE KGS
MELBOURNE		VI AU	M	84.36
			N	15.74
			45	11.37
			100	7.32
			300	6.17
			500	5.57
			800	5.07
	/C			4.47
2QX	/B	3000		14.564.15
5	/B	2000		9.709.43
8	/B	1000		4.854.72

date/ type	note	item	min weight	local curr.
BREMEN EURO		EUR	DE	BRE KGS
SEATTLE		WA US		
SK01			M	76.69
SK01			N	3.95
			45	3.41
			100	3.24
			300	3.13
			500	3.02

FRANKFURT – SEATTLE
gleicher Tarif wie Bremen – Seattle!

Luftfrachtverkehr

Aufgaben zum Sachverhalt

1—14

1. Berechnen Sie die Luftfracht für 4,7 kg Ersatzteile von Bremen nach Melbourne.

2. Ein Löwenbaby wird in einem Käfig von Frankfurt nach Osaka geflogen. Gesamtgewicht der Sendung: 48,9 kg. Die Class-Rate beträgt 170 % auf N.
   Berechnen Sie die Luftfracht.

3. 218,9 kg Saatgut werden von Bremen nach Melbourne geflogen. Der Carrier gewährt 8,5 % Rabatt auf die TACT-Rate.
   Berechnen Sie die Luftfracht.

4. 109,3 kg Bücher werden von Bremen nach Melbourne geflogen. Die ClassRate beträgt 50 % von N.
   Berechnen Sie die Luftfracht.

5. Eine Luftfrachtsendung von Frankfurt nach Seattle besteht aus zwei Packstücken:
   1. Packstück Gewicht: 23,2 kg Maße: 67 cm x 50 cm x 15 cm
   2. Packstück Gewicht: 11,3 kg Maße: 70 cm x 70 cm x 23 cm
   Berechnen Sie die Luftfracht.

6. 212,9 kg Zierfische sind von Frankfurt nach Osaka zu fliegen.
   Berechnen Sie die Luftfracht, wenn der Carrier 22 % Rabatt auf den TACT-Preis gewährt.

7. Eine Luftfrachtsendung von Bremen nach Melbourne besteht aus drei Packstücken:
   1. Packstück Gewicht: 32,8 kg Maße: 110,3 cm x 50,6 cm x 25,0 cm
   2. Packstück Gewicht: 9,7 kg Maße: 60,0 cm x 55,4 cm x 20,0 cm
   3. Packstück Gewicht: 8,5 kg Maße: 50,5 cm x 50,0 cm x 50,0 cm
   Berechnen Sie die Luftfracht.

8. 39,3 kg Bücher werden von Bremen nach Melbourne geflogen. Die ClassRate beträgt 50 % von N.
   Berechnen Sie die Luftfracht.

9. **Ab welchem tatsächlichen Gewicht ist die Q-500-Rate Bremen – Melbourne günstiger als die Q-300-Rate?**

10. Von Frankfurt aus sind jeweils 84,8 kg Koi-Fische nach Osaka und Seattle zu transportieren.
    Berechnen Sie die jeweilige Luftfracht.

11. 56,4 kg Zierfische werden von Frankfurt nach Seattle geflogen.
    Berechnen Sie die Luftfracht.

12. Ein Container der Klasse 5 wird mit 1 925 kg Nettogewicht von Bremen nach Melbourne geflogen.
    Berechnen Sie die Luftfracht.

13. Ein Container der Klasse 8 wird mit 1 098 kg Nettogewicht von Bremen nach Melbourne geflogen.
    Berechnen Sie die Luftfracht, wenn der Carrier 15 % Rabatt auf den TACT-Preis gewährt.

14. Von Frankfurt aus sind jeweils 124,2 kg Haushaltsgeräte nach Seattle und Osaka zu transportieren.
    Berechnen Sie die jeweilige Luftfracht.

6.3 Preisermittlung ohne TACT

Die IATA-Raten aus dem TACT finden hauptsächlich bei geringen Sendungsgewichten und relativ seltenem Luftfrachtaufkommen des Versenders Anwendung. Insbesondere bei höheren Sendungsgewichten werden zwischen Luftfrachtspediteur und Carrier Preise ausgehandelt und als sogenannte Marktraten bzw. „all in" Raten individuell festgelegt.

6.3.1 Komponenten der Marktrate bzw. „all in" Rate

Die Marktrate bzw. „all in" Rate besteht aus den Komponenten

eigentliche Rate	nach actual weight (tatsächliches Gewicht) oder Density (Gewicht-/Volumenverhältnis)	→	chargeable weight (frachtpflichtiges Gewicht)
+ Surcharges (Zuschläge)	nach Risikogebiet nach Treibstoffverbrauch nach Sicherheitsprüfung	→ → →	War Risk Surcharge Fuel Surcharge Security Surcharge
= Marktrate („all in" Rate)			

Die eigentliche Rate entspricht nicht der TACT-Rate, sondern liegt relativ weit unter dieser. Die eigentliche Rate kann jedoch über den TACT ermittelt werden, z. B. TACT-Rate · 55 % = eigentliche Rate (bei einem Rabatt von 45 % auf TACT).

6.3.2 Kalkulation mit der „all in" Rate

Die meisten Carrier berechnen aus den Komponenten (eigentliche Rate, Fuel Surcharge, Security Surcharge) eine „all in" Rate. Diese „all in" Rate bezieht sich auf das frachtpflichtige (chargeable) Gewicht. Die drei Komponenten der Marktraten werden aber teilweise auf actual weight aber auch auf chargeable weight bezogen. Viele Carrier ermitteln so die „all in" Rate:

Komponenten der „all in" Rate	Bezugsgröße
eigentliche Rate (nicht TACT)	chargeable weight
Fuel Surcharge	actual weight
Security Surcharge	actual weight

Aus allen Komponenten wird schließlich die „all in" Rate auf der Basis „chargeable weight" berechnet.

Da der Raumbedarf der Luftfrachtsendung im Flugzeug bei der Komponente „eigentliche Rate" preisbestimmend ist, wird die eigentliche Rate auf das frachtpflichtige Gewicht bezogen. Das frachtpflichtige (chargeable) Gewicht wird je nach dem Gewicht/Volumenverhältnis (Density) auf der Basis tatsächliches Gewicht (actual weight) oder Volumengewicht (volume weight) berechnet.

Da der Treibstoffverbrauch von dem Sendungsgewicht abhängt, wird der Fuel Surcharge in Abhängigkeit des tasächlichen Gewichts (actual weight) berechnet.

Der Security Surcharge wird von den meisten europäischen Carriern vom actual weight berechnet. Dagegen berechnen viele asiatische Carrier den Security Surcharge vom chargeable weight.

Luftfrachtverkehr

 387

 Muster-AUFGABE

1 200 kg actual/1 500 kg volume Luftfracht sollen von Frankfurt nach Atlanta/USA befördert werden. Der Carrier bietet folgende Preise an:

Eigentliche Rate	0,50 €/kg chargeable
Fuel Surcharge:	1,05 €/kg actual
Security Surcharge:	0,30 €/kg actual

a) Berechnen Sie die „all in" Rate des Carriers pro kg.
b) Berechnen Sie die „all in" Rate des Luftfrachtspediteurs, wenn er gegenüber seinem Kunden 7,6 % Zuschlag einkalkuliert.

LÖSUNG

a) 1 200 kg actual/1 500 kg volume

Eigentliche Rate	chargeable	0,50 € · 1 500	=	750,00 €
Fuel Surcharge	actual	1,05 € · 1 200	=	1.260,00 €
Security Surcharge	actual	0,30 € . 1 200	=	360,00 €
TOTAL			=	2.370,00 €
„all in" Rate chargeable weight (2.370,00 € : 1 500)			=	1,58 €

b) 1 200 kg actual/1 500 kg volume

„all in" Rate pro kg chargeable weight (2.370,00 € : 1 500)	=	1,58 €
+ Zuschlag des Luftfrachtspediteurs 7,6 %	=	0,12 €
= „all in" Rate pro kg für den Versender		1,70 €

 FAZIT

Carrier	Luftfrachtspediteur	Versender
berechnet	berechnet	bezahlt
„all in" Rate des Carriers	„all in" Rate des Luftfrachtspediteurs	an den Luftfrachtspediteur „all in" Rate des Luftfrachttspediteus
wie?	wie?	was?
Eigentliche Rate + Fuel Surcharge + Security Surcharge + Sonstiges = „all in" Rate des Carriers	„all in" Rate des Carriers + Zuschlag = „all in" Rate des Luftfrachtspediteurs	„all in" Rate des Luftfrachtspediteurs

Aufgaben zum Sachverhalt

1 Die Abmessungen einer Luftfrachtsendung betragen 1,00 m x 1,20 m x 1,60 m.
Das actual weight beträgt 690 kg.
Der Carrier bietet folgende Preise an:
Rate   0,55 €/kg chargeable
Fuel Surcharge   0,90 €/kg actual
Security Surcharge 0,20 €/kg actual

a) Berechnen Sie die „all in" Rate des Carriers.
b) Berechnen Sie die „all in" Rate des Luftfrachtspediteurs, wenn er gegenüber seinem Kunden 10 % Zuschlag einkalkuliert.

2 Eine Luftfrachtsendung mit den Maßen 2,40 m x 1,20 x 3,00 m wiegt 1 180 kg.
Der Carrier bietet folgende Preise an:
Rate   0,42 €/kg chargeable
Fuel Surcharge   1,15 €/kg actual
Security Surcharge 0,24 €/kg actual

a) Berechnen Sie die „all in" Rate des Carriers.
b) Berechnen Sie die „all in" Rate des Luftfrachtspediteurs, wenn er gegenüber seinem Kunden 10 % Zuschlag einkalkuliert.

3 Eine Luftfrachtsendung mit den Maßen 2,10 m x 1,90 m x 1,60 m wiegt 980 kg.
Der Carrier bietet folgende Preise an:
Rate   0,42 €/kg chargeable
Fuel Surcharge   1,15 €/kg actual
Security Surcharge 0,24 €/kg actual

a) Berechnen Sie die „all in" Rate des Carriers.
b) Berechnen Sie die „all in" Rate des Luftfrachtspediteurs, wenn er gegenüber seinem Kunden 10 % Zuschlag einkalkuliert.

4 Der Carrier möchte für eine Lower-Deck-Palette mit 1 600 kg durchschnittlicher Auslastung 3.200,00 € Luftfracht.

Welche „all in" Rate chargeable wird er verlangen, wenn der Fuel Surcharge 1,20 €/kg und der Security Surcharge 0,16 €/kg betragen?

5 Eine Luftfrachtsendung mit den Maßen 2,05 m x 1,85 m x 1,70 m wiegt 960 kg.
Der Carrier bietet folgende Preise an:
Rate   Marge von 40 % auf die normale TACT-Rate 1,05 €/kg chargeable
Fuel Surcharge   1,10 €/kg actual
Security Surcharge 0,22 €/kg actual

a) Berechnen Sie die „all in" Rate des Carriers.
b) Berechnen Sie die „all in" Rate des Luftfrachtspediteurs, wenn er gegenüber seinem Kunden 8 % Zuschlag einkalkuliert.

Luftfrachtverkehr

 389

Luftfrachtsammelverkehr 6.4

Der Luftfrachtsammelladungs-Spediteur (**Consolidator**) fasst mehrere Sendungen eines Abgangsflughafens zum selben Bestimmungsflughafen zu einer Sammelsendung (**Consolidation**) zusammen. Durch die Zusammenfassung mehrerer Sendungen zu einer Sammelsendung entstehen höhere Sendungsgewichte gegenüber dem Luftverkehrsführer. Das Ratengefüge der IATA begünstigt höher gewichtige Sendungen. Je höher das Sendungsgewicht, umso niedriger ist die Frachtrate pro kg.

Muster-AUFGABE

Die Spedition Christ GmbH, Darmstadt, fasst zwei Speditionsaufträge der Versender Ahrweiler und Brandt zu einer Luftfrachtsammelladung von Frankfurt (FRA) nach San Francisco (SFO) zusammen.

Auszug aus dem Cargo Manifest der Spedition Christ

Pcs	Nature of Goods	Weight (kg)	Volume (cm x cm cm)	Shipper	Consigneer	Incoterm	Freight
1	spare parts	47,3	80 x 45 x 20	Ahrweiler Hanau	Trump Ltd. San Francisco Yellow Road	DAT SFO	PP PP
3	medicines	3 x 9,2	3 x 120 x 40 x 20	Brandt Offenbach	Bush Ltd. San Francisco	DAT SFO	PP
1	pharmaceuticals	20,2	140 x 35 x 20	Brandt Offenbach	AOX San Fr. 5th Av. 2207	DAT SFO	PP

Nebengebühren Luftfrachttransport   Fuel Surcharge 0,40 €/kg;   Security Surcharge 0,25 €/kg

Luftfracht FRA-SFO

	Für Versender	Für Spedition Christ
M	76,69	53,68
N	3,95	2,77
45	3,41	2,39
100	3,24	2,27
300	3,13	2,19
500	3,02	2,12

Nebenentgelte Speditionsleistungen

	Kriterium	Erlöse	Kosten
Vorlauf Pick up	je angef. 50 kg Sendungsgewicht	40,00 €	29,00 €
AWB Fee	je Sendung	20,00 €	11,00 €
Handling Surcharge	je Sendung	30,00 €	26,00 €
Collect Charge		4 %	4 %

a) **Rechnen Sie gegenüber den Auftraggebern (Versendern) ab. Berechnen Sie für jede Sendung die Speditionserlöse, indem Sie**

– das tatsächliche Gewicht in kg ermitteln,
– das Volumengewicht in Vol. kg ermitteln,
– das Chargeable Weight ermitteln,
– die Luftfracht ermitteln,
– die Nebengebühren ermitteln,
– die Nebenentgelte ermitteln,
– die Speditionserlöse je Auftrag ermitteln.

b) **Berechnen Sie die gesamten Speditionserlöse der Luftfrachtsammelladung.**

Luftfrachtverkehr

c) Ermitteln Sie die Kosten für die Luftfrachtsammelladung.
d) Berechnen Sie den Speditionsgewinn aus der Luftfrachtsammelsendung.

LÖSUNG

a) und b)

	Versender Ahrweiler	Versender Brandt
Tatsächliches Gewicht in kg	47,3 kg	3 · 9,2 kg = 27,6 kg 1 · 20,2 kg = 20,2 kg = 47,8 kg
Volumengewicht in Vol. kg	80 cm x 45 cm x 20 cm / 6 000 = 12,00 Vol. kg	120 cm x 40 cm x 20 cm / 6 000 = 16 Vol. kg; 16 Vol. kg · 3 = 48 Vol. kg 140 cm x 35 cm x 20 cm / 6 000 = 16,333 Vol. kg insgesamt 64,333 Vol. kg
Chargeable Weight	47,3 kg → 47,5 frachtpfl. kg	64,3 kg → 64,5 frachtpfl. kg
Luftfracht	3,41 € · 47,5 = 161,98 €	3,41 € · 64,5 = 219,95 €
Nebengebühren	0,65 € · 47,3 kg = 30,75 €	0,65 € · 47,8 kg = 31,07 €
Nebenentgelte	VL: 1 · 40,00 € = 40,00 € Fee: 1 · 20,00 € = 20,00 € HS: 1 · 30,00 € = 30,00 € 90,00 € 90,00 €	VL: 1 · 40,00 € = 40,00 € Fee: 1 · 20,00 € = 20,00 € HS: 1 · 30,00 € = 30,00 € 90,00 € 90,00 €
Speditionserlöse je Auftrag	282,73 €	341,02 €
Speditionserlöse insgesamt	623,75 €	

c)

	Kosten für die Luftfrachtsammelladung	
Das tatsächliche Gewicht in kg	47, 3 kg + 3 · 9,2 kg + 20,2 kg = 95,1 kg	
Das Volumengewicht in Vol. kg	12 Vol. kg + 64,333 Vol.kg = 76,333 Vol. kg	
Das Chargeable Weight ermitteln	95,1 kg → 95,5 frachtpfl. kg	
Die Luftfracht ermitteln	95,5 · 2,39 € = 228,25 € 100 · 2,27 € = 227,00 €	227,00 €
Die Nebengebühren ermitteln	0,65 € · 95,1 kg = 61,82 €	61,82 €
Die Nebenentgelte ermitteln	Vorlauf Pick up 2 · 29,00 € = 58,00 € AWB Fee 3 · 11,00 € = 33,00 € Handl.surcharge für eine Sammelsendung 1 · 26,00 € = 26,00 € 117,00 €	117,00 €
Gesamte Speditionskosten		405,82 €

d) Speditionsgewinn =   Erlöse   – Kosten
                  =   623,75 €   – 405,82 €
                  =   217,93 €

Luftfrachtverkehr

Aufgaben zum Sachverhalt

Die Spedition Christ GmbH fasst drei Speditionsaufträge der Versender Nagelsmann, Kovac und Schuster zu einer Luftfrachtsammelladung von Frankfurt (FRA) nach Seattle (SEA) zusammen.

Auszug aus dem Cargo Manifest der Spedition Christ

Pcs	Nature of Goods	Weight (kg)	Volume (cm x cm x cm)	Shipper	Consigneer	Incoterm	Freight
7	spare parts	7 x 55,2 kg	7 x 54 x 50 x 35	Nagelsmann Hoffenheim	Klinsmann Seattle	DAT SEA	PP
2	medicines	2 x 5,5 kg	2 x 60 x 30 x 10	Kovac Frankfurt	Pulisic Seattle	DAT SEA	PP
1	medicines	20,8 kg	140 x 40 x 40	Kovac Frankfurt	Steppi Seattle	DAT SEA	PP
2	pharmaceuticals	2 x 34,0 kg	2 x 150 x 50 x 30	Schuster Darmstadt	Chandler Seattle	DAT SEA	PP PP

Nebengebühren Lufttrachttransport   Surcharge 0,50 €/kg;   Security Surcharge 0,22 €/kg

Luftfracht FRA-SEA

	Für Versender	Für Spedition Christ
M	76,69	53,68
N	3,95	2,77
45	3,41	2,39
100	3,24	2,27
300	3,13	2,19
500	3,02	2,12

Nebenentgelte Speditionsleistungen

	Kriterium	Erlöse	Kosten
Vorlauf Pick up	je angef. 50 kg Sendungsgewicht	40,00 €	29,00 €
AWB Fee	je Sendung	20,00 €	11,00 €
Handling Surcharge	je Sendung	30,00 €	26,00 €

1 a) Rechnen Sie gegenüber den Auftraggebern (Versendern) ab. Berechnen Sie für jede Sendung die Speditionserlöse, indem Sie

- das tatsächliche Gewicht in kg ermitteln,
- das Volumengewicht in Vol. kg ermitteln,
- das Chargeable Weight ermitteln,
- die Luftfracht ermitteln,
- die Nebengebühren ermitteln,
- die Nebenentgelte ermitteln,
- die Speditionserlöse je Auftrag ermitteln.

b) Berechnen Sie die gesamten Speditionserlöse der Luftfrachtsammelladung.
c) Ermitteln Sie die Kosten für die Luftfrachtsammelladung.
d) Berechnen Sie den Speditionsgewinn aus der Luftfrachtsammelsendung.

2 Wie hoch wäre der Speditionsgewinn aus der Luftfrachtsammelladung, wenn ein anderer Carrier eine „all in" Rate von 2,40 € verlangt?

F

Grundlagen des kaufmännischen Rechnens

1 Prozentrechnung

Die Prozentrechnung ist eine Vergleichsrechnung. Dabei wird das Verhältnis zur Zahl 100[1] gerechnet, um besser vergleichen zu können. Das Wort „Prozent" wird aus dem italienischen abgeleitet und bedeutet übersetzt „vom Hundert" oder „auf 100 bezogen".

Muster-AUFGABE

Für Kurierfahrten will die Spedition Erich Schnell KG, Schleswig, einen Kleintransporter anschaffen. Das Autohaus Wolf GmbH, Kiel, unterbreitet der Spedition Schnell das folgende Angebot:

Kleintransporter PA 02
Nettolistenpreis: 18.950,00 €
Überführung: 5 % vom Nettolistenpreis
Rabatt 8 % (auf den Nettolistenpreis)
Berechnen Sie die Überführungskosten in Euro.

LÖSUNG

Berechnung der Überführungskosten des Kleintransporters PA 02:
5 % (= **Prozentsatz**) des Nettolistenpreises:

100 % ≙ 18.950,00 € (Listenpreis, netto → Vergleichszahl = Grundwert)
  5 % ≙ x   € (Überführungskosten → gesuchter Prozentwert)

$$x = \frac{\text{Grundwert} \cdot \text{Prozentsatz}}{100} = \frac{18.950{,}00\ € \cdot 5}{100} = 947{,}50\ € \text{ (Prozentwert)}$$

Die Überführungskosten des Kleintransporters betragen 947,50 €, netto.

Das nachfolgende Beispiel soll die Bedeutung der Prozentrechnung erklären:
Ein Fußballnationalspieler erhält in der neuen Saison statt 800.000,00 € Jahresgehalt nun 80.000,00 € mehr Gehalt. Ein Amateurspieler erhält statt 300,00 € monatlich jetzt 60,00 € mehr. Wer erhält prozentual eine größere Erhöhung?

Der Nationalspieler bekommt zwar absolut gesehen – also in Euro – stolze 80.000,00 € mehr. Der Amateurspieler hat absolut – also in Euro – 60,00 € mehr. Aber relativ „auf 100 betrachtet" bekommt der Amateurspieler 20 % mehr, der Nationalspieler dagegen nur 10 %. (80.000,00 € bezogen auf 800.000,00 € entsprechen 10 %; 60,00 € von 300,00 € entsprechen dagegen 20 %).

MERKE

- Die Prozentrechnung ist eine Vergleichsrechnung.
- Der Grundwert wird immer mit der Zahl 100 gleichgesetzt.
- In der Prozentrechnung wird mit drei Größen gerechnet:
  – Grundwert (als Vergleichszahl)
  – Prozentwert (als Teilgröße des Grundwertes)
  – Prozentsatz (als Verhältniszahl des Prozentwertes zum Grundwert)
- Wird die Zahl 1 000 als Vergleichszahl verwendet, spricht man von der Promillerechnung.[2]
- Ein Prozent entspricht zehn Promille (1 % = 10 ‰).

---

[1] Prozent = vom Hundert, ital. per cento, lat. = pro centum = für Hundert
[2] Promille = vom Tausend, ital. per mille, lat. = pro mille = für Tausend

Prozentrechnung

Berechnung des Prozentwertes 1.1

Das Autohaus Wolf GmbH gewährt der Spedition Schnell KG beim Kauf eines Kleintransporters 8 % Rabatt auf den Nettolistenpreis. (vgl. Musteraufgabe Seite 378)
Wie viel Euro Rabatt erhält die Spedition Schnell KG?

100 % $\triangleq$ 18.950,00 €
8 % $\triangleq$ x €

$$x = \frac{18.950,00 \text{ €} \cdot 8}{100} = 1.516,00 \text{ €}$$

Beim Kauf des Kleintransporters würde die Spedition Schnell KG einen Preisnachlass von 1.516,00 € erhalten.

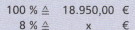

$$\text{Prozentwert} = \frac{\text{Grundwert} \cdot \text{Prozentsatz}}{100}$$

Aufgaben zum Sachverhalt

1. Das Bruttogehalt eines Mitarbeiters beträgt 2.500,00 €.
Folgende Abzüge sind zu berücksichtigen:
Lohnsteuer 324,50 €, Kirchensteuer 29,21 €, Krankenversicherung inkl. Zusatzbeitrag 8,2 %, Arbeitslosenversicherung 1,5 %, Rentenversicherung 9,35 %, Solidaritätszuschlag auf die Lohnsteuer 5,5 %, Pflegeversicherung 1,175 %.
Welches Nettogehalt erhält der Mitarbeiter?

2. Die Bank löst einen Barscheck über 690,00 € ein. Sie berechnet für Scheckeinlösungen eine Gebühr von 0,2 %.
Mit welchem Betrag wird der Scheckaussteller insgesamt belastet?

3. Ein Unternehmer schreibt folgende Anlagen linear ab:
Fuhrpark   AW: 2.300.000,00 €, BW: 1.725.000,00 €, 25 %
Gebäude   AW: 1.740.000,00 €, BW: 1.531.200,00 €, 4 %
Betriebsausstattung AW: 480.000,00 €, BW: 192.000,00 €, 10 %
(AW = Anschaffungswert, BW = Buchwert)
a) Wie hoch sind die Abschreibungsbeträge der drei Anlagewerte?
b) Aus welchem Nutzungsjahr stammen die oben genannten Buchwerte?

4. Eine Spedition hat drei Niederlassungen. Die Umsatzanteile betragen:
Stammhaus = 36 %, Niederlassung A = 25 %, Niederlassung B = 19 % und Niederlassung C = 432.000,00 €.
a) Welchen Umsatz erzielte das Stammhaus und die Filialen A und B?
b) Wie hoch war der Gesamtumsatz?

Grundlagen des kaufmännischen Rechnens

1.2 Berechnung des Prozentsatzes

Muster-AUFGABE

Der Autohändler Karl Hübel e. K. bietet der Spedition Schnell den Kleintransporter PA 02 zum Nettohauspreis von 17.813,00 € an. Der Listenpreis des Fahrzeugs liegt bei 18.950,00 €.

Wie viel Prozent Rabatt gewährt der Autohändler Karl Hübel e. K. für das Fahrzeug?

LÖSUNG

	Nettolistenpreis	18.950,00 €
−	Nettohauspreis	17.813,00 €
−	Preisnachlass	1.137,00 €

Nettolistenpreis 18.950,00 € = 100 %
Preisnachlass 1.137,00 € = x %

$$x = \frac{100 \cdot 1.137{,}00\ €}{18.950{,}00\ €} = 6{,}00\ \%$$

Der Preisnachlass entspricht einem Rabatt von 6 % beim Kauf des Fahrzeugs.

MERKE

$$\text{Prozentsatz} = \frac{100 \cdot \text{Prozentwert}}{\text{Grundwert}}$$

Aufgaben zum Sachverhalt

1 Ein Spediteur hat neben seinem Hauptsitz noch zwei Niederlassungen.
Es fallen insgesamt 37.120,00 € Verwaltungskosten an.
Die Kosten werden nach den Umsätzen verteilt.

Hauptsitz	730.800,00 €
Niederlassung I	487.200,00 €
Niederlassung II	522.000,00 €

Wie viel Verwaltungskosten in Euro und Prozent entfallen auf den Hauptsitz und die beiden Niederlassungen?

2 Ein Abfertigungsspediteur stellt folgende Abrechnungen auf:

	Fracht laut Haustarif	2.148,00 €
−	15 % Nachlass	322,20 €
=	Zwischenergebnis	1.825,80 €
−	Provision	164,32 €
=	Nettoentgelt	1.661,48 €

Wie viel Prozent Provision wurden zugrunde gelegt?

3 Der Außendienstmitarbeiter Schoch der Spedition Fink & Söhne hatte im vergangenen Jahr ein Bruttoeinkommen von 36.000,00 €. Der Gesamtumsatz von Schoch betrug 1.300.000,00 €.

Seine Bezüge setzten sich folgendermaßen zusammen:
- Monatsfixum: 1.000,00 €
- 3 % Provision bis 300.000,00 € Umsatz
- x % Provision für den Umsatz über 300.000,00 €.

Wie viel Prozent Provision erhält er für den Umsatz über 300.000,00 €?

Prozentrechnung

F 395

4

In einem Versicherungsschein sind folgende Größen angegeben:

Versicherungssumme .... 80.000,00 €
Prämie .... 69,00 €

Welchem Promillesatz entspricht diese Prämie?

Berechnung des Grundwertes 1.3

Muster-AUFGABE

Im Internet wirbt das Autohaus Autowelt-Vogtland GmbH, Plauen, mit 2.600,00 € Preisnachlass für den Kleintransporter PA 02 als Sondermodell mit Klimaanlage. Dieser Autohändler gewährt auf alle Fahrzeuge dieser Marke 12,5 % Rabatt.

Wie hoch ist der Nettolistenpreis für das angebotene Sondermodell des PA 02?

LÖSUNG

12,5 % ≙ 2.600,00 €
100 % ≙   x   €

$$x\ € = \frac{2.600{,}00\ € \cdot 100}{12{,}5} = 20.800{,}00\ €$$

Der Nettolistenpreis für dieses Fahrzeug beträgt 20.800,00 €.

MERKE

$$\text{Grundwert} = \frac{\text{Prozentwert} \cdot 100}{\text{Prozentsatz}}$$

Aufgaben zum Sachverhalt

1
Eine Frachtrechnung weist 2.185,00 € Umsatzsteuer aus.
Wie hoch ist der Nettowert dieser Rechnung bei einem Umsatzsteuersatz von 19 %?

2
Der Frachtführer Holder transportiert eine Sendung Wein. Während des Transports werden 60 Flaschen beschädigt, das entspricht 12 % der gesamten Sendung.
Wie viele Flaschen hat Holder befördert?

3
Eine Auszubildende hat zu Beginn des Jahres einen Sparbetrag angelegt. Am Jahresende erhielt sie dafür eine Gutschrift für Zinsen über 382,50 €. Der vereinbarte Zinssatz betrug 6 %.
Wie hoch war der angelegte Betrag am Jahresanfang?

4
Die internationale Spedition Fank, Kassel, transportierte im letzten Geschäftsjahr 23 700 t im Nahbereich und 126 000 t im Fernbereich. 37 % des Fernbereichs waren grenzüberschreitende Transporte.
Wie viel Tonnen wurden im nationalen Fernbereich transportiert?

225143395

F Grundlagen des kaufmännischen Rechnens

1.4 Prozentrechnung vom vermehrten Grundwert

Muster-AUFGABE

Die Spedition Schnell möchte ein Navigationssystem in den Kleintransporter PA 02 einbauen lassen. Das Autohaus Wolf GmbH bietet das Gerät zum Bruttopreis von 1.059,10 € an.

Wie hoch ist der Nettopreis bei einem Umsatzsteuersatz von 19 %?

LÖSUNG

Nettopreis	x €	≙	100 %	Grundwert
+ Umsatzsteuer 19 % von	x €	≙	19 %	Erhöhung
= Bruttopreis	1.059,10 €	≙	119 %	vermehrter Grundwert

119 % ≙ 1.059,10 €
100 % ≙ x €

$$x = \frac{1.059{,}10\ \text{€} \cdot 100}{119} = 890{,}00\ \text{€}$$

Der Nettopreis des Navigationsgeräts beträgt 890,00 €.

1.5 Prozentrechnung vom verminderten Grundwert

Muster-AUFGABE

Die Spedition Schnell KG möchte ein Navigationssystem in den Kleintransporter PA 02 einbauen lassen. Das Audio-Center Carle e. K. bietet ein Auslaufmodell zum Nettopreis von 840,00 € an, das um 12,5 % reduziert wurde.

Zu welchem Nettopreis wurde das Auslaufmodell ursprünglich angeboten?

LÖSUNG

alter Nettopreis	x €	≙	100 %	Grundwert
− 12,5 % Preisnachlass	x €	≙	12,5 %	Senkung
= reduzierter Preis	840,00 €	=	87,5 %	verminderter Grundwert

87,5 % ≙ 840,00 €
100 % ≙ x €

$$x = \frac{840{,}00\ \text{€} \cdot 100}{87{,}5} = 960{,}00\ \text{€}$$

Das Gerät wurde ursprünglich zu einem Nettopreis von 960,00 € verkauft.

Zusammenfassende Aufgaben

1 Der Fuhrpark der Spedition Haller besteht zu 60 % aus „Jumbo-Lkws".
Wie viele Fahrzeuge umfasst der gesamte Fuhrpark, wenn im Anlagevermögen 72 Großraum-Lkws erfasst sind?

2 Ein Kleintransporter wird für die Kalkulation linear in vier Jahren abgeschrieben.
Wie hoch ist der angesetzte Nettowiederbeschaffungspreis, wenn der Abschreibungsbetrag jährlich bei 4.342,00 € liegt?

3 Ein Stapler hat ein Eigengewicht von 2 950 kg. Die Tragfähigkeit des Staplers liegt bei 38 % des Gesamtgewichts.
Kann eine Palette mit 1 050 kg Gesamtgewicht mit diesem Stapler transportiert werden?

Zinsrechnung

Eine deutsche Großspedition scannt täglich ca. 29 500 Expresssendungen, die in das Sendungsverfolgungssystem ELTON eingespeist werden. 8 % des gesamten Expresssendungsaufkommens kann aus verschiedenen Gründen noch nicht gescannt werden.

Wie groß ist das durchschnittliche tägliche Sendungsaufkommen?

Zinsrechnung 2

Einführung 2.1

Der Zins ist der Preis, den man für die Überlassung von Geld bezahlt oder bekommt. Der Zeitraum der Geldüberlassung wird entweder in Zinstagen, Zinsmonaten oder Zinsjahren ausgedrückt.

Die Zinsrechnung ist eine um den Faktor Zeit erweiterte Prozentrechnung, bei der der Preis (**Zins**) für die Inanspruchnahme eines Kapitals für eine festgelegte Zeit berechnet wird.

In der Praxis werden die Zinstage nach unterschiedlichen Methoden berechnet.

- In Deutschland berechnen die meisten Geschäftsbanken die Zinsen für Spareinlagen und Darlehen weiterhin mithilfe der **kaufmännischen Zinsrechnung**[1] (**deutsche Zinsmethode**). Hierbei wird jeder Monat mit 30 Zinstagen und das Jahr mit 360 Zinstagen berechnet (30/360).
- Die **Eurozinsmethode (französische Methode)** findet am Geldmarkt Verwendung, unter anderem bei der Verzinsung von Tagesgeldkonten und bei der Diskontierung von Wechseln. Hierbei werden die Tage kalendergenau ermittelt (28, 29, 30, 31), das Jahr aber mit 360 Tagen berücksichtigt (**act/360**)[2].
- Die Verzinsung von Bundespapieren (z. B. Bundesanleihen, Bundesobligationen und Bundesschatzbriefe) erfolgt nach der englischen Methode, bei der sowohl das Jahr (365, 366) als auch die Tage (28, 29, 30, 31) kalendermäßig berücksichtigt werden (**act/act**).

Methoden der Zinsberechnung	• Kaufmännische Zinsrechnung • Deutsche Zinsmethode	• Eurozinsmethode • Französische Zinsmethode	• BGB-Methode • Englische Zinsmethode
Zinstage	jeder Monat 30 Tage	kalendergenau (28, 29, 30, 31)	kalendergenau (28, 29, 30, 31)
Jahr in Tagen	360 Tage	360 Tage	kalendergenau (365, 366)
	30/360	act/360	act/act
Anwendung	übliche Zinsberechnung in Deutschland Bei der Verzinsung bis zum 28. (29.) Februar werden nur 28 (29) Zinstage gerechnet.	Geldmarktgeschäfte, Wechseldiskontierung	unter Privatleuten, Stückzinsen

Fortsetzung →

---
[1] In diesem Kapitel werden die Zinstage nach der kaufmännischen Methode berechnet.
[2] „act" (Abk. für actual) bedeutet, dass jeweils die tatsächliche Anzahl der Tage berücksichtigt wird.

Grundlagen des kaufmännischen Rechnens

Methoden der Zinsberechnung	• Kaufmännische Zinsrechnung • Deutsche Zinsmethode	• Eurozinsmethode • Französische Zinsmethode	• BGB-Methode • Englische Zinsmethode
Beispiel 1	\multicolumn{3}{l	}{20.000,00 € Kredit vom 25.10. bis 26.01. bei 8 % Zins}
Zinstage	91[1] (5 + 30 + 30 + 26)	93 (6 + 30 + 31 + 26)	93 (6 + 30 + 31 + 26)
Zinsen	$\dfrac{20.000,00\ € \cdot 8 \cdot 91}{100 \cdot 360} = 404,44\ €$	$\dfrac{20.000,00\ € \cdot 8 \cdot 93}{100 \cdot 360} = 413,33\ €$	$\dfrac{20.000,00\ € \cdot 8 \cdot 93}{100 \cdot 365} = 407,67\ €$
Beispiel 2	\multicolumn{3}{l	}{20.000,00 € Kredit vom 16.01. bis 02.06. bei 8 % Zins}
Zinstage	136 (14 + 30 + 30 + 30 + 30 + 2)	137 (15 + 28 + 31 + 30 + 31 + 2)	137 (15 + 28 + 31 + 30 + 31 + 2)
Zinsen	$\dfrac{20.000,00\ € \cdot 8 \cdot 136}{100 \cdot 360} = 604,44\ €$	$\dfrac{20.000,00\ € \cdot 8 \cdot 137}{100 \cdot 360} = 608,89\ €$	$\dfrac{20.000,00\ € \cdot 8 \cdot 137}{100 \cdot 365} = 600,55\ €$

2.2 Berechnung der Zinstage bei der kaufmännischen Zinsrechnung

Vereinfachungen bei der kaufmännischen Zinsrechnung:

> ein Jahr = 360 Tage, jeder Monat = 30 Tage;
> der Tag von dem aus gerechnet wird, zählt nicht mit

Aufgaben zum Sachverhalt

1 Ermitteln Sie die Zinstage.

a) 12.10.–31.10.   b) 08.02.–24.03.   c) 30.05.–30.09.   d) 23.12.–09.01.
e) 18.01.–02.03.   f) 27.02.–01.04.   g) 30.11.–31.01.   h) 01.07.–15.08.

2 Ermitteln Sie die Zinstage.

a) 19.10.–29.12.   b) 01.05.–31.05.   c) 06.02.–31.12.   d) 17.07.–30.11.
e) 29.03.–17.10.   f) 03.03.–30.09.   g) 17.08.–13.12.   h) 01.01.–31.12.

2.3 Berechnung der Zinsen

Muster-AUFGABE

Die Volksbank Erfurt unterbreitet der Spedition Bauer GmbH für den Kauf eines neuen Staplers folgenden Finanzierungsvorschlag: Kreditsumme 20.000,00 €, Zinssatz 8 %, Rückzahlung nach drei Jahren.

Berechnen Sie

a) die Zinsen für ein Jahr,
b) die Zinsen für die gesamte Laufzeit des Krediten,
c) die Zinsbelastung je Monat.

MERKE

Allgemeine Zinsformel: $\text{Zins}\ (z) = \dfrac{\text{Kapital}\ (K) \cdot \text{Zinssatz}\ (p) \cdot \text{Tage}\ (t)}{100 \cdot 360} \qquad z = \dfrac{K \cdot p \cdot t}{100 \cdot 360}$

---

[1] Keine Verzinsung des Einzahlungstages, jedoch Verzinsung des Rückzahlungstages

Zinsrechnung

LÖSUNG

a) Berechnung der Jahreszinsen: $z = \dfrac{20.000,00\ € \cdot 8}{100} = 1.600,00\ €$

b) Berechnung der Zinsen für die gesamte Laufzeit 3 Jahre:
$z = \dfrac{20.000,00\ € \cdot 8 \cdot 1\,080}{100 \cdot 360}$ bzw. $\dfrac{20.000,00\ € \cdot 8 \cdot 3}{100} = 4.800,00\ €$

c) Berechnung der Monatszinsen: $z = \dfrac{20.000,00\ € \cdot 8 \cdot 30}{100 \cdot 360} = 133,33\ €$

Aufgaben zum Sachverhalt

Die Spedition Weigand e. K. kauft einen Kleintransporter für brutto 22.620,00 €. 3.700,00 € werden sofort bar bezahlt, der Rest wird mit einem Kredit zwischenfinanziert. Die Laufzeit des Kredites beträgt fünf Monate, der vereinbarte Jahreszinssatz 10,4 %. **Berechnen Sie die Zinsen.**	1
Der Lagerhalter Haubele OHG nimmt am 05.07. einen Kredit über 70.000,00 € zu einem Zinssatz von 7,75 % auf. Am 15. Oktober steigen die Zinsen um 0,6 %-Punkte. **Berechnen Sie die am 31.12. fälligen Zinsen.**	2

Die Spedition Morlok GmbH erhält am 17.04. eine Rechnung über 12.800,00 € mit einem Zahlungsziel von vier Wochen.
Am 19.06. erhält Morlok folgende Mahnung, die die Rechnungseingänge bis zum 13.06. berücksichtigt.
 	
    Rechnungsbetrag, fällig am 15.05.   12.800,00 €
+ 8,12 % Verzugszinsen (0,12 % Basiszinssatz + 8 %)   86,61 €
    zu überweisender Betrag   12.886,61 €
Überprüfen Sie die Mahnung.
	3

Berechnung von Kapital, Zeit und Zinssatz   2.4

Berechnung des Kapitals   2.4.1

Muster-AUFGABE

Spedition Hundertmark AG, Unna, erweitert ihr Kommissionierungslager. Sie rechnet mit einem zusätzlichen Gewinn von 12.000,00 € pro Jahr.
Wie viel Euro kann die Spedition investieren, wenn sie mindestens eine Kapitalrendite von 3,5 % erreichen möchte?

LÖSUNG

Allgemeine Formel zur Berechnung des Kapitals: $K = \dfrac{z \cdot 100 \cdot 360}{p \cdot t}$

$K = \dfrac{12.000,00\ € \cdot 100 \cdot 360}{3,5 \cdot 360} = 342.857,14\ €$

Der Umbau des Kommissionierungslagers darf höchstens 342.857,14 € kosten.

F 400 Grundlagen des kaufmännischen Rechnens

Aufgaben zum Sachverhalt

1 Für ein am 30.04. zu 7,5 % angelegtes Kapital schreibt die Bank am Jahresende 3.225,00 € Zinsen gut.
Berechnen Sie die Höhe des angelegten Kapitals.

2 Die Spedition Mauser GmbH, Chemnitz, finanziert einen neuen Lkw teilweise mit einem Bankkredit zu 8,5 %. Die monatliche Zinsbelastung beträgt 297,50 €.
Ermitteln Sie die Kreditsumme.

3 Die Unitrans Maier KG, Gütersloh, will für ein Logistikprojekt eine Lagerhalle an der Autobahn kaufen. Der monatlich erwartete Rohgewinn liegt bei 6.000,00 €. Die Abschreibungen der Halle betragen 13.000,00 € jährlich, die Unterhaltskosten 5.750,00 € je Quartal.
Welchen Kaufpreis dürfte die Unitrans Maier KG höchstens zahlen, wenn sich das eingesetzte Kapital mindestens zu 5 % verzinsen soll?

2.4.2 Berechnung der Zeit

Muster-AUFGABE

Die Spedition Klaiber OHG, Bremerhaven, schuldet der Mineralölgroßhandlung Damaschke GmbH 12.852,00 € aus einer Treibstofflieferung. Am 16.03. überweist Spedition Klaiber 12.996,94 € inklusive Verzugszinsen nach § 288 Abs. 2 BGB (Höhe der Verzugszinsen: Basiszinssatz[1] 0,12 % + 8 %) und § 247 BGB.
Ermitteln Sie den Fälligkeitstag der Rechnung.

LÖSUNG

Allgemeine Formel zur Berechnung der Zeit (Tage): $t = \dfrac{z \cdot 100 \cdot 360}{K \cdot p}$

Verzugszinsen: 12.996,94 € – 12.852,00 € = 144,94 €
Zinssatz: 8 % + 0,12 % = 8,12 %

$t = \dfrac{144{,}94\ € \cdot 100 \cdot 360}{12.852{,}00\ € \cdot 8{,}12} = $ **50 Tage**

16.03. – 50 Tage = **26.01.**
Die Rechnung über 12.852,00 € war am 26.01. fällig.

---

[1] Der Basiszinssatz ist der Nachfolger des Diskontsatzes. Als Bezugsgröße für den Basiszinssatz dient der Zinssatz für längerfristige Refinanzierungsgeschäfte (LRG-Satz) der Europäischen Zentralbank. Jeweils zum 01.01. und 01.07. eines Jahres wird der Basiszinssatz angepasst. (vgl. § 247 BGB)

Zinsrechnung

Aufgaben zum Sachverhalt

1 Die Osnabrücker Spedition Maierink KG zahlt am 31.12. für ein Darlehen von 32.800,00 € Zinsen in Höhe von 1.129,78 €. Der Zinssatz beträgt 7,75 %.
Ermitteln Sie, wann Maierink den Kredit aufnahm.

2 Die Silotransporte Kramm KG nahm bei ihrer Hausbank ein Darlehen über 45.000,00 € auf. Der Zinssatz erhöhte sich nach 75 Tagen von 7,4 % auf 8,2 %.
Berechnen Sie die Gesamtlaufzeit des Darlehens, wenn die Kramm KG nach Ablauf des Kredites insgesamt 47.846,25 € zurückzahlt.

3 Das Fuhrunternehmen Eva Kanninga, Husum, zahlt am 10.10. für einen mit 8 % verzinsten Kredit 16.544,36 € zurück.
Wann wurde das Darlehen von 15.800,00 € aufgenommen?

Berechnung des Zinssatzes 2.4.3

Muster-AUFGABE
LÖSUNG

Die Transsped GmbH, Augsburg, finanziert einen neuen Lkw, Kaufpreis 98.000,00 €, per Bankkredit. Die Monatszinsen betragen 673,75 €.
Berechnen Sie den Zinssatz des Bankkredites.

Allgemeine Formel zur Berechnung des Zinssatzes: $p = \dfrac{z \cdot 100 \cdot 360}{K \cdot t}$

Jahreszins: 673,75 € · 12 = 8.085,00 €

$p = \dfrac{8.085,00 \cdot 100 \cdot 360}{98.000,00 \cdot 360} = 8,25\ \%$ oder $p = \dfrac{673,75 \cdot 100 \cdot 360}{98.000,00 \cdot 30} = 8,25\ \%$

Der Zinssatz des Krediets beträgt 8,25 %.

Aufgaben zum Sachverhalt

1 Die Sammelladungsspedition Halter KG, Goslar, gibt ihrem Frankfurter Partnerspediteur Zwickel am 01.07. ein Darlehen in Höhe von 18.000,00 €.
Zu welchem Zinssatz wurde das Darlehen verzinst, wenn Zwickel am 25.09. insgesamt 18.285,60 € überweist?

2 Die Speditionskauffrau Anna Loose zahlt am 31.12. für ein Mitarbeiterdarlehen in Höhe von 6.500,00 €, das sie am 16.10. erhielt, 92,19 €.
Berechnen Sie den Zinssatz des Darlehens.

3 Der Lagerhalter Bönisch GmbH, Berlin, nimmt am 19. Mai ein Darlehen über 40.000,00 € zu 9 % auf. Zum 1. Oktober ändert sich der Zinssatz. Am 31. Dezember werden für das Darlehen einschließlich Zinsen 42.250,00 € zurückbezahlt.
Wie viel Prozent beträgt der geänderte Zinssatz?

2.5 Effektive Verzinsung

2.5.1 Effektivverzinsung bei der Inanspruchnahme von Krediten

Bei der Berechnung der Effektivverzinsung werden die Gesamtkosten eines Krediter (z. B. Zinsen, Disagio, Bearbeitungsgebühren, Spesen) berücksichtigt und auf den tatsächlich ausbezahlten Kreditbetrag bezogen.

Muster-AUFGABE

Die Spedition Kleinhans GmbH, Quakenbrück, nimmt bei ihrer Hausbank vom 10. März bis 15. November ein Darlehen zu folgenden Bedingungen auf: Kreditbetrag 50.000,00 €, Disagio 3 %, Bearbeitungsgebühr 2 ‰ vom Kreditbetrag, Spesen 35,00 €, Zinssatz 7,8 %.
Berechnen Sie den Effektivzinssatz des Kredites.

LÖSUNG

Auszahlungsbetrag

Darlehensbetrag	50.000,00 €
− 3 % Disagio	1.500,00 €
− Bearbeitungsgebühr (2 ‰ von 50.000,00 €)	100,00 €
− Spesen	35,00 €
= Auszahlungsbetrag	48.365,00 €

Kreditkosten

Zinsen (7,8 % von 50.000,00 € für 245 Tage)	2.654,17 €
+ Disagio	1.500,00 €
+ Bearbeitungsgebühr	100,00 €
+ Spesen	35,00 €
= Gesamtkosten des Kredites	4.289,17 €

Effektiver Zinssatz

Kapital:	Auszahlungsbetrag	48.365,00 €
Zeit:	Inanspruchnahme des Darlehens	245 Tage
Zins:	Gesamtkosten des Kredites	4.289,17 €

$$p = \frac{z \cdot 100 \cdot 360}{K \cdot t} = \frac{4.289{,}17 \cdot 100 \cdot 360}{48.365{,}00 \cdot 245} = 13{,}03\ \%$$

Der effektive Zinssatz für das in Anspruch genommene Darlehen beträgt 13,03 %.

Zinsrechnung

Aufgaben zum Sachverhalt

1 Die Braunschweiger Transport GmbH nimmt bei ihrer Hausbank ein Darlehen über 12.000,00 € auf. Die Kreditbedingungen der Bank lauten:

Zinssatz 8,5 %, Auszahlung 98 %, 1 % Bearbeitungsgebühr aus dem Kreditbetrag, Mindestlaufzeit 8 Jahre.

Berechnen Sie den effektiven Zinssatz des Kredites.

2 Der Partikulier Schnepf nimmt für die Modernisierung seines Motorschiffes „Elbvogel" einen Bankkredit auf.

Kreditbedingungen:	Laufzeit	18 Monate
	Kreditbetrag	55.000,00 €
	Zinssatz	$7\tfrac{2}{3}$ %
	Disagio	3 %
	Bearbeitungsgebühr	5,5 ‰ des Kreditbetrages
	Gebühren	280,00 €
	Spesen	155,00 €

Berechnen Sie den effektiven Zinssatz des Kredites.

3 Um mittelfristige Verbindlichkeiten ausgleichen zu können, nimmt die Saarbrücker Spedition Henkel OHG einen Kredit in Höhe von 50.000,00 € zu folgenden Bedingungen auf:

	Laufzeit	8 Monate
	Zinssatz	8,3 %
	Disagio	2,5 %
	Bearbeitungsgebühr	0,4 %
	Spesen	280,00 €

Berechnen Sie den effektiven Zinssatz des Kredites.

Effektivverzinsung bei Zahlung mit Skontoabzug 2.5.2

Muster-AUFGABE

Der Fuhrunternehmer Kollmer e. K., Potsdam, kauft einen neuen Lkw. Die Eingangsrechnung weist einen Rechnungsbetrag von 42.000,00 € + Umsatzsteuer aus.
Die Zahlungsbedingungen des Lieferanten lauten:
Zahlung mit 3 % Skonto innerhalb von 8 Tagen oder 60 Tage netto Kasse.

a) Welchem effektiven Zinssatz entspricht der Skontoabzug?
b) Um die Skontozahlung ausnutzen zu können, müsste Kollmer einen Bankkredit zu 9,8 % aufnehmen.
   Berechnen Sie die Ersparnis bei der günstigeren Zahlungsart.

LÖSUNG

a)
Rechnungsbetrag	42.000,00 €
+ 19 % USt	7.980,00 €
Bruttopreis	49.980,00 €
− 3 % Skonto	1.499,40 €
zu zahlender Betrag	48.480,60 €

Berechnung des effektiven Zinssatzes (Umwandlung des Skontosatzes in einen Jahreszinssatz):

Kapital:	zu zahlender Betrag	48.480,60 €
Zeit:	Zahlungsziel (60) − Skontofrist (8)	52 Tage
Zins:	Skontobetrag	1.499,40 €

$$p = \frac{z \cdot 100 \cdot 360}{K \cdot t} = \frac{1.499,40 \cdot 100 \cdot 360}{48.480,60 \cdot 52} = 21,41 \%$$

Die Skontogewährung von 3 % entspricht einem Jahreszinssatz von 21,41 %.

b) Berechnung der Kreditzinsen:

Kapital:	Kreditbetrag (Bruttobetrag − Skonto)	48.480,60 €
Zeit:	Zahlungsziel (60) − Skontofrist (8)	52 Tage

$$z = \frac{48.480,60 \, € \cdot 9,8 \cdot 52}{100 \cdot 360} = 686,27 \, €$$

Skontobetrag	1.499,40 €
− Kreditkosten	686,27 €
Ersparnis	813,13 €

Aufgaben zum Sachverhalt

1 Die Nürnberger Reifenhof AG vereinbart in ihren Kaufverträgen folgende Zahlungsbedingungen: „Zahlbar innerhalb von 14 Tagen mit 2,5 % Skonto oder innerhalb von 50 Tagen netto Kasse."
Berechnen Sie den Jahreszinssatz, der dem Skontoabzug entspricht.

2 Die Spedition Moser GmbH, Hannover, erhält für bezogene Stapler eine Rechnung über 32.960,00 €. Die Zahlungsbedingungen lauten: „Zahlbar binnen 7 Tagen mit 3 % Skonto oder innerhalb 30 Tagen netto Kasse."
Um den Skonto in Anspruch nehmen zu können, müsste die Spedition Moser einen Kredit zu 9,7 % aufnehmen.
a) Berechnen Sie den Jahreszinssatz, der dem Skontoabzug entspricht.
b) Ermitteln Sie die Ersparnis aus der günstigeren Zahlungsweise.

3 Die Spedition Rick KG, Bruchsal, kauft bei dem Lkw-Händler Bauer & Möldner einen Lkw für 98.000,00 €. Laut Rechnung gelten folgende Zahlungsbedingungen: „Zahlung mit 2 % Skonto innerhalb von 14 Tagen oder innerhalb 60 Tagen netto Kasse."
Um den Skonto ausnutzen zu können, müsste die Spedition Rick mit einem Kredit zu 9,25 % zwischenfinanzieren.
Wie hoch wäre die Ersparnis aus der günstigeren Zahlungsweise?

Währungsrechnen

Währungsrechnen	**3**
Kursnotierungen	**3.1**
Preisnotierung und Mengennotierung	**3.1.1**

NOTIERUNGSARTEN	
Preisnotierung	**Mengennotierung**
Der Wechselkurs gibt in der Preisnotierung an, wie viel eine feste Einheit Fremdwährungen (z. B. 100,00 CHF) in inländischer Währung kosten (z. B. EUR).	Der Wechselkurs gibt in der Mengennotierung an, welche Menge der ausländischen Währungseinheit (z. B. USD) für eine inländische Währungseinheit (z. B. EUR) gezahlt wird.
100 ausl. Währungseinheiten = x EUR	1,00 EUR = x ausl. Währungseinheiten

Merke: Bei der Mengennotierung
- bezieht sich die Notierung immer auf **1,00 € (Euro)**,
- ist die **Inlandswährung Euro die feste Größe**,
- ist die jeweilige Auslandswährung (z. B. USD oder GBP) die variable Größe,
- wird der Wechselkurs für 1,00 EUR in der jeweiligen Auslandswährung ausgedrückt.

Die **Preisnotierung** findet bei der Kursangabe im jeweiligen Heimatland vieler ausländischer Währungen Verwendung. Beispiele: Kursnotierung der Tschechischen Krone, der Dänischen Krone, der Norwegischen Krone oder der Schwedischen Krone	Die **Mengennotierung** findet beispielsweise Verwendung innerhalb der Europäischen Währungsunion (EWU) für den Euro, in den USA für den Dollar, in Großbritannien für das Pfund und in der Schweiz für den Schweizer Franken.

z. B.:
- 100,00 CZK = 3,92 EUR (**Kurs für 100,00 CZK** in Tschechien)
- 100,00 DKK = 13,41 EUR (**Kurs für 100,00 DKK** in Dänemark)
- 100,00 NOK = 13,65 EUR (**Kurs für 100,00 NOK** in Norwegen)
- 100,00 SEK = 11,59 EUR (**Kurs für 100,00 SEK** in Schweden)

z. B.:
- **Kurs für 1,00 EUR** in der EWU
  1,00 EUR = 1,29 USD
  1,00 EUR = 0,80 GBP
  1,00 EUR = 7,33 NOK
- **Kurs für 1,00 GBP** in Großbritannien
  1,00 GBP = 1,25 EUR
- **Kurs für 1,00 USD** in den USA
  1,00 USD = 0,78 EUR
- **Kurs für 1,00 CHF** in der Schweiz
  1,00 CHF = 0,83 EUR

3.1.2 Geldkurs und Briefkurs

GELD- UND BRIEFKURSE DES EURO (AM BEISPIEL VON SORTEN)
– DIE GEHANDELTE WÄHRUNG IST DER EURO –

Geldkurs	Briefkurs
Beispiel: Ein Spediteur tauscht in Wismar 1.000,00 EUR in USD. = **Ankauf von Euro** durch die Bank Kurs: 1,12 USD/EUR = 1,12 Geld • Bank kauft 1,00 EUR für 1,12 USD. • Für 1.000,00 EUR erhält der Spediteur von der Bank 1.120,00 USD.	Beispiel: Ein Spediteur tauscht in Wismar USD in 1.000,00 EUR um. = **Verkauf von Euro** durch die Bank Kurs: 1,23 USD/EUR = 1,23 Brief • Bank verkauft 1,00 EUR für 1,23 USD. • Für 1.000,00 EUR muss der Spediteur bei der Bank 1.230,00 USD bezahlen.
Geldkurs ist der niedrigere Ankaufkurs der Bank für den Euro.	Briefkurs ist der höhere Verkaufskurs der Bank für den Euro.

MERKE

- Der Geldkurs ist niedriger als der Briefkurs.
- Die Wahl des Kurses erfolgt aus der Sicht der umtauschenden Bank:
  > Die Bank kauft Euro an. ⟶ Geldkurs
  > Die Bank verkauft Euro. ⟶ Briefkurs
- Bei steigendem Eurokurs steigt der Wert des Euro und der Wert der Auslandswährung sinkt.
- Bei sinkendem Eurokurs sinkt der Wert des Euro und der Wert der Auslandswährung steigt.

3.1.3 Kurstabellen

Kurstabelle einer Geschäftsbank für den Tausch zwischen inländischer Währung Euro und ausländischen Währungen (Stand Juni 2018):

MENGENNOTIZ: 1,00 € = x AUSLÄNDISCHE WÄHRUNGS-EINHEITEN Land	Sortenkurse[1] für 1,00 €		Devisenkurse[2] für 1,00 €	
	Ankauf	Verkauf	Geld	Brief
	Bank kauft Euro[3] an (Bank verk. ausländ. Währung)	Bank verkauft Euro[4] (Bank kauft ausländ. Währ. an.)	Bank kauft Euro[5] an (Bank verk. ausländ. Währung)	Bank verkauft Euro[6] (Bank kauft ausländ. Währ. an.)
Australien AUD (Dollar)	1,44	1,64	1,5390	1,5590
Dänemark DKK (Krone)	7,16	7,76	7,4220	7,4780
Großbr. GBP (Pfund)	0,85	0,91	0,8770	0,8830
Japan JPY (Yen)	125,15	136,00	129,3500	130,5500
Kanada CAD (Dollar)	1,46	1,60	1,5260	1,5420
Norwegen NOK (Krone)	9,02	9,98	9,4070	9,4790
Schweden SEK (Krone)	9,70	10,80	10,1330	10,3297
Schweiz CHF (Franken)	1,12	1,19	1,1543	1,1673
Singapur SGD (Dollar)	1,44	1,74	1,5465	1,6005
Tschech. Rep. CZK (Krone)	23,15	28,32	25,2950	25,9950
USA USD (Dollar)	1,12	1,23	1,1732	1,1832

Wert eines Euro in der jeweiligen Währung

[1] Kurs je Euro in ausländischen Geldsorten. Sorten Geldscheine und Münzen in ausländischer Währung
[2] Devisenkurs: Kurs je Euro für Zahlungsanweisungen in ausländischen Währungseinheiten. Devisen: Zahlungsanweisungen im Auslandsgeschäft wie z. B. Wechsel, Scheck, Schuldschein
[3] zum Ankaufkurs
[4] zum Verkaufkurs
[5] zum Geldkurs
[6] zum Briefkurs

Währungsrechnen

Umtausch von Währungen zwischen EU-Mitgliedsländern und Nicht-EU-Mitgliedsländern 3.2

Umtausch von Euro in Auslandswährungen 3.2.1

Muster-AUFGABE

Ein Spediteur tauscht in Regensburg EUR in 5.000,00 USD.
Wie viel Euro benötigt er?

LÖSUNG

- Bank kauft EUR an (Geldeingang in EUR bei der Bank).
- Bank verkauft USD (Geldausgang in USD bei der Bank).

Bank kauft EUR an gegen USD. Deshalb kommt der **Ankaufkurs (Geldkurs)** zur Anwendung.

Lösung: 1,00 EUR = 1,12 USD
    x EUR = 5.000,00 USD

$$x\ EUR = \frac{5.000,00 \cdot 1,00}{1,12} = 4.464,29\ EUR$$

Muster-AUFGABE

Ein französischer Importeur tauscht zur Begleichung einer Nachnahme bei seiner Bank 1.200,00 EUR in CHF.
Wie viel CHF erhält er?

LÖSUNG

- Bank verkauft CHF (Geldausgang in CHF bei der Bank).

Bank kauft EUR an gegen CHR. Deshalb kommt der **Ankaufkurs (Geldkurs)** zur Anwendung.

Lösung: 1,00 EUR = 1,12 CHF
    1.200,00 EUR =   x CHF

$$x\ CHF = \frac{1.200,00 \cdot 1,12}{1,00} = 1.344,00\ CHF$$

F 408

Grundlagen des kaufmännischen Rechnens

Aufgaben zum Sachverhalt

1 Tausch von 1.320,50 EUR in SEK

2 Tausch von 4.825,00 EUR in JPY

3 Der Fahrer Gruber tauscht in Flensburg 500,00 EUR in NOK um.
Wie viele NOK erhält er?

4 Der spanische Frachtführer Lopez schuldet einem dänischen Auftraggeber Schadenersatz für einen Totalschaden an 2,85 t Transportgut aus einem internationalen Lkw-Transport (Warenwert je kg: 212,05 DKK).
Berechnen Sie die Ersatzleistung in EUR und DKK. (Kurs für 1,00 SZR: 1,21 EUR)

5 Die Spedition Walther GmbH, Neunkirchen, kauft einen schwedischen Lkw für 102.000,00 EUR und bezahlt den Kaufpreis mit einem Wechsel. Zusätzlich fallen Gebühren von 2,3 % an, die in die auf SEK ausgestellte Wechselsumme eingerechnet werden sollen.
Berechnen Sie die Wechselsumme in SEK.

6 Während eines Berufspraktikums in London tauscht eine Speditionskauffrau dort 1.000,00 EUR in 830,00 GBP.
a) **Zu welchem Kurs rechnete die englische Bank ab?**
   Beachte: Mengennotierung in Großbritannien
b) **Wie viel GBP Gewinn oder Verlust hätte die Speditionskauffrau bei einem Umtausch in Deutschland gehabt?**

3.2.2 Umtausch von Auslandswährungen in Euro

1

Muster-AUFGABE

Ein Kapitän tauscht in Helsinki **5.000,00 USD in EUR** um.

LÖSUNG

- Bank verkauft Euro an (Geldausgang in Euro bei der Bank).
- Bank kauft USD (Geldeingang in USD bei der Bank).

Bank verkauft EUR an gegen USD. Deshalb kommt der **Verkaufkurs (Briefkurs)** zur Anwendung.

Lösung: 1,00 EUR = 1,23 USD
x EUR = 5.000,00 USD

$$x \text{ EUR} = \frac{5.000,00 \cdot 1,00}{1,23} = 4.062,04 \text{ EUR}$$

Währungsrechnen

2 Muster-AUFGABE LÖSUNG

Ein Binnenschiffer tauscht in Antwerpen **CHF in 2.800,00 EUR** um.

- Bank verkauft Euro (Geldausgang in Euro bei der Bank).
- Bank kauft CHF an (Geldeingang in USD bei der Bank).

Bank verkauft EUR gegen CHF. Deshalb kommt der **Verkaufskurs (Briefkurs)** zur Anwendung.

Lösung: 1,00 EUR = 1,19 CHF
         2.800,00 EUR =   x CHF

$$x\ CHF = \frac{2.800,00 \cdot 1,19}{1,00} = 3.332,00\ CHF$$

Aufgaben zum Sachverhalt

Tausch von 472,90 SEK in EUR	1
Tausch von 134.000,00 JPY in EUR	2
Frau Bergerova, Geschäftsführerin einer Prager Spedition, tauscht in Frankfurt/Oder Tschechische Kronen in 850,00 EUR um. **Wie viele Tschechische Kronen muss sie umtauschen?**	3
Der Lagerhalter Roll, Lörrach, kommt von einer Geschäftsreise zurück und tauscht bei seiner Hausbank 182,50 GBP und 39.650,00 JPY in EUR um. **Wie viel Euro erhält er insgesamt?**	4
Johanna Diether tauscht in Oldenburg für einen internationalen Speditionskongress in London EUR in 1.200,00 GBP. Aufgrund einer Erkrankung kann sie den Termin nicht wahrnehmen und tauscht die GBP in EUR zurück. **Welchen Verlust erleidet sie durch den Rücktausch, wenn sich die Kurse in der Zwischenzeit nicht geändert haben?**	5
Der Spediteur Knoll hob bei einem Englandbesuch 250,00 GBP an einem Geldautomaten ab. Dafür buchte ihm seine Bank später 298,12 EUR ab. **Mit welchem Eurokurs rechnete die Bank den Tausch ab, wenn in der Abrechnung zusätzlich 4,00 EUR Gebühren in Rechnung gestellt wurden?**	6

Sonderziehungsrecht (SZR)   3.3

Neben ausländischen Währungen, mit denen der Spediteur im Rahmen der weltweiten Vernetzung täglich arbeitet, wird die Kunstwährung „**Sonderziehungsrecht**" (**SZR**) immer wichtiger für die Abwicklung nationaler und internationaler Speditionsgeschäfte, da die Haftung der verschiedenen Verkehrsträger sowie die Haftung der Spediteure auf dieser „Kunstwährung" basieren.

Grundlagen des kaufmännischen Rechnens

Anwendungsbereiche der SZR	Maximale Haftung je kg (bei Beschädigung oder Verlust)
Frachtführer	
• Nationale Gütertransporte nach HGB (alle Verkehrsträger)	• 8,33 SZR je kg durch Frachtführer
• Internationaler Güterkraftverkehr nach CMR	• 8,33 SZR je kg durch Frachtführer
• Internationale Eisenbahnbeförderung nach ER/CIM	• 17,00 SZR je kg durch Frachtführer
• Binnenschifffahrt nach dem Budapester Übereinkommen	• 666,67 SZR je Ladungseinheit oder 2,00 SZR je kg durch Frachtführer • bei Containerverladung 1.500,00 SZR für den Container und 25.000,00 SZR für das Ladegut durch Frachtführer
• Seeschifffahrt nach Visby-Rules	• 666,67 SZR je Stück/Einheit oder 2,00 SZR je kg durch Verfrachter
• Luftfracht nach Montrealer Übereinkommen	• 19,00 SZR je kg durch Carrier
Spediteur	

• Haftung nach ADSp
  › für Speditionstätigkeiten nach Ziffer 23.1.1 und Ziffer 24.1
  › für Frachtführertätigkeit nach Ziffer 23.1.1
  › für Verkehrsverträge unter Einschluss eines Seetransportes nach Ziffer 23.1.2
	• 8,33 SZR je kg durch Spediteur
	
	• wie der jeweilige Frachtführer
	
	• 2,00 SZR je kg durch Spediteur

• FIATA-FBL[1]	• 2,00 SZR je kg durch Spediteur

Der internationale Währungsfonds (IWF) führte am 1. Januar 1970 das „Kunstgeld" Sonderziehungsrecht ein, um die Abwicklung internationaler Überbrückungskredite für devisenschwache Länder zu vereinfachen. Die SZR haben im Rahmen des IWF die Funktion von Währungsreserven, die es den Mitgliedsländern erlaubt bei Zahlungsschwierigkeiten fremde Währungen (Devisen) gegen Hingabe ihrer SZR zu beschaffen. Die Anzahl der Sonderziehungsrechte der einzelnen Länder ist von der Wirtschaftskraft des entsprechenden Landes abhängig.

Seit dem 1. Oktober 2016 wird der Wert eines SZR mithilfe der Wechselkurse eines „gewichteten Korbes" der fünf Währungen der größten Exportländer (Welthandelsanteile) ermittelt. Der Währungskorb besteht aus den fünf Währungen **US-Dollar** (USD), **Euro** (EUR), **Japanische Yen** (JPY), **Britische Pfund** (GBP) und **Chinesische Yuan** (CNY).

---

[1] FIATA-FBL (FIATA Combined Transport Bill of Lading) ist ein akkreditivfähiges Transportdokument, in dem bei einem internationalen Transport mit verschiedenen Verkehrsträgern der beauftragte Spediteur bis zur Ablieferung an den Empfänger für jeden Transportabschnitt mit maximal 2,00 SZR haftet.

Währungsrechnen

SZR-Korb	
Währung	**fester Bestandteil in jeweiliger Währung**
US-Dollar	0,582520
Euro	0,386710
Japanische Yen	11,900000
Britische Pfund	0,085946
Chinesische Yuan	1,017400

Der Wert eines SZR wird folgendermaßen ermittelt:

1,00 SZR = 0,58252 USD + 0,38671 EUR + 11,9000 JPY + 0,085946 GBP + 1,0174 CNY

Die genannten Währungsbeträge werden an jedem Geschäftstag über die Marktkurse in USD-Beträge umgerechnet. Als Marktkurs werden die Mittelkurse zwischen den mittags im Londoner Devisen-Kassa-Markt festgestellten Ankauf- und Verkaufkursen verwendet. Die Summe der Werte, ausgedrückt in USD, ergibt den Wert eines SZR. Der SZR-Wert in EUR wird ermittelt, indem der ermittelte SZR-Wert in USD mit dem amtlichen Mittelkurs für den USD in EUR umgerechnet wird.

Beispiel für die Wertermittlung eines SZR

Währung	Betragsanteil in jeweiliger Währung	Mittelkurs am Devisen-Kassa-Markt je USD	Gegen-wert in USD	Rechenweg
CNY	1,017400	6,40020 CNY/USD	0,158964	1,017400 : 6,40020
EUR	0,386710	1,17865 USD/EUR	0,455796	0,386710 · 1,17865
JPY	11,900000	110,24500 JPY/USD	0,107941	11,900000 : 110,2450
GBP	0,085946	1,33910 USD/GBP	0,115090	0,085946 · 1,33910
USD	0,582520	1,00000 USD/USD	0,582520	0,528252 · 1,00000

1,00 SZR = 1,420311 USD
1,00 SZR = 1,205032 EUR (1,420311 : 1,17865)

Aufgaben zum Sachverhalt

1

Berechnen Sie den Wechselkurs des SZR zum USD (in USD pro SZR).

Kurse der einzelnen Währungen in USD:

1,00 EUR = 1,20 USD; 1,00 USD = 80,25 JPY; 1,00 GBP = 1,55 USD; 1 USD = 6,87 CNY

2

Am Londoner Devisen-Kassa-Markt werden folgende Dollar-Mittelkurse ermittelt:

1,0000 USD; 1,2843 EUR; 115,48 JPY; 1,8749 GBP; 6,3798 CNY

a) Berechnen Sie den Wert eines SZR in USD und in EUR.

b) Der „Währungskorb" des SZR besteht aus fünf Währungen.

Ermitteln Sie das prozentuale Gewicht der fünf Währungen im „Korb" des SZR.

c) Erklären Sie, was mit dem Gewicht des Euro passiert, wenn er gegenüber dem US-Dollar an Wert verliert.

4 Indexzahlen

Indexzahlen sind Verhältniszahlen, mit denen man zeitliche Entwicklungen verfolgen kann, da sie dynamisierte Kennzahlen sind. Ein bestimmtes Ausgangsjahr wird üblicherweise entweder gleich 100 (z. B. Verbraucherpreisindex) oder gleich 1 000 (z. B. DAX) gesetzt. und die entsprechenden gleichgearteten Daten der Folgejahre werden darauf bezogen. Dabei ist aber zu beachten, dass das Basisjahr (= 100 bzw. = 1 000) durch einmalige Ereignisse nicht aus dem Rahmen des Normalen fällt, da sonst die Indexreihe verzerrte Entwicklungen aufzeigt. Der Vorteil der Indexzahl liegt darin, dass diese bei Datenentwicklungen einen wesentlich schnelleren Überblick ermöglicht als die absoluten Zahlen.

- Indexwerte > 100 bedeuten eine Steigerung gegenüber dem Basisjahr (= 100).
- Indexwerte < 100 bedeuten eine Verringerung gegenüber dem Basisjahr (= 100).
- Indexwerte > 1 000 bedeuten eine Steigerung gegenüber dem Basisjahr (= 1 000).
- Indexwerte < 1 000 bedeuten eine Verringerung gegenüber dem Basisjahr (= 1 000).

Ein Index[1] zeigt eine Entwicklung an. Die Veränderungen gegenüber dem Basisjahr werden als zeitliche Reihe dargestellt.

Beispiele für Indizes:

- Verbraucherindex der privaten Lebenshaltung
- HVPI[2] (Europäischer harmonisierter Verbraucher-Preis-Index)
- Biffex[3] (Frachtratenentwicklung in der Seeschifffahrt)
- DAX (Deutscher Aktienindex; 30 größten deutschen Aktiengesellschaften)
- Dow Jones (US-Aktienindex)
- Fuel Price Index (siehe Seite 380)

Die **Indexwerte** erlauben neben dem **Vergleich mit dem Basisjahr** auch die Berechnung der **relativen Änderung gegenüber dem Vorjahr**. Dabei muss allerdings der Vorjahreswert gleich 100 % gesetzt werden.

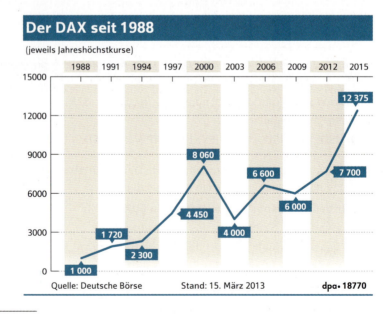

---

[1] Index = Anzeiger – Beispielsweise zeigt der Preisindex die Preisveränderungen der privaten Lebenshaltung an.
[2] Europäischer Harmonisierter Verbraucher-Preis-Index für die Mitgliedstaaten der Europäischen Union (EU) sowie Norwegen und Island auf Preisbasis 2005
[3] Biffex (Baltic International Freight Futures Exchange) = Index zur Beobachtung der Preisentwicklung von Seefrachtraten

Indexzahlen

Preisindex der Lebenshaltung 4.1

Das Statistische Bundesamt ermittelt die Verbraucherpreisentwicklung mithilfe eines fiktiven Warenkorbs. Die Steigerungen der Verbraucherpreise dieses Warenkorbs werden jeweils auf ein Basisjahr bezogen. In regelmäßigen Abständen wird der Inhalt des Warenkorbs den aktuellen Verbrauchsgewohnheiten in Deutschland angepasst.

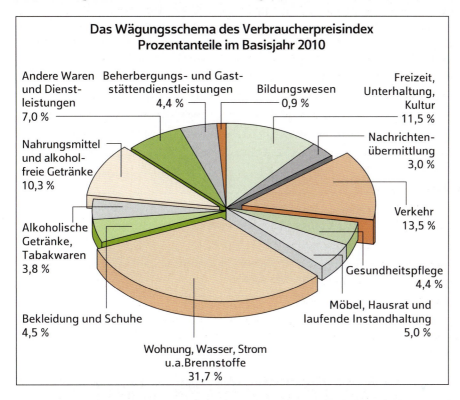

Das Statistische Bundesamt berechnet den Verbraucherindex der privaten Lebenshaltung. Für eine bestimmte Warenmenge („Warenkorb") mussten im Basisjahr 2010 2.552,44 € bezahlt werden. In den folgenden Jahren mussten für den gleichen Warenkorb durchschnittlich nachstehende Beträge gezahlt werden:

2008 ≙ 2.509,98 €
2009 ≙ 2.524,13 €
2010 ≙ 2.552,44 € (= Basisjahr)
2011 ≙ 2.606,04 €
2012 ≙ 2.657,09 €
2013 ≙ 2.697,93 €
2014 ≙ 2.723,45 €
2015 ≙ 2.728,56 €

a) Ermitteln Sie den Verbraucherindex für die Lebenshaltung für die Jahre 2008 bis 2015.

b) Um wie viel Prozent sind die Preise im Jahr 2015 gegenüber dem Basisjahr gestiegen?

c) Um wie viel Prozent sind die Preise im Jahr 2015 gegenüber 2012 gestiegen?

Muster-AUFGABE

F 414 Grundlagen des kaufmännischen Rechnens

LÖSUNG

a)

Jahr	Preis des Warenkorbs	Indexberechnung: Preisindex
2009	2.524,13 €	$\frac{2.524,13 \cdot 100}{2.552,44} = 98,9$
2010	2.552,44 €	$\frac{2.552,44 \cdot 100}{2.552,44} = \longrightarrow$ 100 Basis
2011	2.606,04 €	$\frac{2.606,04 \cdot 100}{2.552,44} = 102,1$
2012	2.657,09 €	$\frac{2.657,09 \cdot 100}{2.552,44} = 104,1$
2013	2.697,93 €	$\frac{2.697,93 \cdot 100}{2.552,44} = 105,7$
2014	2.723,45 €	$\frac{2.723,45 \cdot 100}{2.552,44} = 106,7$
2015	2.728,56 €	$\frac{2.728,56 \cdot 100}{2.552,44} = 106,9$

b) 2.552,44 € ≙ 100 % (2010)
2.728,56 € ≙ x % (2015)   x = 106,9 %; Preissteigerung um 6,9 %

c) Preisanstieg 2015 gegenüber 2012: 2.728,56 € − 2.657,09 € = 71,47 €
2.657,09 € ≙ 100 %
71,47 € ≙ x %   x = 2,69 %

Aufgaben zum Sachverhalt

a) Erstellen Sie die Indexzahlen (auf ganze Zahlen runden) für die Umsatzentwicklung der Spedition Rehm GmbH in den Jahren 01 bis 05. Basisjahr soll dabei das Jahr 01 sein

Umsätze der Spedition Rehm GmbH in €.

01	02	03	04	05
1.285.000,00	1.332.000,00	1.403.000,00	1.347.000,00	1.535.000,00

b) Um wie viel Prozent ist der Umsatz im Jahr 04 gegenüber dem Basisjahr gestiegen?

c) Um wie viel Prozent ist der Umsatz im Jahr 05 gegenüber dem Vorjahr gestiegen?

a) Erstellen Sie die Indexreihe[1] (auf ganze Zahlen runden) für die jeweiligen Abteilungsumsätze der Spedition Rehm GmbH in den Jahren 01 bis 05, bezogen auf das Basisjahr 01 (Umsätze in T€).

	01	02	03	04	05
Abteilung		Umsatz			
Nationale Spedition	2.334	2.598	2.382	2.096	2.284
Internationale Spedition	1.285	1.332	1.403	1.347	1.535
Lagerei	712	776	869	749	810

b) Werten Sie die Indexreihen der Abteilungsumsätze aus.

---

[1] Indexreihe = Zahlenreihe, die sich auf ein Basisjahr mit dem Indexwert 100 bzw. 1 000 bezieht

Indexzahlen

Indexzahlen für Kraftfahrzeuge 4.2

In die meisten Nutzfahrzeugtests fließt die Wirtschaftlichkeit der Fahrzeuge nur zu etwa 27 % in die Gesamtwertung ein. Der neu entwickelte TÜV-EUROCARGO-Index bewertet nur die Wirtschaftlichkeitsfaktoren Anschaffungskosten, Kraftstoffverbrauch, Steuern, Haftpflicht- und Kaskoversicherung, Abschreibung sowie den Aufwand pro Jahr für Wartung, Instandhaltung und Reparaturen.

Diese Faktoren wurden wie folgt gewichtet und fließen in eine einzige Zahl, den Index, ein.

Für jede Fahrzeugklasse gibt es ein Referenzfahrzeug, dessen Gesamtkosten bei 100 km Fahrleistung im Index gleich 100 gesetzt wird. Basis für den Wirtschaftlichkeitsvergleich ist dabei eine angenommene Nutzungsdauer von fünf Jahren und eine Jahresfahrleistung von 120 000 km.

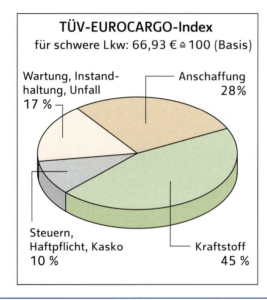

Muster-AUFGABE

Bei schweren Lkws ist der MB Actros 2546 LS das Referenzfahrzeug. Die Gesamtkosten dieses Fahrzeugs liegen bei 66,93 € pro 100 km.

Das Vergleichsfahrzeug ist ein MAN TGA 460 mit einem Indexwert von 98,5.

a) Begründen Sie, ob der MAN TGA 460 wirtschaftlicher ist als der MB Actros 2546 LS als Referenzfahrzeug.

b) Wie hoch sind die Kosten des MAN TGA 460 pro 100 km?

LÖSUNG

a) Da das Referenzfahrzeug mit einem Index von 100 bewertet wurde, ist der MAN TGA 460 mit einem Indexwert unter 100 wirtschaftlicher als der MB Actros 2546 LS.

b) Actros: 100 (Indexbasis) ≙ 66,93 € pro 100 km
   MAN: 98,5   ≙   x € pro 100 km

   $x\ € = \dfrac{66{,}93\ € \cdot 98{,}5}{100}$ ≙ 65,93 € pro 100 km

Die Gesamtkosten des MAN TGA 460 liegen mit 65,93 €/100 km um 1,00 € unter den Kosten des MB Actros 2546 LS.

Aufgaben zum Sachverhalt

1 Bei schweren Lkws ist der MB Actros 2546 LS das Referenzfahrzeug. Die Gesamtkosten dieses Fahrzeugs liegen bei 66,93 € pro 100 km.
Ein skandinavischer Lkw hat im TÜV-EUROCARGO-Index einen Indexwert von 104,2.
Wie hoch sind die Gesamtkosten pro 100 km für dieses Fahrzeug?

2 Ein französischer Lkw-Hersteller verspricht beim neuen Lkw-Modell eine Verbesserung der Wirtschaftlichkeit bezogen auf den TÜV-EUROCARGO-Index um 8 %.
Welchen neuen Indexwert würde dieses neue Lkw-Modell dann erhalten, wenn die Gesamtkosten des alten Modells bei 68,64 €/100 km und die des Referenzmodells bei 66,93 € liegen?

3 Für den Lkw IVECO Stralis liegen nach der Wirtschaftlichkeitsrechnung die folgenden Kosten für eine Fahrleistung von 100 km vor: fixe Kosten 17,61 €, variable Kosten 48,12 €.
Welchen Indexwert hat der IVECO Stralis im TÜV-EUROCARGO-Index (Basiswert siehe Musteraufgabe)?

4.3 Hamburg-Index für Containerschiffe (Containership Time-Charter-Rates)

Mehr als 75 % der weltweiten Containerschiff-Chartertonnage wird über Hamburg bereedert. Um die Transparenz in diesem Markt zu verbessern, hat die Maklervereinigung VHSS[1] den Hamburg-Index für Containerschiffe entwickelt.

Dieser Schiffsindex basiert auf den Marktpreisen von 1997 und ermöglicht so die realistische Einschätzung des aktuellen Chartermarktes für ausgewählte Schiffstypen. Als Vergleichsparameter wird die US-Dollar-Rate pro Tag und 14-t-TEU (Slot) zugrunde gelegt. Die VHSS veröffentlicht und aktualisiert den Hamburg-Index 14-tägig über die Deutsche Verkehrszeitung (DVZ) und das Internet.

---

[1] VHSS = Vereinigung Hamburger Schiffsmakler und Schiffsagenten e. V.

Grundlagen des kaufmännischen Rechnens

Aufgaben zum Sachverhalt

1

Für Containerschiffe der Größe 1 600 TEU bis 1 999 TEU zeigt der Hamburg-Index folgende Durchschnittsraten:

Basisjahr 1	2	3	4	5	6	7	8	9	10	11
10,50 USD pro 14t/TEU/Tag = 100	7,54 USD	10,35 USD	7,97 USD	5,67 USD	10,04 USD	16,08 USD	15,81 USD	11,77 USD	12,79 USD	10,77 USD

a) Erstellen Sie die Indexreihe für die Jahre 1 bis 11.

b) Erläutern Sie den Verlauf des Hamburg-Index in diesem Fall.

c) Um wie viel Prozent ist die Indexrate im Jahr 5 gegenüber dem Basisjahr eingebrochen? Diskutieren Sie mögliche Ursachen hierfür.

2

Für einen französischen Lkw liegen nach der Wirtschaftlichkeitsrechnung die folgenden Kosten für eine Fahrleistung von 100 km vor: fixe Kosten 17,21 €, variable Kosten 49,02 €.

Welchen Indexwert hat dieses Fahrzeug im TÜV-EUROCARGO-Index? (Basiswert 66,93 € pro 100 km)

3

Der Hamburg-Index zeigt für Containerschiffe der Größe 700 bis 799 TEU folgende Entwicklung:

Basisjahr 1	2	3	4	5	6	7	8	9
12,47 USD pro 14t/TEU/Tag = 100	9,11 USD	12,07 USD	18,37 USD	21,96 USD	16,73 USD	16,90 USD	15,43 USD	6,02 USD

a) Berechnen Sie die durchschnittliche Containerrate in USD für die Jahre 2 bis 9.

b) Um wie viel Prozent stieg die Indexrate zwischen den Jahren 3 und 4?

G

Anhang zur Weiterbildung

1 Zeitliche Abgrenzungen

1.1 Notwendigkeit der zeitlichen Abgrenzung

Die Buchführung eines Unternehmens **soll alle Aufwendungen und Erträge einer Rechnungsperiode erfassen**, um alle Veränderungen des Vermögens und Kapitals zu dokumentieren. Der Unternehmenserfolg ist also **periodengenau** zu ermitteln. In der Praxis betreffen jedoch viele erfolgswirksame Geschäftsfälle zwei Rechnungsperioden (Geschäftsjahre). Diese Geschäftsfälle sind daher auf die beiden betroffenen Rechnungsperioden **verursachungsgerecht** zu verteilen.

GESETZ § 252 Abs. 1 Nr. 5 HGB: Aufwendungen und Erträge des Geschäftsjahres sind unabhängig von den Zeitpunkten der entsprechenden Zahlungen im Jahresabschluss zu berücksichtigen.

MERKE
- Der Unternehmenserfolg ist periodengerecht zu ermitteln.
- Aufwendungen und Erträge sind periodengerecht auf die betroffenen Geschäftsjahre zu verteilen.

1.2 Rückstellungen

Rückstellungen müssen für alle Aufwendungen gebildet werden, die dem abgelaufenen Geschäftsjahr zugeordnet werden, deren genaue Höhe und/oder Fälligkeit am Bilanzstichtag jedoch noch nicht feststehen. Rückstellungen dienen der periodengenauen Ermittlung des Jahreserfolges, denn grundsätzlich sind alle Aufwendungen in der Geschäftsperiode zu erfassen, in der sie verursacht wurden. Die Höhe der Aufwendungen ist nach vernünftiger kaufmännischer Beurteilung zu schätzen.

FAZIT vgl. § 249 HGB: Rückstellungen sind Verpflichtungen, deren Eintritt hinsichtlich Bestehen und Zeitpunkt als noch nicht sicher gilt und/oder deren betragsmäßige Höhe noch unbestimmt ist.

Zeitliche Abgrenzungen

Bildung von Rückstellungen/Arten der Rückstellungen 1.2.1

Rückstellungen müssen[1] u. a. gebildet werden

- für **ungewisse Verbindlichkeiten**,
  z. B. zu erwartende Steuernachzahlungen (z. B. Gewerbesteuer), Pensionsverpflichtungen, Prozesskosten (Rechts- und Beratungskosten), Garantieverpflichtungen,
- für im Geschäftsjahr **unterlassene Aufwendungen für Instandhaltung**, die innerhalb der ersten drei Monate des folgenden Geschäftsjahres nachgeholt werden,
- für Gewährleistungen, die ohne rechtliche Verpflichtung erbracht werden (Vertrags- oder Kulanzgarantie).

MERKE

- Rückstellungen sind Schulden für Aufwendungen,
  - die am Bilanzstichtag ihrem Grunde nach feststehen,
  - nicht jedoch in ihrer Höhe und/oder Fälligkeit.
- Rückstellungen dienen der periodengerechten Ermittlung des Jahreserfolges.

Die Buchung von Rückstellungen 1.2.2

Bei der Buchung von Rückstellungen wird zunächst das betreffende Aufwandskonto im Soll mit dem geschätzten Betrag belastet und im Haben des Kontos **Rückstellungen** (060, 061, 065) gegengebucht.

Muster-AUFGABE

LÖSUNG

Wir erwarten für einen schwebenden Rechtsstreit Rechtsanwalts- und Gerichtskosten in Höhe von etwa 2.400,00 €. Wir rechnen mit dem Verlust des Rechtsstreits und bilden am Jahresende eine Rückstellung.

Buchung zum 31. Dezember:

1 Bildung der Rückstellung:

465 Rechts- und Beratungskosten .... 2.400,00 €
 an 065 Rückstellungen .... 2.400,00 €

2 Abschluss des Aufwandskontos

94 GuV-Konto .... 2.400,00 €
 an 465 Rechts- und Beratungskosten .... 2.400,00 €

3 Abschluss des Rückstellungskontos

065 Rückstellungen .... 2.400,00 €
 an 99 SB-Konto .... 2.400,00 €

S	465 Rechts- und Ber.-Ko.		H
1 065	2.400,00	**2** 94	2.400,00

S	065 Rückst.		H
3 99	2.400,00	**1** 465	2.400,00

Abschluss über SB

Abschluss über SB

S	94 GuV-Konto		H
2 465	2.400,00		

A	99 SB-Konto		B
		3 065	2.400,00

---

[1] Weitere Möglichkeiten Rückstellungen zu bilden, werden in § 249 Abs. 1 und 2 HGB aufgeführt.

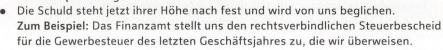

1.2.3 Die Auflösung von Rückstellungen

Folgende Ereignisse führen zur Auflösung einer Rückstellung:

- Der Grund für die Bildung der Rückstellung fällt weg.
  Zum Beispiel: Wir gewinnen den Prozess.
- Die Schuld steht jetzt ihrer Höhe nach fest und wird von uns beglichen.
  Zum Beispiel: Das Finanzamt stellt uns den rechtsverbindlichen Steuerbescheid für die Gewerbesteuer des letzten Geschäftsjahres zu, die wir überweisen.

GESETZ

vgl. § 249 Abs. 2 HGB

Rückstellung dürfen nur aufgelöst werden, soweit der Grund hierfür entfallen ist.

Muster-AUFGABE (Fortsetzung)

Der Rechtsstreit wird im Februar des nächsten Jahres entschieden.

a) Wir verlieren den Rechtsstreit. Die Anwalts- und Gerichtskosten betragen wie geschätzt 2.400,00 €.
b) Wir verlieren den Rechtsstreit. Die Anwalts- und Gerichtskosten betragen insgesamt 4.200,00 €.
c) Wider Erwarten gewinnen wir den Prozess. Die gesamten Kosten gehen zulasten des Prozessgegners.

LÖSUNG

a) Die Rückstellung entspricht der Schuld
   Buchungsschritte: • Auflösung der Rückstellung im neuen Jahr
                     • Überweisung der Schuld

   065   Rückstellungen .... 2.400,00 €
         an 102   Bank .... 2.400,00 €

b) Die Rückstellung ist geringer als die Schuld ➔ Periodenfremder Aufwand
   Buchungsschritte: • Auflösung der Rückstellung im neuen Jahr
                     • Verbuchung des periodenfremden Aufwandes
                     • Überweisung der Schuld

   065   Rückstellungen .... 2.400,00 €
   211   Periodenfremde Aufwendungen .... 1.800,00 €
         an 102   Bank .... 4.200,00 €

c) Die Rückstellung ist höher als die Schuld ➔ Periodenfremder Ertrag
   Buchungsschritte: • Auflösung der Rückstellung im neuen Jahr
                     • Verbuchung des periodenfremden Ertrages

   065   Rückstellungen .... 2.400,00 €
         an 289   Erträge aus der Auflösung von Rückstellungen .... 2.400,00 €

MERKE

Die im alten Geschäftsjahr geschätzte Höhe der Rückstellungen stimmt in der Regel nicht mit den im neuen Geschäftsjahr tatsächlich anfallenden Aufwendungen überein. Daher entsteht bei der Auflösung der Rückstellungen regelmäßig ein periodenfremder Aufwand oder periodenfremder Ertrag, da dieser Aufwand oder Ertrag nicht aus dem laufenden Geschäftsjahr resultiert.

Zeitliche Abgrenzungen

FAZIT

Rückstellungen
↓

Erfassung aller **Aufwendungen**,
- die am Bilanzstichtag ihrem Grunde nach feststehen,
- deren Höhe und/oder Fälligkeit am Jahresende aber noch nicht feststehen.

Höhe der Rückstellungen
↓

Schätzung nach vernünftiger kaufmännischer Beurteilung

Zweck der Rückstellungen
↓

Periodengerechte Erfolgsermittlung des Jahreserfolges, um vergleichbare Jahresabschlüsse zu erhalten

Buchung der Rückstellungen
↓

- Aufwand in den Kontenklassen 2 und 4 in geschätzter Höhe
    - 232 Gewerbesteuer
    - 406/412 Freiwillige soziale Leistungen
    - 465 Rechts-, Prüfungs- und Beratungskosten
- Gegenbuchung als Verbindlichkeit auf dem Konto 06 Rückstellungen

Auflösung der Rückstellung
↓

- Grund für die Rückstellung fällt weg.
- Höhe der genauen Schuld steht fest.

Wirkung der Auflösung
↓

Wegen der geschätzten Höhe der Rückstellungen sind bei der Auflösung drei Fälle möglich:

1. Die **Rückstellung entspricht der Schuld**.
    Keine Auswirkung auf den Erfolg des laufenden Geschäftsjahres.
2. Die **Rückstellung ist kleiner als die Schuld**.
    Es entsteht ein **periodenfremder Aufwand** und mindert den Erfolg des laufenden Geschäftsjahres.
3. Die **Rückstellung ist größer als die Schuld**.
    Es entsteht ein **periodenfremder Ertrag** und erhöht den Erfolg des laufenden Geschäftsjahres.

Anhang zur Weiterbildung

Aufgaben zum Sachverhalt

1
Aufgrund einer Betriebsprüfung muss die Spedition Zimmermann KG mit einer Gewerbesteuernachzahlung in Höhe von 5.200,00 € rechnen.
a) Buchen Sie zum 31. Dezember.
b) Der Gewerbesteuerbescheid im neuen Geschäftsjahr beträgt
   Alternative 1: 6.350,00 €,   Alternative 2: 4.780,00 €.

2
Für einen laufenden Prozess rechnet die Spedition Kraut & Co. mit Kosten von ungefähr 14.000,00 €.
a) Buchen Sie zum 31. Dezember.
b) Kraut & Co. verlieren den Prozess und überweisen im neuen Geschäftsjahr
   Alternative 1: 15.300,00 €,   Alternative 2: 12.750,00 €.

3
a) Die Badische Lagerhaus AG, Lörrach, bildet am Jahresende eine Rückstellung in Höhe von 35.000,00 € für unterlassene Reparaturen der Lagerhalle.
b) Nach der Reparatur der Lagerhalle wird der Rechnungsbetrag über 32.000,00 € + 6.080,00 € USt Mitte Februar überwiesen.

4
Aufgrund einer Betriebsprüfung ist mit einer Gewerbesteuernachzahlung von 6.300,00 € zu rechnen.
a) Buchen Sie zum 31. Dezember.
b) Der Steuerbescheid des Finanzamtes beträgt
   Alternative 1: 4.900,00 €,   Alternative 2: 6.780,00 €.

5
a) Am Jahresende werden der Pensionsrückstellung für die Belegschaftsmitglieder der Internationalen Spedition Hering 132.000,00 € zugeführt.
b) Wegen Kündigung von Belegschaftsmitgliedern werden Pensionsrückstellungen in Höhe von 17.600,00 € aufgelöst.

6
Die Jahresabschlussrechnung der Berufsgenossenschaft steht am Jahresende noch aus. Die Spedition Mollenkopf KG schätzt den Aufwand auf 2.600,00 €.
a) Buchen Sie zum 31. Dezember.
b) Die Jahresabschlussrechnung der Berufsgenossenschaft über 1.980,00 € geht am 22. Januar des neuen Jahres bei der Spedition Mollenkopf KG ein.
Buchen Sie die Überweisung der Unfallversicherungsbeiträge.

7
Die Logsped AG, Dresden, produziert Regalfördersysteme, für die sie eine Garantie von zwölf Monaten gewährt. Der Jahresumsatz für das laufende Geschäftsjahr beträgt 1,85 Mio. €. Als Rückstellungsprozentsatz dient der Durchschnitt der Gewährleistungen aus den letzten fünf Geschäftsjahren.

Geschäftsjahr	01	02	03	04	05
Umsatz in T€	820	740	1.090	1.350	1.720
Gewährleistungen in T€	20,50	16,65	38,15	43,20	48,16

Buchen Sie zum 31. Dezember.

Zeitliche Abgrenzungen

Prüfen Sie, ob aufgrund folgender Sachverhalte zum 31. Dezember eine Rückstellung zu bilden ist.

a) Aufgrund mehrerer Fehldispositionen sind Garantieansprüche unserer Kunden in Höhe von ungefähr 12.000,00 € zu erwarten.
b) Aus Kulanzgründen sind weitere Ersatzleistungen in Höhe von 3.000,00 € sehr wahrscheinlich.
c) Ein Verzichtkunde klagt gegen uns wegen vorsätzlicher mangelhafter Ausführung eines Auftrages.
d) Am Jahresende bestehen Ansprüche wegen noch nicht genommenen Urlaubs unserer Mitarbeiter in Höhe von 8.500,00 €.
e) Aufgrund einer Betriebsprüfung rechnen wir für das abgelaufene Geschäftsjahr mit einer Gewerbesteuernachzahlung von 12.800,00 €.
f) Das Dach eines Lagerschuppens muss nach einem Sturm im Dezember dringend repariert werden. Der Kostenvoranschlag des Dachdeckers für Januar beträgt 38.080,00 € brutto.

8

Sonstige Forderungen 1.3

Während des alten Geschäftsjahres fallen Erträge an, die bis zum Bilanzstichtag noch nicht erfasst wurden, da sie erst im nächsten Geschäftsjahr zu Einnahmen werden. Um den Erfolg des alten Geschäftsjahres periodengerecht ermitteln zu können, sind diese Erträge durch eine vorbereitende Abschlussbuchung als **Ertrag des alten Jahres** zu erfassen.

1 Muster-AUFGABE LÖSUNG

Die Volksbank Wernigerode schreibt 600,00 € Zinsen für das letzte Quartal erst im neuen Jahr gut.

Darstellung des Sachverhalts: **Bilanzstichtag 31. Dezember**

Altes Geschäftsjahr				Neues Geschäftsjahr			
Sept.	Okt.	Nov.	Dez.	Jan.	Febr.	März	April

600,00 € Ertrag im alten Jahr → 600,00 € Einnahme im neuen Jahr

Die Zinsen für das letzte Quartal sind ein Ertrag des alten Jahres, die aber erst im neuen Jahr zu Einnahmen führen. Zum 31. Dezember des alten Jahres sind die 600,00 € als „**Sonstige Forderungen**" zu buchen.

Erträge, die wirtschaftlich in das alte Jahr gehören, jedoch erst im neuen Jahr zu Einnahmen werden, müssen am Bilanzstichtag (31. Dezember) als **Forderungen** auf dem Konto „**1492 Sonstige Forderungen**" gebucht werden.

Begründung: Der Jahresgewinn des Speditionsunternehmens muss periodengenau ermittelt werden. Die 600,00 € Zinsertrag erhöhen im alten Jahr die Erträge und somit auch den Jahresgewinn.

MERKE

Anhang zur Weiterbildung

LÖSUNG (Fortsetzung)

Buchung zum 31. Dezember:

1 Erfassung des Ertrages:

    1492 Sonstige Forderungen .... 600,00 €
          an 271 Zinserträge .... 600,00 €

2 Abschluss des Kontos „Sonstige Forderungen"

    99   SB-Konto .... 600,00 €
          an 1492 Sonstige Forderungen .... 600,00 €

3 Abschluss des Kontos „Zinserträge"

    271   Zinserträge .... 600,00 €
          an 94 GuV-Konto .... 600,00 €

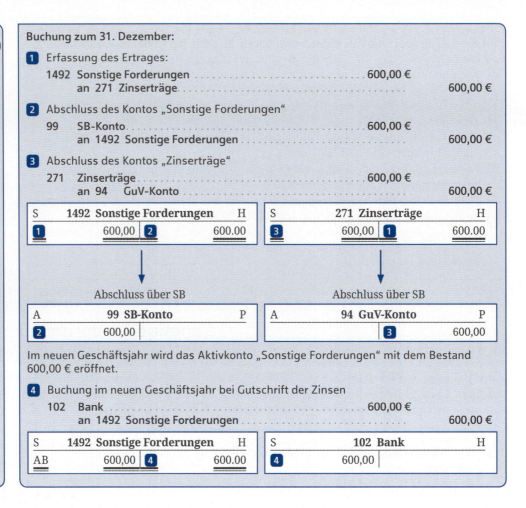

Im neuen Geschäftsjahr wird das Aktivkonto „Sonstige Forderungen" mit dem Bestand 600,00 € eröffnet.

4 Buchung im neuen Geschäftsjahr bei Gutschrift der Zinsen

    102 Bank .... 600,00 €
          an 1492 Sonstige Forderungen .... 600,00 €

Muster-AUFGABE

Unser Mieter zahlt die Miete für die Monate November, Dezember und Januar nachträglich am 15. Februar des neuen Geschäftsjahres; 7.200,00 €.

LÖSUNG

Zeitliche Abgrenzungen

Die Mieterträge für die Monate November und Dezember sind ein Ertrag des alten Jahres, die aber erst im neuen Jahr zu Einnahmen führen. Zum 31. Dezember des alten Jahres sind die anteiligen 4.800,00 € als **„Sonstige Forderungen"** zu buchen.

LÖSUNG (Fortsetzung)

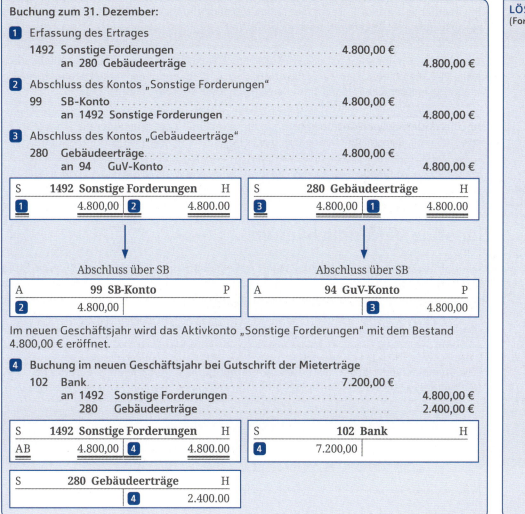

Aufgaben zu Sonstige Forderungen

	Buchen Sie die Abgrenzung zum 31. Dezember.
■ 1	Ein Mieter hat die zum 1. Dezember fällige Dezembermiete von 3.450,00 € bis zum Jahresabschluss (31. Dezember) noch nicht gezahlt.
■ 2	Frachtführer Sperling hat bei der Spedition Möck & Co. am 1. September ein Darlehen in Höhe von 20.000,00 € zum Zinssatz von 10 % p. a. aufgenommen. Vereinbarungsgemäß hat er die halbjährlich fälligen Darlehenszinsen Ende Februar zu begleichen.
■ 3	Spedition Klenk erhält die Mietzahlungen für vermietete Lagerräume für die Monate November bis einschließlich Januar in der Höhe von 16.500,00 € erst am 1. Februar.
■ 4	Für eine Festgeldanlage über 60.000,00 € erhält Spedition Roth & Schwarz 9 % Zinsen p. a. Die Abrechnung erfolgt am 30. März nächsten Jahres für das vergangene Halbjahr.

1.4 Sonstige Verbindlichkeiten

Während des alten Geschäftsjahres fallen Aufwendungen an, die bis zum Bilanzstichtag noch nicht erfasst wurden, da sie erst im nächsten Geschäftsjahr zu Ausgaben werden. Um den Erfolg des alten Geschäftsjahres periodengerecht ermitteln zu können, sind diese Aufwendungen durch eine vorbereitende Abschlussbuchung als **Aufwand des alten Jahres** zu erfassen.

■ 1 Muster-AUFGABE

Die Spedition Römmele KG überweist die Dezembermiete für gemietete Büroräume vereinbarungsgemäß erst Mitte Januar, 6.800,00 €.

LÖSUNG

Darstellung des Sachverhalts: Bilanzstichtag 31. Dezember

Altes Geschäftsjahr		Neues Geschäftsjahr	
Nov.	Dez.	Jan.	Febr.
	6.800,00 € **Aufwand im alten Jahr**	6.800,00 € **Ausgabe im neuen Jahr**	

Die Miete für den letzten Monat ist ein Aufwand des alten Jahres, der aber erst im neuen Jahr zu Ausgaben führt. Zum 31. Dezember des alten Jahres sind die 6.800,00 € als „Sonstige Verbindlichkeiten" zu buchen.

MERKE

Aufwendungen, die wirtschaftlich in das alte Jahr gehören, jedoch erst im neuen Jahr zu Ausgaben werden, müssen am Bilanzstichtag (31. Dezember) als **Verbindlichkeiten** auf dem Konto „1692 Sonstige Verbindlichkeiten" gebucht werden.
Begründung: Der Jahresgewinn des Speditionsunternehmens muss periodengenau ermittelt werden. Die 6.800,00 € Mietaufwand erhöhen im **alten Jahr den Aufwand und mindern somit den Jahresgewinn.**

Zeitliche Abgrenzungen

LÖSUNG (Fortsetzung)

Buchung zum 31. Dezember:

1 Erfassung des Aufwandes

430 Mietkosten .... 6.800,00 €
    an 1692 Sonstige Verbindlichkeiten .... 6.800,00 €

2 Abschluss des Kontos „Sonstige Verbindlichkeiten"

1692 Sonstige Verbindlichkeiten .... 6.800,00 €
    an 99 SB-Konto .... 6.800,00 €

3 Abschluss des Kontos „Mietkosten"

94 GuV-Konto .... 6.800,00 €
    an 430 Mietkosten .... 6.800,00 €

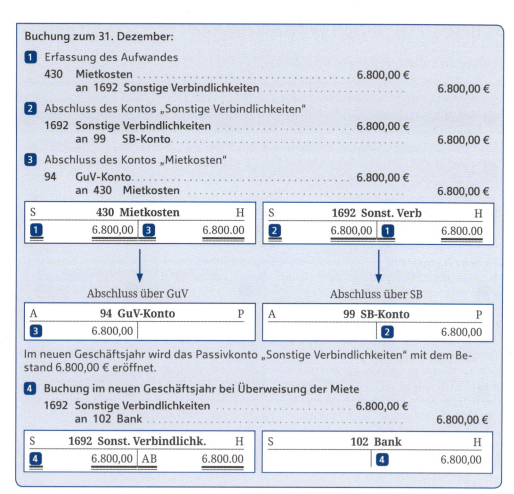

Im neuen Geschäftsjahr wird das Passivkonto „Sonstige Verbindlichkeiten" mit dem Bestand 6.800,00 € eröffnet.

4 Buchung im neuen Geschäftsjahr bei Überweisung der Miete

1692 Sonstige Verbindlichkeiten .... 6.800,00 €
    an 102 Bank .... 6.800,00 €

---

2 Muster-AUFGABE

Für einen Kredit vom 1. November bis 31. Januar zahlt die Spedition Rehn nachträglich 360,00 € Zinsen.

LÖSUNG

Darstellung des Sachverhalts: Bilanzstichtag 31. Dez.

Anhang zur Weiterbildung

Die Zinsen für die Monate November und Dezember sind ein Aufwand des alten Jahres, der aber erst im neuen Jahr zu Ausgaben führt. Zum 31. Dezember des alten Jahres sind die anteiligen 240,00 € als „Sonstige Verbindlichkeiten" zu buchen.

LÖSUNG (Fortsetzung)

Buchung zum 31. Dezember:

1 Erfassung des Aufwands

    221 Zinsaufwendungen .... 240,00 €
        an 1692 Sonstige Verbindlichkeiten .... 240,00 €

2 Abschluss des Kontos „Sonstige Verbindlichkeiten"

    1692 Sonstige Verbindlichkeiten .... 240,00 €
        an 99 SB-Konto .... 240,00 €

3 Abschluss des Kontos „Zinsaufwendungen"

    94 GuV-Konto .... 240,00 €
        an 221 Zinsaufwendungen .... 240,00 €

S	221 Zinsaufwendungen	H		S	1692 Sonst. Verbindlichkeiten	H
1	240,00	**3** 240,00		**2**	240,00	**1** 240,00

Abschluss über GuV   Abschluss über SB

A	94 GuV-Konto	P		A	99 SB-Konto	P
3 240,00						**2** 240,00

Im neuen Geschäftsjahr wird das Passivkonto „Sonstige Verbindlichkeiten" mit dem Bestand 240,00 € eröffnet.

4 Buchung im neuen Geschäftsjahr bei Überweisung der Zinsen

    1692 Sonstige Verbindlichkeiten .... 240,00 €
    221 Zinsaufwendungen .... 120,00 €
        an 102 Bank .... 360,00 €

S	1692 Sonst. Verbindlichkeiten	H		S	102 Bank	H
4 240,00	AB 240,00			**4** 360,00		

S	221 Zinsaufwendungen	H
4 120,00		

Aufgaben zu Sonstige Verbindlichkeiten

Buchen Sie die Abgrenzung zum 31. Dezember.

1 Von den 16.500,00 € Fahrerlöhnen vom 29. Dezember bis zum 3. Januar entfallen 48 % auf das alte Jahr.

2 Die Transportversicherungsprämien für Dezember in Höhe von 6.545,00 € werden erst im Januar abgeführt.

Zeitliche Abgrenzungen

> Am 1. Dezember wurden neue Lkws angemeldet. Spedition Breuling erwartet die Kfz-Steuerabbuchung im Januar. Die jährliche Kfz-Steuer beträgt 6.180,00 €.

■ 3

> Spedition Kunkel OHG nimmt zum 1. September einen Kredit über 120.000,00 € auf, Zinssatz 8 %, Zinstermin nachträglich halbjährlich.

■ 4

Aktive Rechnungsabgrenzung (ARA) 1.5

Während des alten Geschäftsjahres fallen Ausgaben für Aufwendungen des folgenden Geschäftsjahres an. Um den Erfolg des alten Geschäftsjahres periodengerecht ermitteln zu können, sind diese bereits im alten Geschäftsjahr als Aufwand gebuchten Ausgaben durch eine vorbereitende Abschlussbuchung zu „stornieren" und auf ein aktives Bestandskonto umzubuchen. Durch die vorzeitige Bezahlung (Ausgabe im alten Jahr) entsteht eine **Leistungsforderung** an den Empfänger der Zahlung.

> Die Spedition Grüner begleicht 1.800,00 € Kfz-Versicherung für das folgende Jahr bereits am 18. Dezember per Banküberweisung
>
> Darstellung des Sachverhalts:
> **Bilanzstichtag** ↓
>
> | Altes Geschäftsjahr | Neues Geschäftsjahr |||||||
> |---|---|---|---|---|---|---|---|
> | Dez. | Jan. | Febr. | März | April | ... | ... | Dez |
> | ↑ 1.800,00 € Ausgabe im alten Jahr | 1.800,00 € Aufwand im neuen Jahr |||||||

Muster-AUFGABE
LÖSUNG

Die Ausgabe für die Kfz-Versicherung erfolgt im alten Jahr, stellt aber in voller Höhe Aufwand des neuen Geschäftsjahres dar. Zum 31. Dezember des alten Jahres sind die bereits als Aufwand überwiesenen und gebuchten 1.800,00 € Kfz-Versicherung zu korrigieren, indem sie umgebucht („neutralisiert", „storniert") werden auf das Konto „**Aktive Rechnungsabgrenzungsposten**"

> Aufwendungen, die wirtschaftlich ins neue Jahr gehören, aber bereits im alten Geschäftsjahr gebucht wurden, müssen am Jahresende auf das Konto **070 Aktive Rechnungsabgrenzungsposten** gebucht („storniert") werden.
>
> **Begründung:** Der Jahresgewinn des Speditionsunternehmens muss **periodengenau** ermittelt werden. Die bereits für das nächste Jahr gebuchte Kfz-Versicherung würde den Gewinn des alten Geschäftsjahres um 1.800,00 € mindern.
>
> Im Konto „**Aktive Rechnungsabgrenzungsposten**" werden **Leistungsforderungen** gesammelt; die im Voraus bezahlte Kfz-Versicherung begründet einen Versicherungsschutz für das folgende Jahr.

MERKE

Anhang zur Weiterbildung

LÖSUNG (Fortsetzung)

Buchung zum 18. Dezember:

1. Erfassung des Aufwands

   424 Kfz-Versicherung .... 1.800,00 €
       an 102 Bank .... 1.800,00 €

Buchung zum 31. Dezember:

2. Neutralisierung/Stornierung des Aufwands:

   070 ARA .... 1.800,00 €
       an 424 Kfz-Versicherung .... 1.800,00 €

3. Abschluss des Kontos „Aktive Rechnungsabgrenzungsposten":

   99 SB-Konto .... 1.800,00 €
       an 070 ARA .... 1.800,00 €

Abschluss des Kontos „Kfz-Versicherung"

Eine Abschlussbuchung aus diesem Geschäftsfall entfällt, da der ursprüngliche Aufwand 1.800,00 € durch die Umbuchung auf das Konto „ARA" storniert wurde.

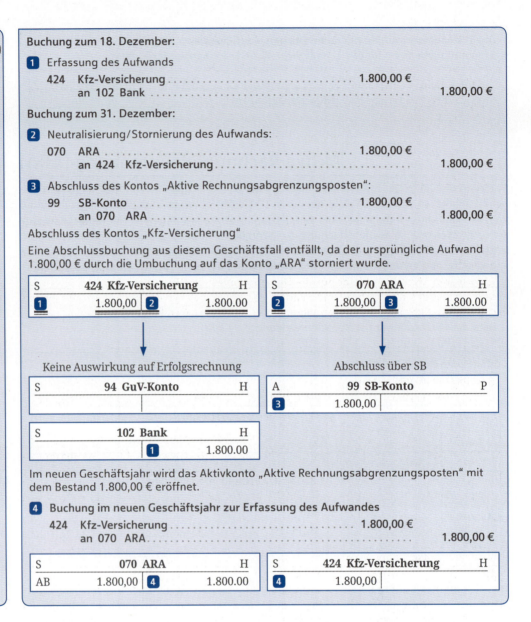

Im neuen Geschäftsjahr wird das Aktivkonto „Aktive Rechnungsabgrenzungsposten" mit dem Bestand 1.800,00 € eröffnet.

4. Buchung im neuen Geschäftsjahr zur Erfassung des Aufwandes

   424 Kfz-Versicherung .... 1.800,00 €
       an 070 ARA .... 1.800,00 €

2 Muster-AUFGABE

Die Spedition Menzel mietet ab 1. Dezember Büroräume für monatlich 2.700,00 €. Laut Mietvertrag überweist sie die Miete am 30. November für ein Vierteljahr mit 8.100,00 € im Voraus.

Zeitliche Abgrenzungen

LÖSUNG

Ende November wird die Miete für die nächsten drei Monate überwiesen und als Aufwand gebucht. Allerdings betreffen lediglich die 2.700,00 € Mietaufwand des Dezembers die Erfolgsrechnung des alten Jahres. Deshalb ist zum 31. Dezember der Mietaufwand für Januar und Februar (5.400,00 €) durch eine Umbuchung auf das Konto „Aktive Abgrenzungsposten" zu „stornieren". Somit verbleibt nur die Dezembermiete in Höhe von 2.700,00 € in der Erfolgsrechnung des alten Jahres und mindert den Gewinn in dieser Höhe. Der Mietaufwand für Januar und Februar mindert den Jahreserfolg des neuen Geschäftsjahres.

LÖSUNG (Fortsetzung)

Buchung zum 30. November:
1. Erfassung des Aufwands
   430 Mietkosten . . . . 8.100,00 € an 102 Bank . . . . 8.100,00 €

Buchung zum 31. Dezember:
2. Neutralisierung/Stornierung des Aufwands, der das neue Jahr betrifft
   70   ARA . . . . 5.400,00 € an 430 Mietkosten . . . . 5.400,00 €
3. Abschluss des Kontos „Aktive Rechnungsabgrenzungsposten"
   99   SB-Konto . . . . 5.400,00 € an 070 ARA . . . . 5.400,00 €
4. Abschluss des Kontos „Mietkosten"
   94   GuV-Konto . . . . 2.700,00 € an 430 Mietkosten . . . . 2.700,00 €

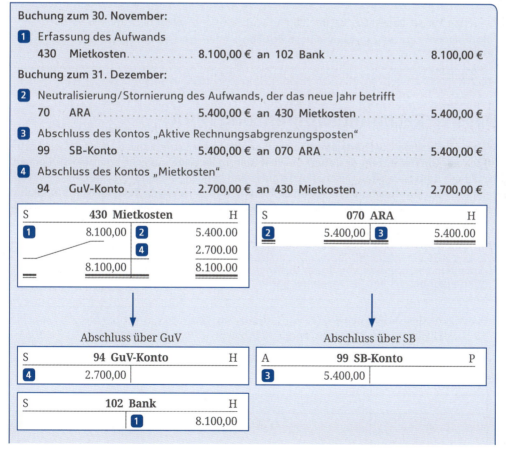

Fortsetzung

Anhang zur Weiterbildung

Im neuen Geschäftsjahr wird das Aktivkonto „Aktive Rechnungsabgrenzungsposten" mit dem Bestand 5.400,00 € eröffnet.

5 Buchung im neuen Geschäftsjahr zur Erfassung des Aufwandes

430 Mietkosten . . . . 5.400,00 €
 an 070 ARA . . . . 5.400,00 €

Aufgaben zur Aktiven Rechnungsabgrenzung

Buchen Sie jeweils
a) den Geschäftsfall,
b) die Abgrenzung zum 31. Dezember,
c) die Erfassung des Aufwandes im neuen Geschäftsjahr.

1 Am 1. Oktober überweist die Spedition Neusäß 2.100,00 € Betriebshaftpflichtversicherung für ein halbes Jahr im Voraus.

2 Von den am 17. Dezember für 800,00 € erworbenen und sofort als Aufwand verbuchten Briefmarken sind am Jahresende noch Briefmarken im Wert von 213,00 € nicht verbraucht.

1.6 Passive Rechnungsabgrenzung (PRA)

Während des alten Geschäftsjahres fallen Einnahmen für Erträge des folgenden Geschäftsjahres an. Um den Erfolg des alten Geschäftsjahres periodengerecht ermitteln zu können, sind diese bereits im alten Geschäftsjahr als Ertrag gebuchten Einnahmen durch eine vorbereitende Abschlussbuchung zu „stornieren" und auf ein passives Bestandskonto umzubuchen. Durch die vorzeitige Bezahlung (Einnahme im alten Jahr) entsteht eine Leistungsverbindlichkeit an den Zahlenden.

1 Muster-AUFGABE

Spedition Dieter erhält von ihrem Darlehensschuldner 3.600,00 € Zinsen für das erste Vierteljahr bereits am 15. Dezember bar im Voraus.

LÖSUNG

Darstellung des Sachverhalts:

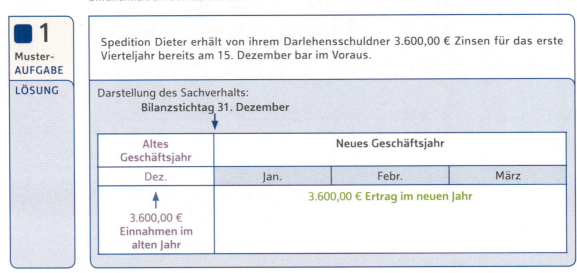

Zeitliche Abgrenzungen

Die Einnahmen erfolgen bereits im alten Jahr, stellen aber in voller Höhe Ertrag des neuen Jahres dar. Zum 31. Dezember sind die als Zinsertrag gebuchten 3.600,00 € zu korrigieren, indem sie umgebucht („storniert") werden auf das Konto „Passive Rechnungsabgrenzungsposten".

> Erträge, die wirtschaftlich ins neue Jahr gehören, aber bereits im alten Jahr gebucht wurden, müssen am Jahresende auf das Konto **072 Passive Rechnungsabgrenzungsposten** gebucht („storniert") werden.
>
> **Begründung:** Der Jahresgewinn des Speditionsunternehmens muss **periodengenau** ermittelt werden. Die bereits für das nächste Jahr gebuchten Zinserträge würden den Gewinn dieses Jahres um 3.600,00 € erhöhen.
>
> Im Konto Aktive Rechnungsabgrenzungsposten werden **Leistungsverbindlichkeiten** gesammelt; im Voraus erhaltene Zinserträge begründen für uns eine Verpflichtung zur weiteren Überlassung des Darlehens.

MERKE

LÖSUNG (Fortsetzung)

Buchung zum 31. Dezember:

1 Erfassung des Ertrags

100 Kasse .... 3.600,00 €
   an 271 Zinserträge .... 3.600,00 €

Buchung zum 31. Dezember:

2 Neutralisierung/Stornierung des Ertrags

271 Zinserträge .... 3.600,00 €
   an 072 PRA .... 3.600,00 €

3 Abschluss des Kontos „Passive Rechnungsabgrenzungsposten"

072 PRA .... 3.600,00 €
   an 99 SB-Konto .... 3.600,00 €

Abschluss des Kontos „Zinserträge"
Eine Abschlussbuchung aus diesem Geschäftsfall entfällt, da der ursprüngliche Ertrag 3.600,00 € durch die Umbuchung auf das Konto „PRA" storniert wurde.

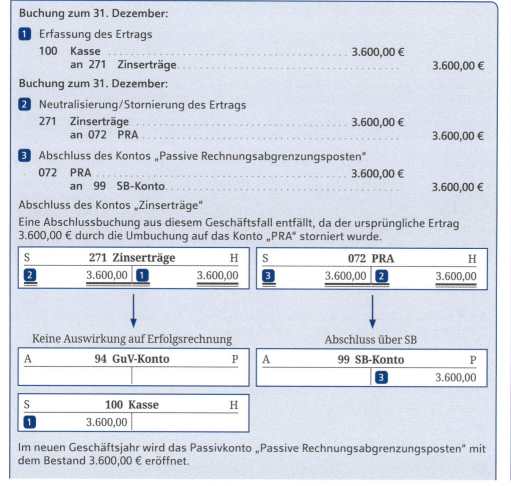

Im neuen Geschäftsjahr wird das Passivkonto „Passive Rechnungsabgrenzungsposten" mit dem Bestand 3.600,00 € eröffnet.

Fortsetzung →

Anhang zur Weiterbildung

4 Buchung im neuen Geschäftsjahr zur Erfassung des Ertrages

072 PRA .... 3.600,00 €
    an 271 Zinserträge .... 3.600,00 €

S	072 PRA	H
4 3.600,00	AB	3.600,00

S	271 Zinserträge	H
	4	3.600,00

2 Muster-AUFGABE

Spedition Erlewein erhält für vermietete Lagerflächen von ihrem Mieter die Vierteljahresmiete in Höhe von 5.700,00 € vereinbarungsgemäß am 30. November im Voraus per Banküberweisung.

LÖSUNG

Darstellung des Sachverhalts:

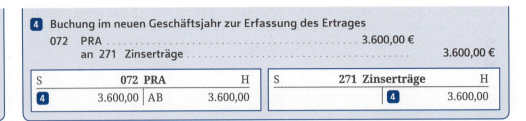

Spedition Erlewein erhält am 30. November die Miete für die nächsten drei Monate und verbucht deshalb am 30. November einen Ertrag von 5.700,00 €. Allerdings betreffen lediglich die 1.900,00 € Mietertrag des Dezembers die Erfolgsrechnung des alten Jahres. Deshalb ist zum 31. Dezember der Mietertrag für Januar und Februar (3.800,00 €) durch eine Umbuchung auf das Konto „Passive Abgrenzungsposten" zu „stornieren". Somit verbleibt nur die Dezembermiete in Höhe von 1.900,00 € in der Erfolgsrechnung des alten Jahres und erhöht den Gewinn. Der Mietertrag für Januar und Februar erhöht den Jahreserfolg des neuen Geschäftsjahres.

LÖSUNG (Fortsetzung)

Buchung zum 30. November:

1 Erfassung des Ertrags

102 Bank .... 5.700,00 € an 280 Gebäudeerträge ...... 5.700,00 €

Buchungen zum 31. Dezember:

2 Neutralisierung/Stornierung des Aufwands, der das neue Jahr betrifft

280 Gebäudeerträge .... 3.800,00 € an 072 PRA .... 3.800,00 €

3 Abschluss des Kontos „Passive Rechnungsabgrenzungsposten"

072 PRA .... 3.800,00 € an 99 SB-Konto .... 3.800,00 €

4 Abschluss des Kontos „Gebäudeerträge"

280 Gebäudeerträge .... 1.900,00 € an 94 GuV-Konto .... 1.900,00 €

Zeitliche Abgrenzungen

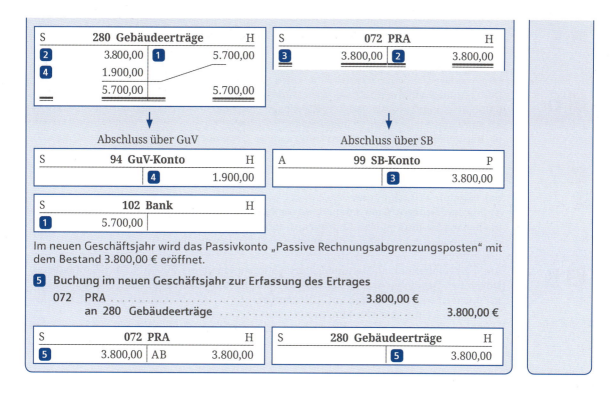

Im neuen Geschäftsjahr wird das Passivkonto „Passive Rechnungsabgrenzungsposten" mit dem Bestand 3.800,00 € eröffnet.

5 Buchung im neuen Geschäftsjahr zur Erfassung des Ertrages

072 PRA .... 3.800,00 €
    an 280 Gebäudeerträge .... 3.800,00 €

Aufgaben zur Passiven Rechnungsabgrenzung

Buchen Sie jeweils a) den Geschäftsfall, b) die Abgrenzung zum 31. Dezember, c) die Erfassung des Ertrages im neuen Geschäftsjahr.	
Ein Lagerarbeiter zahlt die Halbjahreszinsen von 3.000,00 € für ein ihm gewährtes Mitarbeiterdarlehen am 1. Oktober bar für ein Halbjahr im Voraus.	1
Die Lagermiete wurde von unserem Kunden am 1. November vertragsgemäß für ein Vierteljahr im Voraus überwiesen, 3.450,00 €.	2

Aufgaben zur zeitlichen Abgrenzung

Die Zinsen für das laufende Geschäftsjahr werden von unserer Bank erst im Februar des nächsten Jahres gutgeschrieben; 2.300,00 €. **Buchen Sie zum 31. Dezember.**	1
Der DSLV-Beitrag für das nächste Geschäftsjahr wurde bereits im November überwiesen; 1.050,00 €. **Buchen Sie zum 31. Dezember.**	2
Bankgutschrift im November für Mieten; 6.000,00 €, die das erste Quartal des neuen Geschäftsjahres betreffen. **Buchen Sie zum 31. Dezember.**	3
Der DSLV-Beitrag für das laufende Geschäftsjahr wird erst im neuen Geschäftsjahr überwiesen; 890,00 €. **Buchen Sie zum 31. Dezember.**	4

Anhang zur Weiterbildung

5 Die Spedition Frießinger pachtet ein Grundstück als Lagerplatz und überweist jeweils am 1. März und 1. September nachträglich 10.200,00 € Pacht für das vorausgegangene Halbjahr.
a) Buchen Sie die zeitliche Abgrenzung zum 31. Dezember. b) Buchen Sie zum 1. März.

6 Der Fuhrunternehmer Knurps gewährt am 31. Oktober einem Fahrer ein Darlehen über 6.000,00 € zum Zinssatz von 7 %. Die Zinsen sind halbjährlich nachträglich jeweils am 30. April und 31. Oktober zu überweisen.
a) Buchen Sie die zeitliche Abgrenzung zum 31. Dezember. b) Buchen Sie zum 30. April.

7 Der Spedition Bunk überweist am 28. November die fälligen Kfz-Steuern über 2.160,00 € für die Zeit vom 1. Dezember des laufenden Geschäftsjahres bis zum 31. Mai des folgenden Geschäftsjahres.
a) Buchen Sie die Ausgabe am 28. November.
b) Buchen Sie die zeitliche Abgrenzung zum 31. Dezember.
c) Buchen Sie zum 1. Januar des neuen Geschäftsjahres.

8 Am 1. November hat ein Mieter die Vierteljahresmiete über 4.500,00 € für die Monate November, Dezember und Januar auf das Bankkonto der Spedition Haag überwiesen.
a) Buchen Sie die Einnahme am 1. November.
b) Buchen Sie die zeitliche Abgrenzung zum 31. Dezember.
c) Buchen Sie zum 1. Januar des neuen Geschäftsjahres.

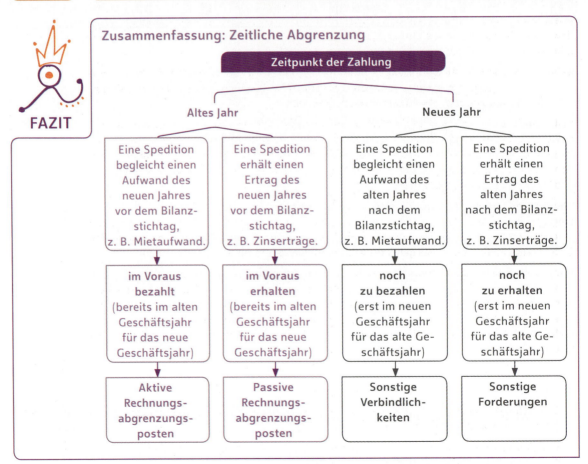

Bewertung am Bilanzstichtag

Bewertung der Vermögensgegenstände und Schulden am Bilanzstichtag

2.1 Notwendigkeit der Bewertung

> **GESETZ**
>
> § 242 Abs. 1 HGB — Der Kaufmann hat zu Beginn seines Handelsgewerbes und für den Schluss eines jeden Geschäftsjahrs einen das Verhältnis seines Vermögens und seiner Schulden darstellenden Abschluss (Eröffnungsbilanz, Bilanz) aufzustellen.

Der Spediteur muss also die einzelnen Vermögensteile und Schulden in das Inventar und die Schlussbilanz übernehmen. Bei den Anlagegütern und Forderungen sind beispielsweise entsprechende Abschreibungen vorzunehmen. Weiterhin sind etwaige Rückstellungen zu bilden. Die Bewertung der Bilanzposten wirkt sich entscheidend auf den Jahreserfolg aus. Ein Mehr oder Weniger im Wertansatz (z. B. Abschreibungen) hat ein gleiches Mehr oder Weniger an Gewinn zur Folge.

Auswirkung der Bewertung auf den Jahreserfolg. Wird beispielsweise das Vermögen falsch bewertet, führt dies zwangsläufig zu einer falschen Darstellung der Vermögenslage und des Jahreserfolges des Spediteurs.

Beispiel: Werden die Abschreibungen für den Fuhrpark nicht leistungsbezogen, sondern in geringerer Höhe vorgenommen, weist die Vermögensposition „Fuhrpark" eine zu hohe Bewertung (= zu hohes Vermögen) aus.

Insbesondere die Gläubiger des Unternehmens müssen vor einer Täuschung durch zu hohe Bewertung der Vermögensposten geschützt werden (Gläubigerschutz). Aber andererseits muss auch im Interesse des Steueraufkommens eine zu niedrige Bewertung verhindert werden. Der Gesetzgeber hat deshalb Bewertungsvorschriften erlassen, die willkürliche Über- und Unterbewertungen verbieten.

Steuerrechtliche Bewertung. Die **steuerrechtliche Bewertung** (Steuerbilanz) soll die Ermittlung des steuerpflichtigen Gewinns nach einheitlichen Grundsätzen sicherstellen und damit eine „gerechte" Besteuerung ermöglichen. Die steuerrechtlichen Vorschriften sind in den §§ 5–7 des Einkommensteuergesetzes enthalten. Sie gelten für alle Unternehmen.

Handelsrechtliche Bewertung. Die **handelsrechtliche Bewertung** (Handelsbilanz) soll in erster Linie dem Gläubigerschutz und der Kapitalerhaltung dienen. Das **Prinzip der Vorsicht** ist oberster Bewertungsgrundsatz. Folglich führt die handelsrechtliche Bewertung zu einer **Unterbewertung des Vermögens** und **Überbewertung der Schulden**. Die handelsrechtlichen Bewertungsvorschriften nach den §§ 252–256 HGB gelten ebenfalls für alle Unternehmen.

> **MERKE**
>
> **Bewertung bedeutet** die Bestimmung des Wertansatzes für die einzelnen Vermögensgegenstände und Schulden in der Jahresbilanz.
>
> **Bewertung beeinflusst** die Höhe des Jahreserfolges. Bewertungsvorschriften verhindern die willkürliche Über- und Unterbewertung.

2.2 Bewertungsübersicht nach HGB

Bewertungsgrundsätze nach HGB. Gemäß § 252 HGB sind Vermögensgegenstände und Schulden zum Bilanzstichtag einzeln und vorsichtig zu bewerten. Risiken und vorhersehbare Verluste sind deshalb zu berücksichtigen. Dieses Prinzip der Vorsicht wirkt sich auf der Aktivseite als Niederstwertprinzip aus, nach dem Vermögensgegenstände grundsätzlich mit dem niedrigeren Wert anzusetzen sind. Auf der Passivseite gilt das Höchstwertprinzip, nach dem die Schulden mit dem jeweils höheren Wert angesetzt werden müssen.

Eine Bewertung, die das Vermögen unterbewertet, Schulden aber eher überbewertet, entspricht dem Vorsichtsprinzip und dem Gläubigerschutz.

2.2.1 Bewertung des Anlagevermögens

Bei der Bewertung des Anlagevermögens muss zwischen abnutzbaren und nicht abnutzbaren Gegenständen des Anlagevermögens unterschieden werden.

Abnutzbare Anlagegüter sind mit den Anschaffungs- oder Herstellungskosten abzüglich **planmäßiger Abschreibungen** auch als fortgeführte Anschaffungs- oder Herstellungskosten anzusetzen. **Außerplanmäßige Abschreibungen** sind zusätzlich im Falle einer dauernden Wertminderung vorzunehmen, beispielsweise bei Schadenfällen oder Wertverfall durch technischen Fortschritt. Nach § 253 Abs. 2 HGB besteht hierbei Abschreibungspflicht.

Ist die Wertminderung nicht dauernd, muss die Abschreibung nicht erfolgen (gemildertes Niederstwertprinzip).

Nicht abnutzbare Anlagegüter sind höchstens zu den Anschaffungskosten anzusetzen. Bei einer dauernden Wertminderung muss eine außerplanmäßige Abschreibung auf den niedrigeren Tageswert erfolgen. Nicht abnutzbare Anlagegüter sind beispielsweise: Grundstücke, Wertpapiere und Beteiligungen als Daueranlage.

Positionen des Anlagevermögens	Bewertungsvorschriften
Grundstücke	Grundstücke sind mit den Anschaffungskosten anzusetzen. Sie dürfen nicht planmäßig abgeschrieben werden, da sie nicht abnutzbar sind. Außergewöhnliche Ereignisse werden als außerplanmäßige Abschreibung erfasst.
Bauten	Bauten werden linear abgeschrieben. Wertansatz: Anschaffungskosten abzüglich Abschreibungen.
Bewegliches Anlagevermögen – Maschinen – Betriebs- und Geschäftsausstattung – Fuhrpark	Das bewegliche abnutzbare Anlagevermögen darf wahlweise linear oder degressiv abgeschrieben werden. In der Bilanz sind Anschaffungskosten abzüglich Abschreibungen anzusetzen.
Software (Computerprogramme)	– Betriebsspezifische Computerprogramme (Individualprogramme) werden linear und zeitanteilig abgeschrieben. – Standardsoftware (nicht betriebsspezifisch entwickelte) wird entsprechend den GWG-Regelungen abgeschrieben; vgl. Seite 95.

Bewertung am Bilanzstichtag

Bewertung des Umlaufvermögens — 2.2.2

Die Gegenstände des Umlaufvermögens dürfen höchstens mit ihren Anschaffungskosten bewertet werden. Ist jedoch der Tageswert am Bilanzstichtag niedriger, muss der niedrigere Tageswert angesetzt werden. Von den beiden Werten Anschaffungskosten und Tageswert ist stets der niedrigere anzusetzen (strenges Niederstwertprinzip). (vgl. § 253 Abs. 3 HGB)

Positionen des Anlagevermögens	Bewertungsvorschriften
Vorräte – Treibstoffe – Schmiermittel – Reifen – Ersatzteile – Heizmaterial – Büromaterial	Für gleichartige Gegenstände des Vorratsvermögens, die zu unterschiedlichen Preisen angeschafft worden sind, darf ein Durchschnittswert[1] ermittelt und angesetzt werden. Ist allerdings der Tageswert am Bilanzstichtag niedriger, so ist dieser anzusetzen.
Forderungen	Sie sind mit dem wahrscheinlichen Wert anzusetzen. Uneinbringliche Forderungen sind abzuschreiben.
Wertpapiere des Umlaufvermögens (kurzfristige Anlage)	Der niedrigere Wert ist anzusetzen; Tageswert am Bilanzstichtag oder letzter Bilanzansatz (höchstens Anschaffungskosten).
Flüssige Mittel	Nennwert

Muster-AUFGABE 1 — LÖSUNG

Am Bilanzstichtag beträgt der Reifenvorrat laut Inventur 40 Stück. Die Anschaffungskosten betrugen 270,00 € je Stück.

Ermitteln Sie den Wertansatz der vorrätigen Reifen, wenn der Reifenpreis am Bilanzstichtag 300,00 € netto beträgt.

Anschaffungskosten:	40 · 270,00 € = 10.800,00 €
Tageswert am Bilanzstichtag:	40 · 300,00 € = 12.000,00 €
Bilanzansatz:	40 · 270,00 € = **10.800,00 €**

Das **strenge Niederstwertprinzip** bedingt hier einen Wertansatz von 270,00 € je Reifen, da die Anschaffungskosten nie überschritten werden dürfen. Ansonsten würde ein Gewinn ausgewiesen, der durch Umsatz noch nicht entstanden (realisiert) ist. Nicht realisierte Gewinne dürfen aus Gründen der kaufmännischen Vorsicht nicht ausgewiesen werden.

---

[1] Außer dem Durchschnittswert können unter bestimmten Voraussetzungen nachstehende Wertansätze verwendet werden:
LIFO = last in – first out; der Wertansatz richtet sich nach den zuerst angeschafften Gütern.
FIFO = first in – first out; der Wertansatz richtet sich nach den zuletzt angeschafften Gütern.

Anhang zur Weiterbildung

2 Muster-AUFGABE

Am Bilanzstichtag beträgt der Reifenvorrat laut Inventur 40 Stück. Die Anschaffungskosten betrugen 270,00 € je Stück.

Ermitteln Sie den Wertansatz der vorrätigen Reifen, wenn der Reifenpreis am Bilanzstichtag 200,00 € netto beträgt.

LÖSUNG

Anschaffungskosten:	40 · 270,00 € = 10.800,00 €
Tageswert am Bilanzstichtag:	40 · 200,00 € = 8.000,00 €
Bilanzansatz:	40 · 200,00 € = 8.000,00 €

Das **strenge Niederstwertprinzip** bedingt jetzt einen Wertansatz von 200,00 € je Reifen. Ist der Tageswert niedriger als die Anschaffungskosten, muss dieser angesetzt werden. Das führt zu einem (nicht realisierten) Verlust von 2.800,00 €, der aus Gründen der **kaufmännischen Vorsicht** ausgewiesen werden muss. Die ungleiche Behandlung von nicht realisierten Gewinnen und Verlusten wird als „Imparitätsprinzip"[1] bezeichnet.

2.2.3 Bewertung der kurzfristigen Schulden

Auf fremde Währung laufende Verbindlichkeiten sind mit dem Devisenkassamittelkurs am Abschlussstichtag umzurechnen. (vgl. § 256 a HGB)

GESETZ

§ 253 Abs. 1 HGB — Verbindlichkeiten sind zu ihrem Erfüllungsbetrag anzusetzen. Fremdwährungsverbindlichkeiten mit einer Restlaufzeit von einem Jahr oder weniger sind mit dem Wert am Bilanzstichtag anzusetzen.

1

Eingangsrechnung am 22. Dezember eines amerikanischen Partnerspediteurs über 4.000,00 US-$ für erbrachte Importleistungen, fällig im April des nächsten Jahres. Die Rechnung wird Mitte Januar beglichen. US-$-Gegenwert am 22. Dez.: 3.480,00 €
US-$-Gegenwert am 31. Dez.: 3.390,00 €

LÖSUNG

Buchung zum 22. Dezember:

700	Import	3.480,00 €	
	an 1600 Verbindlichkeiten		3.480,00 €

Buchung zum 31. Dezember:

1600	Verbindlichkeiten	90,00 €	
	an 700 Import		90,00 €

Wertansatz am 31. Dezember: 3.390,00 €

2 Muster-AUFGABE

Eingangsrechnung am 22. Dezember eines amerikanischen Partnerspediteurs über 8.000,00 US-$ für erbrachte Exportleistungen.
Die Rechnung wird Mitte Januar beglichen. US-$-Gegenwert am 22. Dez.: 6.960,00 €
US-$-Gegenwert am 31. Dez.: 7.120,00 €

---

[1] Imparität = Ungleichheit

Bewertung am Bilanzstichtag

LÖSUNG

Buchung zum 22. Dezember:
701 Export .... 6.960,00 €
    an 1600 Verbindlichkeiten .... 6.960,00 €
Buchung zum 31. Dezember:
701 Export .... 160,00 €
    an 1600 Verbindlichkeiten .... 160,00 €

Wertansatz am 31. Dezember: 7.1200.00 €

Aufgaben zum Sachverhalt

1 Am Bilanzstichtag sind 44 000 l Kraftstoff vorrätig. Der durchschnittliche Einkaufspreis betrug 0,95 €/l. Der Tageswert am Bilanzstichtag beläuft sich auf 0,99 €/l.
Mit welchem Wert sind die Kraftstoffvorräte zu bilanzieren?

2 Im Konto „1600 Verbindlichkeiten" ist eine kurzfristige Währungsverbindlichkeit von 8.000,00 US-$ enthalten. US-$-Gegenwert bei Rechnungsausgang im November: 9.440,00 €; am Bilanzstichtag 31. Dezember: 9.760,00 €.
Mit welchem Wert sind die Verbindlichkeiten zu bilanzieren?

3 Auf ein bebautes Grundstück im Anschaffungswert von 600.000,00 € sind lineare Abschreibungen in Höhe von 2 % vorzunehmen. Der anteilige Grundstückswert beträgt 200.000,00 €.
a) Berechnen Sie die Abschreibungshöhe für das bebaute Grundstück.
b) Buchen Sie die Abschreibung.

4 Am Bilanzstichtag sind 32 000 l Kraftstoff vorrätig. Der durchschnittliche Einkaufspreis betrug 1,07 €/l. Der Tageswert am Bilanzstichtag beläuft sich auf 1,03 €/l.
Mit welchem Wert sind die Kraftstoffvorräte zu bilanzieren?

5 Im Konto „1600 Verbindlichkeiten" ist eine Währungsverbindlichkeit von 8.000,00 US-$ enthalten. $-Gegenwert bei Rechnungsausgang im November: 9.440,00 €; am Bilanzstichtag 31. Dezember: 9.120,00 €.
Mit welchem Wert sind die Verbindlichkeiten zu bilanzieren?

Kapitelzusammenfassende Aufgabe

Die Spedition Simone Reichert e. Kffr. stellt die Bilanz für das Geschäftsjahr 2010 auf, wobei noch folgende Punkte zu klären sind:

1. Am 12. März 2010 wurde ein Gabelstapler für 26.180,00 € (Rechnungsbetrag) inkl. 19 % USt erworben. Für die Überführung des Fahrzeugs wurden zusätzlich 1.400,00 € + 266,00 € USt berechnet. Die betriebsgewöhnliche Nutzungsdauer beträgt acht Jahre. Der Rechnungsbetrag wurde unter Abzug von 3 % Skonto überwiesen.
   a) Ermitteln Sie die Anschaffungskosten.
   b) Errechnen Sie den Bilanzansatz zum 31. Dezember 2010 bei linearer Abschreibung.
   c) Errechnen Sie den Bilanzansatz zum 31. Dezember 2010 bei degressiver Abschreibung.

Fortsetzung →

Anhang zur Weiterbildung

2. Am 10. Mai 2016 wurde ein Tresor zu 499,80 € gekauft. Er wurde unter Abzug von 3 % Skonto bezahlt.

   a) Errechnen Sie den höchstmöglichen Bilanzansatz zum 31. Dezember 2016.
   b) Errechnen Sie den niedrigstmöglichen Bilanzansatz zum 31. Dezember 2016.

3. Am 4. April 2016 wurde ein Betriebsgebäude für 1.280.000,00 € erworben. Vom Kaufpreis entfielen 300.000,00 € auf das Grundstück. Der Kaufpreis wurde teilweise durch Aufnahme einer Grundschuld finanziert. Weiterhin steht folgendes Zahlenmaterial zur Verfügung:

3,5 % Grunderwerbsteuer	44.800,00 €
Notargebühren für den Kaufvertrag einschl. 19 % USt	11.900,00 €
Grundbuchkosten für die Eigentumsübertragung, einschl. 19 % USt	2.380,00 €
Eintragung der Grundschuld einschl. 19 % USt	1.785,00 €

   Die Nutzungsdauer beträgt 50 Jahre. Es wird linear abgeschrieben.

   Mit welchem Wert ist das bebaute Grundstück am 31. Dezember 2016 in der Bilanz zu bilanzieren?

4. Am Bilanzstichtag beträgt der Kraftstoffvorrat 46 000 l. Der durchschnittliche Einkaufspreis ohne USt betrug 1,35 € je l. Am Abschlussstichtag kostet ein Liter Kraftstoff 1,32 € ohne USt.

   a) Errechnen Sie den höchstmöglichen Bilanzansatz zum Bilanzstichtag.
   b) Errechnen Sie den niedrigstmöglichen Bilanzansatz zum Bilanzstichtag.

5. Am 18. Dezember 2016 wurden einem Kunden in Übersee 24.000,00 US-$ in Rechnung gestellt. Die Rechnungen werden vereinbarungsgemäß in US-$ fakturiert.

Der Euro-Gegenwert am 18. Dezember 2016 betrug	25.100,00 €
Der Euro-Gegenwert am 27. Dezember 2016 betrug	24.790,00 €
Der Euro-Gegenwert am 31. Dezember 2016 betrug	24.880,00 €

   Mit welchem Wert ist die Forderung am 31. Dezember 2016 zu bilanzieren?

Fit für die Prüfung?
Aufgaben zur Prüfungsvorbereitung

443

Die Aufgaben in diesem Kapitel dienen zur Wiederholung und Vertiefung des Lehrstoffes sowie zur selbstständigen Vorbereitung auf Klassenarbeiten und die Prüfung im Fach „Kaufmännische Steuerung und Kontrolle". Mithilfe der Kapitel- und Seitenangaben ist es möglich, den betreffenden Unterrichtsstoff im Buch nachzuschlagen und selbstständig nochmals zu erarbeiten.

Die Lösungen zu den Aufgaben dieses Kapitels finden Sie als kostenlosen Download im Internet unter www.verlage.westermanngruppe.de/winklers/.de unter der Bestellnummer 225143 dieses Lehrbuches.

Abgrenzungsrechnung (vgl. Lehrbuch S. 147–164) 1

a) Berechnen Sie mithilfe der Ergebnistabelle das Unternehmensergebnis, das Ergebnis aus unternehmensbezogener Abgrenzung, das Ergebnis aus kostenrechnerischen Korrekturen, das Betriebsergebnis.

Ergänzende Angaben

durchschnittlicher Zinssatz	5 %	betriebsnotwendiges Kapital	400.000,00 €
kalkulatorische Abschreibungen	125.000,00 €	kalkulatorische Wagnisse	12.000,00 €
kalkulatorischer Unternehmerlohn	125.000,00 €	die Personalaufwendungen enthalten eine Nachzahlung für das vergangene Jahr	21.600,00 €

b) Überprüfen Sie die ermittelten Ergebnisse.

Ergebnistabelle

		Geschäftsbuchführung			Abgrenzungsbereich				Kosten- und Leistungsrechnung	
		Unternehmensergebnis			unternehmensbezogene Abgrenzungen		kostenrechnerische Korrekturen		Betriebsergebnis	
Konto	Kontobezeichnung	Aufwendungen	Erträge	Aufwendungen	Erträge	Aufwendungen lt. GB	verrechnete Kosten	Kosten	Leistungen
40	Lohn- und Lohnnebenkosten	281.600							
221	Zinsaufwendungen	9.800							
424	Kfz-Versicherung	32.500							
425	Kfz-Steuern	42.100							
249	Wagnisse	19.200							
24	Abgänge aus Anlageverkäufen	22.800							
247	Bilanzmäßige Abschreibungen	151.000							
271	Zinserträge		32.500						
26	Betriebsfremde Erträge		114.000						
70	Internationale Speditionskosten	105.000							
72	Luftfracht-Speditionskosten	270.800							
74	Kraftwagenspeditionskosten	810.500							
80	Internationale Speditionsleistungen		198.000						
82	Luftfrachtspeditionsleistungen		310.200						
84	Kraftwagenspeditionsleistungen		1.685.300						
	Kalkulatorischer Unternehmerlohn	1.745.300	2.340.000						
	Summen	594.700							
	Salden	2.340.000	2.340.000						

Fit für die Prüfung?

2 Kostenstellenrechnung/BAB (vgl. Lehrbuch S. 166–180)

1 Ordnen Sie zu, indem Sie die Kennziffern von drei Fragen neben den Stufen der Kostenrechnung eintragen.

Fragen und Beispiele		Stufen der Kostenrechnung
1	Welche Person hat die Frachtforderungen bezahlt? z. B. Geschäftsleitung, Abteilungsleiter	Kostenartenrechnung
2	Wo sind die Kosten entstanden? Ermittlung durch die Statistik, z. B. Lager, Transport, Verwaltung	
3	Wann wurden die Frachtforderungen beglichen? z. B. Terminüberwachung	Kostenstellenrechnung
4	Wie sind die Frachtforderungen bezahlt worden? z. B. Überweisung, Nachnahme, Barzahlung	
5	Welche Kosten sind entstanden? z. B. Umschlagkosten, Personalkosten, Fahrzeugkosten	Kostenträgerrechnung
6	Wer hat die Kosten zu tragen? z. B. der einzelne Auftrag	

2 Begründen Sie, bei welcher Kostenstelle es sich um eine Hauptkostenstelle handelt.

| Zentrale | Finanzbuchhaltung | Personalwesen |
| Nationaler Güterkraftverkehr | Akquisition | Hafenkran |

3 Die Verwaltungskosten der Spedition S & Z GmbH betragen 174.000,00 €. Die Spedition hat folgende Hauptkostenstellen: LKW-Transporte, Binnenschifffahrt, Bahntransporte, Lagerei.
Welche Beträge entfallen auf die einzelnen Hauptkostenstellen, wenn die Verwaltungskosten im Verhältnis 5 : 3 : 2 : 2 aufgeteilt werden?

	Alternative 1	Alternative 2	Alternative 3	Alternative 4	Alternative 5
Lkw-Transporte	43.500,00 €	65.250,00 €	75.000,00 €	72.500,00 €	75.000,00 €
Binnenschifffahrt	43.500,00 €	65.250,00 €	55.500,00 €	43.500,00 €	60.000,00 €
Bahn	43.500,00 €	21.750,00 €	21.750,00 €	29.000,00 €	19.500,00 €
Lagerei	43.500,00 €	21.750,00 €	21.750,00 €	29.000,00 €	19.500,00 €

4 Die Spedition S & Z GmbH weist für ihre Geschäftsbereiche im Monat Mai folgende Zahlen aus:

	Geschäftsbereiche			
	Lkw-Transporte	Binnenschifffahrt	Bahn	Lagerei
Speditionserlöse	500.000,00 €	200.000,00 €	100.000,00 €	150.000,00 €
auftragsgebundene Speditionskosten	320.000,00 €	165.000,00 €	80.000,00 €	120.000,00 €

Aufgaben zur Prüfungsvorbereitung

Weiterhin fallen im Mai nachstehende Betriebskosten an:
Personalkosten .... 75.000,00 €
Abschreibungen .... 67.000,00 €
Raumkosten .... 23.000,00 €
Verwaltungskosten .... 38.000,00 €
betriebliche Abgaben .... 22.000,00 €

Ermitteln Sie den Reingewinn.

5

Die Spedition S & Z GmbH verteilt die Werkstattkosten nach der Kilometerleistung der Fahrzeuge auf die einzelnen Abteilungen. Folgende Daten liegen vor:

Abteilung	Lkw	Luftfracht	Lager	Seefracht
km-Leistung	350 000 km	90 000 km	12 000 km	55 000 km
Werkstattkosten	46.644,00 €			

Berechnen Sie den Werkstattkostenanteil für die Abteilung Lager.

6

Der Betriebsabrechnungsbogen (BAB) der Spedition S & Z GmbH weist für das letzte Quartal folgende Werte (in €) aus:

		A		B	
Kostenarten	Gesamt-kosten	Verwaltung	Werkstatt	Nationaler Güterkraftverkehr	Inationaler Güterkraftverkehr
Löhne	750.000,00 €		75.000,00 €	225.000,00 €	450.000,00 €
Gehälter	265.000,00 €	190.000,00 €		41.000,00 €	34.000,00 €
Sozialkosten	205.000,00 €	38.000,00 €	16.000,00 €	53.000,00 €	98.000,00 €
Abschreibungen	248.000,00 €	45.000,00 €	70.000,00 €	60.000,00 €	73.000,00 €
Bürokosten	15.000,00 €	8.500,00 €	1.000,00 €	3.600,00 €	1.900,00 €
Treibstoffverbrauch	62.000,00 €	400,00 €	2.000,00 €	23.600,00 €	36.000,00 €
Ersatzteilverbrauch	8.000,00 €	200,00 €	7.800,00 €		
Betriebliche Steuern	14.000,00 €	6.200,00 €	800,00 €	3.200,00 €	3.800,00 €
Heizkosten	13.000,00 €	11.100,00 €	1.200,00 €	400,00 €	300,00 €
	1.580.000,00 €	299.400,00 €	173.800,00 €		
		→	37.500,00 €	146.900,00 €	115.000,00 €
			211.300,00 €		
			→	71.300,00 €	140.000,00 €
Abteilungsgemeinkosten				628.000,00 €	952.000,00 €
Speditionskosten				156.000,00 €	343.000,00 €
Abteilungskosten					1.295.000,00 €
Speditionserlöse				799.000,00 €	1.352.000,00 €
Abteilungsergebnis					

Fortsetzung

Fit für die Prüfung?

a) Erläutern und begründen Sie, um welche Art von BAB es sich handelt.
b) Ermitteln Sie die Abteilungskosten für die Abteilung „Nationaler Güterkraftverkehr".
c) Berechnen Sie den Gewinn der Abteilung „Internationaler Güterkraftverkehr".

7

Die Controlling-Abteilung der Spedition S & Z GmbH soll anhand der vorliegenden Daten (vgl. BAB) die Produktpalette überprüfen und Verbesserungsvorschläge unterbreiten.

a) Verteilen Sie die angegebenen Gemeinkosten.
b) Ermitteln Sie die Abteilungsergebnisse mithilfe eines BAB nach unten stehendem Muster unter Berücksichtigung folgender Daten:

Speditionseinzelkosten	Nationaler Güterkraftverkehr	442.820,00 €
	Internationaler Güterkraftverkehr	312.620,00 €
	Sammelgutverkehr	718.600,00 €
Abteilungserlöse	Nationaler Güterkraftverkehr	1.643.450,00 €
	Internationaler Güterkraftverkehr	1.468.125,00 €
	Sammelgutverkehr	1.205.410,00 €

Gemeinkostenart	Betrag (in €)	Verteilungs-schlüssel	Nationaler Güterkraftverkehr	Internationaler Güterkraftverkehr	Sammelgutverkehr
Summe der Kosten	1.606.500,00	8 : 6 : 3			
Kalkulatorische Abschreibungen	781.200,00	4 : 3 : 1			
Kalkulatorische Zinsen	174.000,00	4 : 4 : 2			
Kalkulatorische Wagnisse	44.160,00	2 : 3 : 3			
Summe der Gemeinkosten	2.605.860,00				
Summe der Einzelkosten					
Gesamtkosten					
Abteilungserlöse					
Abteilungsergebnis					

Bitte nicht beschriften.

c) Die Controllingabteilung hat durch eine Kostenanalyse ermittelt, dass durchschnittlich 21 % der Abteilungskosten fixe Kosten sind. Darin sind insgesamt 195.000,00 € unternehmensfixe Kosten enthalten, die gleichmäßig auf die Abteilungen entfallen.

Berechnen Sie mithilfe einer mehrstufigen Deckungsbeitragsrechnung das Betriebsergebnis.

d) Unterbreiten Sie begründete Verbesserungsvorschläge hinsichtlich der Produktpalette.

Aufgaben zur Prüfungsvorbereitung

H 447

Kostenträgerrechnung (vgl. Lehrbuch S. 181–203) 3
Fahrzeugkostenkalkulation 3.1

1

Die Spedition S & Z GmbH ermittelt für einen Sammelgut-Lkw einen Tagessatz von 250,00 € und einen km-Satz von 0,8242 €.
Wie verändern sich der Tagessatz und der km-Satz, wenn der Nettopreis für Dieselkraftstoff um 6 % steigt und die Treibstoffkosten 60 % der variablen Kosten betragen?
Nennen Sie den Lösungsbuchstaben der richtigen Anwort.
a) Der km-Satz erhöht sich auf 0,8539 €.
b) Der km-Satz bleibt bei 0,8242 €, wenn 6 % weniger km zurückgelegt werden.
c) Der Tagessatz erhöht sich, wenn mehr Kilometer zurückgelegt werden.
d) Der Tagessatz steigt um 6 % auf 265,00 €.
e) Der Tagessatz steigt um 2 % auf 255,00 €.

2 (AH)

Die Spedition S & Z GmbH kalkuliert einen Lkw mit 38,00 € festen Kosten pro Einsatzstunde und 0,5254 € variablen Kosten pro Kilometer. Weiterhin kalkuliert S & Z mit 60 km/h und einem Verwaltungszuschlag von 25 % auf die Fixkosten.
Ermitteln Sie die Selbstkosten für die Hin- und Rückfahrt bei einer einfachen Transportstrecke von 300 km.

3

Die Spedition S & Z GmbH hat am 15. August einen neuen Nahverkehrs-LKW für 40.000,00 € + 7.600,00 € USt bestellt. Das Fahrzeug wurde am 12. November 20.. geliefert.

Das Neufahrzeug wird am Jahresende kalkuliert. Folgende Daten liegen vor:

geschätzte Wiederbeschaffungskosten	45.000,00 €
Kosten eines Reifensatzes	2.200,00 €
geschätzter Wiederverkaufserlös	5.000,00 €
durchschnittlich gebundenes UV	2.500,00 €
geschätzte Nutzungsdauer im km	360 000 km
geschätzte jährliche km-Leistung	60 000 km
geschätzte Nutzungsdauer der Reifen	50 000 km
Einsatztage pro Jahr	300
Fahrerbesetzung	1,4 Fahrer
Kraftstoffverbrauch je 100 km	12,5 Liter
Literpreis, netto	1,18 €
Schmierstoffkosten je 100 km	0,65 €
Löhne je Fahrer, monatlich	3.500,00 €
Sozialversicherungsaufwand	23,5 %
Spesen je Arbeitstag und Fahrer	15,00 €
Abschreibung	40 % fix
Kfz-Steuer, jährlich	870,00 €
Kfz-Versicherung, jährlich	1.580,00 €
Reparaturkosten je 1 000 km	78,00 €
kalkulatorischer Zinssatz	7,8 %
allgemeine Verwaltungskosten im Monat	415,00 €

a) **Berechnen Sie den Tagessatz.**
b) **Berechnen Sie den km-Satz (auf die vierte Nachkommastelle gerundet).**
c) Für einen Maschinentransport sind folgende Daten bekannt:
4,875 t Bruttogewicht, 2,25 Stunden Laden, 1,25 Stunden Entladen, einfache Wegstrecke 330 km, Tagessatz 9 Stunden, Gewinnzuschlag 4 %.
Ermitteln Sie den Nettorechnungsbetrag, den die Stark GmbH ihrem Kunden in Rechnung stellt,
ca) wenn für das Fahrzeug ein Rücktransport aquiriert werden konnte.
cb) wenn für das Fahrzeug kein Rücktransport vorhanden ist.
d) **Berechnen Sie die bilanzmäßige Abschreibung für das Anschaffungsjahr bei einer Nutzungsdauer von sieben Jahren.**

Fit für die Prüfung?

4

Für ein Nahverkehrsfahrzeug mit 7,5 t zulässigem Gesamtgewicht fallen 43.050,00 € fixe Einsatzkosten an. Die km-abhängigen Kosten betragen 20.391,00 €. Der Lkw ist mit 8.200,00 € allgemeinen Kosten (Verwaltungskosten) zu belasten. Die jährliche Fahrleistung beträgt 42 000 km. Der Tagessatz für den Lkw beträgt 205,00 €.

a) Berechnen Sie die jährlichen Einsatztage des Lkw.
b) Berechnen Sie den km-Satz.
c) Ein Kunde möchte den Frachtsatz/100 kg für eine Sonderfahrt wissen.
Daten für die Kalkulation: 2,884 Tonnen, 23 km Leerfahrt zur Ladestelle, Lastentfernung 238 km, Rückfahrt leer 219 km, Laden und Entladen jeweils 0,75 Stunden, Gewinnzuschlag 5,25 %.

5

Die Controlling-Abteilung der Spedition S & Z GmbH ermittelt in einer Nachkalkulation folgende Daten:

a) Lkw 1: Tagessatz 230,00 €
km-Satz 0,7800 €
Anteil der Treibstoffkosten an den variablen Kosten: 45 %.
Kalkulieren Sie den neuen Tagessatz und den neuen km-Satz (auf die vierte Nachkommastelle gerundet) wenn der Nettopreis für Dieselkraftstoff um 8 % steigt.

b) Lkw 2: jährliche Fixkosten: .... 120.000,00 €
Gesamtkosten je km im ersten Jahr bei einer
Fahrleistung von 100 000 km .... 1,62 €/km
Gesamtkosten je km im zweiten Jahr bei einer
Fahrleistung von 120 000 km .... 1,42 €/km

ba) Berechnen Sie den jeweiligen Kilometer-Satz für das erste und das zweite Jahr.
bb) Erklären Sie die Ursache für die Kostensenkung je km im zweiten Jahr.

6

In einer Fahrzeugkostenkalkulation wurden für einen Lkw der Spedition S & Z GmbH folgende Werte ermittelt:

variable Kosten je km   0,50 €
fixe Kosten je Einsatztag   450,00 €
Einsatztage je Jahr   245
monatliche Fahrleistung   21 000 km

a) Berechnen Sie die variablen Fahrzeugkosten, die fixen Fahrzeugkosten und die Gesamtkosten für ein Jahr.
b) Die Verkaufsabteilung wird damit beauftragt einen Haustarif (Selbstkostentarif) für das Fahrzeug zu erstellen.
Erstellen Sie eine Tabelle nach folgendem Muster und berechnen Sie die Frachtsätze.

		Frachtsätze je 100 kg		
		5 000 kg	15 000 kg	25 000 kg
400 km	variable Fahrzeugkosten			
	fixe Fahrzeugkosten			
	gesamte Fahrzeugkosten			
600 km	variable Fahrzeugkosten			
	fixe Fahrzeugkosten			
	gesamte Fahrzeugkosten			

Bitte nicht beschriften.

Aufgaben zur Prüfungsvorbereitung

c) Ein Kunde verlangt eine Frachtofferte für den Transport von 25 t über 400 km.
   Erstellen Sie auf der Grundlage der ermittelten Frachtsätze einen Angebotspreis mit einem Gewinnzuschlag von 4,8 %.

d) **Berechnen Sie die maximale Minusmarge in Euro und in Prozent unter Berücksichtigung der langfristigen Preisuntergrenze.**

Lagerkalkulation (vgl. Lehrbuch S. 203–220)   3.2

1

Die Spedition S & Z GmbH setzt für die Ein- und Auslagerung ihrer Waren einen Gabelstapler ein:
- für die Wareneinlagerung: 3,5 Stunden täglich
- für die Warenauslagerung: 4,0 Stunden täglich

Täglich werden 14 000 kg eingelagert und 14 000 kg ausgelagert.

Es liegen folgende Werte vor:
monatliche Arbeitstage 20
Einsatzzeit . . . . 7,5 Stunden
Wiederbeschaffungskosten . . . . 42.000,00 €
Nutzungsdauer . . . . 6 Jahre
kalkulatorische Zinsen pro Jahr . . . . 1.250,00 €
Energieverbrauch pro Jahr . . . . 1.750,00 €

Berechnen Sie die Kosten für eine Stunde Gabelstapler-Nutzung.

2

Welche der genannten Kosten sind Bestandteil der Umschlagkosten?

Lagerkosten	Abschreibung der Regale
Lagerverwaltungskosten	Gebäudeversicherungsprämie
Lohnkosten der Ein- und Auslagerung	Abschreibung des Staplers

3

Die MABAU GmbH möchte von der Spedition S & Z GmbH ein Angebot über die Lagerung von Maschinenteilen, verpackt auf Europaletten.

Für die Kalkulation liegen folgende Daten vor:
Einlagerungsgewicht je Palette . . . . 800 kg
Einlagerungszeit je Palette . . . . 4 Minuten
Auslagerungsgewicht je Palette . . . . 500 kg
Auslagerungszeit je Palette . . . . 5 Minuten
Kommissionierungszeit je Palette . . . . 12 Minuten
Kosten je Gabelstaplerstunde . . . . 18,00 €
Kosten je Arbeitsstunde . . . . 30,00 €
Lagerungskosten je angefangene 100 kg und
  je angefangenem Monat . . . . 0,85 €
Lagerverwaltungskosten je angefangene 100 kg und
  je angefangenem Monat . . . . 0,30 €
Gewinnzuschlag . . . . 4 %

Berechnen Sie den Übernahmesatz je 100 kg bei einer durchschnittlichen Lagerzeit von zehn Wochen.

Fit für die Prüfung?

3.3 Äquivalenzziffernkalkulation

1 Die Kosten der Abteilung Exportspedition der Spedition S & Z GmbH betragen laut BAB 210.319,20 €. Insgesamt wurden 6 006 Aufträge abgewickelt, davon innerhalb Europas 2 800 Aufträge, nach Nordamerika 2 000 Aufträge, nach Afrika 536 Aufträge und die restlichen Aufträge in den asiatischen Raum. Der durchschnittliche Arbeitsaufwand je Auftrag ist gegenüber Europa nach Nordamerika um 50 % höher, nach Afrika um 150 % höher und nach Asien um 80 % höher.

a) Berechnen Sie die Durchschnittskosten je Auftrag für die einzelnen Kontinente.

b) Berechnen Sie die Gesamtkosten der Abteilung Exportspedition für Europa, Nordamerika, Afrika und Asien.

2 Die Kosten der Abteilung Lkw-Spedition der Kaiser GmbH betragen laut BAB 2.293.800,00 €. Insgesamt wurden 4 741 Aufträge abgewickelt, davon im Nahverkehr 3 003 Aufträge, im nationalen Fernverkehr 1 058 Aufträge, im internationalen Fernverkehr innerhalb der EU 485 Aufträge und die restlichen Aufträge im Fernverkehr nach Drittländern.

Der durchschnittliche Arbeitsaufwand je Auftrag im Nahverkehr beträgt lediglich die Hälfte des Aufwandes beim nationalen Güterfernverkehr. Der Aufwand für die Abwicklung eines Auftrages im Fernverkehr EU ist 60 % höher als beim nationalen Güterfernverkehr.

a) Berechnen Sie den durchschnittlichen Aufwand für einen Auftrag im Fernverkehr Drittländer, wenn die Gesamtkosten der Abteilung „Fernverkehr Drittländer" 292.500,00 € betragen.

b) Berechnen Sie die Durchschnittskosten je Auftrag für die Abteilungen „Nahverkehr", „Nationaler Fernverkehr" sowie „Fernverkehr innerhalb der EU".

4 Deckungsbeitragsrechnung (vgl. Lehrbuch S. 220–237)

1 Die Spedition S & Z GmbH hat für einen Kunden für das letzte Quartal folgende Durchschnittswerte ermittelt:

Anzahl der Aufträge	4 000
Nettopreis je Auftrag	925,00 €
variable Kosten je Auftrag	575,00 €
fixe Kosten	1.390.000,00 €

a) Ermitteln Sie das Quartalsergebnis für diesen Kunden.

b) Wie verhalten Sie sich aus kostenrechnerischen Gesichtspunkten richtig?

1. Sie bieten die Leistung ausschließlich kurzfristig an, da nur die variablen Kosten gedeckt sind.
2. Sie bieten die Leistung langfristig an, da sowohl die variablen als auch die fixen Kosten gedeckt sind.
3. Sie bieten die Leistung langfristig an, da nur die variablen Kosten gedeckt sind.
4. Sie bieten die Leistung langfristig an, da nur die fixen Kosten gedeckt sind.
5. Sie bieten die Leistung gar nicht an, da die variablen Kosten nicht gedeckt sind.

c) Nennen Sie Möglichkeiten, wie die Spedition S & Z GmbH zukünftig das Ergebnis mit diesem Kunden verbessern könnte.

Aufgaben zur Prüfungsvorbereitung

Für eine Komplettladung im nationalen Güterkraftverkehr (16,3 t über 650 km) hat die Spedition S & Z GmbH mit einem Kunden einen Frachtsatz von 4,75 €/100 kg vereinbart. Die variablen Kosten betragen 0,72 € je Kilometer. a) Berechnen Sie das Frachtentgelt (netto) für den Transport. b) Berechnen Sie, wie viel Euro der erwirtschaftete Deckungsbeitrag beträgt.	2

Das interne Rechnungswesen der Spedition S & Z GmbH hat für das 1. Halbjahr u. a. folgende Zahlen ermittelt:

	Nahverkehr	Nationaler Fernverkehr	Internationaler Fernverkehr
Umsatzerlöse	2.400.000,00 €	2.500.000,00 €	3.400.000,00 €
Einzelkosten	1.800.000,00 €	1.700.000,00 €	2.500.000,00 €
Gemeinkosten,	375.000,00 €	1.100.000,00 €	500.000,00 €
davon variabel	45 %	35 %	70 %
allgemeine Verwaltungskosten	140.000,00 €		

a) Ermitteln Sie für die einzelnen Abteilungen
   aa) den Rohgewinn,
   ab) das Abteilungsergebnis,
   ac) den Deckungsbeitrag 1,
   ad) das Betriebsergebnis.
b) Welche Entscheidung treffen Sie aufgrund der Vollkostenrechnung? Begründen Sie Ihre Entscheidung.
c) Wie fällt Ihre Entscheidung nach der Deckungsbeitragsrechnung aus, wenn davon auszugehen ist, dass die fixen Kosten der verlustbringenden Abteilung kurzfristig nicht abbaubar sind?

3

Break-even-Analyse (vgl. Lehrbuch S. 238–243)

5

Im Rahmen der Break-even-Analyse sollen Sie den Sachverhalt grafisch veranschaulichen.
Hinweis: Bitte übertragen Sie die unten stehende Grafik in Ihr Arbeitsheft und lösen Sie die Aufgaben.

a) Zeichnen Sie die proportionale Kosten- und die Erlöskurve ein.

Kostenverlauf (proportional)		Erlösverlauf (proportional)	
100 Frachttonnen	50.000,00 €	100 Frachttonnen	20.000,00 €
400 Frachttonnen	80.000,00 €	250 Frachttonnen	50.000,00 €
600 Frachttonnen	100.000,00 €	500 Frachttonnen	100.000,00 €

1

Fit für die Prüfung?

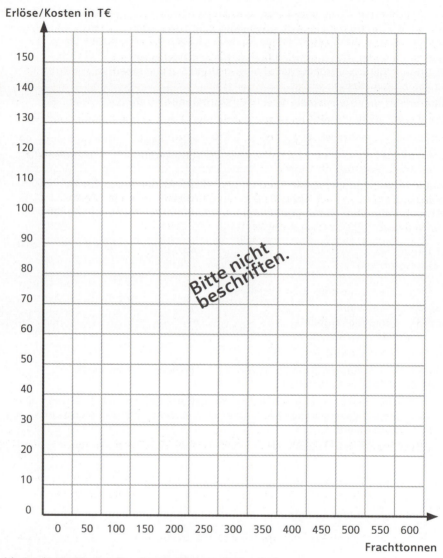

b) Ermitteln Sie den Break-even-Point zeichnerisch.
c) Berechnen Sie die fixen Kosten.
d) Berechnen Sie den Break-even-Point.

2 Für die Abteilung Lkw-Spedition liegen folgende Zahlen vor:
variable Kosten .... 408.900,00 €
fixe Kosten .... 925.680,00 €
Anzahl der Aufträge 1 740
Speditionserlöse .... 1.435.500,00 €

a) Berechnen Sie die kurzfristige Preisuntergrenze.
b) Berechnen Sie die langfristige Preisuntergrenze.
c) Ermitteln Sie den Break-even-Point.

Aufgaben zur Prüfungsvorbereitung

Die Spedition S & Z GmbH erzielt bei einer Frachttonne durchschnittlich Nettoerlöse in Höhe von 375,00 €. In der Abrechnungsperiode wurden 1 050 Frachttonnen umgeschlagen. Die variablen Kosten betragen im Abrechnungszeitraum 86.625,00 €. Die fixen Kosten belaufen sich auf 155.000,00 € je Abrechnungsperiode. Aus technischen und personellen Gründen können pro Abrechnungsperiode maximal 1 500 Frachttonnen umgeschlagen werden.

a) Ermitteln Sie die Gesamtkosten bei 950 Frachttonnen.
b) Berechnen Sie den Break-Even-Point mithilfe der Kosten- und der Erlösfunktion.
c) Ermitteln Sie das Betriebsergebnis bei 1 050 Frachttonnen.
d) Berechnen Sie, ab welchem Frachttonnenumschlag ein Gewinn von mindestens 25.000,00 € erwirtschaftet wird.
e) Prüfen Sie rechnerisch, ob die Spedition bei einem Absinken des Frachtumschlags auf 900 t noch einen Gewinn erwirtschaftet, wenn die Nettoerlöse/Tonne aufgrund der großen Konkurrenz um 10 % sinken, die variablen Kosten aber um 5 % und die fixen Kosten um 3,5 % steigen.

Jahresabschluss und Kennzahlen (vgl. Lehrbuch S. 244–273)

Die Bilanzen sowie Gewinn- und Verlustrechnungen der Spedition S & Z GmbH für das abgelaufene Geschäftsjahr (Berichtsjahr) und das Vorjahres weisen folgende Daten aus:

BILANZ der Spedition S & Z GmbH (in €)

AKTIVA	Berichtsjahr	Vorjahr	PASSIVA	Berichtsjahr	Vorjahr
A. Anlagevermögen			A. Eigenkapital		
I. Sachanlagen			I. Stammkapital	7.200.000,00	8.600.000,00
1. Grundstücke/Bauten	5.600.000,00	5.500.000,00	B. Fremdkapital		
2. technische Anlagen	1.400.000,00	1.200.000,00	I. langfristiges		
3. Fuhrpark	2.200.000,00	1.200.000,00	1. Hypothekenschulden	1.500.000,00	900.000,00
4. Betr.- und Geschäftsausst.	1.500.000,00	1.600.000,00	2. Darlehensschulden	3.000.000,00	1.100.000,00
B. Umlaufvermögen			II. kurzfristiges		
I. Vorräte	700.000,00	800.000,00	1. Verbindlichkeiten geg. Kreditinstitute	600.000,00	300.000,00
II. Forderungen a. LL.	800.000,00	1.000.000,00	2. Verbindlichkeiten a. LL.	900.000,00	500.000,00
III. Kasse/Bankguthaben	1.000.000,00	100.000,00			
	13.200.000,00	11.400.000,00		13.200.000,00	11.400.000,00

Fortsetzung →

Fit für die Prüfung?

Gewinn und Verlustrechnung der Spedition S & Z GmbH (in €)

GuV-Position	Berichtsjahr	Vorjahr
1. Speditionserlöse (Gesamtleistung)	24.320.000,00	20.690.000,00
− 2. Speditionsaufwendungen		
a) Aufwand für bezogene Leistungen	11.590.000,00	10.130.000,00
b) Aufwand für bezogene Treibstoffe	2.880.000,00	2.420.000,00
= 3. Rohergebnis	9.850.000,00	8.140.000,00
− 4. Personalaufwand	5.180.000,00	4.670.000,00
− 5. Abschreibungen	3.060.000,00	2.320.000,00
− 6. sonstige betriebliche Aufwendungen	980.000,00	800.000,00
= 7. Betriebsergebnis (EBIT)	630.000,00	350.000,00
+ 8. Erträge aus dem Finanzbereich	130.000,00	110.000,00
− 9. Aufwendungen aus dem Finanzbereich	105.000,00	86.000,00
− 10. Steuern vom Einkommen und Ertrag (gewinnabhängige Steuern)	126.000,00	70.000,00
= 11. Ergebnis nach (gewinnabhängigen) Steuern	529.000,00	304.000,00
− 12. Sonstige Steuern	36.000,00	28.000,00
= 13. Jahresüberschuss (Jahresfehlbetrag)	493.000,00	276.000,00

a) Prüfen Sie, ob sich die Liquidität I. Grades und die Liquidität II. Grades gegenüber dem Vorjahr verbessert haben.
b) Berechnen Sie die Anlageintensität für das Berichtsjahr.
c) Hat die Spedition S & Z GmbH in den beiden Jahren die Goldene Bilanzregel eingehalten?
d) Prüfen Sie, ob sich die Eigenkapitalrendite der Spedition S & Z GmbH gegenüber dem Vorjahr verbessert hat.
e) Wie hoch ist die Gesamtkapitalrentabilität im Berichtsjahr?
f) Laut einer Umfrage lag im Berichtsjahr die durchschnittliche Umsatzrentabilität von Speditionsunternehmen bei 3,2 %.
Prüfen Sie, ob die Spedition S & Z GmbH besser oder schlechter als der Branchendurchschnitt abschneidet.
g) Berechnen Sie die Personalaufwandsquote für das Berichtsjahr.

2 Für einen Sattelzug im Fernverkehr erhält die Controlling-Abteilung folgende Daten zur Auswertung:

Kennzeichen: HN – LX 356	April	Mai	Juni
km-Stand am Monatsanfang	65 031	79 412	98 398
km-Stand am Monatsende	79 412	98 398	116 321
Gefahrene Kilometer pro Monat			
Treibstoffverbrauch pro Monat in Liter	4 026	5 515	4 961
Durchschnittliche Treibstoffkosten pro Liter in €	0,905 €	0,897 €	0,912 €
Treibstoffverbrauch pro 100 km in Liter			
Treibstoffkosten pro Monat in €			
Treibstoffkosten pro 100 km in €			

Bitte nicht beschriften.

Aufgaben zur Prüfungsvorbereitung

a) Ermitteln Sie für die einzelnen Monate des zweiten Quartals den jeweiligen Treibstoffverbrauch pro 100 km.
b) Berechnen Sie die Treibstoffkosten des Sattelzugs für die einzelnen Monate.
c) Berechnen Sie für die Monate April bis Juni die Treibstoffkosten pro 100 km.

Die Controlling-Abteilung erstellt zur Ermittlung der durchschnittlichen Kapazitätsauslastung der unternehmenseigenen Lkw folgende Übersicht:

3

Jahr	Jahr 1	Jahr 2	Jahr 3	Jahr 4	Jahr 5	Jahr 6
Last-kilometer	1 610 000	1 798 000	1 876 000	1 976 000	2 056 000	2 098 000
Leer-kilometer	866 000	741 000	823 000	731 000	642 000	557 000
Gesamt-kilometer	2 476 000	2 539 000	2 699 000	2 707 000	2 698 000	2 655 000

a) Berechnen Sie die Indexzahlen für die einzelnen Jahre.
   Die Leerkilometer des Jahres 1 dienen als Basiszahl (= 100 %).
b) Beurteilen Sie die Aussagekraft der Indexzahl des Jahres 6.

Finanzierung (vgl. Lehrbuch S. 274–286)

7

Die Spedition S & Z GmbH kauft einen neuen Gabelstapler mit einer Tragkraft von 1,8 t zu einem Anschaffungspreis von 22.500,00 € (netto).
Die betriebsgewöhnliche Nutzungsdauer wird mit fünf Jahren veranschlagt.
Folgende Finanzierungsalternativen stehen zur Auswahl:

1. Abzahlungsdarlehen der Hausbank:
   Laufzeit 5 Jahre
   Zinssatz 6 %
   jährliche Tilgung in Höhe von 4.500,00 €

2. Leasing des Gabelstaplers:
   Grundmietzeit 3 Jahre
   jährliche Leasingrate während der Grundmietzeit 8.000,00 €,
   danach 2.750,00 € jährlich

a) Vergleichen Sie die beiden Finanzierungsalternativen hinsichtlich des Aufwands innerhalb der Nutzungszeit. Verwenden Sie dazu eine Tabelle nach folgendem Muster.

1

Jahr	Kreditkauf						Leasing			Unterschied	
	Rest-schuld	Zinsen	Tilgung	Aus-gabe	Ab-schrei-bung	Auf-wand	Leasing-raten	Aus-zahlung	Aus-gabe	Auf-wand
1										
2										
3										
4										
5										
Σ										

Bitte nicht beschriften.

Fortsetzung →

Fit für die Prüfung?

b) Nennen Sie zwei weitere Kriterien, die bei der Entscheidung der Finanzierungsart berücksichtigt werden müssen.

c) Zur Finanzierung bieten Banken neben Abzahlungsdarlehen auch Annuitätendarlehen und Festdarlehen an.
Beschreiben Sie diese beiden Darlehensarten und erläutern Sie jeweils einen Vorteil im Vergleich zum Annuitätendarlehen.

2

Die Spedition S & Z GmbH kauft einen neuen Lkw für 100.000,00 € auf Ziel, zahlbar netto Kasse innerhalb von 28 Tagen. Bei einer Bezahlung innerhalb von 16 Tagen gewährt der Verkäufer 3 % Skonto.

a) **Berechnen Sie den effektiven Zinssatz für den Liefantenkredit (Lieferantenkonto).**

b) Um das Skonto ausnutzen zu können, muss die Knoll GmbH einen Kredit aufnehmen. Die Bank berechnet eine Bearbeitungsgebühr in Höhe von 1,1 % des Kreditbetrages sowie einen Jahreszinssatz von 8,75 %.
Prüfen Sie rechnerisch, ob sich die Inanspruchnahme des Skontos für die Knoll GmbH rentiert.

3

Die Knoll GmbH benötigt zur Renovierung einer Lagerhalle 130.000,00 € Deshalb nimmt sie vom 10.03. bis zum 22.10. ein Darlehen zum Zinssatz von 7,5 % auf. Vereinbarungsgemäß berechnet die Bank ein Disagio von 4 % und eine Bearbeitungsgebühr von 0,5 % der Kreditsumme. Disagio und Bearbeitungsgebühr werden von der Bank gleich einbehalten.

a) **Berechnen Sie die Höhe des Kreditbetrags, bei dem tatsächlich 130.000,00 € ausbezahlt werden.**

b) **Berechnen Sie den effektiven Zinssatz des Kredites.**

c) **Erklären Sie den Unterschied zwischen „Nominalzinssatz" und „Effektivzinssatz".**

4

Die Spedition S & Z benötigt zwei neue gleichartige Fahrzeuge, die jeweils acht Jahre eingesetzt werden sollen. Insgesamt stehen zur Finanzierung der beiden Lkws 40.000,00 € Eigenkapital zur Verfügung. Auf Anfrage bietet ein Lkw-Händler die Fahrzeuge zu einem Nettopreis von 100.000,00 € je Fahrzeug an. Bei sofortiger Bezahlung gewährt er 10 % Rabatt.

a) Da für die Finanzierung der beiden Lkws lediglich 40.000,00 € Eigenkapital zur Verfügung stehen, bietet die Hausbank für die Finanzierung der beiden Lkws folgende Kreditkonditionen an:

Lkw 1:	Voraussetzung	etwa 40 % Eigenkapital
	Zinssatz	6 %
	Laufzeit	4 Jahre
	Tilgung	gleichmäßige jährliche Tilgung am Jahresende
Lkw 2:	Zinssatz	7 %
	Laufzeit	6 Jahre
	Tilgung	gleichmäßige jährliche Tilgung am Jahresende

Berechnen Sie die Finanzierungskosten über die gesamte Laufzeit, wenn die Knoll GmbH die beiden Lkws im Januar 20.. über ihre Hausbank finanziert.

b) Als Alternative für die Finanzierung bietet der Lkw-Händler ein Fahrzeugleasing zu folgenden Bedingungen an:

Leasinggebühren
– während der Grundmietzeit (5 Jahre) monatlich	1,8 % der Anschaffungskosten
– nach der Grundmietzeit	4 % der Anschaffungskosten pro Jahr

Berechnen Sie die Finanzierungskosten für die beiden Fahrzeuge über die gesamte Laufzeit, wenn sich die Knoll GmbH für das Fahrzeugleasing entscheidet.

Aufgaben zur Prüfungsvorbereitung

Auswahlaufgaben (Multiple Choice) 8

Geben Sie an, welche Kosten nicht zu den fixen Fahrzeugkosten gehören. [1] Treibstoffverbrauch [2] Fahrerlöhne [3] Kfz-Steuer [4] Reifenabnutzung [5] leistungsabhängige Abschreibung	1
Geben Sie an, welche Behauptungen falsch sind und verbessern Sie die Aussagen. [1] Betriebskosten werden in den Kontenklassen 1 und 2 gebucht. [2] Auftragsbedingte Speditionskosten werden in der Kontenklasse 7 erfasst. [3] Die Speditionserlöse werden in der Kontenklasse 8 gebucht. [4] Periodenfremde Aufwendungen werden in die Kalkulation übernommen. [5] Der Betriebsabrechnungsbogen dient zur Verteilung der auftragsbedingten Kosten auf die Hauptkostenstellen.	2
Stellen Sie fest, welche der folgenden Aussagen zur Deckungsbeitragsrechnung richtig sind und korrigieren Sie die falschen Aussagen. [1] Mithilfe der Deckungsbeitragsrechnung kann der Gewinn/Verlust bei einem bestimmten Auslastungsgrad ermittelt werden. [2] Fixe Kosten finden bei der Deckunsgbeitragsrechnung keine Berücksichtigung. [3] Die variablen Kosten bestimmen die langfristige Preisuntergrenze. [4] Zur Ermittlung des Deckungsbeitrages werden die variablen Kosten von den Erlösen abgezogen. [5] Mit der mehrstufigen Deckungsbeitragsrechnung kann die Rentabilität der einzelnen Abteilungen beurteilt werden.	3
Geben Sie an, welche Aussagen zur Break-even-Analyse richtig sind. [1] Mithilfe der Break-even-Analyse werden die fixen Kosten den einzelnen Abteilungen zugeordnet. [2] Am Break-even-Point sind die fixen Kosten gleich hoch wie die Erlöse. [3] Die Break-even-Analyse ermittelt die Gewinnschwelle. [4] Im Break-even-Point ist die Summe aus Eigenkapital und Fremdkapital gleich hoch wie die Erlöse. [5] Bei einer niedrigeren Ausbringung als im Break-even-Point erwirtschaftet das Unternehmen einen Verlust.	4
Ein speditionseigener Lkw tankt an der Betriebstankstelle. Geben Sie an, welche der folgenden Begriffe mit diesem Geschäftsfall zusammenhängen. [1] Treibstoffverbrauch [6] variable Kosten [2] Ausgabe [7] Betriebskosten [3] Eingangsrechnung [8] auftragsgebundene Speditionskosten [4] Treibstoffvorrat [9] kalkulatorische Kosten [5] fixe Kosten [10] betriebsfremder Aufwand	5

Fit für die Prüfung?

6 Geben Sie an, welche Aussagen zu den einzelnen Kennzahlen richtig sind und verbessern Sie die falschen Aussagen.

1. Die Anlageintensität gibt an, wie hoch sich das Eigenkapital verzinst.
2. Mithilfe der Fremdkapitalquote lässt sich aus dem Gesamtkapital das Eigenkapital errechnen.
3. Die Summe aus der Eigenkapitalquote und der Fremdkapitalquote sollte mindestens 80 % betragen.
4. Die Anlagendeckung gibt an, wie viel Prozent des Anlagevermögens mit Eigenkapital finanziert werden.
5. Die Eigenkapitalrentabilität dient als Grundlage für die Berechnung der Zinsen für langfristiges Fremdkapital.

9 Gewichtsermittlung, Lademeter, Ladeplan

1 Die Spedition Knoll GmbH stellt folgende Teilsendungen zu einer Sendung zusammen:

- Teilsendung 1: 13 Euro-Flachpaletten, Stapelfaktor 0, Höhe je Palette 1,65 m, Bruttogewicht je Palette 895 kg
- Teilsendung 2: 4 Industriepaletten 1,20 m x 1,20 m, Stapelfaktor 1, Höhe je Palette 0,95 m, Bruttogewicht je Palette 375 kg
- Teilsendung 3: 12 Industriepaletten 1,20 m x 1,00 m, Stapelfaktor 2, Höhe je Palette 1,15 m, Bruttogewicht je Palette 320 kg
- Teilsendung 4: 3 Maschinen, verpackt in jeweils einer Holzkiste, Maße je Kiste: Länge 2,12 m x Breite 0,80 m x Höhe 1,55 m, Gewicht je Kiste 1 705 kg

Für den Transport stehen folgende Lkw zur Auswahl:

Lkw	Achszahl	zGG	Lademeter	Aufbau	Nutzlast	Innenhöhe
Sattelzug	4	36 t	13,60 m	Koffer	21 t	2,45 m
Gliederzug	5	40 t	6,25 m + 8,25 m	Koffer	10,5 t + 14,5 t	2,55 m

a) Berechnen Sie die Lademeter der einzelnen Teilsendungen.
b) Wählen Sie ein geeignetes Fahrzeug aus und begründen Sie Ihre Entscheidung.
c) Zeichnen Sie einen Ladeplan.

2 Die Spedition Knoll GmbH schließt mit der Importas AG einen Logistikvertrag. Im Rahmen dieses Vertrages sollen täglich 216 Warengestelle (Länge 2,45 m x Breite 1,18 m x Höhe 2,12 m) per Wechselbrücken zwischen zwei Produktionsstätten hin und zurück transportiert werden.

Zur Auswahl stehen WAB mit einer Ladelänge von 7,15 m, 7,45 m und 7,82 m

a) Welche WAB würden Sie für die Abwicklung dieser Transporte anschaffen? Begründen Sie Ihre Auswahl.
b) Wie viele Warengestelle können pro WAB transportiert werden?
c) Wie viele Lkws muss die Knoll GmbH einsetzen, wenn jeder Lkw sechs Hin- und Rückfahrten pro Tag durchführen kann?

Sachwortverzeichnis

A

Abgrenzungsrechnung 161
Abschreibung, degressive 91
Abschreibungen 87
Abschreibungen, außerplanmäßige 88
Abschreibungen, kalkulatorische
 – Kalkulatorische Abschreibungen 150
Abschreibungen, planmäßige 87
Abschreibung, lineare 90
Abschreibung nach Leistungseinheiten 94
Abschreibungskreislauf 89
Aktiva 20
Aktive Rechnungsabgrenzung
 – Rechnungsabgrenzung, aktive 429
Aktiv-Passiv-Mehrung 25
Aktiv-Passiv-Minderung 26
Aktivtausch 24
Allgemeine Kosten 193
„all in" Rate 386
Anderskosten 149, 157
Anlageintensität 244, 245
Anlagendeckung 247
Anlagevermögen 16, 20
Anlagevermögen, Anschaffung 79
Anlagevermögen, Inzahlungnahme 84
Anlagevermögen, Privatentnahme
 – Privatentnahme 85
Anlagevermögen, Verkauf 82
Anschaffungsnebenkosten 79
Anschaffungspreis 79
Anschaffungspreisminderungen 79
Antragsveranlagung 287
Aufwandsgleiche Kosten 147
Aufwandskonten
 – Ertragskonten 46
Aufwendungen in der Buchführung 44
Aufwendungen, neutrale 143, 144
Aufwendungen, Zweckaufwendungen 143
Ausgaben 143
Auslandswährung 407, 408
Außergewöhnliche Belastungen 292

B

Bankkredit 274, 277, 284
Bestandskonten 27, 29

Betriebsabrechnungsbogen, einstufiger 167
Betriebsabrechnungsbogen, mehrstufiger 172
Betriebsfremde Erträge
 – Erträge, betriebsfremde 145
Bewertung Anlagevermögen
 – Anlagevermögen, Bewertung 438
Bewertung, handelsrechtliche 437
Bewertung Schulden
 – Schulden, Bewertung 440
Bewertung, steuerrechtliche 437
Bewertung Umlaufvermögen
 – Umlaufvermögen, Bewertung 439
Bilanz 20, 104
 – Bilanzauswertung 244
Binnenschifffahrt 323
Binnenschifffahrt, Hafengeld
 – Hafengeld 332
Binnenschifffahrt, Haustarif
 – Binnenschifffahrt, Massengutverfrachtung
 – Massengutverfrachtung 329
Binnenschifffahrt, Kalkulation der Schiffskosten
 – Kostenrechnung, Schiffskosten des Binnenschiffes 323
Binnenschifffahrt, Schifffahrtsabgaben 326
Binnenschifffahrt, Ufergeld
 – Ufergeld 332
Binnenschifffahrt, Umschlaggebühren
 – Umschlaggebühren, Binnenschifffahrt 332
Break-even-Analyse 238
Break-even-Point 240
Breakpoint 368
Bruttoverdienst 109
Buchführung 11
Buchführung, Aufbewahrungspflicht 14
Buchführung, Aufgaben 12
Buchführung, Buchführungspflicht 13
Buchführung, gesetzliche Grundlagen 13
Buchung nach Belegen 39, 52
Buchungssatz, einfacher 33
Buchungssatz, zusammengesetzter 35

C

Cashflow 253, 254
Cashflow-Analyse 253
Containerverkehr 315
Controlling 231, 238, 244

D

Deckungsbeitrag 220, 221
Deckungsbeitragsrechnung 230
Deckungsbeitragsrechnung, Bestimmung der Preisuntergrenze
 – Preisuntergrenze 226
Deckungsbeitragsrechnung, make or buy? 229
Deckungsbeitragsrechnung, mehrstufige 231
Deckungsbeitragsrechnung, Sortimentsgestaltung 224
Deckungsbeitragsrechnung, Zusammenfassung 235

E

Eigenkapitalquote 246
Einkunftsarten 294
Einsatzkosten 185
Eisenbahnverkehr 311
Erfolg
 – Unternehmenserfolg 68
Erfolgskonten 44
Ergebnistabelle
 – Kostenrechnung, Ergebnistabelle 157
Erinnerungswert 90
Erlösfunktion 239, 240
Erträge 145
Erträge, betriebliche 145
Erträge in der Buchführung 45
Erträge, neutrale 145
Expressdienste 304

F

Fahrzeugkostenkalkulation
 – Kostenrechnung, Fahrzeugkostenkalkulation 181
Fahrzeug-Selbstkosten 185
FAK-Rate 374
Fallstudien Fahrzeugkosten kalkulieren 188
Fallstudien Finanzierungsentscheidung 286
Fallstudien Führen mit Kennzahlen 272

Fallstudien Geschäftsprozesse dokumentieren und Zahlungsvorgänge bearbeiten 139
Fallstudien Kalkulation der Lagerkosten 215
Fixe Kosten
– Kostenrechnung, fixe Kosten 185
Forderungsintensität 245
Frachtberechnung 297
Fremdkapitalquote 246
Fuel Price Index 380
Führungsentscheidungen 266

G

Geringwertige Wirtschaftsgüter 95
Gewichtsberechnung 365
Gewinnmaximum 240
Gewinnschwelle 240
Gewinnzone 240
Goldene Bilanzregel 247
Grundsätze ordnungsmäßiger Buchführung 13
– Buchführung, GoB 13
Güterfernbereich 301
Güternahbereich 298
GuV-Konto 48, 105, 106, 251

H

Hauptkostenstellen 166
Hilfskostenstellen 172
Hilfskostenstellen, allgemeine 172
Hilfskostenstellen, besondere 172

I

IATA 365
Index 412
Index, Hamburg-Index 416
Index, Preisindex der Lebenshaltung
– Index 413
Index, TÜV-EUROCARGO-Index 415
Innergemeinschaftlicher Erwerb 136
Intermediate Point Rule 379
Inventar 15
Inventur 14

J

Jahresabschluss 104
Jahresabschlussanalyse 244

K

Kalkulatorische Miete 155
Kalkulatorischer Unternehmerlohn 156
Kalkulatorische Wagnisse 154
Kalkulatorische Zinsen 152
Kapazitätsgrenze 240
Kapitalherkunft 21
Kapitalverwendung 21
Kennzahlen 266
– Kennzahlen, Vermögensstruktur 244
Kennzahlen, Abschreibungsaufwandsquote
– Abschreibungsaufwandsquote 257
Kennzahlenanalyse 266
Kennzahlen, Kapital- und Vermögensstruktur
– Kennzahlen, Kapitalstruktur 247
Kennzahlen, Personalaufwandsquote
– Personalaufwandsquote 257
Kennzahlen, Pro-Kopf-Rohertrag
– Pro-Kopf-Rohertrag 258
Kennzahlen, Umsatz je Beschäftigten
– Umsatz je Beschäftigten 258
Kennzahlen, Zinsaufwandsquote
– Zinsaufwandsquote 257
Kirchensteuer 111, 288
Kleinwasserzuschlag 329
Kombiverkehr 314
Komplett- und Teilladungsverkehre 305
Kontenplan 61
Kontenrahmen 60
Kostenfunktion 238, 239
Kostenrechnung 142
Kostenrechnung, Abgrenzungsrechnung
– Abgrenzungsrechnung 147
Kostenrechnung, Betriebsabrechnungsbogen
– Betriebsabrechnungsbogen 167
Kostenrechnung, Deckungsbeitragsrechnung
– Deckungsbeitragsrechnung 220
Kostenrechnung, Fahrzeug-Selbstkosten 181
Kostenrechnung, fixe Kosten
– Fixe Kosten 221, 231

Kostenrechnung, Kosten
– Kostenrechnung, Leistungen 146
Kostenrechnung, Kostenartenrechnung 164
Kostenrechnung, Kostenträgerrechnung 181
Kostenrechnung, kostenrechnerische Korrekturen 149
Kostenrechnung, Kostenstellen 166
Kostenrechnung, Kostenstellenrechnung 166, 175
Kostenrechnung, Lagerkosten
– Lagerkosten 203
Kostenrechnung, variable Kosten
– Variable Kosten 185, 221, 231
Kostenrechnung, Vollkostenrechnung
– Vollkostenrechnung 165

L

Lagergeld, Binnenschifffahrt
– Binnenschifffahrt, Lagergeld 334
Lagergeld Seeschifffahrt 349
Lagerkosten, Auslagerungskosten
– Auslagerungskosten 205
Lagerkosten, Einlagerungskosten
– Einlagerungskosten 204
Lagerkosten, Kommissionierungskosten
– Kommissionierungskosten 213
Lagerkosten, Lagerungskosten 210
Lagerkosten, Lagerverwaltungskosten 214
Lagerkosten, Umschlaggeräte
– Umschlaggeräte 207
Lagerkosten, Umschlagkosten
– Umschlagkosten 204, 209
Leasing 274, 279, 281, 284
Leistungsentnahme 77
Liquidität 248
Local currency 365
Lohnsteuer 288, 110
Lohnsteuerjahresausgleich 287
Lohn- und Gehaltsbuchungen 109
Lohn- und Gehaltsvorschüsse 117
Luftfrachtraten 367
Luftfrachtraten, Allgemeine Raten
– Allgemeine Raten 368
Luftfrachtraten, Bulk Unitization Charges

Sachwortverzeichnis

– Bulk Unitization Charges   374
Luftfrachtraten, Class Rates
   – Class Rates   372
Luftfrachtraten, Contract Rates
   – Contract Rates   375
Luftfrachtraten, General Cargo
      Rates
   – General Cargo Rates   368
Luftfrachtraten, Konstruktionsraten
   – Kontruktionsraten   376
Luftfrachtraten, Kontraktraten
   – Kontraktraten   375
Luftfrachtraten, Mengenrabattraten
   – Mengenrabattraten   368
Luftfrachtraten, Quantity Rates
   – Quantity Rates   368
Luftfrachtraten, Ratenkombination
   – Ratenkombination   378
Luftfrachtraten, Ratenkonstrukti-
      onspunkt
   – Ratenkostruktionspunkt   377
Luftfrachtraten, Specific Commodity
      Rates
   – Specific Commodity Rates
      370
Luftfrachtraten, Spezialraten
   – Spezialraten   370
Luftfrachtraten, ULD Rate
   – ULD Rate   374
Luftfrachtraten, Warenklassenraten
   – Warenklassenraten   372

M

Marktrate   386
Mehrwert   71
Miete   274, 286
Mindestfrachten   367
Minijob-Entgelt   118

N

Nebenbetrieb   126
Nebenleistungsgebühren, Binnen-
      schifffahrt
   – Binnenschifffahrt, Nebenleis-
      tungsgebühren   334
Neutrale Aufwendungen   143, 144
Neutrale Erträge   145
   – Erträge, neutrale   145
Notes   379

O

Over Pivot Weight   374, 382

P

Passiva   20
Passive Rechnungsabgrenzung

– Rechnungsabgrenzung,
      passive   432
Passivtausch   24
Periodenfremde Erträge
   – Erträge, periodenfremde   145
Pivot Weight   374, 382
Planungsrechnung   12
Privatbuchungen   58
Privatentnahme   77
Prozentrechnung   392

R

Reinvermögen   16
Rentabilität   251
Rentabilität, Eigenkapitalrentabilität
   – Eigenkapitalrentabilität   252
Rentabilität, Gesamtkapital-
      rentabilität
   – Gesamtkapitalrentabilität
      252
Rentabilität, Sofortrabatt
   – Sofortrabatt   347
Rentabilität, Treuerabatt
   – Treuerabatt   347
Rentabilität, Umsatzrentabilität
   – Umsatzrentabilität   252
Rentabilität, Zeitrabatt
   – Zeitrabatt   347
Rückstellungen   418, 420

S

Sachentnahme   77
Sachliche Abgrenzung   63
Sammelgutverkehr   316
Security Surcharge   382
Seefrachtrechnen   341
Seefrachtrechnen, Ad Valorem
      Raten
   – Ad Valorem Raten   344
Seefrachtrechnen, FAK-Raten
   – FAK-Raten   345
Seefrachtrechnen, Gewichtsraten
   – Gewichtsraten   341
Seefrachtrechnen, Lumpsum-Raten
   – Lumpsum-Raten   346
Seefrachtrechnen, Maß-/
      Gewichtsraten
   – Maß-/Gewichtsraten   342
Seefrachtrechnen, Maßraten
   – Maßraten   341
Seefrachtrechnen, Wertraten
   – Wertraten   344
Seefrachtrechnen, Wertstaffelraten
   – Wertstaffelraten   344
Seefrachtzuschläge, BAF
   – BAF   347

Seefrachtzuschläge, Bunkerölzu-
      schlag
   – Bunkerölzuschlag   347
Seefrachtzuschläge, CAF
   – CAF   347
Seefrachtzuschläge, Congestion
      Surcharge
   – Congestion Surcharge   347
Seefrachtzuschläge, Gefährdungs-
      zuschlag
   – Gefährdungszuschlag   346
Seefrachtzuschläge, Heavy Lift
      Additional
   – Heavy Lift Additional   346
Seefrachtzuschläge, Längenzu-
      schlag
   – Längenzuschlag   346
Seefrachtzuschläge, Long Length
      Additional
   – Long Length Additional   346
Seefrachtzuschläge, Schwergutzu-
      schlag
   – Schwergutzuschlag   346
Seefrachtzuschläge, Verstopfungs-
      zuschlag
   – Verstopfungszuschlag   347
Seefrachtzuschläge, Währungs-
      abschlag
   – Währungsabschlag   347
Seefrachtzuschläge, Währungs-
      zuschlag
   – Währungszuschlag   347
Seefrachtzuschläge, War Risk
      Surcharge
   – War Risk Surcharge   346
Selbstkostentarif   196
Solidaritätszuschlag   288
Sonderausgaben   291
Sonderfreibeträge   292
Sonderziehungsrecht   409
Sonstige Erträge
   – Erträge, sonstige   145
Sonstige Forderungen   423
Sonstige Verbindlichkeiten   426
Sozialversicherungsbeiträge   111
Sozialversicherungsvorauszahlun-
      gen   112
Speditionsaufwand   67
Speditionsertrag   68
Speditionskontenrahmen   60, 61,
      144, 145
Sperringkeit Luftfracht   382
Steuerklassen   110
Steuern   127
Surcharges   380

SZR   409

T
TACT   365, 367, 379, 382, 383

U
Umlaufintensität   245
Umlaufvermögen   16, 20, 23
Umsatzsteuer   74, 77
Umsatzsteuer, international   134
Umsatzsteuer, national   70
Umschlaggebühren Seeschifffahrt
      349

V
Verlustzone   240
Vermögenswirksame Leistungen
      295

Versicherungen   130, 131
Verwaltungskosten   185
Volumenberechnung   366
Vorräte   122, 125
Vorsorgeaufwendungen   291
Vorsteuer   72, 74

W
Wagenladungsverkehr   311
Währungsrechnen   405
Währungsrechnen, Briefkurs   406
Währungsrechnen, Devisenkurs
      406
Währungsrechnen, Geldkurs   406
Währungsrechnen, Kurstabellen
      406
Währungsrechnen, Mengen-
      notierung   405

Währungsrechnen, Preisnotierung
      405
Währungsrechnen, Sortenkurs   406
Warenklassenraten   382
Werbungskosten   289
Wohnungsbauprämie   295

Z
Zahllast   72
Zeitliche Abgrenzung   418
Zinsrechnung   397
Zusatzkosten   157
      – Kostenrechnung, Zusatzkosten
        150
Zweckaufwendungen   147

Bildquellenverzeichnis

|Bundesministerium der Finanzen/Referat Postwertzeichen, Berlin: 288. |Deutsche Post AG, Bonn: 44. |fotolia.com, New York: eyewave 41, 54; Michael Wilkens 416 1; th-photo 392. |Hild, Claudia, Angelburg: 43, 103, 123, 183, 202, 203, 246, 253, 254, 260, 260, 260, 260, 261, 261, 261, 261, 261, 261, 262, 262, 262, 262, 262, 263, 263, 263, 263, 263, 264, 264, 264, 265. |integra Software Services PVT Ltd, Pondicherry: 90, 113, 239, 276, 277, 381, 413, 415. |Microsoft Deutschland GmbH, München: 188, 189, 190, 269, 270, 270. |Picture-Alliance GmbH, Frankfurt/M.: dpa-infografik 128, 292, 412. |stock.adobe.com, Dublin: luther2k Titel; MAGNIFIER Titel.

Wir arbeiten sehr sorgfältig daran, für alle verwendeten Abbildungen die Rechteinhaberinnen und Rechteinhaber zu ermitteln. Sollte uns dies im Einzelfall nicht vollständig gelungen sein, werden berechtigte Ansprüche selbstverständlich im Rahmen der üblichen Vereinbarungen abgegolten.